U0106817

故宮

博物院藏文物珍品全集

故宮博物院藏文物珍品全集

文房四寶・紙硯

主編：張淑芬

商務印書館

文房四寶·紙硯

The Four Treasures of the Study – Writing Paper and Inkstones

故宮博物院藏文物珍品全集

The Complete Collection of Treasures of the Palace Museum

主　編 ………………… 張淑芬
編　委 ………………… 吳春燕　趙麗紅　羅　揚　張　彤　紀宏章
攝　影 ………………… 趙　山

出 版 人 ………………… 陳萬雄
編輯顧問 ………………… 吳　空
責任編輯 ………………… 段國強
出　版 ………………… 商務印書館（香港）有限公司
香港筲箕灣耀興道 3 號東滙廣場 8 樓
http: // www.commercialpress.com.hk
發　行 ………………… 香港聯合書刊物流有限公司
香港新界大埔汀麗路 36 號中華商務印刷大廈 3 字樓
製　版 ………………… 深圳中華商務聯合印刷有限公司
深圳市龍崗區平湖鎮春湖工業區中華商務印刷大廈
印　刷 ………………… 深圳中華商務聯合印刷有限公司
深圳市龍崗區平湖鎮春湖工業區中華商務印刷大廈
版　次 ………………… 2005 年 12 月第 1 版第 1 次印刷

ISBN 962 07 5351 8

All inquiries should be directed to:
The Commercial Press (Hong Kong) Ltd.
8/F., Eastern Central Plaza, 3 Yiu Hing Road, Shau Kei Wan, Hong Kong.

故宮博物院藏文物珍品全集

總序

楊新

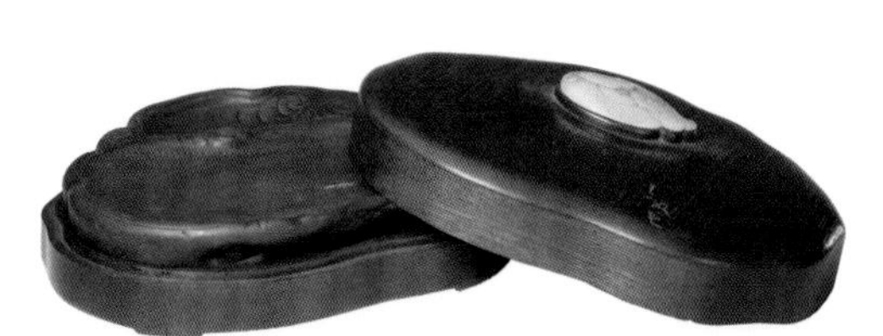

故宮博物院是在明、清兩代皇宮的基礎上建立起來的國家博物館，位於北京市中心，佔地72萬平方米，收藏文物近百萬件。

公元1406年，明代永樂皇帝朱棣下詔將北平升為北京，翌年即在元代舊宮的基址上，開始大規模營造新的宮殿。公元1420年宮殿落成，稱紫禁城，正式遷都北京。公元1644年，清王朝取代明帝國統治，仍建都北京，居住在紫禁城內。按古老的禮制，紫禁城內分前朝、後寢兩大部分。前朝包括太和、中和、保和三大殿，輔以文華、武英兩殿。後寢包括乾清、交泰、坤寧三宮及東、西六宮等，總稱內廷。明、清兩代，從永樂皇帝朱棣至末代皇帝溥儀，共有24位皇帝及其后妃都居住在這裏。1911年孫中山領導的"辛亥革命"，推翻了清王朝統治，結束了兩千餘年的封建帝制。1914年，北洋政府將瀋陽故宮和承德避暑山莊的部分文物移來，在紫禁城內前朝部分成立古物陳列所。1924年，溥儀被逐出內廷，紫禁城後半部分於1925年建成故宮博物院。

歷代以來，皇帝們都自稱為"天子"。"普天之下，莫非王土；率土之濱，莫非王臣"（《詩經·小雅·北山》），他們把全國的土地和人民視作自己的財產。因此在宮廷內，不但匯集了從全國各地進貢來的各種歷史文化藝術精品和奇珍異寶，而且也集中了全國最優秀的藝術家和匠師，創造新的文化藝術品。中間雖屢經改朝換代，宮廷中的收藏損失無法估計，但是，由於中國的國土遼闊，歷史悠久，人民富於創造，文物散而復聚。清代繼承明代宮廷遺產，到乾隆時期，宮廷中收藏之富，超過了以往任何時代。到清代末年，英法聯軍、八國聯軍兩度侵入北京，橫燒劫掠，文物損失散佚殆不少。溥儀居內廷時，以賞賜、送禮等名義將文物盜出宮外，手下人亦效其尤，至1923年中正殿大火，清宮文物再次遭到嚴重損失。儘管如此，清宮的收藏仍然可觀。在故宮博物院籌備建立時，由"辦理清室善後委員會"對其所藏進行了清點，事竣後整理刊印出《故宮物品點查報告》共六編28

冊，計有文物117萬餘件（套）。1947年底，古物陳列所併入故宮博物院，其文物同時亦歸故宮博物院收藏管理。

二次大戰期間，為了保護故宮文物不至遭到日本侵略者的掠奪和戰火的毀滅，故宮博物院從大量的藏品中檢選出器物、書畫、圖書、檔案共計13427箱又64包，分五批運至上海和南京，後又輾轉流散到川、黔各地。抗日戰爭勝利以後，文物復又運回南京。隨着國內政治形勢的變化，在南京的文物又有2972箱於1948年底至1949年被運往台灣，50年代南京文物大部分運返北京，尚有2211箱至今仍存放在故宮博物院於南京建造的庫房中。

中華人民共和國成立以後，故宮博物院的體制有所變化，根據當時上級的有關指令，原宮廷中收藏圖書中的一部分，被調撥到北京圖書館，而檔案文獻，則另成立了“中國第一歷史檔案館”負責收藏保管。

50至60年代，故宮博物院對北京本院的文物重新進行了清理核對，按新的觀念，把過去劃分“器物”和書畫類的才被編入文物的範疇，凡屬於清宮舊藏的，均給予“故”字編號，計有711338件，其中從過去未被登記的“物品”堆中發現1200餘件。作為國家最大博物館，故宮博物院肩負有蒐藏保護流散在社會上珍貴文物的責任。1949年以後，通過收購、調撥、交換和接受捐贈等渠道以豐富館藏。凡屬新入藏的，均給予“新”字編號，截至1994年底，計有222920件。

這近百萬件文物，蘊藏着中華民族文化藝術極其豐富的史料。其遠自原始社會、商、周、秦、漢，經魏、晉、南北朝、隋、唐，歷五代兩宋、元、明，而至於清代和近世。歷朝歷代，均有佳品，從未有間斷。其文物品類，一應俱有，有青銅、玉器、陶瓷、碑刻造像、法書名畫、印璽、漆器、琺瑯、絲織刺繡、竹木牙骨雕刻、金銀器皿、文房珍玩、鐘錶、珠翠首飾、家具以及其他歷史文物等等。每一品種，又自成歷史系列。可以説這是一座巨大的東方文化藝術寶庫，不但集中反映了中華民族數千年文化藝術的歷史發展，凝聚着中國人民巨大的精神力量，同時它也是人類文明進步不可缺少的組成元素。

開發這座寶庫，弘揚民族文化傳統，為社會提供了解和研究這一傳統的可信史料，是故宮博物院的重要任務之一。過去我院曾經通過編輯出版各種圖書、畫冊、刊物，為提供這方面資料作了不少工作，在社會上產生了廣泛的影響，對於推動各科學術的深入研究起到了良好的作用。但是，一種全面而系統地介紹故宮文物以一窺全豹的出版物，由於種種原因，尚未來得及進行。今天，隨着社會的物質生活的提高，和中外文化交流的頻繁往來，無論是中國還是西方，人們越來越多地注意到故宮。學者專家們，無論是專門研究中國的文化歷史，還是從事於東、西方文化的對比研究，也都希望從故宮的藏品中發掘資料，以探索人類文明發展的奧秘。因此，我們決定與香港商務印書館共同努力，合作出版一套全面系統地反映故宮文物收藏的大型圖冊。

要想無一遺漏將近百萬件文物全都出版，我想在近數十年內是不可能的。因此我們在考慮到社會需要的同時，不能不採取精選的辦法，百裏挑一，將那些最具典型和代表性的文物集中起來，約有一萬二千餘件，分成六十卷出版，故名《故宮博物院藏文物珍品全集》。這需要八至十年時間才能完成，可以說是一項跨世紀的工程。六十卷的體例，我們採取按文物分類的方法進行編排，但是不囿於這一方法。例如其中一些與宮廷歷史、典章制度及日常生活有直接關係的文物，則採用特定主題的編輯方法。這部分是最具有宮廷特色的文物，以往常被人們所忽視，而在學術研究深入發展的今天，卻越來越顯示出其重要歷史價值。另外，對某一類數量較多的文物，例如繪畫和陶瓷，則採用每一卷或幾卷具有相對獨立和完整的編排方法，以便於讀者的需要和選購。

如此浩大的工程，其任務是艱巨的。為此我們動員了全院的文物研究者一道工作。由院內老一輩專家和聘請院外若干著名學者為顧問作指導，使這套大型圖冊的科學性、資料性和觀賞性相結合得盡可能地完善完美。但是，由於我們的力量有限，主要任務由中、青年人承擔，其中的錯誤和不足在所難免，因此當我們剛剛開始進行這一工作時，誠懇地希望得到各方面的批評指正和建設性意見，使以後的各卷，能達到更理想之目的。

感謝香港商務印書館的忠誠合作！感謝所有支持和鼓勵我們進行這一事業的人們！

1995年8月30日於燈下

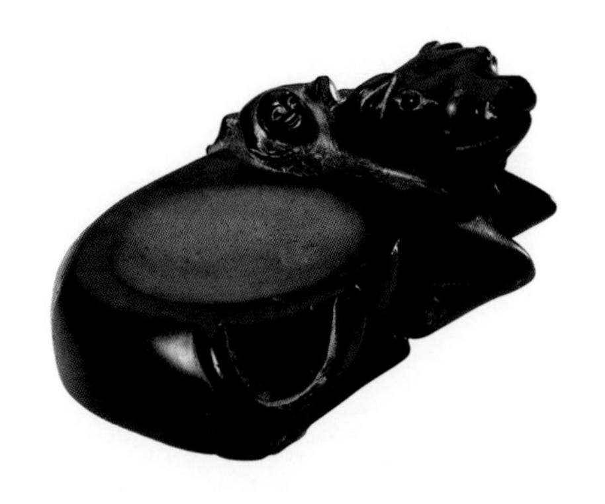

目錄

文物目錄

硯

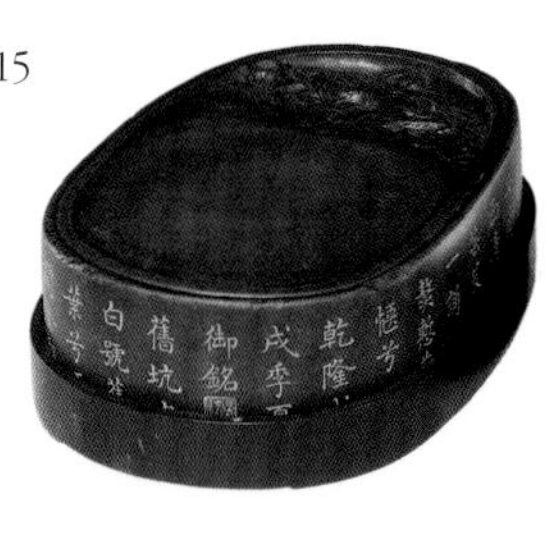

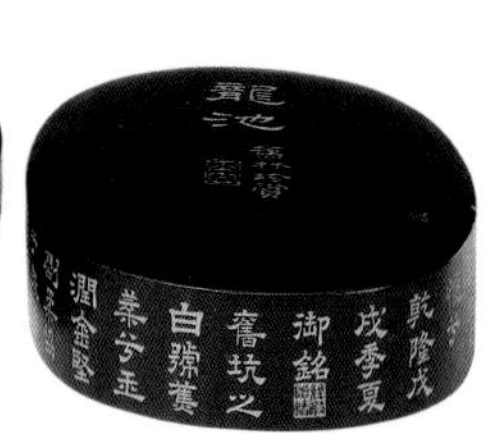

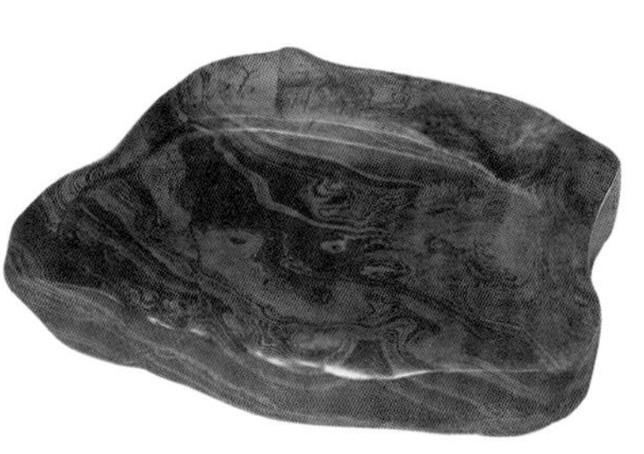

紙、絹

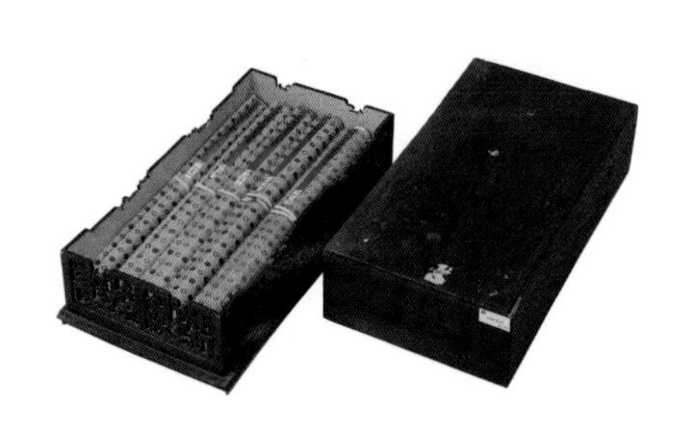

導言

張淑芬
張彤

紙、硯在中國文化史上曾佔有重要的地位，崇尚文化的中國人將其視若珍寶，與筆墨合稱“文房四寶”。成為歷史文物的古代紙、硯更是身價倍增，堪稱“寶中之寶”。它們不僅是書畫工具，而且本身還有豐富的文化內涵，具有重要的歷史、藝術和科學價值。

故宮博物院收藏的紙、硯以數量多，品種豐富著稱。大部分為清宮舊藏，1949年以後通過接受捐贈、調撥、收購等，藏品數量有所擴充，品種更為豐富，藏品時代更為完整，在中國大陸博物館中獨佔鰲頭。本卷所收為故宮藏品的代表作，時代從漢到清，較全面反映不同時期紙、硯文物的工藝特點和藝術風格。

紙

造紙術被稱為中國古代四大發明之一，是中華民族對人類文明的貢獻。在紙張發明以前，人類靠堆石、結繩、刻甲骨、契竹木、書絹帛等方式記事，效率較低。紙的發明是改變人類社會發展的一次技術革命，由於材料易得，價格較廉，在紙上記事，較記於骨甲竹木絹帛等材料上更方便快捷，記述的內容也可以更為廣泛周詳。通過紙張傳遞社會生活信息，使文化得以弘揚，知識得以傳播。

紙張產地遍及全國

中國早在西漢就發明以麻纖維等材料造紙的技術，但並不普及，紙的使用範圍很小。東漢宦官蔡倫擴展了造紙原料，改進了造紙技術，用樹皮、麻頭、破布、魚網等原料製造出“蔡侯紙”，為紙的推廣和普及創造了條件。東漢都城洛陽是當時中國的政治、文化中心，也是紙張需要量最大的地方，洛陽遂成為中國最早的造紙中心，“洛陽紙貴”被世代傳為佳話。中原地區的造紙業繼之興起。魏晉以後，造紙技術已經在各地傳播。

三國時，浙江剡縣（今紹興嵊縣）之剡溪出古藤，當地人便用古藤造出著名的剡溪紙[1]，此紙在唐宋時期不斷創新，兼收並蓄各種名紙的製造技法，推出硾箋、雲羅箋、敲冰紙等諸多品式，為時人所稱道。

隋唐時，四川地區已開發出滑白、玉版、經屑、魚子等品種的蜀紙。著名的“薛濤箋”產於成都百花潭的浣花溪，是經過再加工的高級楮皮紙，唐代詩人李商隱、李賀均曾題詩讚美這種桃花色的紙箋。唐代還有著名的硬黃紙，經黃檗染色、上蠟等加工而成，具有瑩澈光亮、耐久藏、可避蠹的特點，多用以寫經和摹古帖，直到宋代仍很流行。

隋唐以後，隨着造紙術在各地的傳播，少數民族聚居的西北、西南地區也興建起為數眾多的造紙作坊。新疆吐魯番的高昌國（640年被唐滅）已掌握以芨芨草為主要原料的造紙技術；文成公主、金城公主將中原造紙技術帶入西藏；地處雲南的大理國（960年立國）掌握了用桑皮造紙的技術。

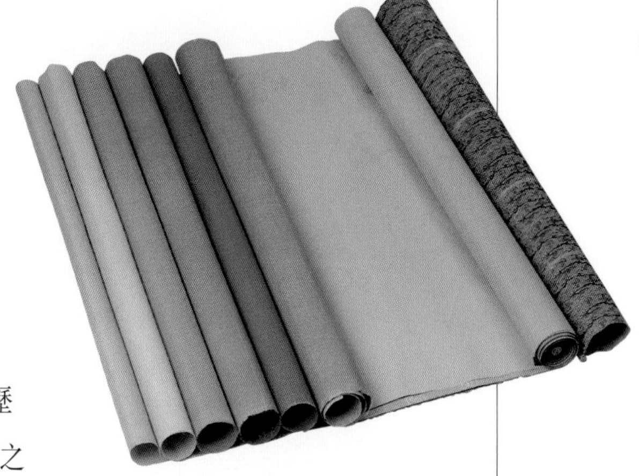

在傳統的文房用紙中，宣紙的名聲最為顯赫。宣紙至遲在唐代便開始生產，產地在安徽涇縣、旌德、宣城、績溪地區[2]，該地區隋唐時屬宣州府，故名。宣紙以青檀皮為主要原料，製造工藝複雜且獨特，需經水浸、醃料、發酵、蒸煮、曬白、打漿、抄紙、烘乾等十幾道工序。由於料精工細，使宣紙具有潔白度高、柔韌性好、滲墨力強、經久不壞等特點，用作書畫，更能增加作品的表現力和藝術效果，受到歷代文人書畫家的青睞。宣紙的品種多達60餘種，被譽為“紙中之王”。

五代南唐時皖南徽州地區生產的“澄心堂”紙很有名，有人將其納入宣紙之列。這種紙以楮皮為主料，質地細薄光潤，堅潔如玉，是上好的書畫用紙。南唐後主李煜對其倍加珍賞，特建“澄心堂”以貯之，由此得名。以後各代均有仿製。

北宋時，徽州地區已經形成初具規模的造紙中心，記載中著名的紙有金粟箋藏經紙、金榜、畫心、潞王、白鹿、捲簾及各色金花箋等。元、明以後，隨着科技、文化的發展，紙在質量、產量及花色品種上更為豐富，宣紙已居全國造紙業的首要地位，特別是清代乾隆時，宣紙製造達到頂峰，有棉料、淨料、皮料三大類，有單宣、夾貢、羅紋等二十幾種，還有各種加工紙，虎皮宣、玉版宣、灑金宣、粉蠟宣、仿古紙、還有一種作書畫和發榜的丈二匹紙等等，名目繁多，工藝複雜。一些精美的紙箋已不僅僅是書畫工具，其本身就是一件賞心悅目的藝術品。

清代宮廷用紙

清代宮廷內每天都要消耗大量的紙張，皇帝理政時下達的詔書、敕命、諭旨及官員向皇帝奏事的奏書、表箋皆需用紙；內廷所設機構如內閣、軍機處、內務府等一切文書、檔簿、記事錄等亦需用紙；內廷出版印書機構武英殿修書處、御書處的用紙量更是巨大。

皇家的日常生活中，紙張是必需品。清代歷朝皇帝及其子嗣從小就受到良好的教育，他們年屆6歲便到上書房學習滿漢文化，初學時用川連紙習字作文。清帝在處理政事之暇常以詩文紀事或抒發情懷，乾隆帝弘曆作詩屬文最為勤勉，一生作詩達43000餘首，輯成《御製詩集》500餘卷，他的《御製文集》也有近百卷，書寫、印刷這些詩文所用的紙張量是很大的。上行下效，出入宮廷的皇親國戚、朝廷重臣、御用文人的用紙量更是可想而知。

書畫用紙是清宮用紙的又一大宗。清代皇帝多喜愛書畫，他們不僅收藏歷代法書、名畫，本人也常常揮毫潑墨。宮廷招募一些國內外著名的畫家在造辦處任職，專門為皇帝繪製各種功用的圖畫。書畫對紙的要求比較高，一般根據作品的要求選用具有不同效果的高檔宣紙、蜀紙等名紙或絹。

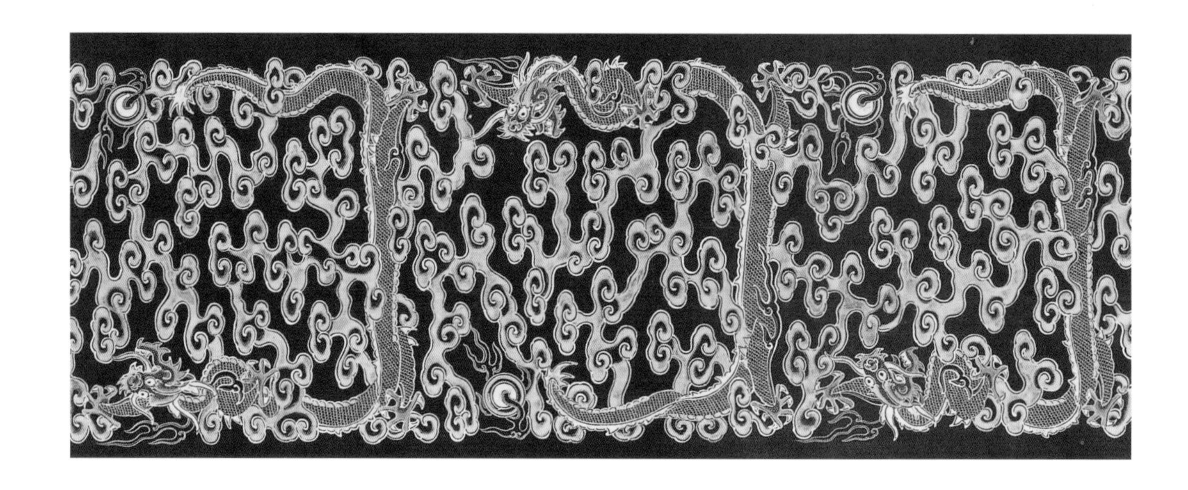

為弘揚佛教，清宮中還儲備大量的藏經紙，其中最著名的是“金粟箋藏經紙”，其因貯於浙江海鹽金粟寺而得名。以桑皮為主要原料，是唐代硬黃紙的延續，紙質堅韌，內外皆蠟，分為雙層和多層，可揭開使用，紙背鈐“金粟箋藏經紙”印記。清代曾大量仿製（圖148）。

清宮用紙處還有很多，例如宮室中糊門窗、貼牆壁；節令習俗中的貼春聯、掛燈籠、放風箏、張消寒圖等等，不勝枚舉。

清宮內並不自產紙張，內務府所轄各機構設立造辦作坊，但從未開辦過紙作，內廷僅設貢紙監督機構——“官紙局”。清宮用紙靠全國各著名產紙地進貢，離皇宮最近的造紙處是北京南城的白紙坊，清代于敏中等在《日下舊聞考》按語中稱：“白紙坊居民今尚以造紙為業，此坊所由名也。”

清宮藏紙的特色

各地貢奉清宮的紙中有一些是專供皇帝本人使用的，即所謂“御用”品，或稱“上用”品。御用紙代表中國當時造紙工藝的最高水平。貢紙中還有一些被稱為“官用”品，其質量較御用者稍遜，是供內廷皇室成員或臣工使用的，也有很高的工藝水平。貢紙在製造時經過反覆加工，精益求精，並按宮廷要求加以特殊的裝飾處理，遂形成與民間用紙迥異的宮廷色彩。本卷收錄的橘色二龍戲珠粉蠟箋（圖160），即是御用高級加工紙，染色艷麗典雅，紙面描繪兩條騰飛的金龍，威武莊嚴，是皇權的象徵，這種紋飾只有皇帝專用，其他人是不能僭用的。仿明仁殿畫金如意雲紋粉紙（圖149）是乾隆年間仿元代製品，也是一種粉蠟箋，紙分數層，兩面及各層間均加蠟，使用時可隨意剝離，多可至三四張，分合自便。紙面平滑，紙質勻細，纖維束甚少，其主要原料為桑皮，正面繪泥金如意雲紋，右下角鈐“乾隆年仿明仁殿紙”隸書朱印，背面灑金。此紙加工精良，裝潢富麗，造價昂貴。梅花玉版箋（圖150）是乾隆年間的名紙，紙面飾金銀色冰裂紋並繪梅花，鈐“梅花玉版箋”隸書朱印，雙面加粉蠟，光滑瑩徹，冰清玉潔，別有一番超凡脫俗的氣息。此外，本卷亦收錄少量灑金或描金花

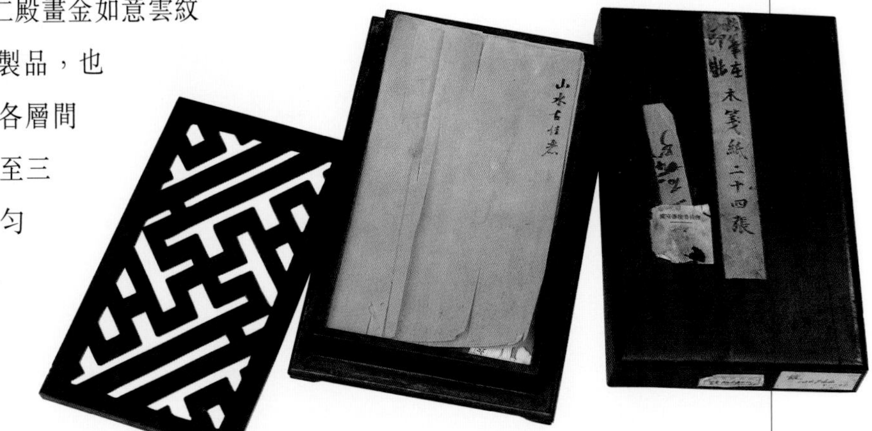

卉紋絹，這些經過特殊處理的織品，用作書法、繪畫，與紙有異曲同工之妙。

硯

硯是中國傳統的文房用具，古人稱之為"即墨侯"，可知其與墨的關係密不可分。硯的歷史悠久，在西安半坡、臨潼姜寨的仰韶文化遺址中都有石質研磨器出土，上面殘留有顏料痕跡，這種研磨器應是當時人繪製彩陶的工具，距今已有6000餘年。商代甲骨文多為契刻，但也出現了朱墨書文字；殷墟婦好墓出土一方形玉質調色器，底部雕雙禽，三邊出框，已初具硯的形制，並經過藝術加工。河南洛陽曾出土西周玉、石調色器各一，殘留紅色顏料，其造型、功能均具備硯的特徵。古籍中有東周用硯的記載，雖未發現有實物出土，但在許多戰國墓葬中出土有筆、墨以及墨書竹簡、墨繪帛畫，間接證明至遲在戰國時期已產生真正用於研墨的硯。

1975年湖北雲夢睡虎地秦墓出土一件石硯，這是已知最早的硯台實物。此硯近圓形，附有很大的石質研杵。當時墨尚未成錠，為零碎的片狀或顆粒狀，使用時須用研杵碾壓墨粒研成墨汁。這種狀況一直延續到東漢前期。出土的西漢石硯多附研杵，帶蓋者蓋中部隆起，硯面留出凹窩，以備放置研杵。東漢後期，墨始製成錠，研杵才逐漸消失。墨的進化推動了硯材的發展，由於硯台承受的壓力大為減輕，岩石以外的硯材應運而生，但石料仍然在硯材中佔據主導地位。唐代以後，端、歙、洮河、紅絲等名石的發現，石硯的製作進入新的階段。

豐富多樣的硯材

方錠墨出現以後，選擇硯材有更大的空間。不斷湧現的新硯材，使硯台產量提高，造硯成本下降，可以滿足社會日益增長的需要。硯材大體上主要分兩大類，即非石材硯和石材硯。

（一）非石材硯

從存世的古代硯台實物看，許多材料都可入硯材，歷代充當過硯材的有陶、瓷、銀、銅、鐵、磚瓦、漆、玉等，可謂豐富多彩，其性能各具特色。

陶硯：湖北當陽劉塚子東漢墓出土過一件圓形陶硯，說明至遲東漢時即製作陶硯。以陶製硯造價低廉，較少受自然條件的限制，凡燒陶處皆可造之，故自魏晉以後陶硯甚為流行，至宋代漸少。陶硯的缺點是滲水快，墨汁不易久存，質地鬆脆，不耐磨且易碎。早期陶硯以風字形（或稱箕形）者為多，底施三足，造型簡練，方便實用。一些陶硯製作考究，造型頗具匠心。十二峰陶硯（圖3），造型雄偉、奇麗，山底設力士負山形象，峰下雕一張口的龍頭，盡顯出力拔山河之氣魄，為漢代陶硯名品。許多著錄將此硯定為西漢製，欠妥，其時尚未有方錠墨，研墨還需研杵，此陶硯恐經不住研杵的衝擊，所以應是東漢物。唐代龜形陶硯（圖8），造型極生動，既可實用，又是件圓雕藝術品。

瓷硯：瓷硯自西晉開始流行，初多為三足圓硯，係仿漢代石硯之形，硯足呈逐漸增多之勢，至東晉出現四足硯，南北朝增至六足，到隋唐更增至十足甚至數十足。本卷所收的一件唐代青釉蹄足辟雍硯（圖11），一周有29足。瓷硯硯堂不上釉，以利於研磨。瓷硯在宋代以後即較為少見，清代時已是寥若晨星。

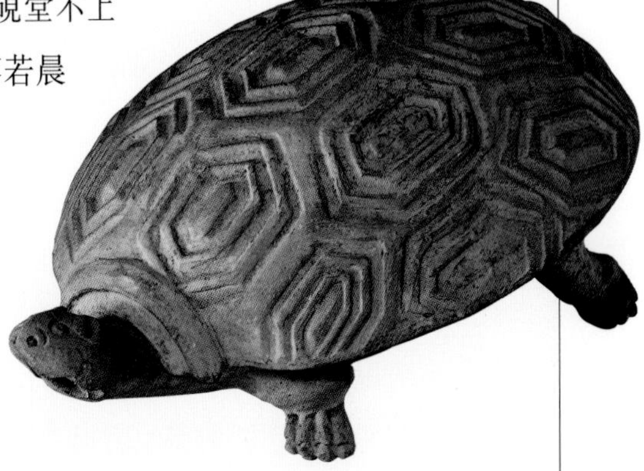

磚瓦硯：秦磚漢瓦質地優良，堅固耐磨，因此，從隋唐起便有人利用其製硯。磚瓦硯耐磨易發墨，使用效果極佳，而且一些磚瓦上有紋飾或製造銘記，極富古韻，對文人墨客更是一樁雅事。如秦代的周豐宮磚、阿房宮磚及漢代的未央宮瓦、萬歲宮瓦等，都是深受喜愛的硯材。後來，受此風氣影響，還有人專門仿製秦磚漢瓦用以製硯。本卷收錄的武平五年造像石硯（圖5），以北齊武平五年（574年）造像石改制，雖為石材，形式應屬此類。

漆沙硯：漆硯的歷史悠久，至遲在西漢就已經出現，江蘇邗江縣甘泉鄉西漢古墓中就曾出土有風字形漆硯。漆沙硯是將漆與沙混合後製成，其比重較小，入水不沉，輕便適用，又較漆耐磨，易於發墨。文獻記載，清代揚州人盧映之曾獲銘刻“宋宣和內府製”之漆沙硯，遂加仿製，世代相傳，映之孫葵生所造者最精。本卷所收漆沙盧葵生款硯（圖119），胎體輕薄，工藝精良，為漆沙硯的代表作。需要説明的是，漆沙硯與漆硯雖有傳承關係，但二者不能混為一談。

澄泥硯：廣義上説，澄泥硯亦應屬於陶硯，是以陶土燒製而成。但一般陶硯的原料是未經特殊處理的天然陶土，有質地鬆脆、易滲水、不耐磨等缺點，而澄泥硯的原料是經過仔細淘洗、過濾的細河泥，具有堅固、耐磨、不滲水等優點。澄泥硯唐代時即已開始生產，主要產地有絳州（今山西新絳縣）、澤州（今山西晉城縣）、虢州（今河南靈寶縣）、相州（今河南安陽市）等。澄泥硯製造工藝繁複而費時，須縫絹袋置於河水中收集河泥，在河水沖刷下，經過絹袋過濾的河泥逐漸沉澱於袋中，經年後泥滿結實，取出後經風乾、成型、入窰燒造，遂得硯。此硯質地近似良石，發墨性能極佳，極受世人青睞，是中國四大名硯之一。根據顏色有“鱔魚黃”、“綠豆沙”等名品。本卷收錄宋至清各個時期的澄泥硯，如宋代澄泥風字硯（圖17）、明代澄泥長方硯（圖46）、清代澄泥仿石渠硯（圖98）等，均為不同時期的代表性作品。

（二）石材硯

石材一直是製硯最主要的材料。東漢以前，製硯選用的石料只注重其實用性能，因此，多採用堅硬、粗礪，能經受研杵壓磨的岩石，而少顧及石材的美觀，也不問其出產之地。方錠墨出現以後，硯台擺脱了研杵，選材範圍擴大，石材的質、色成為製硯關注的重點，質優色美的石材成為製硯的良材。中國出產的美石很多，適宜製硯的亦不在少數，四大名硯中的端、歙、洮河均為石硯。

端石：產於廣東肇慶東郊的斧柯山和北郊的北嶺山，因此地古稱端州，故名。端石是最著名的硯材，端硯亦名列四大名硯之首。以端石製硯始自唐而盛於宋，石採自不同的坑洞，各坑洞開發於不同的歷史時期，所出硯石也各具特色，石品不盡相同。著名的有水岩老坑（含大西洞、水歸洞）、岩仔坑（又稱坑仔岩）、宋坑、梅花坑、宣德岩、麻子坑、朝天岩等。製硯對石質密度有較高要求，密度過高則不易發墨，不及則損毫。端石密度適中，作為造硯之材恰到好處，是其獨具的優點。另外，端石內天然生出形形色色的花紋，千姿百態，異常美觀，為這些天然花式命名，謂之“石品”，有胭脂暈、蕉葉白、青花、火捺、魚腦凍、石眼等。石眼是一種天然石核，酷似動物的眼睛，以圓正明媚、色彩紛繁、暈層重疊者為佳，稱為“鴝鵒眼”，鮮活生動，至為難得。此外，還有鳳眼、貓眼、雀眼等。石眼是端石獨有的品色，好的石眼賞心悦目，使硯材價值倍增。本卷收錄的宋代端石六十三柱海水紋抄手硯（圖14），硯面有青花、蕉葉白等紋理，63個石眼，石品極為出色，為稀世之珍。

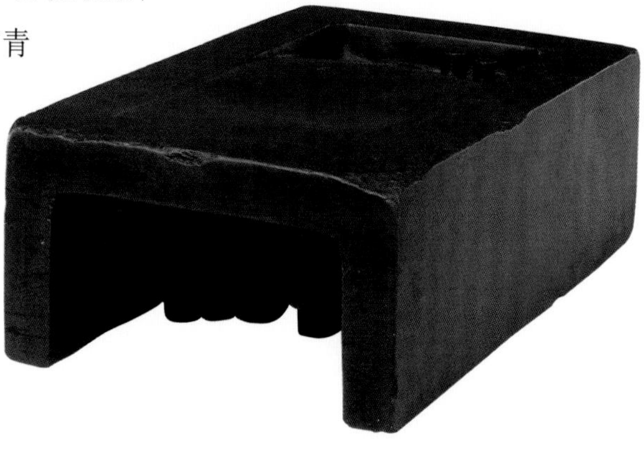

歙石：產於今江西婺源九尾山，其地古屬歙州，故名。歙石質地堅韌、瑩潤，密度略低於端石，發墨性較端石略勝，有貯水不耗、

嚴寒不凍、呵氣可研、易於清洗等特點。歙石有美觀的天然紋理，如條縷如絲羅的羅紋，狀若娥眉的眉子紋，色若純金的金星紋等。這些品類又可分若干種，如羅紋中又有刷絲、角浪、瓜子、暗細、古犀等十幾個名目。以歙石造硯始於唐，宋代時已十分普及。本卷所收歙石抄手硯（圖16），硯面上生有刷絲紋理，為名貴石品，製作規整，為典型的宋代硯式。明代歙石眉子抄手硯（圖40），選石上品，罕見的七道眉子紋，自然天成，使方正的硯體平添幾分秀麗。

洮河石：產於甘肅南部臨潭縣洮河，其地古稱洮州。洮河石細潤如玉，發墨快，蓄墨久而不乾。石色有紅、綠兩種，綠者居多，紅者罕見。有變化多端的自然紋理，或如波濤，或似捲雲，還有筆直如刀切者，紋色深淺不一。由於採掘困難，洮河石料珍稀難得。洮河石應真渡海圖硯（圖21），石色淺綠，雕刻精美，為宋代名硯。

紅絲石：產自山東益都縣。石質細潤，發墨如油，石色紅黃相間，淺黃者近白，有紅色紋理環繞石表，呈螺旋狀有若纏絲，美艷絢麗。宋代蘇易簡《文房四譜》中將紅絲石列為第一，位在端、歙石之前。本卷收錄的一方清代紅絲石硯（圖134），硯體只略加雕琢，基本保持石材自然形態，通體有柔和的自然光澤，紅黃色相間，天然的條紋如流雲盤旋縈繞，甚為嬌艷，為硯石佳品。

此外，歷代用作硯材的名石還有出自山東的淄石、尼山石、徐公石、箕山石、田橫石、燕子石、浮萊山石、紫石等；出自湖南的菊花石、端溪石；出自四川的蒲石、金音石、夔石；出自吉林砥石山的松花江石；出自河北的易水石；出自河南的天壇石等。各地名石使石硯製作豐富多彩，成為獨具特色的文房藝術品。

硯的藝術價值

硯台不僅實用，還具有很高的藝術價值。一方佳硯，既應是得心應手的文房用具，還可作為案頭把玩欣賞的藝術品。品硯應從選材、造型到紋飾雕刻三個方面衡量，硯台的藝術價值也正在此。

早期製硯多用陶、瓷器，雖非名貴硯材，但體現當時陶瓷工藝的發展水平。如本卷收錄的西晉製青釉三足硯（圖4），即以當時流行的越窰青瓷製成，代表當時青瓷工藝的水平。唐以後名貴石材的廣泛應用，使製硯進入一個新階段。石質絕佳的端、歙、洮河、紅絲石等名石，珍稀名貴的石品，其硯材本身就已價逾金玉，而毋需再施以人工。前述的歷代名硯，無不以選材精美、石品名貴而受到文人墨客及藏家的珍視。

硯的造型明以前變化不大，多為傳統的對稱幾何形，如圓形、橢圓形、方形、風字形等。圓形硯中以辟雍硯最為常見，繁欽《硯讚》曰："圓如盤而中隆起水環之者，謂之辟雍硯。"如青瓷辟雍硯（圖12），圓形硯面，中間為硯堂，四周環以渠式硯池，形如古代太學的建築形式辟雍。風字形也是唐代常見的硯式，兩側邊外撇，或直或弧，造型簡練、明快，如澄泥天策府製風字硯（圖13）。方形硯以宋代抄手式最為典型。硯體長方形，背面開由淺漸深的凹槽，可以手抄之（圖16），移動方便。此造型是方形硯中最常見的形式，宋代首創，後代多追仿（圖28、129）。

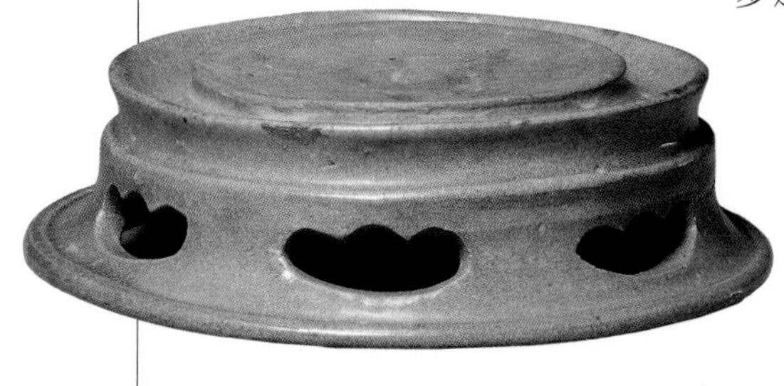

明以後，硯的造型更為多樣，除傳統的幾何形外，還有各種仿生動、植物形，琴式、鼓式、隨形等多種。明代澄泥牧牛硯（圖 44），硯體作圓雕臥牛形，牛頭、牛角及牛背上的牧童生動活現，不失為一件圓雕藝術品。端石西廬讀書圖硯（圖 109），造型保持石材原形，盡顯石材天生的火捺紋理，僅在硯背稍加勾描，構成一幅簡約的山水圖。造型淳樸自然，又充分顯現珍貴的端溪硯材，藝術效果極佳。

在硯石上雕刻紋飾是一項複雜的工藝，並非愈精細愈好，還要結合原材料的具體情況而定，即所謂因材施藝。一般遵循這樣的規律：石精則工簡，石劣則工精。製硯以石為主，紋為賓，石材本質完美，不需用紋飾裝點；反之石材有瑕疵，則需用圖紋加以掩飾。高明的硯工往往可以借石材的原形因勢利導，巧妙地利用瑕疵化腐朽為神奇。如端石中的石眼，炯炯有神的可作為禽獸之睛，逼真而有生氣，為點睛之筆。病眼亦可巧做文章。如端石一水護田硯（圖 112），硯石上生一黃色石眼，無瞳無暈，為一顆"瞎眼"，這本是石病，但硯人巧妙地將其設計成一輪明月，配以"對月彈琴圖"，準確地體現出王維詩意。宋代繪畫藝術繁榮，在製硯上也體現出來。洮河石蘭亭修禊圖硯（圖 19），通體雕刻書聖王羲之與友人蘭亭聚會的情景，有山水、人物、花鳥，是一幅詩情畫意的山水畫。許多硯上還刻有硯銘，或詩文，或讚語，真、草、隸、篆各體皆備，詩詞書法成為賞硯的重要內容。

欣賞、陳設、收藏硯台是歷代文人雅士的時尚，早在宋代即已風行，一些名家硯更成為藏家追逐的珍品，如東坡硯、米芾硯等，後世仿製成風。明代大收藏家項元汴曾收藏有多方名硯（圖26）。清代書畫家、揚州八怪之一的金農，別號為"百二硯田富翁"（圖25），藏硯十分豐富。曾任肇慶四會知縣的黃任（圖52）、歙州績溪知縣高鳳翰，更是得近水樓臺之便，成為著名藏硯家，高氏有“藏硯千數”之説。

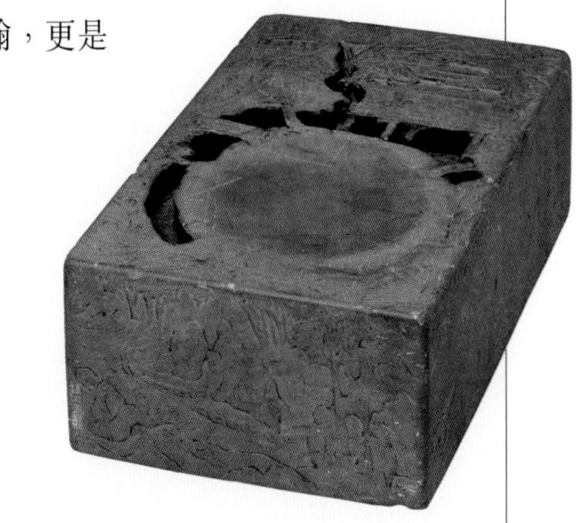

清宮製硯和藏硯

故宮博物院藏硯多來自於清代宮廷。清廷入關後，接收許多明朝廷的遺物，包括明代內府所藏歷代古硯，其中的精華被收錄入乾隆四十三年（1778）編纂的《西清硯譜》中。清宮內務府養心殿造辦處設硯作，但主要以製作松花江石硯為主，內廷所需的大量端、歙等名硯均由產地官員“恭呈”。

松花江石產自吉林長白山下混同江邊的砥石山，因其地處清皇室祖先的發祥地，故該石倍受皇家推崇，成為御用品，民間不得擅採。此石有綠、絳紫兩色，鮮而不艷，色澤雅致。石質細膩堅硬，滑不拒墨，澀不滯筆。清康熙年間始開採，硯坑在清末被封閉。由於開採量有限，硯石傳世不多，甚為珍貴。此石製硯多銘年款，為御用之物，以康、雍、乾、嘉四年號為多（圖71、77、100）。造型有長方形、瓶形、葫蘆形、竹筍形等，刻雲龍、異獸等紋飾，有的在墨池內嵌螺鈿裝飾（圖70）。裝潢亦十分考究，極富皇家特色。

澄泥硯是清廷重新開發的品種。澄泥硯的製造工藝久已失傳，乾隆皇帝使用傳世古硯，甚為滿意，遂命山西巡撫組織人力在絳州汾河水內收集河泥。從乾隆四十一年（1776）始，山西每年恭呈澄泥硯材若干，歷經十年積累二百餘塊，發交三織造等處研製燒造。乾隆帝還仿製一批漢、唐、宋式硯，如“仿漢石渠閣瓦硯”、“仿漢未央磚瓦海天初月硯”、“仿唐八棱澄泥硯”、“仿宋德壽殿犀紋硯”、“仿宋天成風字硯”、“仿宋玉兔朝元硯”等（圖89）。並將這些仿古硯式樣發往端州、歙州，令當地以端、歙石製成仿古硯供宮廷使用，由蘇州織造呈入宮中。清代諸帝常有詩文、識語銘刻於硯上，特別是乾隆最為着力，在其御製詩文集中，詠硯、評硯的詩文多達百餘篇，本卷所收硯中即有不少（圖87、97）。

御製題銘是御用硯的標誌，但許多御用硯雖沒有題銘，同樣具有顯著的皇家風格。清代內務府傳辦的“外造”活計由蘇（蘇州）、寧（南京）、杭（州）織造，粵海關監督，兩淮與長蘆鹽政承辦，這些機構再轉達至物產地官員組織製造。造硯也是通過這個途徑。恭呈內廷的硯從材質造型、雕工到外包裝的考究，必是追求盡善盡美。如乾隆年製歙石荷葉式硯（圖88），硯池雕成荷葉形，自然雅致。硯面佈滿細密的牛毛紋、古犀紋，硯堂均勻分佈十對眉

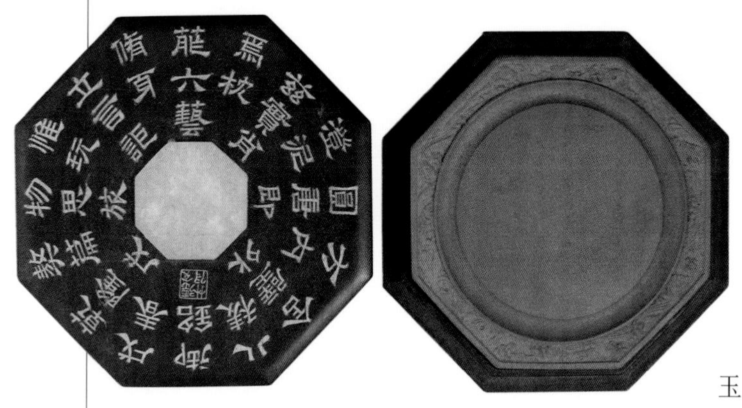

子紋。眉子紋一對已屬罕見，加之多種紋理集於一硯，可見硯材選料之精。精緻的黑漆嵌螺鈿硯盒，五彩螺鈿鑲嵌成巨龍騰越於雲間，使良硯更如錦上添花。此硯雖無年款，也沒有御製題銘，但其鮮明的皇家風格溢於硯表。清宮還收藏有一些以玉、翡翠、瑪瑙、水晶等材料製成的硯，並不為實用，只為體現皇家的尊貴。

註釋：

(1) 晉張華《博物誌》。

(2) 《造紙史話——文房珍品話宣紙》(上海科學技術出版社，1983年出版）。

硯

Inkstones

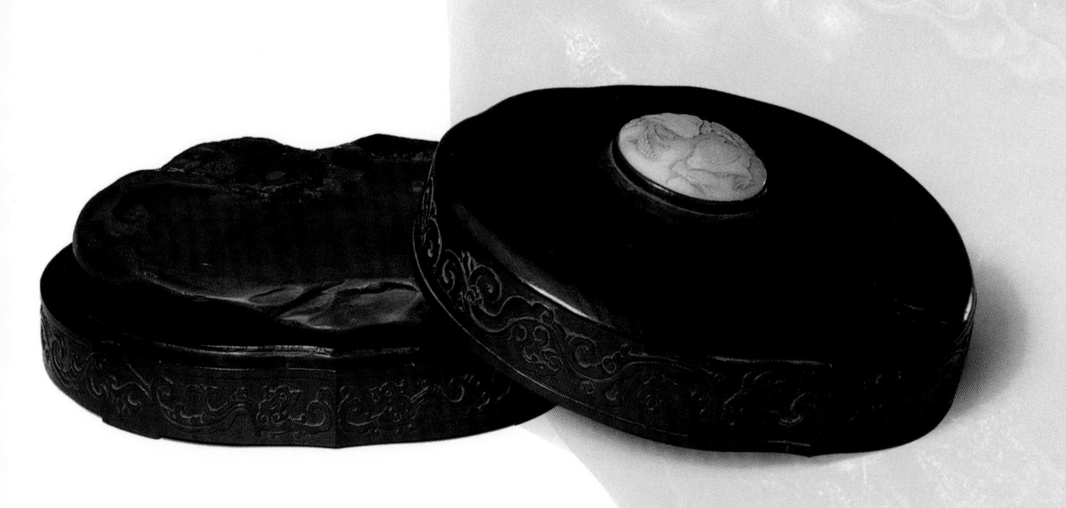

1

雙鳩蓋三足石硯

漢

徑14.8厘米　通高15.7厘米

Three-legged inkstone with a two-turtledove cover

Han Dynasty

Diameter: 14.8cm　Height: 15.7cm

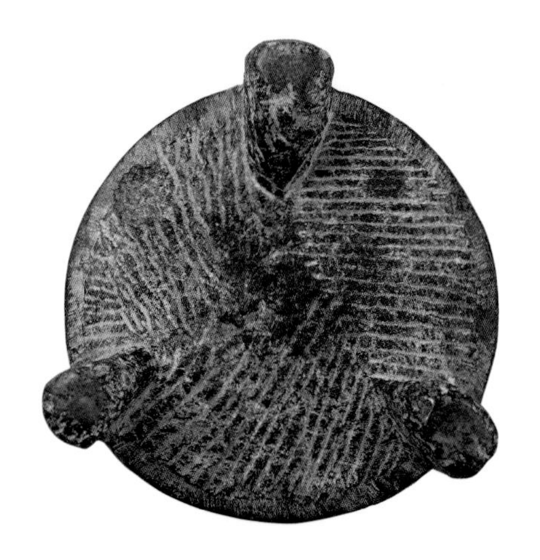

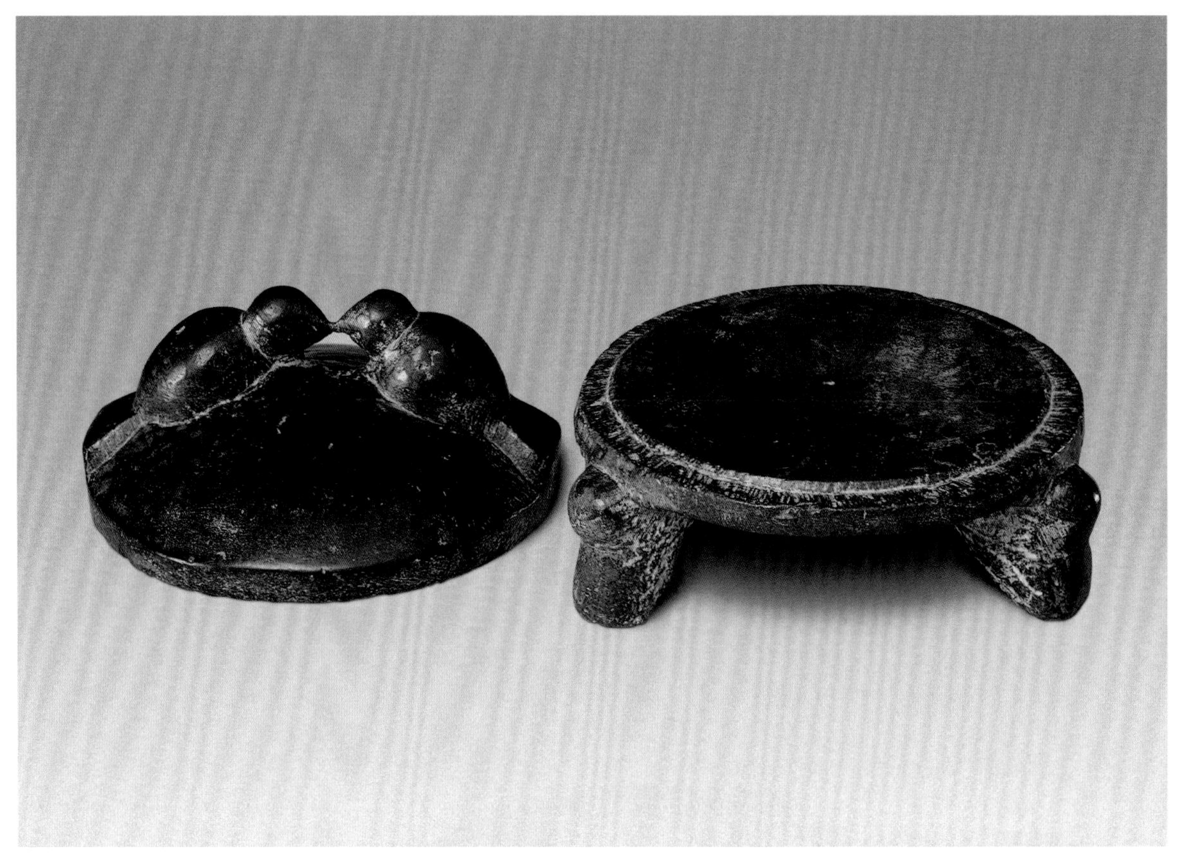

分硯和蓋兩部分。蓋面呈覆碗狀，正中一凹窩，為放研石之用。蓋雕立體雙鳩，兩嘴相吻，相互嬉鬥。圓形硯面，緣口低凹可承蓋。硯底三獸足。

此硯雕鏤簡潔，形象生動。漢代硯早期形制簡略，晚期漸趨複雜。為東漢製品。

2

辟邪蓋三熊足石硯
漢
徑14.6厘米　通高14厘米

Inkstone with an evil-exorcising cover and three bear paws
Han Dynasty
Diameter: 14.6cm　Height: 14cm

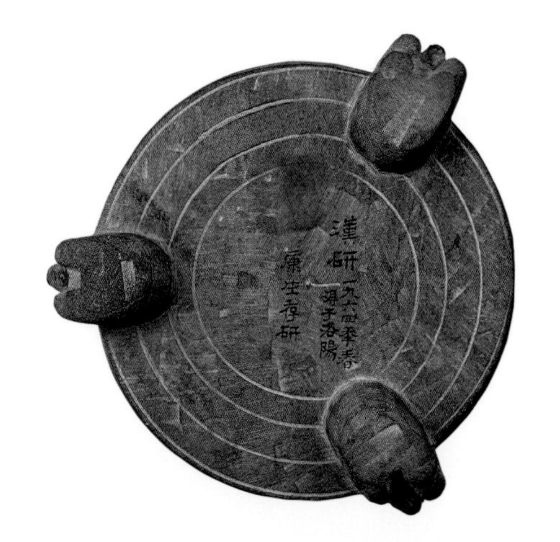

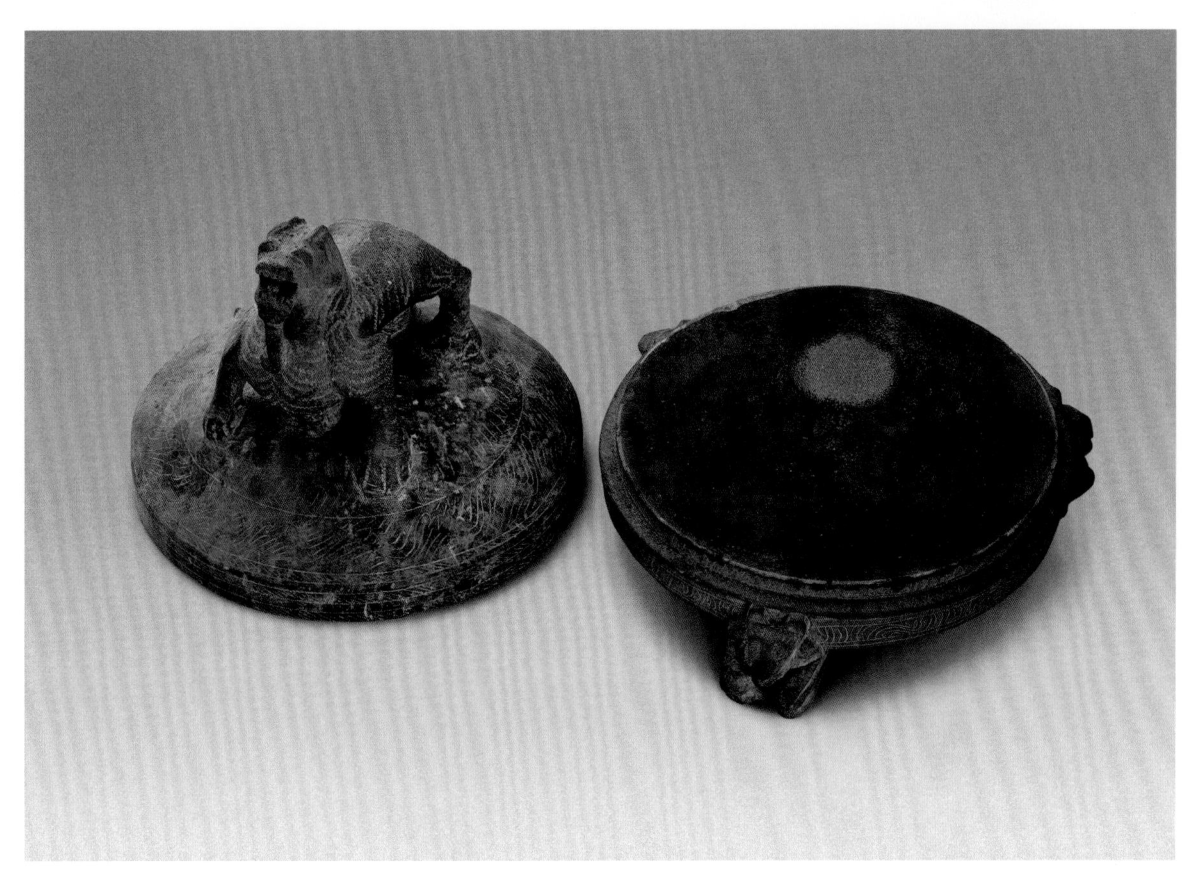

硯面圓形，三熊足作跪擎狀，形態各異，底面雕弦紋。硯蓋表面琢磨光滑，蓋頂圓雕辟邪，昂首高視，身飾減地凸起弧線，體態雄健，頗具神韻。

此硯雕刻技法嫺熟，古樸生動，具有顯著的漢代雕刻藝術特徵。

3

十二峰陶硯

漢

徑18.5厘米　高17.9厘米

Pottery inkstone with design of 12 peaks

Han Dynasty

Diameter: 18.5cm　Height: 17.9cm

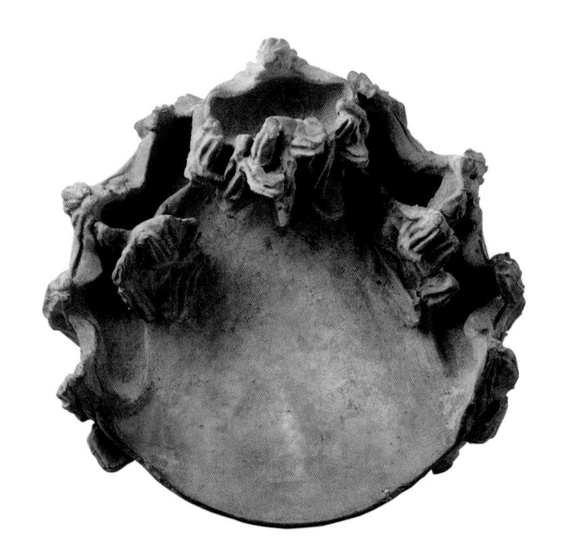

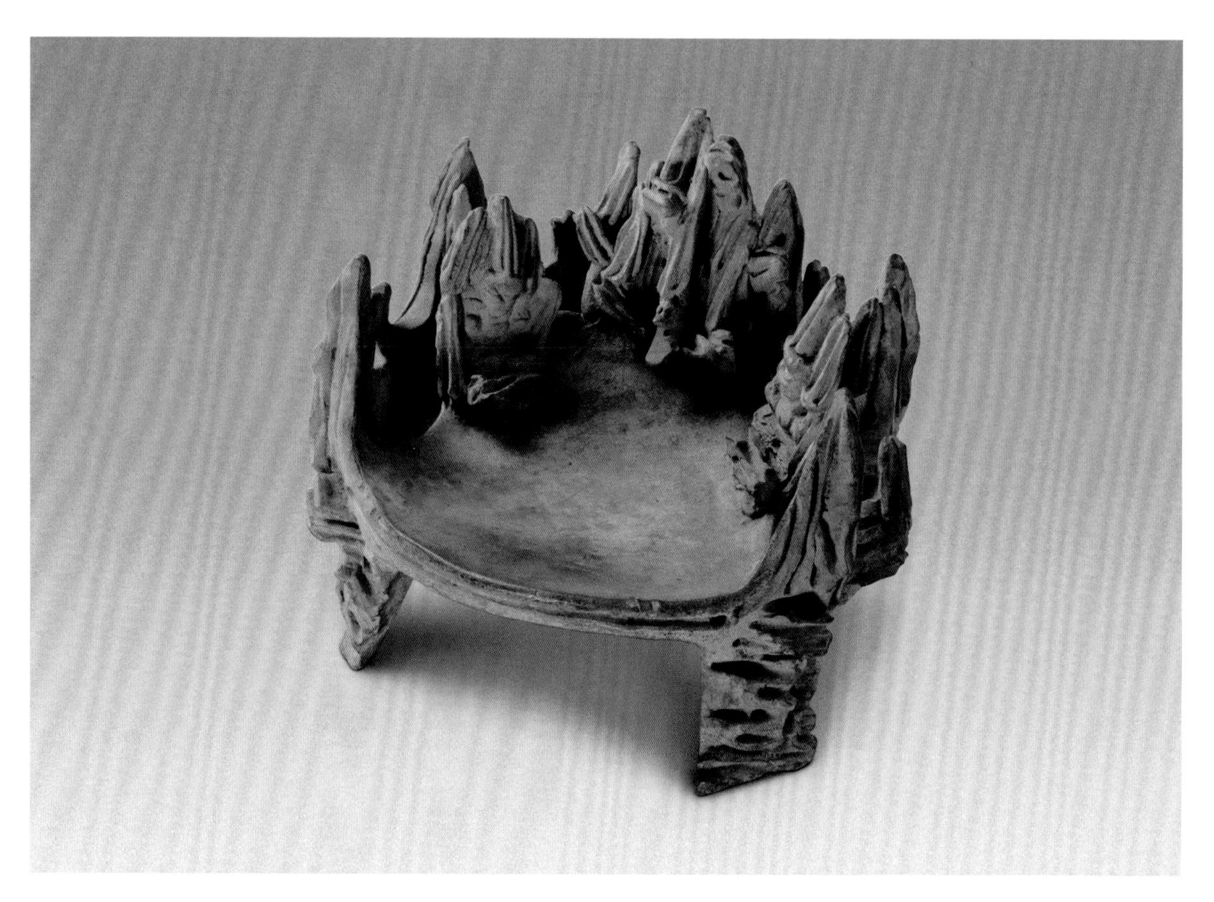

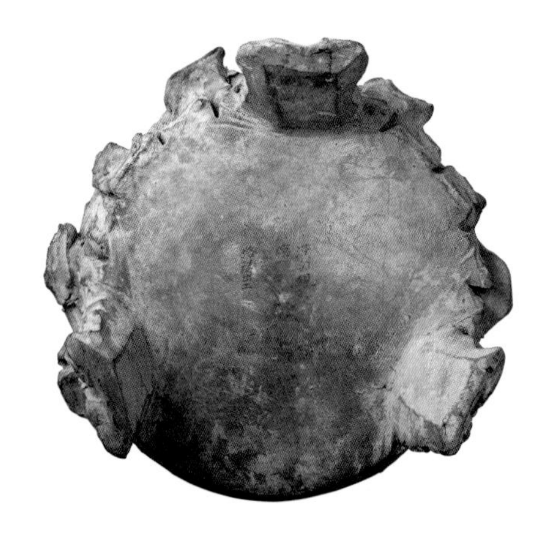

箕形硯面，前低後高，三面環抱十二座山峰。內峰三座，中峰下有一張口龍首，水由龍口孔中滴入硯面；左右兩峰下各塑人像，雙手按膝，作負山托重之勢。外圍有九峰，左右兩峰與硯面淺邊相聯，自然形成半圓形硯堂。三足，刻成層岩疊砌狀。

此硯為細灰陶製，造型新穎別致。山峰只以簡練的線條刻畫而出，雄偉、生動，為漢硯中的傑作。

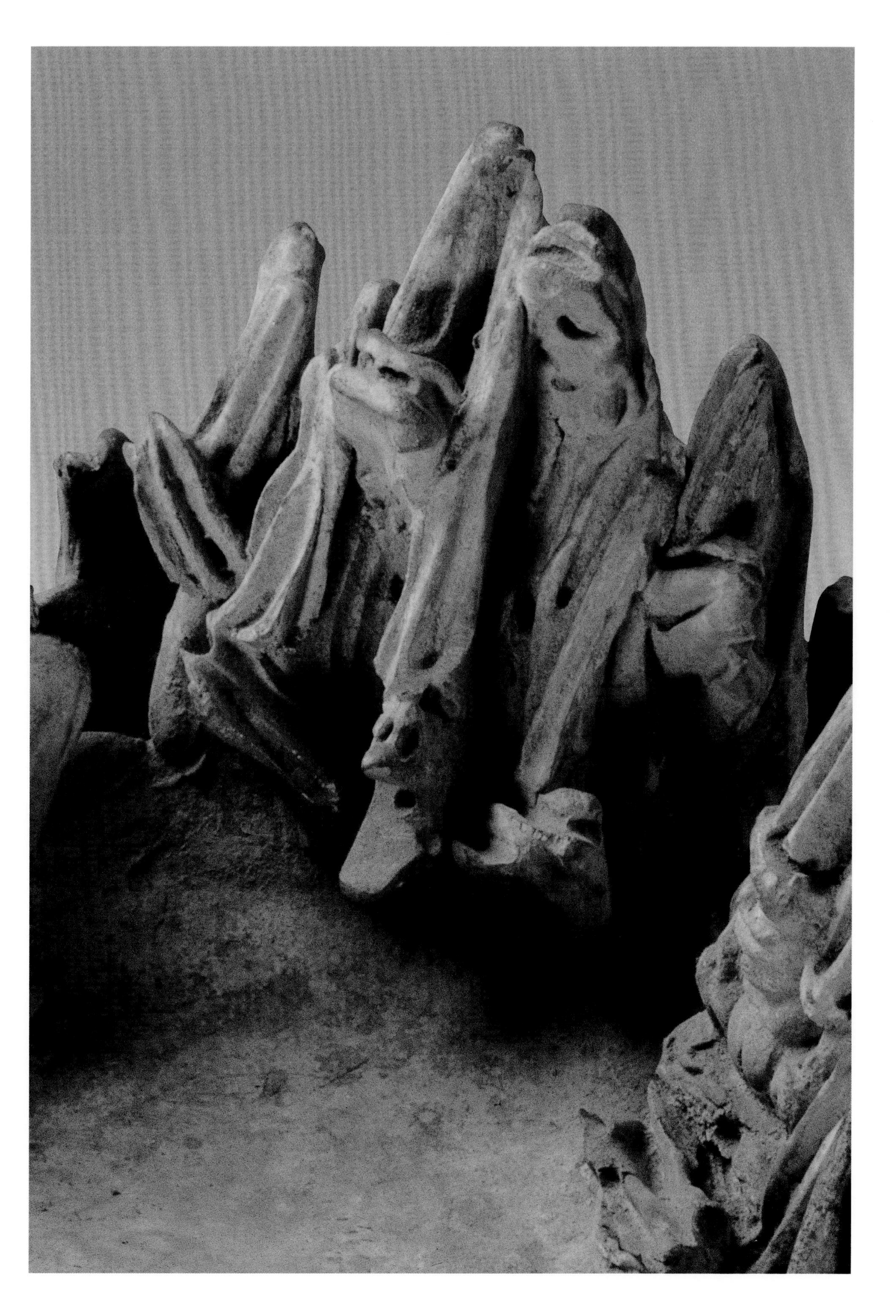

4

青釉三足硯
西晉
徑11.7厘米　高2.8厘米

Blue-glazed three-legged inkstone
Western Jin Dynasty
Diameter: 11.7cm　Height: 2.8cm

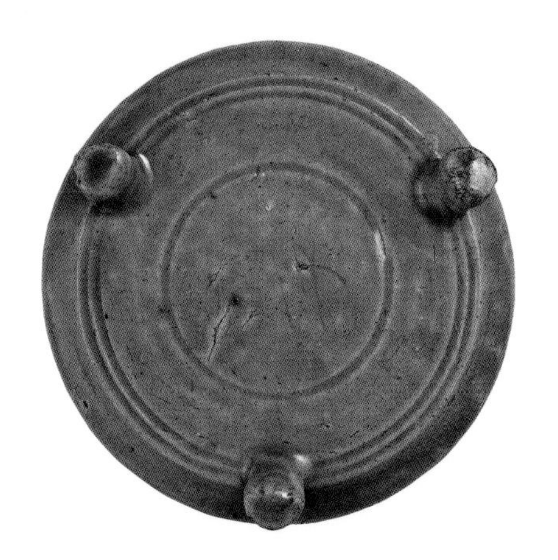

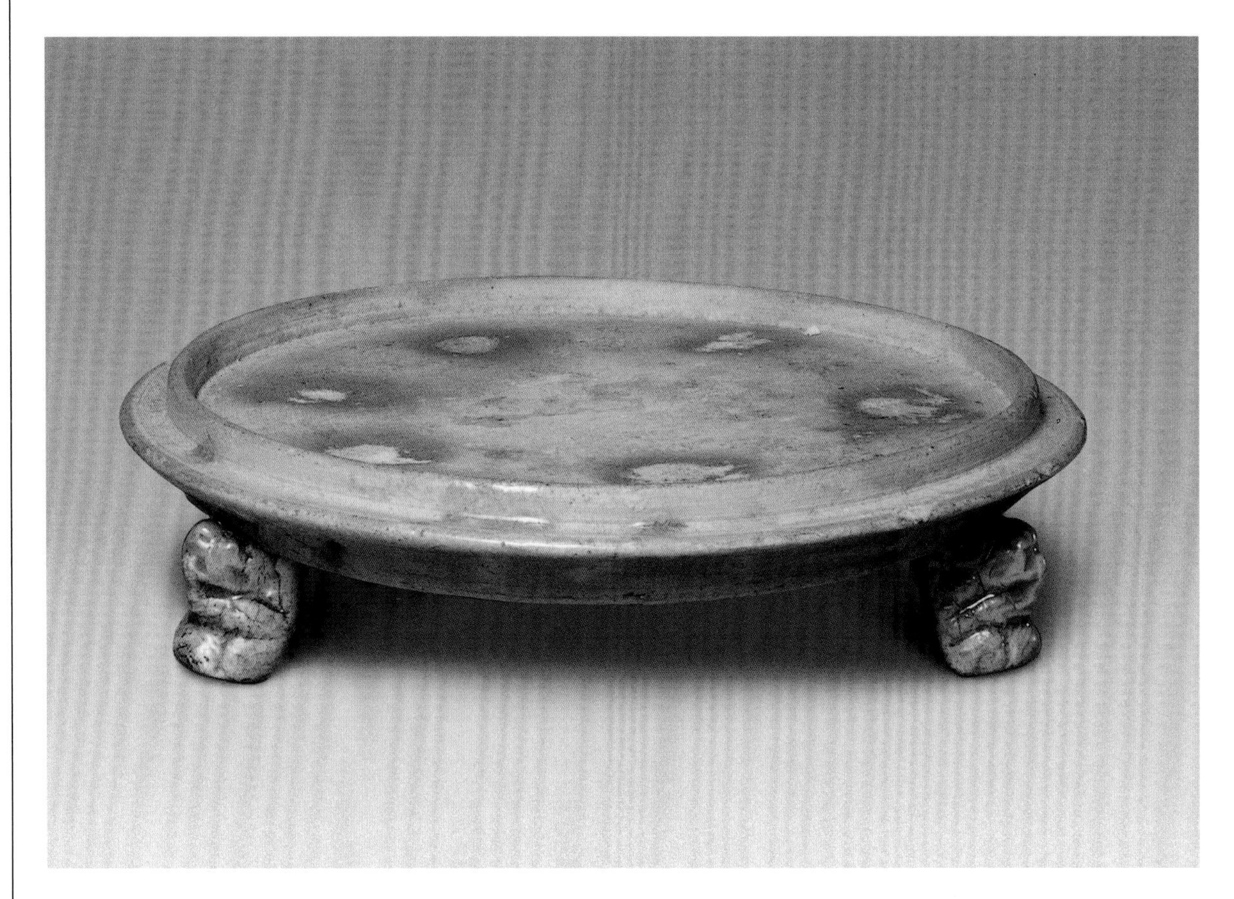

圓形硯面，邊緣凸起一周，似為子口，然未見硯蓋。底作三個獸形足，呈頂立狀。硯胎灰白，硯身及底施青釉，釉面光潔，有細小開片。硯面無釉，以利研墨。

瓷硯自三國開始流行，多作三足圓盤形。六朝後瓷硯向多足式發展，唐宋時有達數十足者。硯足裝飾繼承了漢代三足石硯的裝飾方法，多為獸形紋，或陰線刻，或圓雕。此硯造型簡潔精巧，釉色瑩潤，為越窰青瓷佳品。

5

武平五年造像石硯

北齊

長15.2厘米　寬12.9厘米　高6.5厘米

Inkstone as the pedestal of Maitreya statue built in the fifth year of Wuping period

Northern Qi Dynasty

Length: 15.2cm　Width: 12.9cm　Height: 6.5cm

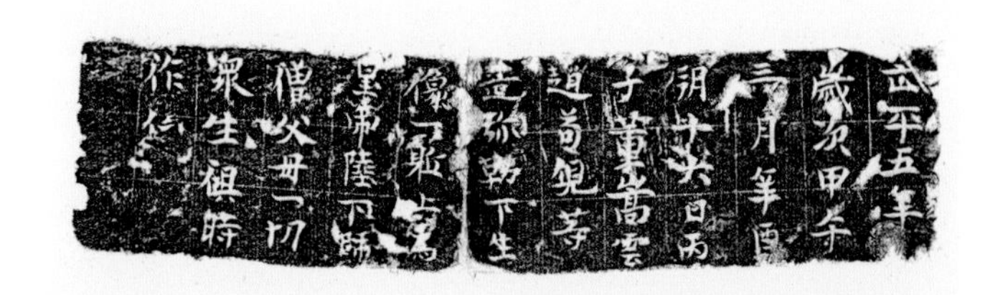

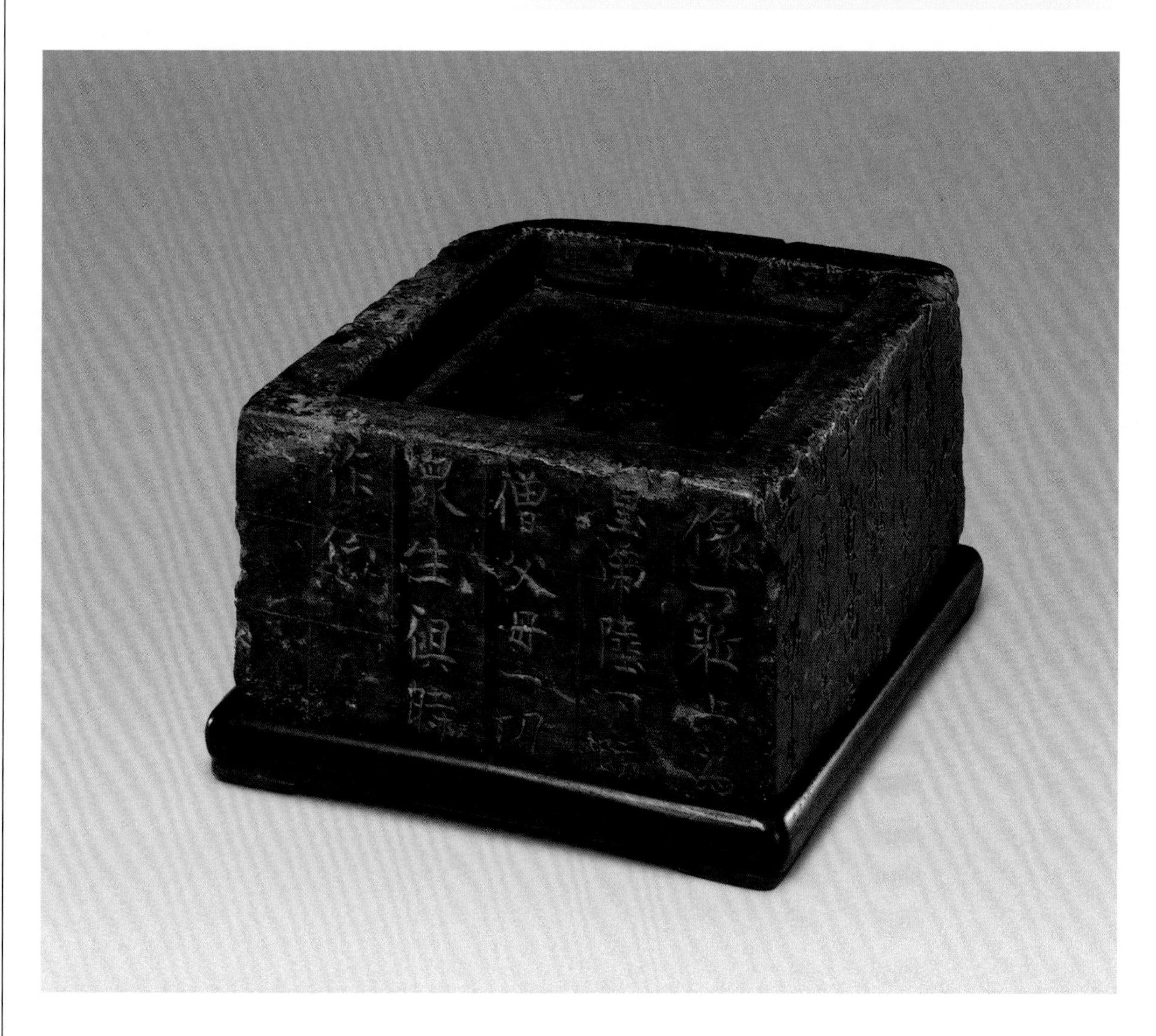

以造像底座雕成，長方形，兩面皆開長方形硯池。側面有楷書造像題記："武平五年（574年）歲次甲午三月辛酉朔十六日丙子，董嵩雲、趙苟兒等造彌勒下生像一軀，上為皇帝陛下師僧父母，一切眾生俱時作。"

古人有以秦磚漢瓦製硯，極具古韻。此硯以造像改製，保留原題記，亦別有風致。

6

李顥款風字陶硯

唐

長20.5厘米　寬13.8厘米　高4.6厘米

Pottery inkstone in the shape of the character feng (means wind) with the signature of Li Hao

Tang Dynasty

Length: 20.5cm　Width: 13.8cm　Height: 4.6cm

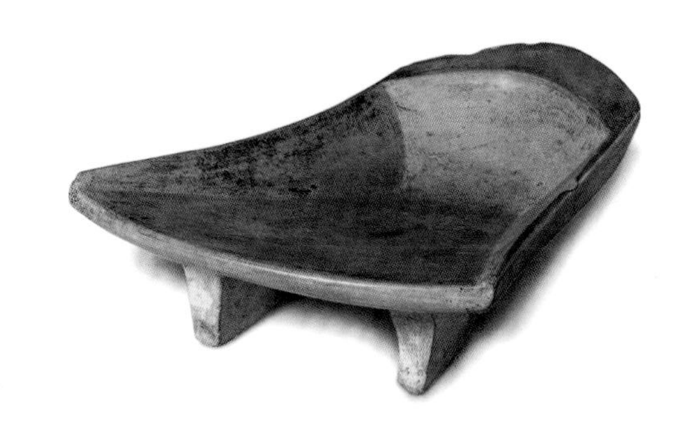

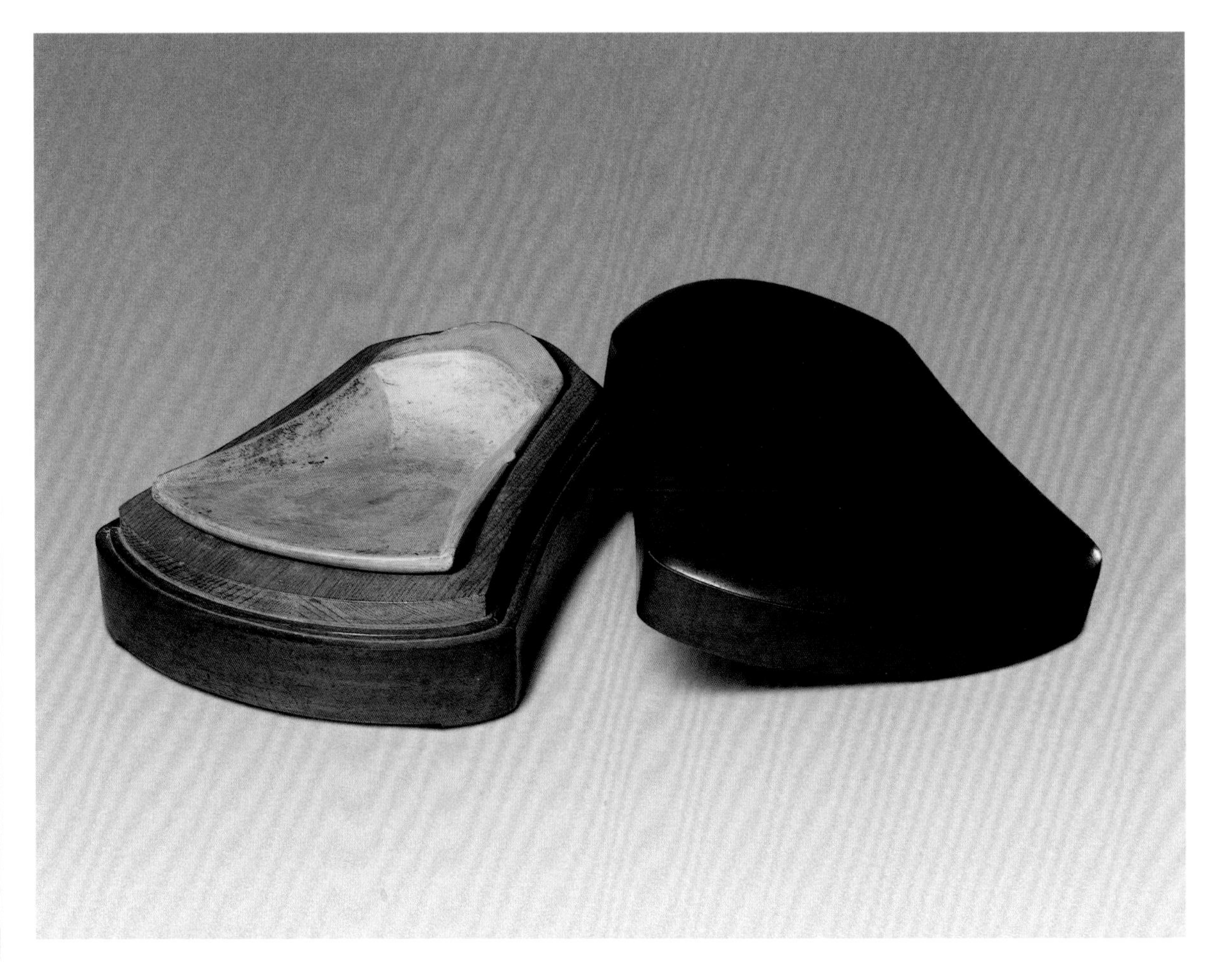

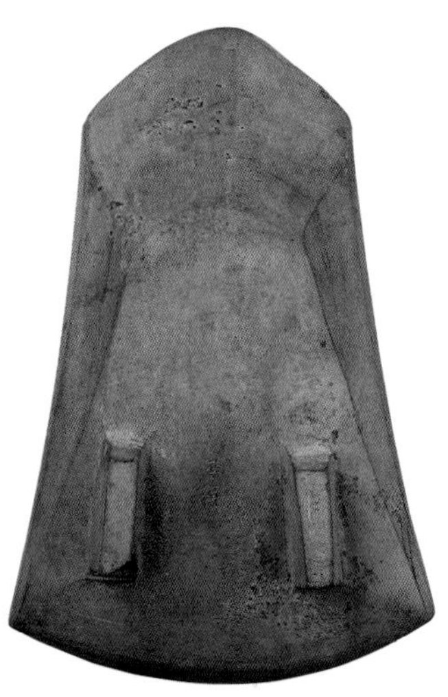

硯面呈箕形，因其外形似“風”字，故又稱風字硯。硯首高翹，內凹呈鳳池，成池堂一體。兩側出峰如刀削而成，線條平直而流暢。底面梯形雙足，足間陰刻“李顥”二字楷書款，應為硯主名。

此硯陶土細膩光滑，素面光潔，體薄而輕，可與石硯媲美。造型為唐代流行硯式。

7

雙龜陶硯
唐
長17.5厘米　寬13.2厘米　高6.8厘米
清宮舊藏

Pottery inkstone in the shape of two tortoises of a joint body
Tang Dynasty
Length: 17.5cm　Width: 13.2cm　Height: 6.8cm

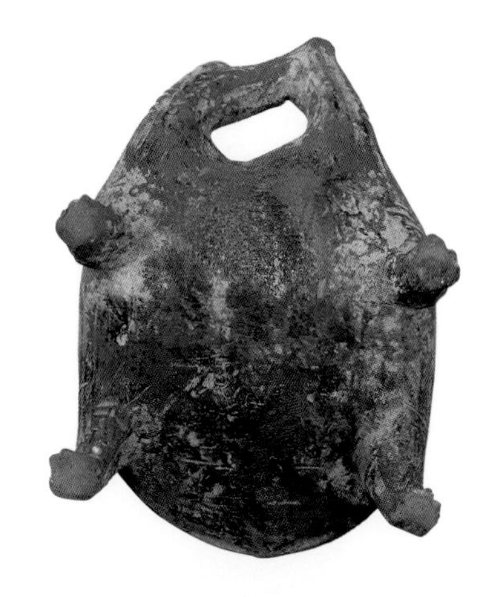

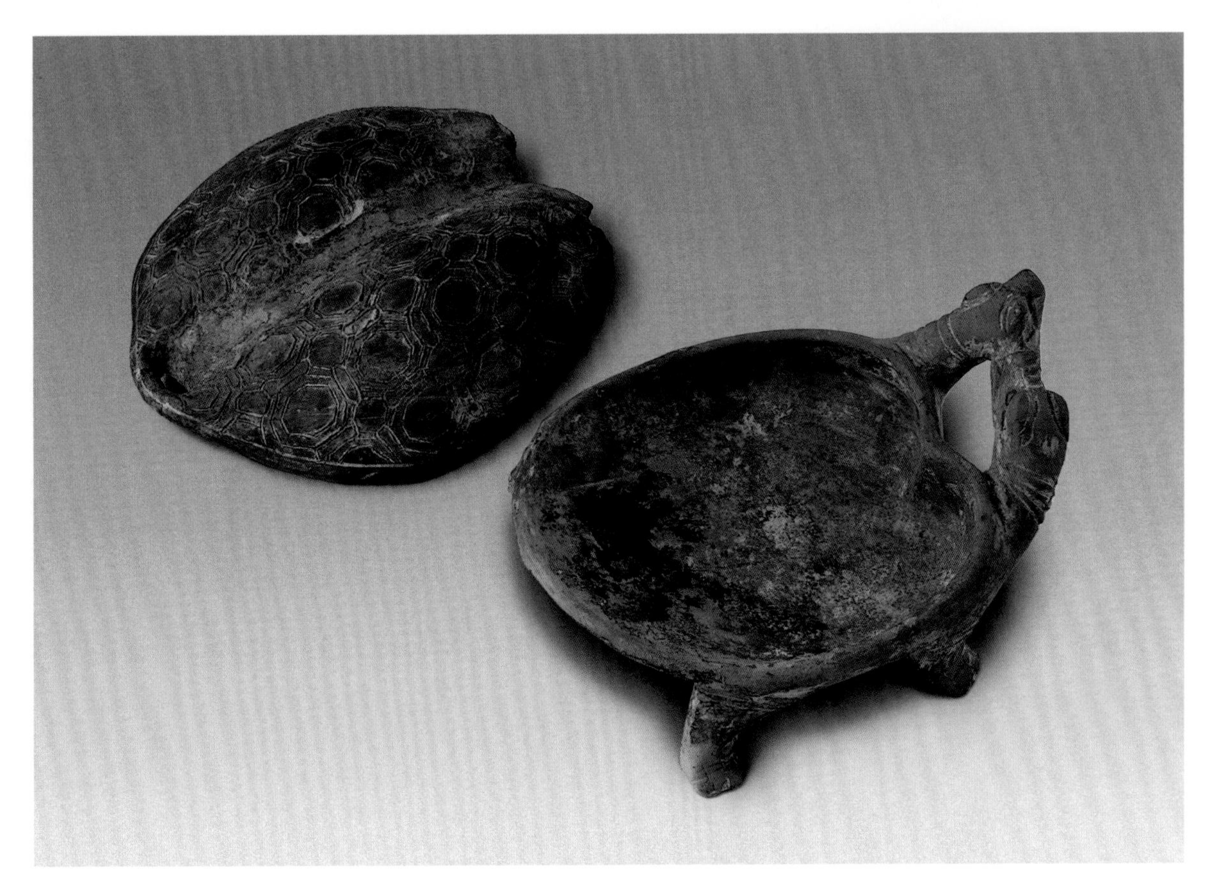

雙龜連體造型，頭相交，尾相接，但僅生四足。龜背與龜腹分製，龜背為硯蓋，雕龜甲紋，龜腹為硯體。硯面一面傾斜形成硯池，為存儲墨汁處。

此硯灰陶製，質地細膩，易發墨而不損毫。塑胎、燒造工藝均達到很高水平，是唐代陶硯上品。

8

龜形陶硯

唐

長22.5厘米　寬16厘米　高9.5厘米

Pottery inkstone in the shape of tortoise

Tang Dynasty

Length: 22.5cm　Width: 16cm　Height: 9.5cm

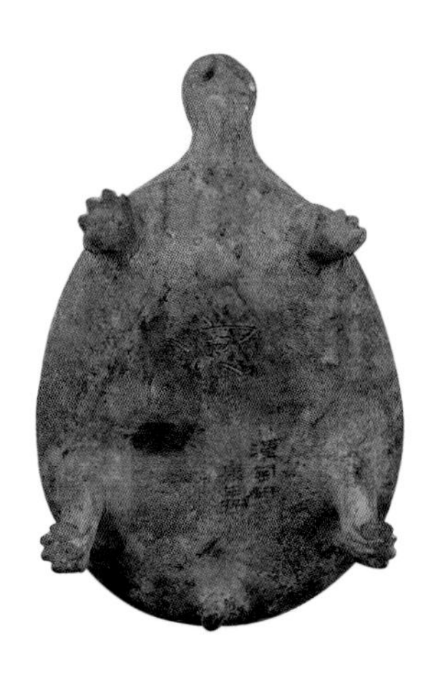

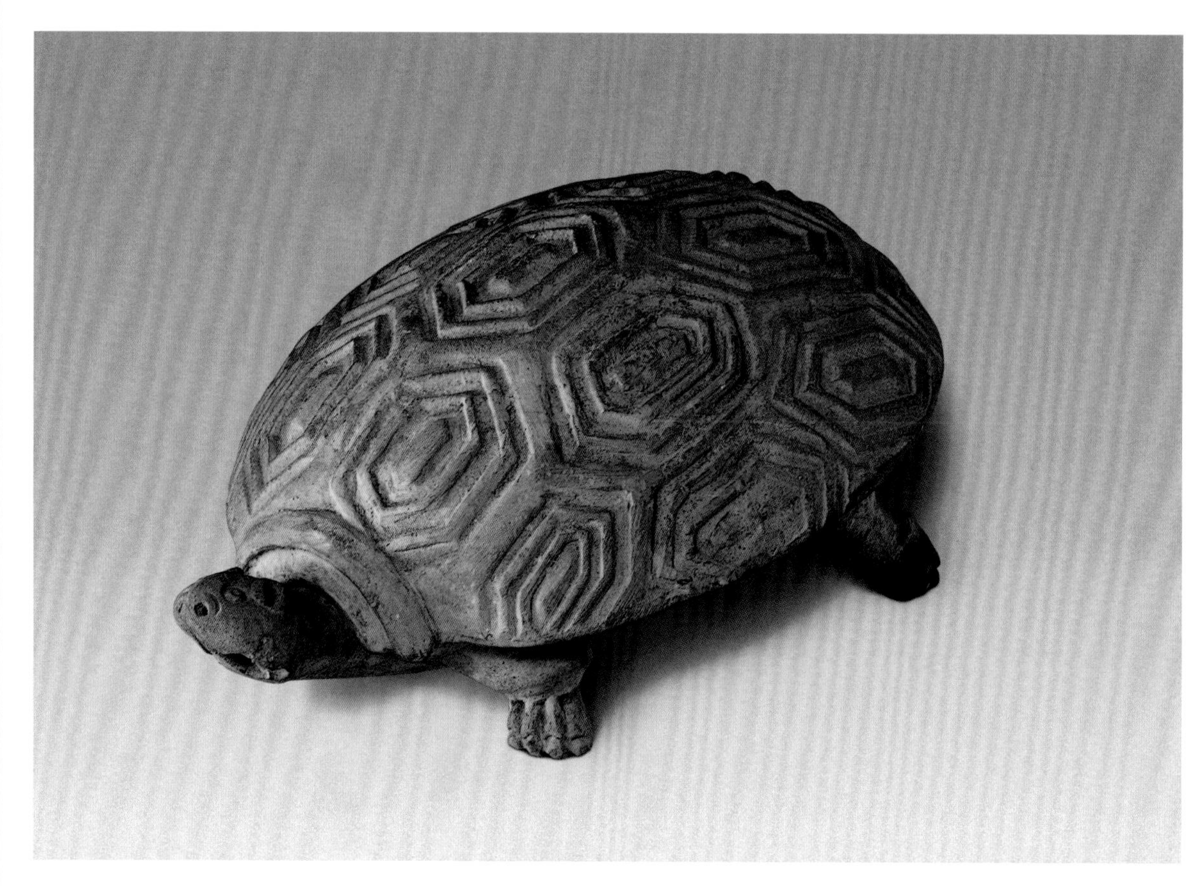

硯成龜形。背與腹分製，龜背為硯蓋，陰刻龜背紋，龜腹作硯體，中空作受墨處。腹底出龜之四肢，其前肢縮短，後肢伸長，使硯體前傾，研用時墨汁遂流淌至硯前端彙集，自然形成墨池。龜腹底部陰刻一“寅”字，應為製成批陶硯之編號。

此硯灰陶製，造型生動自然，龜首之鼻眼刻畫細膩、逼真。龜蓋與龜身扣合嚴實，足見燒造工藝精良。

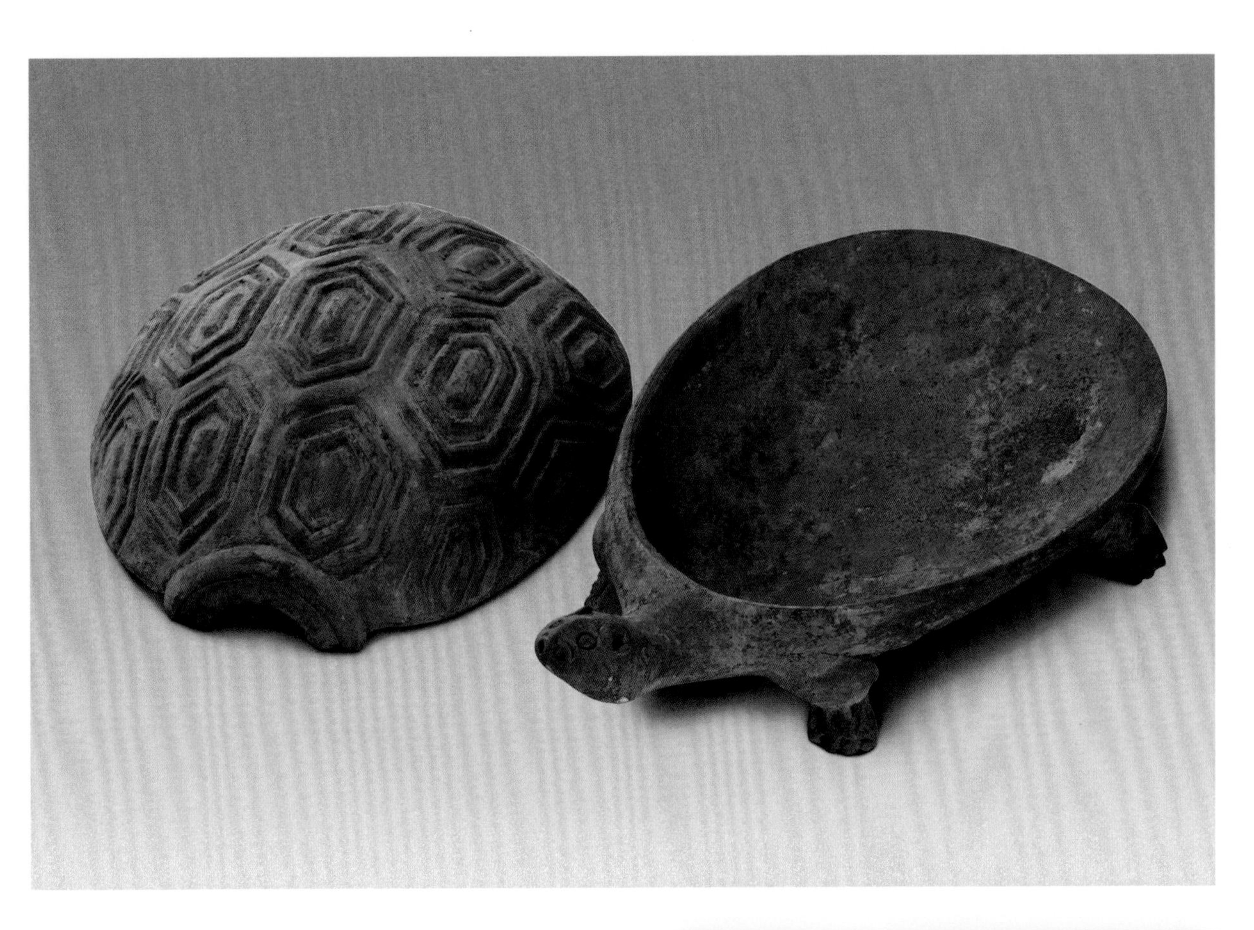

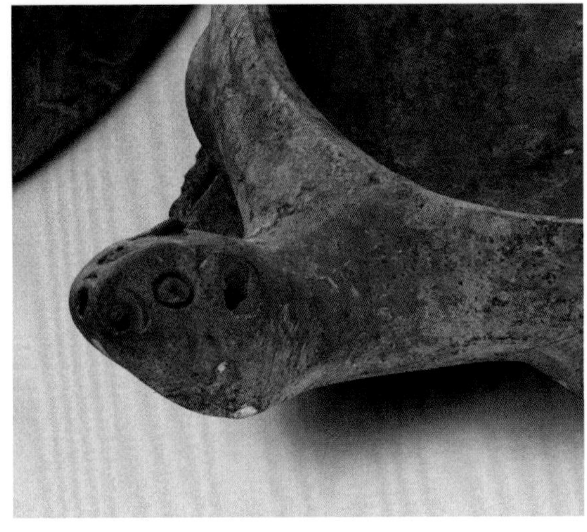

9

獸面二十二足辟雍陶硯

唐

徑34厘米　高15厘米

Pottery biyong inkstone engraved with animal mask patterns and 22 legs

Tang Dynasty

Diameter: 34cm　Height: 15cm

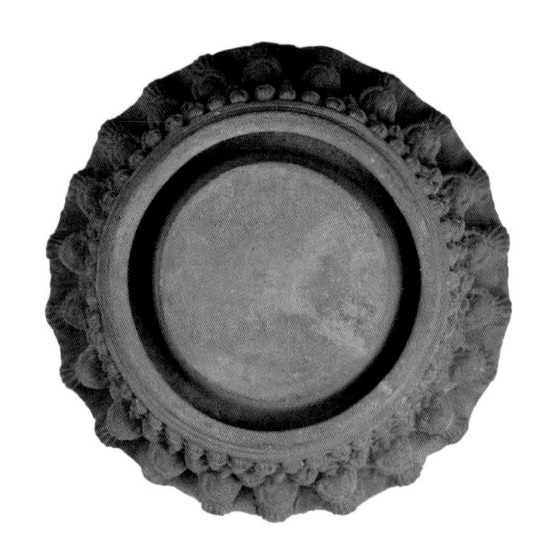

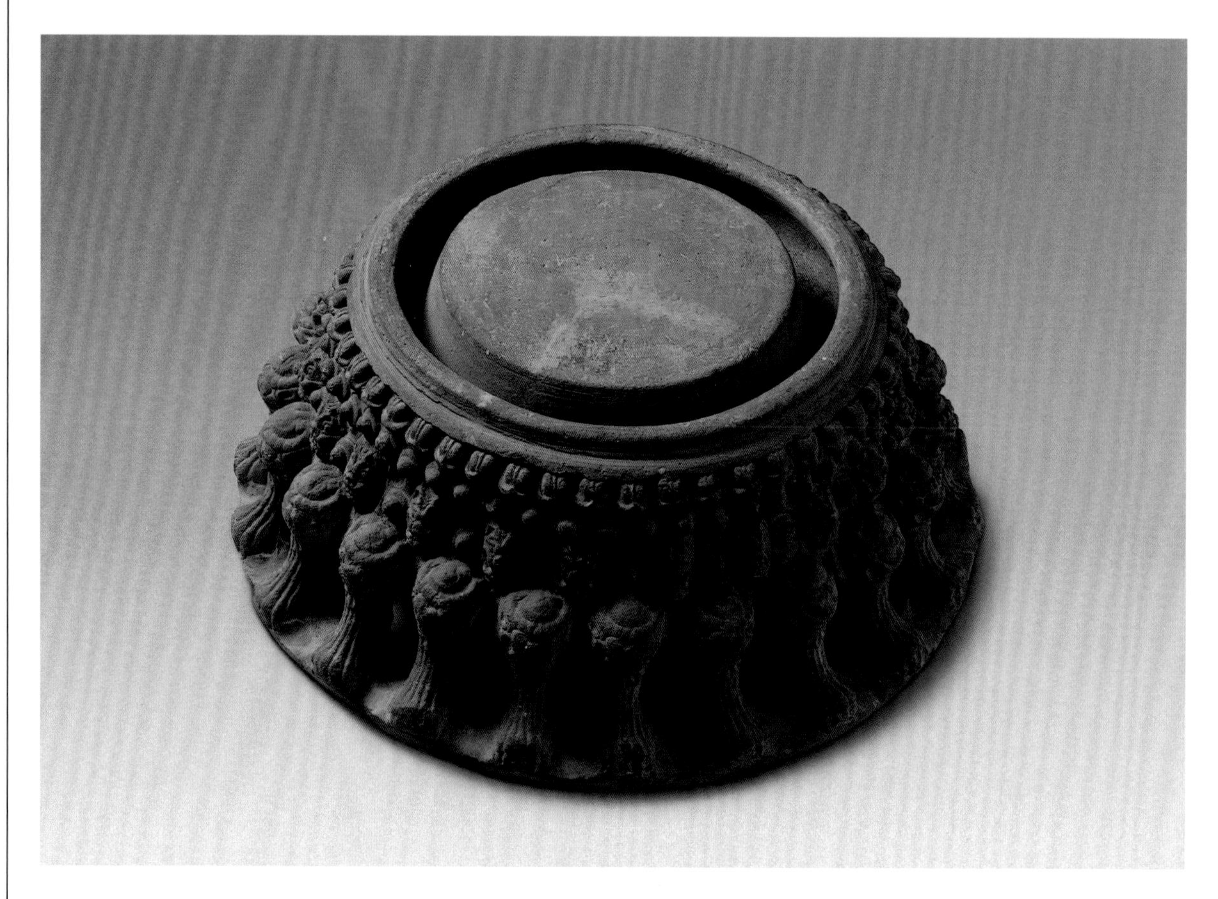

硯面中間為平面，環以一周硯池，作辟雍式。硯側為乳丁紋及花蕾紋，其下是凸雕獸面與乳丁紋相間排列一周，最下部為22根柱足，柱首為獸頭，柱底為獸足。

辟雍為西周天子所設太學，“取其四面周水，圜如璧　”，故名。圈足辟雍式和箕形（又稱風字形）為唐代硯最為常見的造型。此硯造型規整，花紋繁複，製作精細，應為盛唐時期製品。

10

青釉五連水丞硯

唐

口徑11厘米　足徑8厘米　高3.8厘米

Blue-glazed inkstone with five connected tiny pots for filling water

Tang Dynasty

Top diameter: 11cm　Bottom diameter: 8cm　Height: 3.8cm

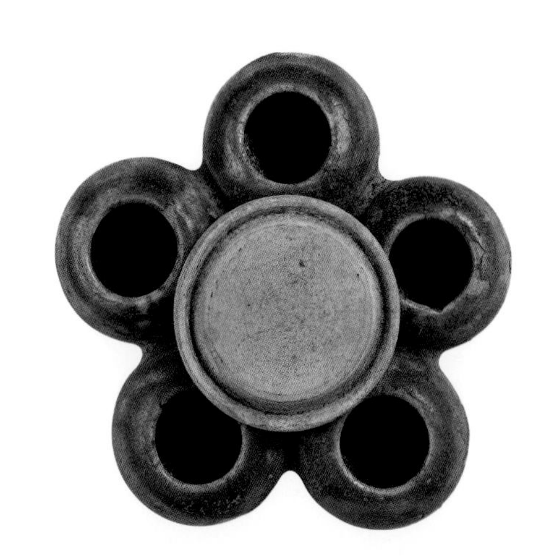

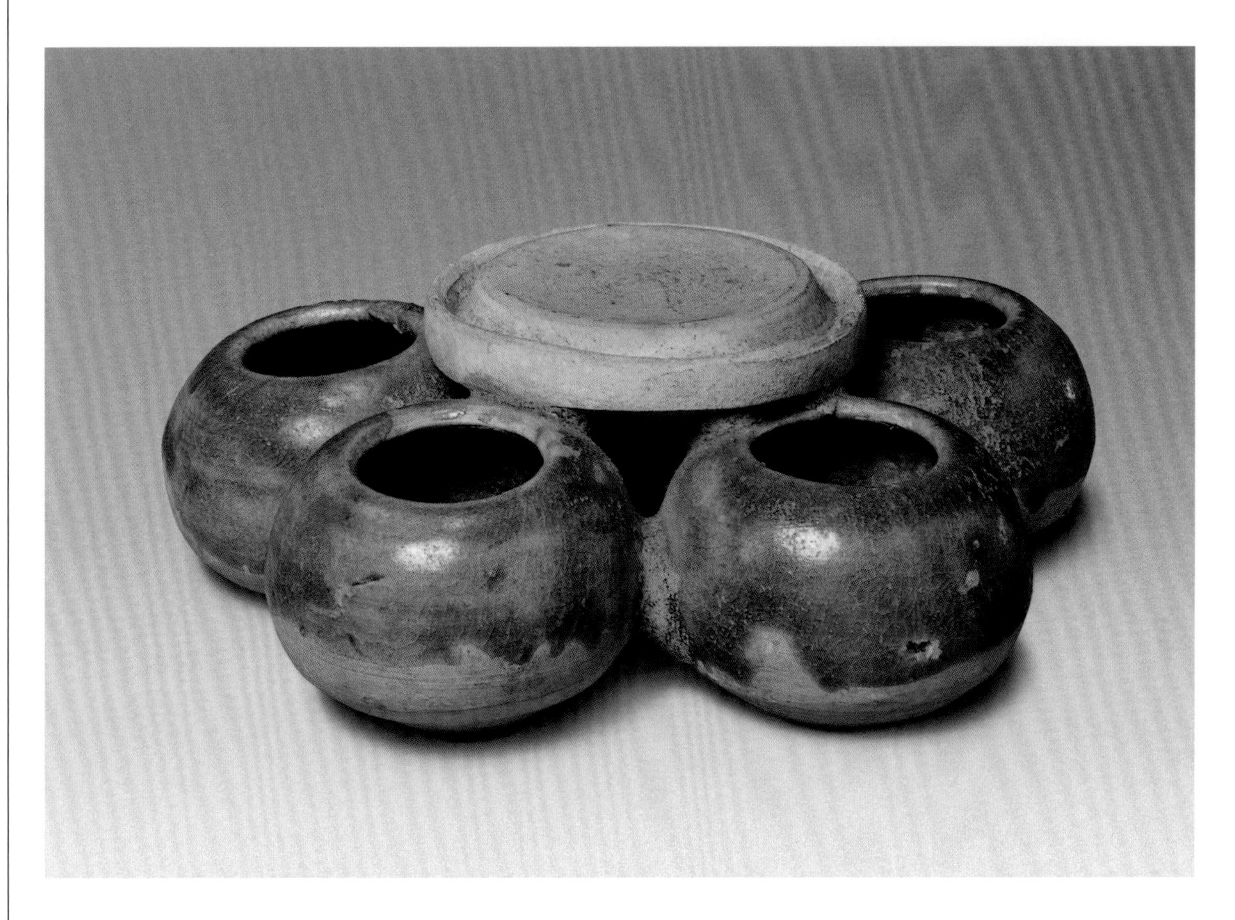

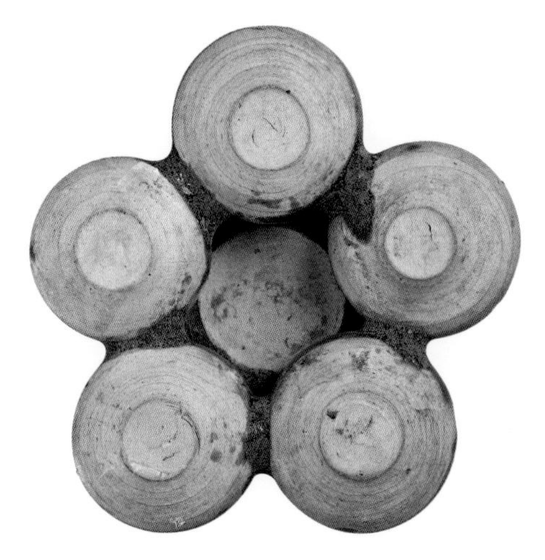

以五個相同的水丞相連，托起圓形硯盤。水丞斂口，圓腹，底平微凹，施青黃釉至半腹。露胎部分有明顯的旋痕。硯面平而光素，邊緣環以一周凹槽。

此硯精巧雅致，水丞與硯巧妙地結合在一起，在文房用具中實屬罕見。從胎與釉色看，應為唐長沙窰作品。

11

青釉蹄足辟雍硯

唐

口徑14厘米　足徑17厘米　高5.8厘米

Blue-glazed biyong inkstone engraved with 29 hoof-shaped legs

Tang Dynasty

Top diameter: 14cm　Bottom diameter: 17cm

Height: 5.8cm

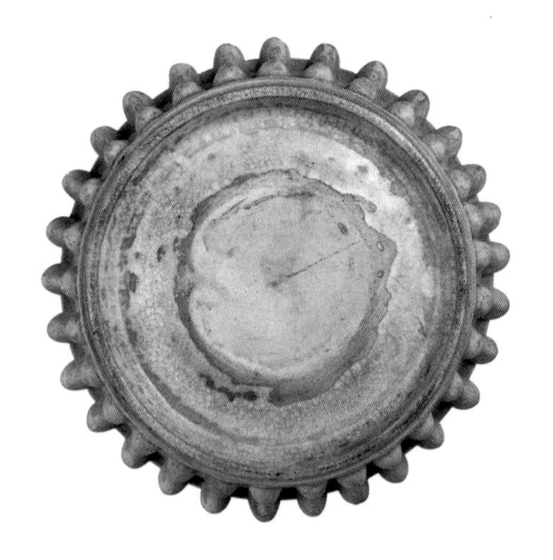

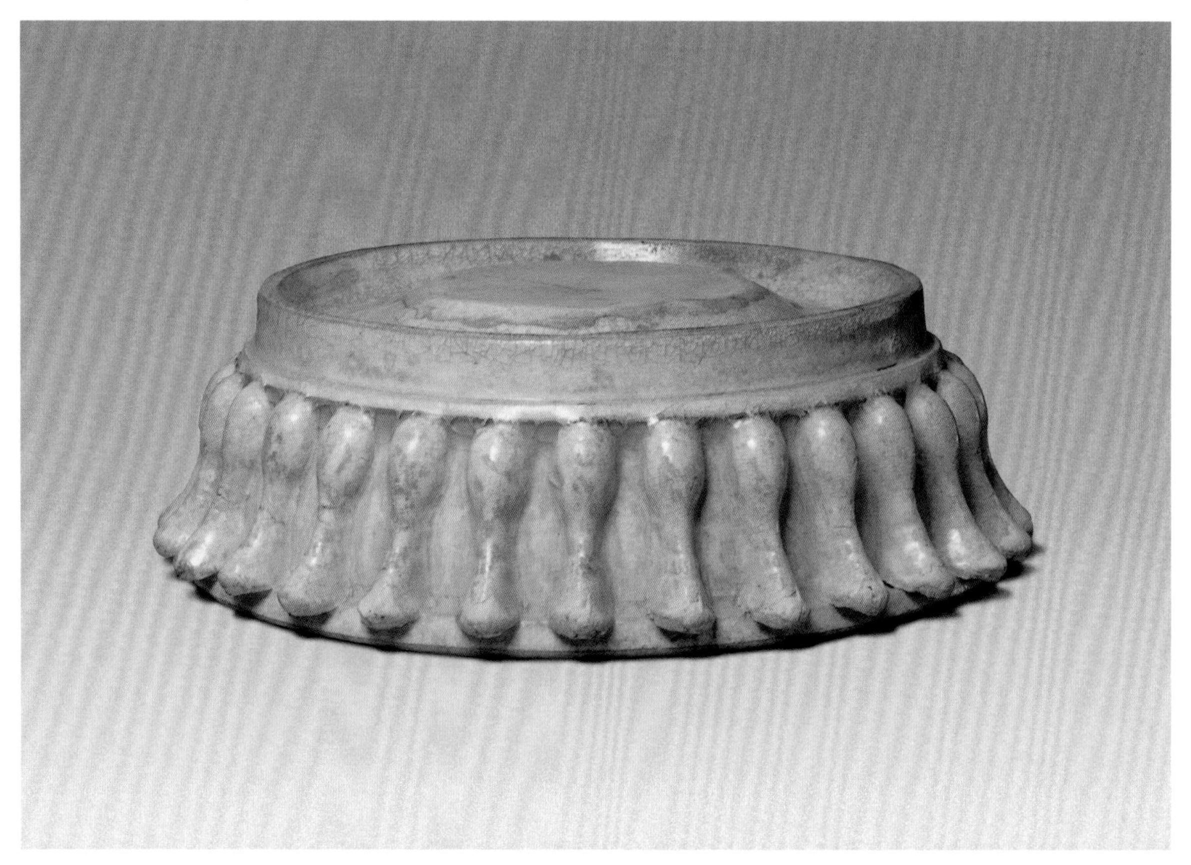

硯面中間凸起，四周圍以凹槽，用以貯存墨汁。高圈足，足壁密列一周29個蹄形足作裝飾。硯面無釉，露白胎，硯身飾青釉，開細小紋片，積釉處泛草綠色。

隋唐時期，瓷硯盛行，多足硯為主要硯式，有5足、7足，甚至更多，此硯就多達29足。唐代瓷硯以越州窰為多，岳州窰、邛窰等也有燒造。

12

青瓷辟雍硯

唐

口徑13.4厘米　足徑16.6厘米　高3.9厘米

Blue porcelain biyong inkstone

Tang Dynasty

Top diameter: 13.4cm　Bottom diameter: 16.6cm

Height: 3.9cm

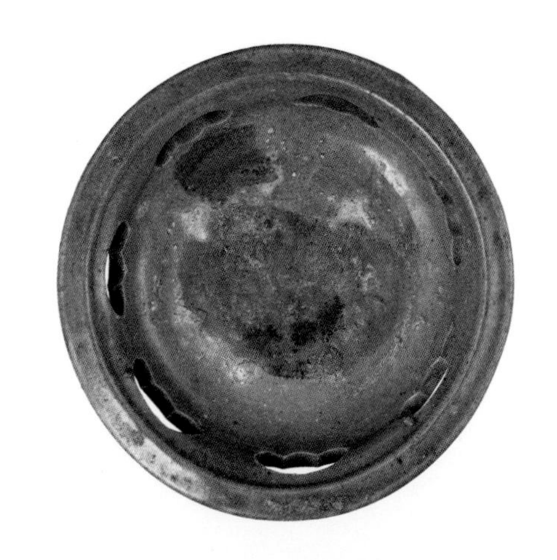

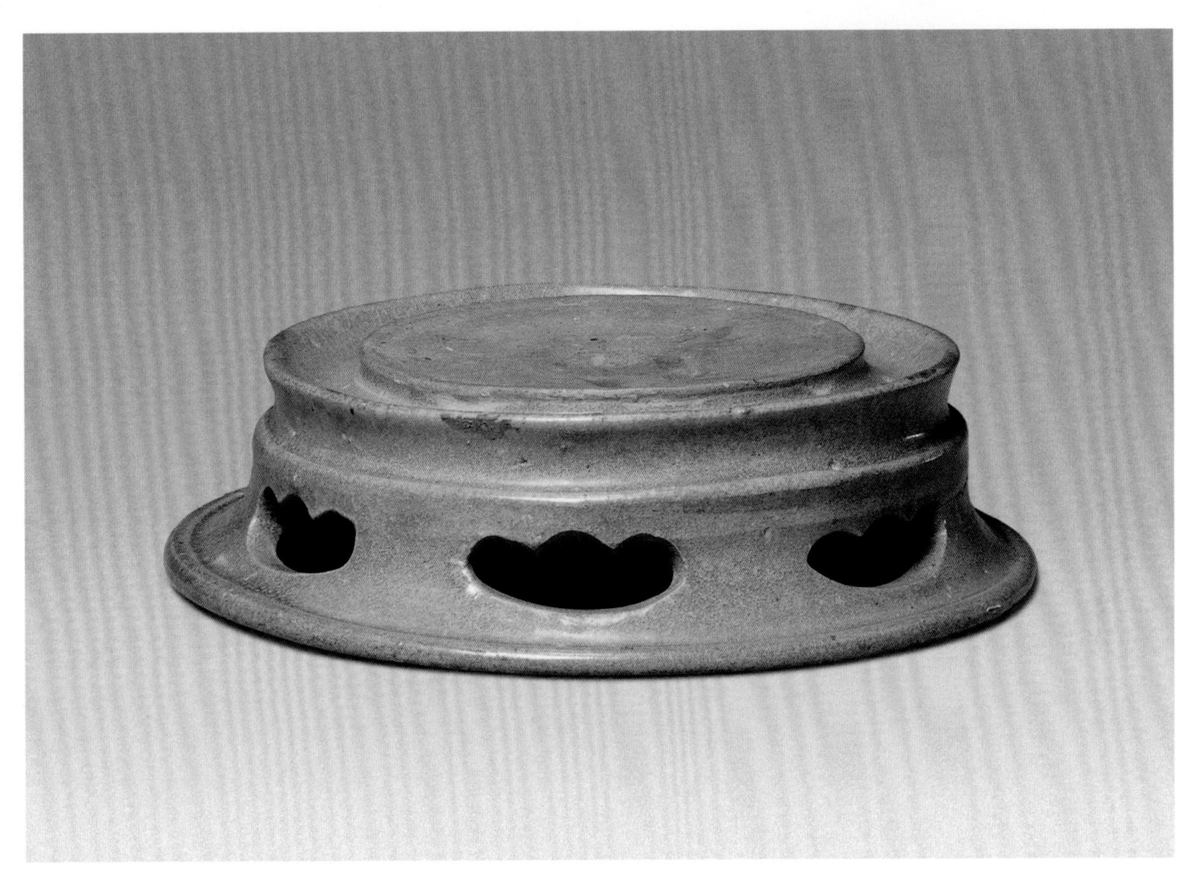

硯面平滑微凹，光素無釉，四周圍以凹狀水槽，作辟雍式。下承以外撇高圈足，足壁透雕7個銀錠形開光，頓增靈秀之感。通體施青釉。

唐代製瓷業興盛，瓷硯流行，以越州窰為多，此硯為典型的越窰青瓷硯。

13

澄泥天策府製風字硯

唐

長33.5厘米　寬26.3厘米　高5.9厘米

Chengni[1] inkstone in the shape of the character feng with characters Tian Ce Fu Zhi inscripted at the back

Tang Dynasty

Length: 33.5cm　Width: 26.3cm　Height: 5.9cm

(1) Fired silt from riverbed.

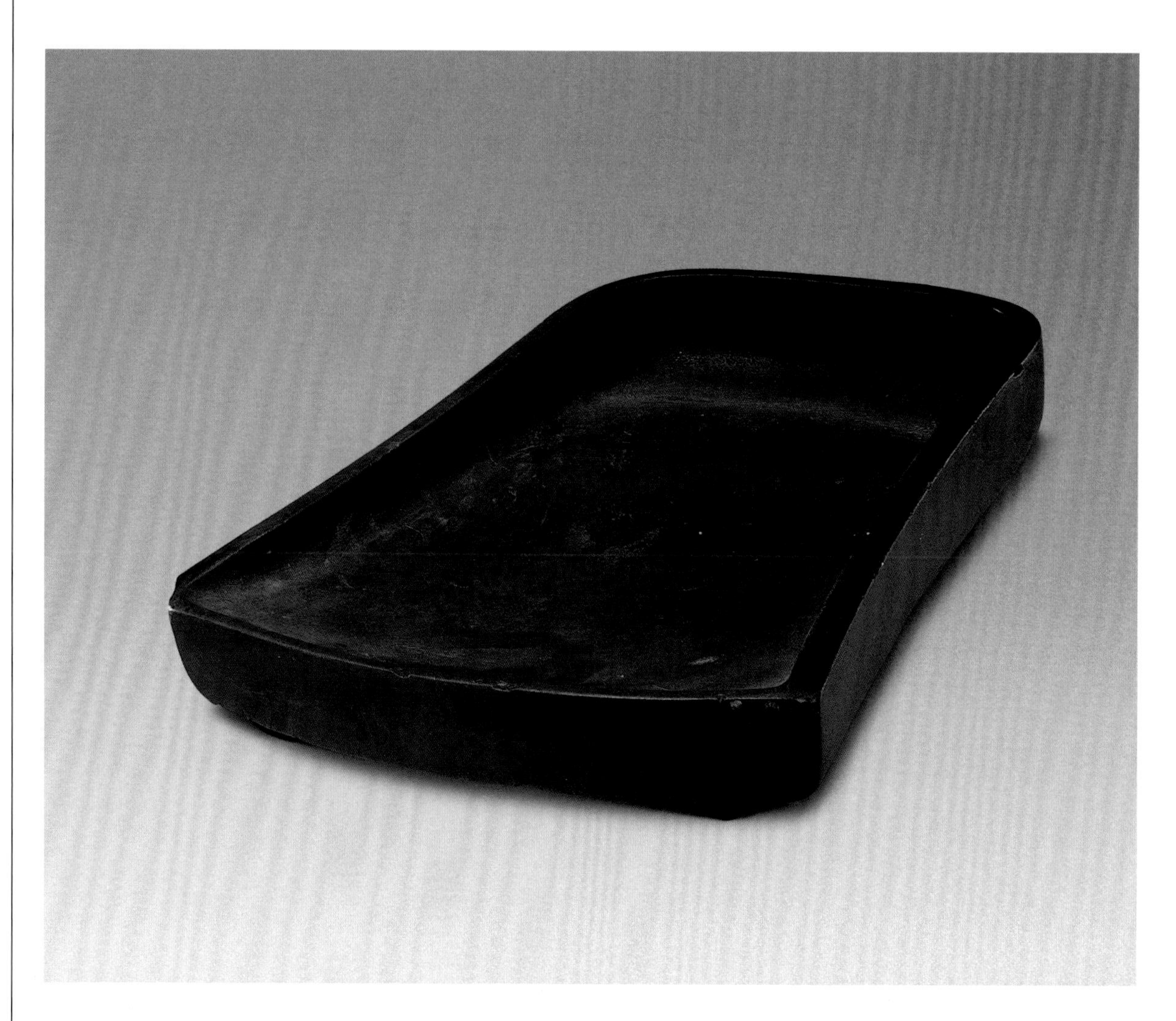

兩直緣對稱外撇，呈風字形。硯面四周起框，上端稍凹進以貯墨，其餘部分為受墨處。硯背出三足，中間陰刻行書“唐天策府製”。

“天策”本為星宿名，唐初，太祖李淵因其子李世民立國有殊功，封之為“天策上將”，准其開建府署，稱“天策府”。此硯或天策府設坊自製，或定製於其他硯坊。澄泥硯，即以河泥燒製，質地似瓦，堅硬耐用，發墨細潤，貯墨、貯水耐久，與端硯、歙硯、洮河硯並稱四大名硯。唐代澄泥多取自河南虢州與山西絳州之河泥，在本地或運往外地加工，造硯工藝繁複。此硯形體巨大，色紫中泛黃，其質地堅硬如石，細潤如玉。

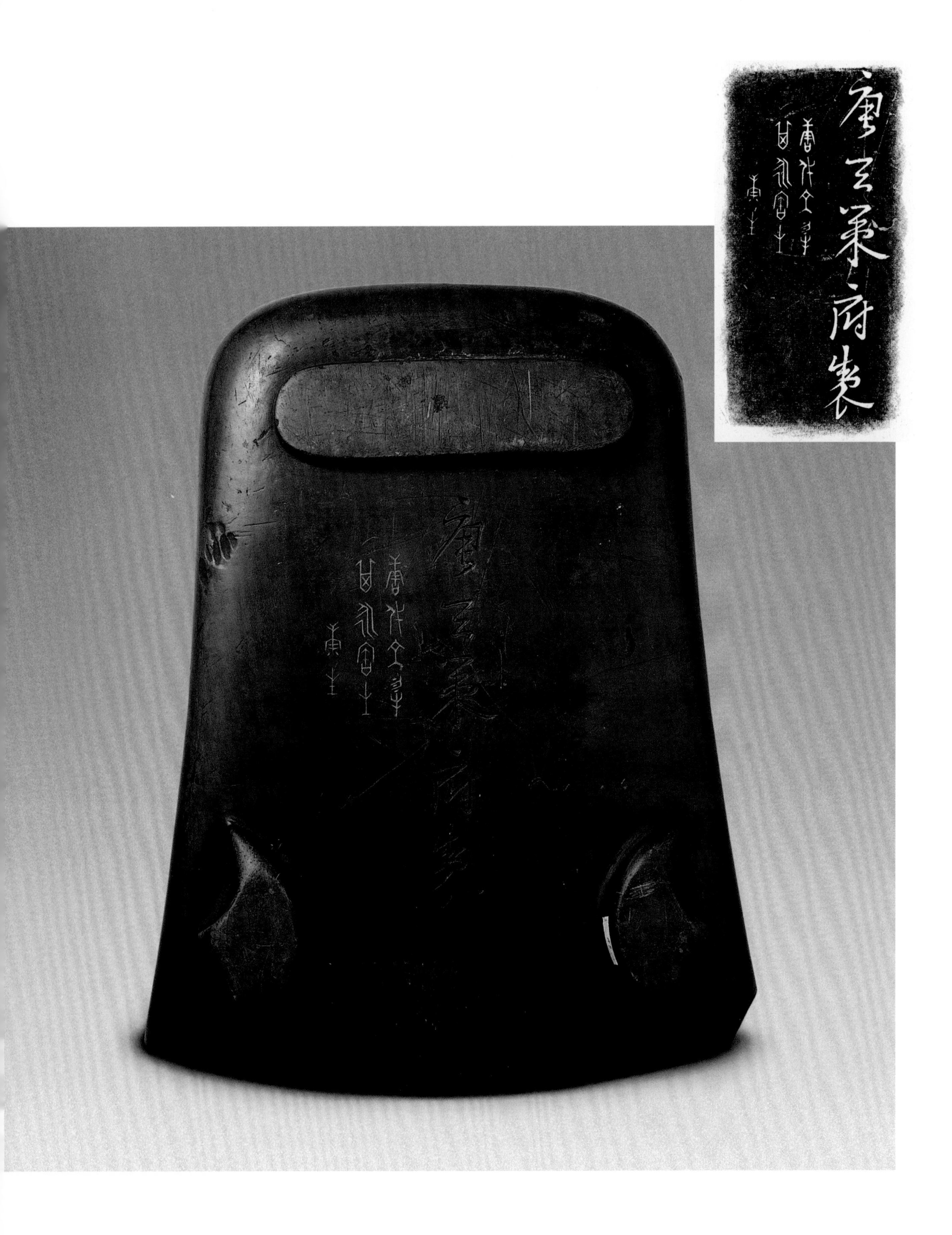

14

端石六十三柱海水紋抄手硯

宋

長27厘米　寬16.3厘米　高8.5厘米

Chaoshou[2] Duan[3] inkstone with 63 pillars and seawater patterns

Song Dynasty

Length: 27cm　Width: 16.3cm　Height: 8.5cm

(2) Inkstone with its back hollowed so that it is easy to be moved by hand.

(3) Duanxi in Fujian Province.

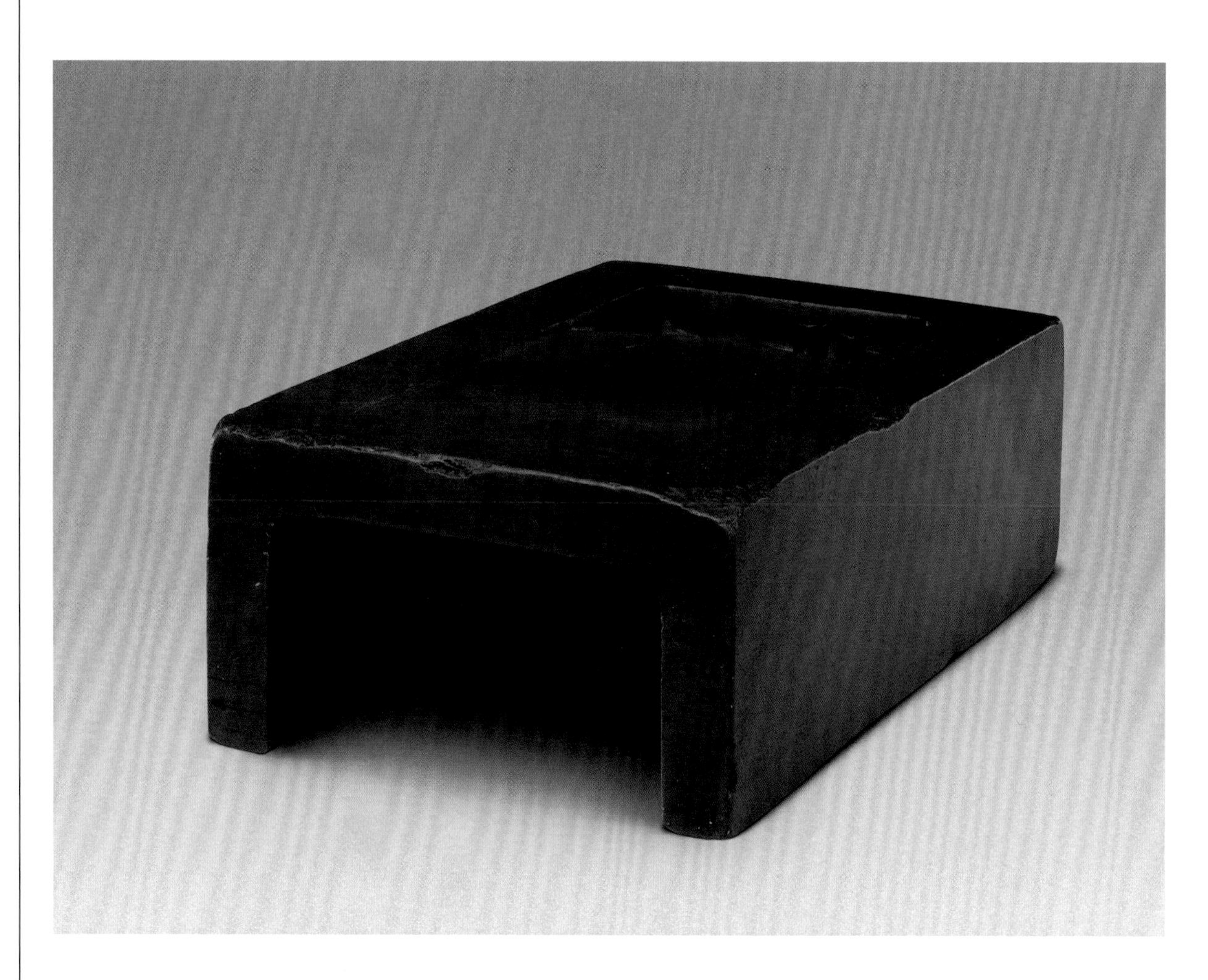

硯面開斜坡式硯堂，一端深凹落潮式硯池，池內有石眼8個，雕出石柱，柱下雕有流雲。邊緣平線陰刻海浪紋，間有海馬、海獅等出沒。硯背有63個石眼，雕出參差羅列的石柱。

端石為四大名硯之首，產於廣東肇慶，肇慶古稱端州，故名。其石質細膩、滋潤，發墨不損毫，自然生成的花紋很多，以透明晶瑩的石核——石眼，最為珍貴。此硯面有青花、蕉葉白等紋理，再加之數十個青、綠、黃色石眼，為稀世珍品。

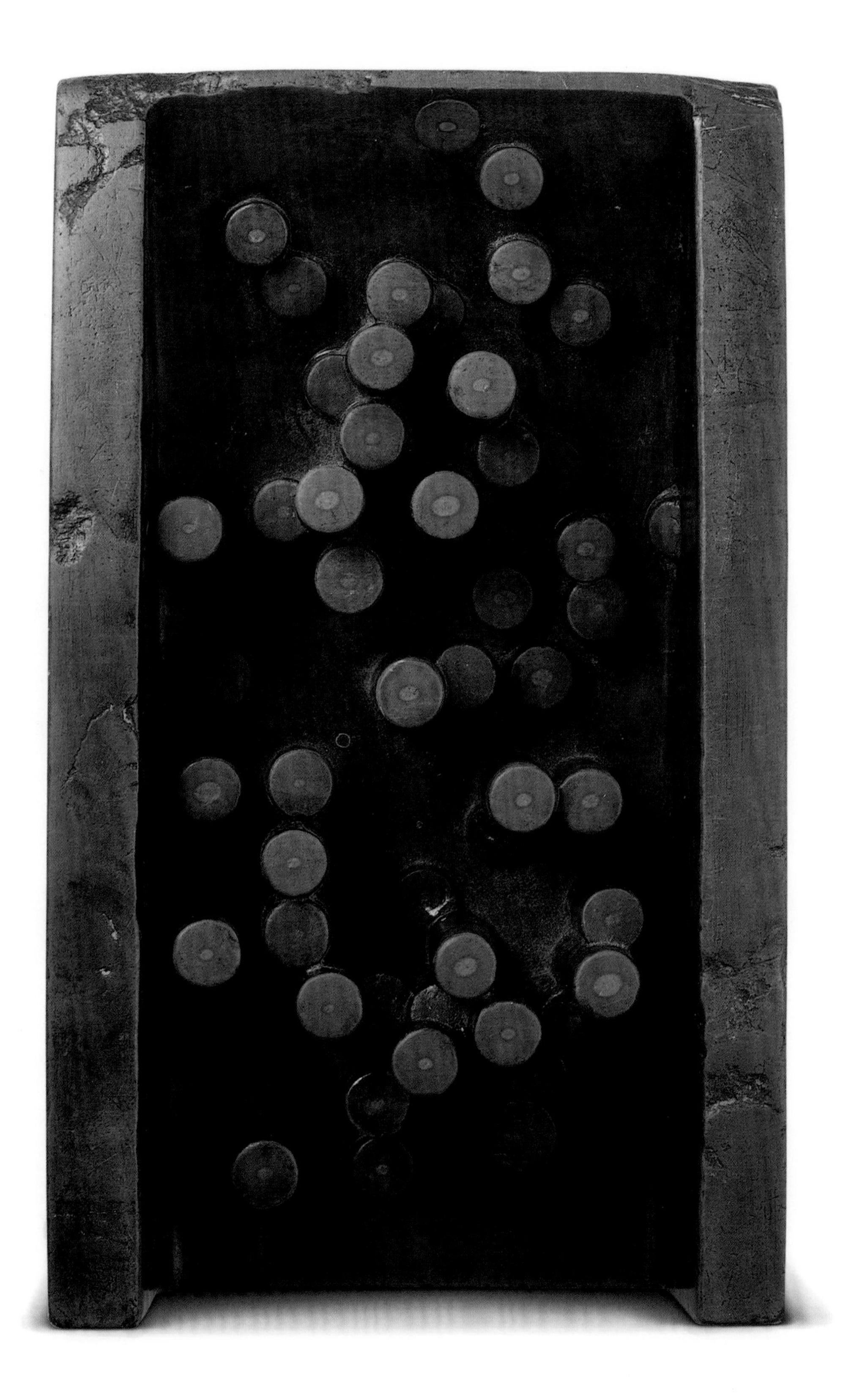

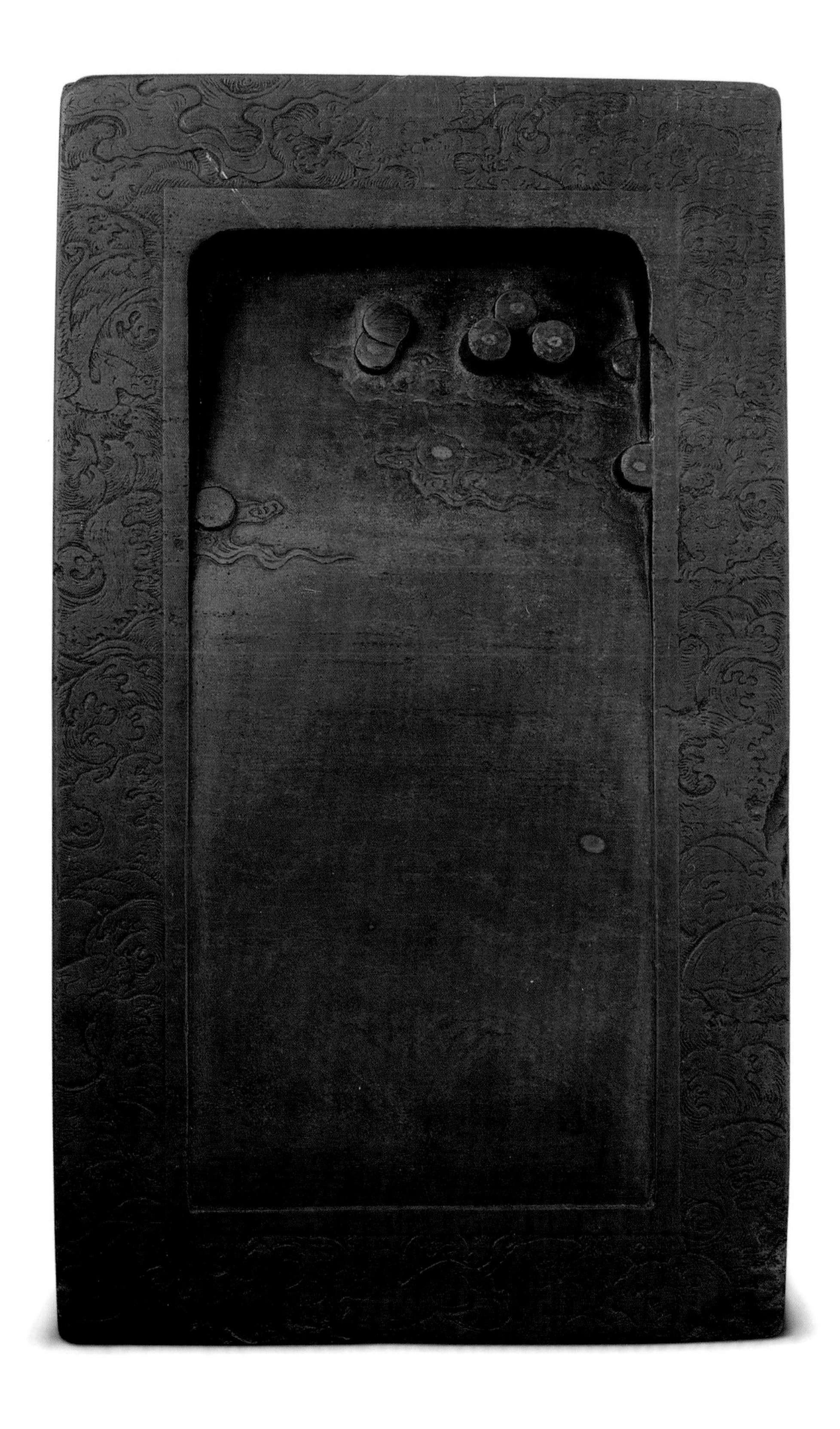

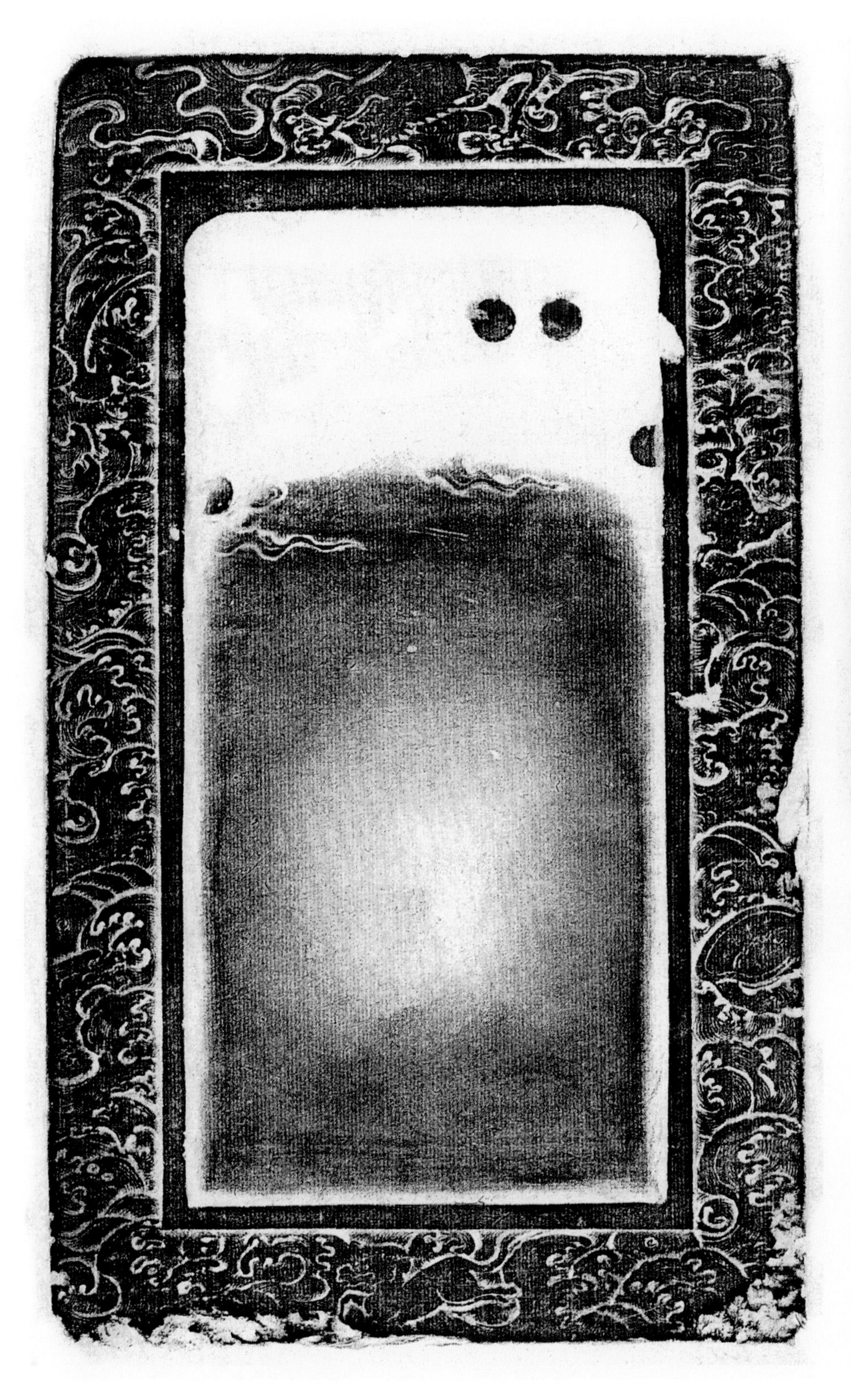

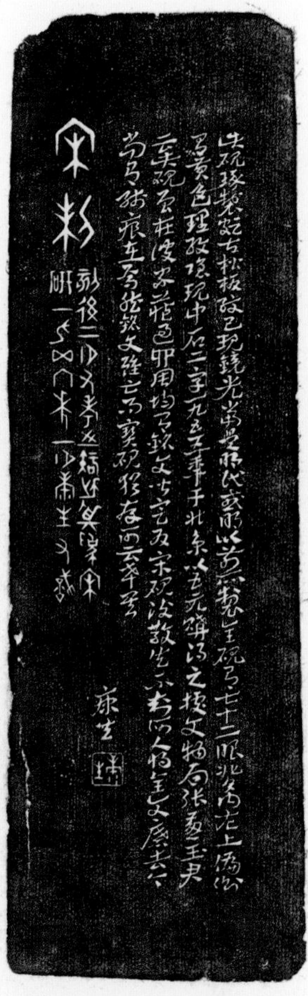

康生

15

端石蟾紋硯
宋
長19.8厘米　寬12厘米　高6.5厘米
清宮舊藏

Duan inkstone engraved with a toad pattern
Song Dynasty
Length: 19.8cm　Width: 12cm　Height: 6.5cm
Qing Court collection

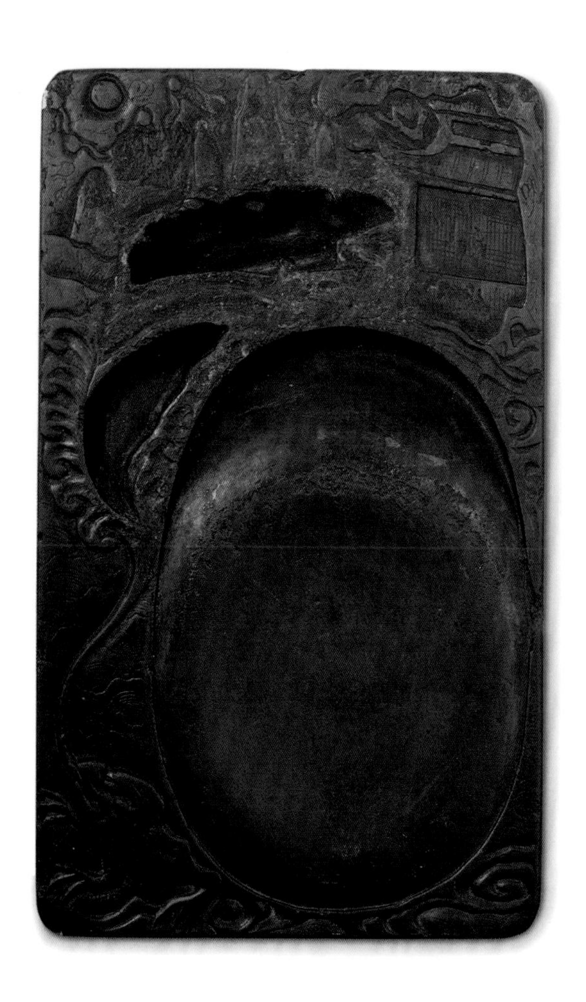

橢圓形硯堂，落潮式硯池。硯面雕蟾紋，及雲形、葉形水池。硯側分別雕飾海馬、魚、象、牛四種動物紋。硯背深凹，四邊起框，陰刻蕉葉紋。

此硯石厚重，石質較粗，雕工簡略，為宋硯特點。

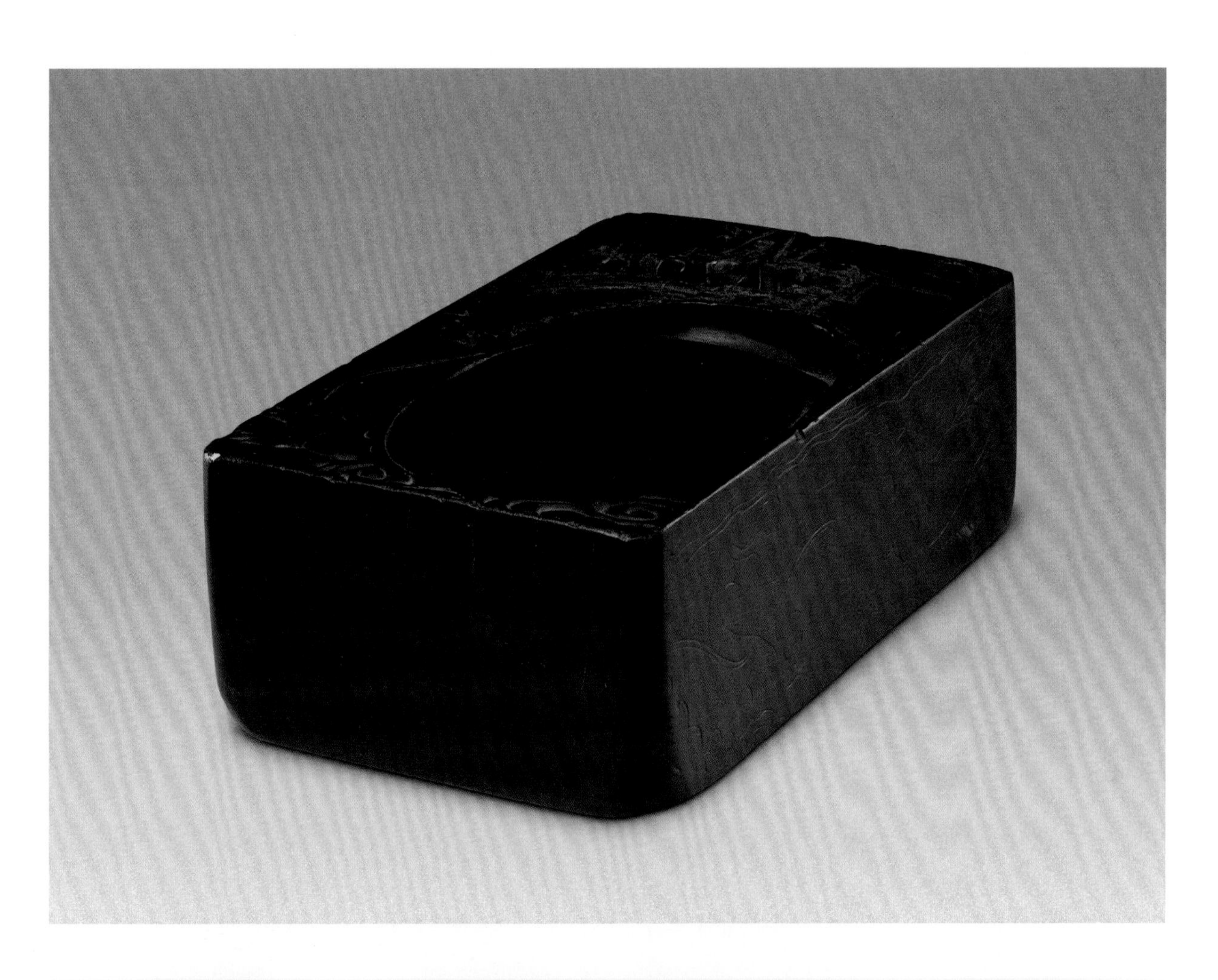

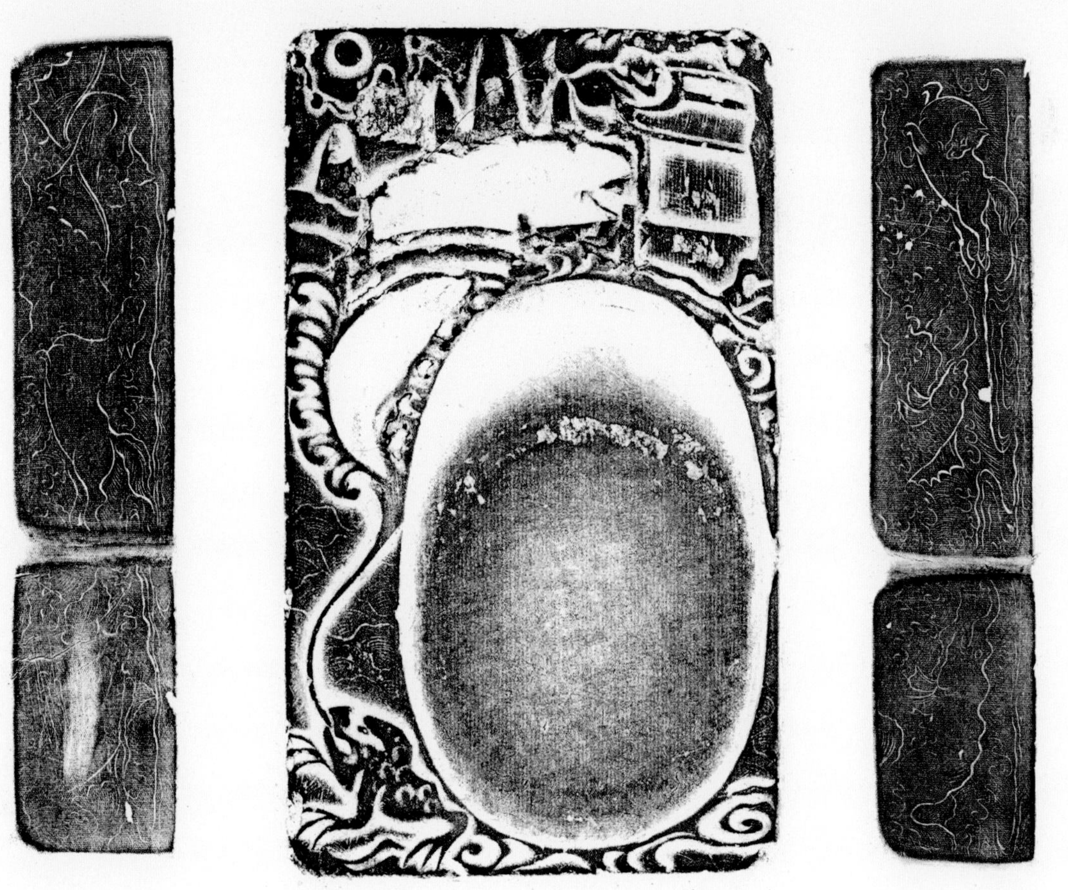

16

歙石抄手硯
宋
長24.3厘米　寬14.8厘米　高6.4厘米

Chaoshou She[4] inkstone
Song Dynasty
Length: 24.3cm　Width: 14.8cm　Height: 6.4cm

(4) Shexian County, Anhui Province.

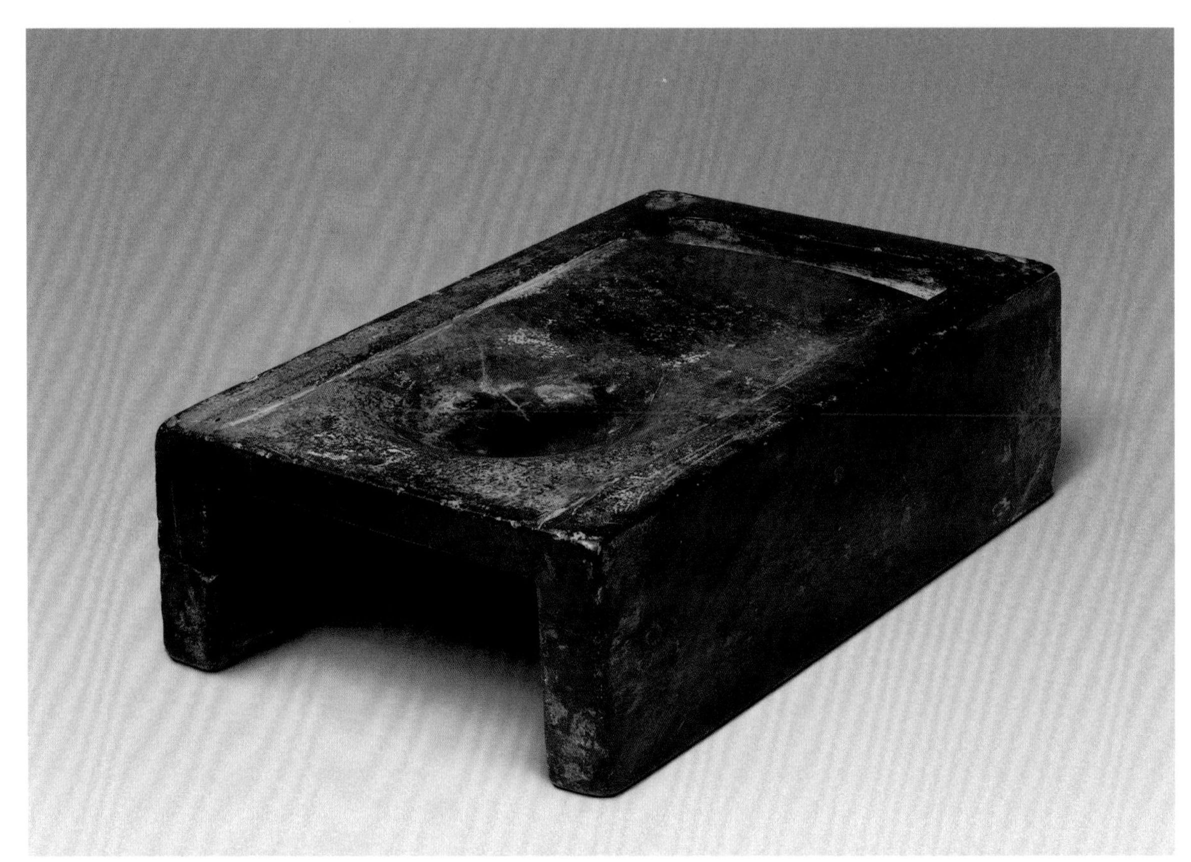

長方抄手式。硯池呈“眉”形，深而陡直，兩上角成弧線。硯堂有一處圓形深凹，為研墨磨損所致。

歙石產於歙州（今安徽歙縣），石質堅韌、潤密，紋理美麗，敲擊有金屬聲，發墨如油，不傷毫，四大名硯之一。此硯面上刷絲紋理斜向而生，至兩側轉折延伸，自然天成，為難得石品。抄手式是指硯背開斜通式深槽，可以手抄之，體輕，便於移動，源於五代，宋代流行。

17

澄泥風字硯

宋

長13.4厘米　寬8.8厘米　高2.8厘米

Pure Mud made inkstone in the shape of the character feng

Song Dynasty

Length: 13.4cm　Width: 8.8cm　Height: 2.8cm

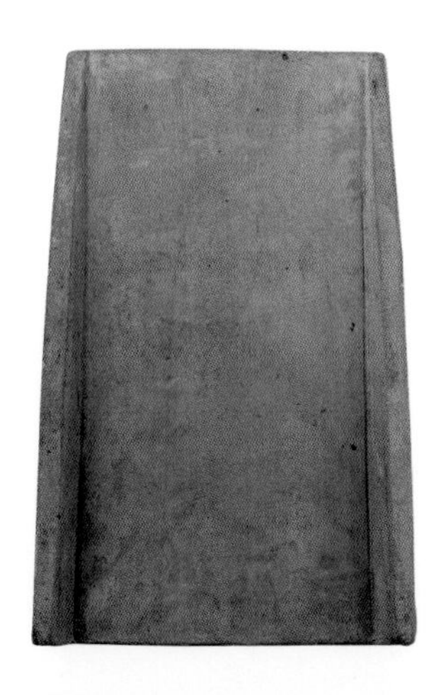

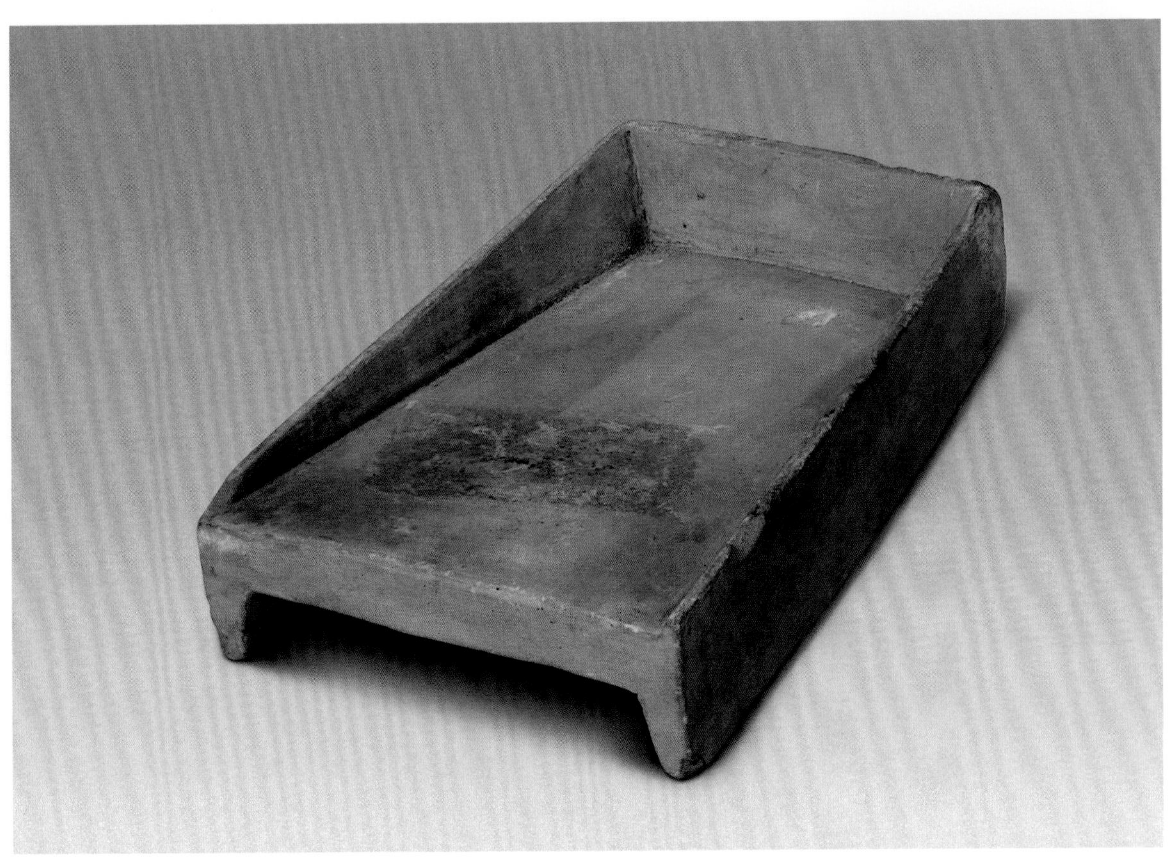

硯面呈風字形，硯堂前低後高，低處狹深稱落潮式硯池。硯背面為斜坡式槽，前端和兩側留邊相連，三邊如足，平整着地，手可插入，便於移動。

18

澄泥皇祐元年款風字硯

宋

長7.6厘米　寬5.7厘米　高2.9厘米

Pure mud made inkstone in the shape of the character feng with inscriptions Huang You Yuan Nian

Song Dynasty

Length: 7.6cm　Width: 5.7cm　Height: 2.9cm

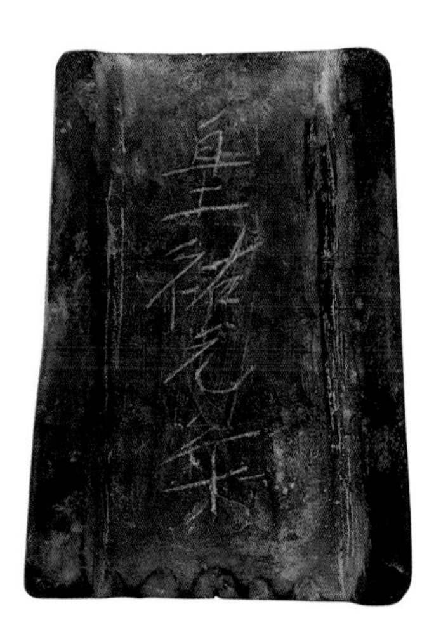

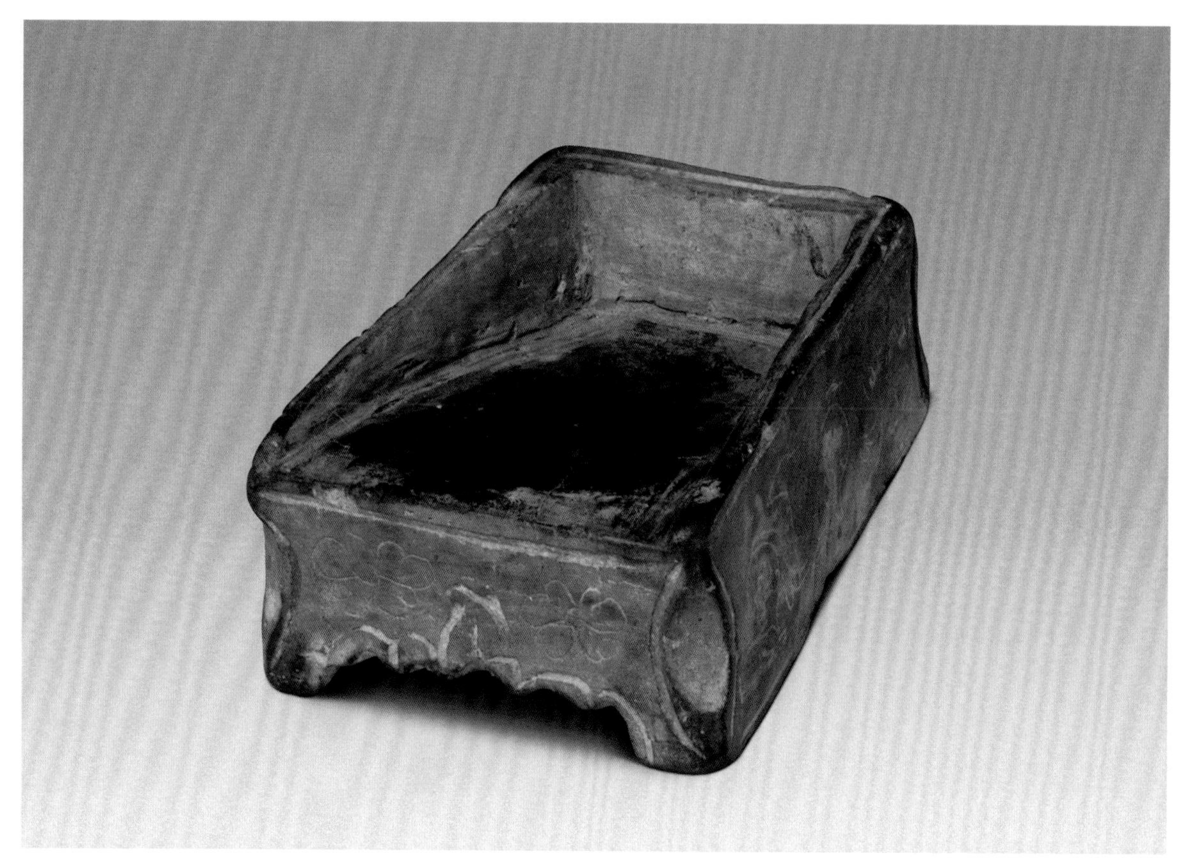

硯面呈風字形，前高後低，一端狹深成硯池。硯側四面刻纏枝蓮紋。硯背有凹槽，兩邊起邊框，中間行書刻款“皇祐元年（1049）”。

此硯製作較粗糙，但有明確紀年，亦為難得。

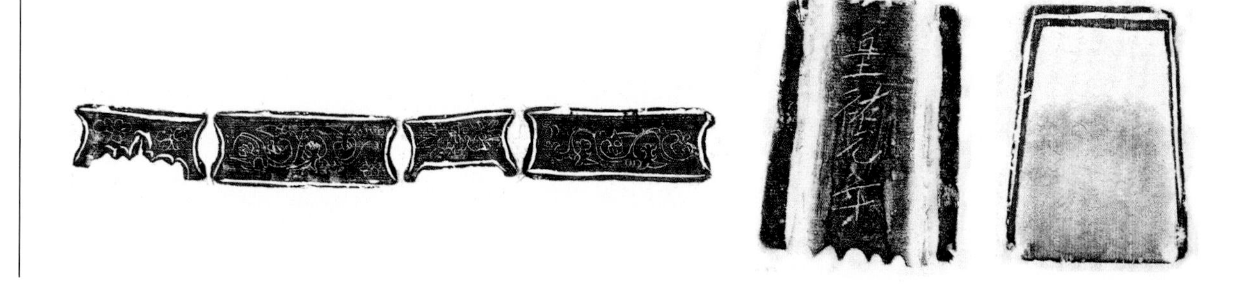

19 洮河石蘭亭修禊圖硯

宋

長22.4厘米　寬13.5厘米　高6.8厘米

Taohe inkstone engraved with the scene of Xiuxi (an ancient water festival to exorcise evil) held in the Orchid Pavilion

Song Dynasty

Length: 22.4cm　Width: 13.5cm　Height: 6.8cm

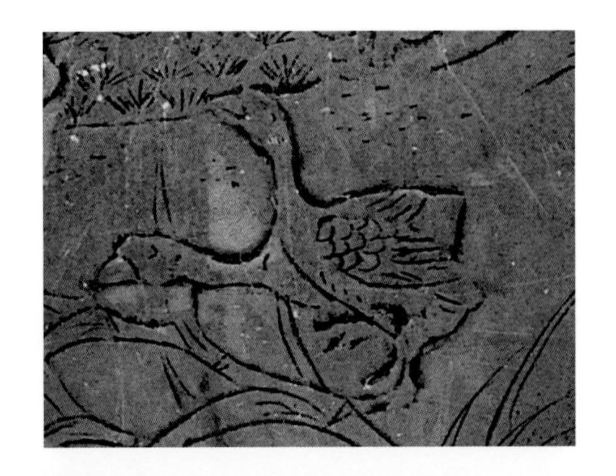

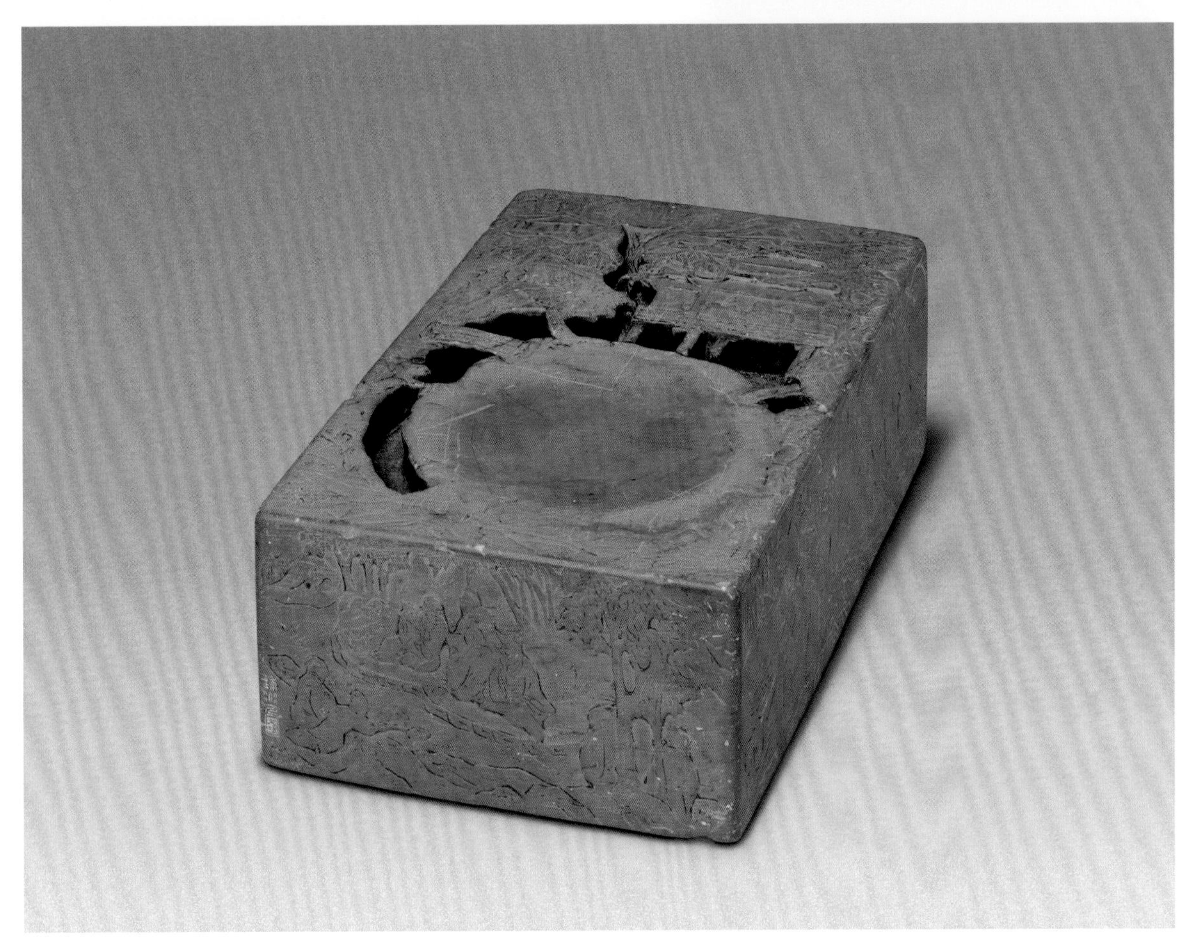

硯面及四側面淺浮雕蘭亭修禊圖，描繪了東晉永和九年（353年）王羲之同謝安等41人在會稽蘭亭行“修禊”之禮時的場景，王羲之的著名法帖《蘭亭序》便記述了這次盛會的情形。硯面雕刻蘭亭景色，以曲水作墨池，池間以小橋相連，巧妙而得體，下方寬闊平坦處則為硯堂。四側壁刻環景修禊圖。硯背覆手呈斜坡狀，雕浴鵝圖，羣鵝嬉戲於水中、岸上。一側面陰刻篆書“逋道人”，鐫“元口”印。

洮河石產於甘肅南部臨潭縣洮河，石色碧綠，有紋理，為四大名硯之一。逋道人名吳拭，字去塵，明末清初安徽休寧製墨家。此硯石質細膩，呈豆綠色，為宋硯，曾由吳拭珍藏。

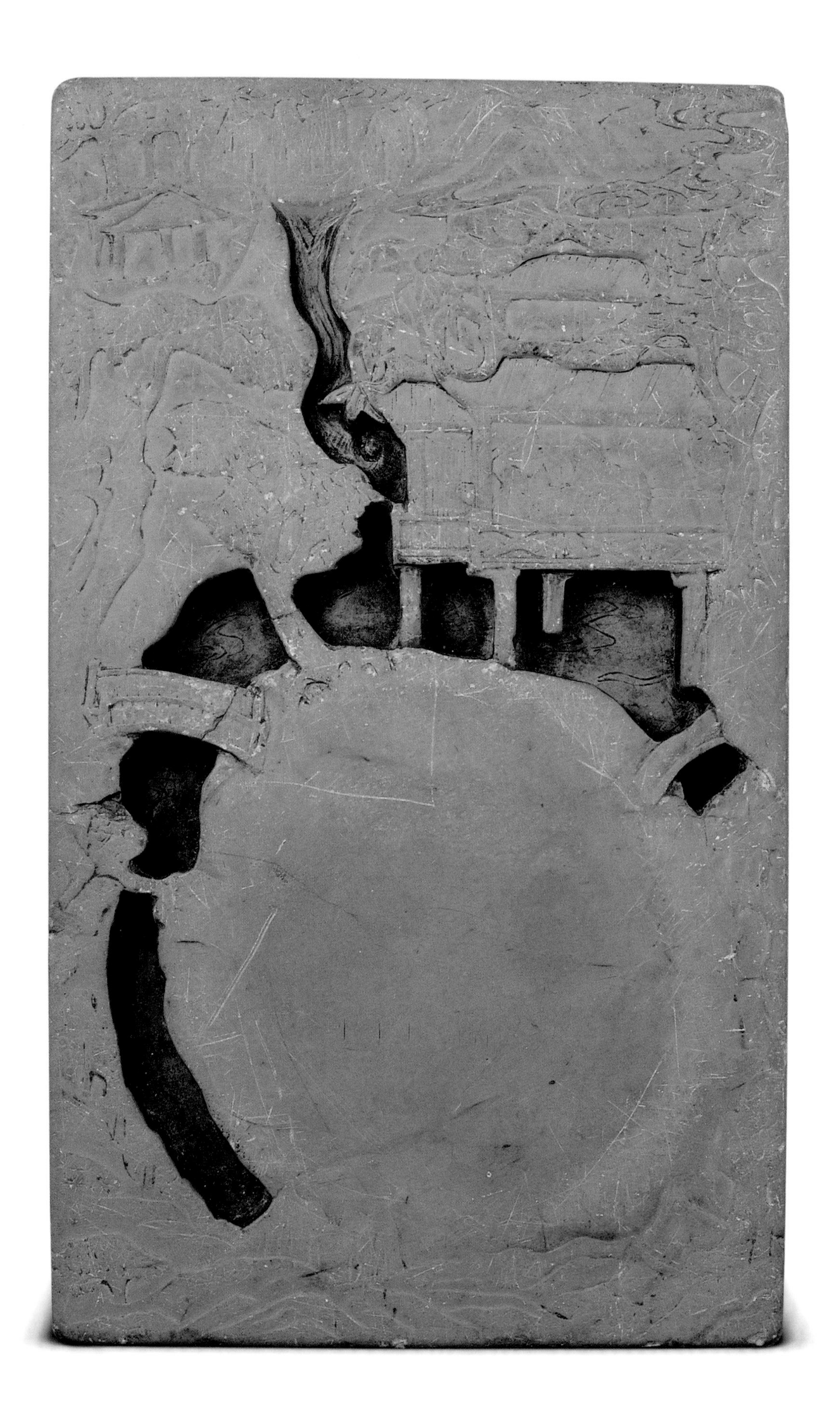

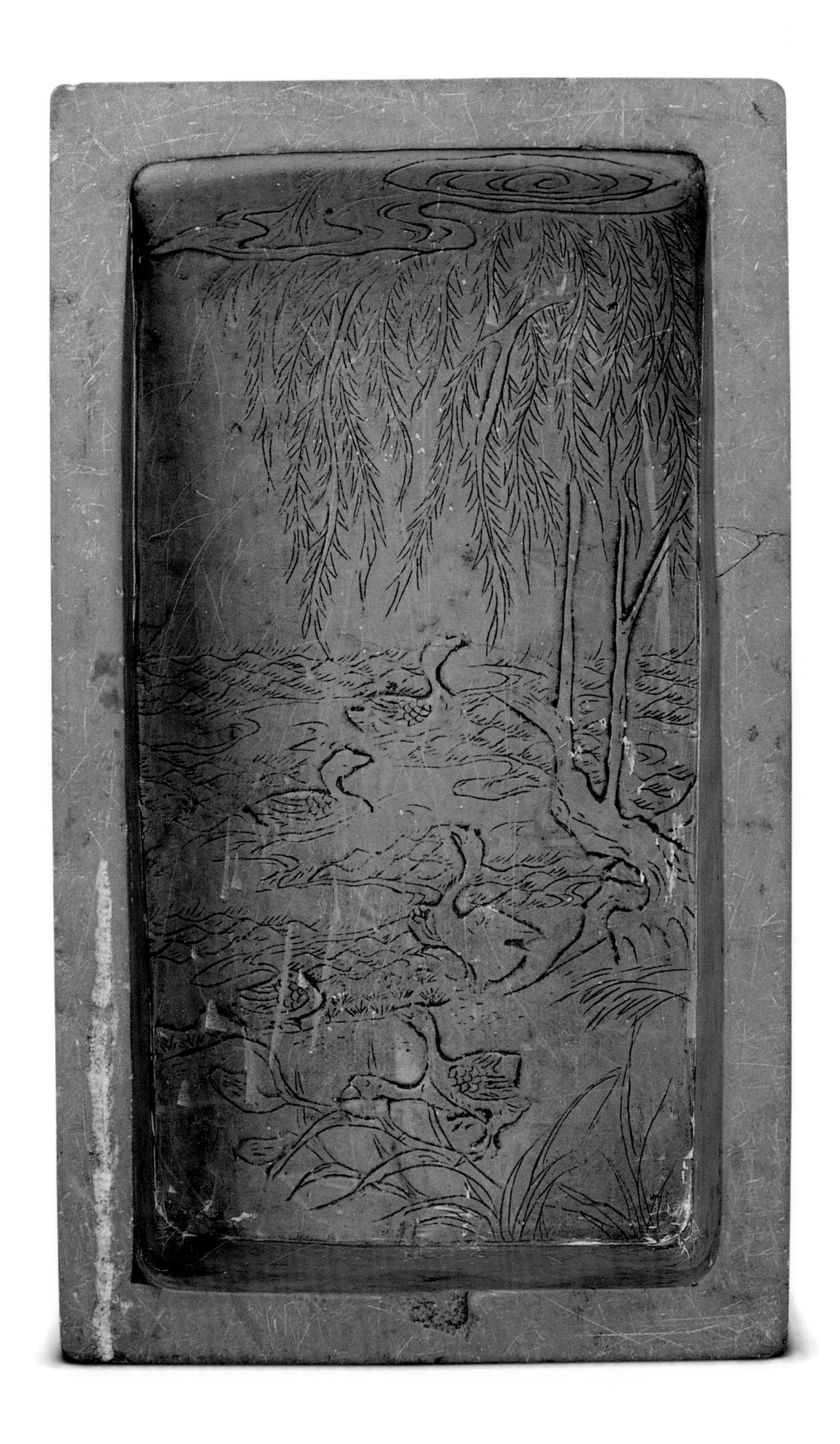

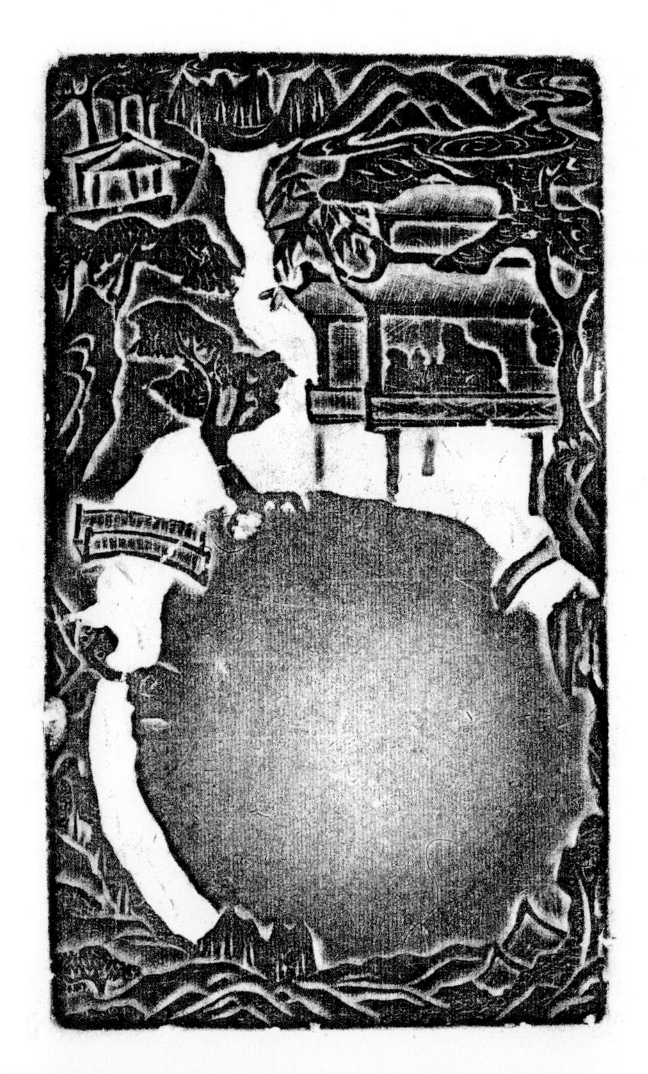

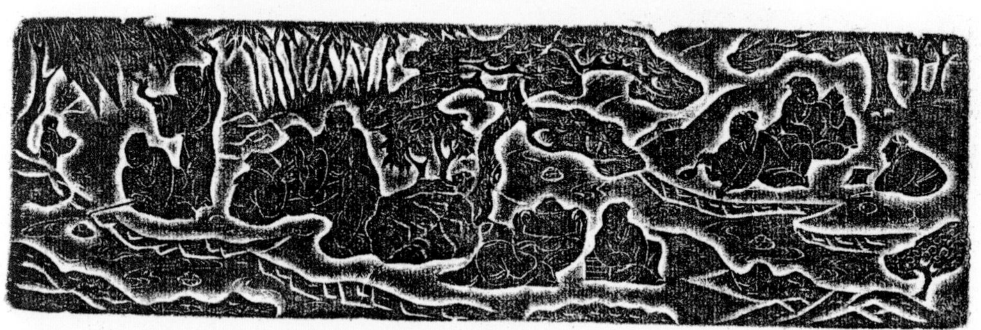

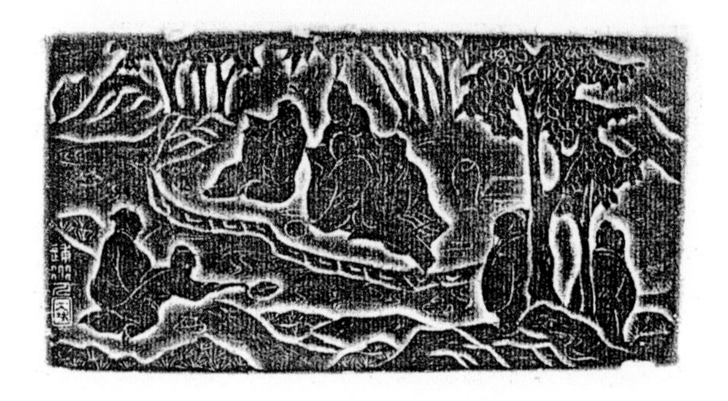

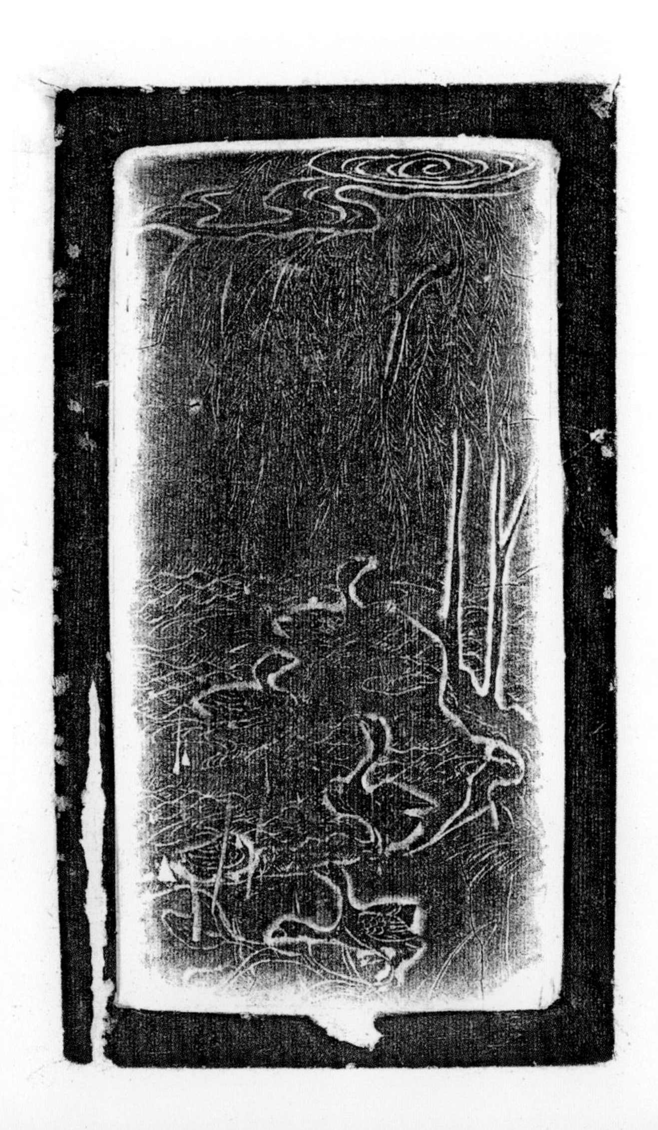

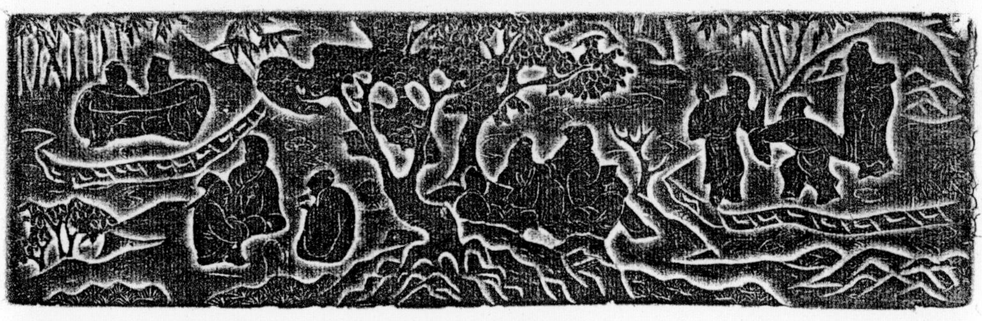

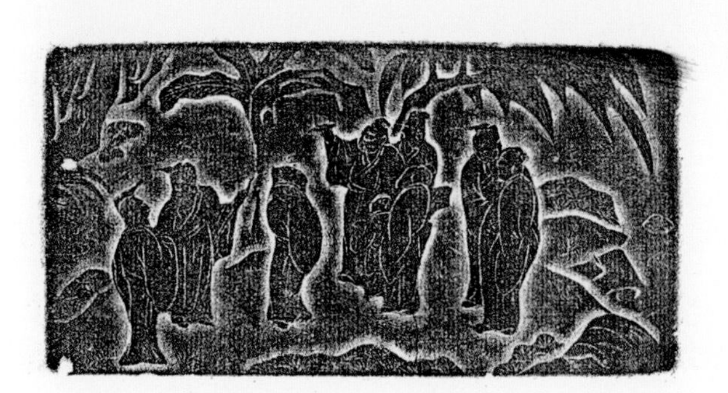

20

洮河石蓬萊山硯

宋

長16.9厘米　寬9.8厘米　高3.9厘米

Taohe inkstone carved with characters Peng Lai Shan

Song Dynasty

Length: 16.9cm　Width: 9.8cm　Height: 3.9cm

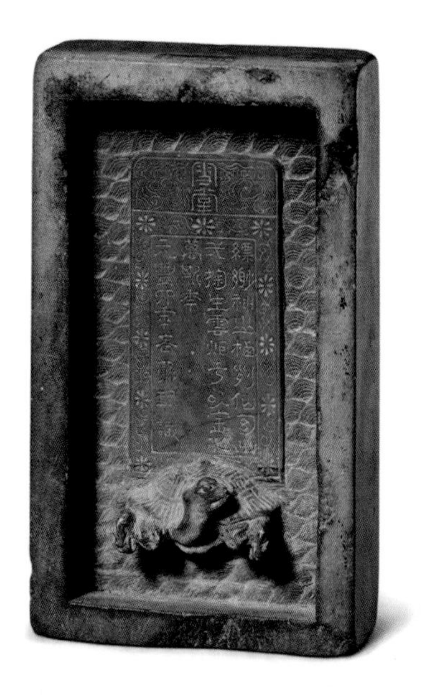

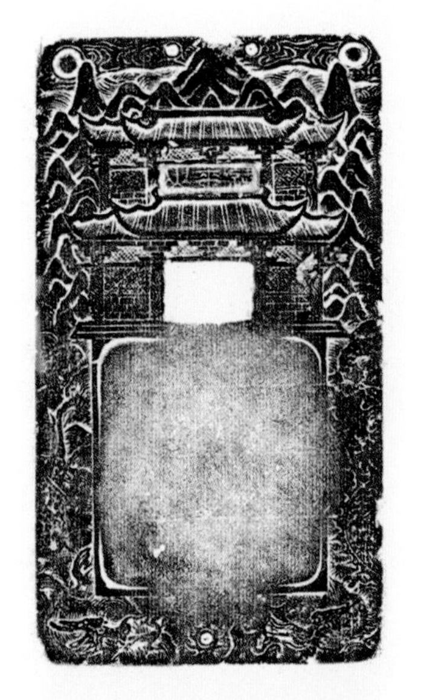

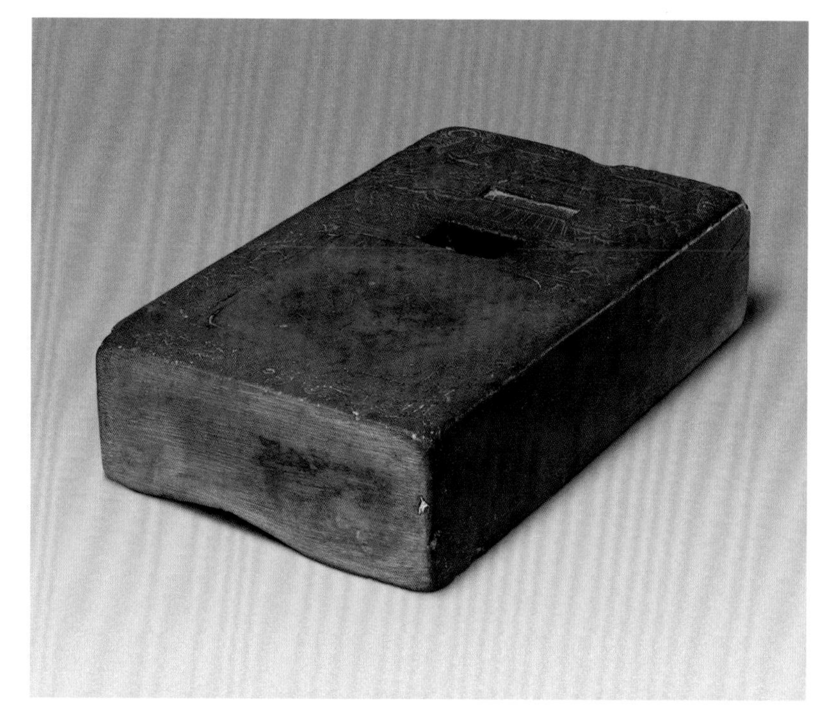

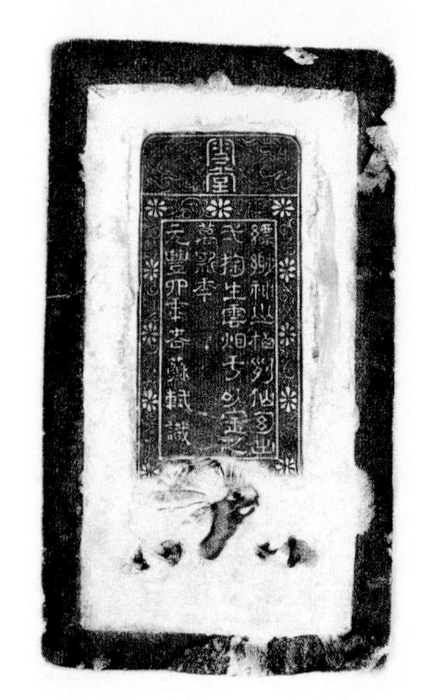

硯面長方形，方形硯堂，受墨處微凹，有墨痕，上方琢一較深的長方水池，池四周雕雙龍戲珠圖案。硯上部刻重簷殿閣，橫匾額“蓬萊山”，遠處為重山疊嶂，峻嶺起伏。硯背有凹槽，雕出邊框，內雕龜負石碑，碑額篆書“雪堂”，碑銘：“縹緲神山棲列仙，幻出一掬生雲煙，于以寶之萬斯年。元豐四年（1081）春蘇軾識”。碑身劃界欄，欄外飾花瓣紋。四周為水波紋。

“雪堂”為蘇軾齋號，碑銘為後人託名之作。此硯形制古樸，色呈淺綠，為宋代製品。也有人認為此硯是綠端石製。

21

洮河石應真渡海圖硯

宋

長29厘米　寬22厘米　高8.5厘米

清宮舊藏

Taohe inkstone engraved with design of eighteen arhats crossing the sea

Song Dynasty

Length: 29cm　Width: 22cm　Height: 8.5cm

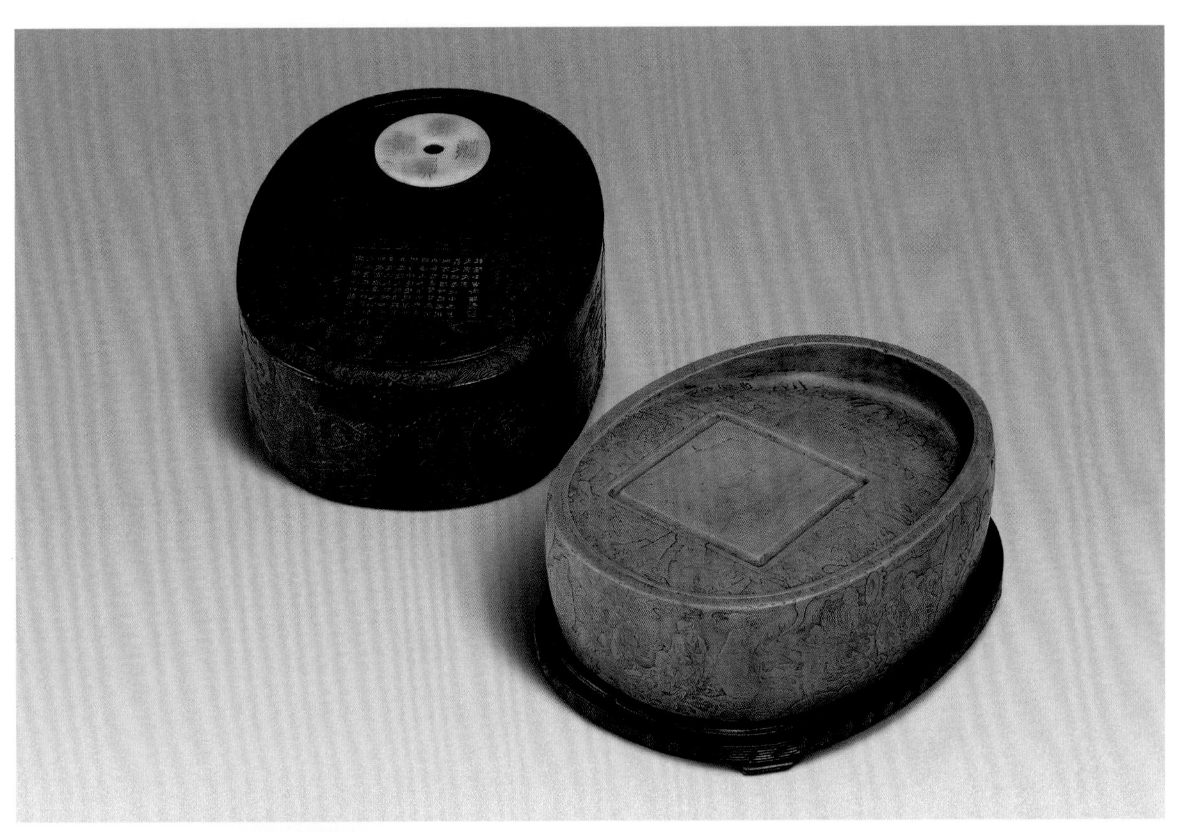

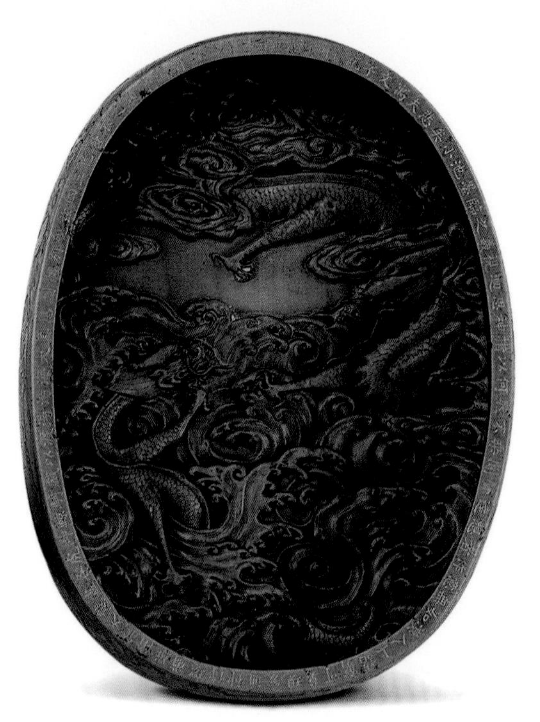

硯體橢圓形。硯面淺浮雕海水樓閣圖，中央闢方形硯堂，落潮式墨池。硯周側通景式以線刻與淺浮雕結合雕刻十八應真渡海圖，神態各異，形象生動。硯底深凹，以減輕硯體重量，高浮雕雲龍紋，邊框楷書硯銘。

此硯黃中透綠，石質優良。通體雕刻極為精緻、細膩，運用了線刻、淺浮雕、高浮雕等多種技法，是洮河硯的佳作。

22

紫石鐘池海獸紋硯

宋

長26.5厘米　寬16.4厘米　高4.6厘米

Purple inkstone with a bell-shaped inkslab and sea animal patterns

Song Dynasty

Length: 26.5cm　Width: 16.4cm　Height: 4.6cm

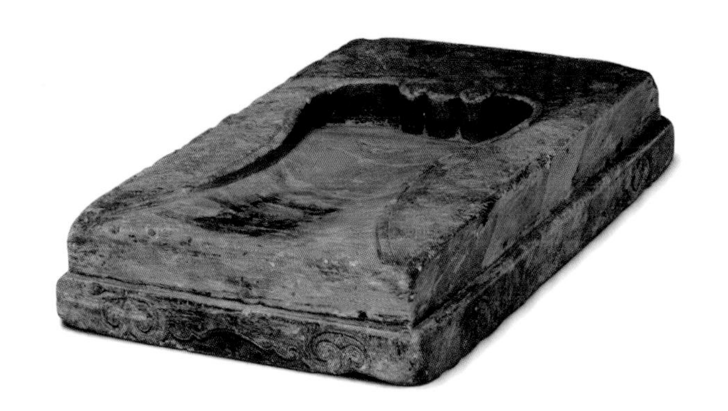

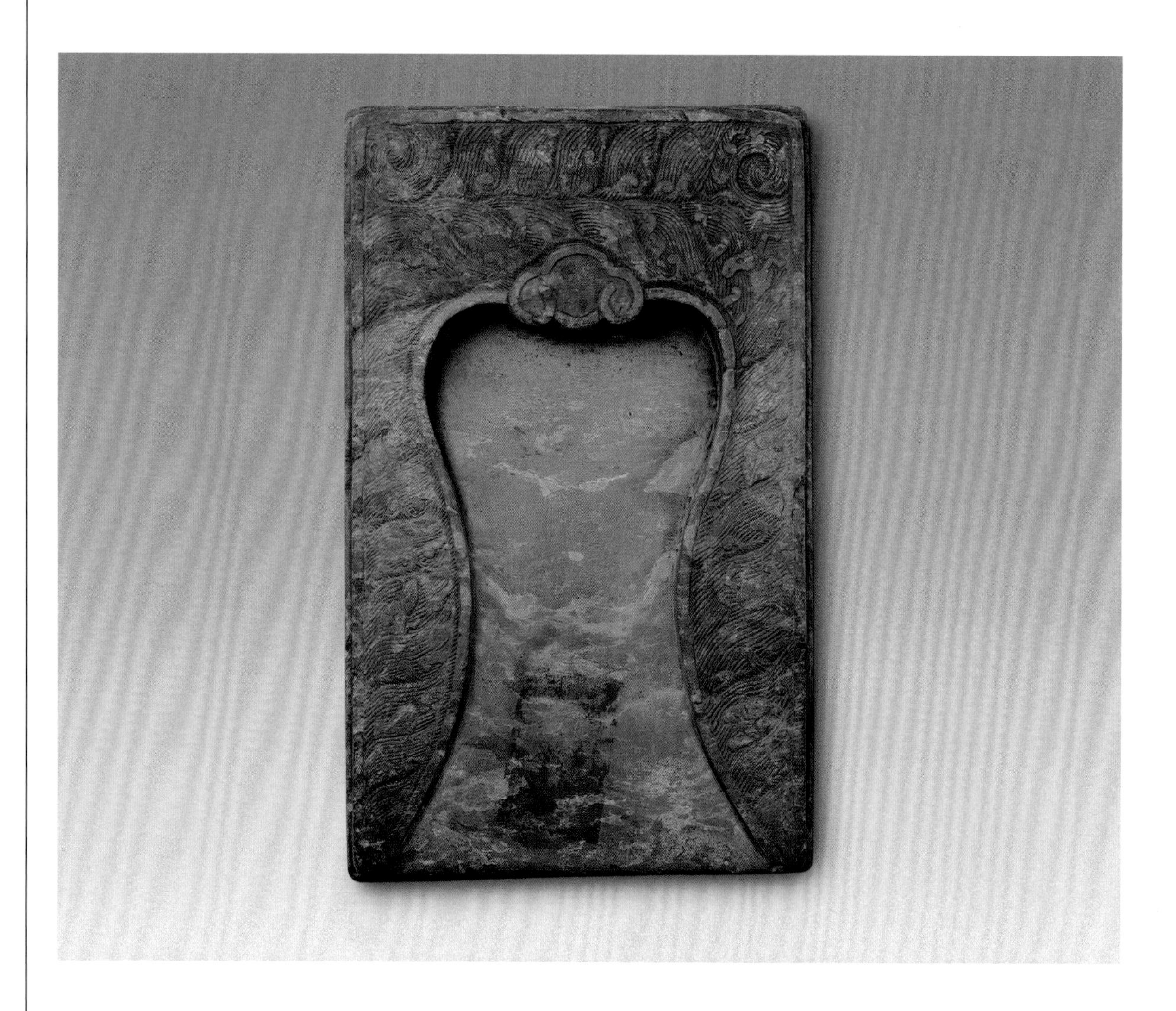

硯面雕鐘形硯池，鐘頂飾如意紋。硯池周圍雕海浪紋，間有魚鱉、海螺、海馬等戲躍穿游。有連體底座。硯背素面。

紫石產自山東，屬石灰岩一種，色紫，有隱約圓點紋，扣擊有悅耳聲。此硯石紋理自然，硯池、紋飾別致。

23

青石魚紋硯

宋

長11.5厘米　寬6.9厘米　高2厘米

Green inkstone with fish patterns

Song Dynasty

Length: 11.5cm　Width: 6.9cm　Height: 2cm

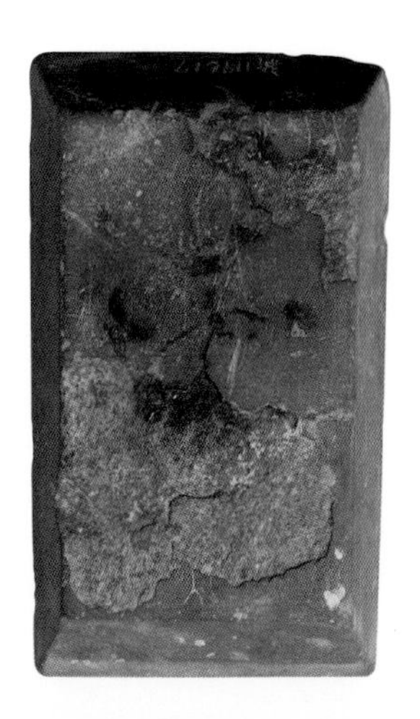

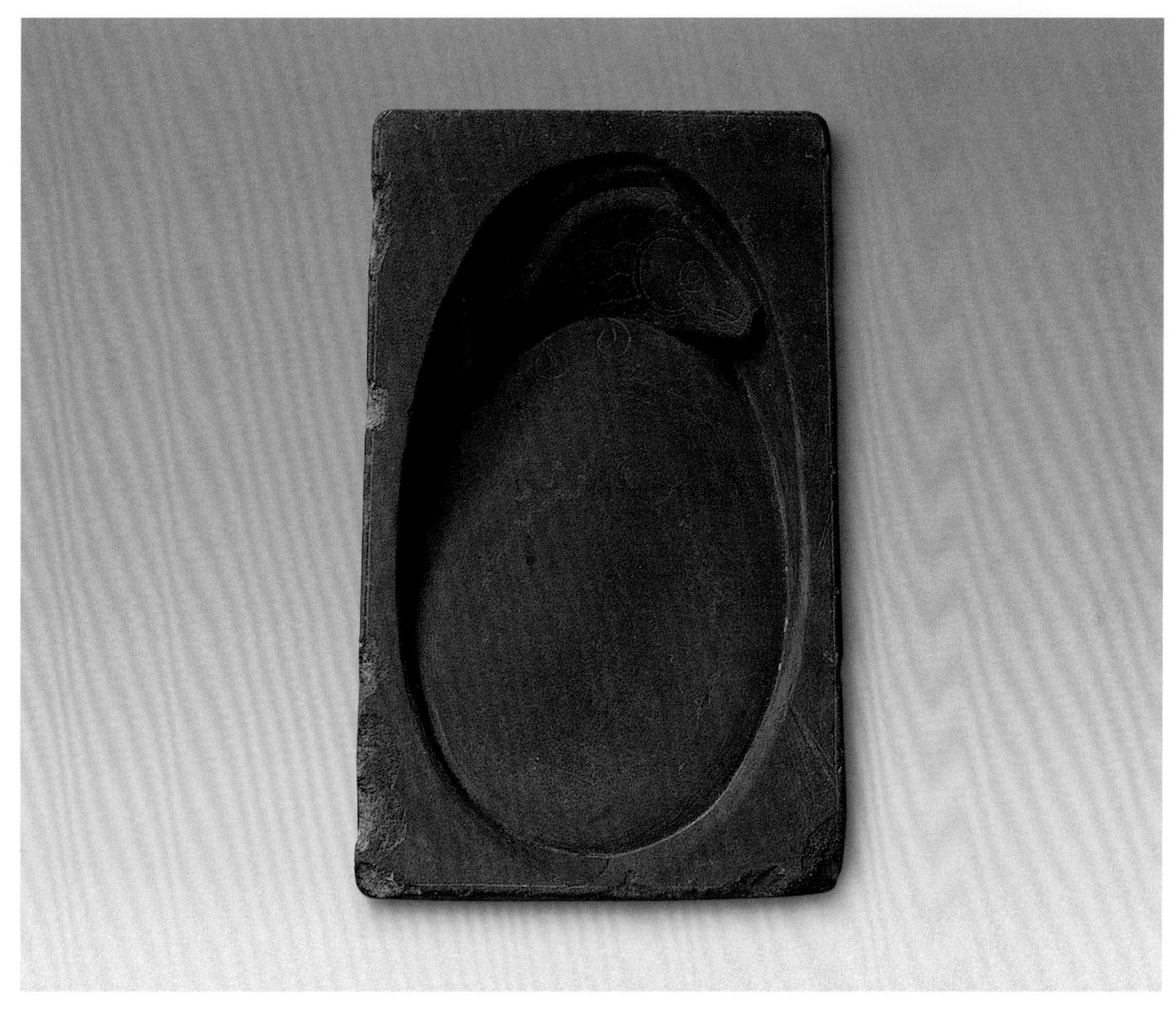

硯面寬背窄，硯側收斂，呈梯形。硯面開橢圓形硯堂，一側深凹形成硯池，池壁浮雕魚紋，有似游魚在池，頗為別致。

此硯石質粗糙、體重。硯堂略凸起，琢工鋒利，為宋硯特點。

24

元貞款石硯

元

長14.5厘米　寬11.9厘米　高2.6厘米

Inkstone with signature of Yuanzhen period

Yuan Dynasty

Length: 14.5cm　Width: 11.9cm　Height: 2.6cm

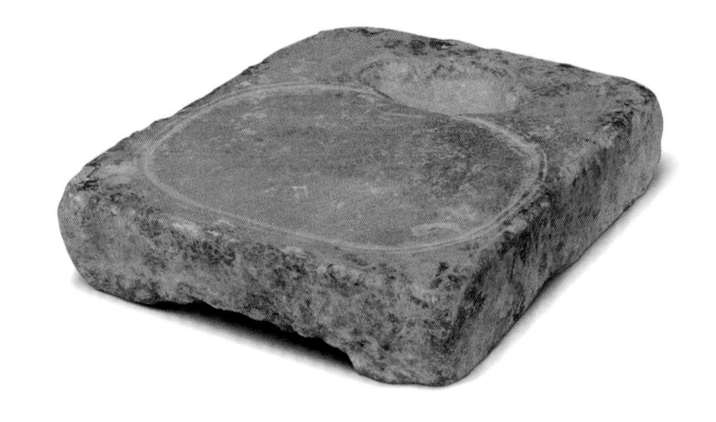

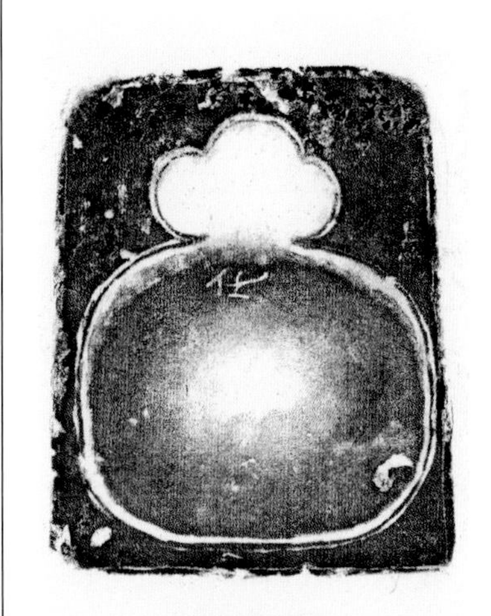

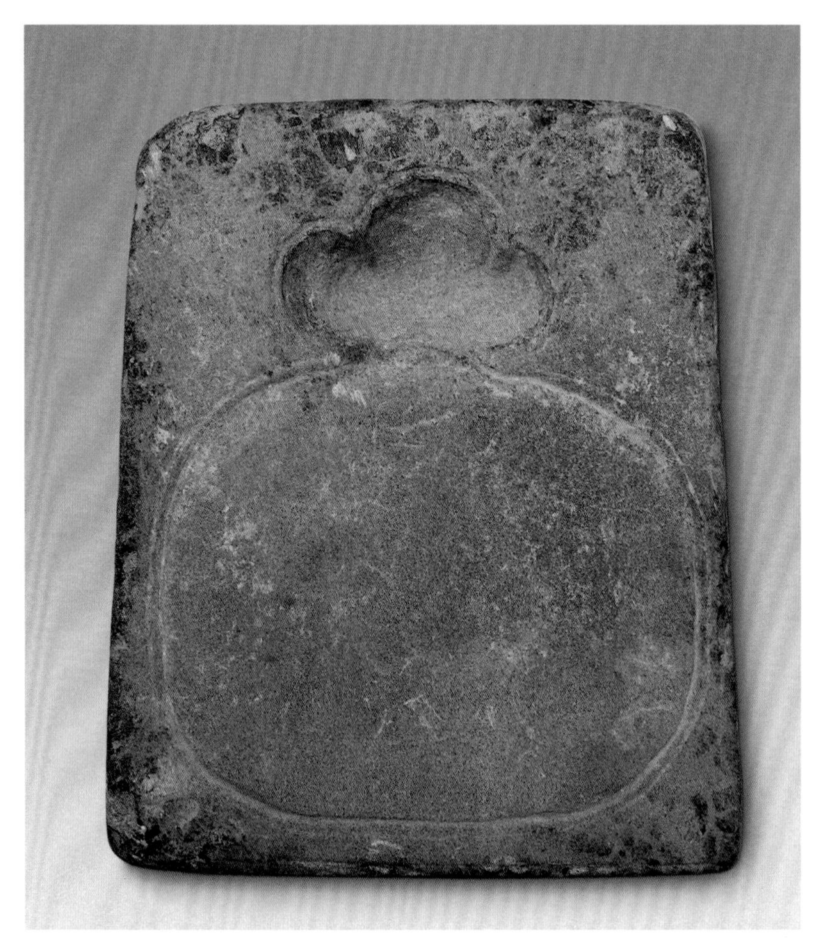

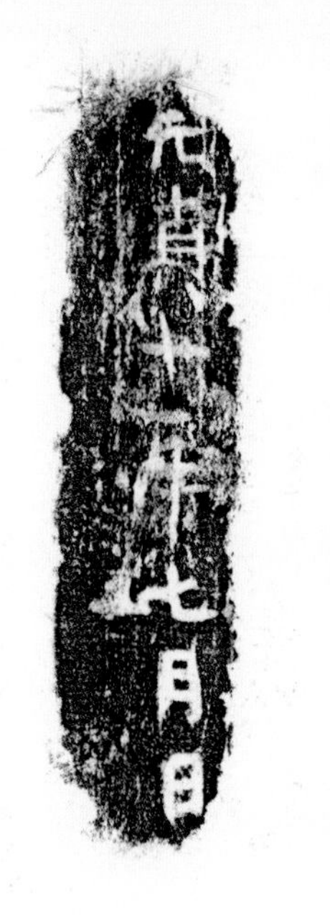

硯略呈風字形，邊側內斂。硯面平整，雙勾橢圓形硯堂，硯池較深，呈花朵式。硯背面弧壁，作抄手式。一側陰刻楷書款“元貞十年七月日”。

此硯體較重，石色微紅，邊緣有水沁銹，剝蝕較甚。“元貞”為元成宗年號，此款應為後人加刻，但花朵式硯池為元代硯石特點，抄手式為宋硯遺風。

25

端石抄手硯

明

長9.6厘米　寬 6 厘米　高1.7厘米

Chaoshou Duan inkstone

Ming Dynasty

Length: 9.6cm　Width: 6cm　Height: 1.7cm

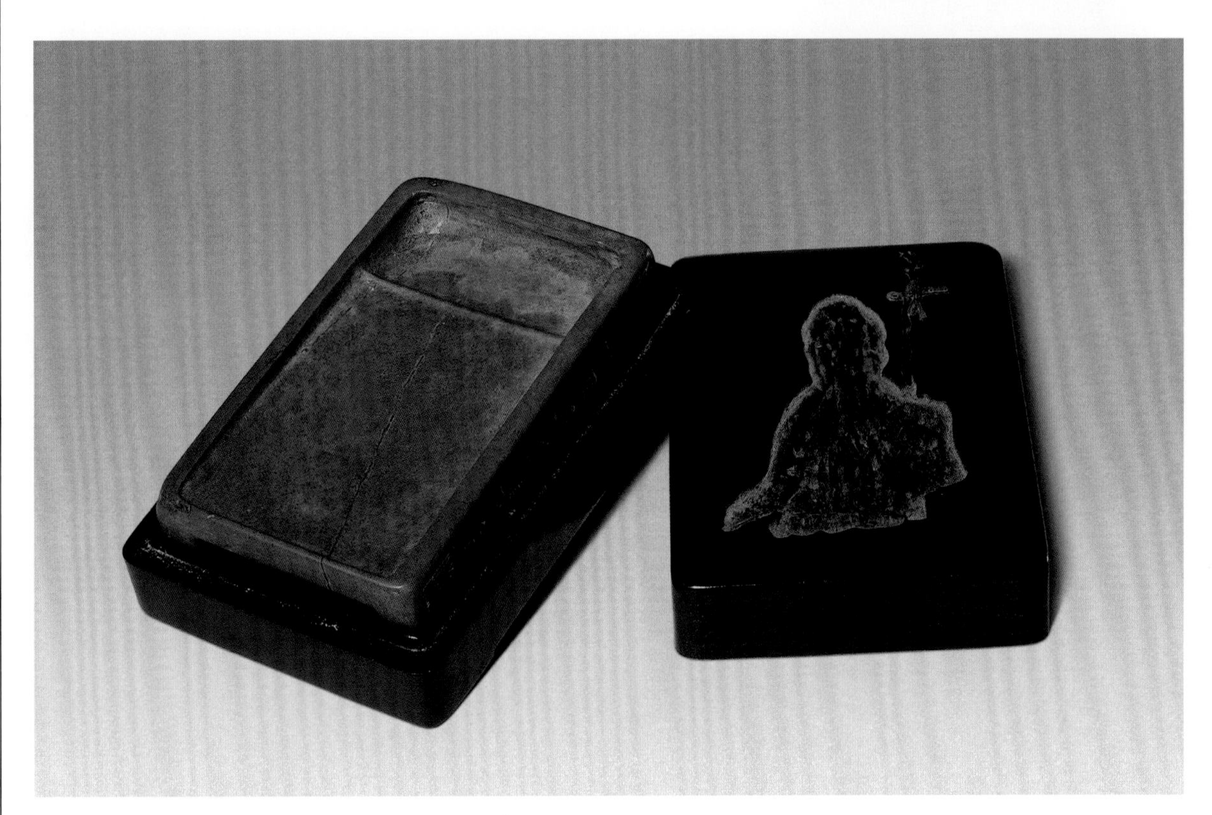

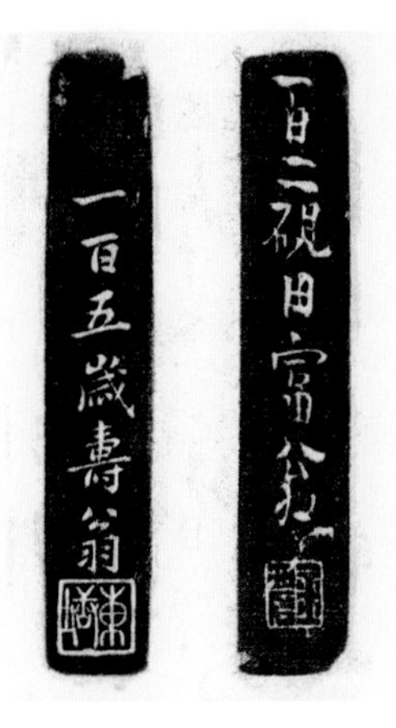

長方形抄手式，精緻小巧。硯面周邊起框，上部橫貫一條石棱以劃分池、堂，堂淺池深。一側面陰鐫楷書“一百五歲壽翁”，鐫“東塘”印，一側面陰刻行書“百二硯田富翁”，鐫印已漶。附紫檀木盒。

“百二硯田富翁”為清代書畫家、“揚州八怪”之一的金農的別號。金農嗜奇好古，收藏頗豐，此硯應經其手。硯色紅褐，顯出深淺不一的暈斑，在端石中較為罕見。石質堅緻，宜於受墨，為端硯佳品。

26

端石雲紋硯
明
長23厘米　寬18.5厘米　高6.5厘米

Duan inkstone with cloud patterns
Ming Dynasty
Length: 23cm　Width: 18.5cm　Height: 6.5cm

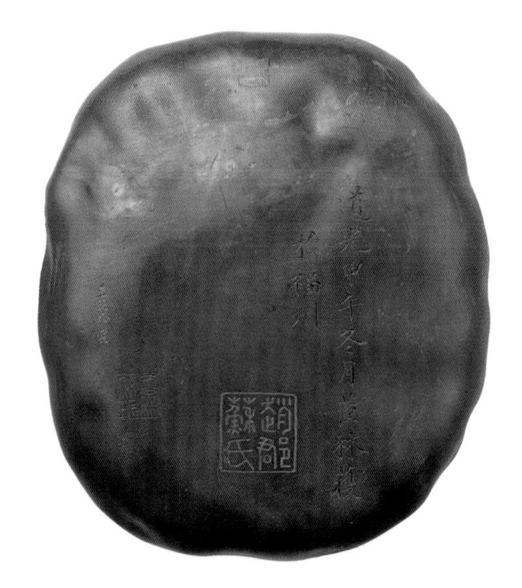

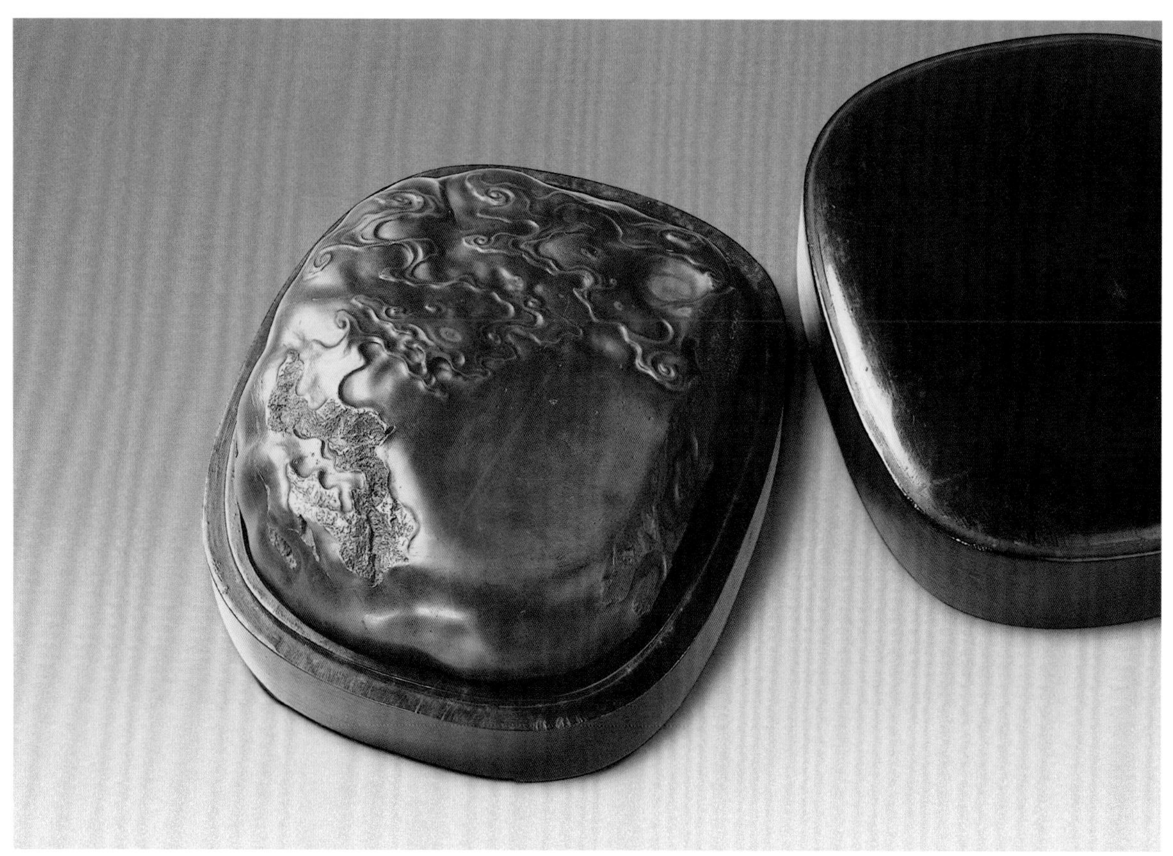

硯天然隨形。硯面雕刻雲紋，巧妙利用石眼成明月。硯堂自然形成湖面。硯側陰文篆書“紫雲心”三字。硯背刻“墨林祕玩”印，“道光甲午冬月莅林獲於福州”款，“趙郡蘇氏”印。

此硯石質細膩溫潤，石色青紫色，宋代《端溪硯譜》中即有“石色貴青紫”之説。石上有天然胭脂暈、火捺等紋理，大小石眼散佈其間，為端石佳品。因材施藝，雕刻刀法自然天成。

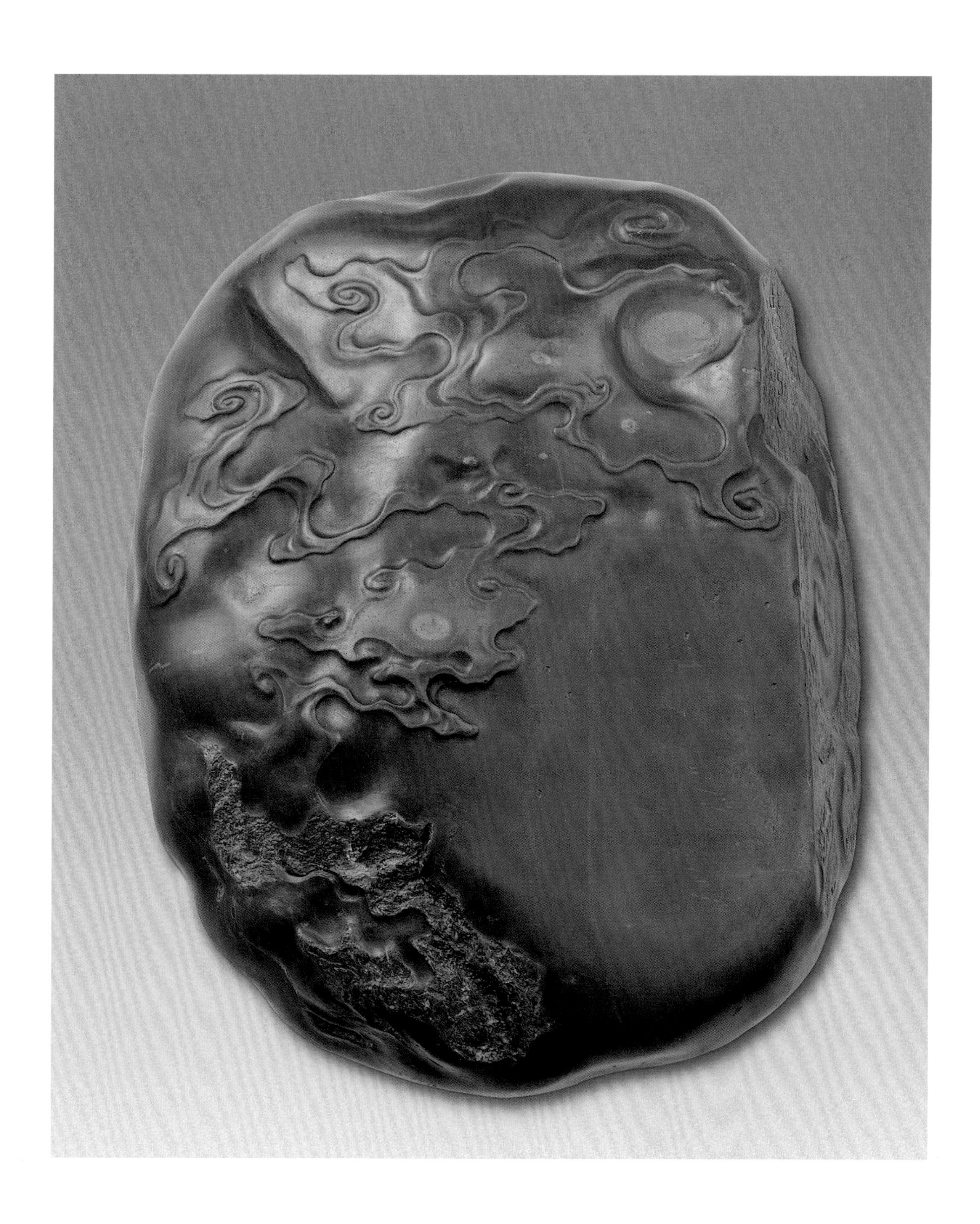

27 端石白鶴山人銘硯

明

長21厘米　寬14厘米　高3.6厘米

Duan inkstone carved with seal Bai He Shan Ren

Ming Dynasty

Length: 21cm　Width: 14cm　Height: 3.6cm

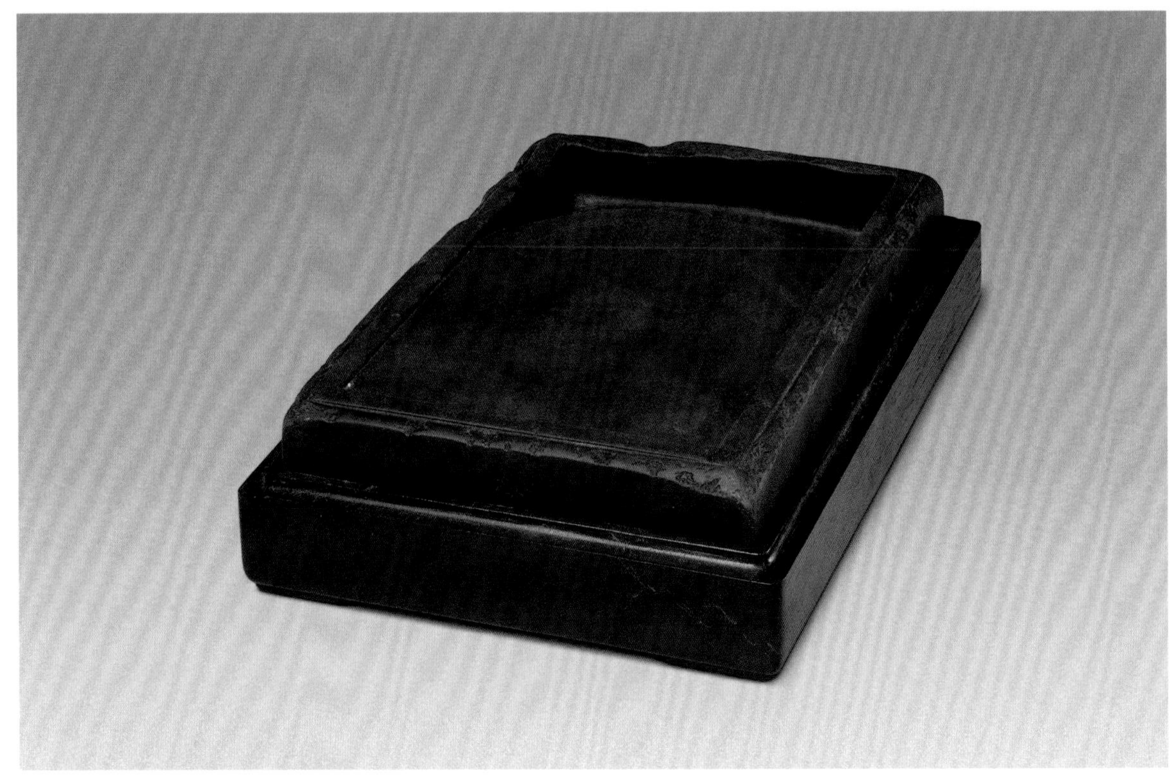

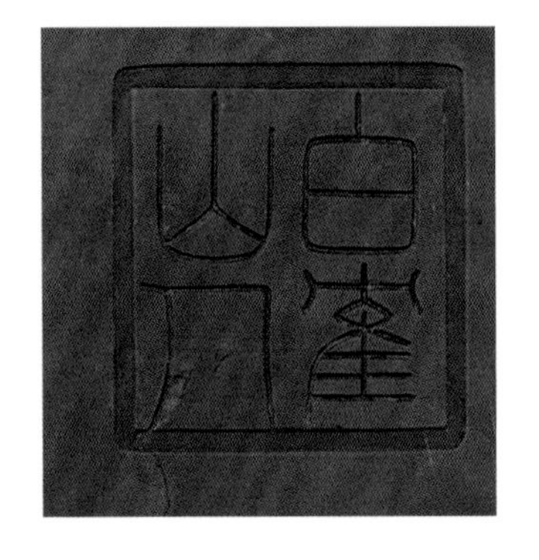

硯長方形，硯面微凹成硯堂，一端深凹為硯池。硯背四面起邊框，內刻"白鶴山人"篆書方印。硯一側陰刻"龍津"二字。

此硯石質黝黑潤澤，哈氣生津，一側面有銀線紋理直通硯底，為石肌自然生成。雖有剝蝕，但石質精良。

28

端石高空懸月抄手硯

明

長19.1厘米　寬11.2厘米　高6.9厘米

清宮舊藏

Chaoshou Duan inkstone with a round hole like the moon hanging in the sky

Ming Dynasty

Length: 19.1cm　Width: 11.2cm　Height: 6.9cm

Qing Court collection

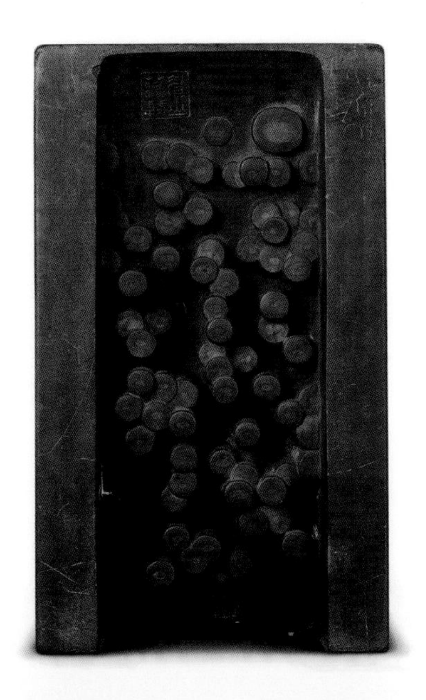

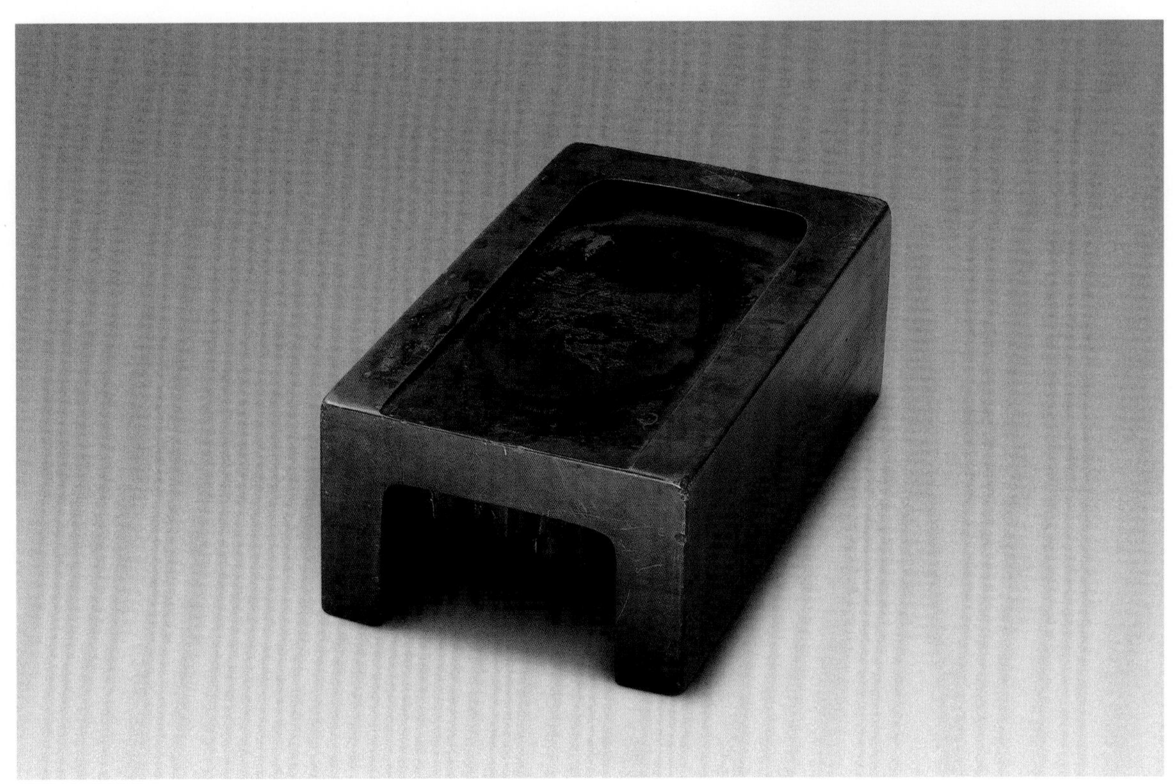

硯為長方形抄手式。硯面開長方形硯堂，一端深凹成硯池，池上有圓形石眼，猶如高空懸月。硯背密佈大小石眼，巧作為76根眼柱，鐫刻“眉山蘇軾”方印，為託名之作。硯壁鐫刻清代乾隆帝硯銘。

此硯石質黝黑細膩，石品紋理明顯，為舊坑端石。石眼甚多，極為罕見。特別是因材施藝，以石眼巧作懸月，極為巧妙。

29

端石瓶紋硯

明

長21.5厘米　寬13.3厘米　高1.9厘米

清宮舊藏

Duan inkstone with bottle pattern

Ming Dynasty

Length: 21.5cm　Width: 13.3cm　Height: 1.9cm

Qing Court collection

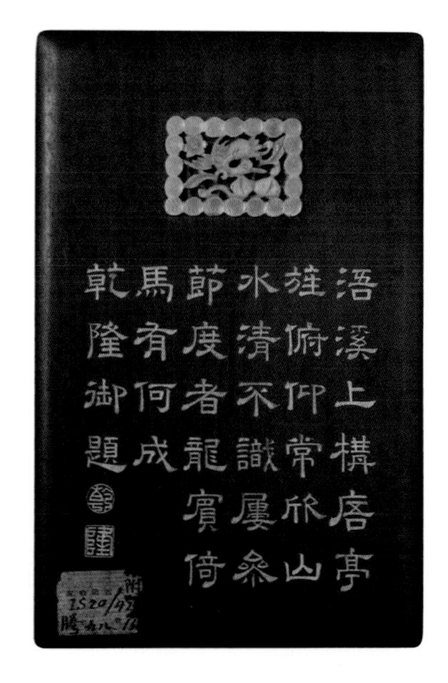

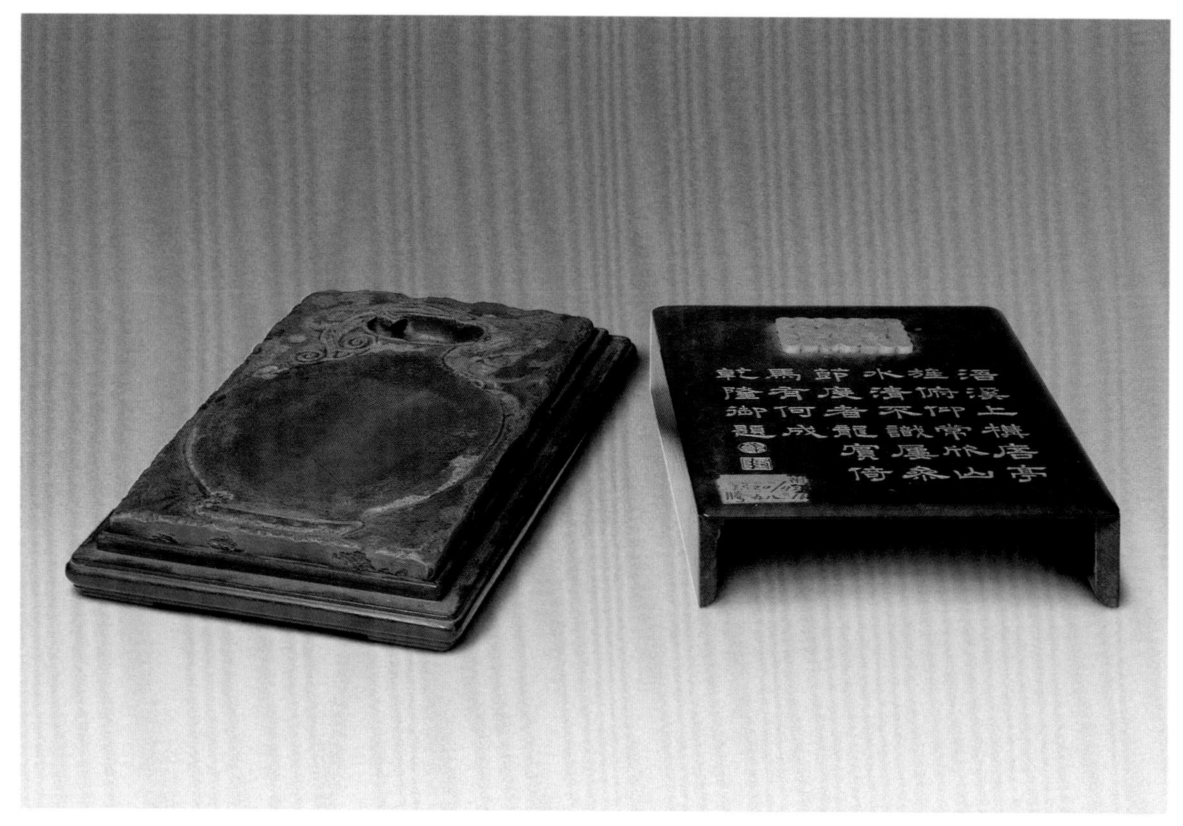

硯長方形。硯面雕雙螭耳瓶形硯堂，瓶口深凹為池。硯背上方有隸書硯銘，因剝蝕難辨。下部陰刻劍首紋，內填金楷書乾隆御銘。紫檀嵌玉硯盒，上有填金隸書乾隆御題。

此硯石呈紫色，紋飾雕刻獨特。

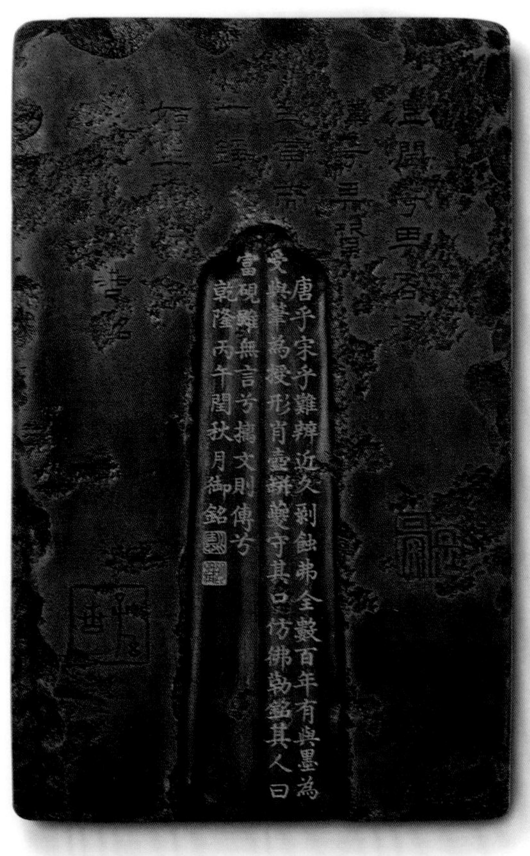
唐乎宋乎難辨近爻剝蝕弗全數百年有與墨為
富硯雖無言兮擒文則傳兮
乾隆丙午閏秋月御銘

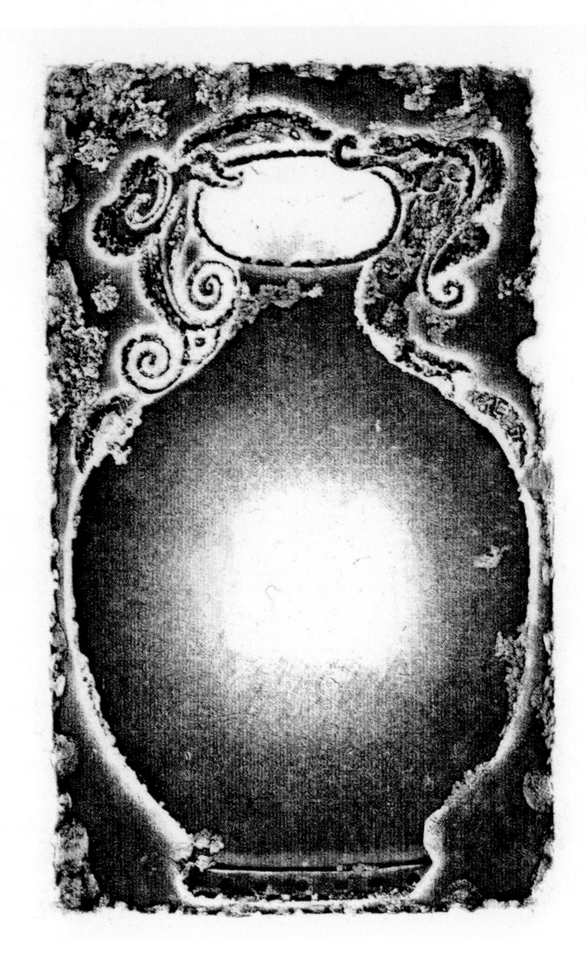

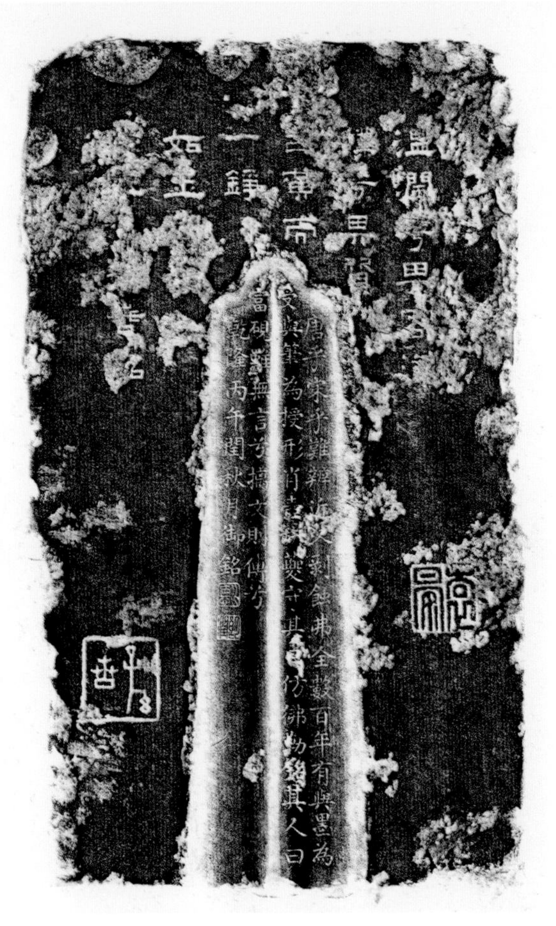
乾隆丙午閏秋月御銘

30

端石龍池硯

明
長17.3厘米　寬12.3厘米　高4.2厘米
清宮舊藏

Duan inkstone with characters Long Chi
Ming Dynasty
Length: 17.3cm　Width: 12.3cm
Height: 4.2cm
Qing Court collection

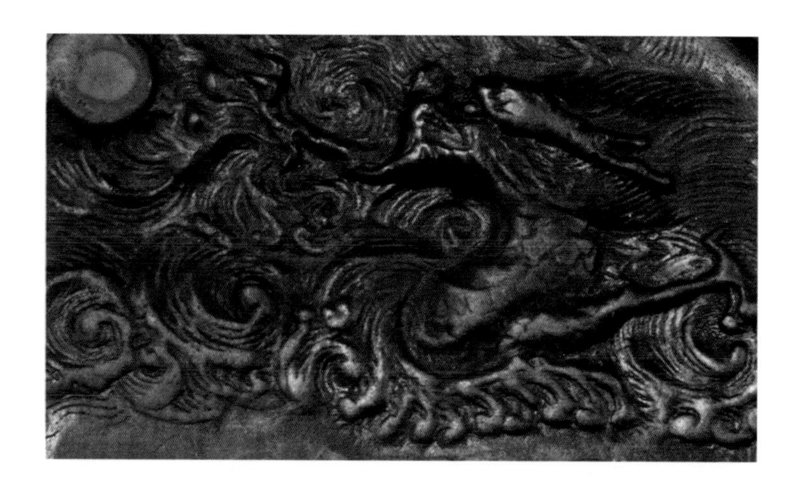

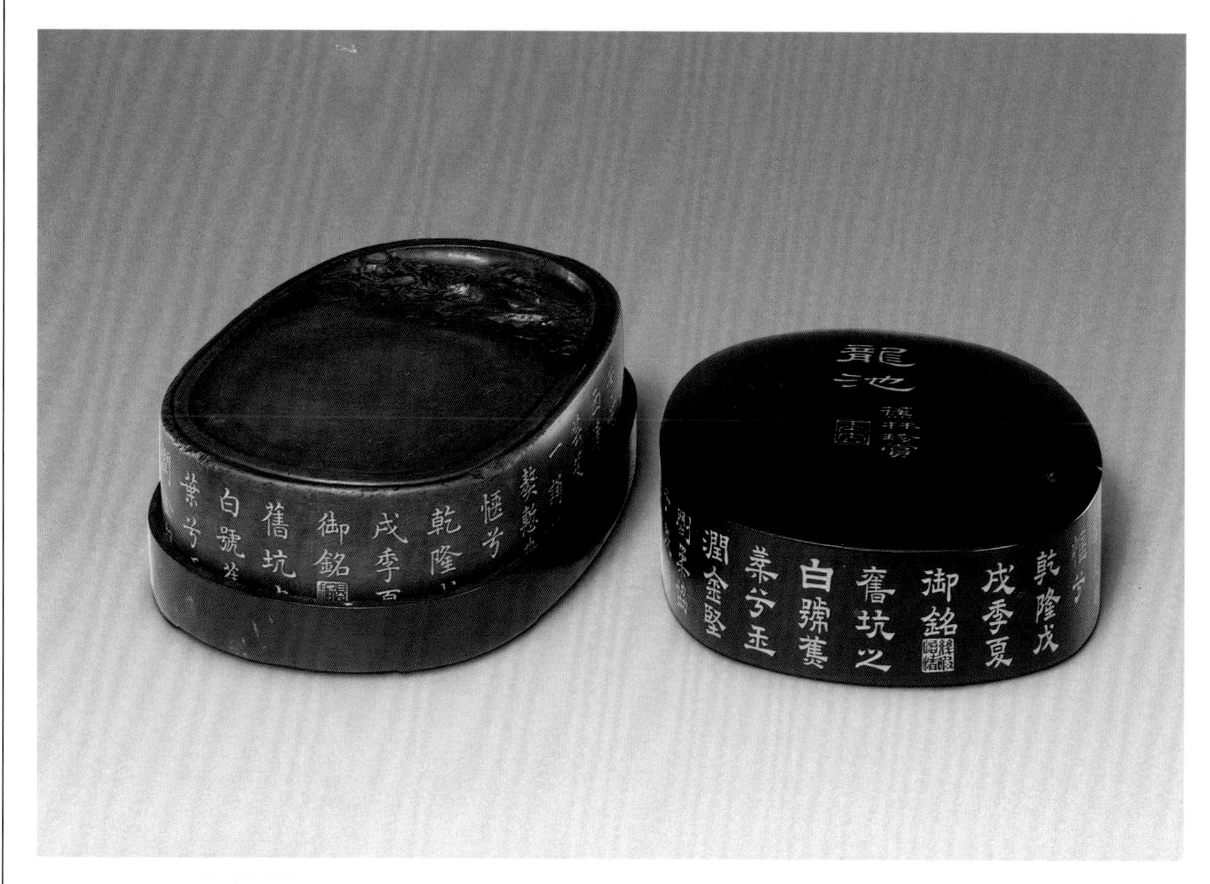

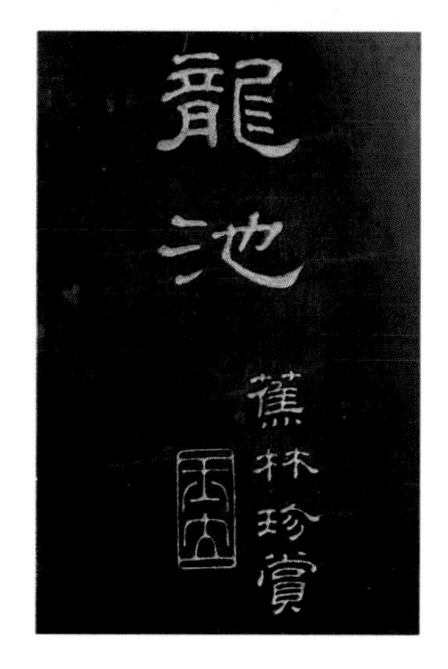

硯橢圓形。硯堂四周起邊框，硯池浮雕海水龍紋，內有一枚雕成短柱的石眼。硯背深凹寸許，有兩根柱眼。硯壁陰文楷書乾隆題銘。硯盛黑漆盒中，盒面有梁清標填金隸書銘“龍池”，款署“蕉林珍賞”，鐫“玉立”印。蓋壁一周填金隸書乾隆題銘。

梁清標，字玉立，號蕉林，正定（今河北定州）人，明崇禎進士，清順治年間官至大學士。精鑒賞，富收藏。此硯曾經梁氏收藏，《西清硯譜》收錄。

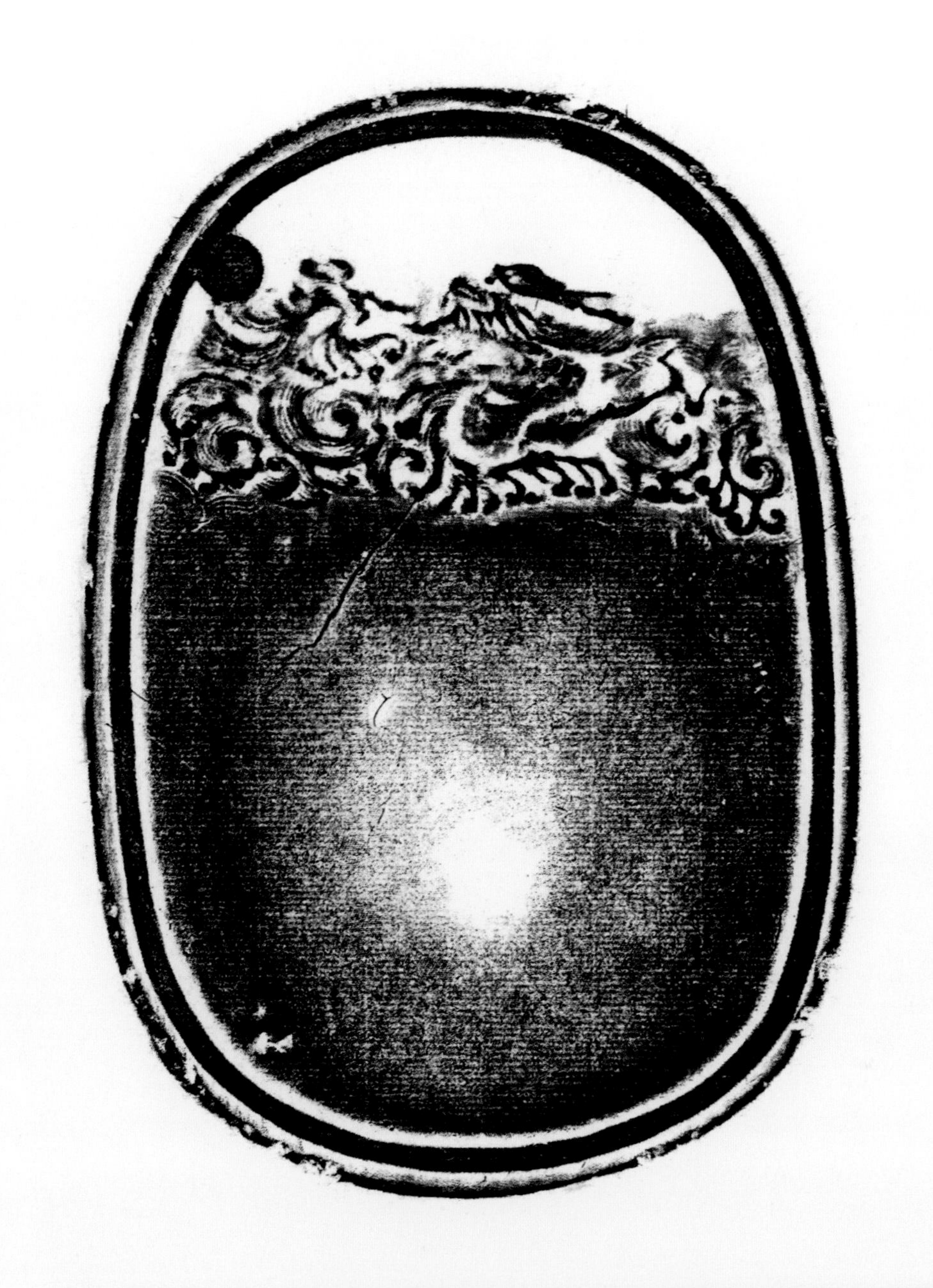

之帖兮
文而寓
雕劉之
媲兮問
誰所珎
蕉林箑
兮何来
西清伴
芸笈兮
一誦旅
獒懃弗
愜兮
乾隆戊
戌季夏
御銘

舊坑之
白號蕉
葉兮玉
潤金堅
剛柔協
兮既圓
而橢製
穩貼兮
墨池弗
涸有波
疊兮龍
守其珠
緯蕭涉
兮書而
供臨王

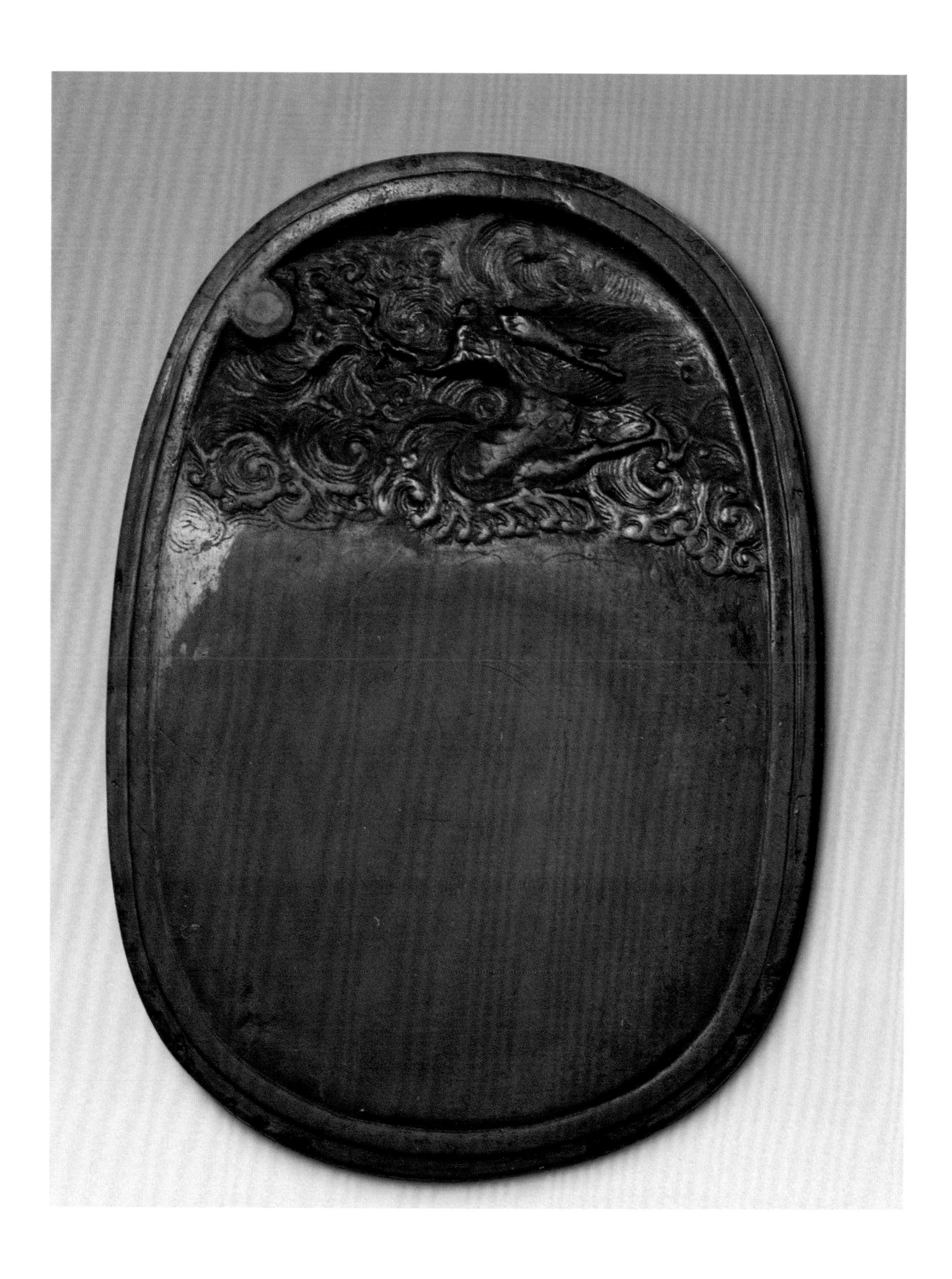

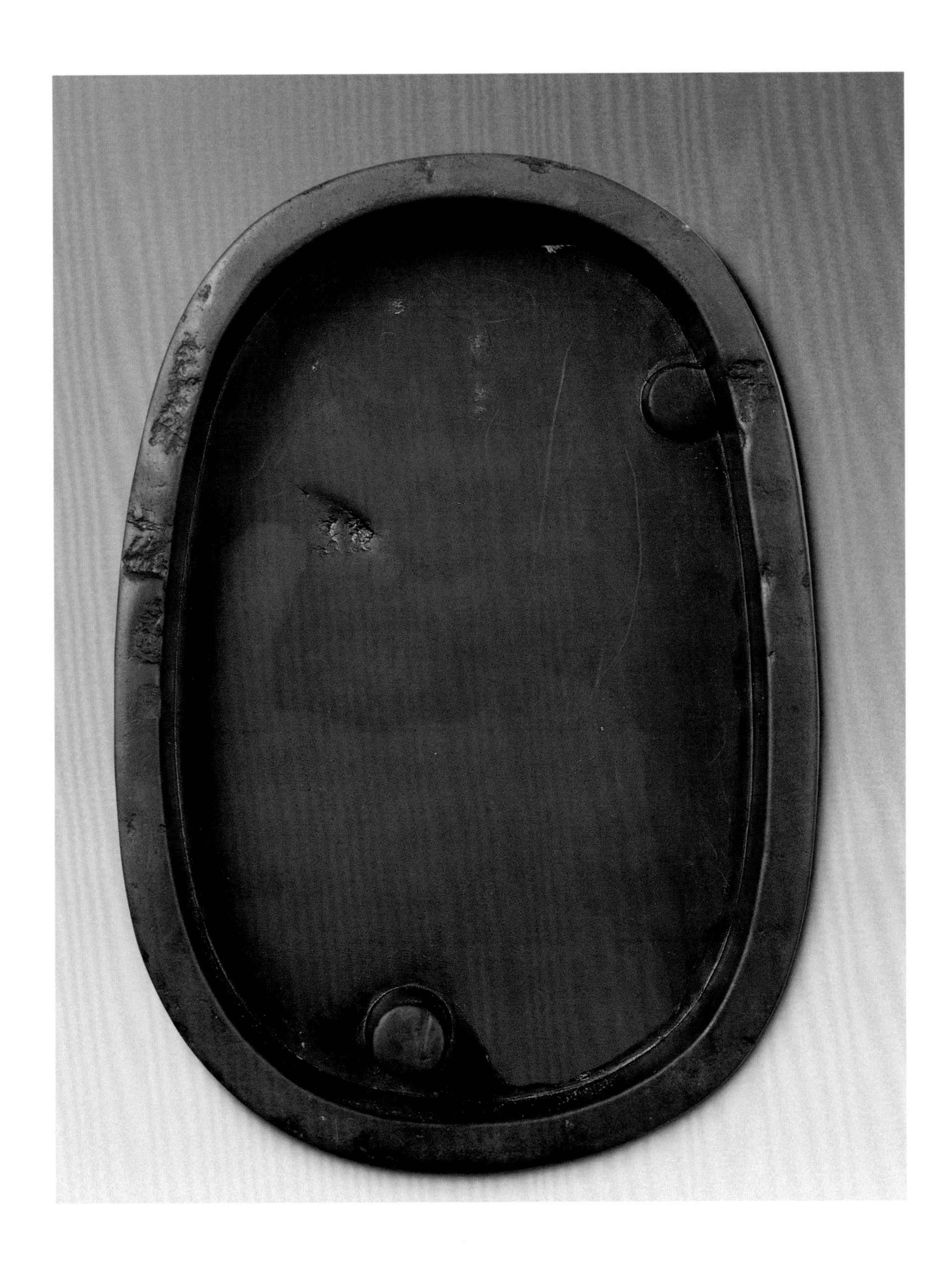

31

端石圭式硯

明

長23.8厘米　寬14.8厘米　高3.3厘米

Duan inkstone in the shape of the character gui

Ming Dynasty

Length: 23.8cm　Width: 14.8cm

Height: 3.3cm

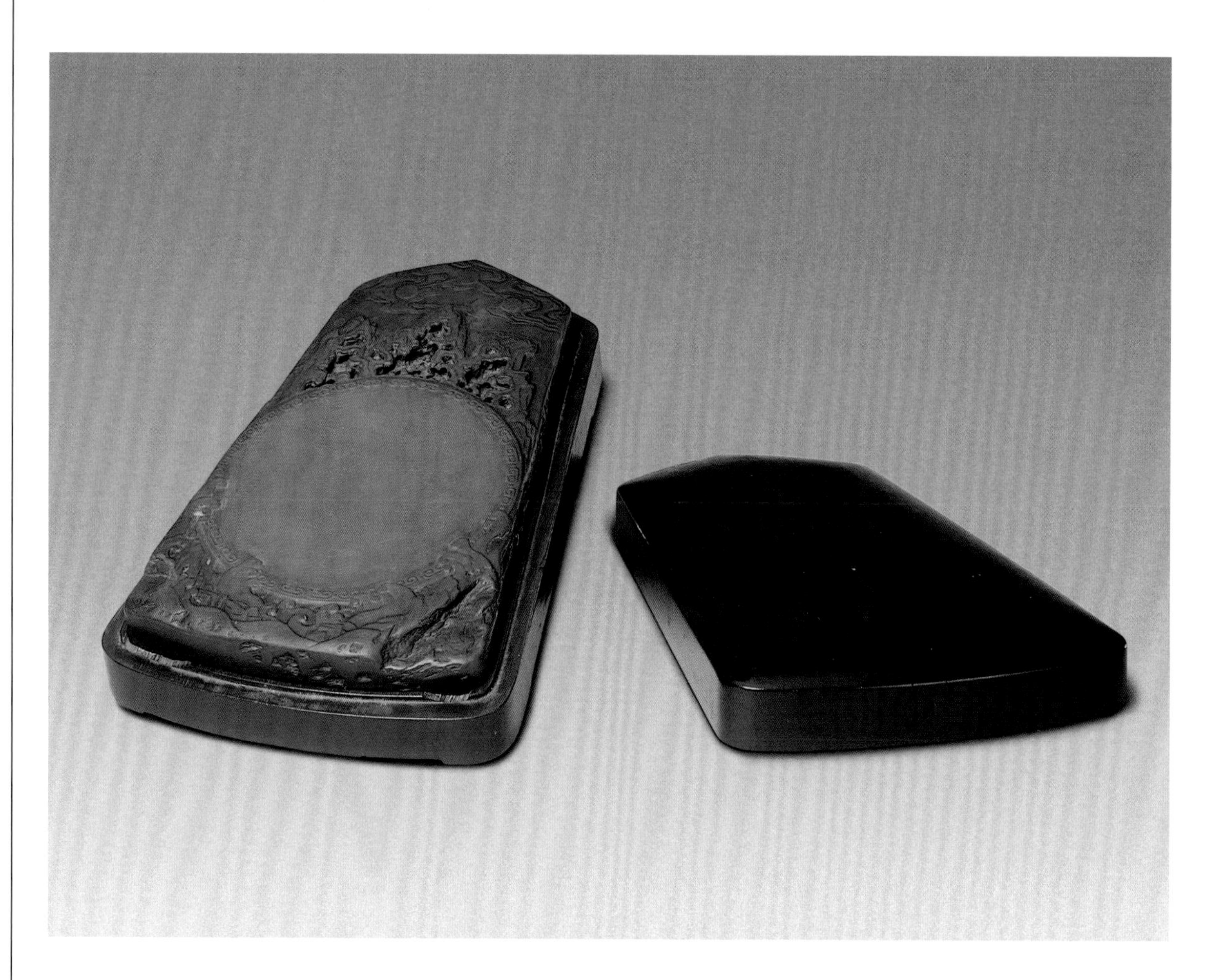

硯呈圭形。圓形硯堂為日輪，四周陽刻雲紋。日輪上方浮雕三座山峰，間以自然水蝕為崖洞成墨池。上端刻星座，底飾雲紋。日輪下方為海水奔湧，形成海天浴日圖意。硯背雕劍首紋，陰刻隸書硯銘："不璞不琢，不成方圓，微存圭角，小在掌握之內，大則揮八極而搖五嶽。曹學佺"，鐫"能"、"始"印。硯側刻篆書"圭復"，鐫"文字深緣"、"曹氏珍藏"印。外裝紅木盒。

曹學佺，字能始，號石食，明侯官（今福建閩侯）人。萬曆進士，曾任四川右參政、廣西參議等，工詩文。此硯石色純紫，石理細潤。造型獨特，雕刻精細。

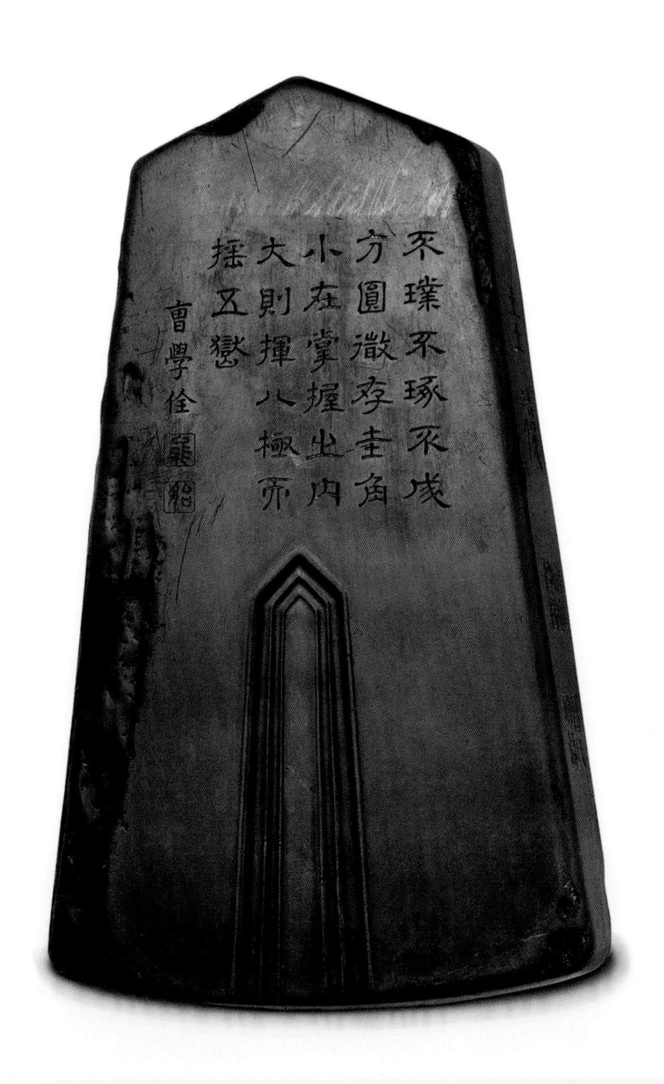

不璞不琢不成
方圓徹存圭角
小在掌握出內
大則揮八極亦
搖五嶽
曹學佺 能始

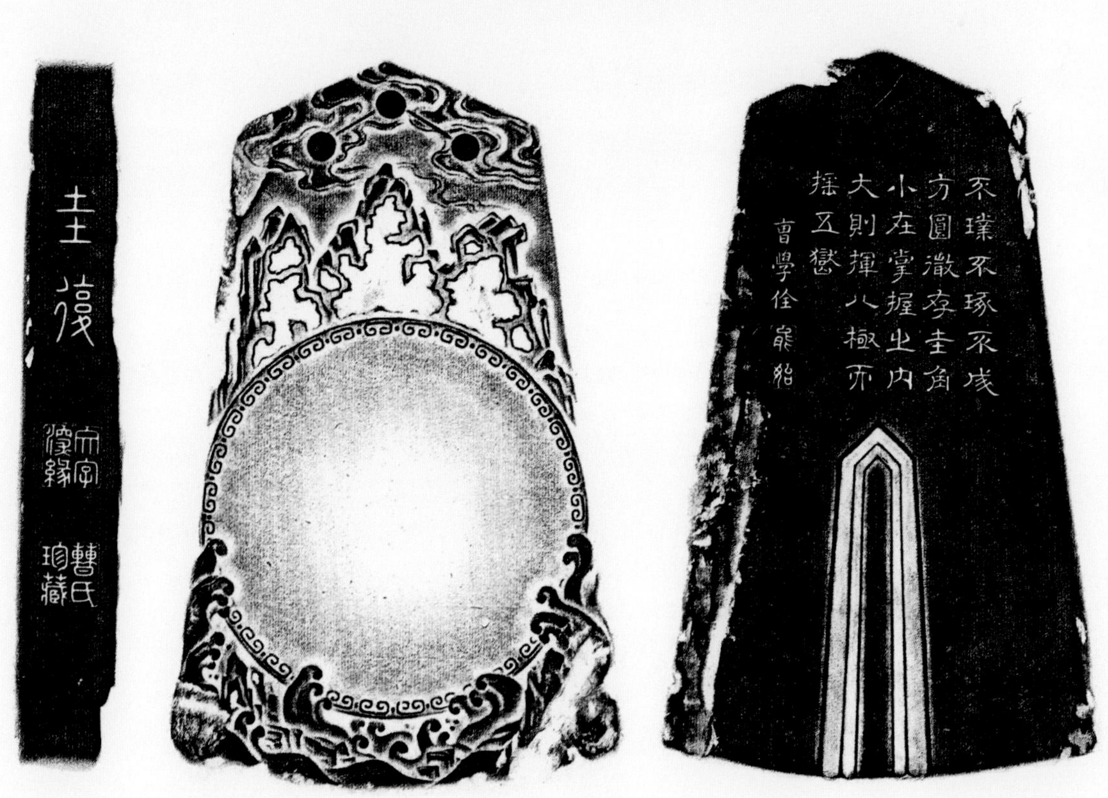

不璞不琢不成
方圓徹存圭角
小在掌握出內
大則揮八極亦
搖五嶽
曹學佺 能始

32

端石雪村銘硯
明
長27厘米　寬19.3厘米　高2厘米

Duan inkstone with inscriptions by Xue Cun
Ming Dynasty
Length: 27cm　Width: 19.3cm　Height: 2cm

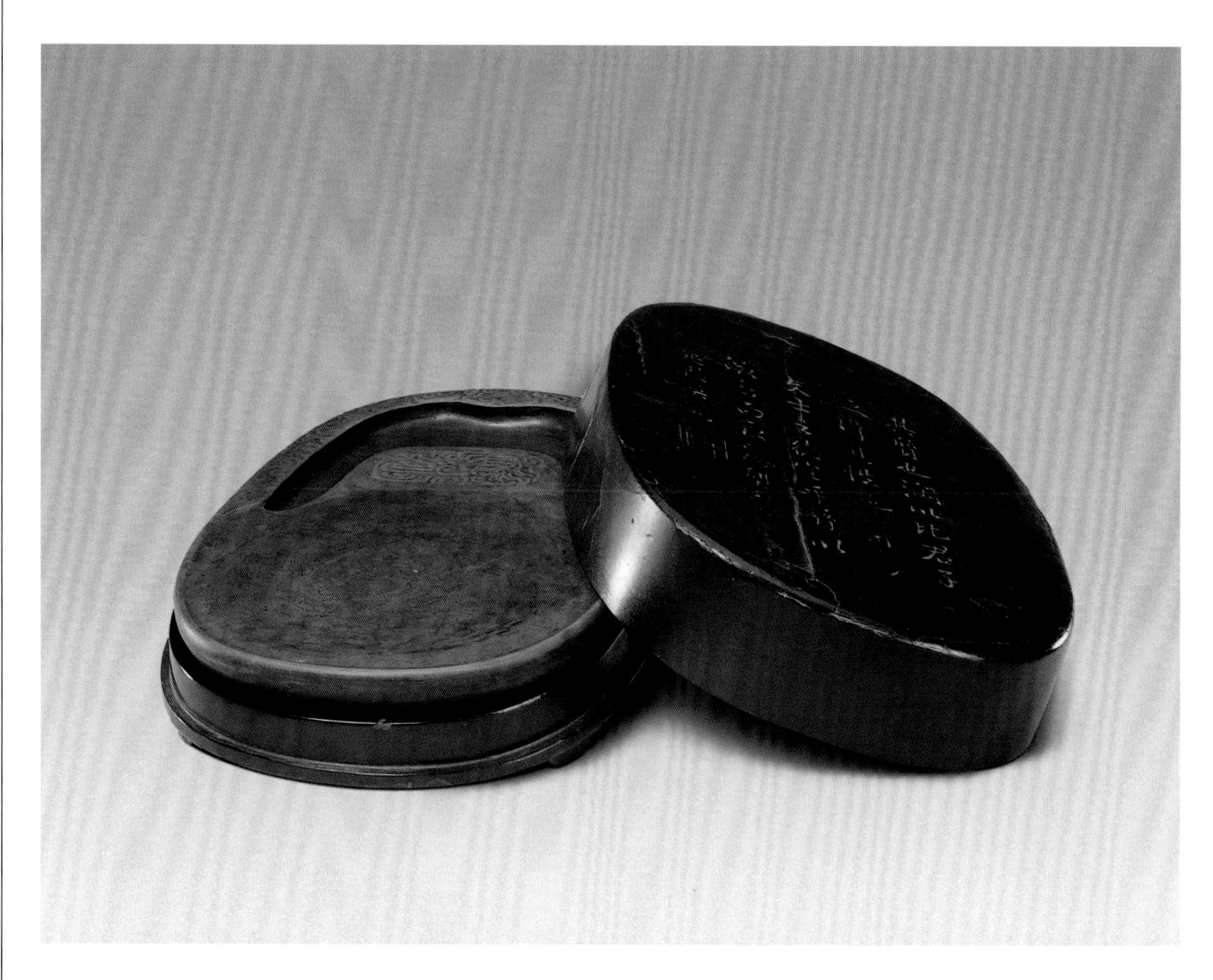

橢圓形，硯面上方開鑿“八”字形墨池，池外緣浮雕芝雲紋以為飾，池內緣環抱螭紋圖案，硯面下半部微凹為受墨處。硯背淺闢覆手，內陰刻行楷七言詩，款署“雪村”。硯附黑漆盒，蓋陽刻吳寬銘。

此硯材為端溪宣德岩。宣德岩為明代宣德年間開採，故名，其硯材為明人所重，後人亦視其為珍寶。此硯石溫潤細膩，其色略呈青紫，隱含火捺紋理。

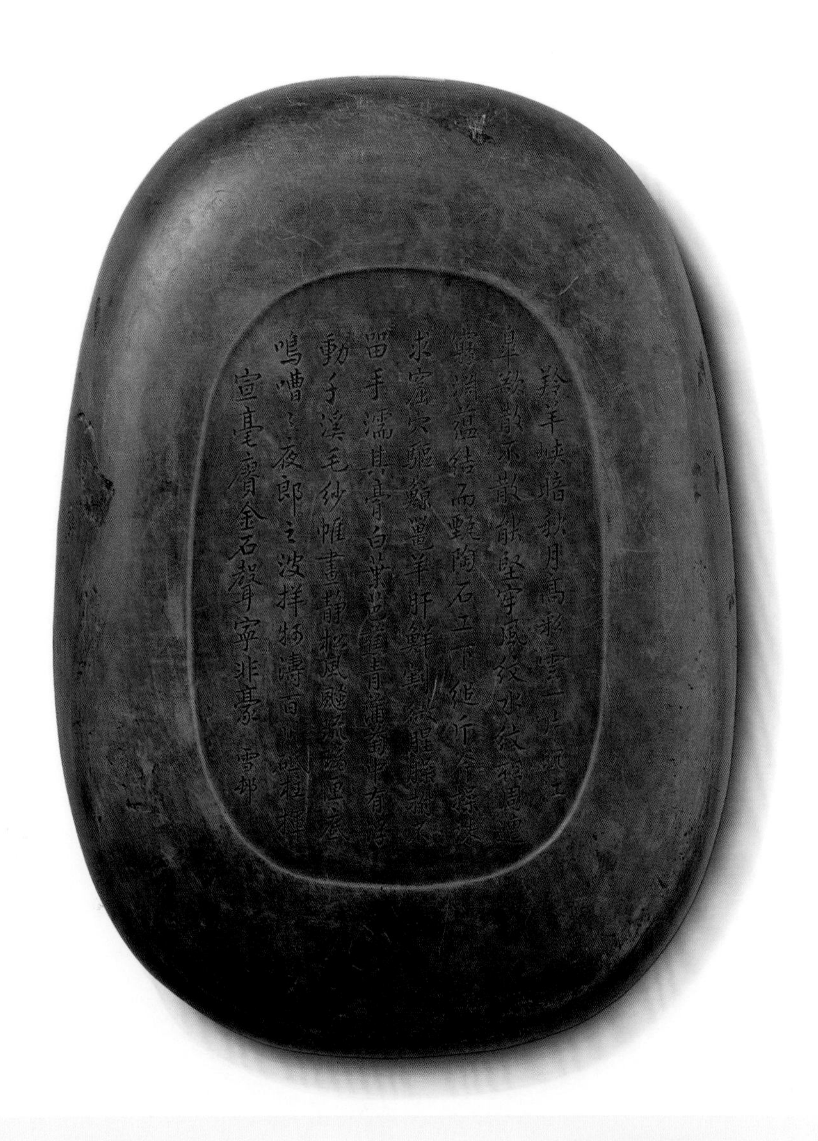

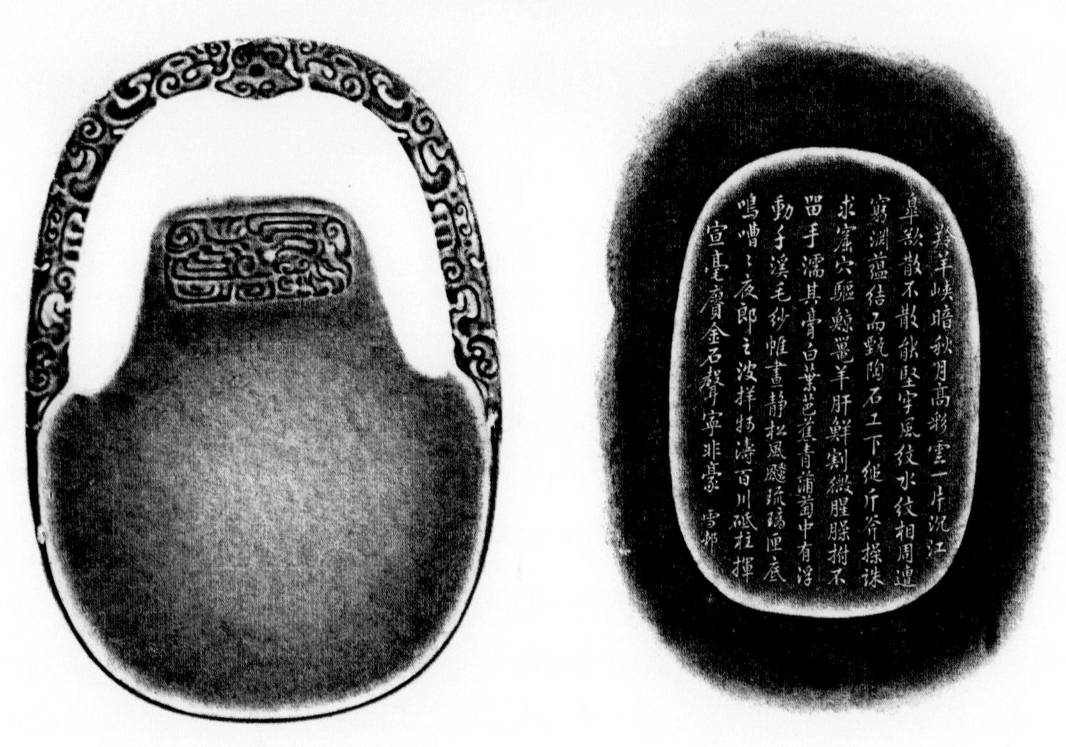
羚羊峽暗秋月高彩雲一片沉江
皋欻散不散能堅牢風紋水紋相周遭
窮淵蘊結而甦陶石工下縋斤斧採誅
求窟穴驅鯨鼉羊肝鮮割纖腥臊掛不
留手濡其膏白葉芭蕉青蒲萄中有浮
動子溪毛紗帷晝靜松風飈琉璃匣底
鳴嘈〻夜郎之波拌拓濤百川砥柱揮
宣毫賡金石聲寧非豪
雪邨

33

端石停雲銘硯

明

長13.3厘米　寬11.2厘米　高1.7厘米

清宮舊藏

Duan inkstone with inscriptions by Ting Yun

Ming Dynasty

Length: 13.3cm　Width: 11.2cm　Height: 1.7cm

Qing Court collection

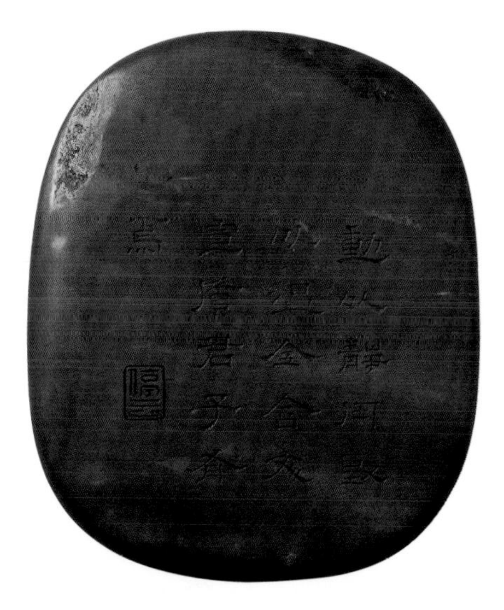

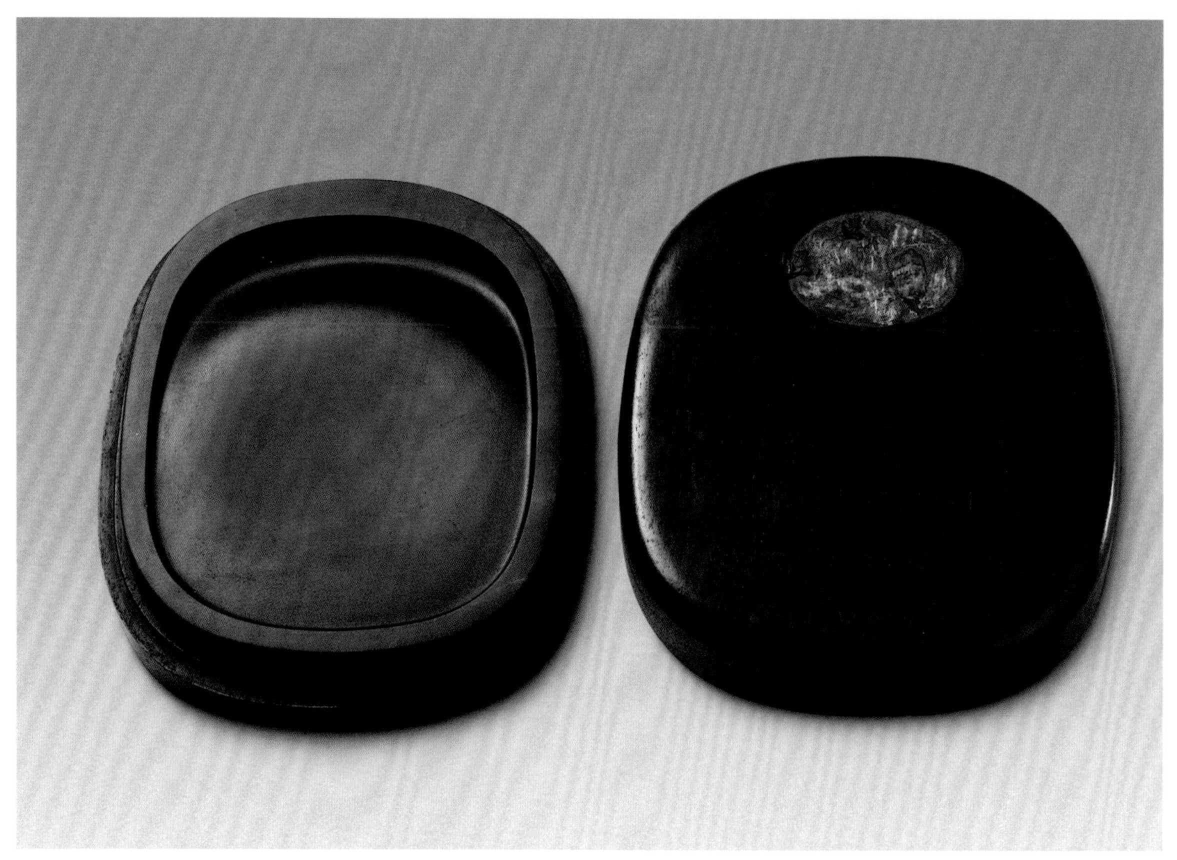

硯橢圓形，起硯緣。硯堂圓形微凹。硯池似月牙形。硯背面陰刻隸書："動以靜用，堅以溫全，含文宣質，君子有焉。" 末鐫"停雲"印。置四足紫檀盒內。

此硯呈黑褐色，有蕉葉白紋理。雕琢細緻，是明代端硯精品。

34

端石抄手硯

明

長22.3厘米　寬13.8厘米　高 9 厘米

Chaoshou Duan inkstone

Ming Dynasty

Length: 22.3cm　Width: 13.8cm　Height: 9cm

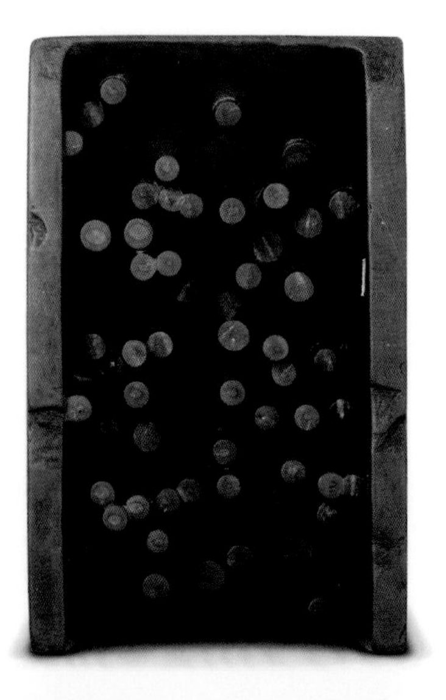

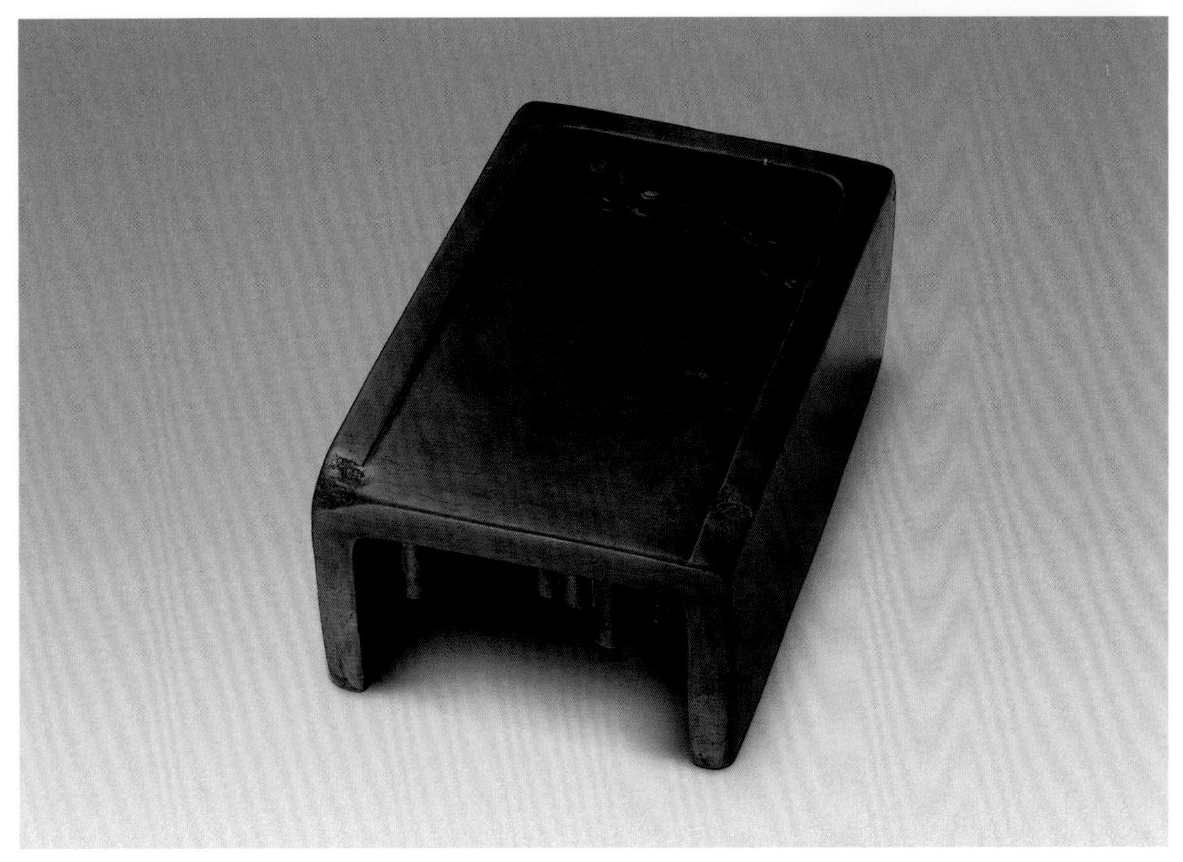

長方抄手式。硯面開斜坡式硯堂，一端深凹為硯池。池內散落 9 個矮柱石眼，有如天上星斗。硯背深凹槽，內參差錯落近60個石眼柱。

此硯造型為宋代硯式，敦厚大方，雕工嫻熟。硯材上品，石眼極多。

35

端石弇州山人銘抄手硯

明

長9.4厘米　寬9.4厘米　高2.5厘米

清宮舊藏

Chaoshou Duan inkstone with inscriptions by Yan Zhou Shan Ren

Ming Dynasty

Length: 9.4cm　Width: 9.4cm　Height: 2.5cm

Qing Court collection

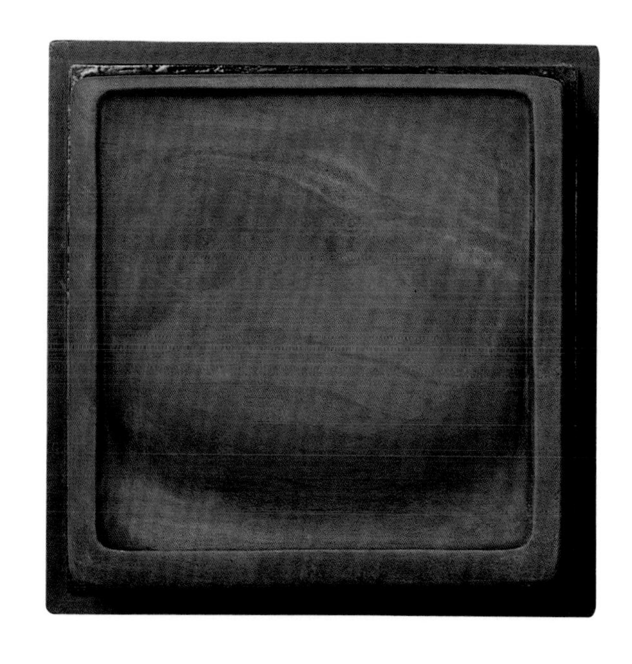

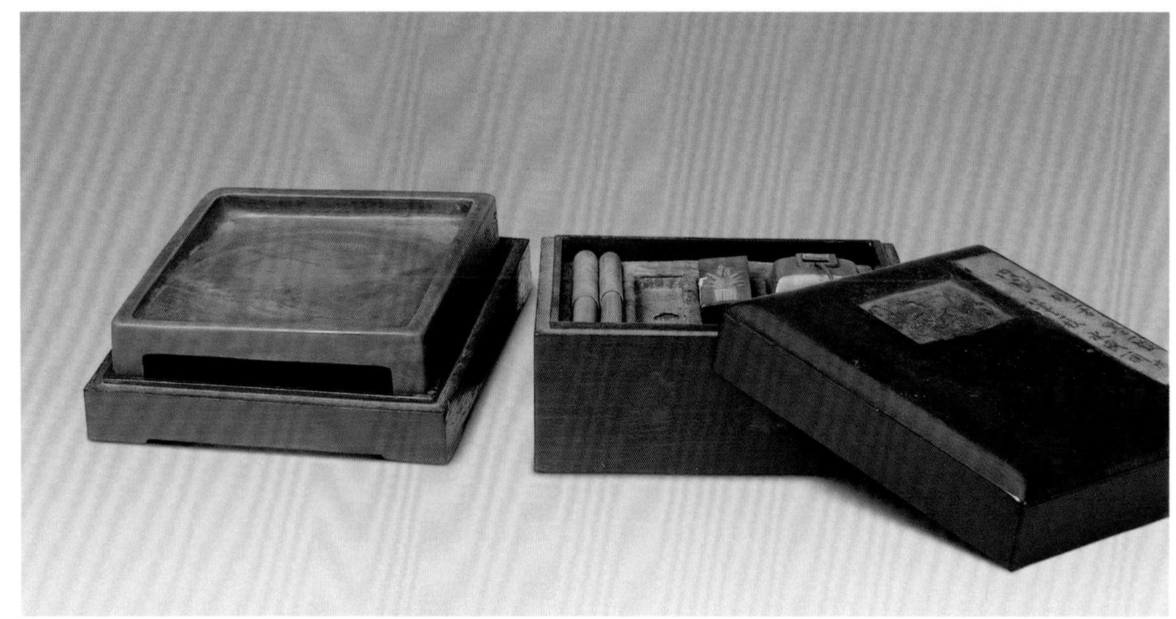

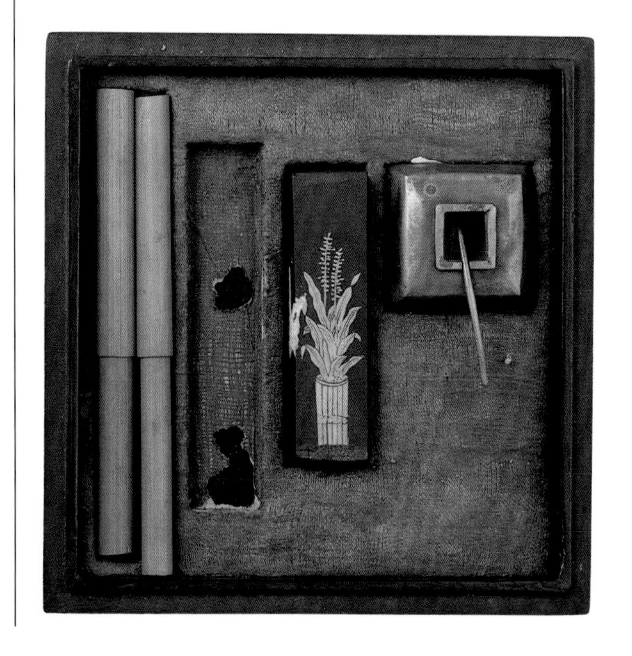

方形抄手式。硯面開斜坡式硯堂，硯池深凹呈彎月形，四面起邊框。硯背抄手亦作斜坡式，陰刻彭年隸書硯銘："直以方虛能受墨，動汝靜，靜則壽。彭年"，鐫"孔加父"印。硯兩側面分刻王世貞楷書銘："劃石骨，出雲腴，供吾翰墨，礪我廉隅。弇州山人"，"隆慶辛未（1571）孟冬識"，鐫"元美"印。有紫檀雙屜盒，附筆、墨等文具。

彭年，字孔加（嘉），明代書法家。王世貞，字元美，號弇州山人，明代文學家。此硯石質潤澤，色淡紫，含青花、火捺、蕉葉白諸石品，選材上等，又為名家品題，可稱珍品。

直以方壺能受
墨動汝靜靜則
壽
彭年

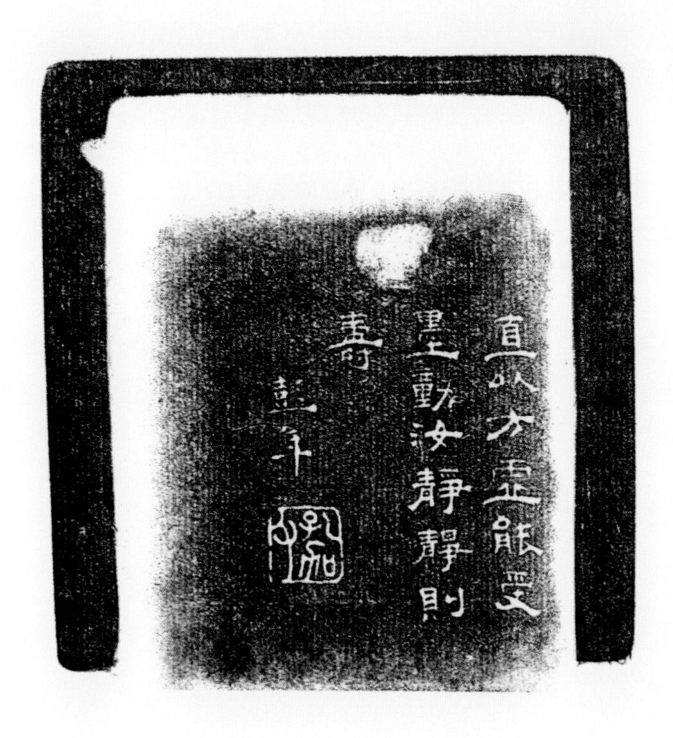
直以方壺能受
墨動汝靜靜則
壽
彭年

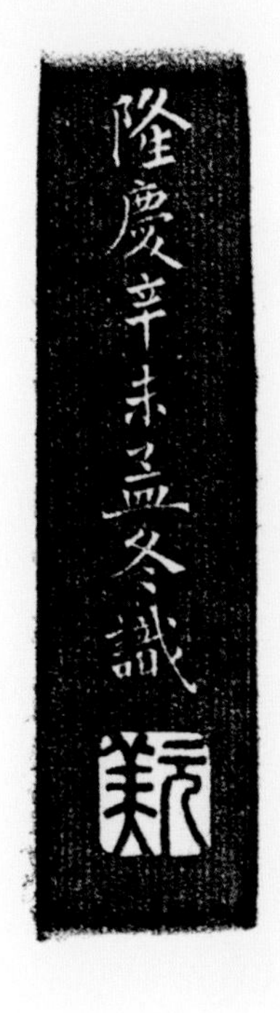
隆慶辛未孟冬識

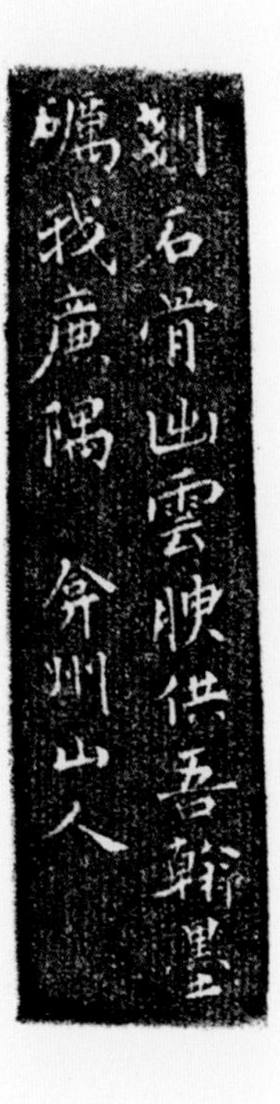
剡石骨幽雲腴供吾翰墨
喁我廣隅 弇州山人

36

端石漱石銘硯

明

長23厘米　寬12.7厘米　高5.8厘米

清宮舊藏

Duan inkstone with inscriptions by Shu Shi Ren

Ming Dynasty

Length: 23cm　Width: 12.7cm　Height: 5.8cm

Qing Court collection

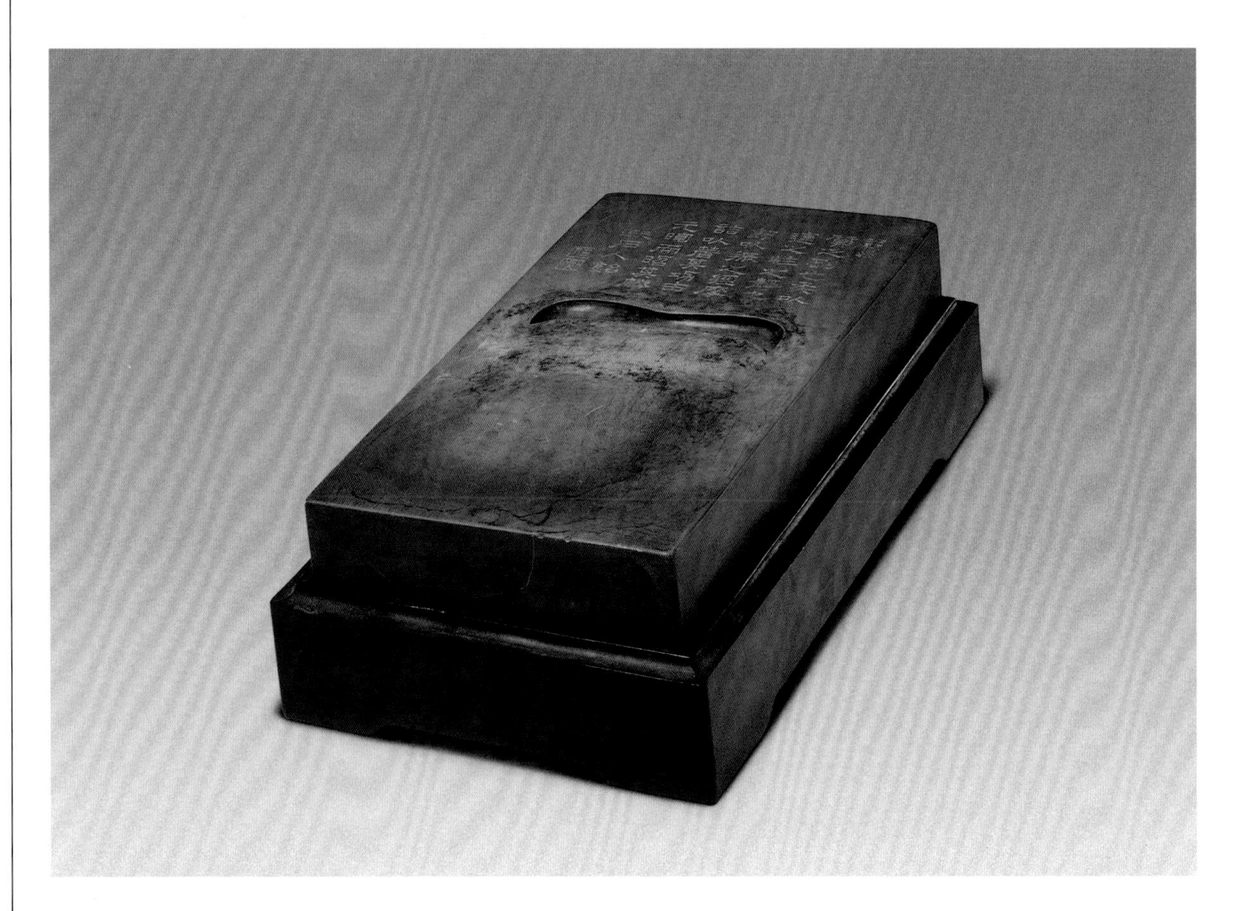

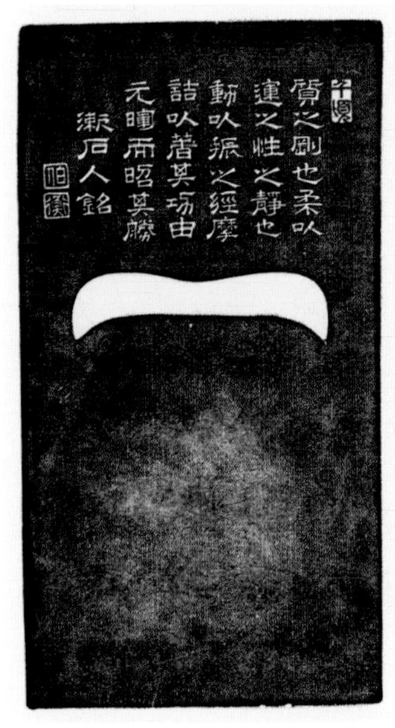

硯堂平滑，中部深凹眉形墨池，其上陰刻隸書銘：“質之剛也，柔以運之，性之靜也，動以振之，經摩詰以著其功，由元暉而昭其勝。漱石人銘”，鐫“伯”“衡”印。背面深凹槽。

此硯石質細膩，顏色紫中泛綠。造型簡潔，光素質樸，以石質石色自然為佳。

37

端石螭紋硯

明
長20.8厘米　寬14.1厘米　高3.3厘米
清宮舊藏

Duan inkstone with interlaced hydra design
Ming Dynasty
Length: 20.8cm　Width: 14.1cm　Height: 3.3cm
Qing Court collection

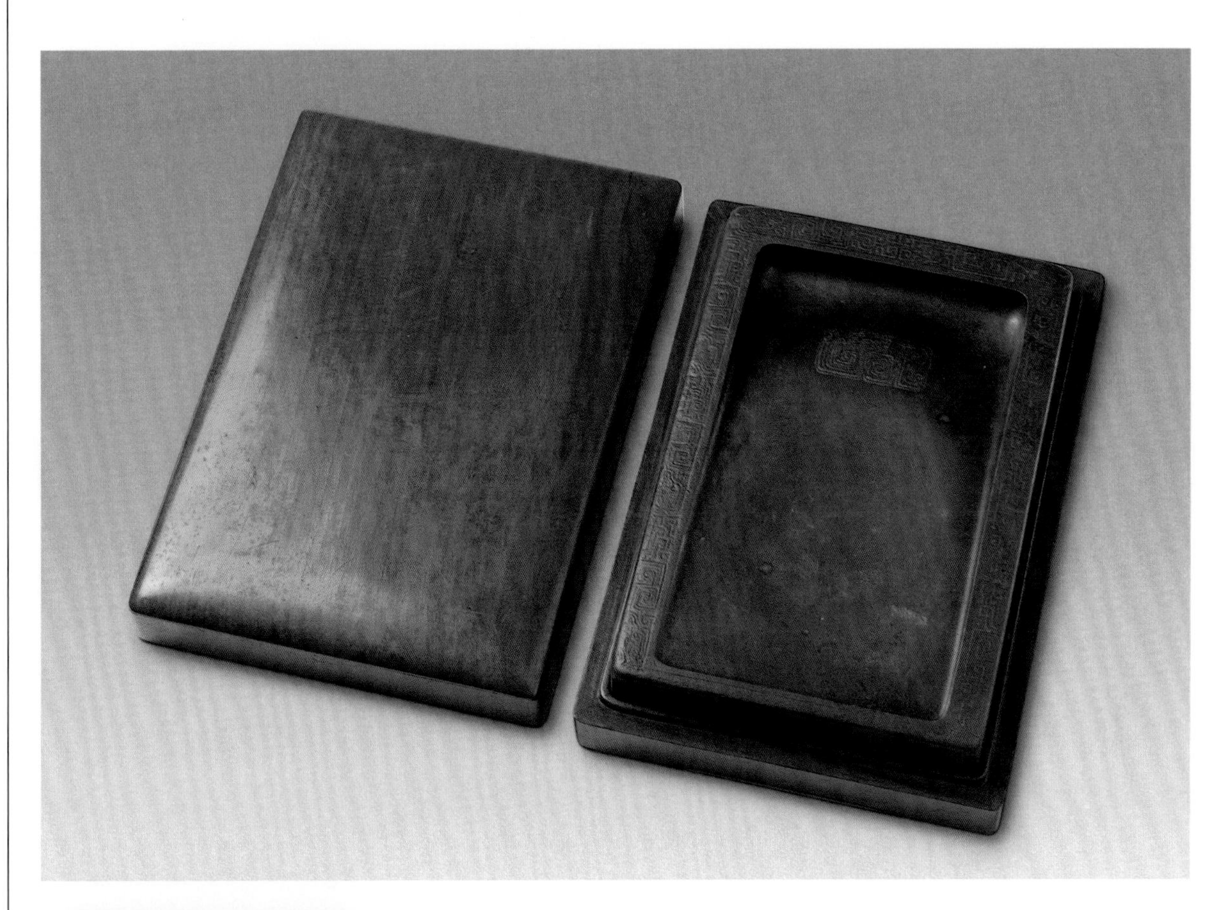

硯面開斜通式硯堂。墨池深凹，雕長方形蟠螭紋。邊框雕螭紋。硯背淺覆手。

此硯造型規整凝重，紋飾雕刻嚴密工細，極具裝飾性。

38

端石几形硯

明正德

長34厘米　寬17.2厘米　高8厘米

Duan inkstone in the shape of the character ji

Zhengde period, Ming Dynasty

Length: 34cm　Width: 17.2cm　Height: 8cm

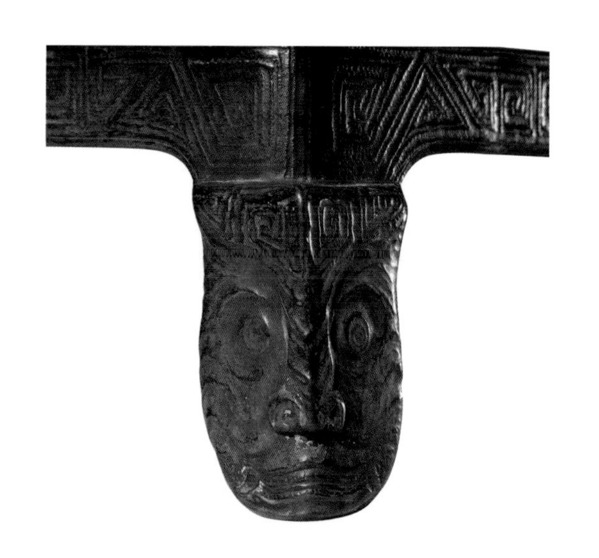

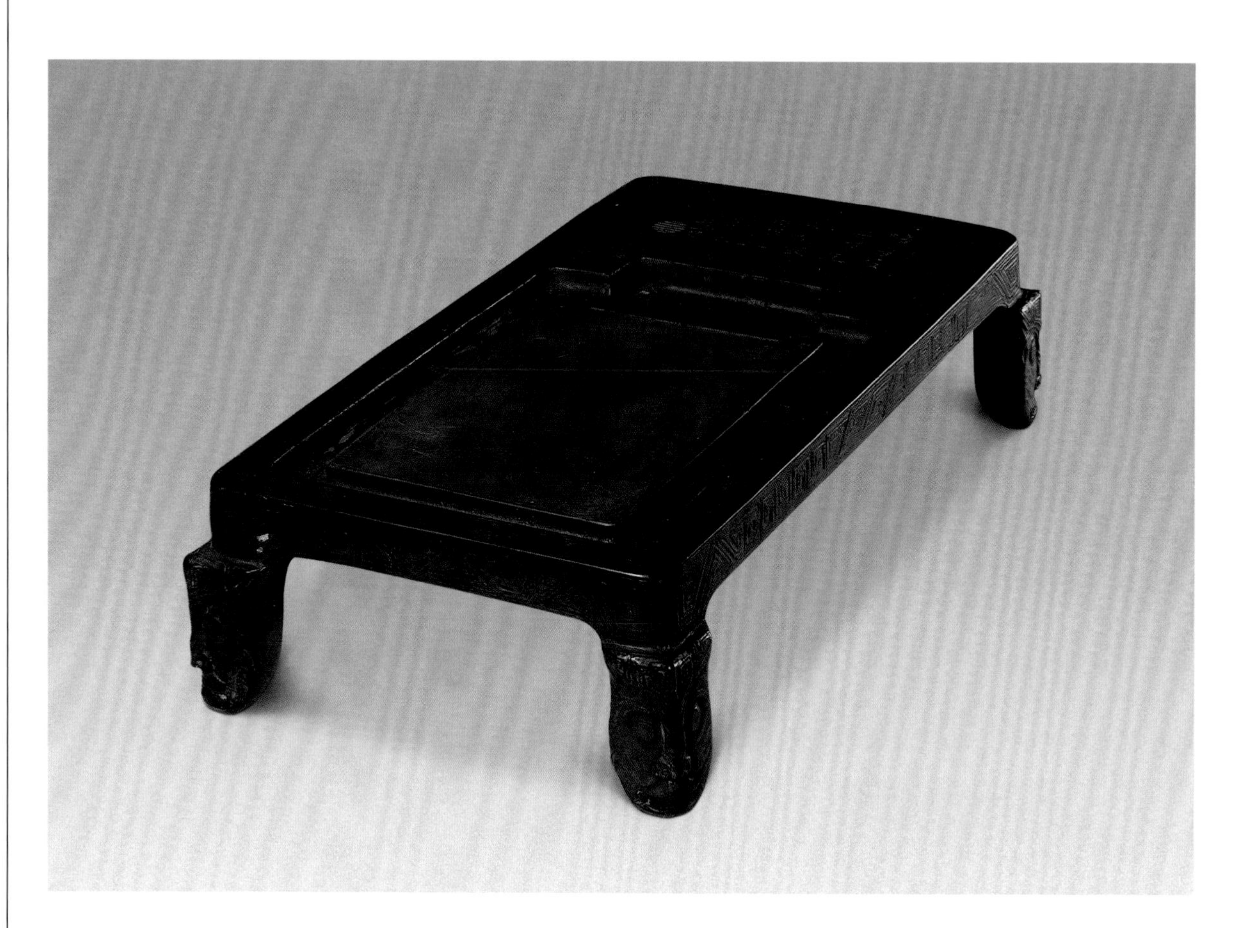

硯為長方桌几形。硯堂四周環以水渠，與硯池相通。硯面雕刻落花流水紋，方框內楷書陰刻："靜者石，安者几，知靜安，得所止。正德六年（1511）汝止王艮。"硯側飾迴紋，人面紋四足。硯背陰線刻王艮像，書刻："心齋先生小像，繁昌夏廷美寫於東淘精舍"，下鐫"雲峰"印。

王艮，字汝止，號心齋，明泰州（今江蘇東台）人。求學於王守仁，創泰州學派。夏廷美，字雲峰，明繁昌（今屬安徽）人，學者。 此硯石紫黑色，堅而潤。以几形製硯頗為獨特，紋飾、造型亦精巧別致。特別是有確切年款，為明代硯形提供了資料。

静者石
安者几
知静安
得所止
正德年
汝止王艮

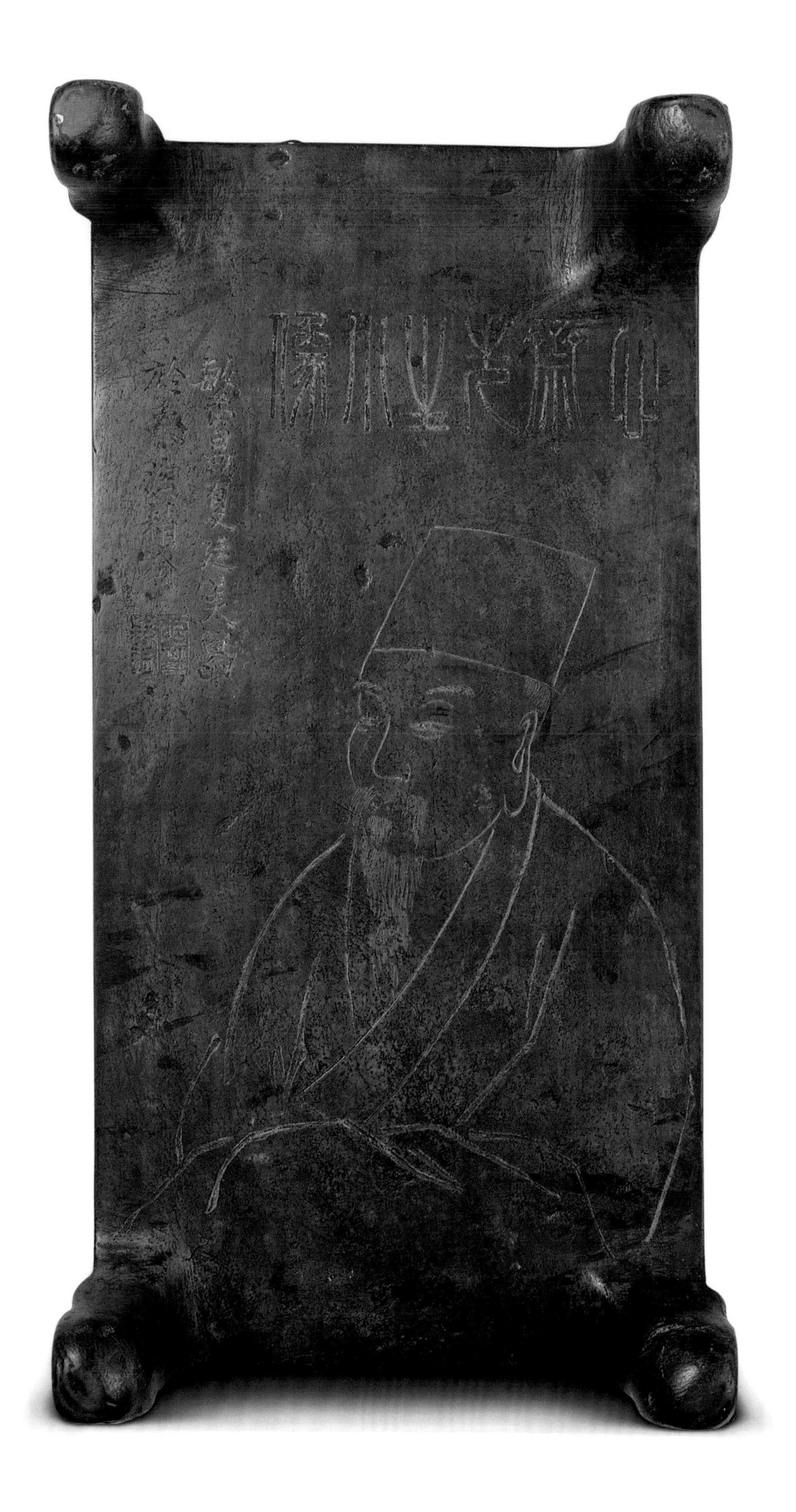

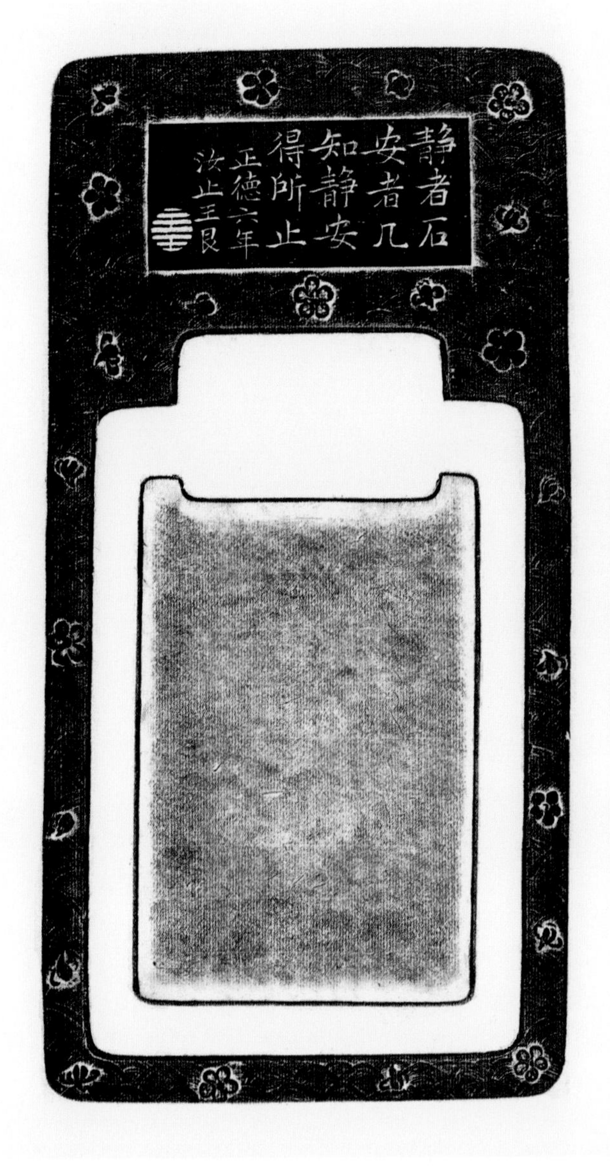
靜者石
安者几
知靜安
得所止
正德六年
汝止王艮

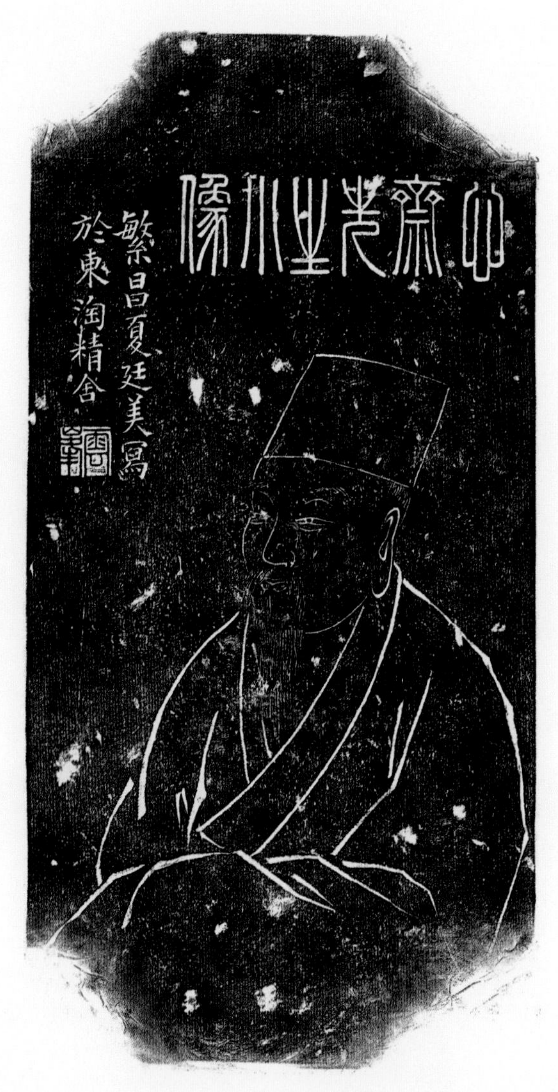
心齋先生小像
繁昌夏廷美寫
於東淘精舍

39

端石琴式硯

明崇禎

長8.5厘米　寬3.7厘米　高1.6厘米

Duan inkstone in the shape of Chinese zither

Chongzhen period, Ming Dynasty

Length: 8.5cm　Width: 3.7cm　Height: 1.6cm

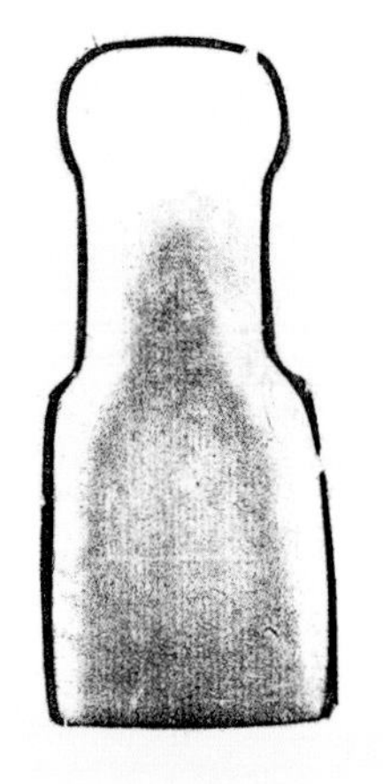

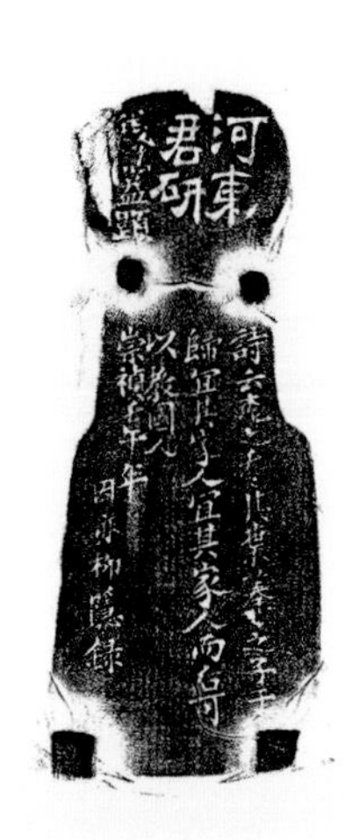

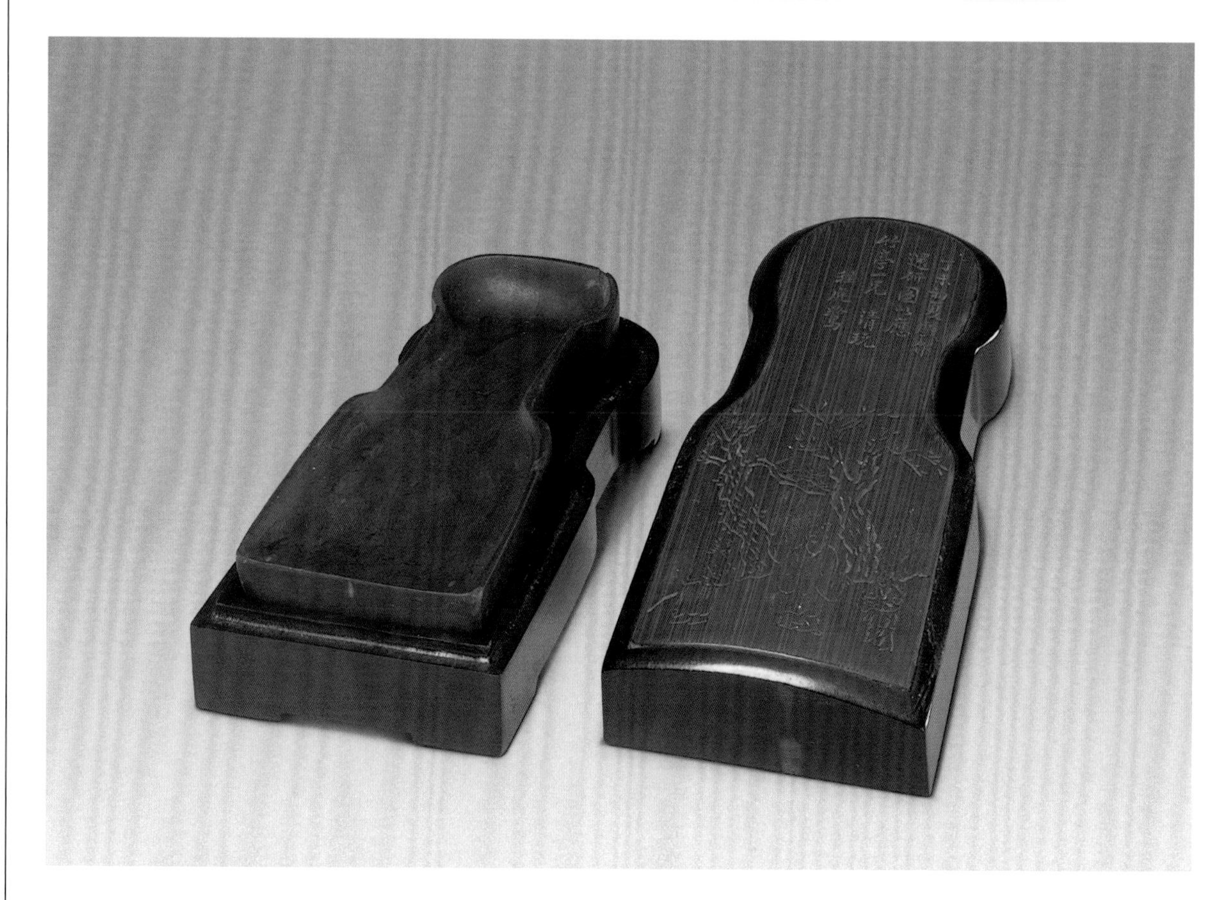

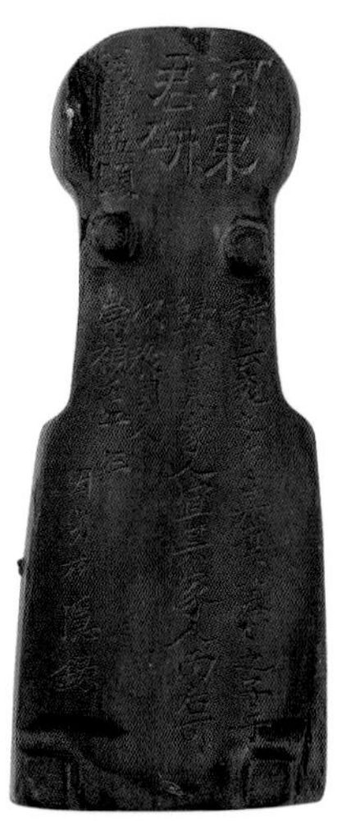

古琴形。硯面內凹，斜通式硯池。硯背有四足，上部有明人錢謙益款題銘：“河東君研。詩云：‘桃之夭夭，其葉蓁蓁，之子于歸，宜其家人。’宜其家人，而後可以教國人。崇禎壬午年因亦柳蔭錄”。配紅木雕琴式盒，盒面嵌竹刻“還硯圖”，款署：“丁未（1847）初夏戲作還硯圖以應竹亭一兄清玩，程庭鷺”。

錢謙益，字受之，號牧齋，江蘇常熟人。明萬曆進士，官至禮部侍郎。程庭鷺，字序伯，一作振鷺。清江蘇嘉定人，工詩篆刻。此硯石質細膩，製作小巧精緻，實用與鑒賞結合。

40

歙石眉子抄手硯

明

長24.9厘米　寬15厘米　高9.7厘米

Chaoshou She inkstone with eyebrow grain on the surface

Ming Dynasty

Length: 24.9cm　Width: 15cm　Height: 9.7cm

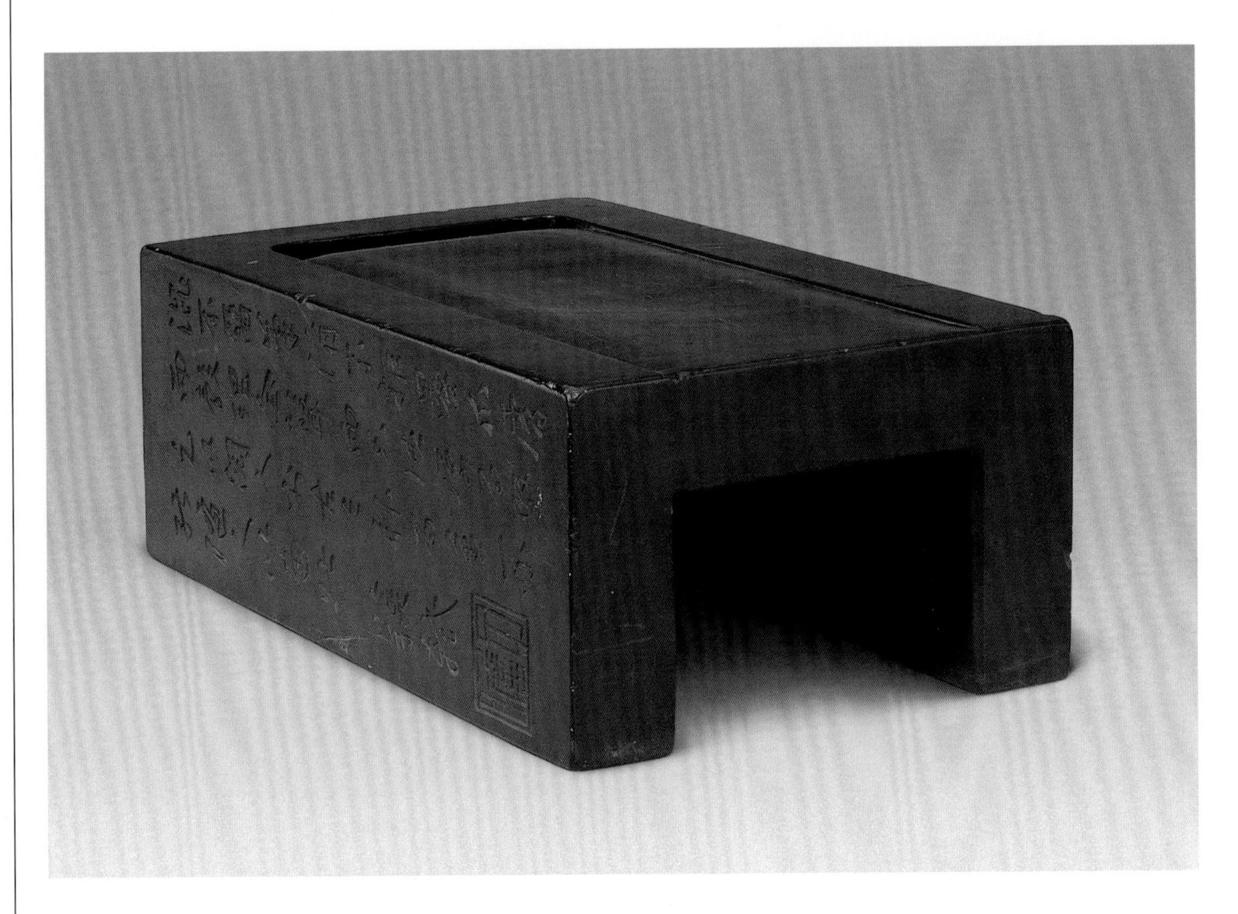

長方抄手式。硯堂一端為圓角長條形硯池。硯面有7道眉子。硯側有蘇軾款行書硯銘："混不留筆，涓不拒墨，瓜膚而殼理，金聲而玉德。厚而堅，足以閱人於古今，樸而重，不能隨人以南北。蘇軾"，鐫"子瞻"。

眉子為歙石上的自然紋理，形似人的眉毛，故名，為珍稀石品。此硯石色蒼黑，質地堅韌、潤密，眉紋清晰、秀美，為歙硯佳品。

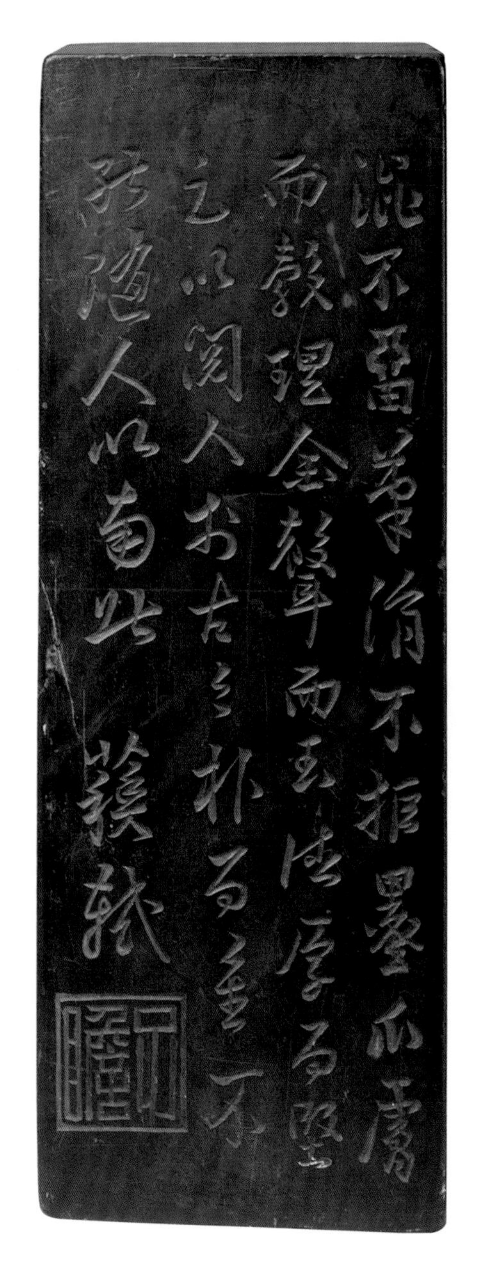

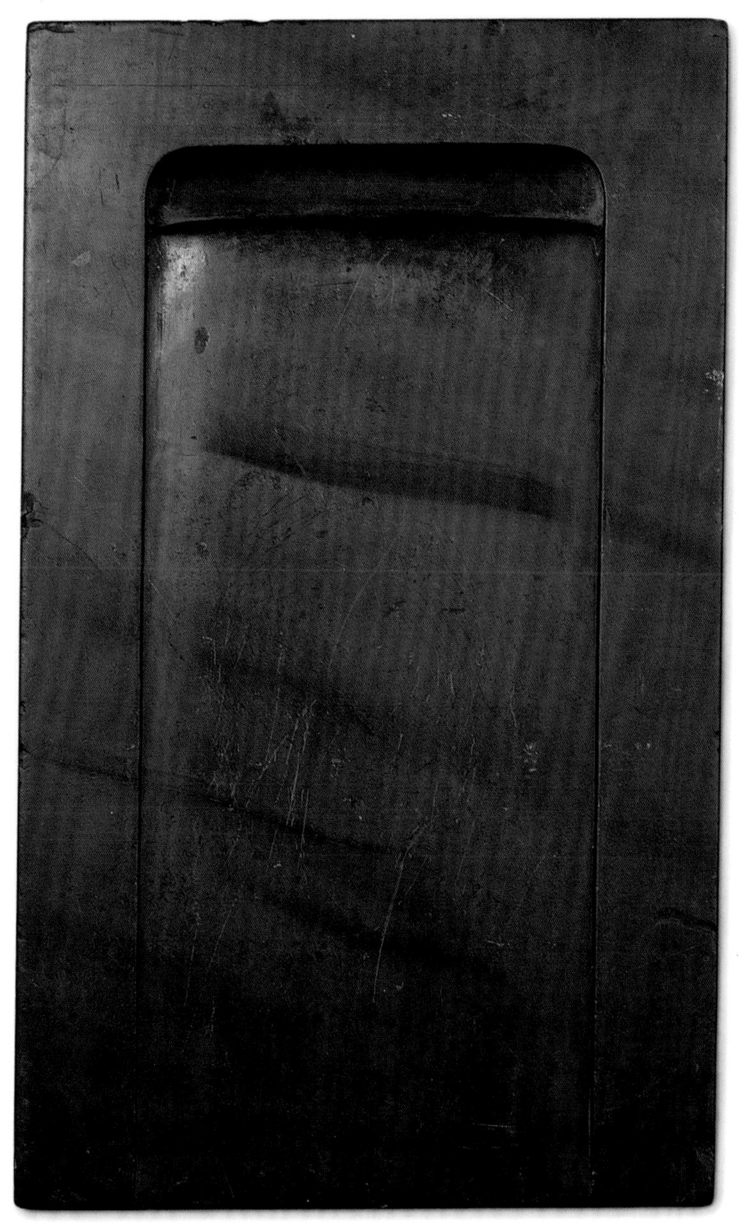

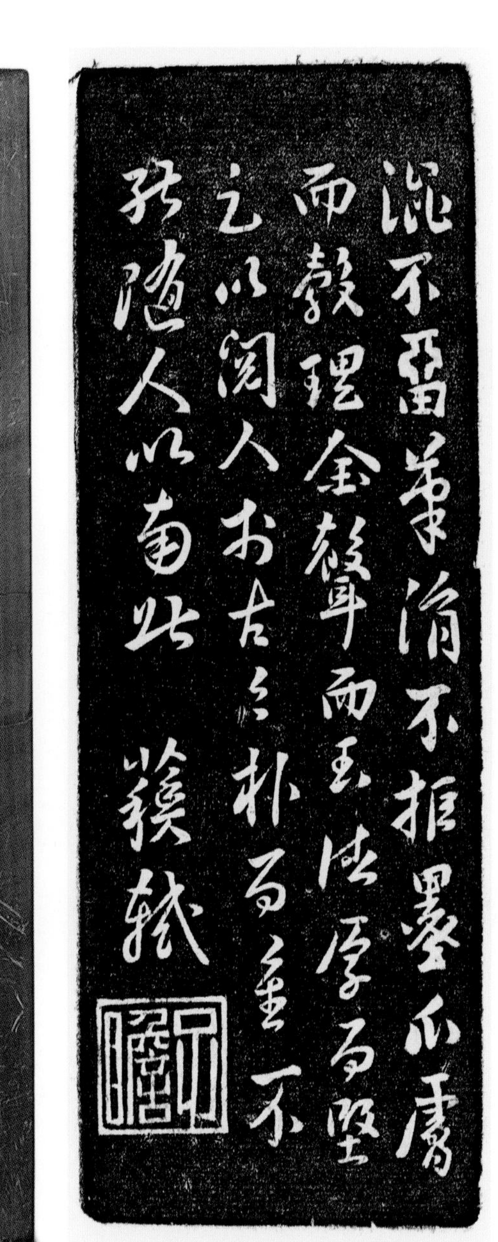

41

澄泥風字硯

明洪武

長26.5厘米　寬17.3厘米　高2.5厘米

Pure mud inkstone in the shape of the character feng

Hongwu period, Ming Dynasty

Length: 26.5cm　Width: 17.3cm　Height: 2.5cm

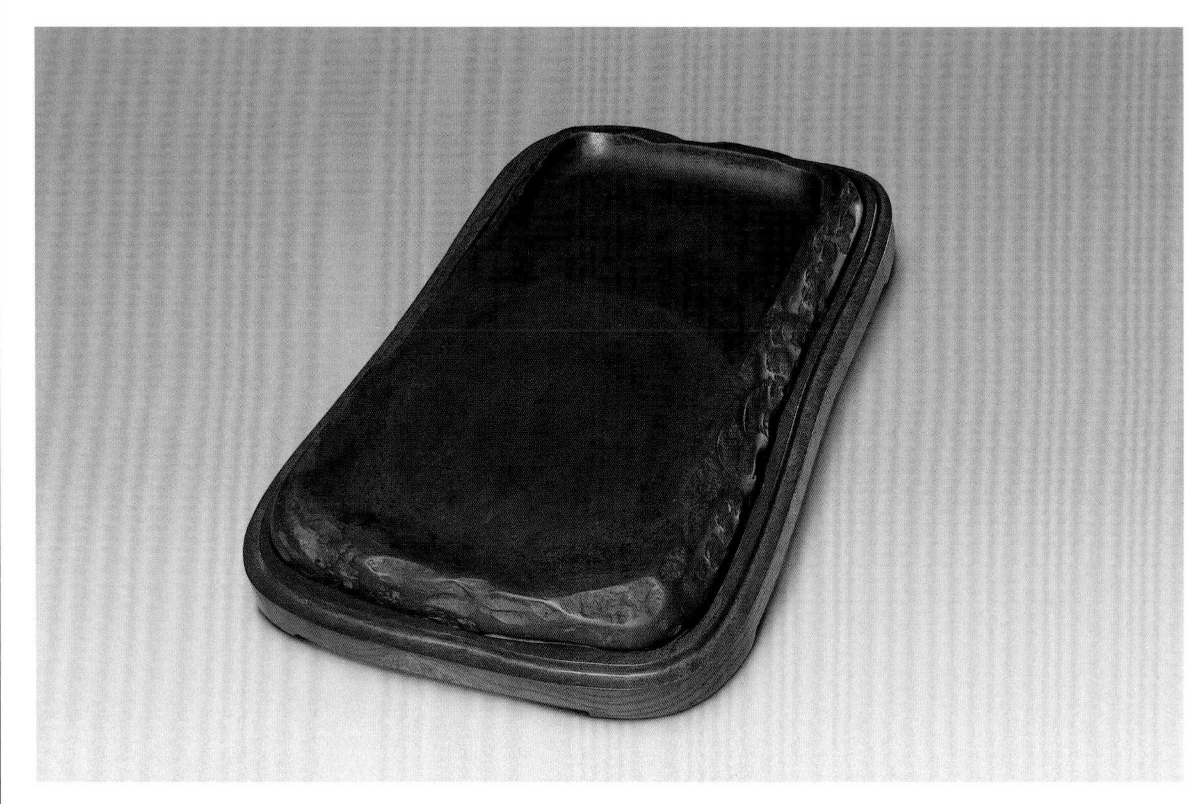

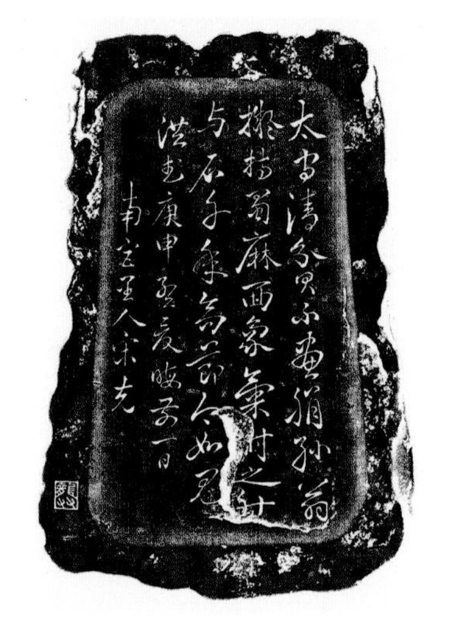

硯澄泥質，鱔魚黃色，風字形。硯堂一端深凹成硯池。硯側稍加雕琢。硯背有宋克陰文草書題銘：“太守清貧不畫絹，孫翁擬持蜀麻面，象氣時之升與石，千年高節今如見。洪武庚申（1380）孟夏晦前一日，南宮里人宋克”，下鐫“龔”印。

宋克，字仲溫，明代長州（今江蘇蘇州）人。洪武初徵為侍書，出鳳翔府同知。以善書名天下。銘是宋克為“孫翁” 硯題。

42

澄泥夔紋硯

明

長16.8厘米　寬10.5厘米　高3.6厘米

Pure mud inkstone of kui-dragon design

Ming Dynasty

Length: 16.8cm　Width: 10.5cm　Height: 3.6cm

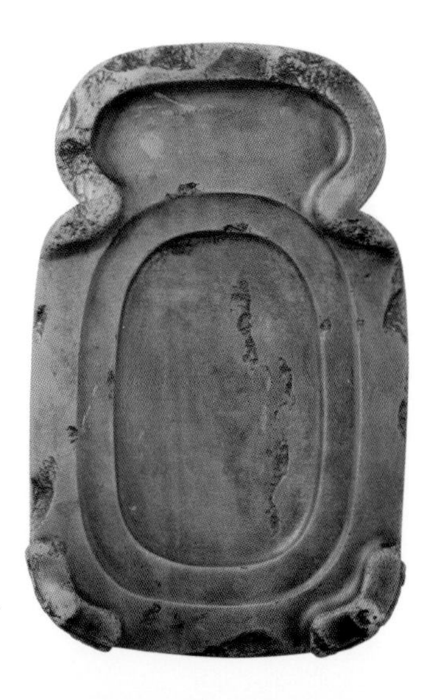

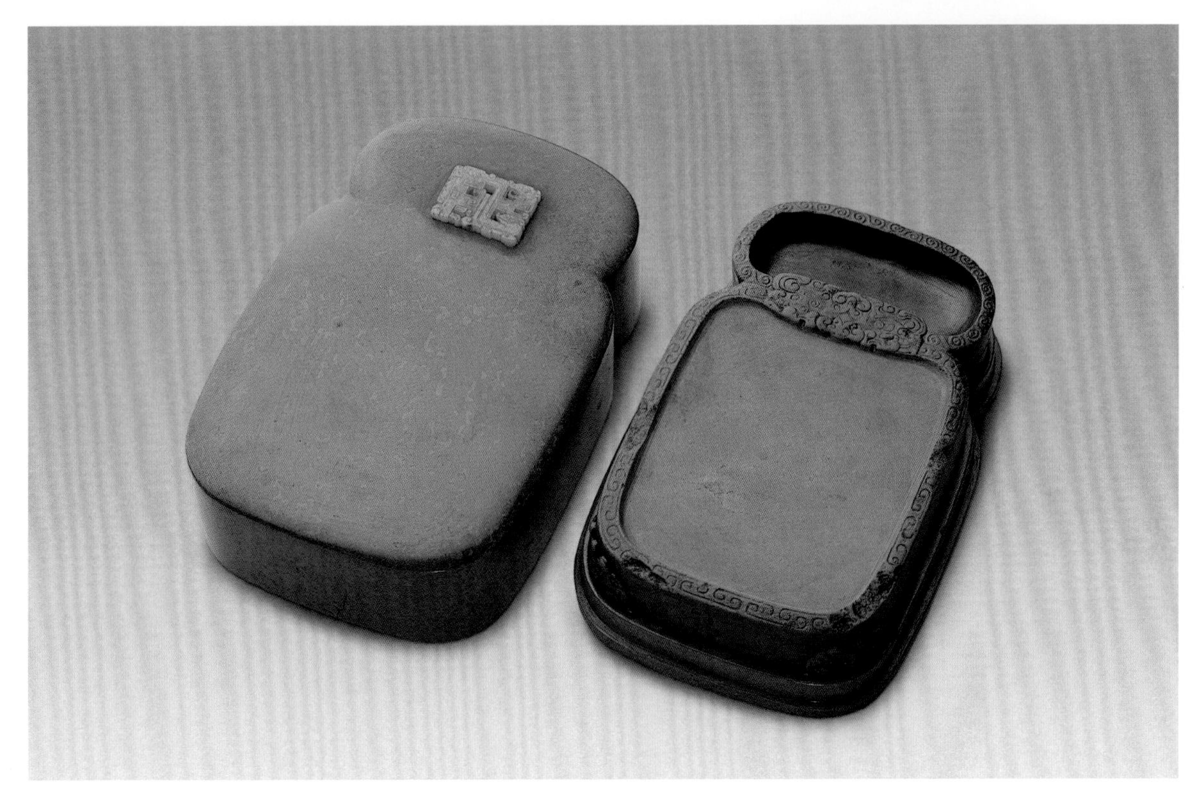

束頸雙連式，淺開硯堂，上額為橢圓形硯池。邊框飾雲紋，束頸處淺浮雕如意雲紋。硯周邊側雕飾繁縟的夔紋和獸面紋。背面深凹呈環渠狀，也可作硯池、硯堂，兩面均可作研墨之用。凸起兩獸足。配嵌玉漆盒。

此硯質細膩，色澤淺黃，造型新穎，雕刻工細，製作考究。以漆盒藏硯在明清時較為流行。

43

澄泥蟠螭紋硯
明
長11厘米　寬6.8厘米　高4.3厘米

Pure mud inkstone with interlaced hydra design
Ming Dynasty
Length: 11cm　Width: 6.8cm　Height: 4.3cm

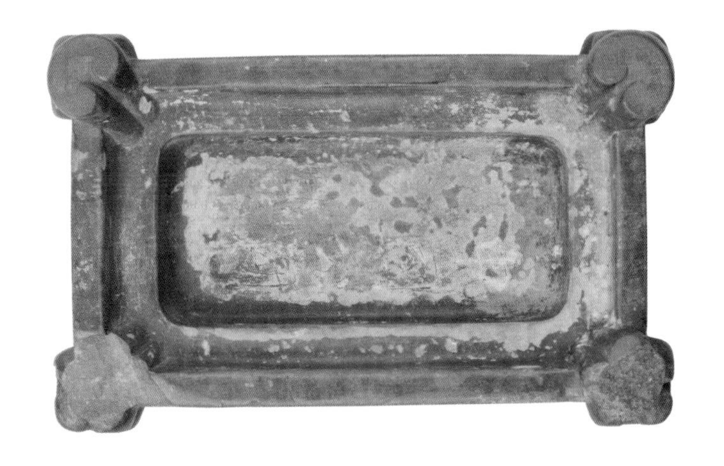

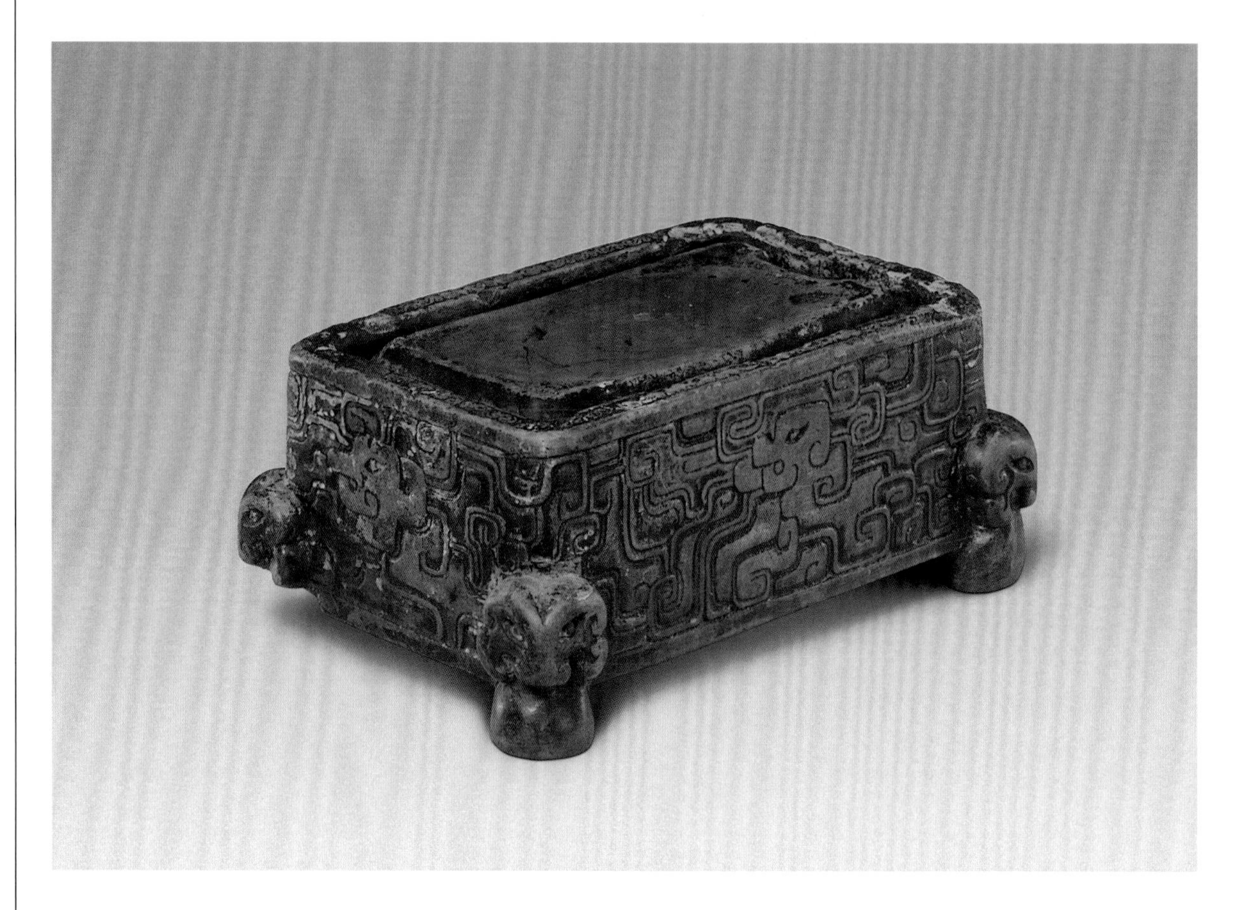

硯面長方形硯堂，受墨處平滑，一端有深凹小硯池。四周環水渠，邊框飾“S”紋。硯體四面雕螭紋，四角有獸面形足。硯背深凹，底內淺刻“申國公研”四字。

此硯體小巧，裝飾古樸。色澤澄紅，猶如古銅。

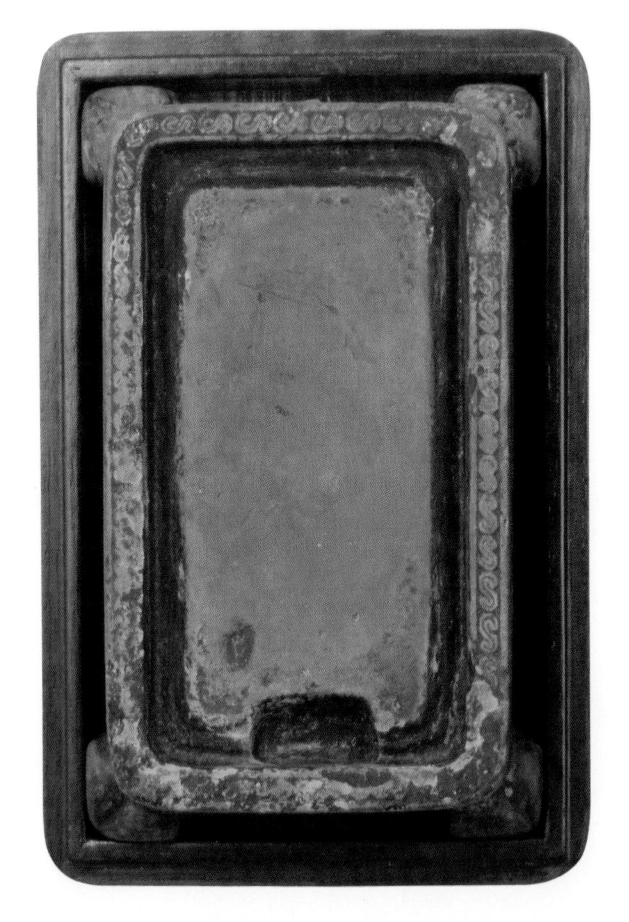

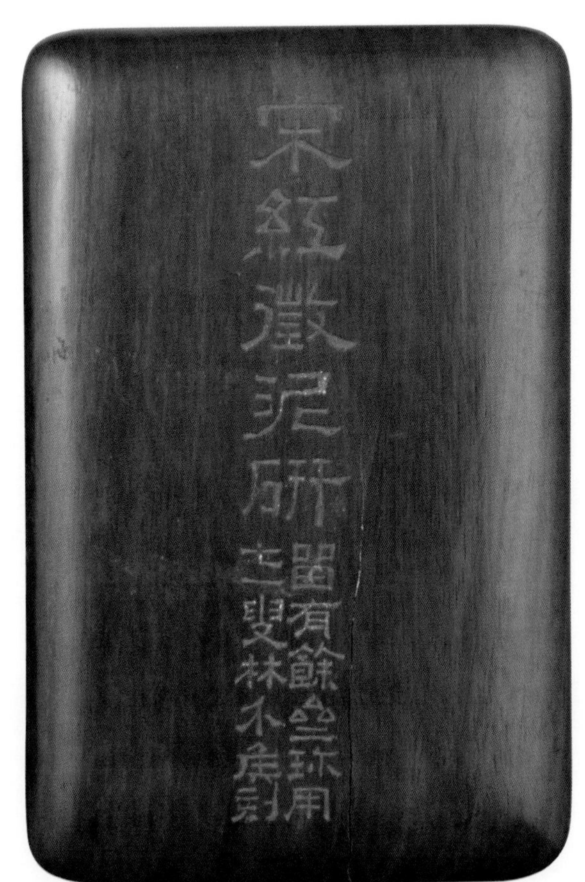
宋紅絲澂泥研

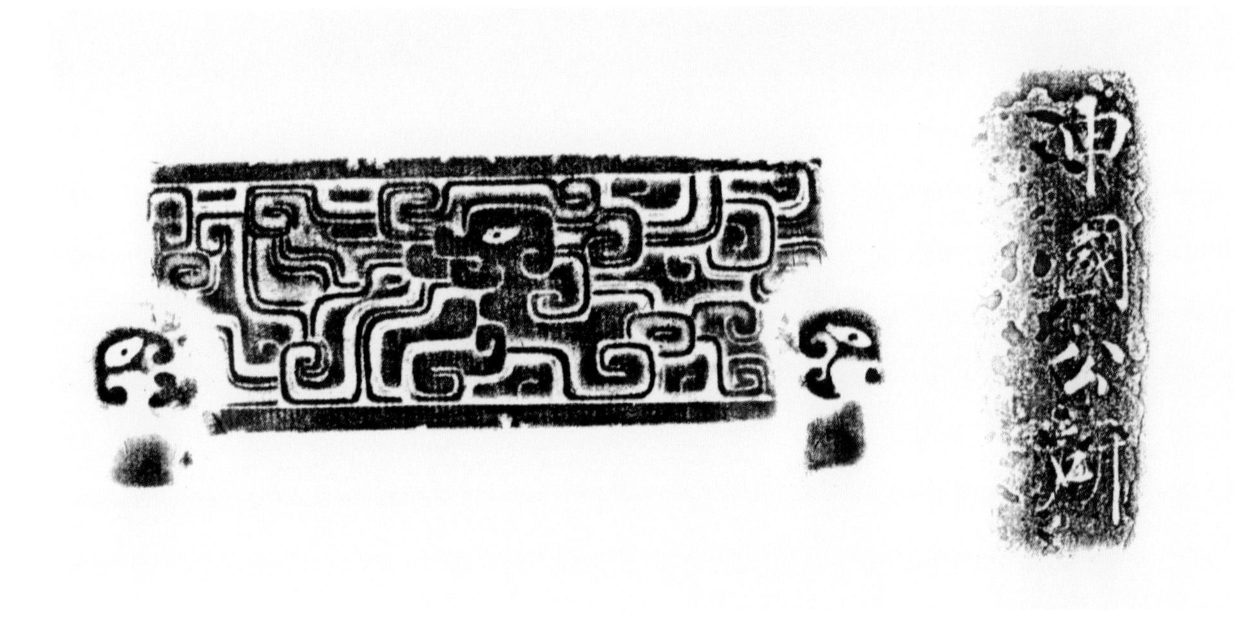

44

澄泥牧牛硯

明

長16厘米　寬9厘米　高5.8厘米

Pure mud inkstone in the shape of a cowboy on a cattle

Ming Dynasty

Length: 16cm　Width: 9cm

Height: 5.8cm

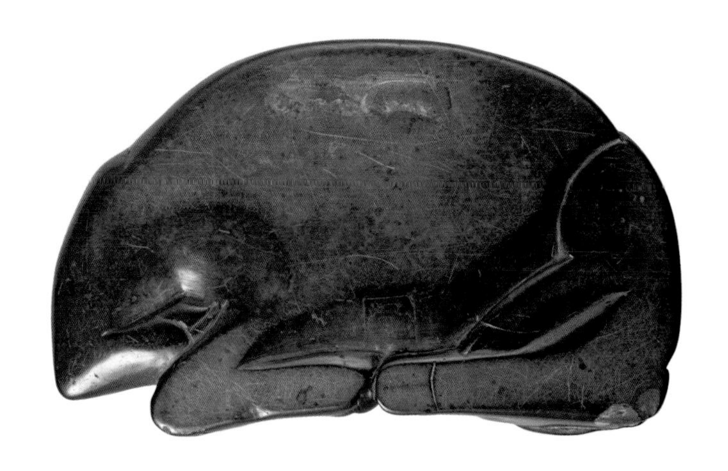

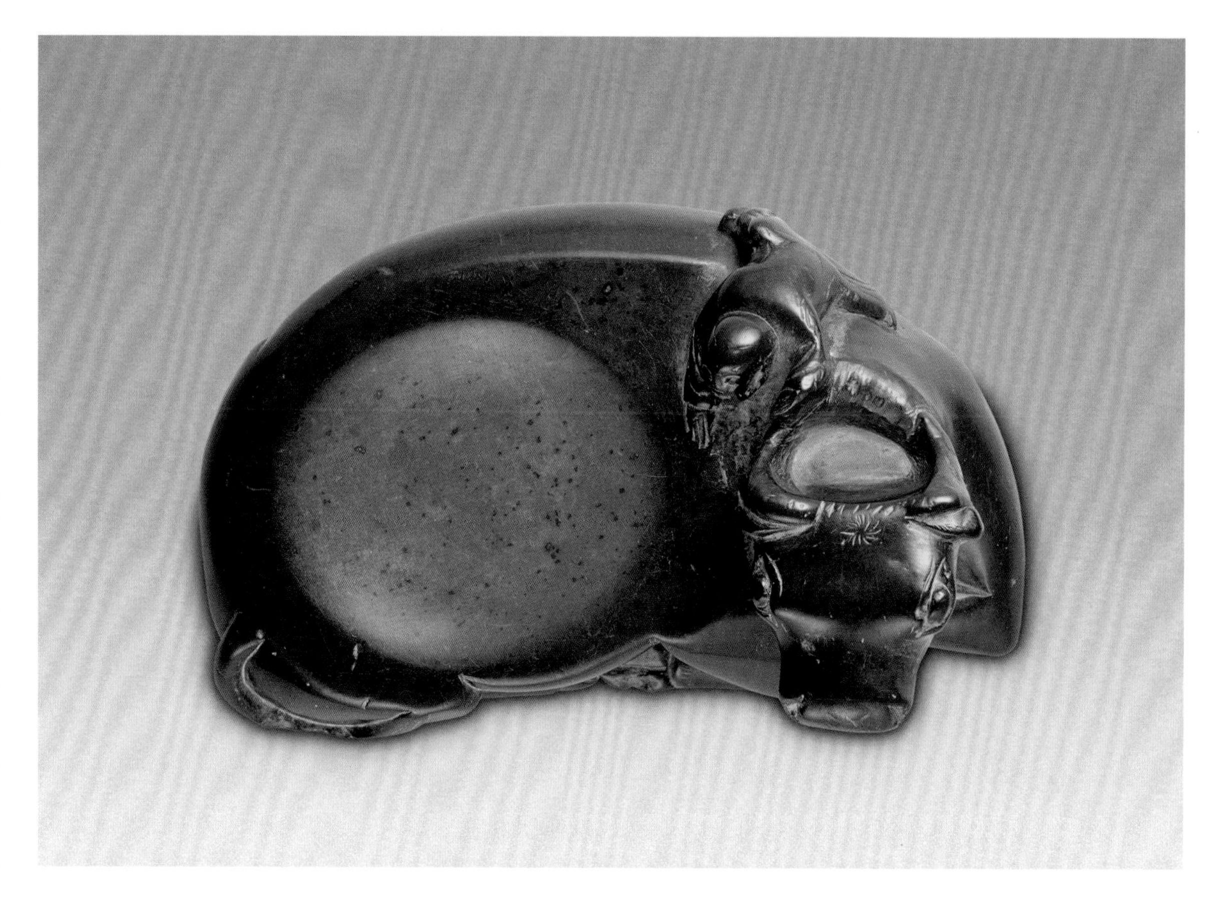

圓雕臥牛形，一牧童爬在牛背上玩耍。牛背為硯池，硯池較深，作滿月狀，赭黃色，有褐色斑點。

此硯造型生動，精巧可愛，深色的牛身與淺色的牛背形成鮮明的對比，色彩艷麗。既可實用，又可供賞玩，為案頭佳品。

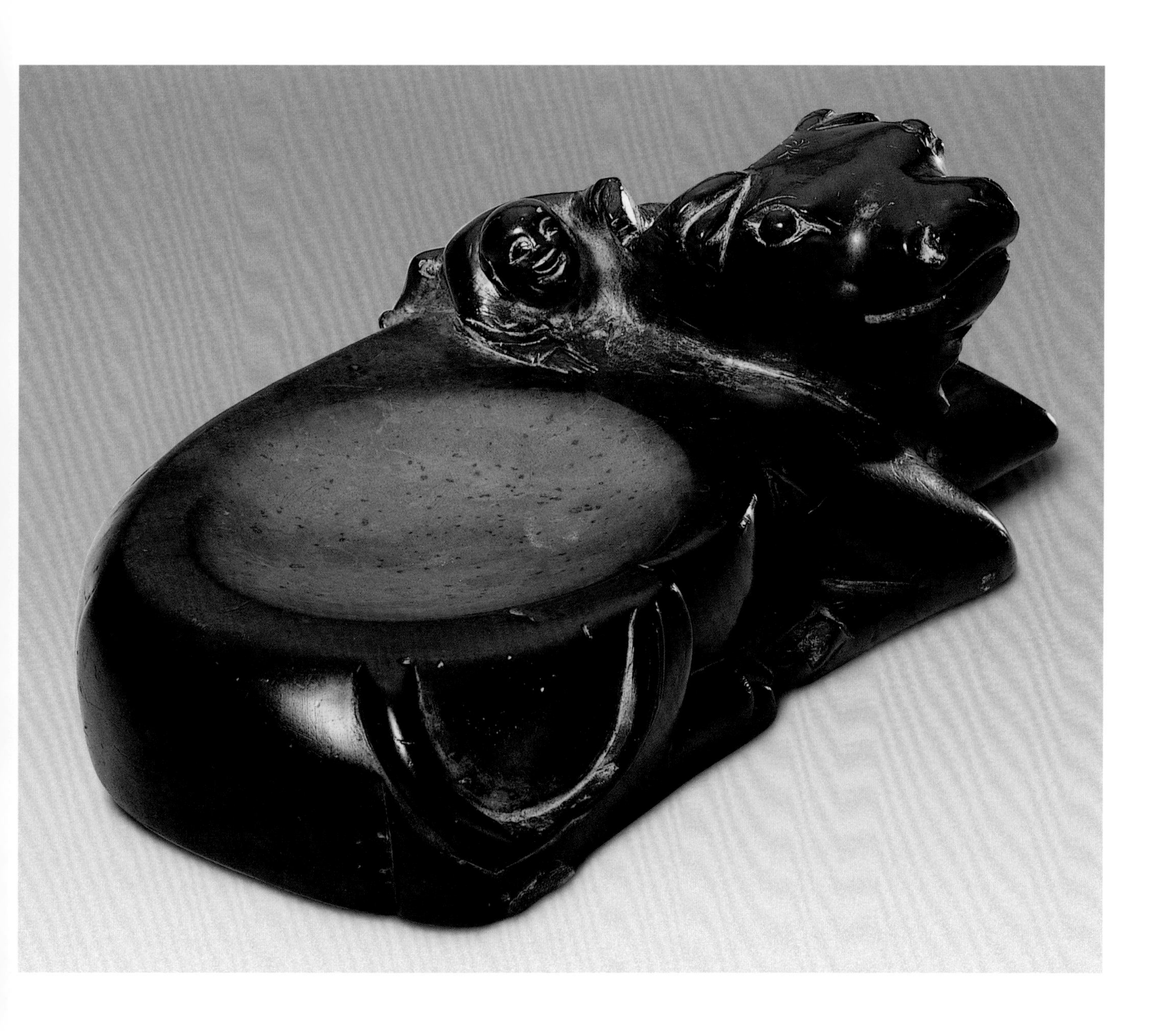

45

澄泥海獸紋硯
明
長18.5厘米　寬12厘米　高4.3厘米
清宮舊藏

Pure mud inkstone with sea creatures' patterns
Ming Dynasty
Length: 18.5cm　Width: 12cm　Height: 4.3cm
Qing Court collection

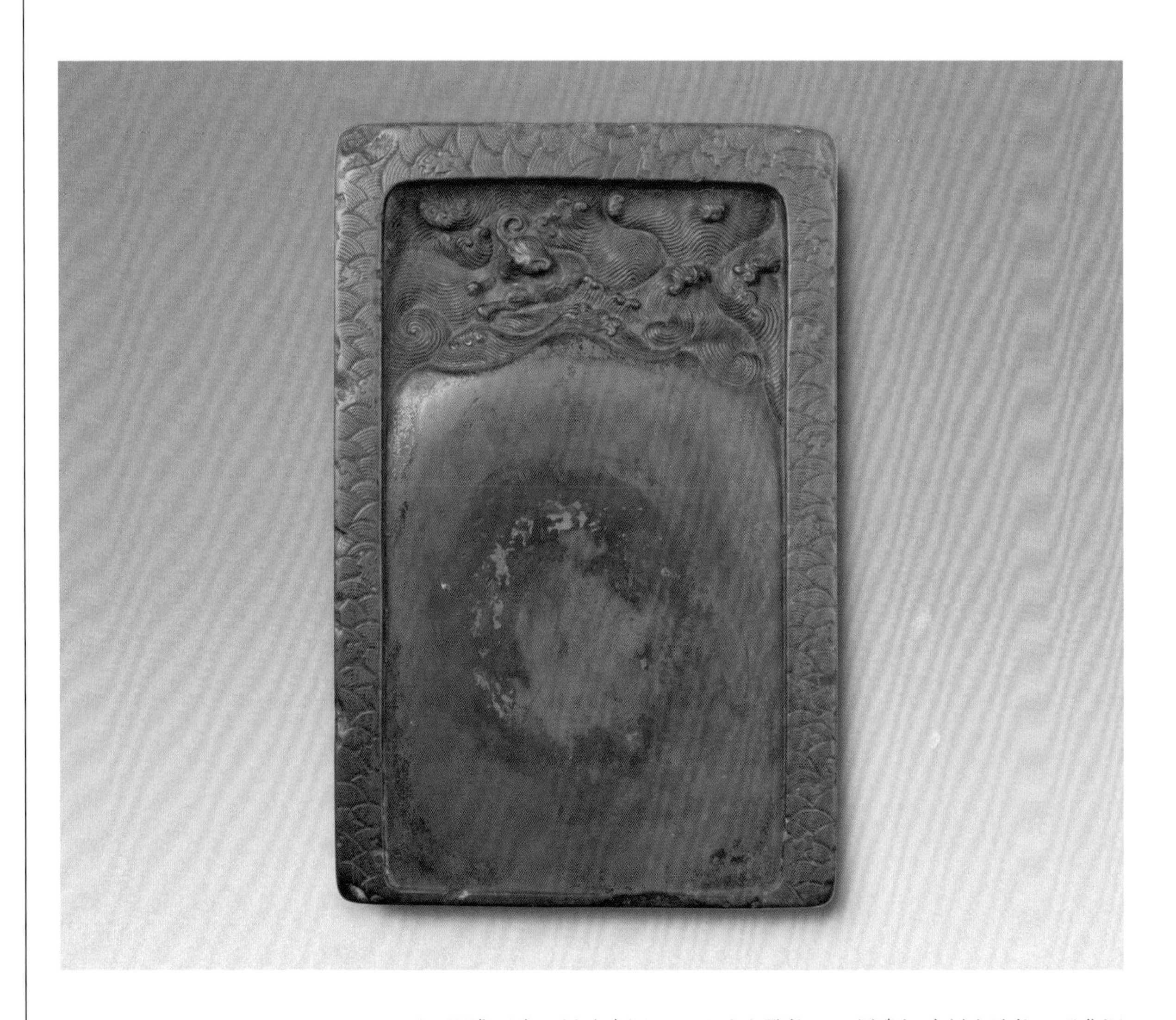

硯面開淺硯堂，墨池處深凹，凸雕海獸紋，四周邊框陰刻水波紋。硯背深凹，凸雕海獸紋，波濤間為一龜負雙螭碑。硯側刻陰紋楷書：“知雕不辨鑿痕施，獸若騰濤濤若披，疑供木家成賦後，掞天鎔出許多奇。乾隆戊戌（1778）御題”，鐫“比德”、“朗潤”印。

此硯雕刻細膩，為明代澄泥硯佳作，著錄於《西清硯譜》。

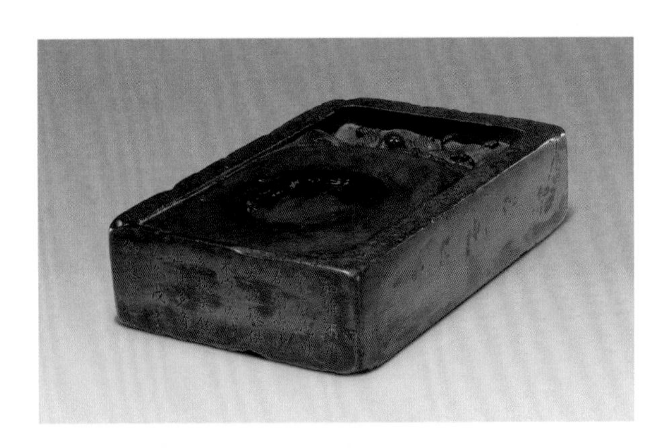

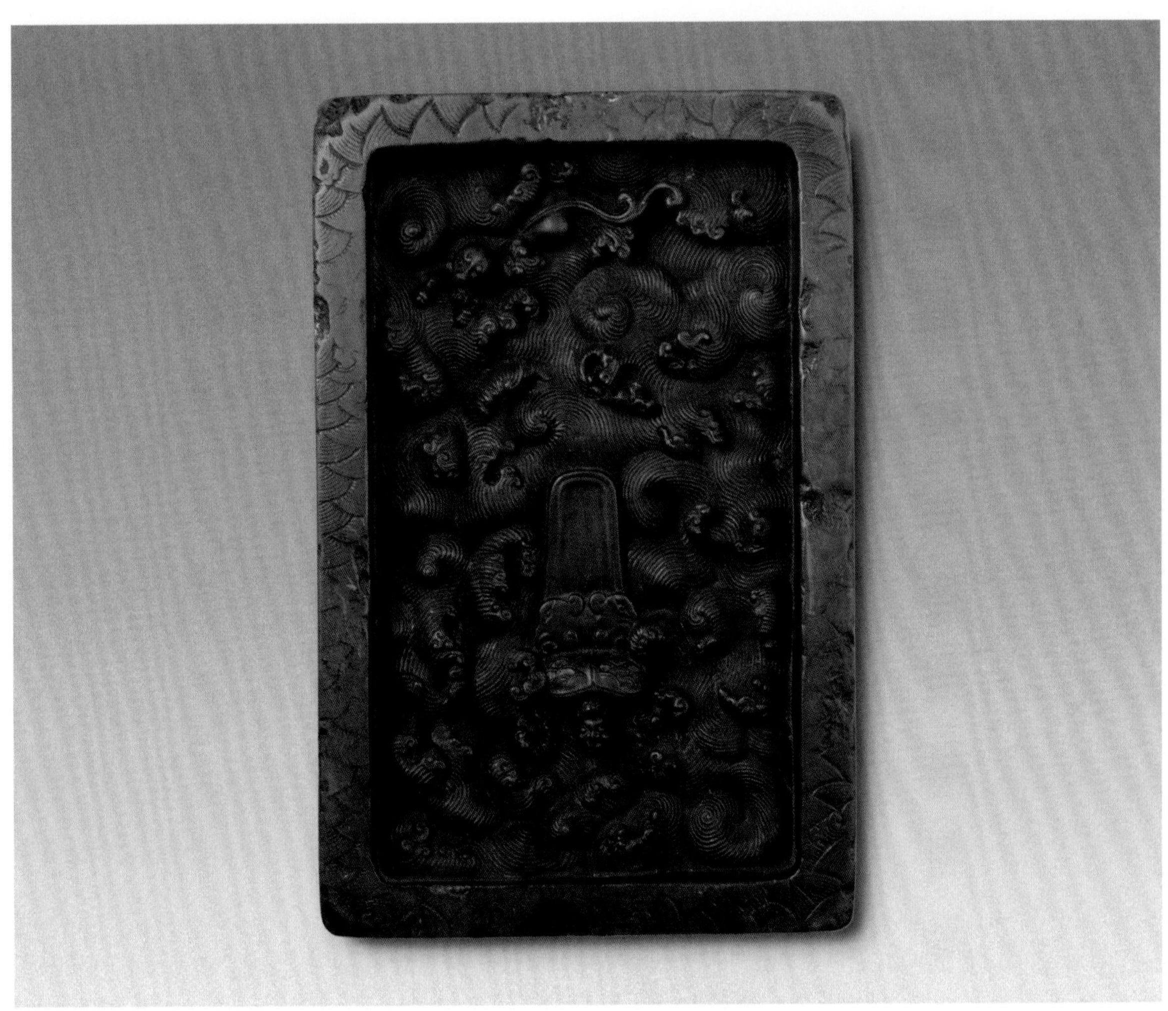

知雕不辨
鑿痕施獸
若騰濤濤
若披疑供
木家成賦
後拔天鎔
出許多奇
乾隆戊戌
御題

46

澄泥長方硯
明
長29.4厘米　寬17.3厘米　高4.3厘米
清宮舊藏

Rectangular Pure mud inkstone
Ming Dynasty
Length: 29.4cm　Width: 17.3cm　Height: 4.3cm
Qing Court collection

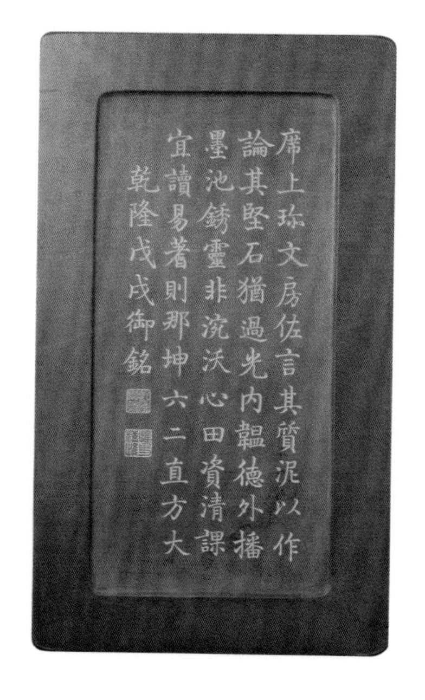

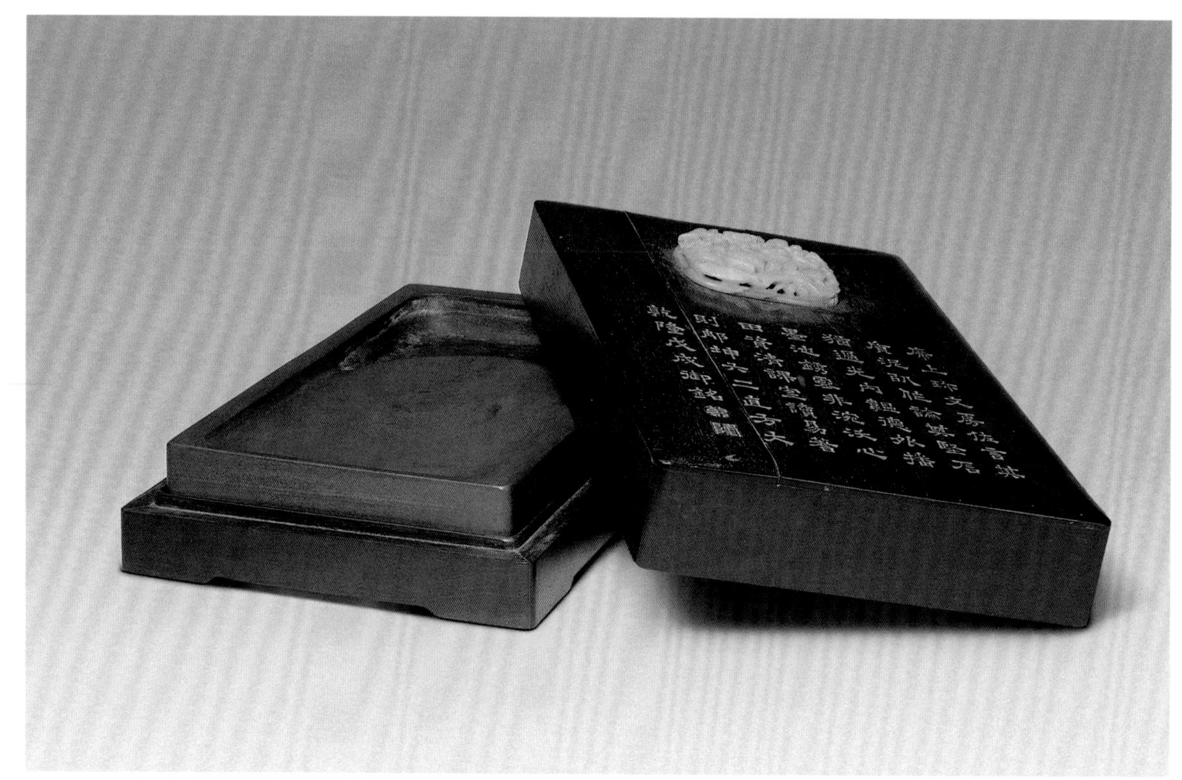

硯面開硯堂，四周起框，墨池寬深，可存貯大量墨汁。硯背設覆手，陰刻清乾隆帝楷書硯銘，款署“乾隆戊戌（1778）御銘”，鐫“乾隆宸翰”、“惟精惟一”印。附紫檀嵌玉盒，盒蓋刻填金隸書硯銘，鐫“乾”“隆”連珠印。

此硯質地堅硬緻密，潤澤如玉，可與端、歙等名石媲美。其色黃中泛褐，俗稱“鱔魚黃”，是澄泥硯中的名貴品色。原硯不加任何雕飾，質樸無華。硯銘為清代後刻，成清宮御用硯。

47

紫石宣和式硯

明

長16.7厘米　寬10.9厘米　高5.5厘米

Purple marble inkstone of Xuanhe style

Ming Dynasty

Length: 16.7cm　Width: 10.9cm

Height: 5.5cm

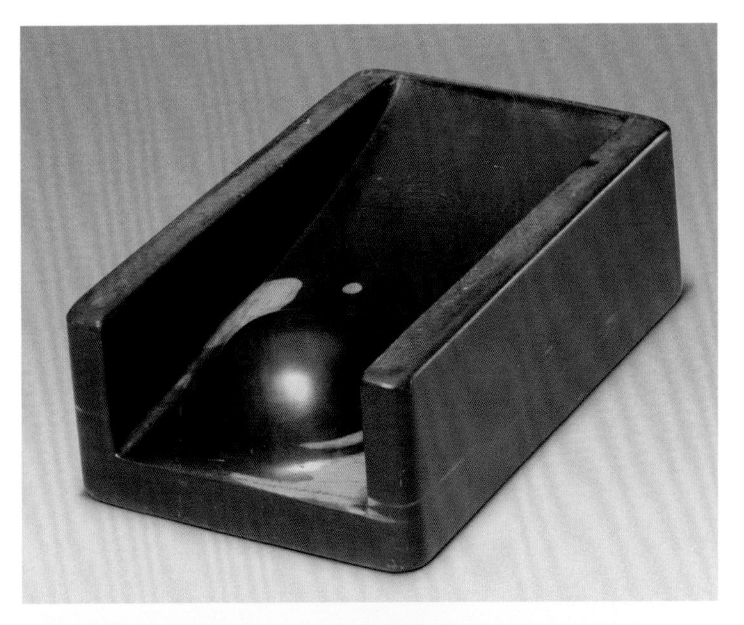

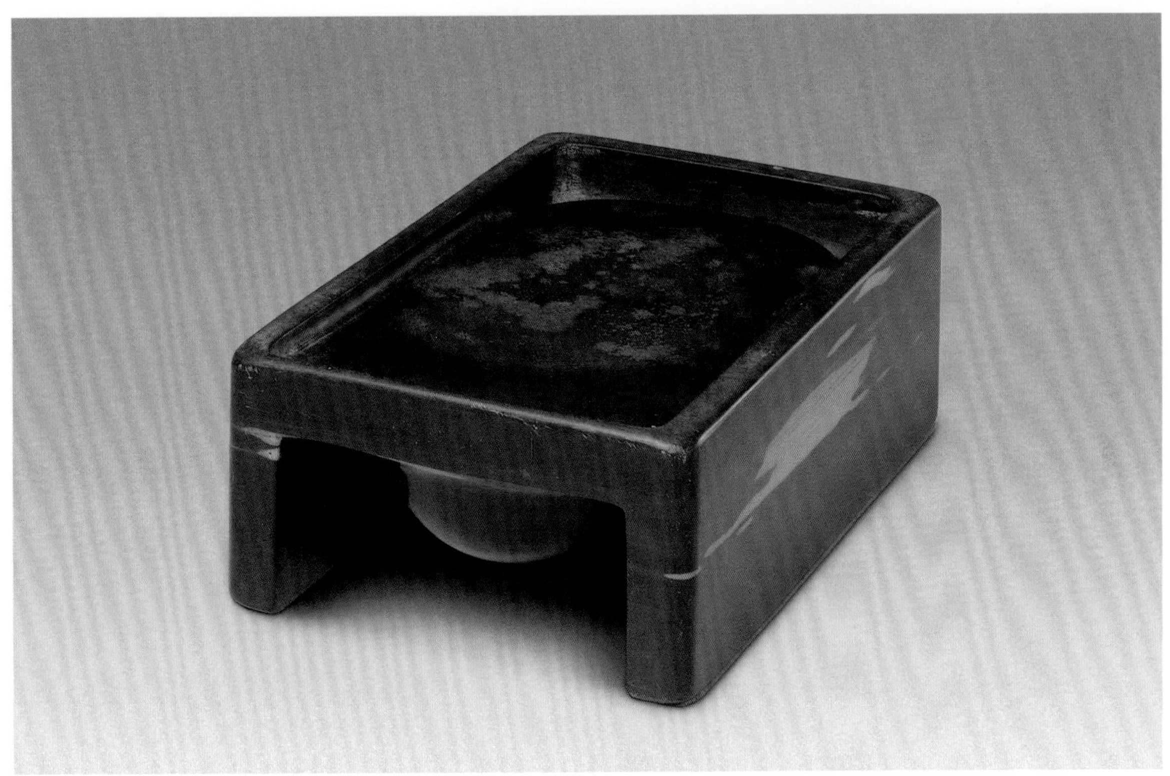

硯長方抄手式。雕斜通式硯池。硯背一端琢凸隆的半球。形式仿宋代宣和硯。

此硯石質光滑如玉，硯側及底間雜有綠色斑紋，自然美麗。

48

紫石松樹紋硯
明
長16.8厘米　寬11厘米　高2.3厘米

Purple marble inkstone carved with pine tree patterns
Ming Dynasty
Length: 16.8cm　Width: 11cm
Height: 2.3cm

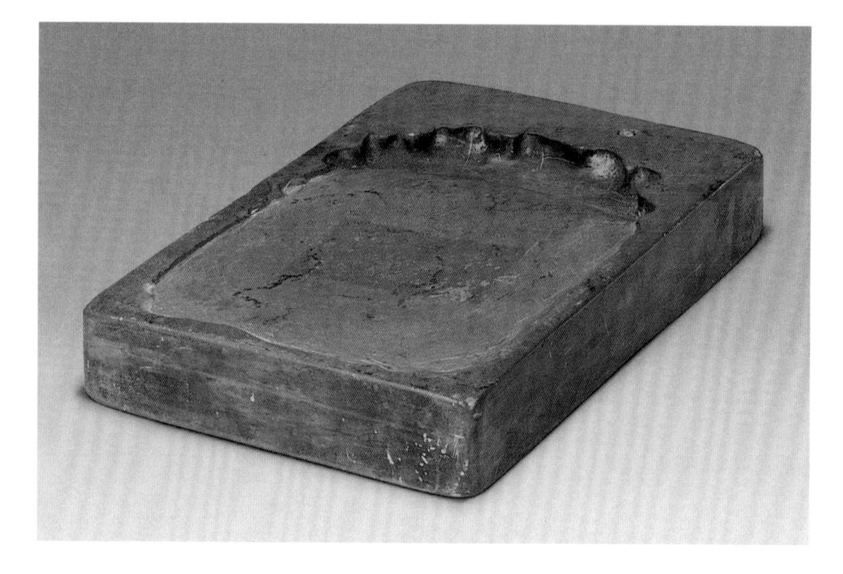

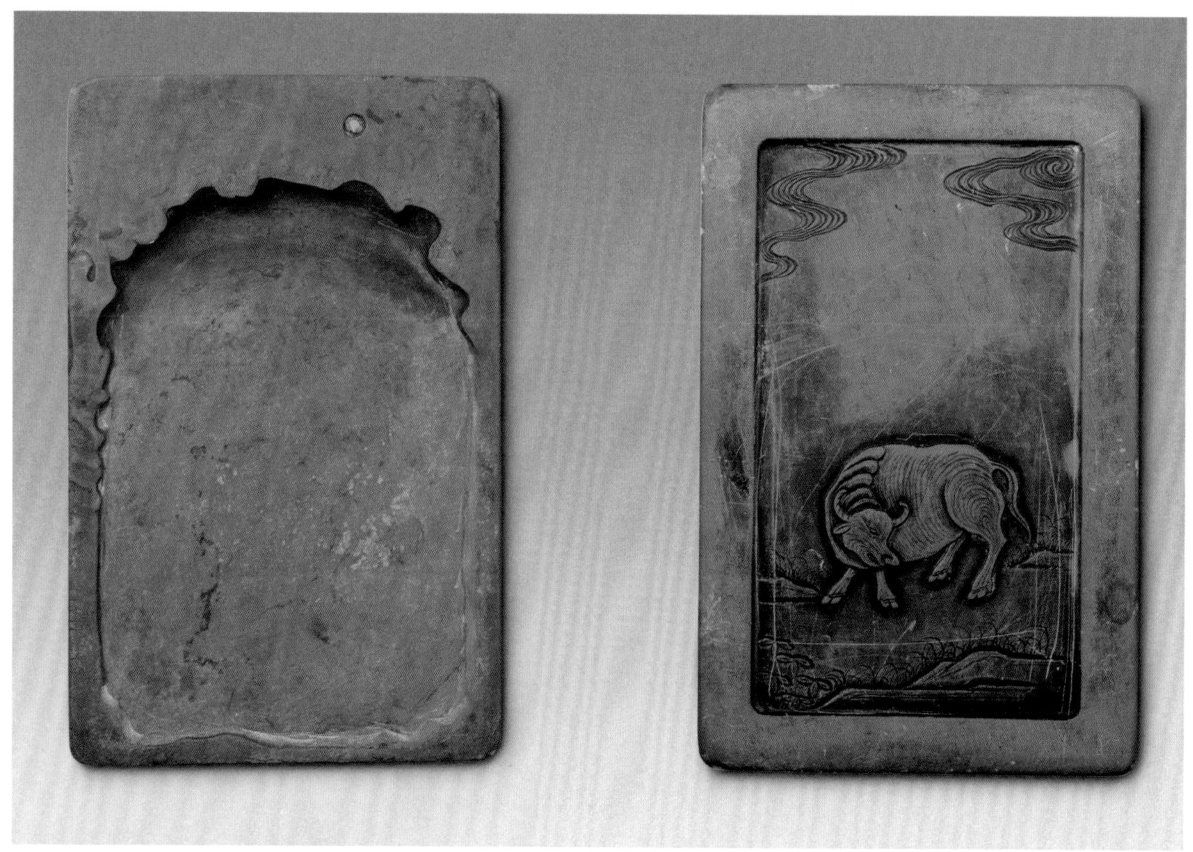

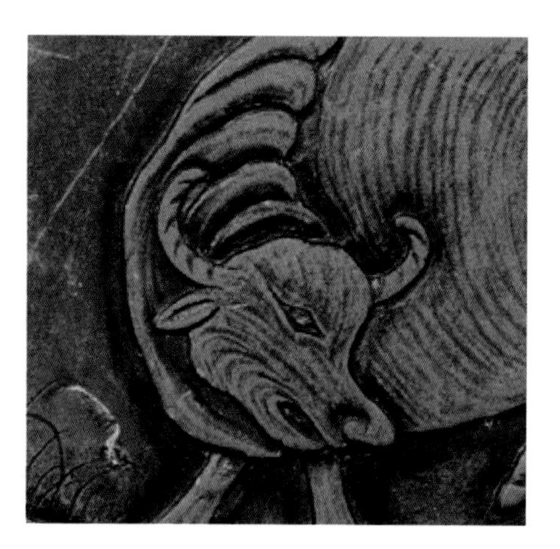

硯長方形。橢圓形硯堂，邊緣雕成松樹幹形，一端為深凹的硯池。硯面雕松枝。硯池上方有一顆仿端石雕刻的石眼。硯背四周起邊框，內雕春牛圖。

此硯石呈紫色，雕刻手法簡練嫻熟。

49

青花勾蓮紋硯

明天啟

徑8.5厘米　高3.7厘米

Blue and white inkstone with interlaced lotus design

Tianqi period, Ming Dynasty

Diameter: 8.5cm　Height: 3.7cm

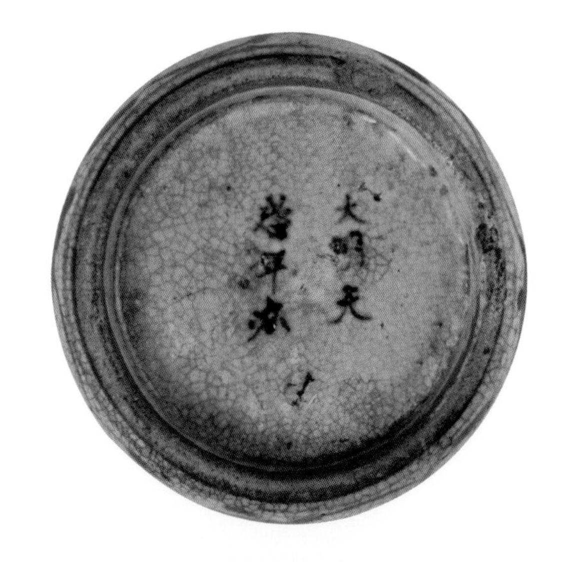

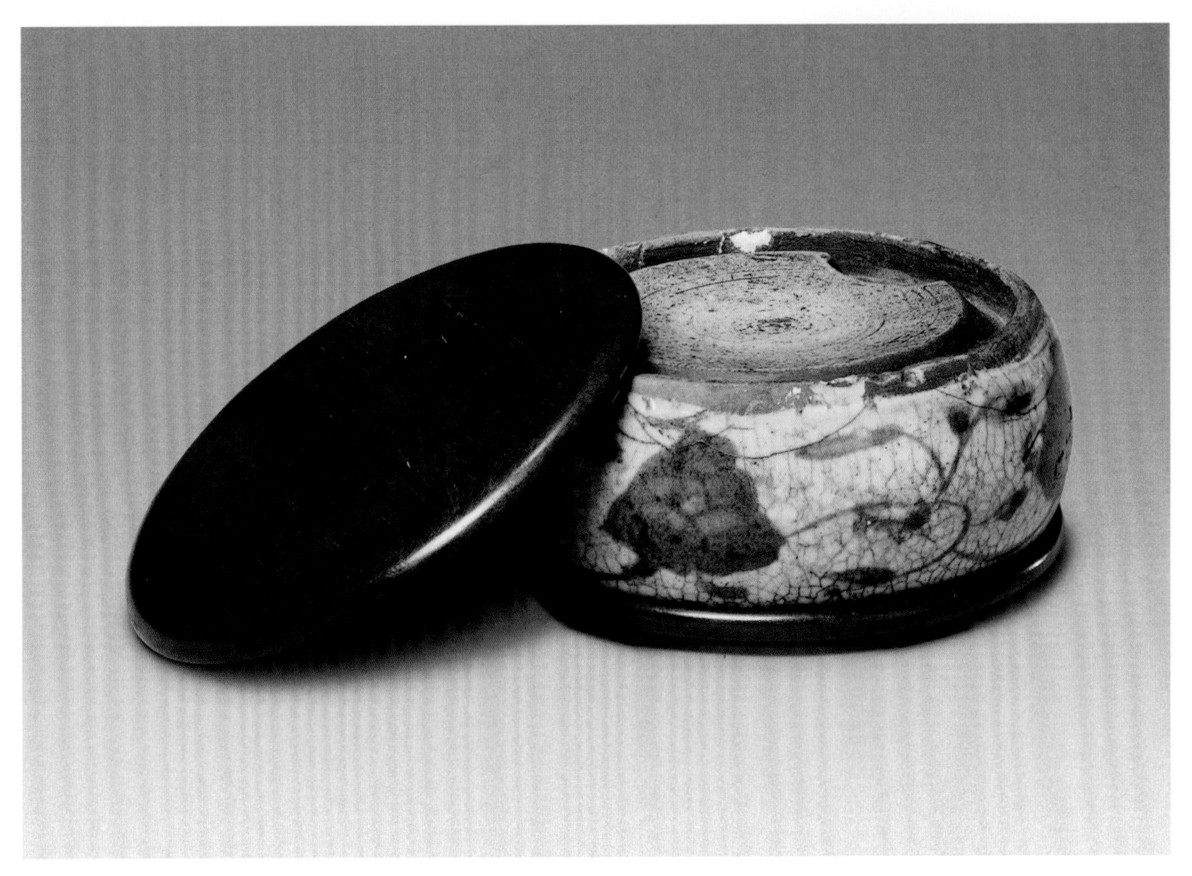

圓形，鼓腹，圈足。硯面露胎無釉，辟雍式，硯堂微凹，周環凹槽。腹壁繪青花勾蓮紋。底部有“大明天啟年办”楷書款。

此硯釉層肥厚，有細小開片，青花色澤灰暗，底足露胎處有火石紅色，為胎土陶煉不夠精細所致，為典型民窰產品。明代瓷業興旺，瓷硯多為江西景德鎮民窰燒製，以青花、五彩瓷最為常見。

50

青花仙人對弈圖暖硯
明
徑14.5厘米　高5.7厘米

Blue and white inkstone (with warming function), with design of two immortals playing chess
Ming Dynasty
Diameter: 14.5cm　Height: 5.7cm

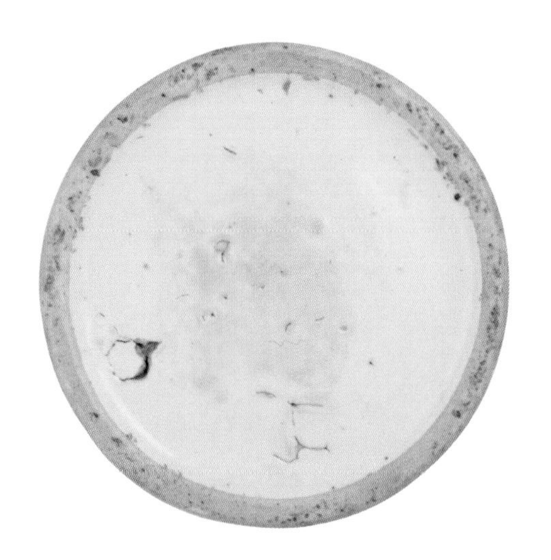

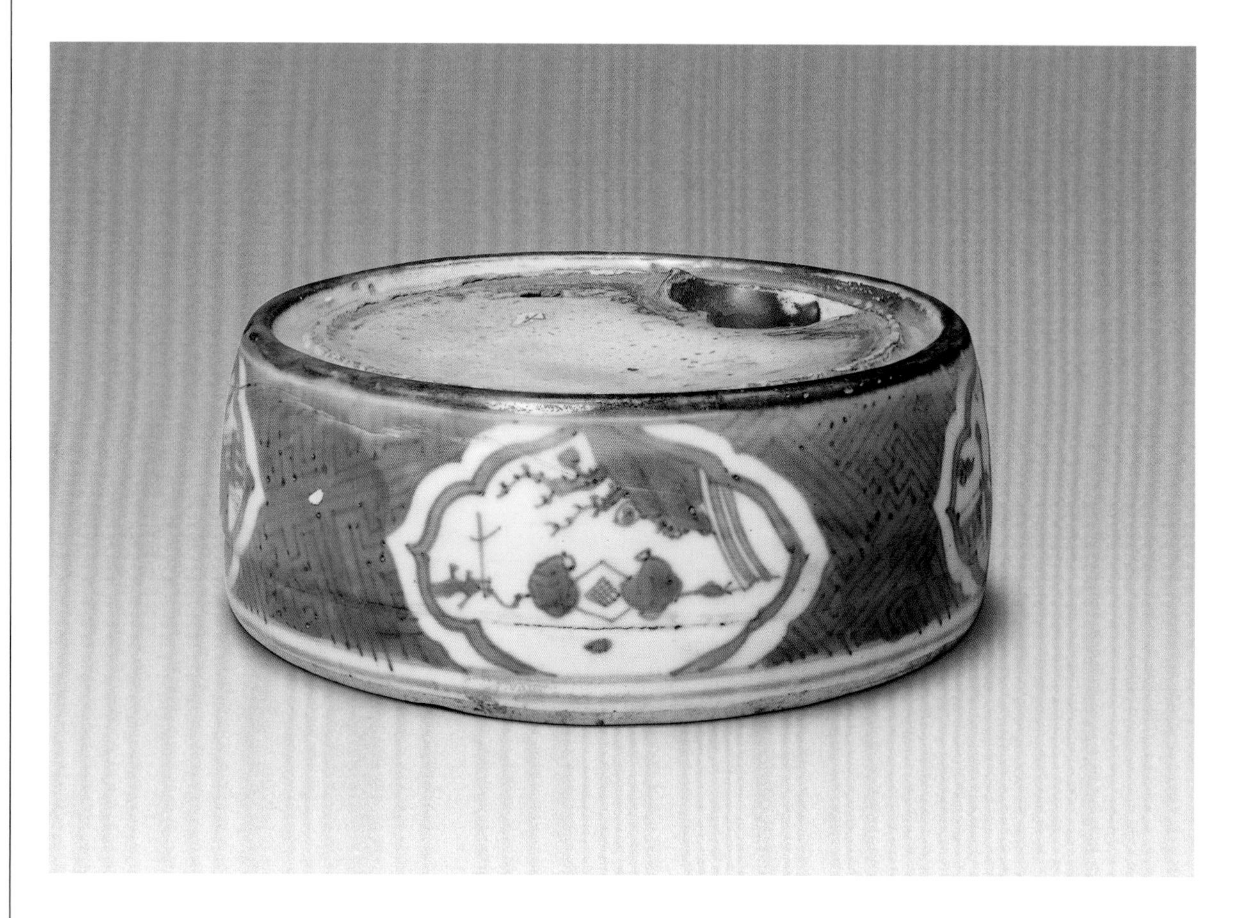

硯鼓腹，中空，圈足。硯堂微凹，平滑不施釉，一側開有銀錠形注水口。周緣環以凹槽，成辟雍式。腹外壁滿繪青花錦地紋，四菱形開光內分別繪有麒麟、仙人對弈圖。

暖硯是為冬季天寒時將沸水或燃燒的木炭置於屜內，可防止墨汁凍結，亦可充當手爐暖手。此硯中空，腹部可注入熱水。

51 正德款碧海騰蛟銅暖硯

明正德

長23.7厘米　寬11.4厘米　高11厘米

Bronze inkstone (with warming function), with inscriptions of Zhengde period and design of a flood dragon flying in the blue sea

Zhengde period, Ming Dynasty

Length: 23.7cm　Width: 11.4cm　Height: 11cm

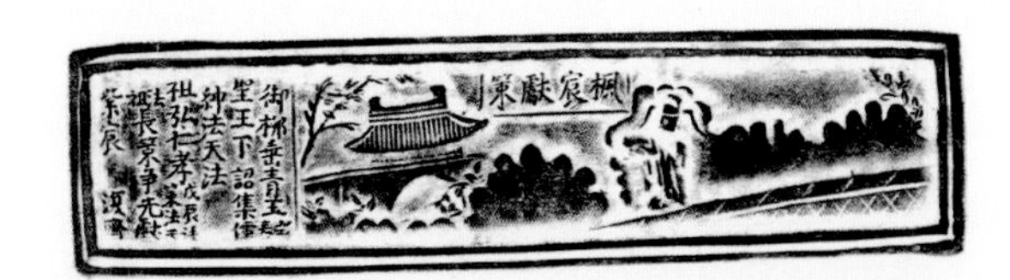

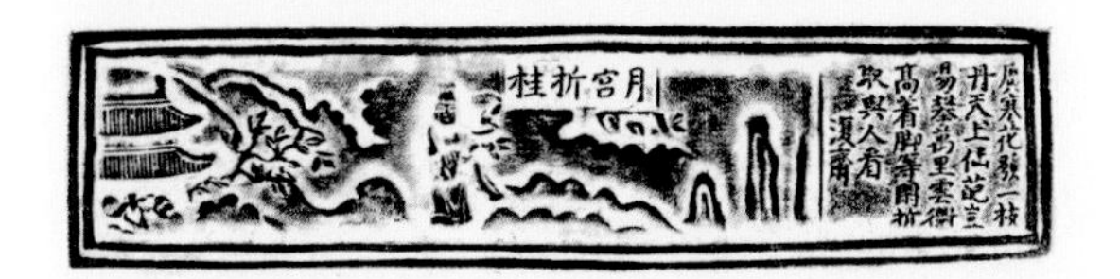

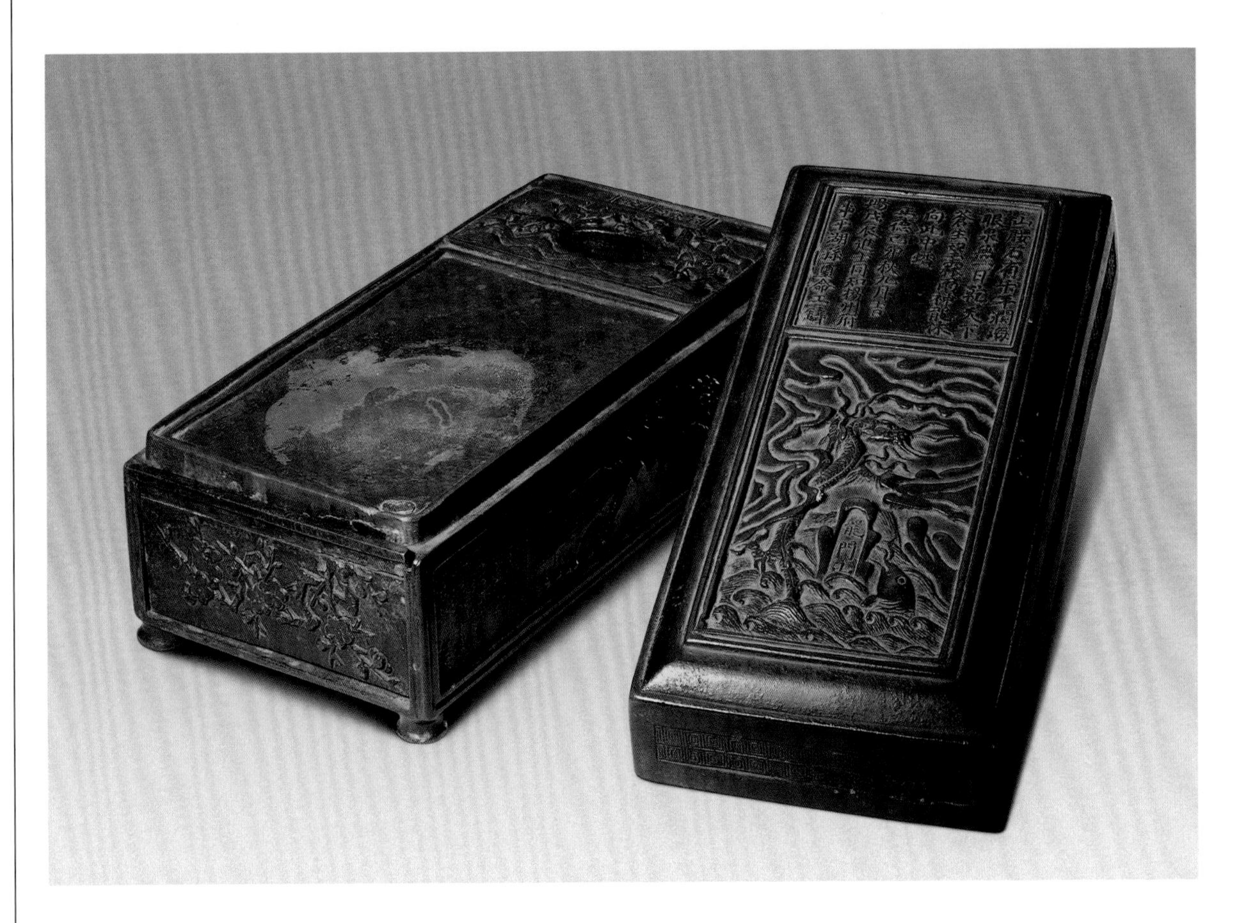

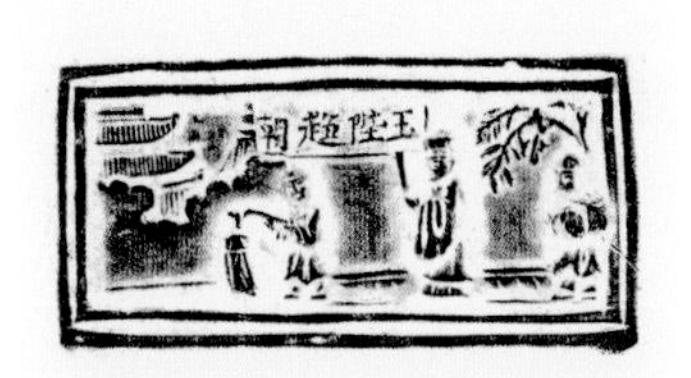

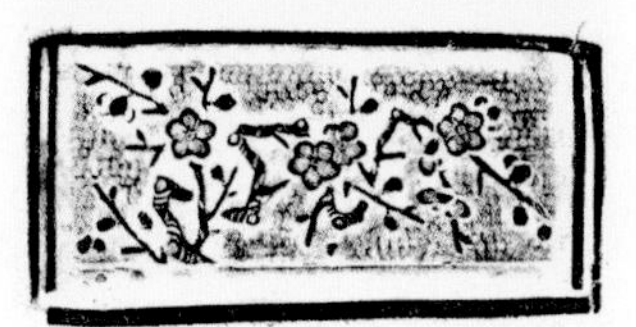

長方匣式，由匣蓋、硯體及暖屜三部分組成，並無硯石，直接在銅質硯體上研磨。暖屜置於下層，可抽出。蓋面雕刻鯉魚躍龍門圖，上部陽文楷書七言絕句一首，款署：“正德己卯（1519）秋九月吉，賜戊辰進士同知揚州府事平湖孫璽命工鑄”。硯體上方鑄鏤空碧海騰蛟圖，暖氣可從鏤孔溢出。硯匣四壁分鑄玉陛趨朝圖、月宮折桂圖、楓宸獻策圖及梅花圖，並配詩文。下側有活動插板，將插板抽出即可任意推拉暖屜。附竹筆管二枝、墨一錠、小銅勺一個。

孫璽，字朝信，曾任福建興化知府、山西按察僉事等。此硯鑄工精良、圖飾精美，為明代暖硯佳品。

52

端石莘田款雲形硯

清康熙

長26厘米　寬21.5厘米　高4.3厘米

清宮舊藏

Cloud-shaped Duan inkstone with inscriptions by Shen Tian

Kangxi period, Qing Dynasty

Length: 26cm　Width: 21.5cm　Height: 4.3cm

Qing Court collection

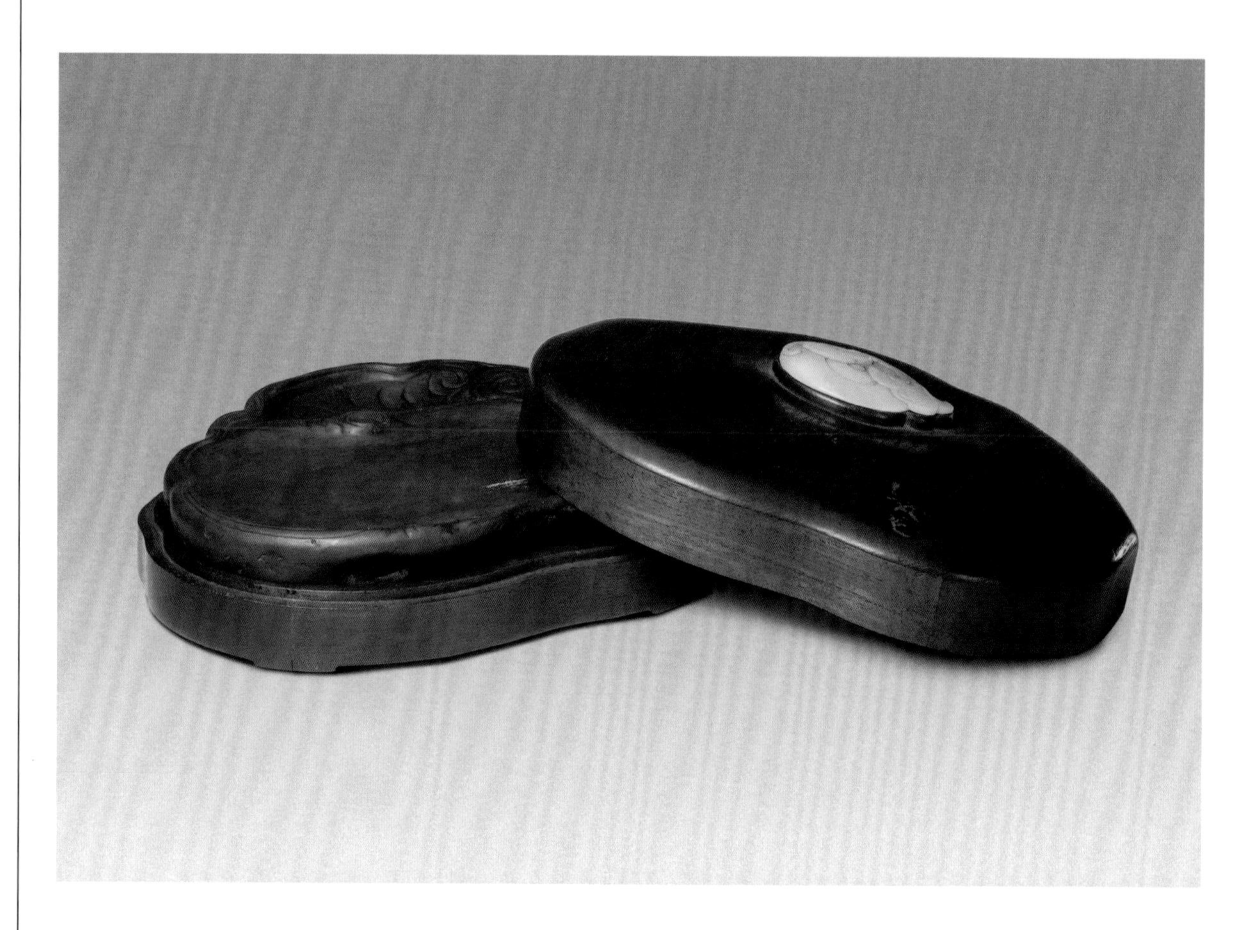

隨形巧作，呈朵雲狀。硯堂隨硯面成雲形。墨池亦為雲形，池邊雕一石眼柱。緣邊、墨池雕雲紋。背面內凹成池，凸起一石眼。周邊環刻黃任隸書硯銘："茲寶無匹，月受日光，當心而出，前掞長庚，遙聯太乙，露滴方諸，花生不律，瓊瑛兆貴。辛卯夏五月得於羚羊峽，莘田寶用"，鐫"任"印。

黃任，號莘田，清福建永福人，康熙壬午舉人，曾官粵東四會令（屬端州）。工詩，喜藏硯，因有佳硯十方，齋名十硯軒，自號十硯先生。此硯色深紫，石質精良，因材施藝，雕刻精美，原為莘田寶用，後入藏清宮。

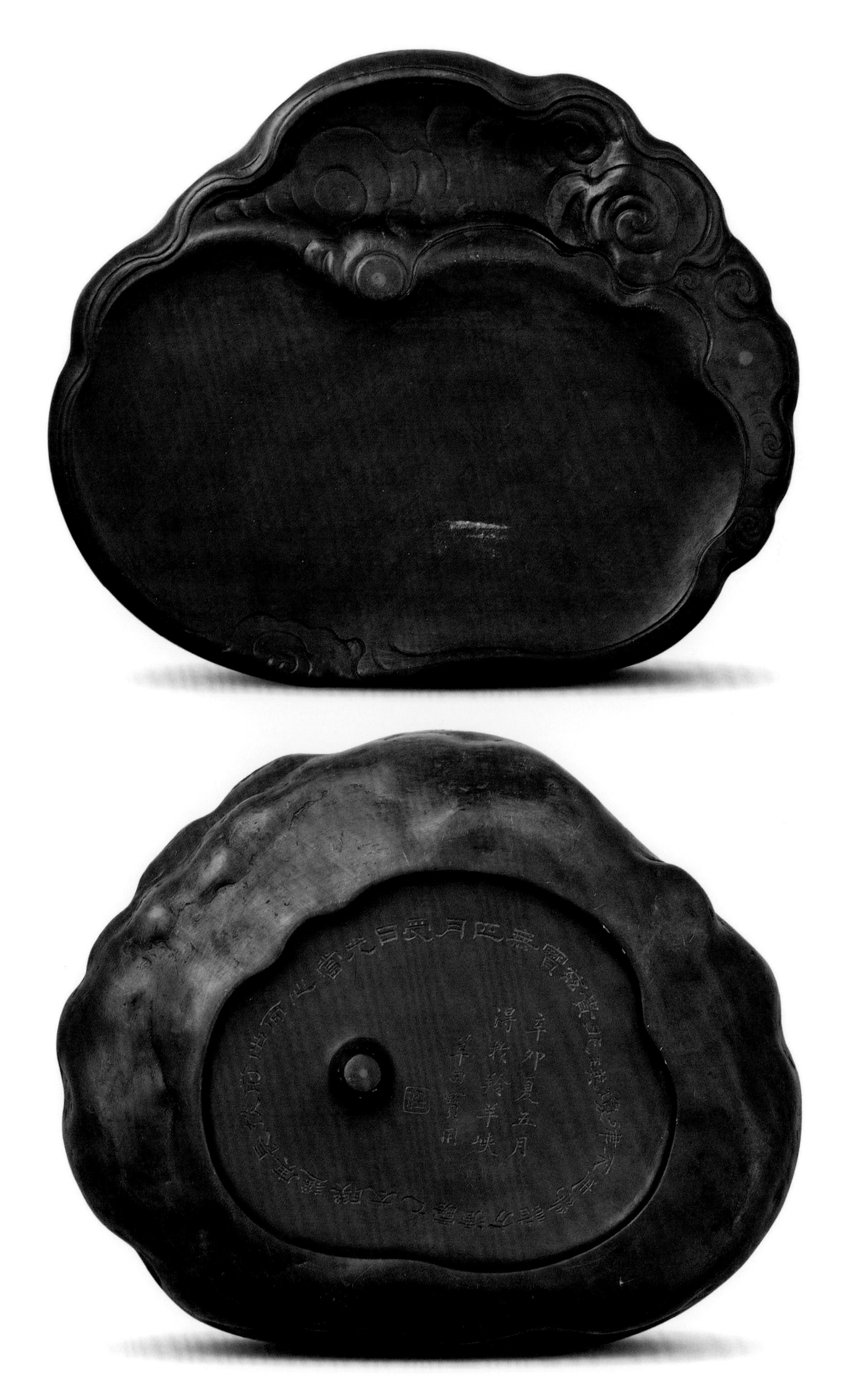
辛卯夏五月
得於羚羊峽

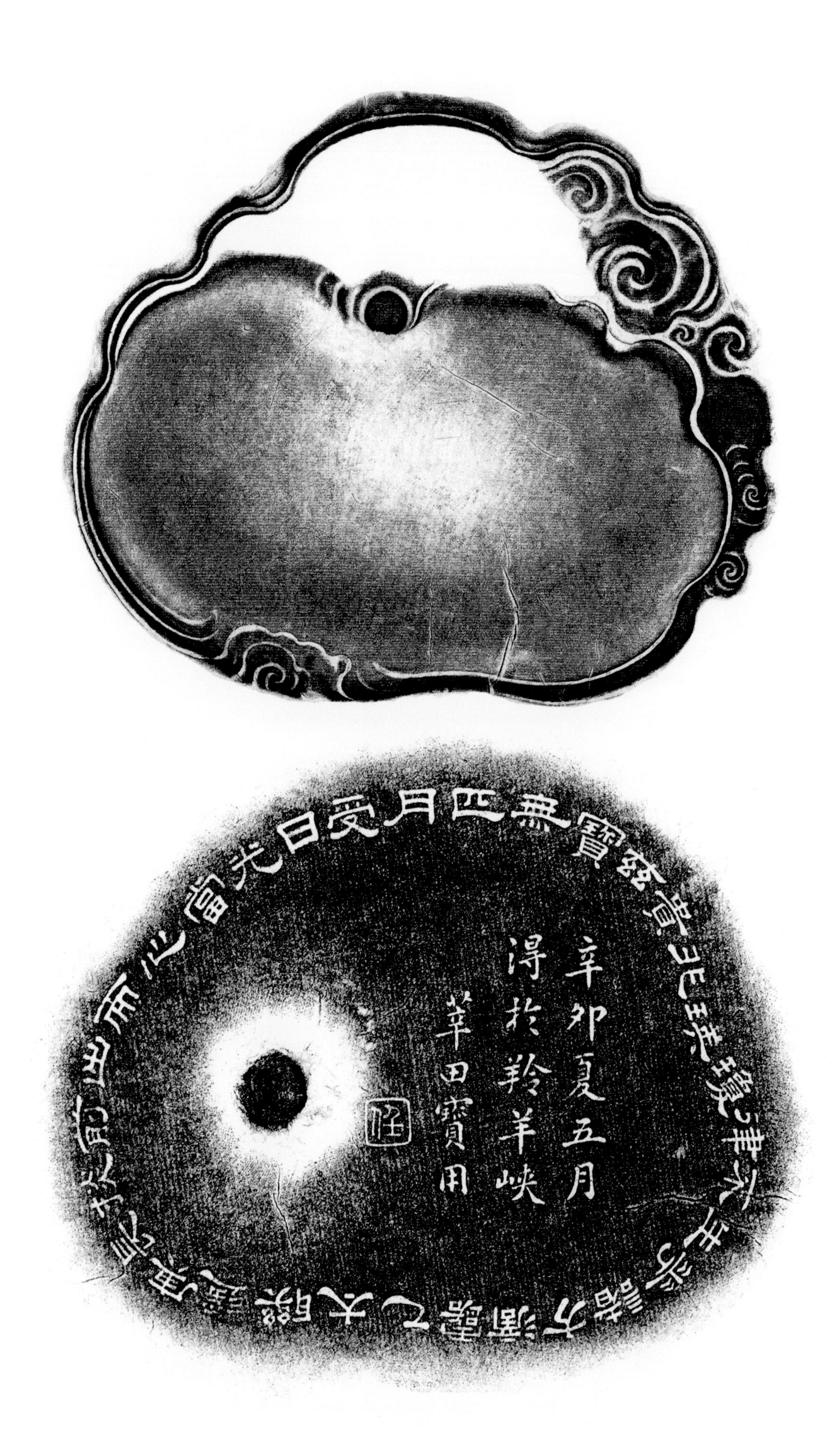
辛卯夏五月
淂於羚羊峽
華田寶用

53

綠端石朱彝尊銘硯

清康熙

長10.8厘米　寬7.4厘米　高3厘米

Green Duan inkstone with inscriptions by Zhu Yizun

Kangxi period, Qing Dynasty

Length: 10.8cm　Width: 7.4cm

Height: 3cm

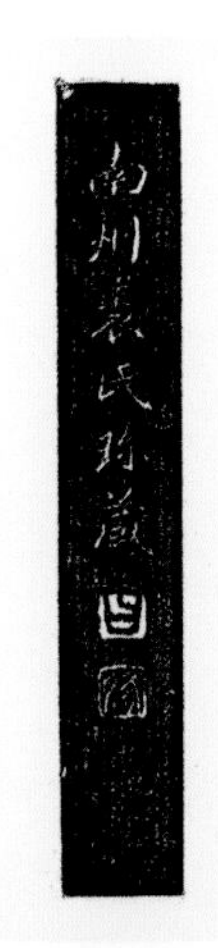

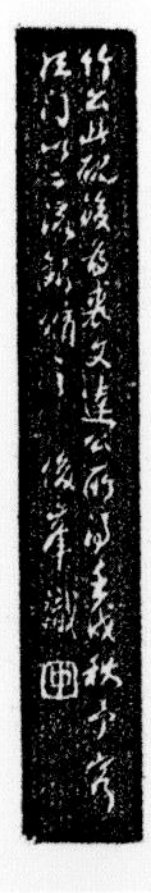

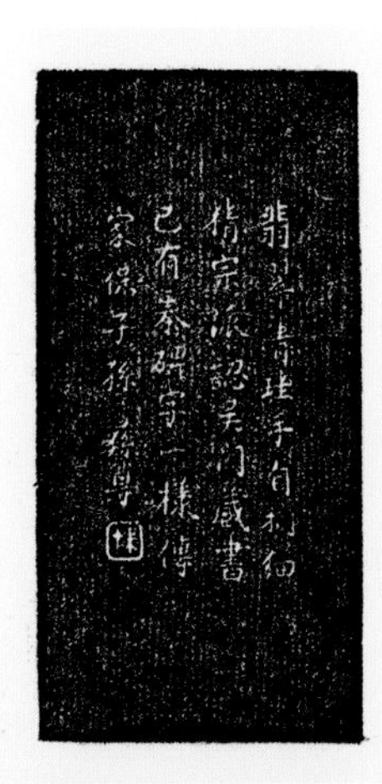

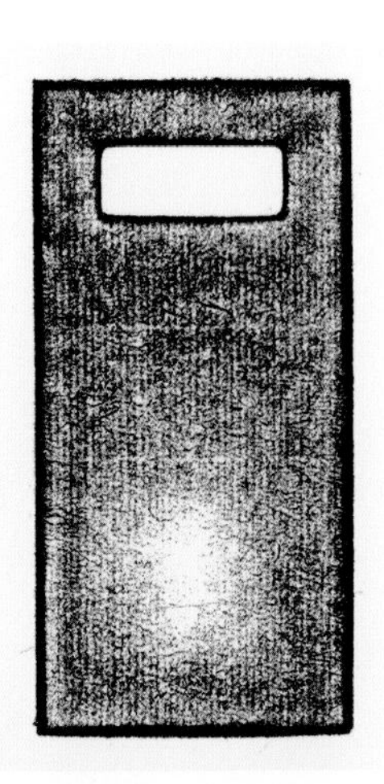

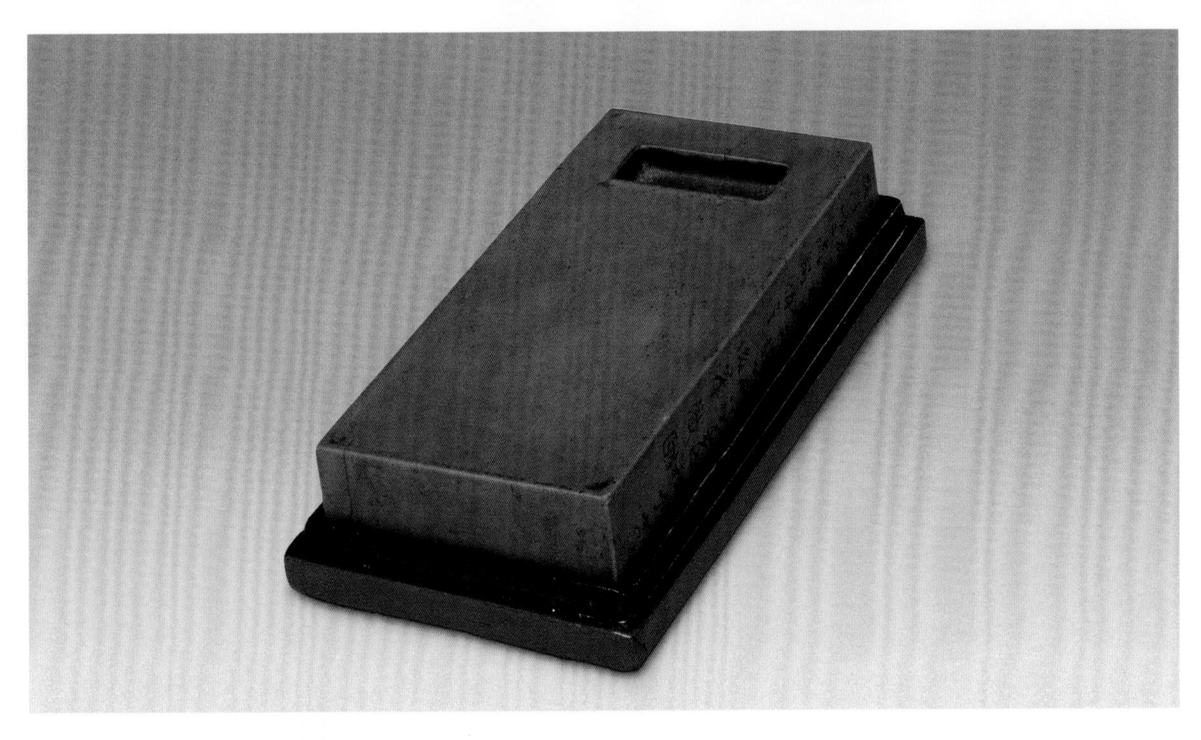

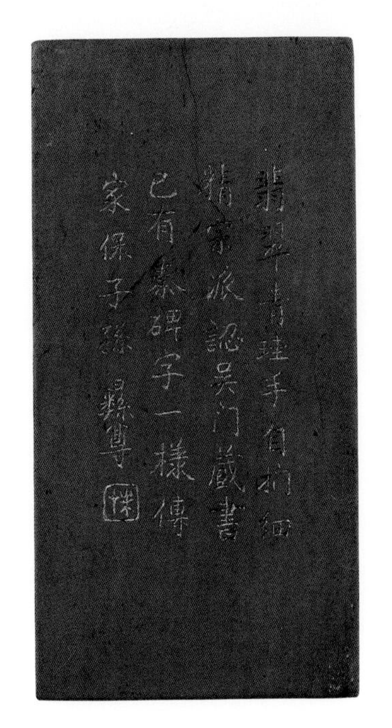

長方形，通體光素。硯面開長方形墨池。硯背刻朱彝尊陰文楷書硯銘："翡翠青珪手自摘，細精宗派認吳門，藏書已有秦碑字，一樣傳家保子孫。彝尊"，鐫"垞"印。硯一側鐫"南州裘氏珍藏"，鐫"白"、"修"印。一側鐫"竹公此硯後為裘文達公所得。壬戌秋予客江門以二流鐫頌之。俊峰識"，鐫"中"印。

朱彝尊，字錫鬯，號竹垞，清秀水（今浙江嘉興）人。精金石考據，工詩書。此硯以綠端石為材，造型規整典雅，為名家藏硯。

54

端石朱彝尊銘風字硯

清康熙

長19.5厘米　寬17.5厘米　高3.9厘米

Duan inkstone in the shape of the character feng with inscriptions by Zhu Yizun

Kangxi period, Qing Dynasty

Length: 19.5cm　Width: 17.5cm　Height: 3.9cm

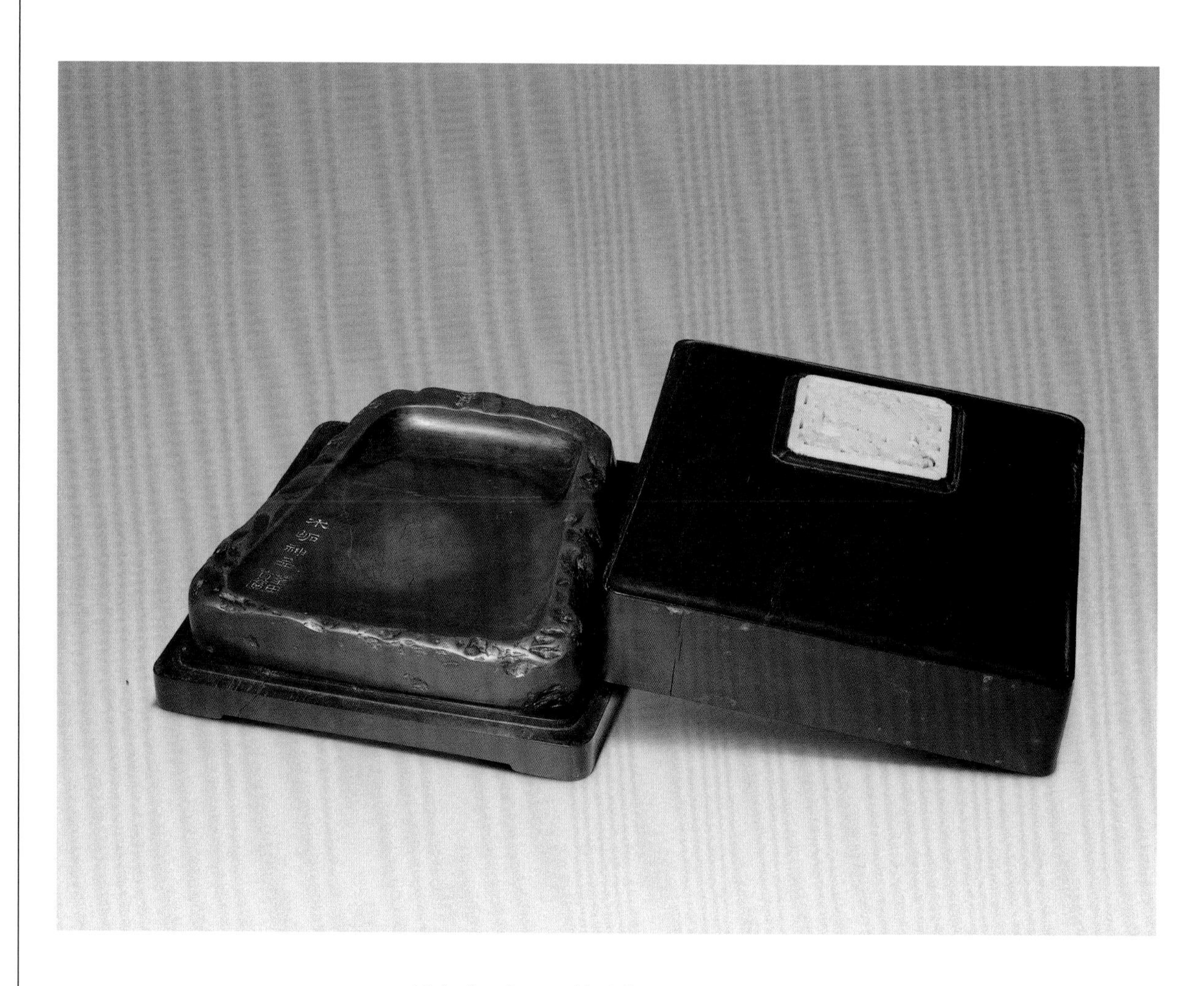

風字形，緣呈天然形態。硯面雕斜通式硯池，左下方陰文隸書銘“水岩神品”，鐫“莘田真賞”印。硯背右刻陰文篆書“一肩永佃聖王山”，鐫“秀水朱氏珍藏”印；左邊刻陰文隸書銘：“既勒敷甾，為厥疆畎，踵帶經之倪寬，播綠疇於蕃衍。朱彝尊銘”，鐫“竹”、“垞”印。

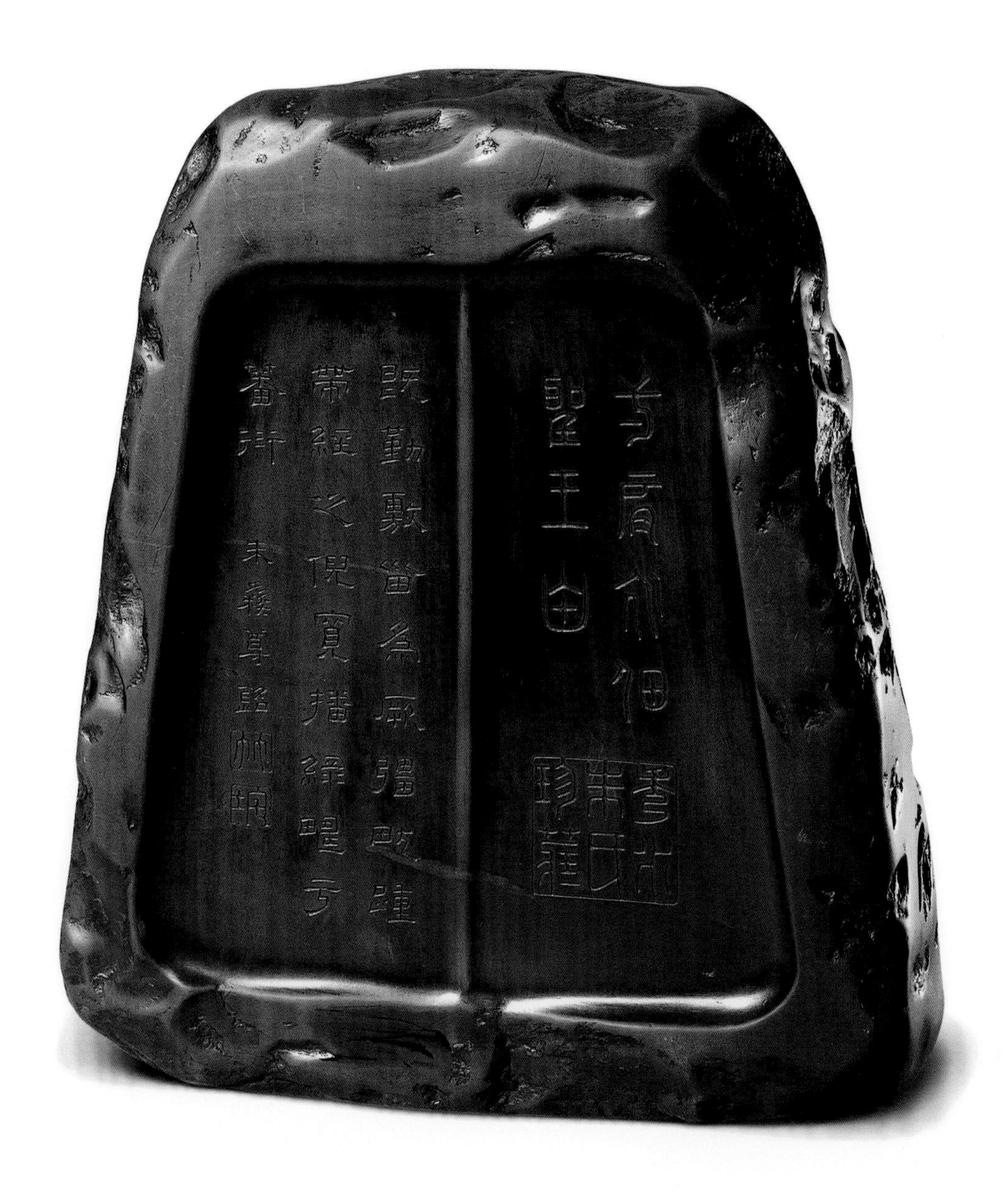

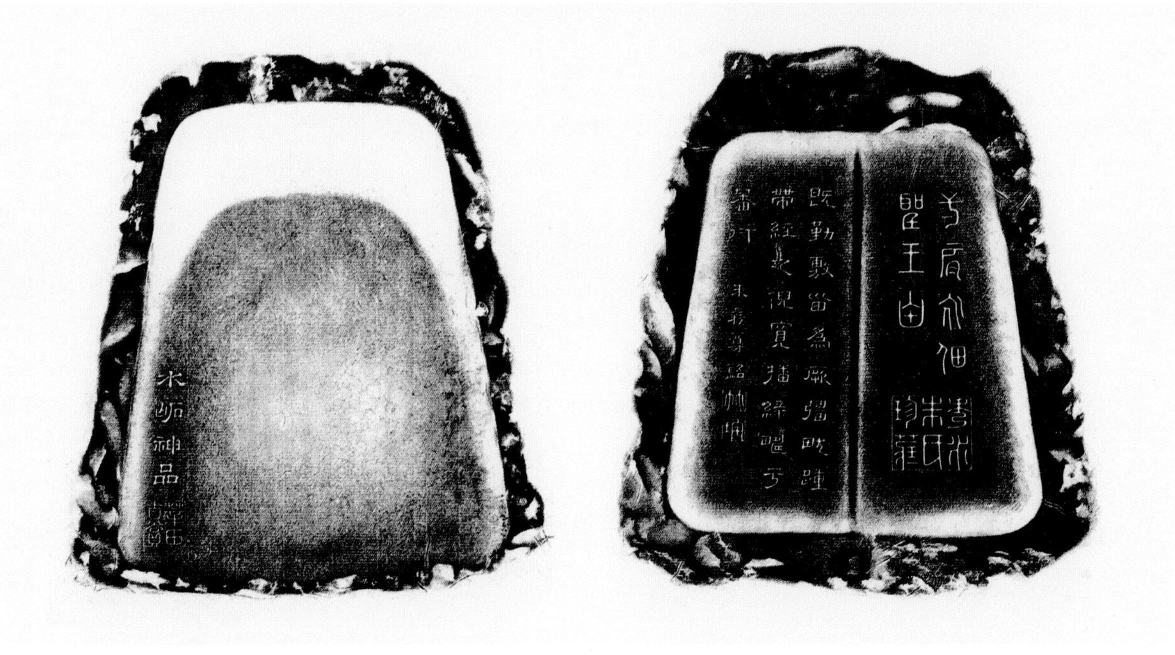

55

端石朱彝尊暴書亭著書硯

清康熙

長20.5厘米　寬13.7厘米　高2.8厘米

Duan inkstone with inscriptions by Zhu Yizun and characters Bao Shu Ting Zhu Shu

Kangxi period, Qing Dynasty

Length: 20.5cm　Width: 13.7cm　Height: 2.8cm

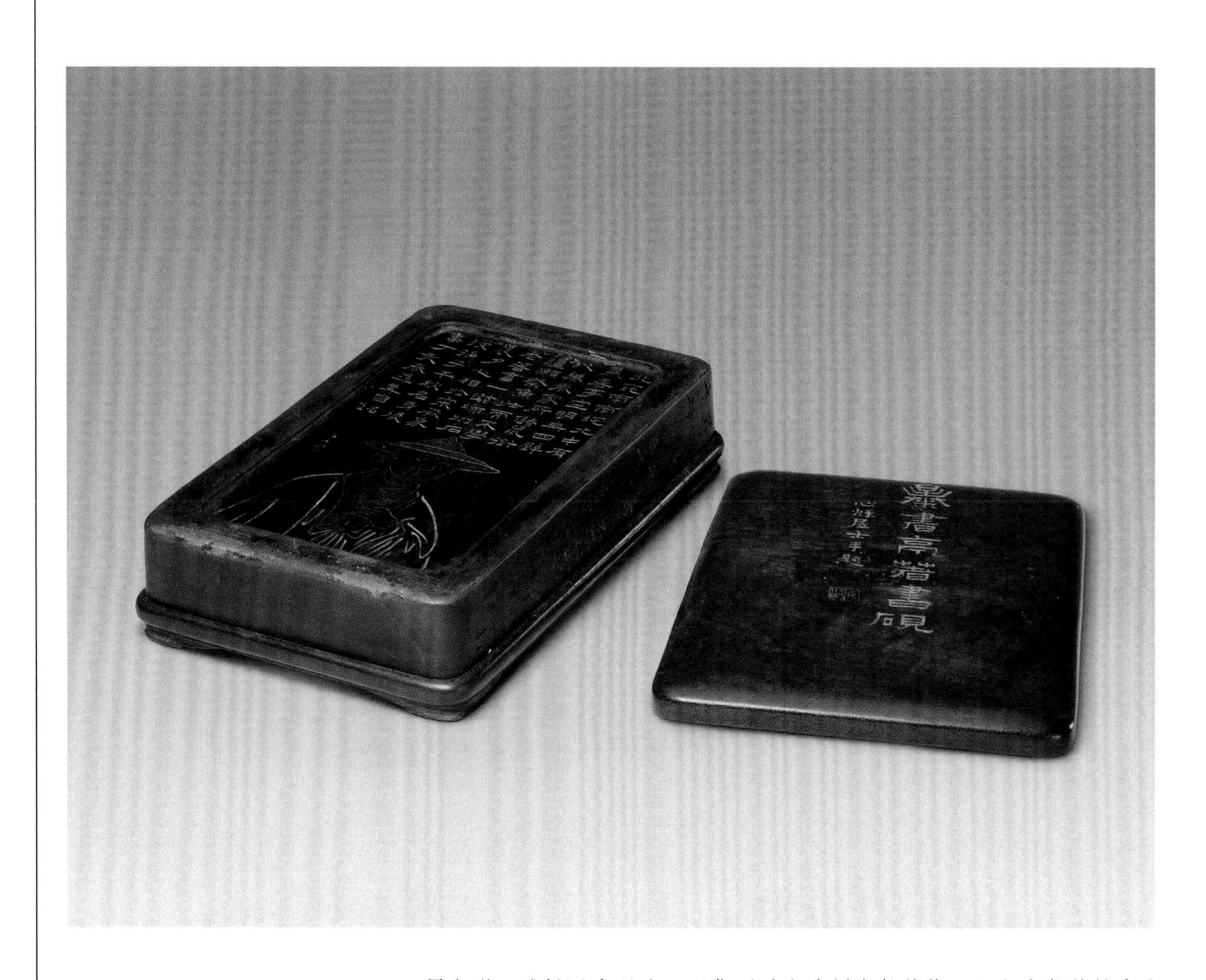

長方形。雕斜通式硯池。硯背覆手內陰刻朱彝尊像，上方朱彝尊隸書自銘："北垞南，南垞北，中有暴書亭，空明無四壁。八萬卷，家所儲，鼠銜蠹，獺祭魚，壯而不學老著書。一泓端州石，晨夕心相於。寀厥象，授子孫，千秋名，身後事。丁亥（1707）春彝尊自銘"，下有"青士勒石"款。硯側刻宋犖行書銘："竹垞老人有寶晉齋癖，遊嶺南，蓄石最富，晚得此研，周青士為勒小像並其所自為銘。風神玉潤，石骨雲腴，對之如見米家研山，幾欲巾笏而拜，真神品也。朱氏子孫其世寶之。商邱宋犖跋"。硯盒刻心秋居士題銘："暴書亭著書硯"。

宋犖，字牧仲，號漫堂，清河南商丘人。工詩，富收藏。

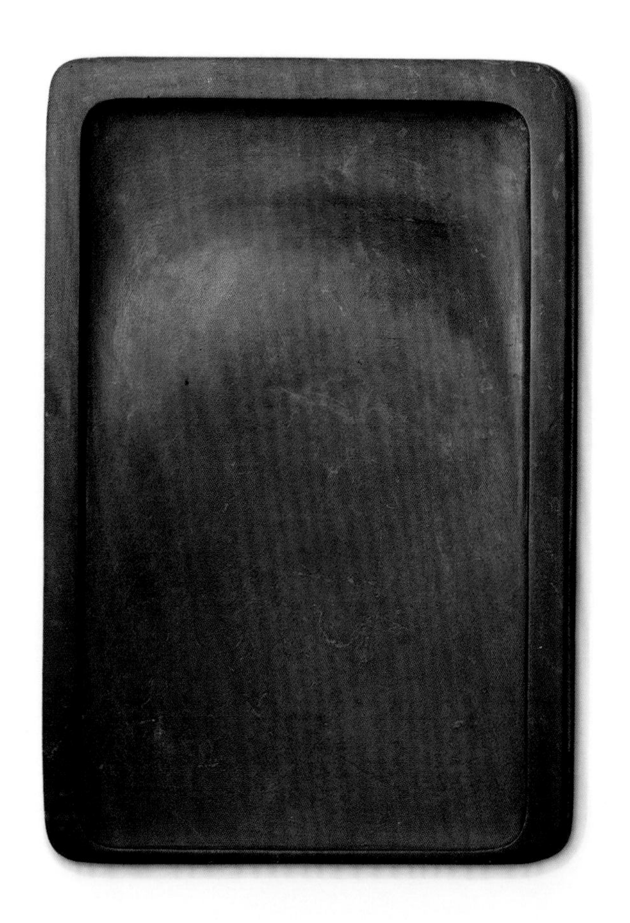

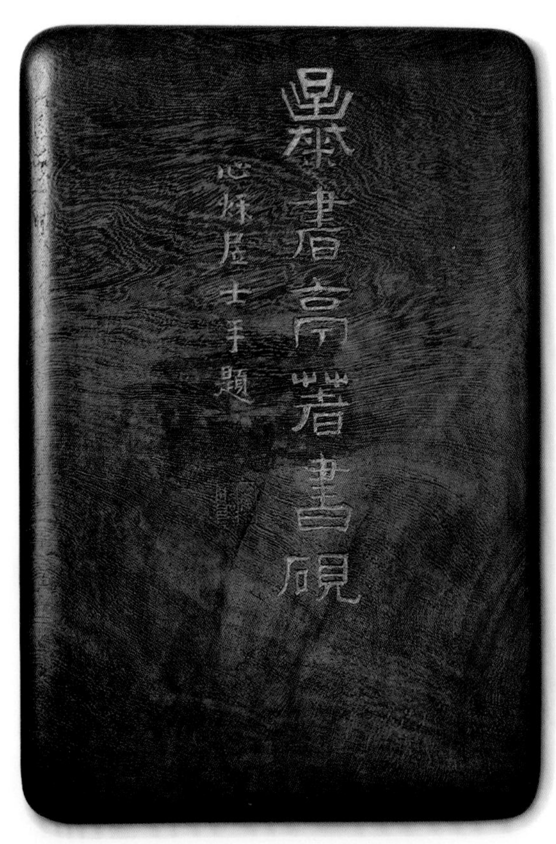

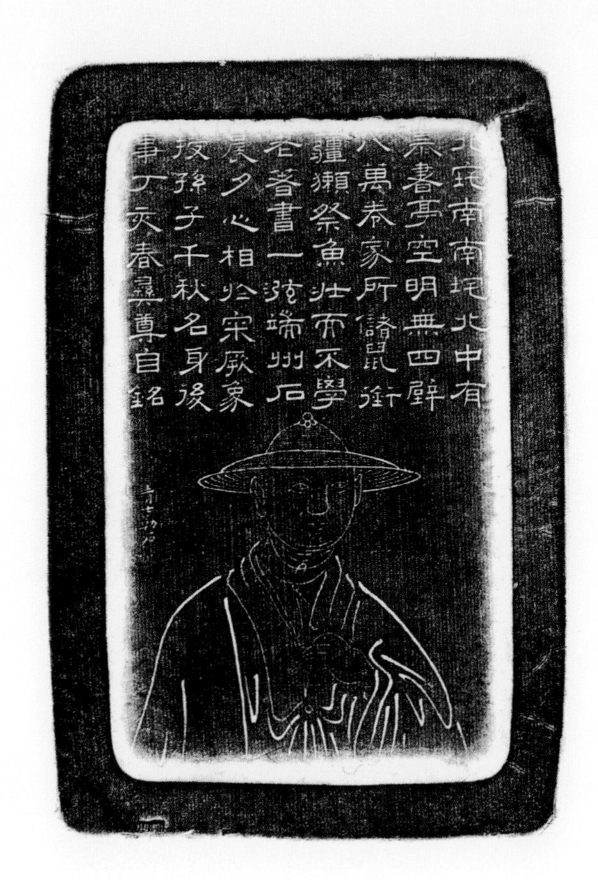

56

端石韋齋銘隨形硯

清康熙

長14厘米　寬17.5厘米　高3厘米

Duan inkstone in its natural shape with seals of Wei and Zhai

Kangxi period, Qing Dynasty

Length: 14cm　Width: 17.5cm　Height: 3cm

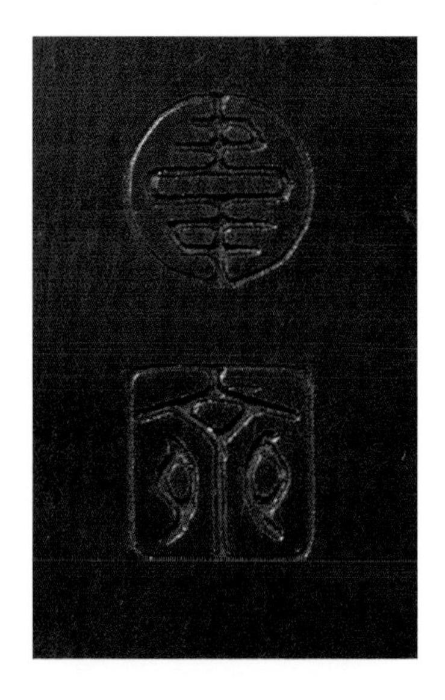

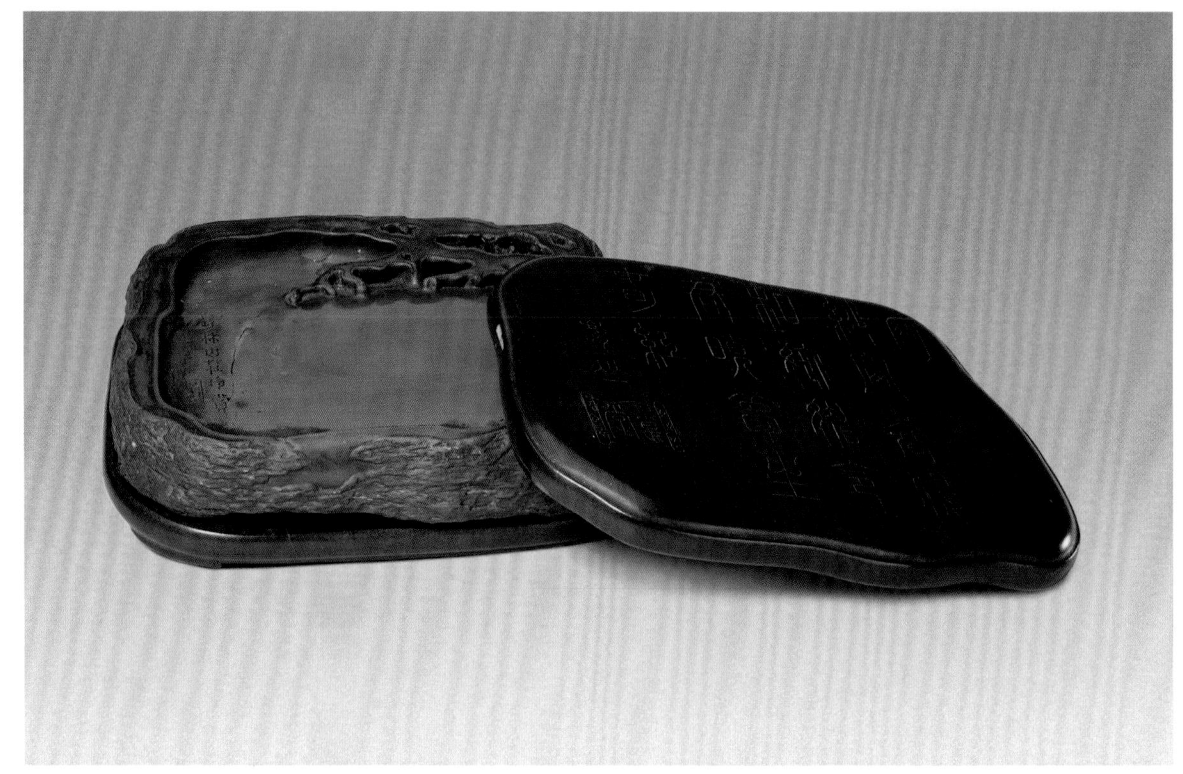

天然隨形，巧做洞式硯池，與硯堂曲徑相通，硯面琢磨光滑，因含石英，硯面隱現閃亮銀線，為石肌本身所生。硯面有篆書款：“長林山莊珍賞。正青”。硯背面隸書銘：“石之髓，水之精，於嫣染翰，吐秀含英，任橫行於學海，而藝苑揚名。康熙丁丑（1697）閏三月庚寅韋齋銘”，鐫“韋”、“齋”印。紅木硯盒，蓋面嵌銅絲篆書銘：“紗窗書幌相嫵媚，令君曉夢生春紅。鹿山”，鐫“求是堂”印。

林正青，又名林佶子，字洙雲，清福建閩侯人。康、乾時人，官淮南小海廠大使。喜藏硯，著有《林正青硯譜》。李鹿山，清代藏硯家。

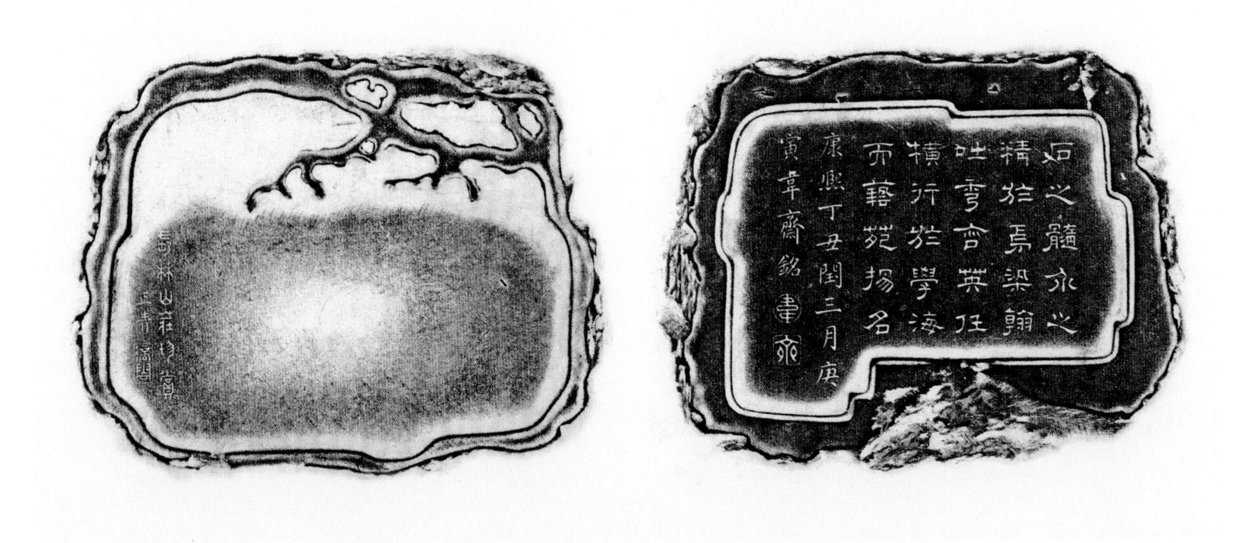
石之髓衣之
精於焉染翰
吐雲含英任
横行於學海
亦藉苑揚名
康熙丁丑閏三月庚
寅韋齋銘

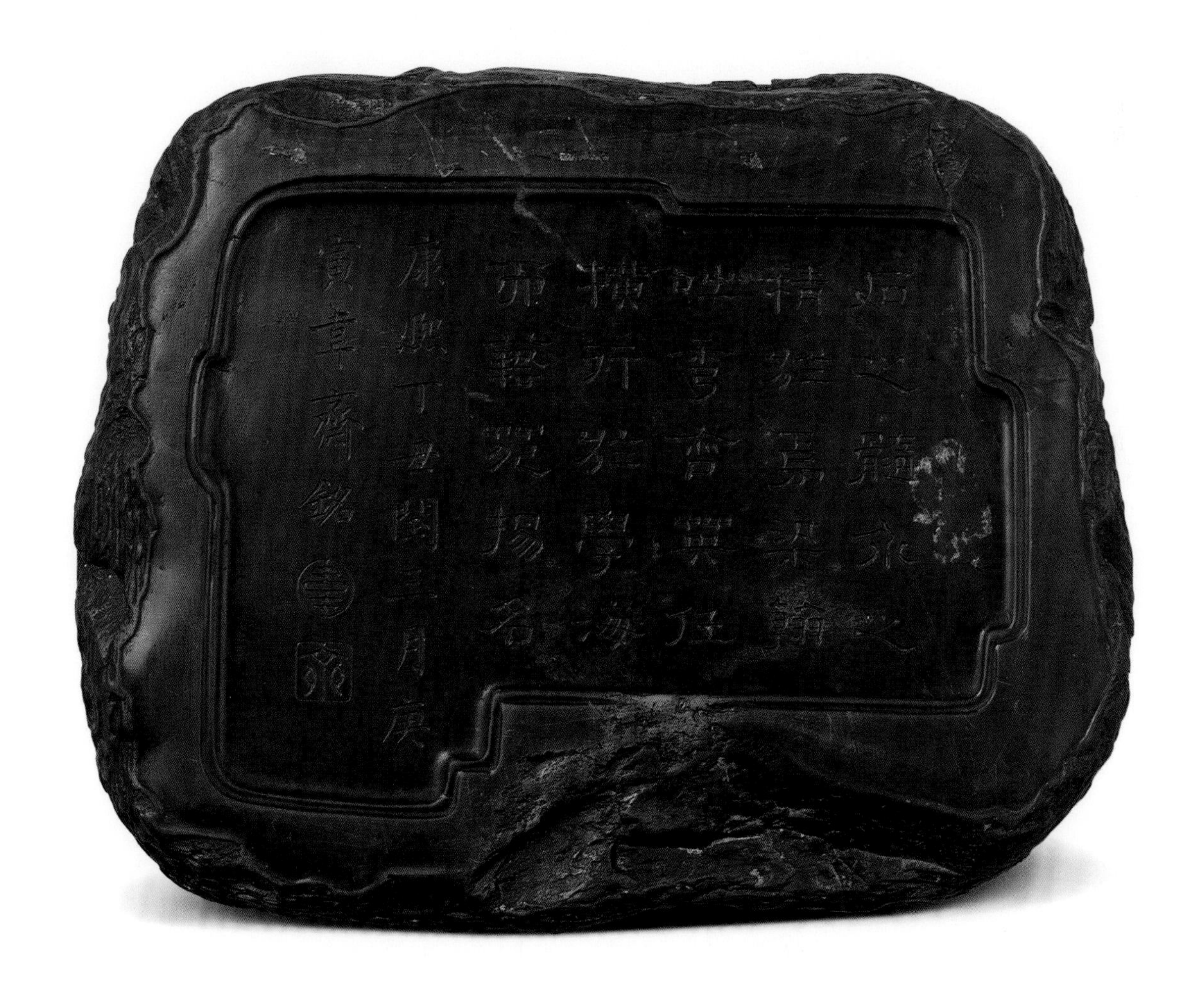

57

端石余甸銘隨形硯

清康熙

長17.9厘米　寬15.7厘米　高3厘米

Duan inkstone in its natural shape with inscriptions by Yu Dian

Kangxi period, Qing Dynasty

Length: 17.9cm　Width: 15.7cm　Height: 3cm

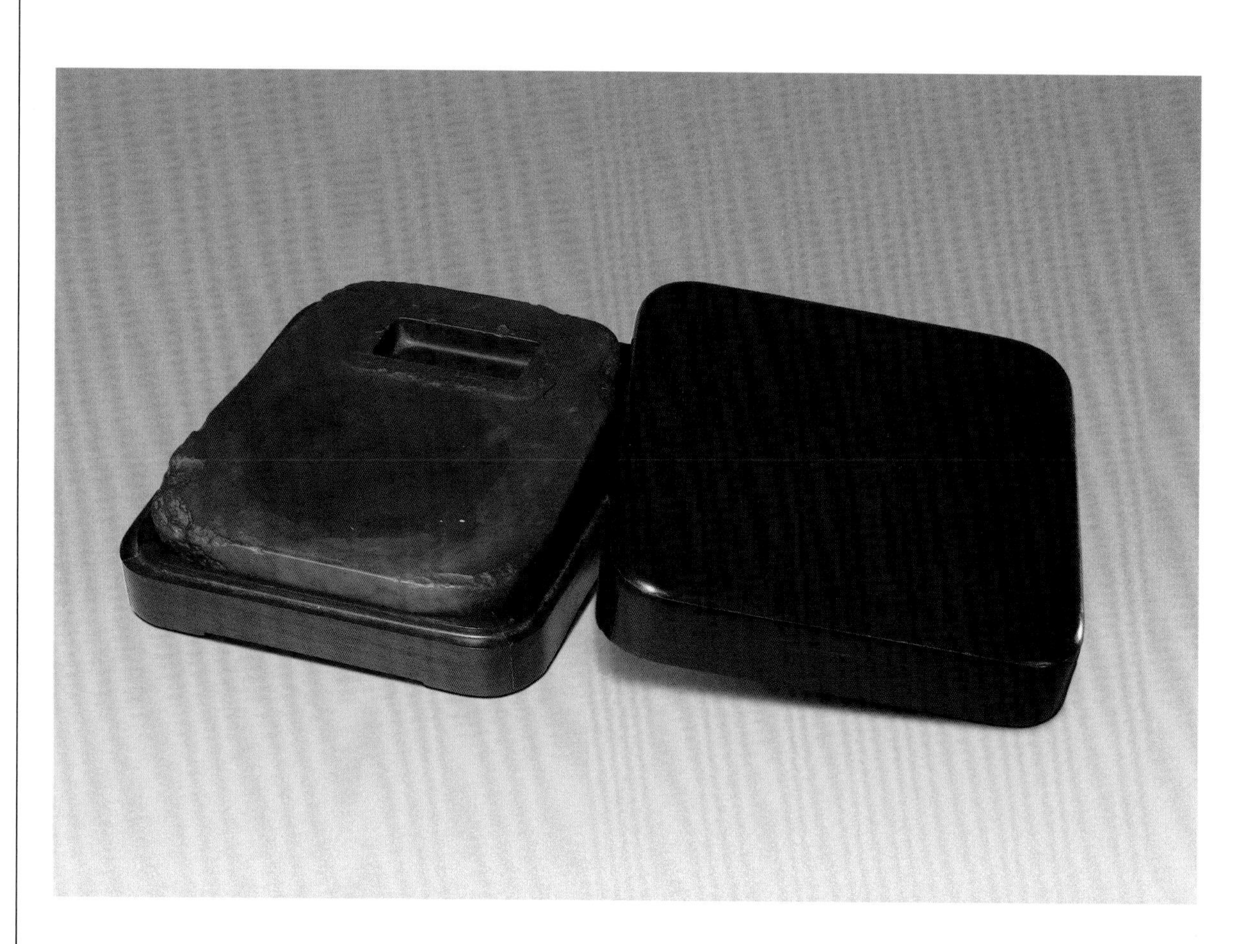

以原材略經雕鑿近於方形。硯面上方開長方形墨池，池周邊雕凸起的螭紋。硯背開長方形覆手，內刻陰文楷書硯銘："媧補之餘，昆劍所切；綵翰搖風，翠煙澄澈；若決江河，莫之或掣。壬子（1672）莫（暮）春余甸書銘"。附紅木硯盒。

余甸，字田生，福建福清人，康熙進士，官至順天府丞，擅詩文、書法。此硯石質地堅實細潤，石色紫中泛青，含蕉葉白、鐵線、銀星等品目，蘊蓄玉石光澤。

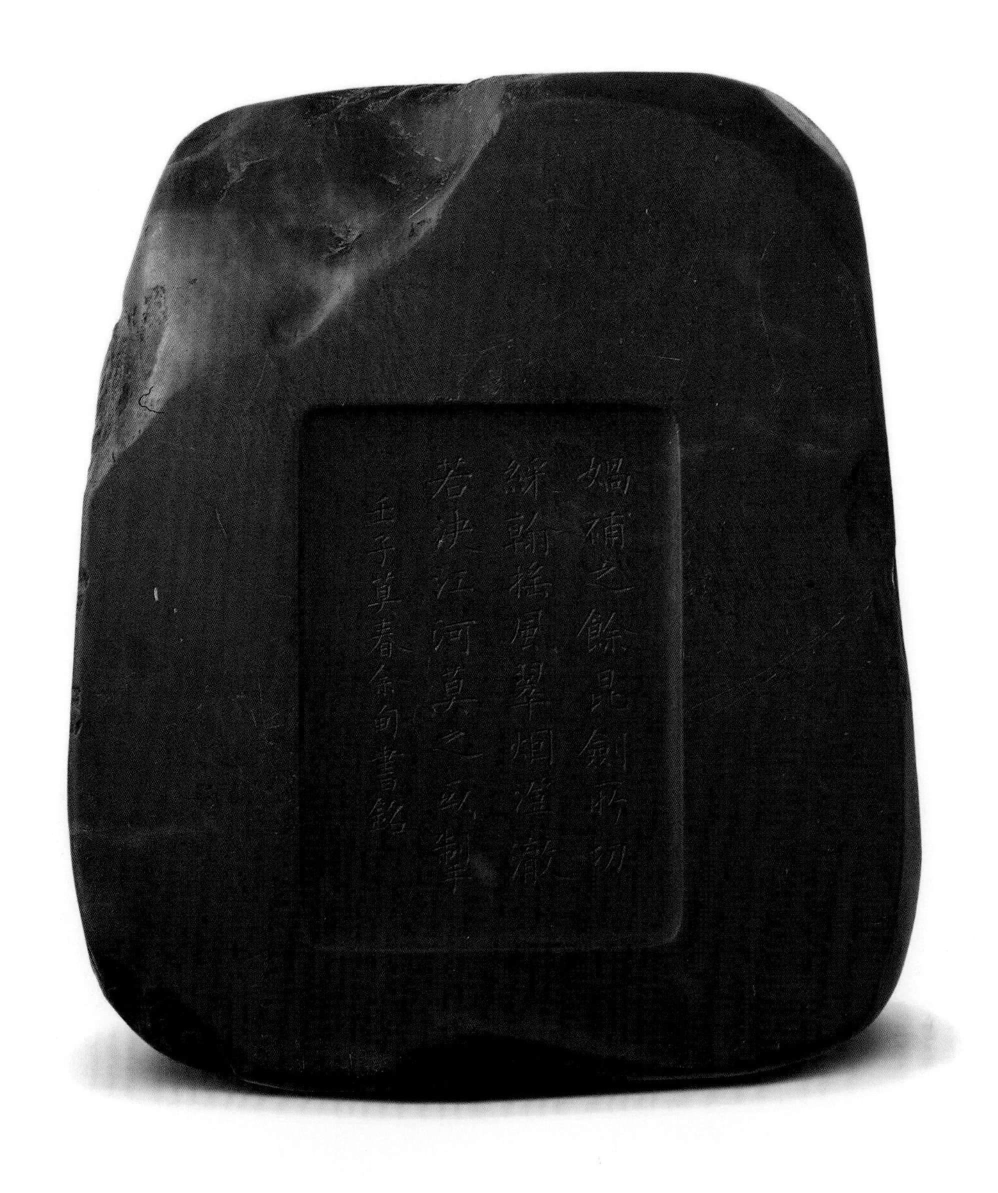
媧補之餘昆劍所切
絲翰搖風翠烟澄澈
若決江河莫之或掣
壬子莫春余甸書銘

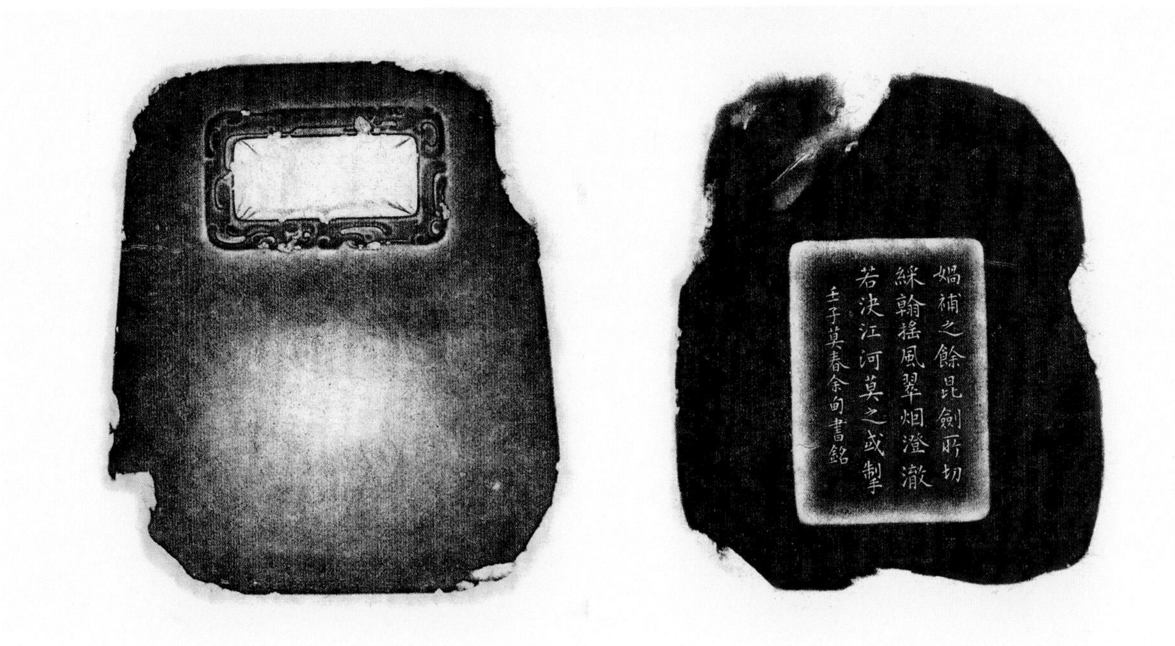
媧補之餘昆劍所切
絲翰搖風翠烟澄澈
若決江河莫之或掣
壬子莫春余甸書銘

58

端石洞天一品硯
清康熙
長23.5厘米　寬20.2厘米
高3.6厘米

First-grade Duan inkstone with design of a place of unique beauty
Kangxi period, Qing Dynasty
Length: 23.5cm　Width: 20.2cm
Height: 3.6cm

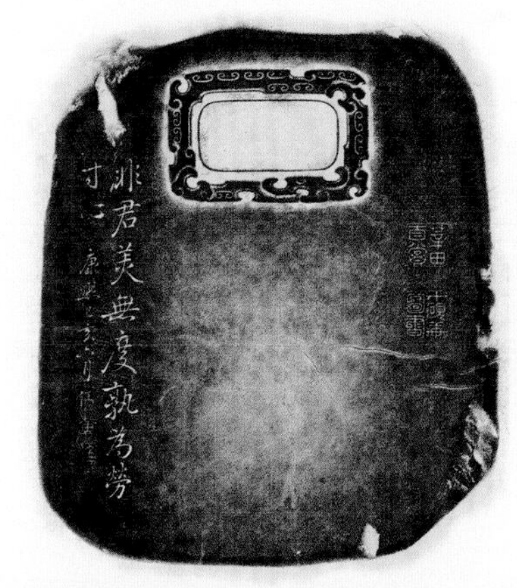

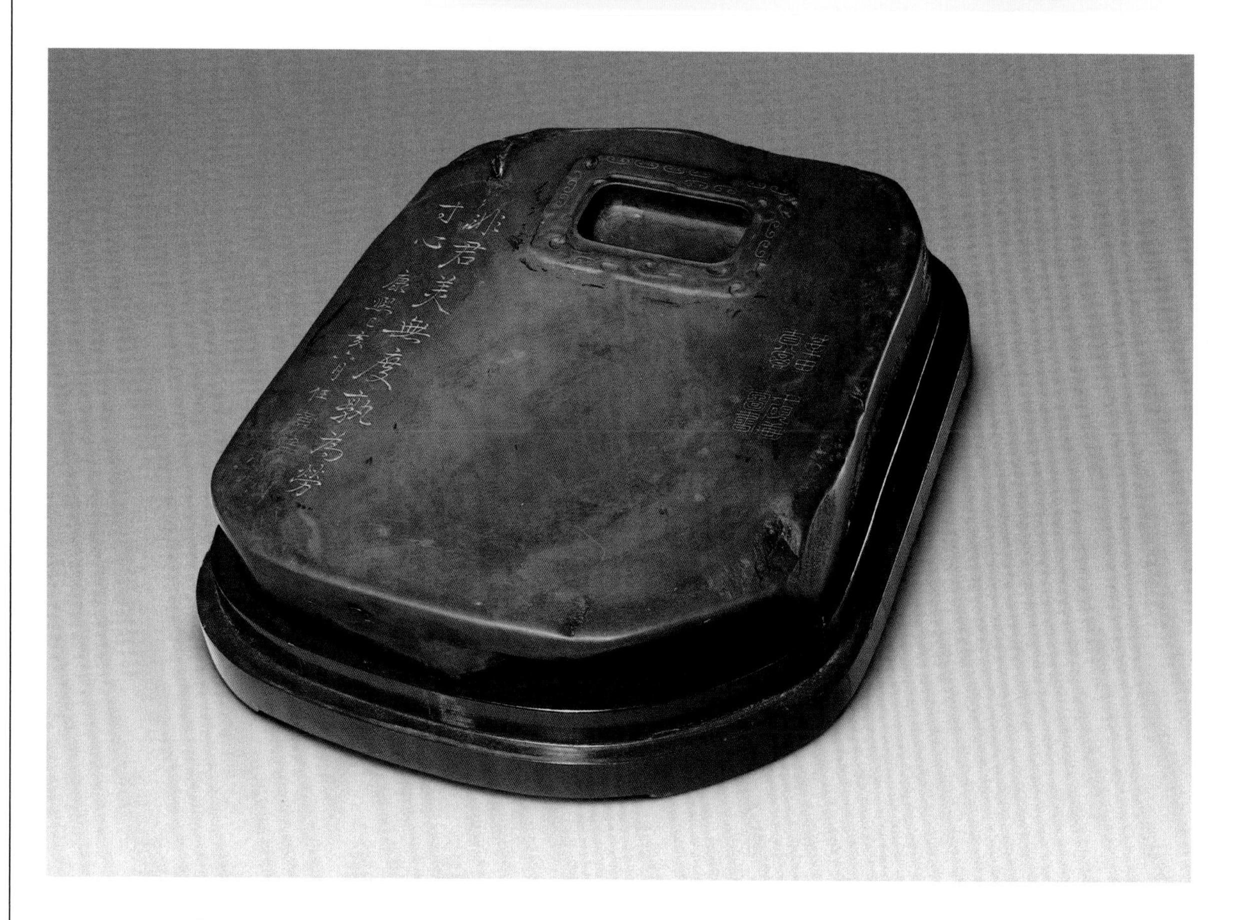

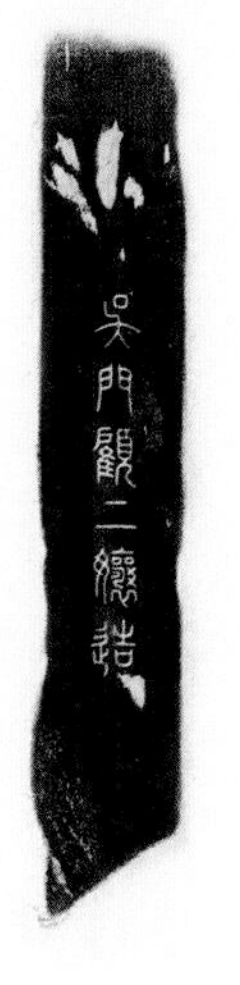

硯隨形，略呈長方形。硯面上端開長方形墨池，池周雕夔紋。右鐫“莘田真賞”、“十硯軒圖書”印。左刻陰文行書：“非君美無度，孰為勞寸心。康熙已亥（1719）六月任”，鐫“黃”、“任”印。硯背刻余甸陰文楷書硯銘和林佶篆書硯銘。硯側刻“吳門顧二娘製”篆書款。

林佶，字吉人，號鹿原，福建閩侯人，康熙五十二年進士，授內閣中書，著有《璞學齋集》等。顧二娘，又名顧青娘，清江蘇吳縣人，康熙時製硯名家。此硯石質滋潤，隱含花紋，琢磨古樸，為名家所製，又有多家硯銘題款，堪稱佳作。

59

端石菌紋硯
清康熙
長15厘米　寬8厘米　高1.9厘米

Duan inkstone with fungus patterns
Kangxi period, Qing Dynasty
Length: 15cm　Width: 8cm　Height: 1.9cm

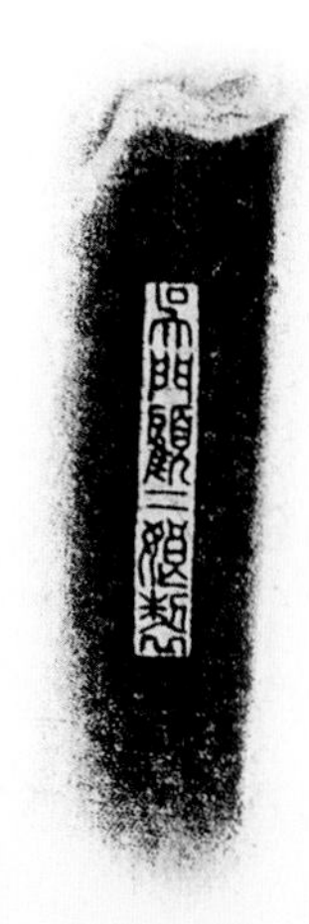

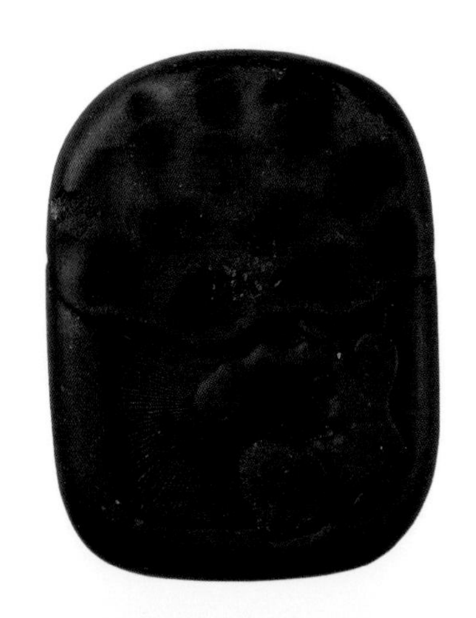

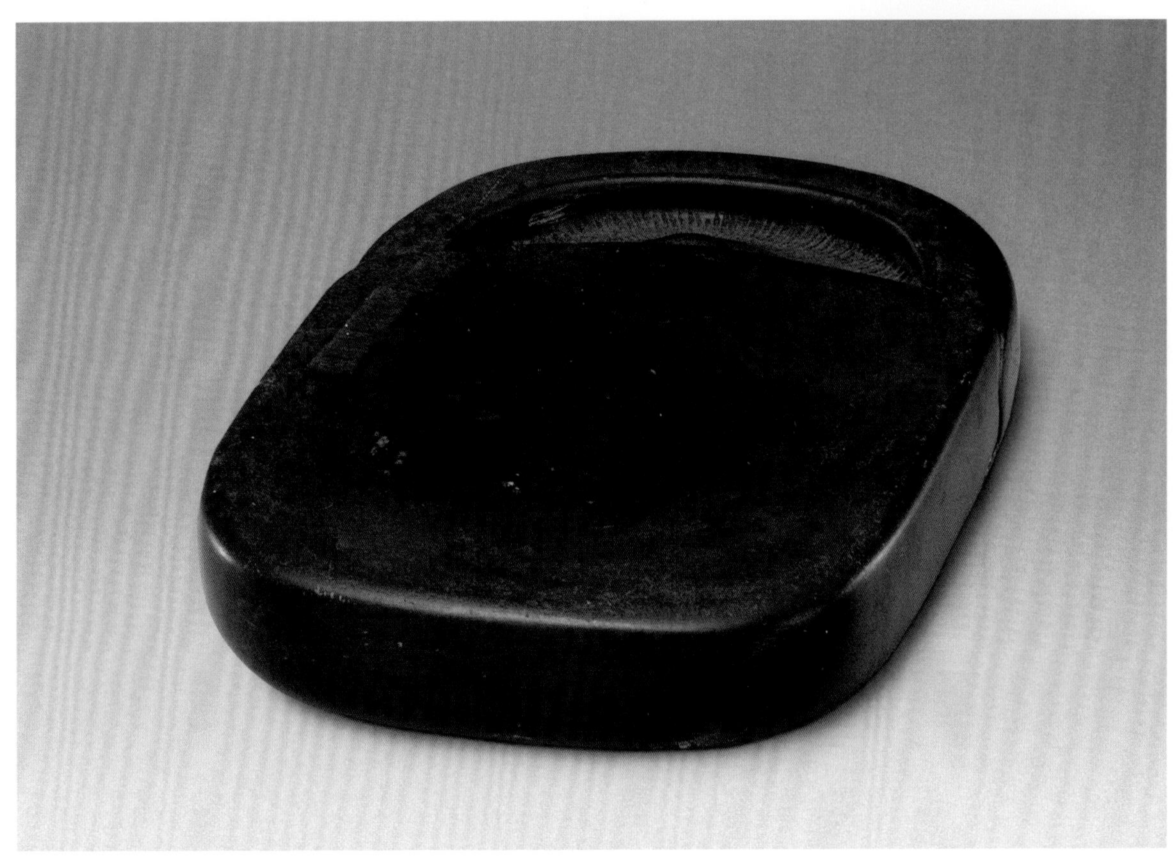

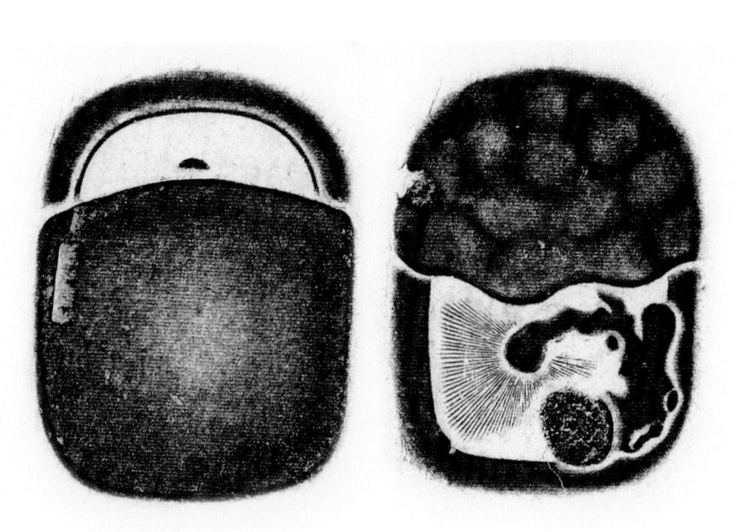

橢圓形。硯堂平滑，一端開月牙形墨池，內陰刻放射狀菌紋。硯背浮雕一菌，有放射形菌紋。硯左側陽文篆書“吳門顧二娘製”六字款。

顧二娘製硯刀法簡練，古樸不呆板，善於因材施藝。

60

端石莘田款鳳紋硯

清康熙

長21.5厘米　寬18.1厘米　高2.6厘米

Duan inkstone with phoenix design and signature of Xin Tian

Kangxi period, Qing Dynasty

Length: 21.5cm　Width: 18.1cm　Height: 2.6cm

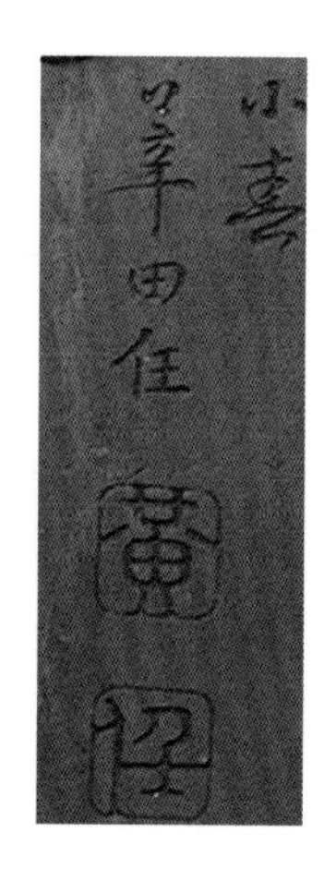

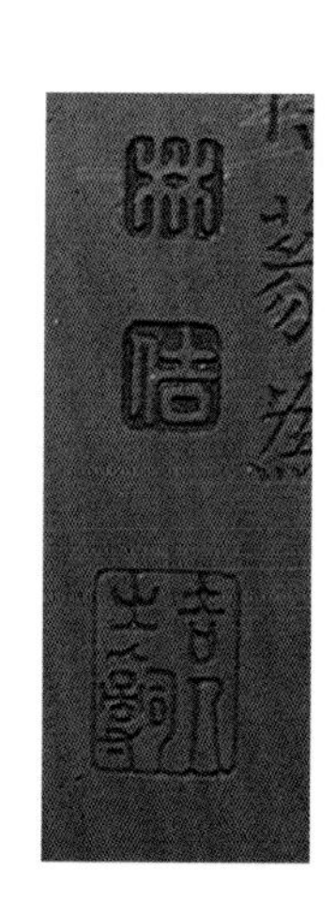

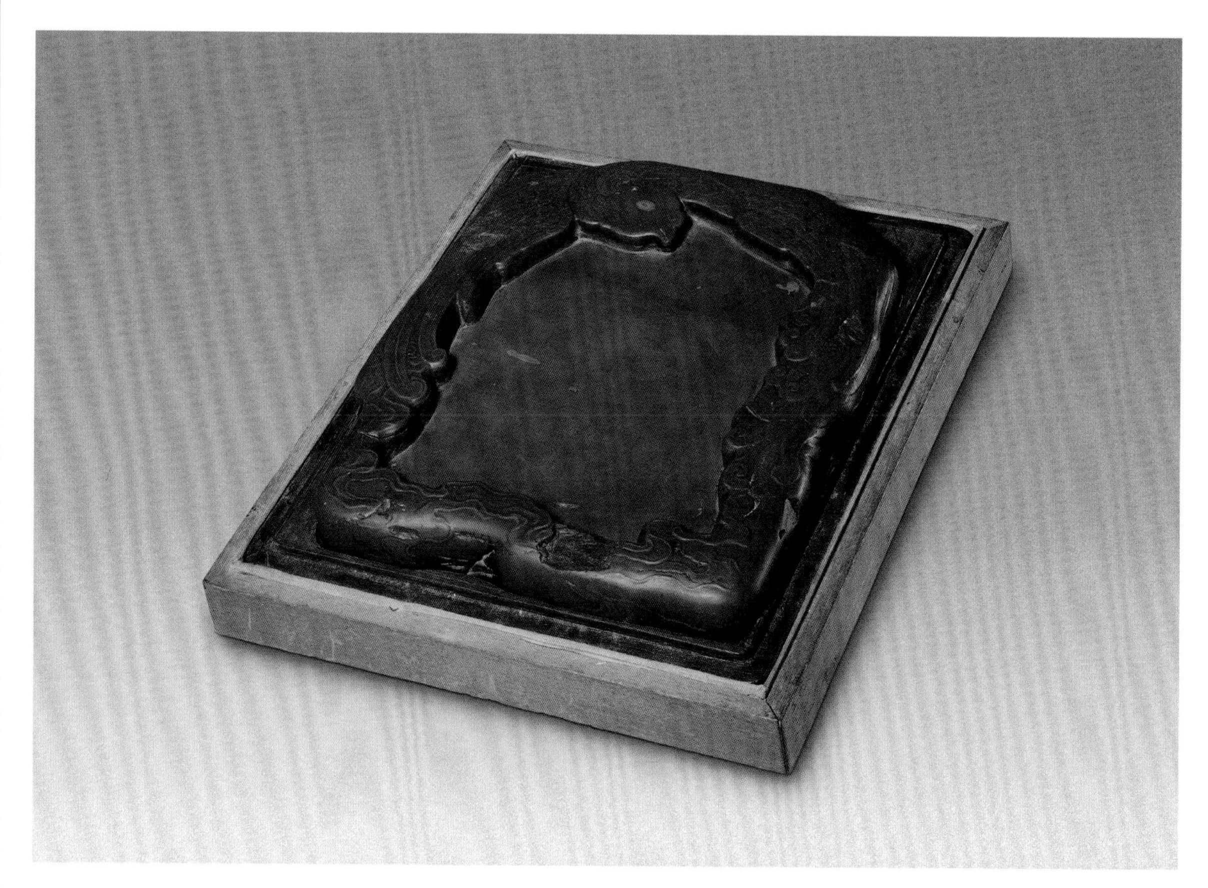

硯緣雕刻鳳鳥承雲紋飾，鳳睛巧用石眼。隨鳳鳥形開硯堂。硯背題銘："奪彼鳳池，揮爾鳳藻，入席之間，茲焉為寶。鹿原林佶篆為莘田硯銘"，鐫"林"、"佶""佶人之辭"印；"壹寸干將切紫泥，專諸門巷日初西。如何軋軋鳴機手，割遍端州十里溪。吳門顧二娘家專諸舊里，善製硯，一出其手人爭重之。茲石是其所製，經三閱月始成，感其工之精而心之苦也，因勒廿八字以識，辛丑（1721）小春莘田任"，鐫"黃"、"任"印。硯側篆書款"吳門顧二娘造"。

此硯精研細雕，費時三月而成，為顧二娘造硯精品。

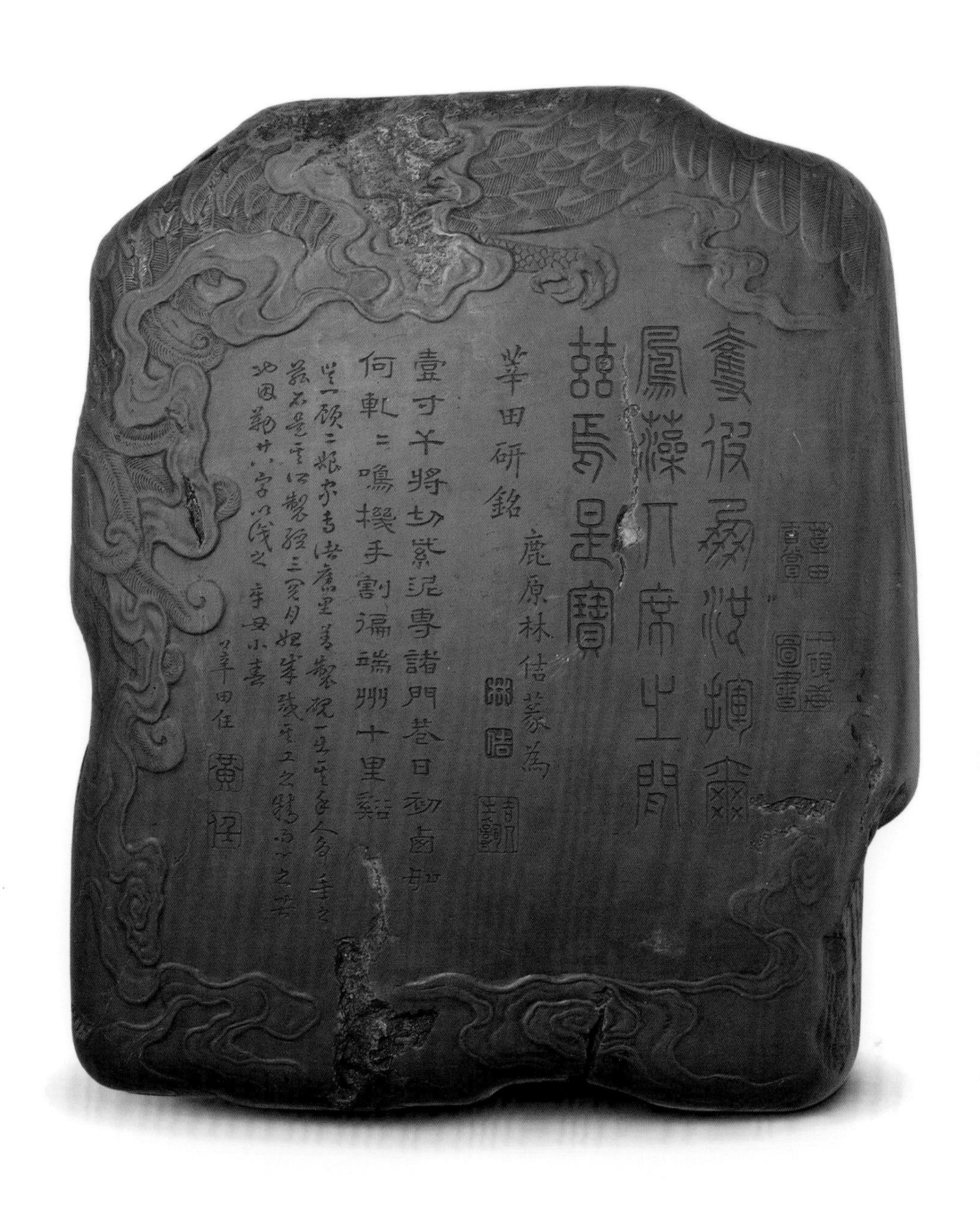
壹寸千將切紫泥專諸門巷日初西
何軋軋鳴機手割徧端州十里谿
華田研銘
鹿原林佶篆為

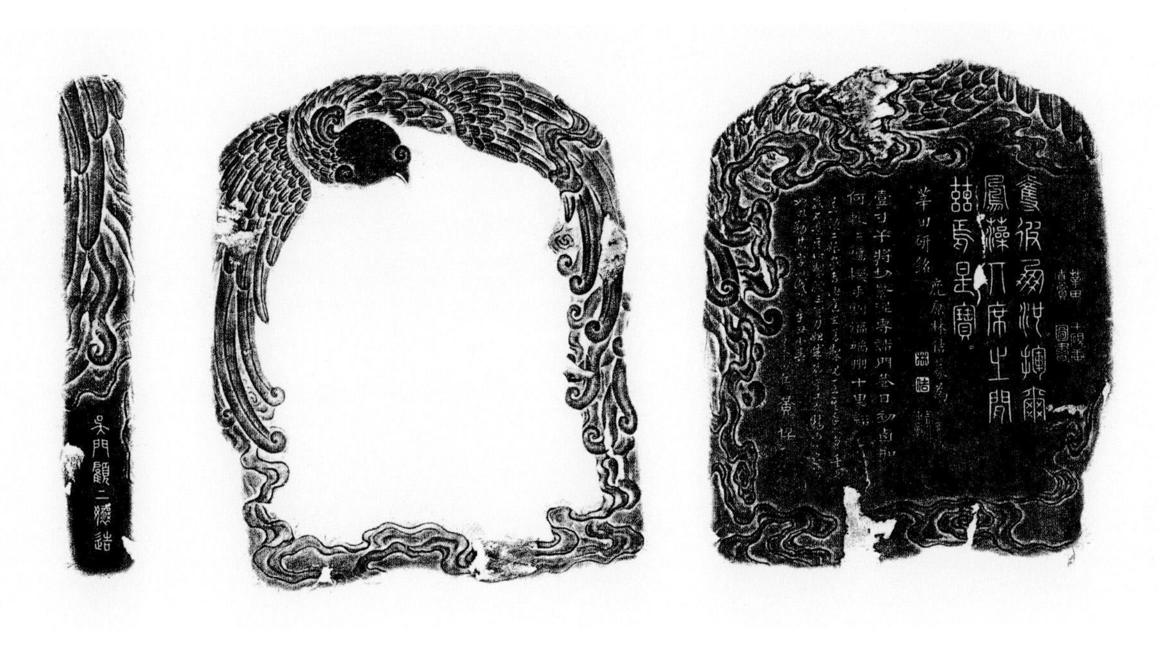

61

端石犀牛望月硯

清康熙

長20厘米　寬16厘米　高4.5厘米

Duan inkstone with design of a rhinoceros looking at the moon

Kangxi period, Qing Dynasty

Length: 20cm　Width: 16cm　Height: 4.5cm

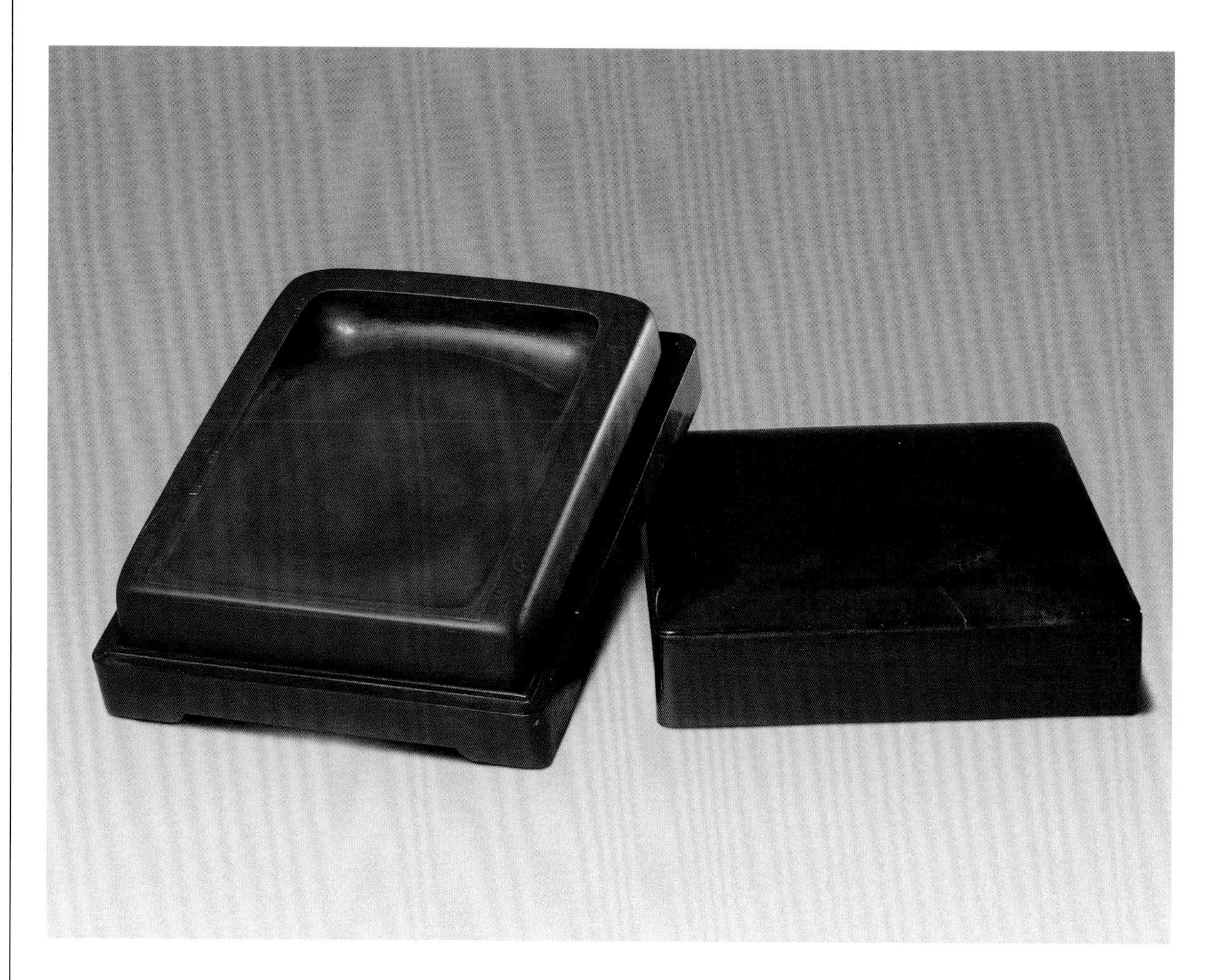

硯面開斜通式硯堂，一端微凹成墨池。斜通水池，池內凝結着墨銹斑斑，晶瑩醇古，硯緣四周起邊框，刻臥蠶紋。硯背覆手內浮雕犀牛望月圖，雲捲濤怒，水天一色，氣勢磅礴，雲水間一石眼，巧作為高空明月。

此硯雕刻神態生動，富有情趣，整個畫面動靜結合，構圖、雕刻之妙，非俗工可比。

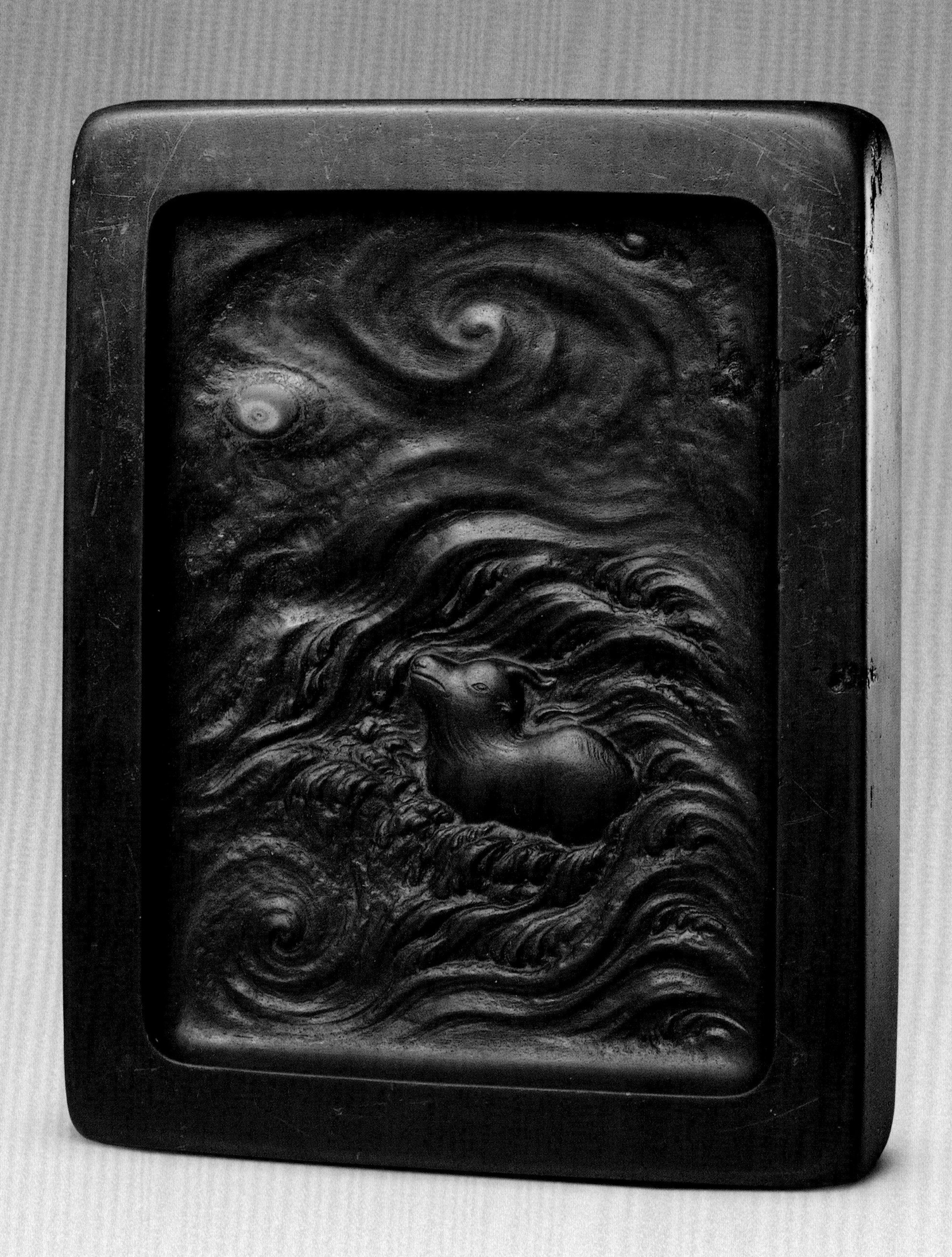

62

端石二龍戲珠硯

清康熙

長21.8厘米　寬18.2厘米　高6厘米

清宮舊藏

Duan inkstone with design of two dragons playing with a pearl

Kangxi period, Qing Dynasty

Length: 21.8cm　Width: 18.2cm

Height: 6cm

Qing Court collection

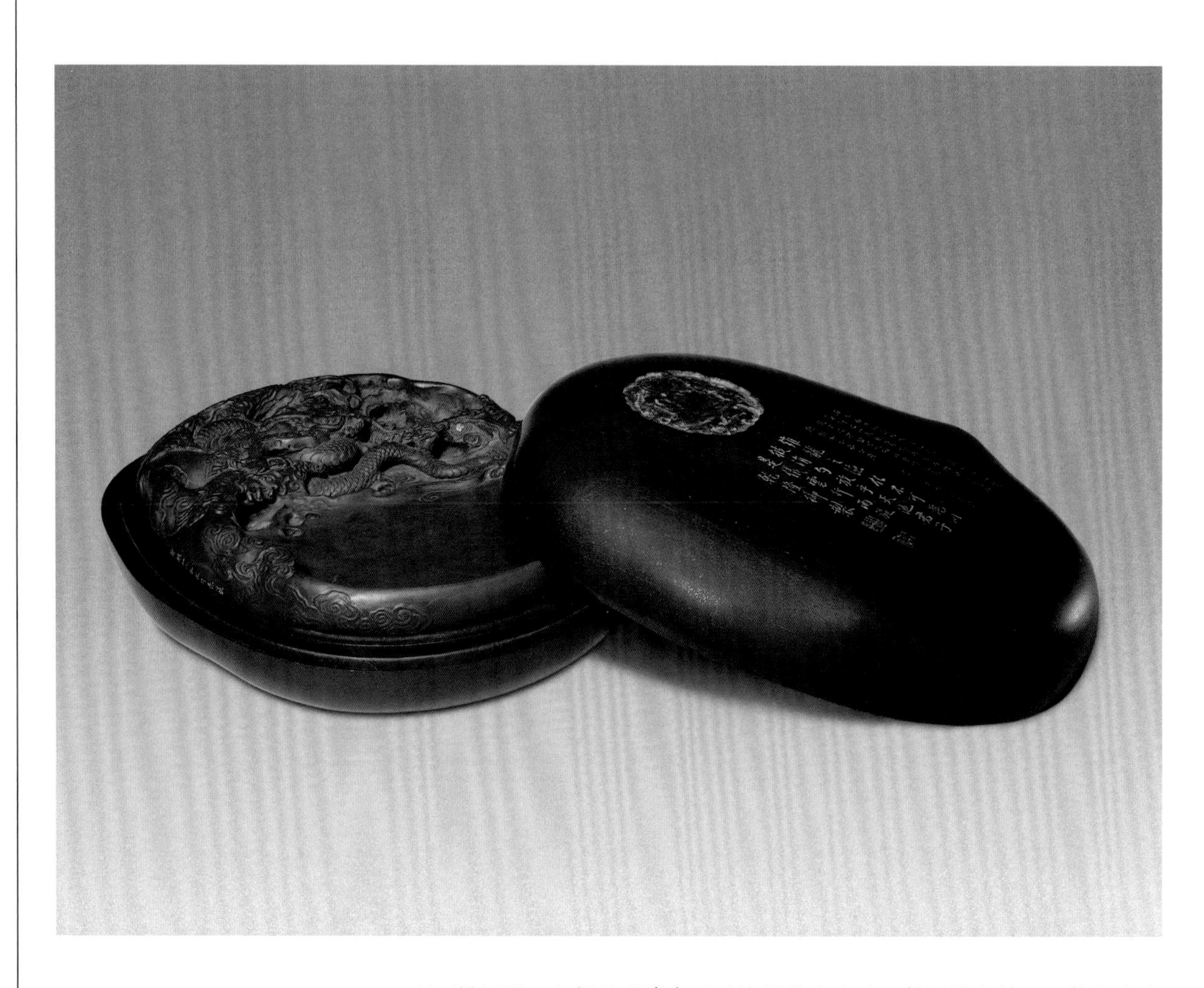

硯面橢圓形，上部及硯邊高浮雕洶湧的海水中二龍迴旋盤繞，二龍間嵌金珠一顆，形成二龍戲珠圖，低凹處形成暗通的墨池。硯面下部開為硯堂，與上部圖案有雲海相接之意。雲水迴繞硯背，形成兩個漩渦，前後渾然一體，氣勢連貫。硯側隸書銘：“康熙十八年（1679）五月恭製，小臣劉源”，鐫“源”印。硯背有乾隆御題詩。配紫檀木盒，蓋面填金行書乾隆御製詩、蘇軾硯銘，盒外底面刻二十八宿圖，內填金“天府永藏”印。

劉源，字伴阮，清祥符（今河南開封）人，康熙初官至刑部主事，供奉內廷。擅長施圖設計，多書畫設計官窯瓷器、御墨等，署名硯石僅此一方，殊為珍貴。此硯質地細膩、純淨、溫潤，石色青紫，隱含胭脂暈、火捺等紋理。製作精妙，構圖新穎，華貴富麗，顯皇家氣派，為清代硯中佳品。收錄於《西清硯譜》。

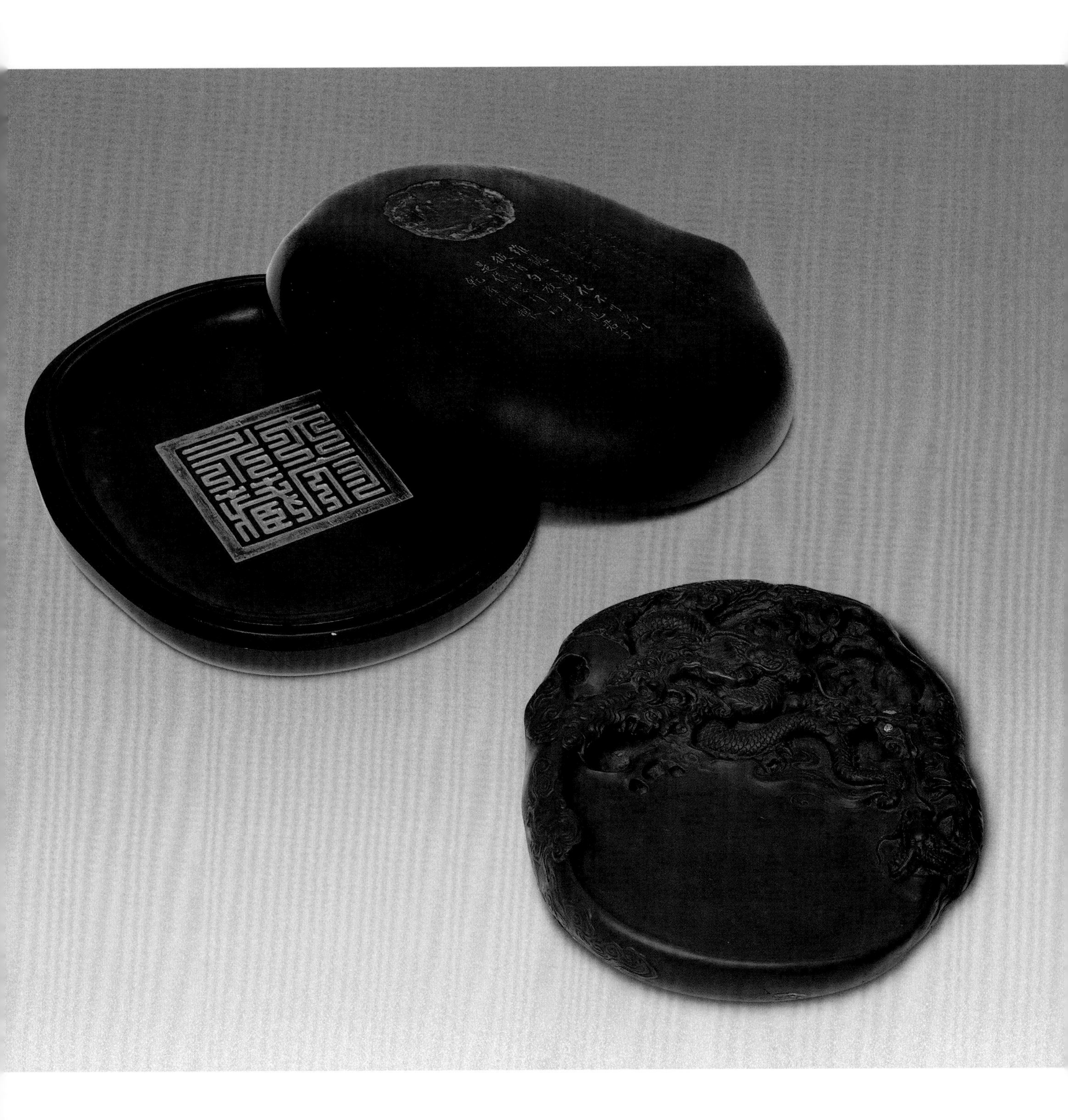

63

端石張照銘松樹池硯

清康熙

長15.2厘米　寬9.4厘米　高1.6厘米

清宮舊藏

Duan inkstone with inscriptions by Zhang Zhao and pine tree patterns

Kangxi period, Qing Dynasty

Length: 15.2cm　Width: 9.4cm　Height: 1.6cm

Qing Court collection

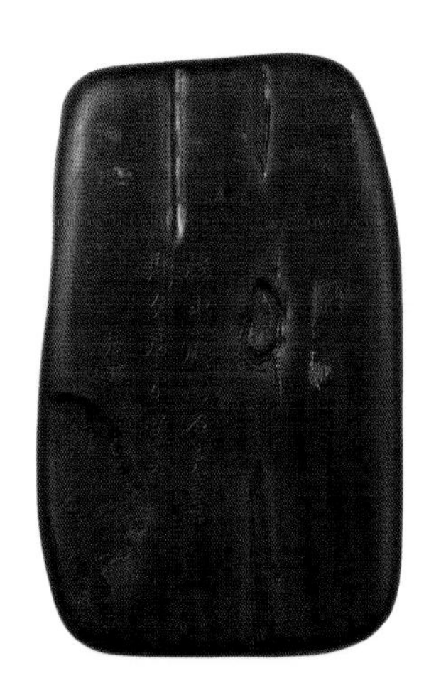

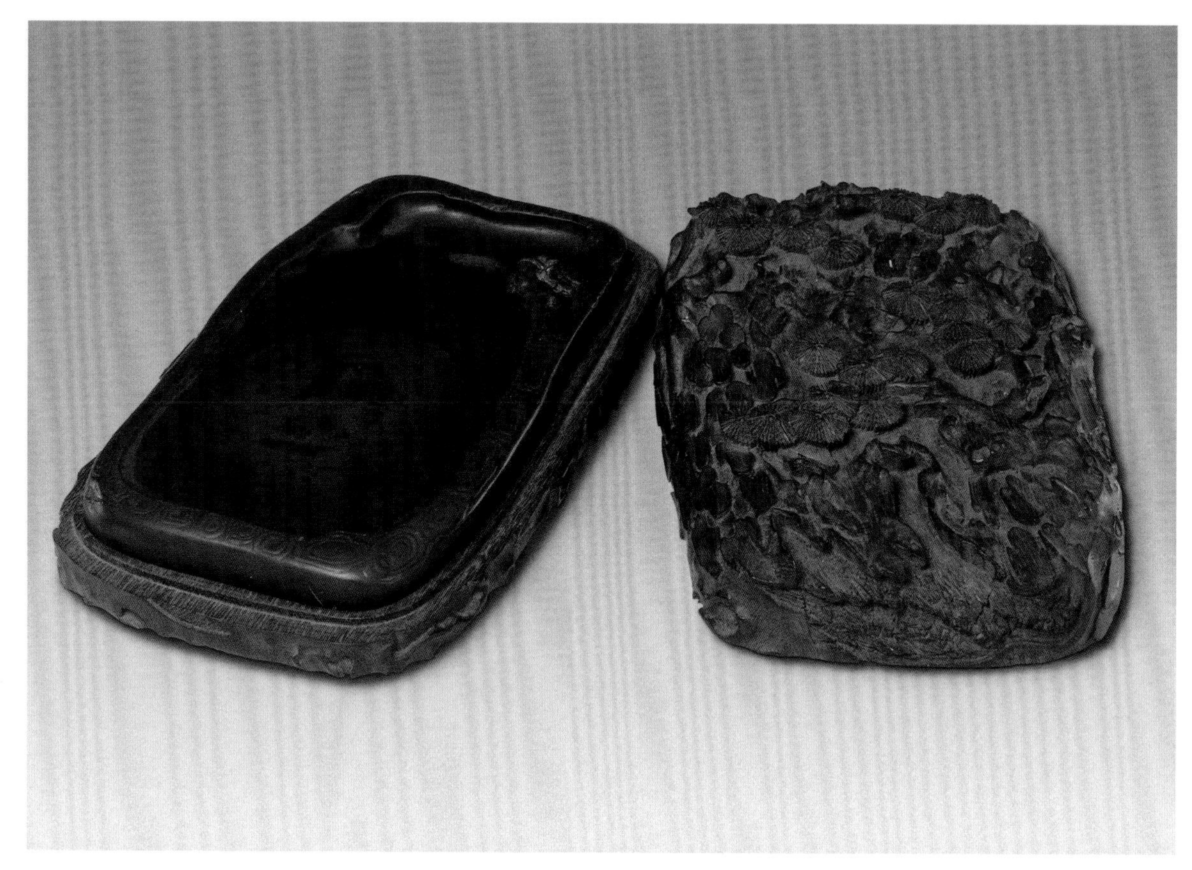

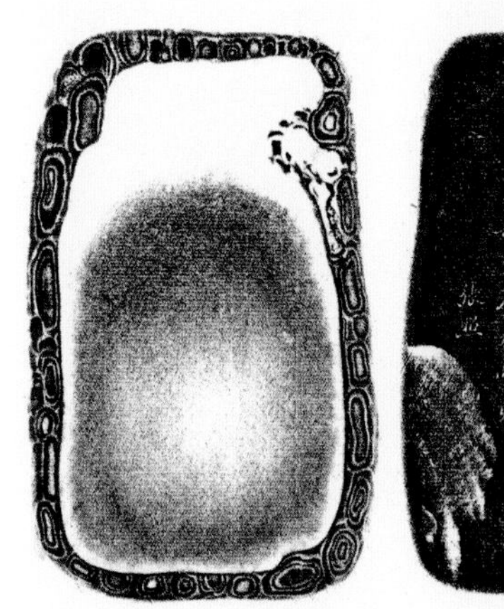

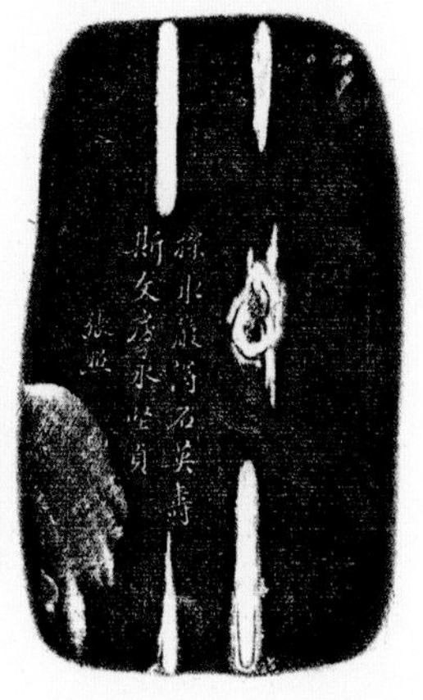

硯形隨石料略加雕鑿，石表磨平為硯堂，上端深凹處為墨池。硯面周緣雕松樹幹紋。硯背刻張照行書硯銘："探水岩，得石英，壽斯文房永堅貞。張照"。配雞翅木雕松樹紋盒。

張照，字得天，清華亭（今上海松江）人，康熙進士，雍正、乾隆時曾官刑部尚書，以書法名世。此硯材產自端溪水岩，石質甚潤澤。水岩常年積水，開採極為艱辛，須到冬季水少時方可採取，頗費工力，故硯材尤為難得。

64

端石瓜式硯

清康熙

長20.4厘米　寬18.9厘米　高3.1厘米

Duan inkstone in the shape of melon

Kangxi period, Qing Dynasty

Length: 20.4cm　Width: 18.9cm　Height: 3.1cm

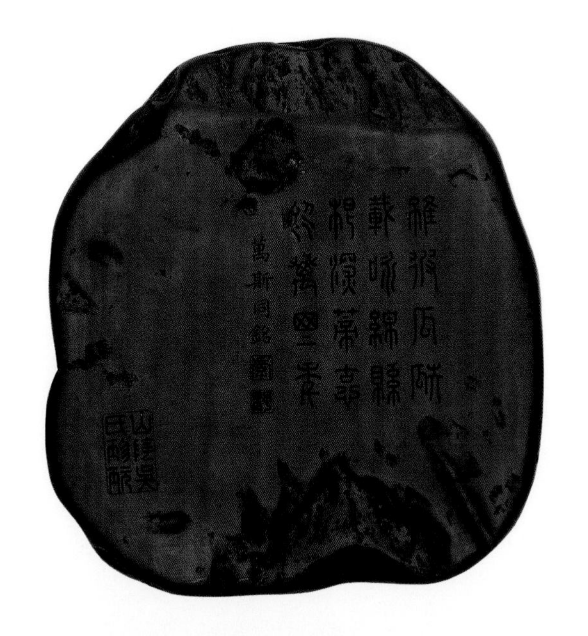

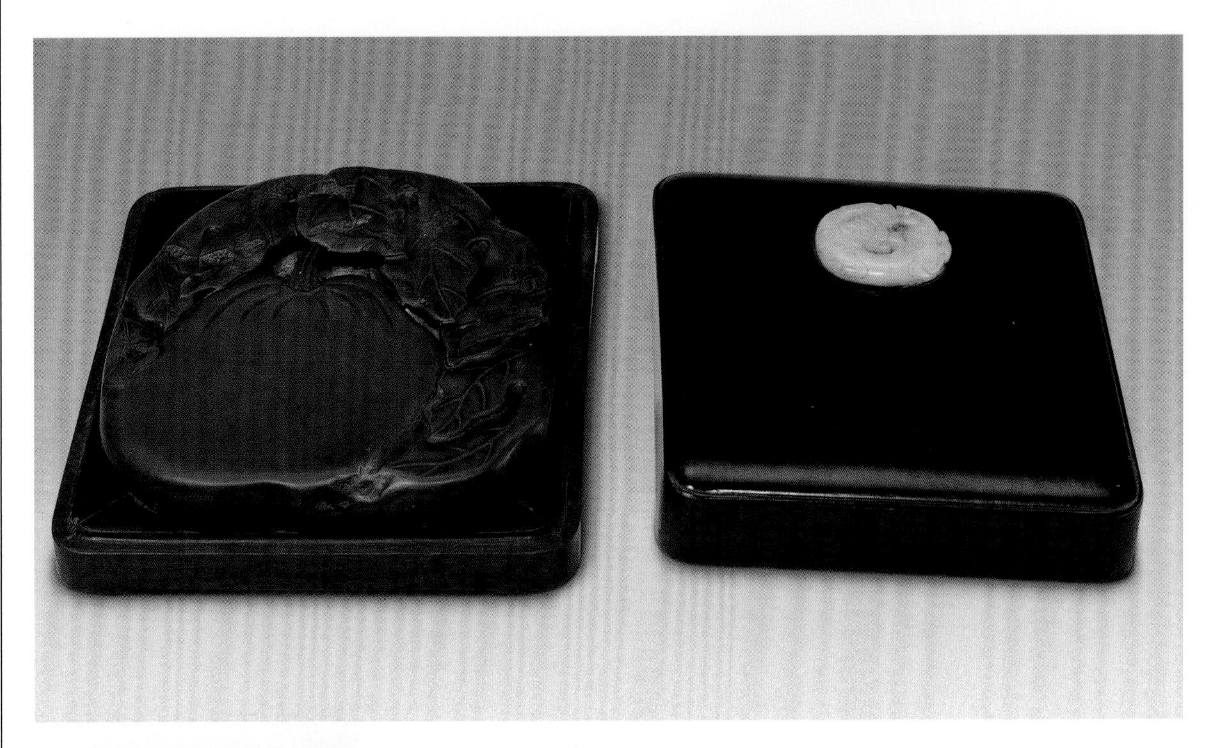

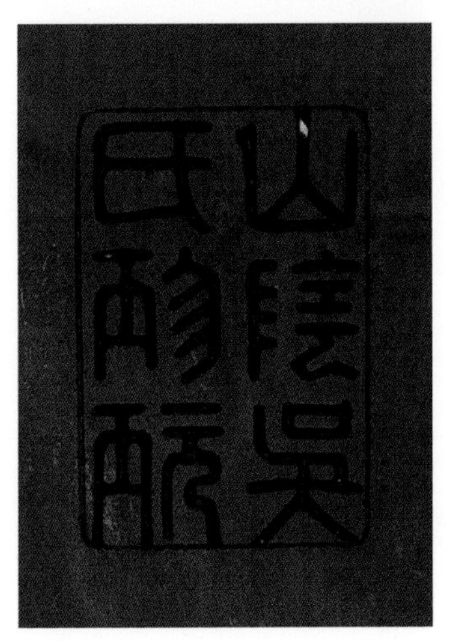

取石之自然形態略加雕琢而成。硯面雕成瓜形硯堂，周緣浮雕繁茂枝葉，瓜葉間為墨池。硯背篆書硯銘："維彼瓜瓞，載詠綿綿，根深蒂固，於萬斯年。萬斯同銘"，鐫"季"、"野"印。左下鐫"山陰吳氏珍玩"印。放置於嵌玉紫檀盒內。

萬斯同，字季野，號石園，清浙江鄞縣人。博通文史，著有《明史稿》等。此硯石質細膩溫潤，色似豬肝紫，隱含青花、蕉葉白、胭脂暈等名貴石品。雕刻刀法深淺圓雕結合，巧於佈局施藝。

65

端石九龍紋硯

清康熙

長23.5厘米　寬16.7厘米　高3.2厘米

Duan inkstone with nine dragon design

Kangxi period, Qing Dynasty

Length: 23.5cm　Width: 16.7cm　Height: 3.2cm

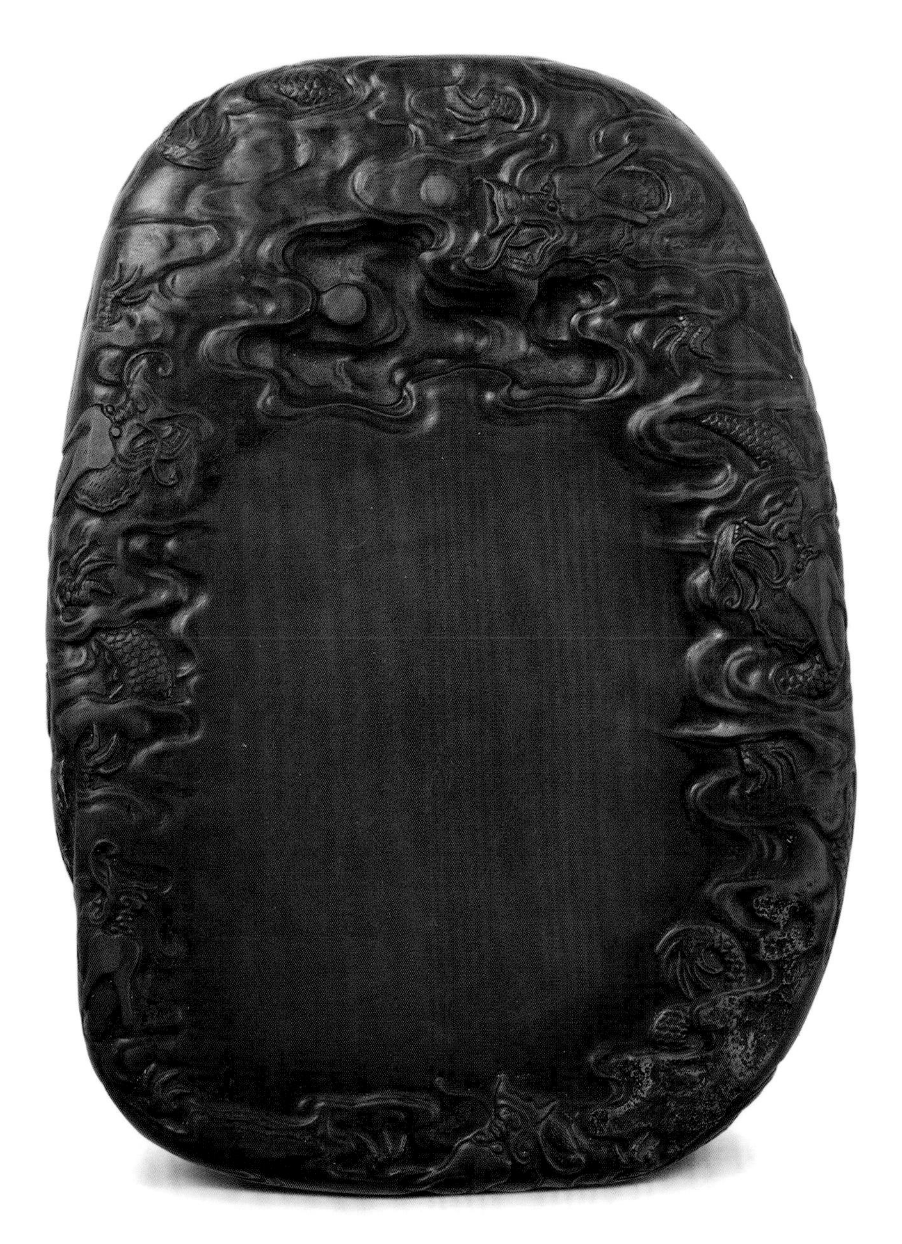

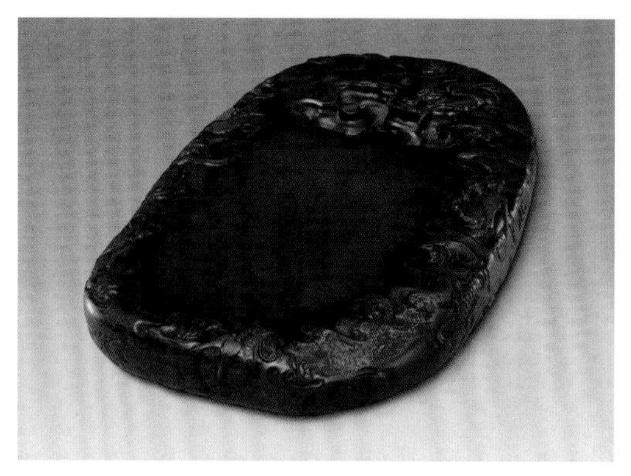

天然石材巧作橢圓形。硯緣周邊雕飾繁複的九龍戲珠紋，襯以祥雲繚繞，以石眼巧作圓珠。硯面雲紋下凹處成墨池，內有石柱眼。硯背刻佘甸楷書銘，款“壬子（1672）春三月”，林佶隸書銘，款署：“鹿原”，鐫“真賞“、“此樂為甚”。

此硯石紫色深沉，石質細膩。硯體厚重，雕工繁而不亂，極為工細。

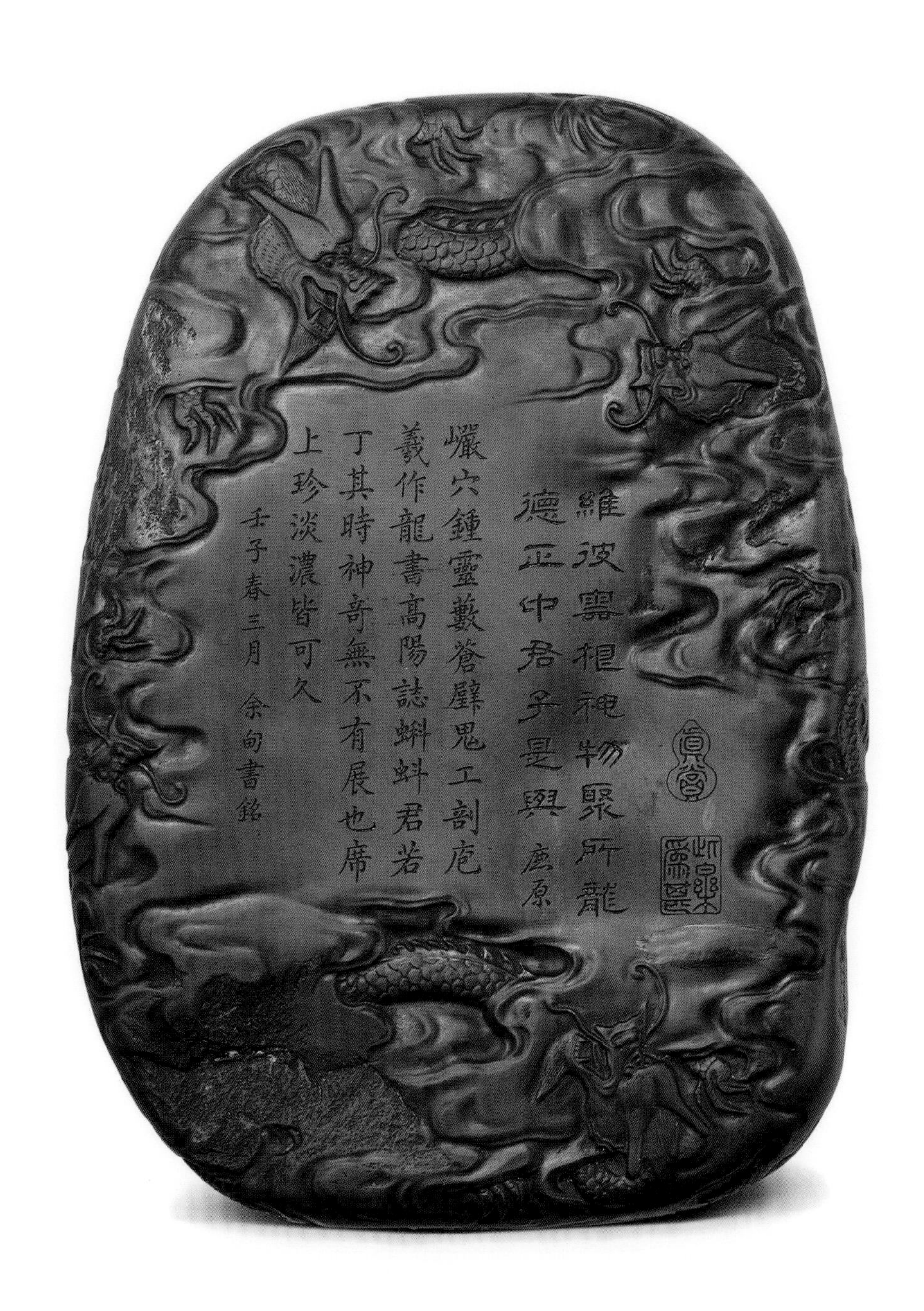
維彼器相神物聚所龍
德正中君子是與 庶原
巖穴鍾靈藪蒼璧鬼工剖庖
犧作龍書高陽誌蝌蚪君若
丁其時神奇無不有展也席
上珍淡濃皆可久
壬子春三月 余甸書銘

66

端石高兆銘風字硯

清康熙

長23.5厘米　寬18.1厘米　高4.3厘米

Duan inkstone in the shape of the character feng with inscriptions by Gao Zhao

Kangxi period, Qing Dynasty

Length: 23.5cm　Width: 18.1cm　Height: 4.3cm

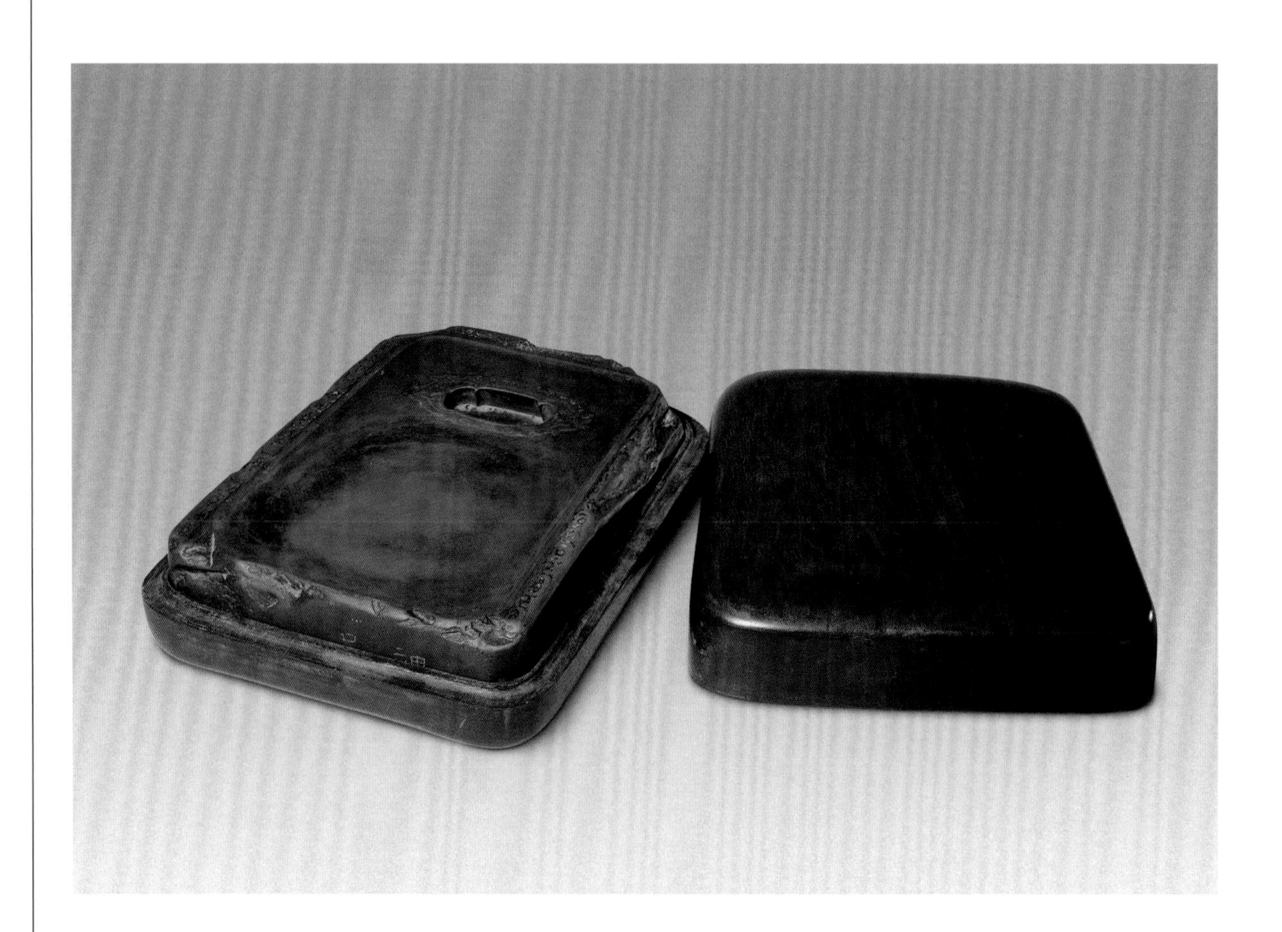

隨石成風字形，邊緣保留石材原貌。硯堂周邊起框，上雕凸起臥蠶紋。硯面上方挖橢圓形墨池，池緣一周浮雕雙螭紋，成墨池邊框。硯背中央出棱，右部陰文篆書吳琰青銘："璞玉渾金質粹，鋒堅帶經而鋤。佃聖王田禮耕，義種積慶逢年。資學耨而仁獲，弗鑿方而枘圓。康熙壬辰（1712）山陰吳琰青銘"，鐫"琰"、"青"印。左部陰文隸書高兆銘："大中丞吳公由閩撫粵，兆以布衣充揖客因得寓目三洞，親核石品，撰記一篇。公子琰青出斯硯相示，溫潤縝密，藻采繽紛，真塔坑異產也。爰書數語且以借證前記之匪謬云。三山高兆題於文來閣下"，鐫"古心"、"齋"印。硯右側面陰文篆書銘"紫雲心"，鐫"夏"印，左側面鐫"溥齋"、"曾在李鹿山居"印，下側面陰文隸書"神品"。

高兆，字雲客，清侯官（今福建閩侯）人，著有《續高士傳》。此硯材石質細潤、縝密，色青紫，隱現青花斑點。

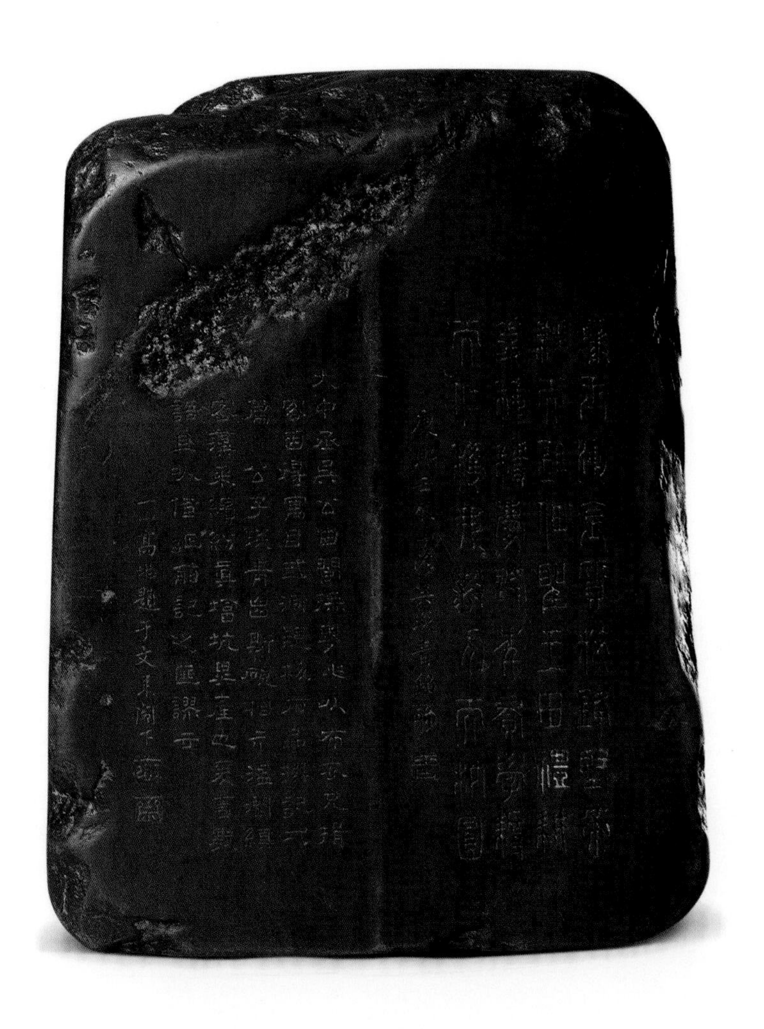

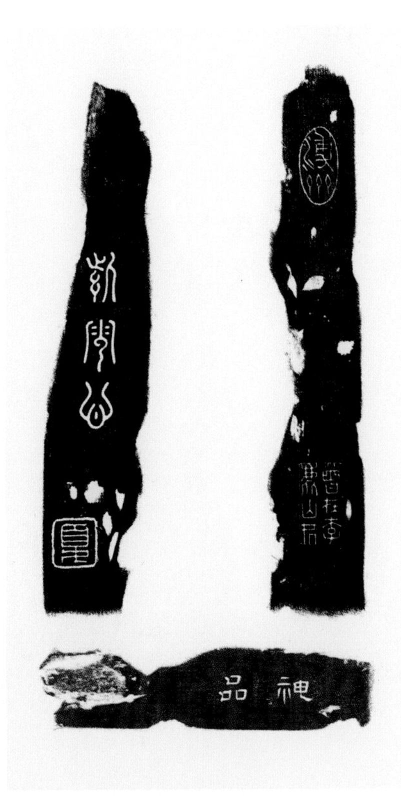
神品

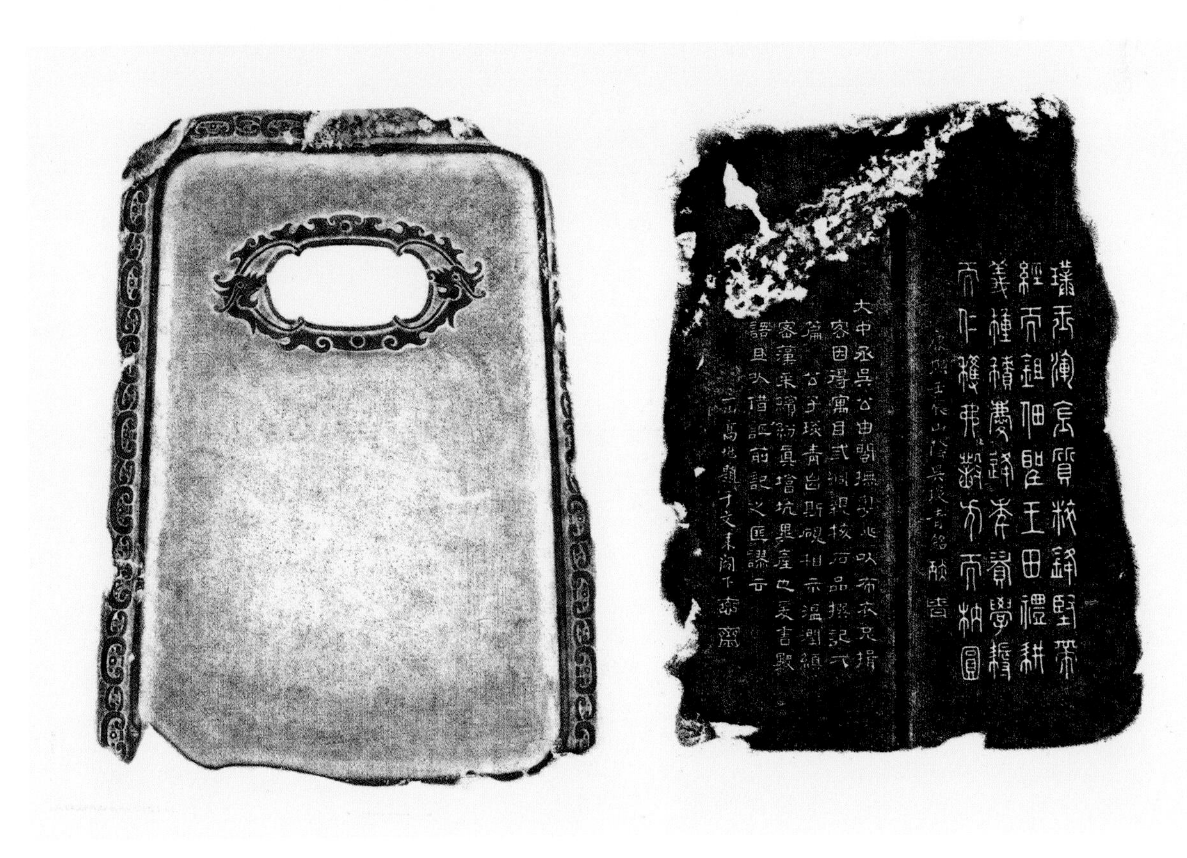

67

端石貓蝶紋硯

清康熙

長22.5厘米　寬19厘米　高8厘米

Duan inkstone with design of a cat and butterflies

Kangxi period, Qing Dynasty

Length: 22.5cm　Width: 19cm　Height: 8cm

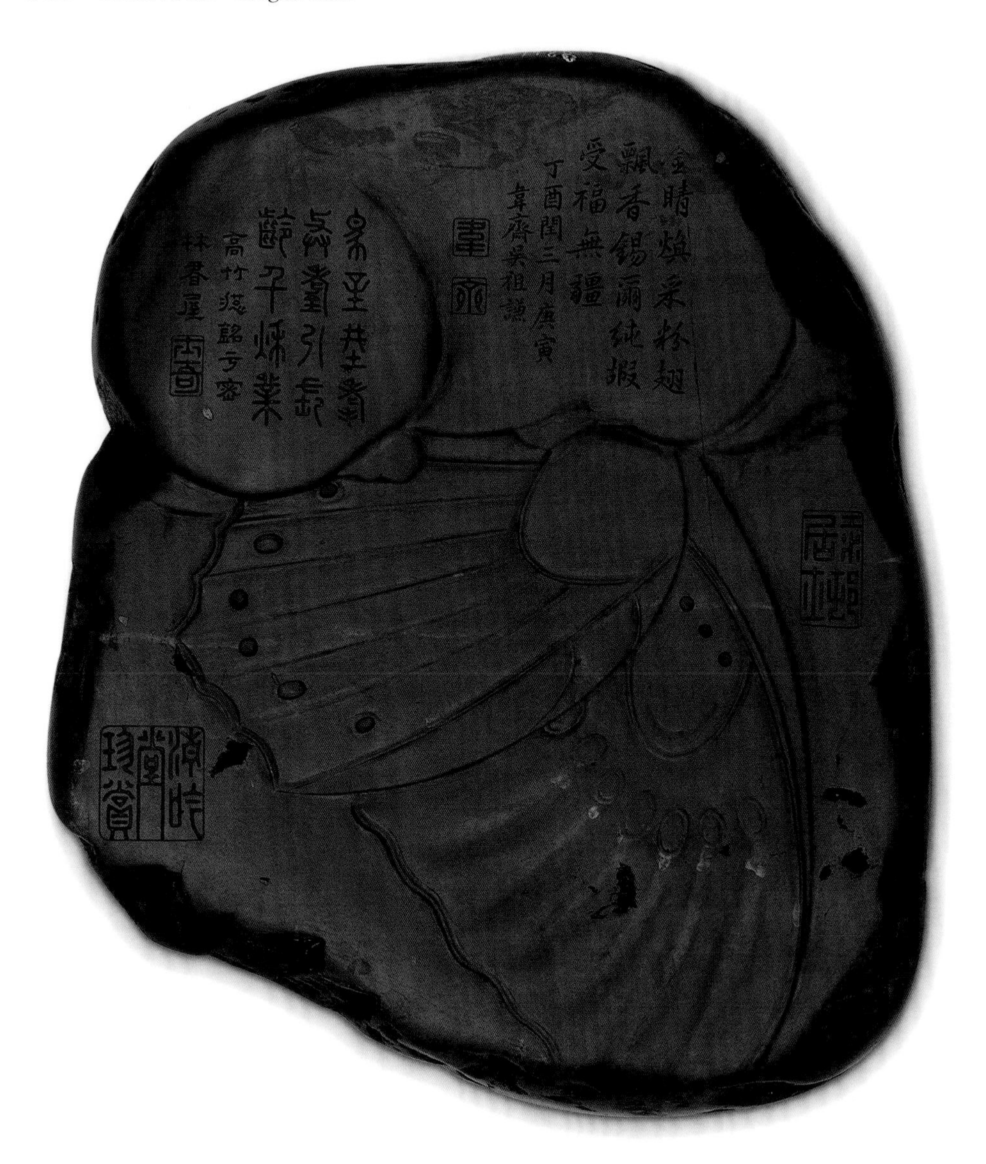

硯體隨形。硯面上端雕一貓撲捕蝴蝶，貓身雕細密毛紋，黃、綠色石眼作貓睛。硯背雕蝴蝶紋，以石眼為翅上的花斑。刻吳祖謙行書銘：“金睛煥彩，粉翅飄香，錫爾純嘏，受福無疆。丁酉閏三月庚寅韋齋吳祖謙”，鐫“韋”、“齋”印；高士奇篆書銘：“鳥至邢，耄與耋，引長齡，千秋業。高竹窗銘於密林書屋”，鐫“士奇”印。刻有“江村居士”、“清吟堂珍賞”印。硯側篆書銘“壽友”。

高士奇，字澹人，號江村、竹窗等，清錢塘（今浙江杭州）人。康熙時入值南書房。善鑒賞，富收藏。此硯石質堅密，色紫帶黑，石內隱青花、蕉葉白等名貴石品。造型、構圖、雕刻因材施藝，頗為精心。以“貓蝶”諧音耄耋，寓意長壽。

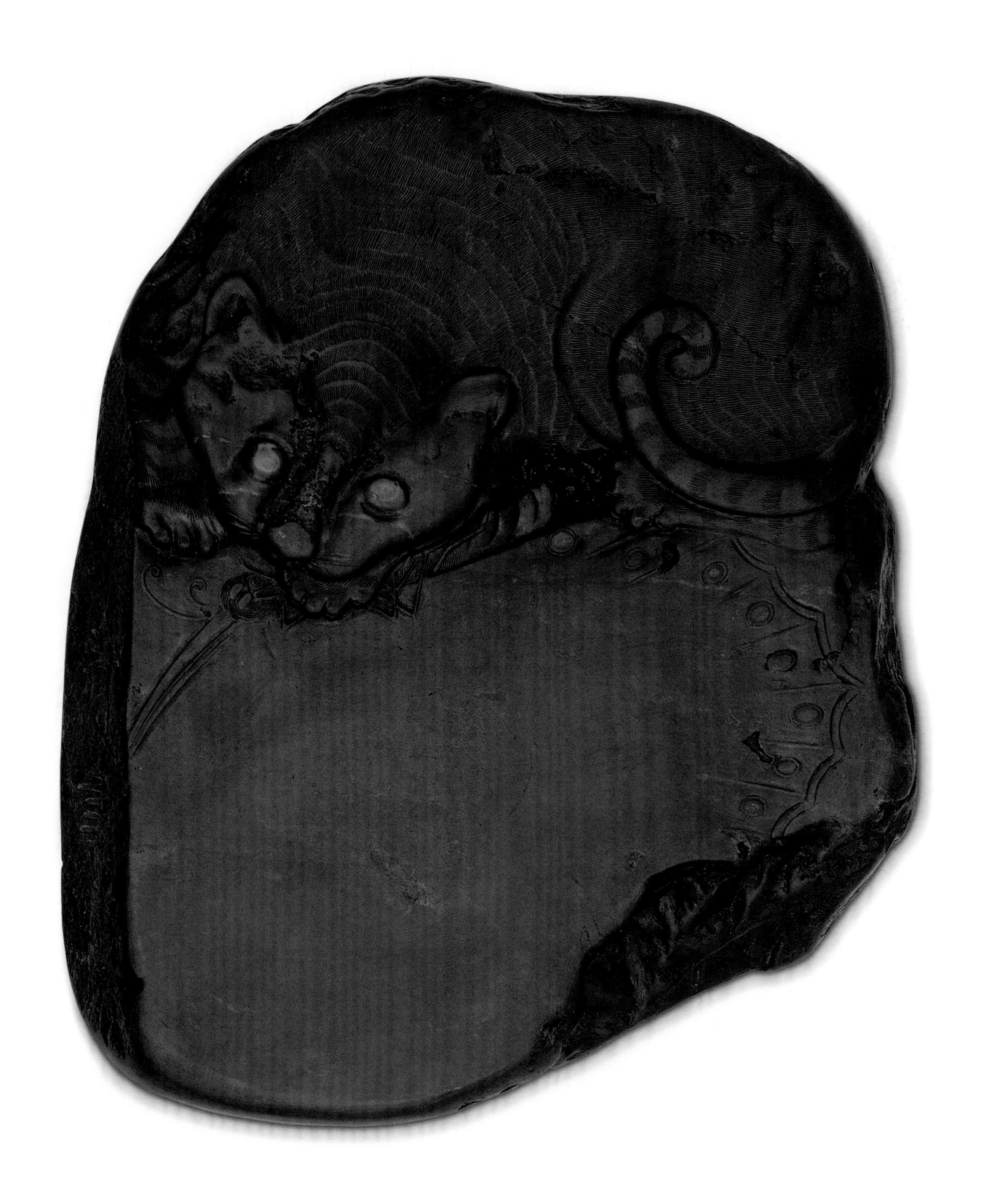

68

松花江石瓜池硯

清康熙
長15.6厘米　寬10.5厘米
高1.4厘米
清宮舊藏

Songhua River inkstone with melon patterns around the inkslab

Kangxi period, Qing Dynasty
Length: 15.6cm　Width: 10.5cm
Height: 1.4cm
Qing Court collection

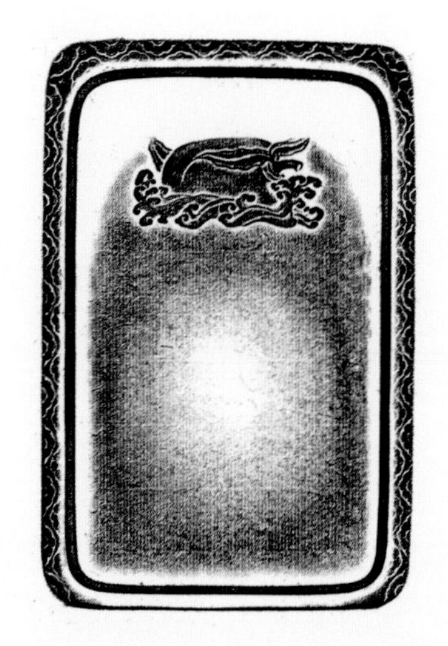

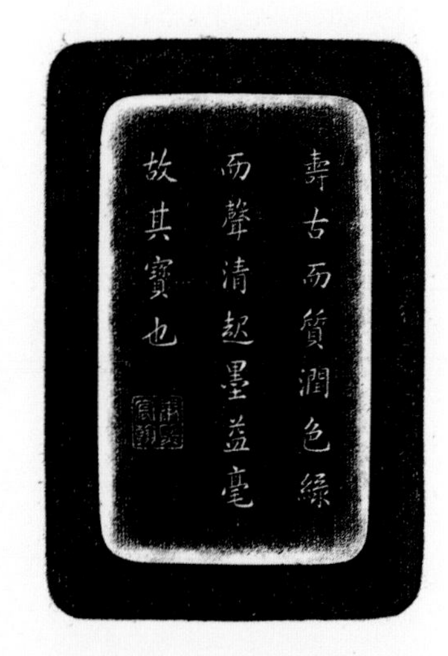

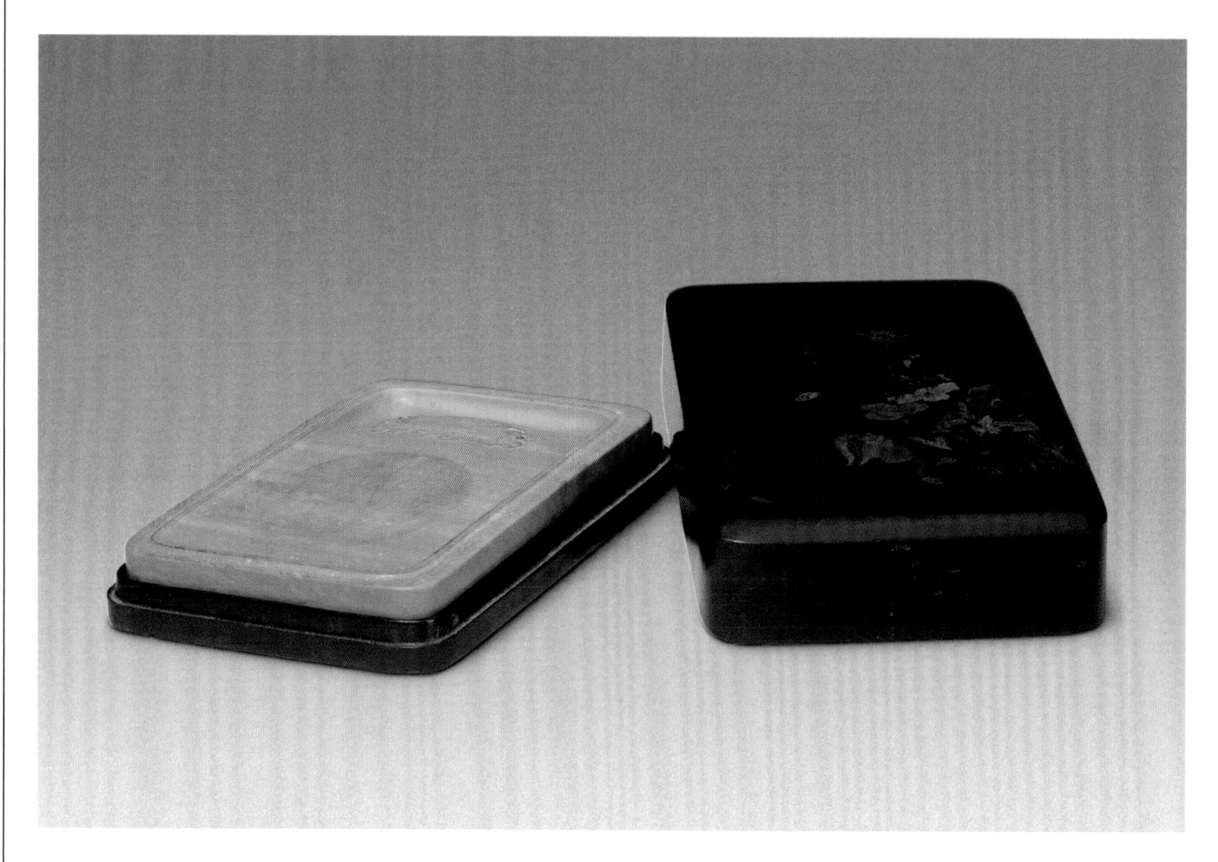

硯堂平滑，硯池斜淺，池上雕飾瓜紋及波浪紋。硯緣四周出邊框，雕花紋。硯背清康熙帝御題硯銘：“壽古而質潤，色綠而聲清，起墨益毫，故其寶也。”鐫“康熙宸翰”印。配黑漆描金硯盒，繪貓蝶花卉紋，取“耄耋”諧音，寓意長壽延年。

松花江石，又稱松花玉，產於東北松花江流域。石質堅密，細膩溫潤，有綠、絳紫兩色，以綠石為多，有紋理如刷絲，易受墨。因產自清皇室祖先發祥地，故倍受推崇，成為皇家專用硯石。康熙時始開採。

69

松花江石麒麟池硯

清康熙

長13厘米　寬9.2厘米　高1.5厘米

清宮舊藏

Songhua River inkstone with unicorn patterns in the inkslab

Kangxi period, Qing Dynasty

Length: 13cm　Width: 9.2cm

Height: 1.5cm

Qing Court collection

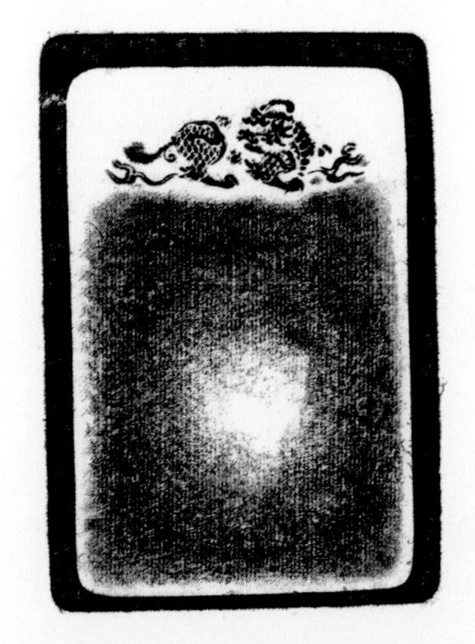

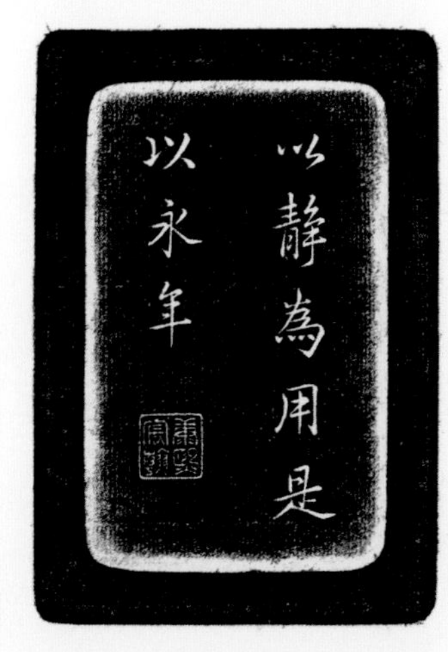

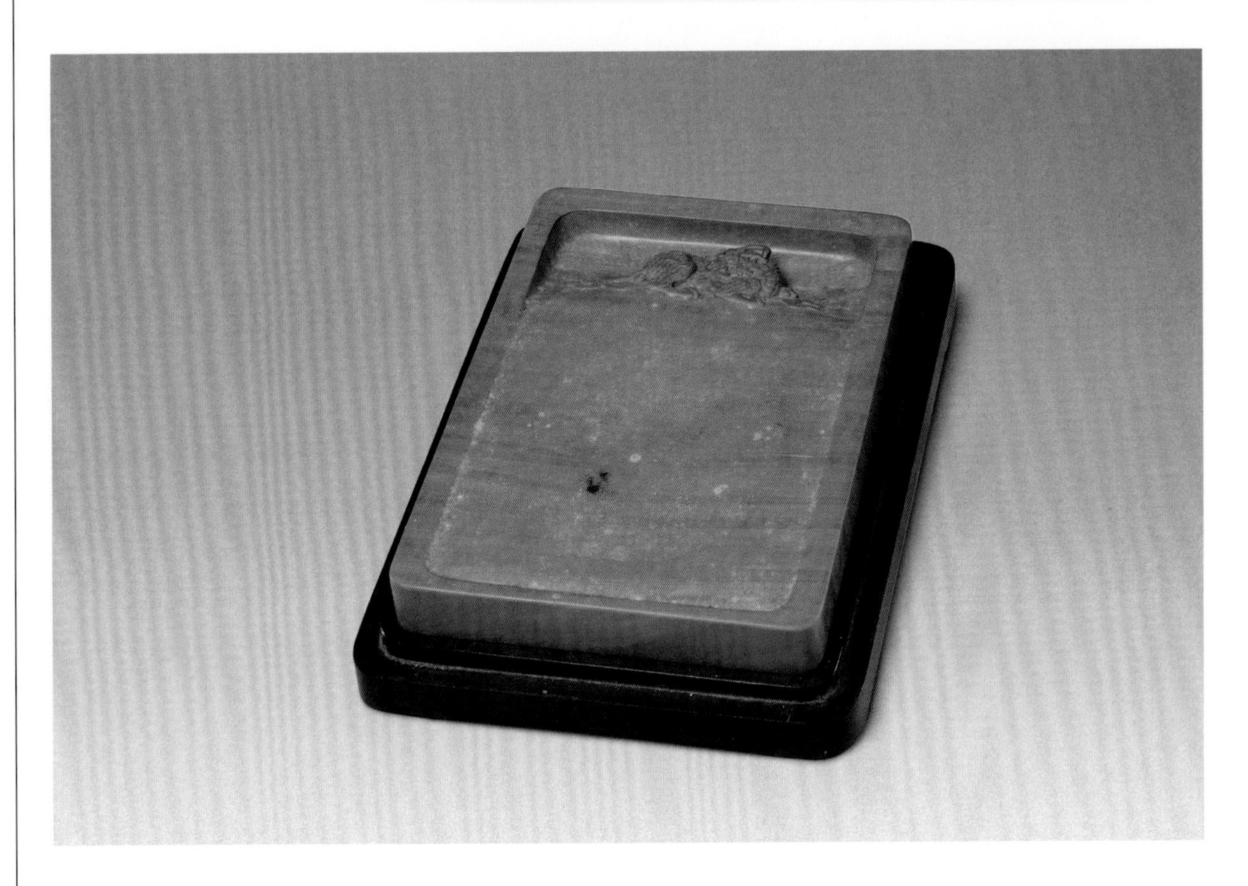

開通式硯池，池內高浮雕麒麟臥於祥雲中。硯背覆手內陰文楷書康熙硯銘：“以靜為用，是以永年。”鐫“康熙宸翰”印。

麒麟是中國古代傳説的瑞獸，明清工藝品多用作裝飾題材。此硯紋飾簡練，石上密列絲線般淺綠色天然紋理。

70

松花江石嵌螺鈿硯

清康熙
長18.5厘米　寬12.6厘米　高2.3厘米
清宮舊藏

Songhua River inkstone inlaid with mother-of-pearl
Kangxi period, Qing Dynasty
Length: 18.5cm　Width: 12.6cm　Height: 2.3cm
Qing Court collection

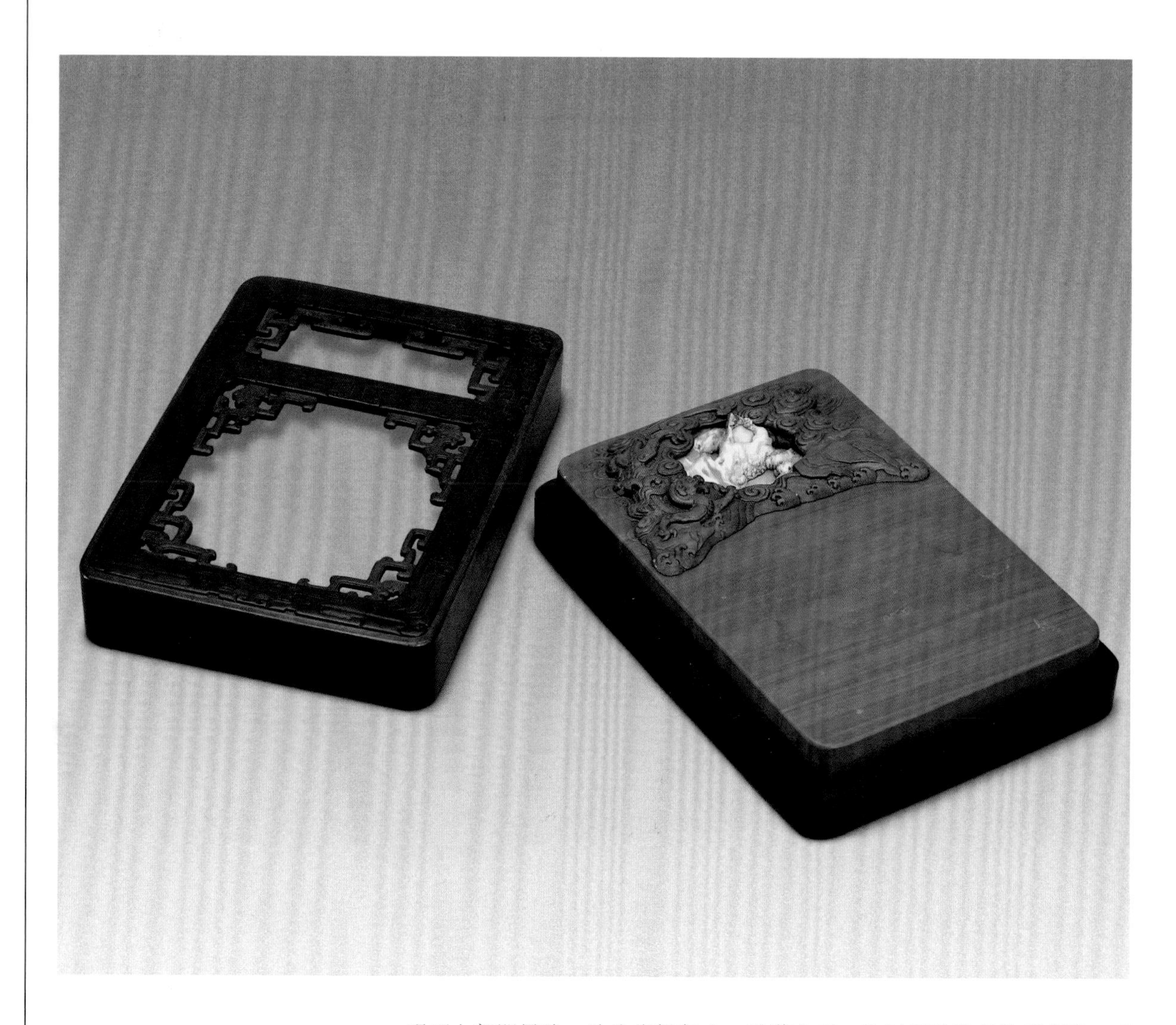

硯面上部開墨池，池內嵌螺甸山，玲瓏小巧。池四周雕突起的雲龍紋。硯堂中間留有圓形受墨處，不細磨上蠟。硯背楷書硯銘：“瘦古而質潤，色綠而聲清。起墨益毫，故其寶也。”鐫“康熙”、“御銘”印。配絳紫色松花江石製嵌玻璃盒，邊框雕夔龍紋。

松花江石製硯始於康熙時期，以後諸朝均有藏品存世，有的硯面還留有硃砂墨痕，應是皇帝朱批所用。此硯以兩色松花江石製，極為考究，是御用珍品。

71

松花江石夔紋暖硯

清康熙
硯長14.3厘米　寬11.2厘米　高2.5厘米
盒長14.7厘米　寬11.5厘米　高5厘米

Songhua River inkstone (with warming function), with kui-dragon design

Kangxi period, Qing Dynasty
Inkstone
Length: 14.3cm　Width: 11.2cm　Height: 2.5cm
Box
Length: 14.7cm　Width: 11.5cm　Height: 5cm

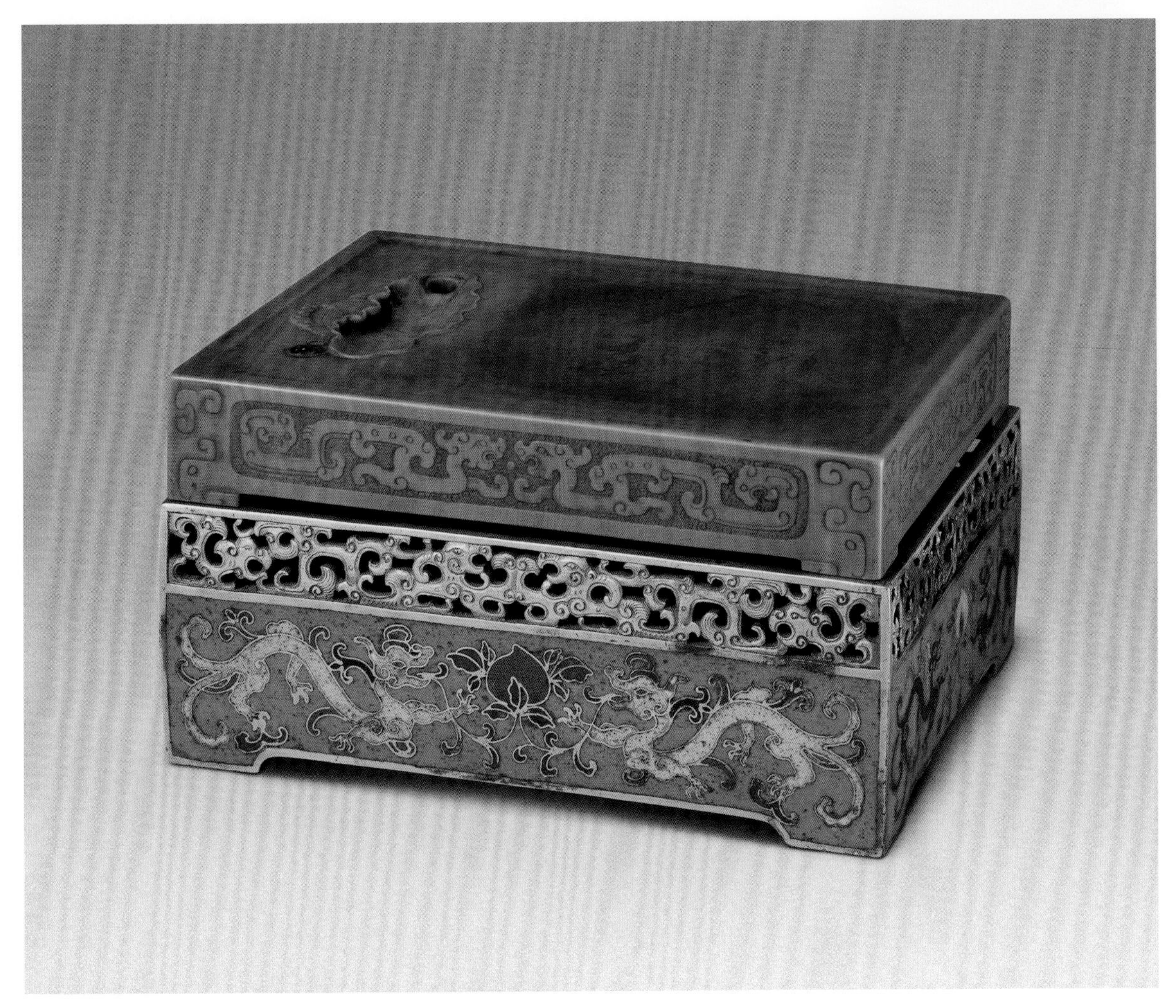

硯面平滑，上方雕荷葉形墨池，池邊有一孔通硯堂作貯水用。硯四側面各雕兩兩相對的夔紋。硯底有四獸面紋足。硯下置匣式銅胎掐絲琺瑯炭盒，上部鏨鏤空夔紋，下部藍色琺瑯釉地雙夔捧壽紋，盒底“康熙年製”印款。

硯石光潔，青綠色，微有羅紋，雕刻工緻，為康熙皇帝御用暖硯。

72

五彩瓷暖硯
清康熙
長14厘米　寬9厘米　高6厘米

Porcelain inkstone (with warming function) in five colors
Kangxi period, Qing Dynasty
Length: 14cm　Width: 9cm　Height: 6cm

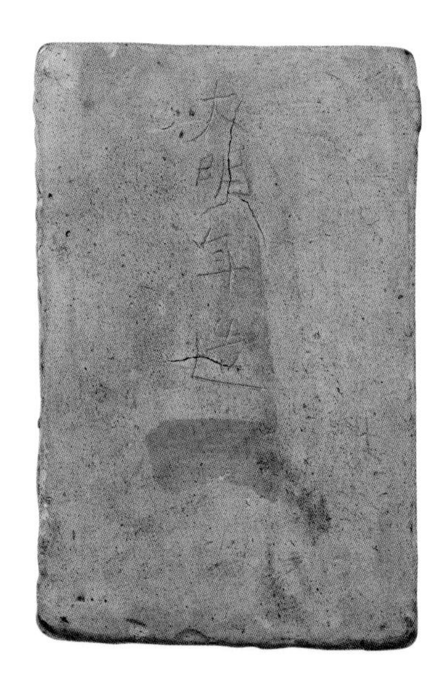

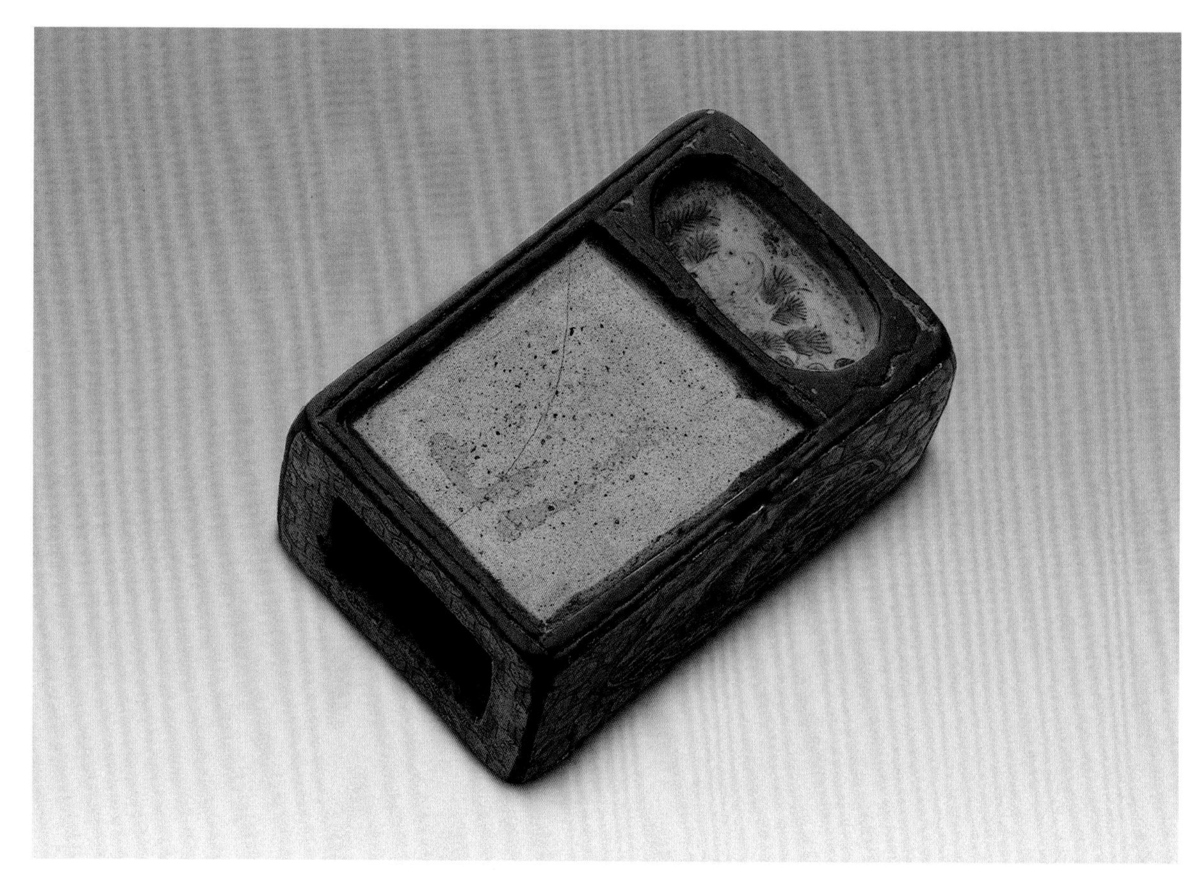

硯面開方形硯堂，橢圓形硯池，內飾海藻紋。硯側為花錦地上裝飾五彩海獸圖案，有紅綠黃紫褐各色相間，以綠色最為亮麗。硯腹中空，可置放炭火，炙熱為暖硯。硯背不施釉。

瓷硯在宋以前流行，明清時已少見。瓷器可耐高溫，為暖硯良材。

73

端石梅花硯
清早期
長20.7厘米　寬13.7厘米
高3.5厘米

Songhua River inkstone in plum blossom design
Early Qing Dynasty
Length: 20.7cm　Width: 13.7cm
Height: 3.5cm

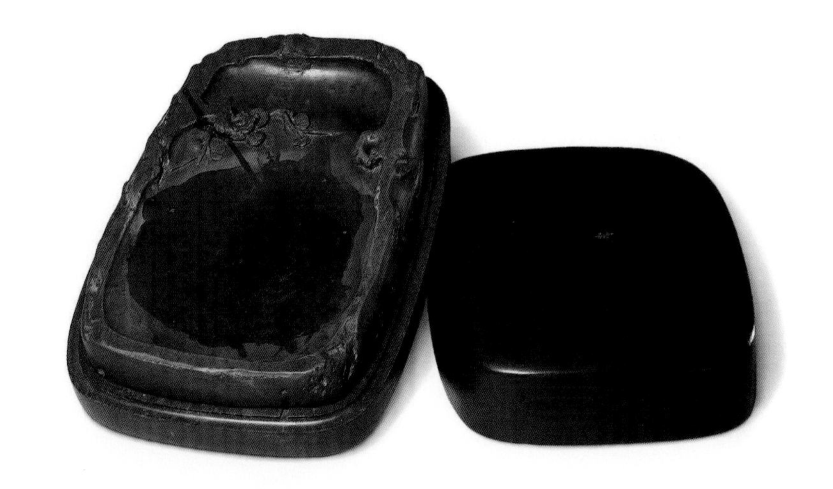

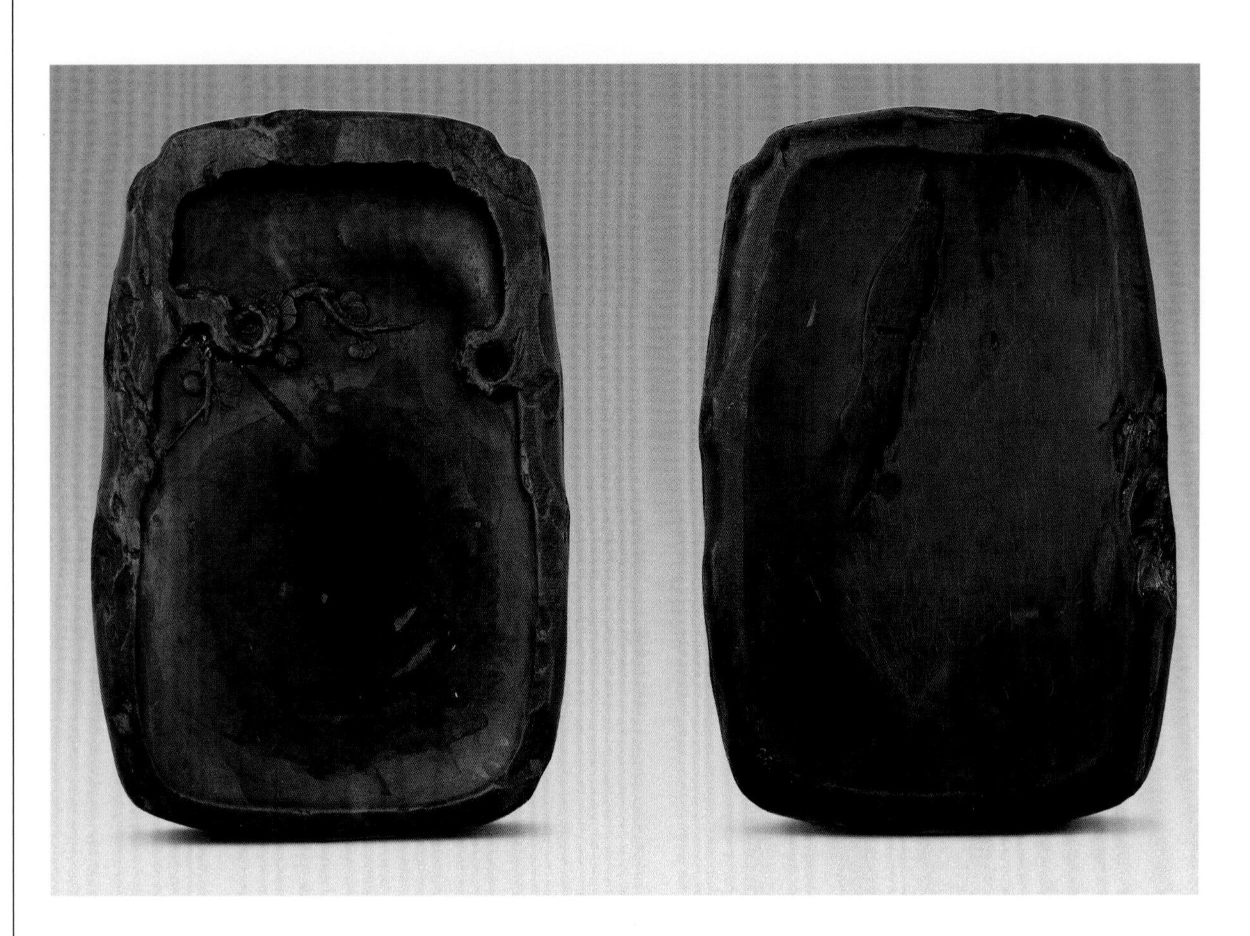

硯緣雕成梅花樹幹形，一新枝橫出，上結數朵梅花，將硯面隔出硯堂和墨池。硯背微凹成覆手。硯置漆盒中。

此硯造型古雅，線條簡練，以石材自然形態做梅樹老幹，顯得質樸、端莊。

74

端石龍石銘硯

清早期

長11.5厘米　寬9.8厘米

高2.3厘米

Duan inkstone with inscriptions by Long Shi

Early Qing Dynasty

Length: 11.5cm　Width: 9.8cm

Height: 2.3cm

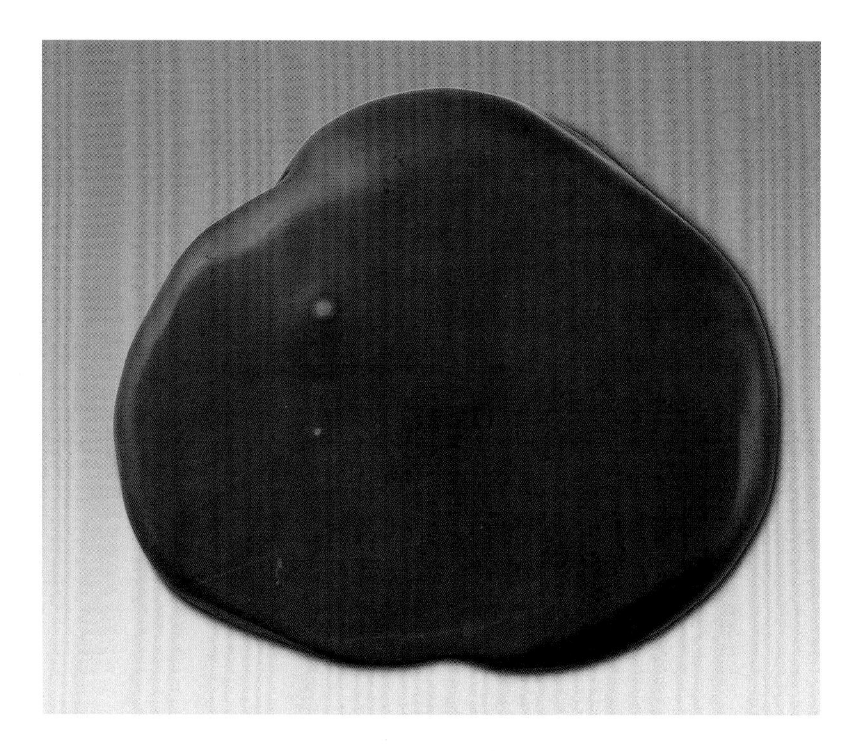

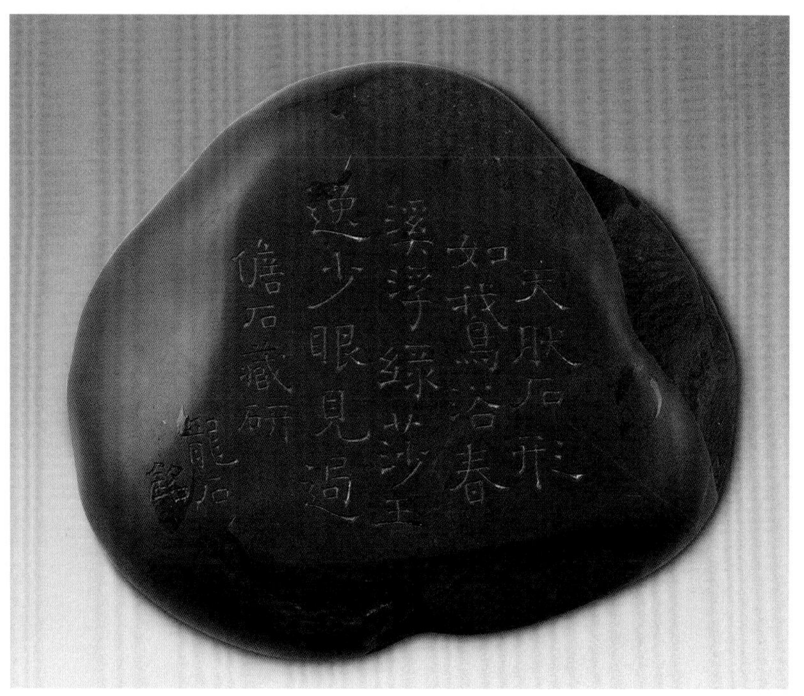

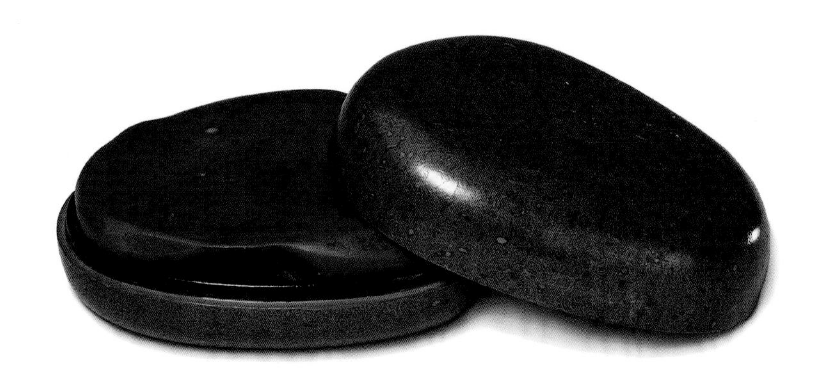

硯石天然隨形。硯面微凹成硯堂，上有一微突起的淺綠色石眼。硯背刻龍石楷書硯銘：“天然石，形如鵝，浴春溪，浮綠莎，王逸少，眼見過。儋石藏研，龍石銘”。硯置波斯漆盒中。

此硯石完全取其天然形制，石眼如點睛之筆，使之頗為神似鵝形。石呈黑紫色，有金線紋理。

75

歙石長方硯

清早期

長22.7厘米　寬15厘米　高3.2厘米

Rectangular She inkstone

Early Qing Dynasty

Length: 22.7cm　Width: 15cm　Height: 3.2cm

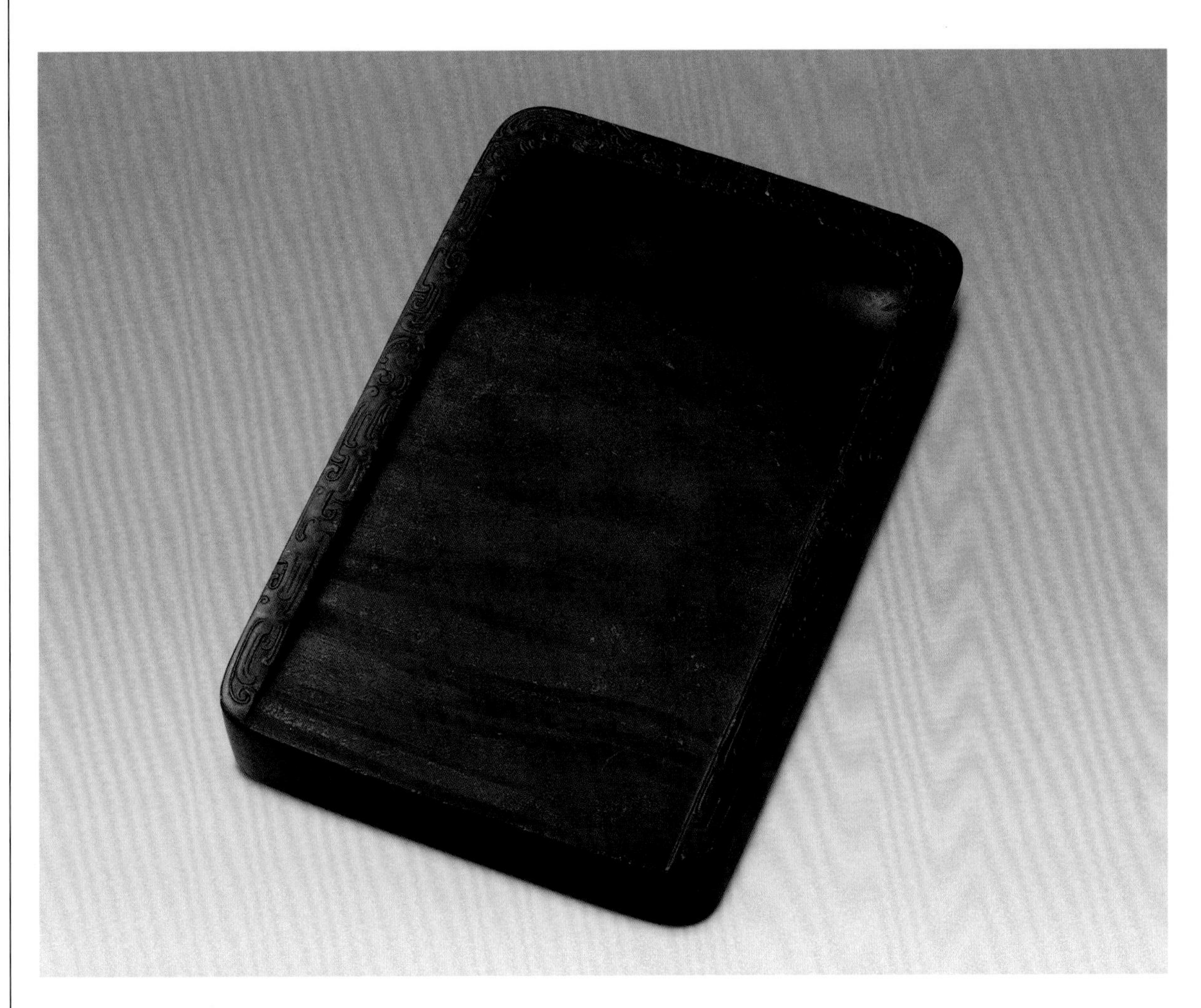

斜通式硯堂，一端為寬深墨池。硯緣周刻變體龍紋，間隔以壽字。硯背淺挖，四周起邊框。

此硯石呈青黑色，有水浪紋理。紋飾雕刻工整、簡練。

76

歙石螭池硯

清早期
長19.2厘米　寬12厘米　高3.5厘米
清宮舊藏

She inkstone with interlaced hydra design in the inkslab
Early Qing Dynasty
Length: 19.2cm　Width: 12cm　Height: 3.5cm
Qing Court collection

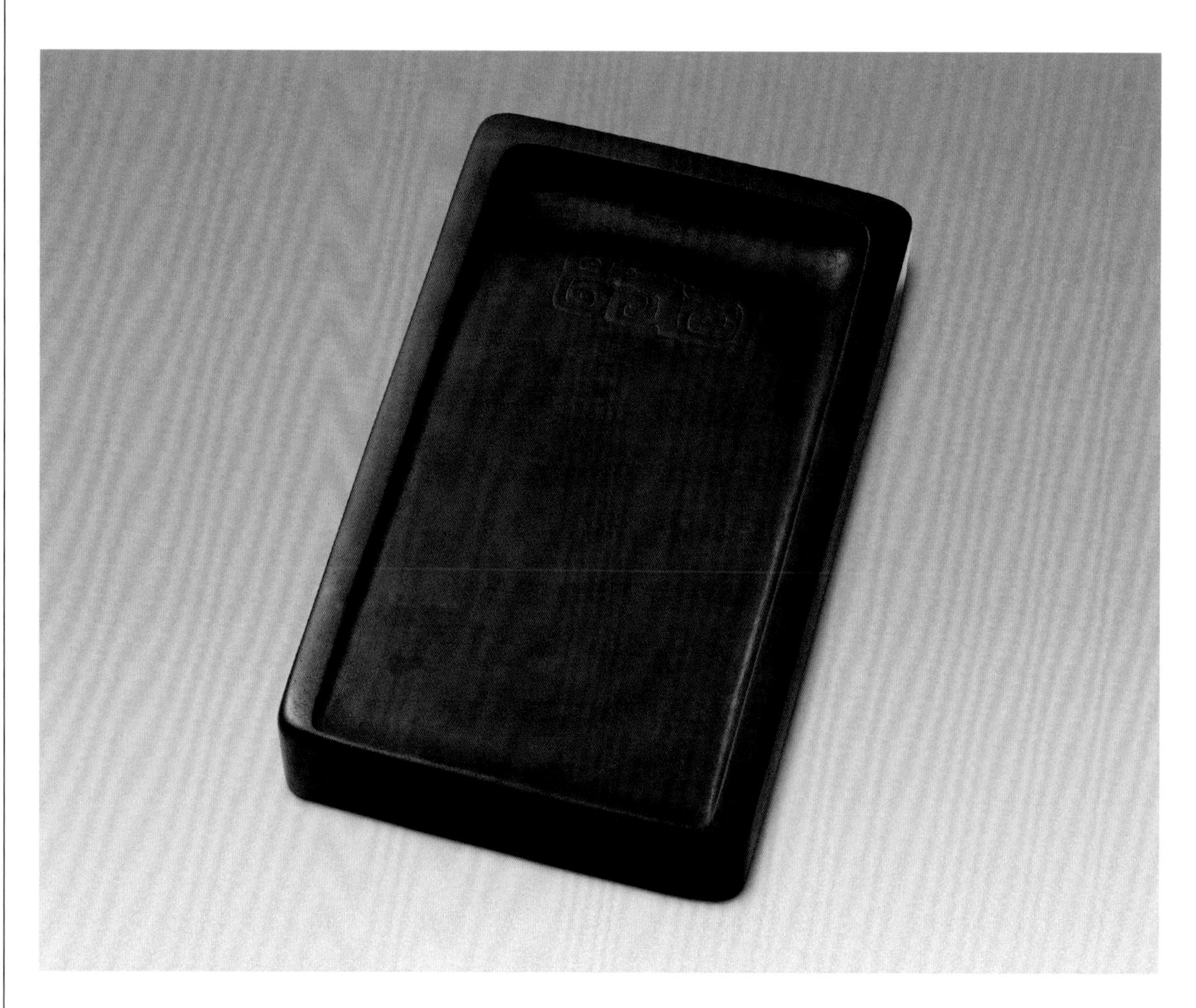

硯面開斜通式硯堂，一端深凹為墨池，池內浮雕螭紋。硯背開長方形覆手。

硯石呈青黑色，有眉子紋理。硯體、紋飾工整，為清早期宮廷製作。

77

松花江石如意紋硯

清雍正
長11.9厘米　寬8.2厘米　高1.3厘米
清宮舊藏

Songhua River inkstone with ruyi (an S-shaped wand or scepter, usually made of jade, symbolizing good fortune) patterns

Yongzheng period, Qing Dynasty
Length: 11.9cm　Width: 8.2cm
Height: 1.3cm
Qing Court collection

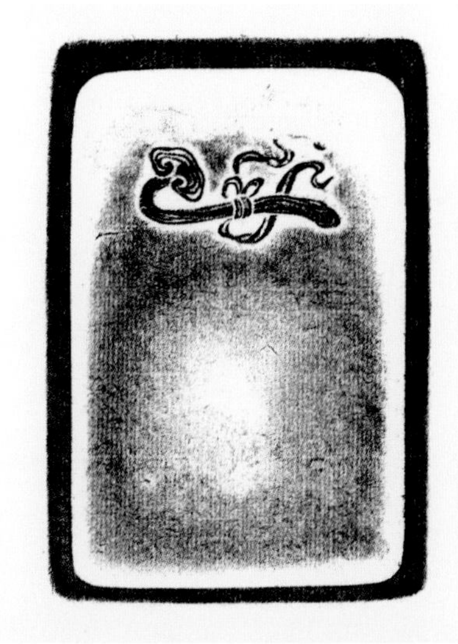

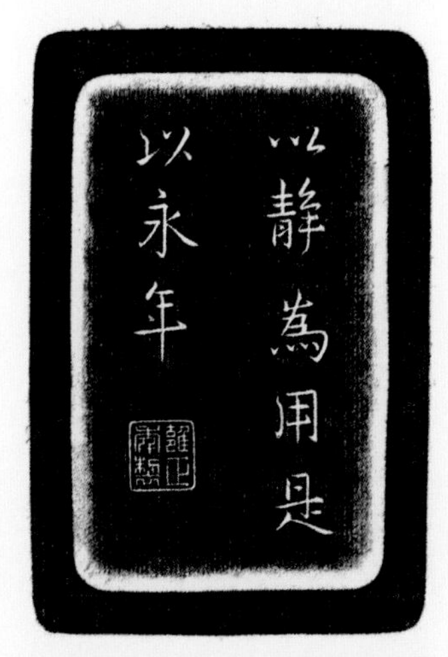

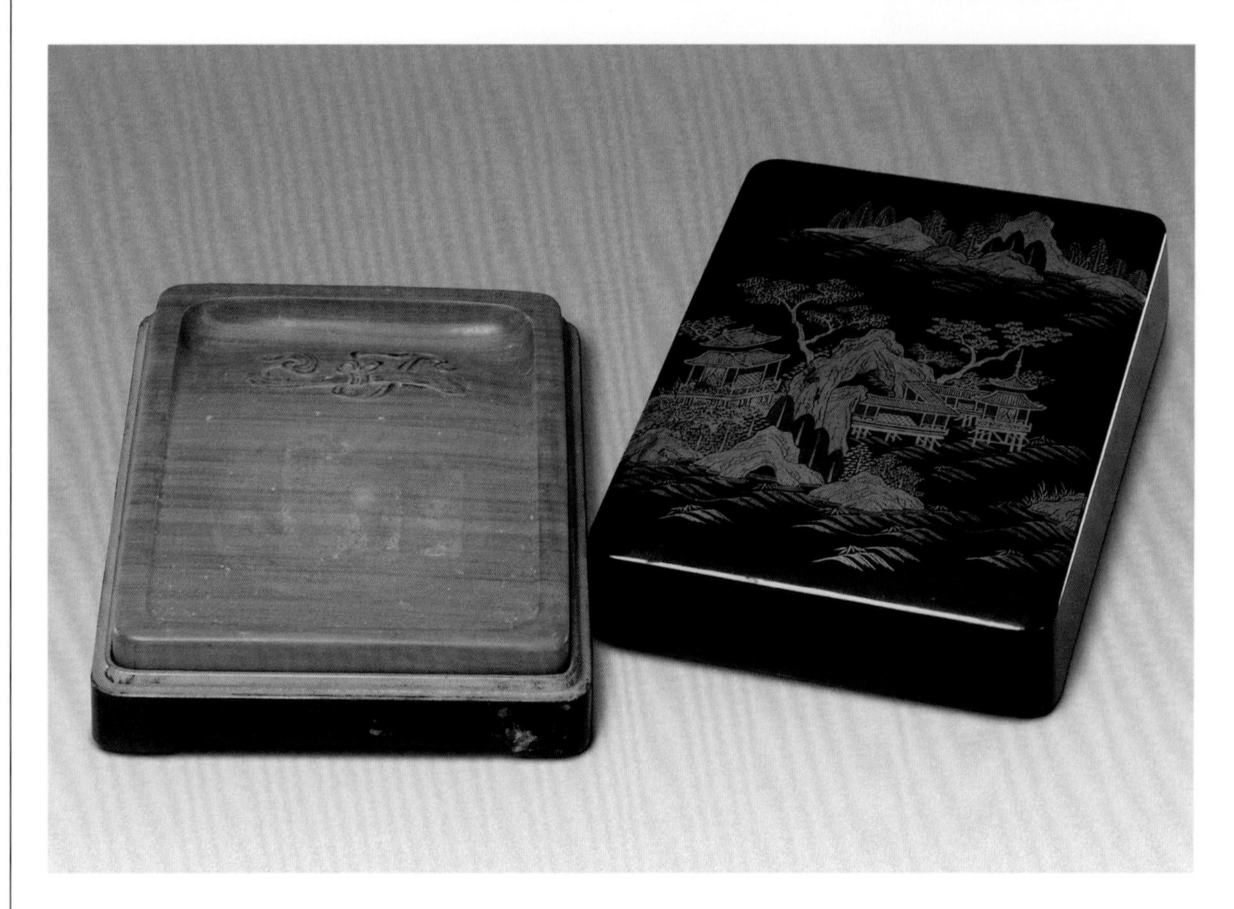

硯面開斜通式硯池，池內雕靈芝如意紋。硯面磨出圓形硯堂。硯背雍正楷書御銘："以靜為用，是以永年"，鐫"雍正年製"印。配黑漆描金山水紋盒。

此硯石肌紋理清晰，深淺相間。漆盒製作精美，紋飾為雍正時期特點，與淡雅的硯石相映，為宮廷造辦處所製佳品。

78

松花江石葫蘆式硯

清雍正

長13.7厘米　寬8.8厘米　高1.2厘米

清宮舊藏

Songhua River inkstone in the shape of gourd

Yongzheng period, Qing Dynasty

Length: 13.7cm　Width: 8.8cm　Height: 1.2cm

Qing Court collection

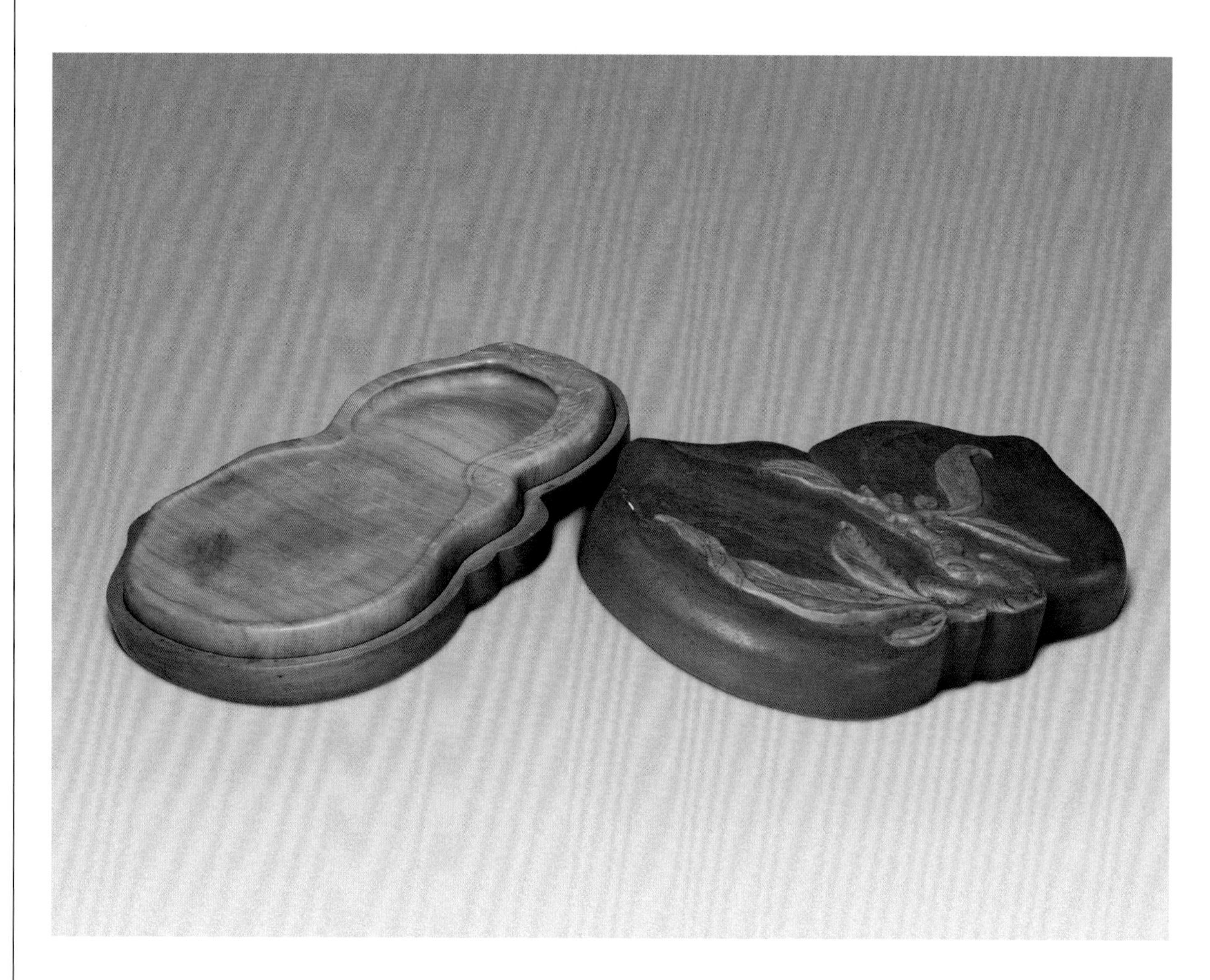

束腰葫蘆形，硯面開斜通式墨池，硯緣雕出枝蔓。硯背開覆手，陰刻篆書款："雍正年製"。以黃色松花江石雕成壽桃形硯盒，盒面巧色雕出枝葉。

此硯選材巧妙，造型、雕刻別致而生動。

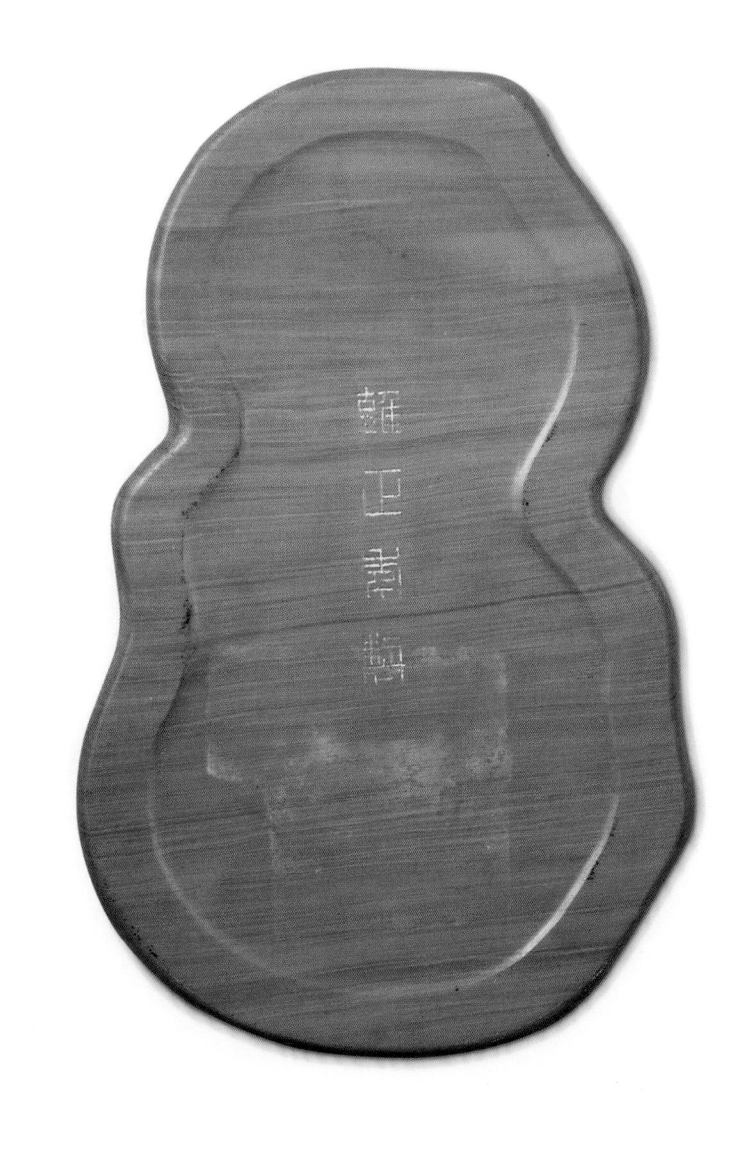
雍正年製

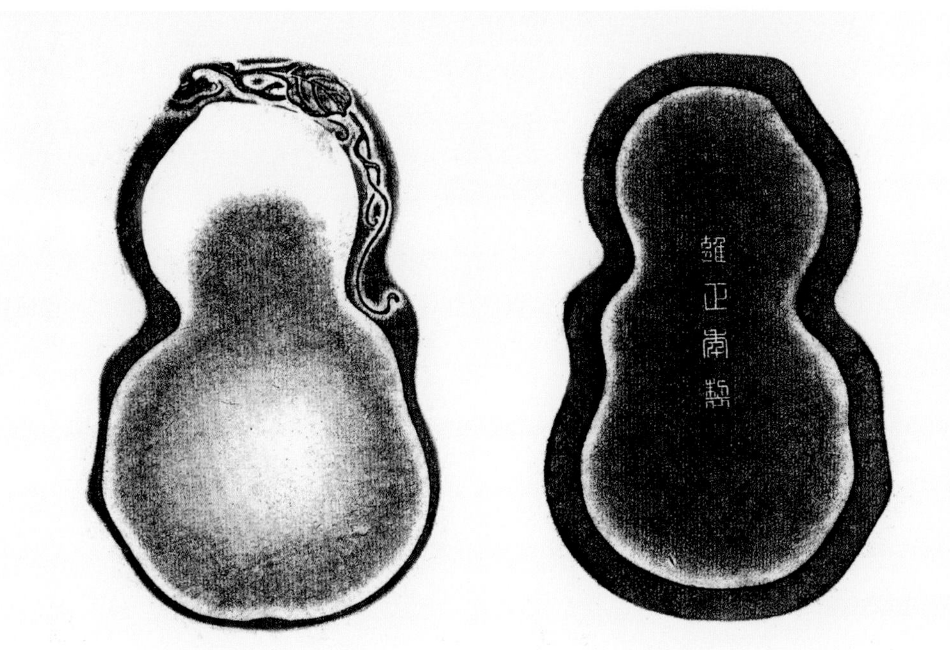
雍正年製

79

端石仿古銅四足硯

清乾隆

長11.2厘米　寬11.2厘米　高2.4厘米

清宮舊藏

Four-legged Duan inkstone in the style of ancient bronze ware

Qianlong period, Qing Dynasty

Length: 11.2cm　Width: 11.2cm　Height: 2.4cm

Qing Court collection

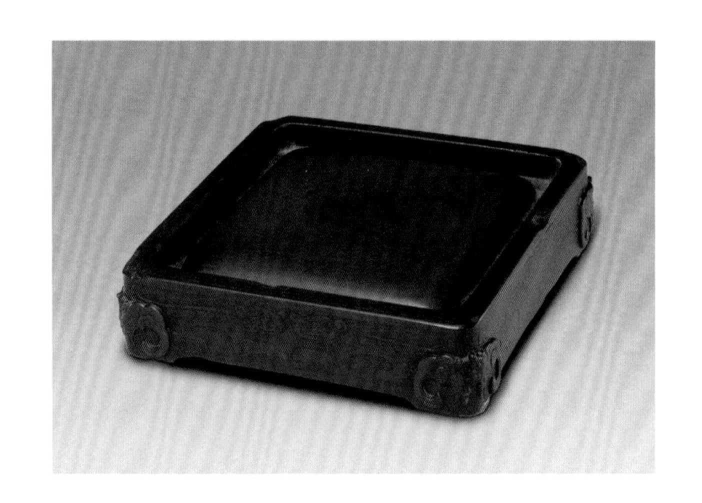

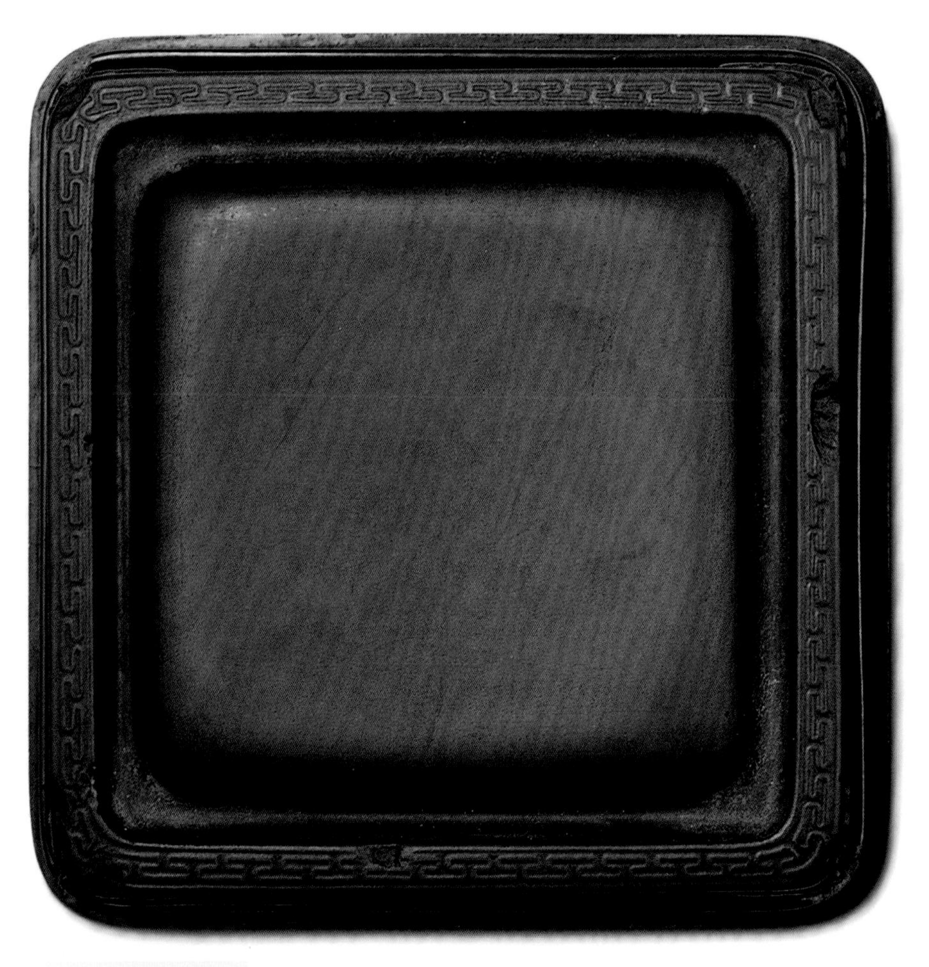

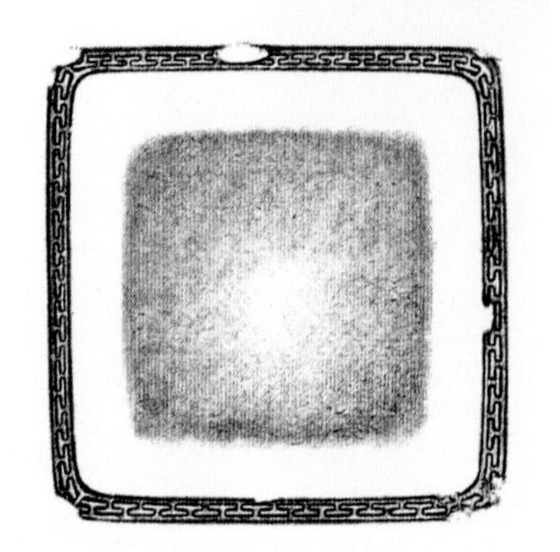

形制仿唐代石渠硯，硯面呈正方形，硯堂四周以溝渠環繞，是為石渠，用以貯墨。硯面起框，飾連續不斷的T形紋。硯四側面飾兩兩相對的夔紋。硯底四角各出一象首式矮足。附嵌玉黑漆盒。

此硯石色青紫，石質堅潤。造型、紋飾等仿古銅器。乾隆嗜古，作器多仿古造型，此硯即為典型作品。

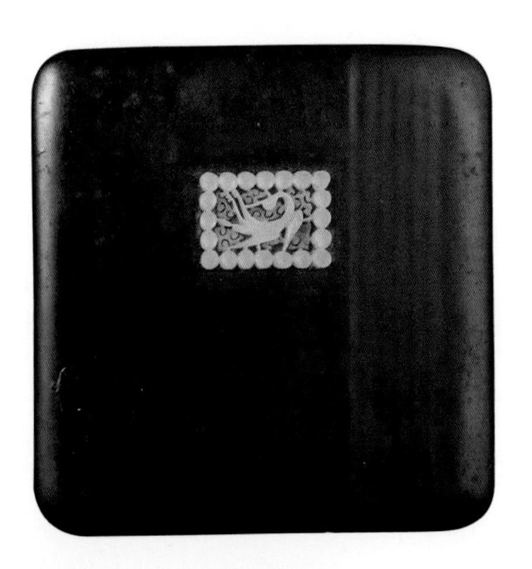

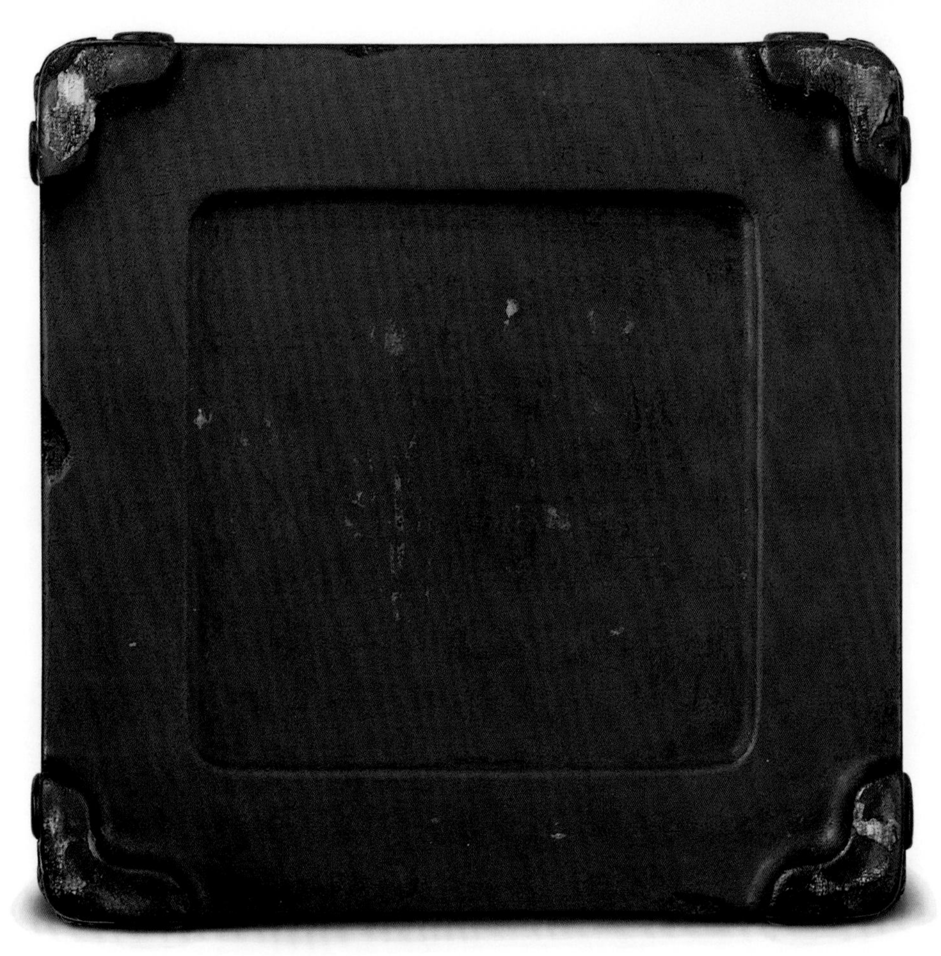

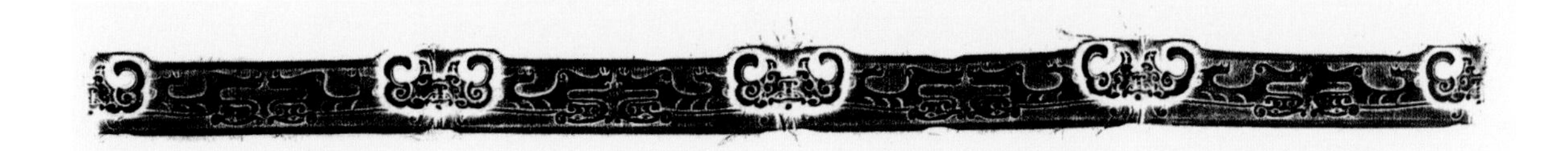

80

端石壽山福海硯

清乾隆
長22厘米　寬15厘米　高3厘米
清宮舊藏

Duan inkstone with patterns symbolizing hill of longevity and sea of fortune

Qianlong period, Qing Dynasty
Length: 22cm　Width: 15cm　Height: 3cm
Qing Court collection

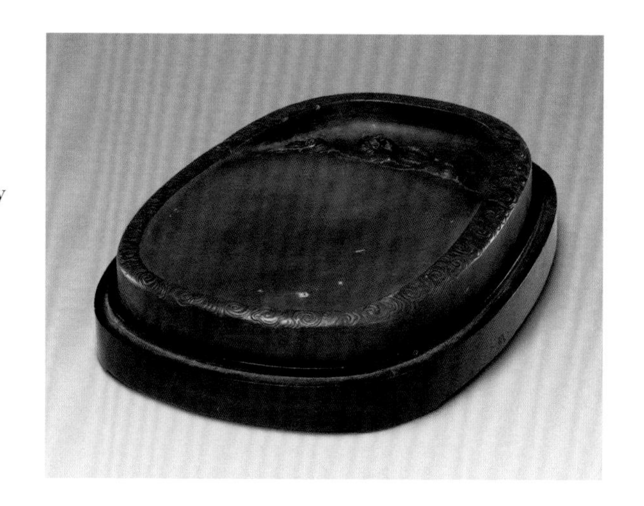

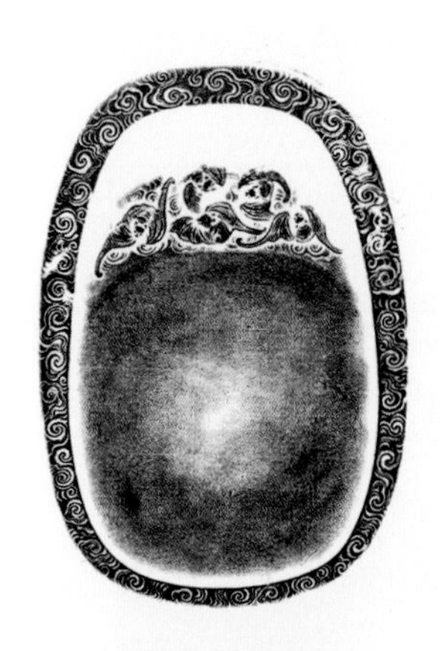

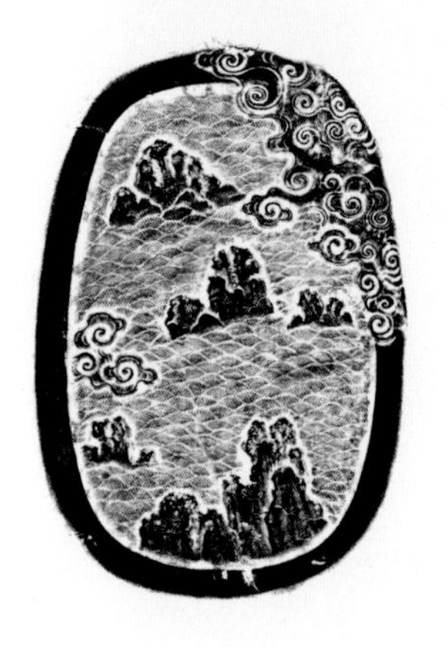

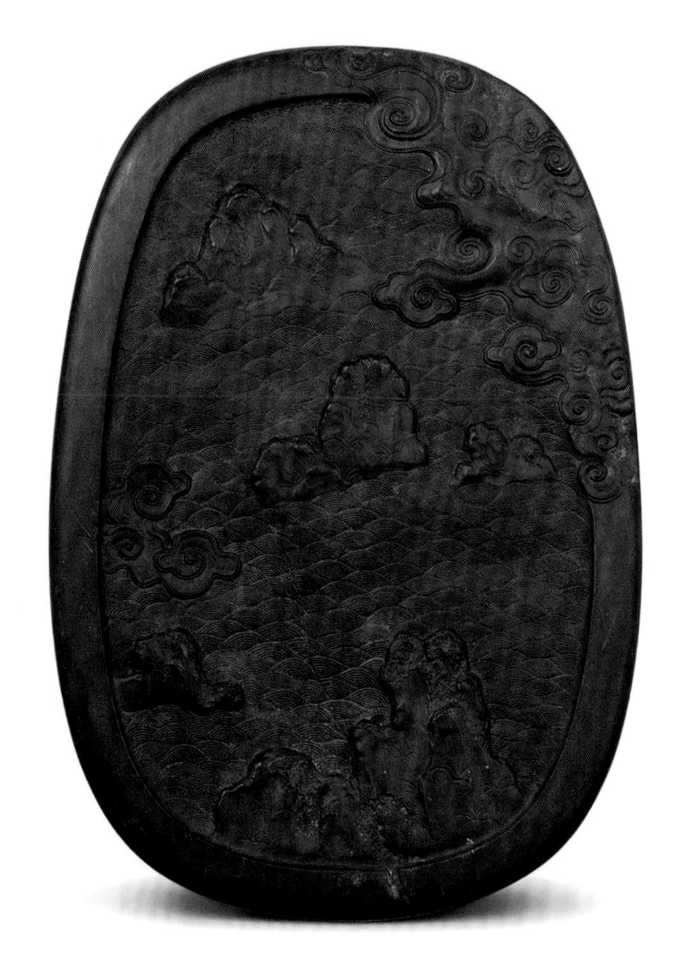

橢圓形。硯堂平寬，墨池深凹，池內雕五隻展翅飛翔的蝙蝠，寓意五福。硯緣飾一周雲紋。硯背開覆手，內雕刻海水仙山，緣邊雕雲紋，意寓壽山福海。配紫檀硯盒。

此硯石色黝而紫，石質細膩、堅潤，應為舊坑端石。雕工細膩、圓潤、精緻，為宮廷造辦處硯作所製。

81

端石案池硯

清乾隆

長15.3厘米　寬10.2厘米　高2.6厘米

Duan inkstone with design of a writing desk as the inkslab

Qianlong period, Qing Dynasty

Length: 15.3cm　Width: 10.2cm

Height: 2.6cm

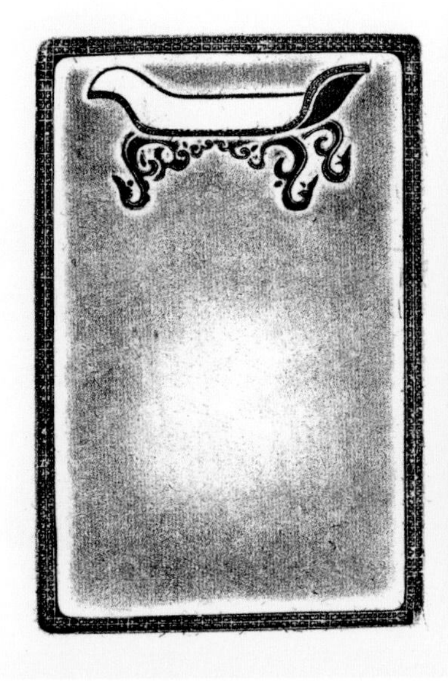

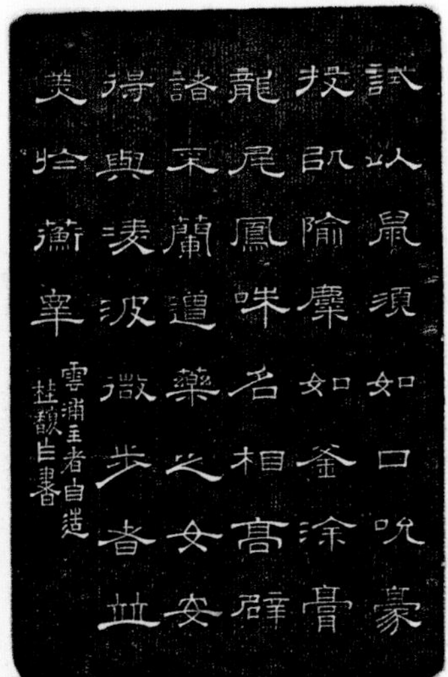

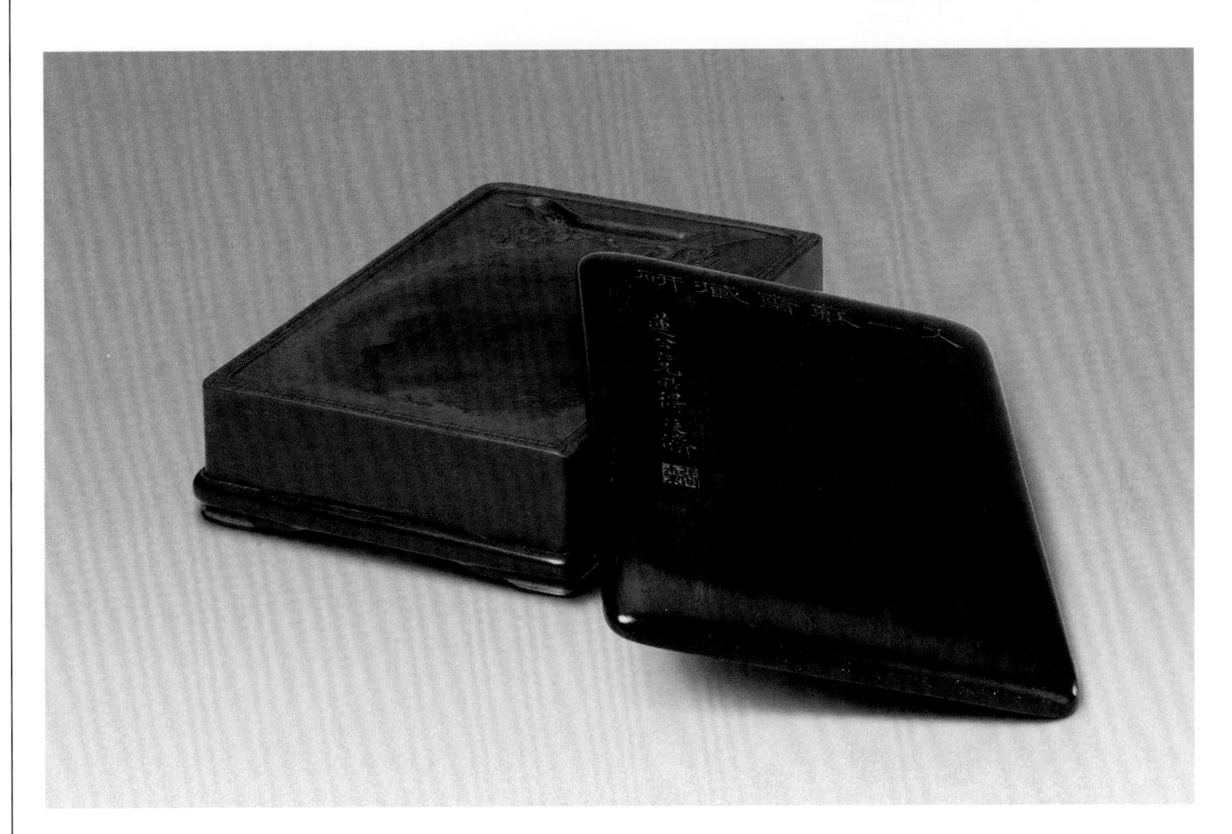

硯面浮雕書案紋，案面深凹作墨池。硯面邊框雕連續幾何紋。硯背鐫陰文隸體四言詩句：“試以鼠須，如口吮豪（毫），投以隃麋，如釜塗膏，龍尾鳳味，名相高辟，諸采蘭遭，藥之女（汝）安，得與淩波，微步者並，美於蘅皋。雲浦主者自造，桂馥作書”。附紫檀硯盒，蓋鐫陰文隸書：“又一蘇齋藏研。蓮公仁兄所得，廷濟”。

桂馥，字冬卉，號未谷，清山東曲阜人，乾隆進士，曾任雲南永平知縣，精文字訓詁學，工書。“又一蘇齋”是清代漢軍楊繼振的齋名。張廷濟，字叔未，嘉慶舉人，擅書法篆刻。

82

端石葫蘆池硯
清乾隆
長13.5厘米　寬10.5厘米　高1.4厘米
清宮舊藏

Duan inkstone with a gourd-shaped inkslab
Qianlong period, Qing Dynasty
Length: 13.5cm　Width: 10.5cm
Height: 1.4cm
Qing Court collection

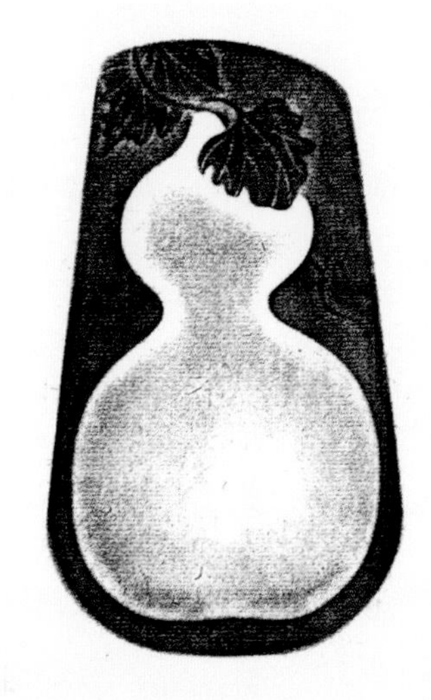

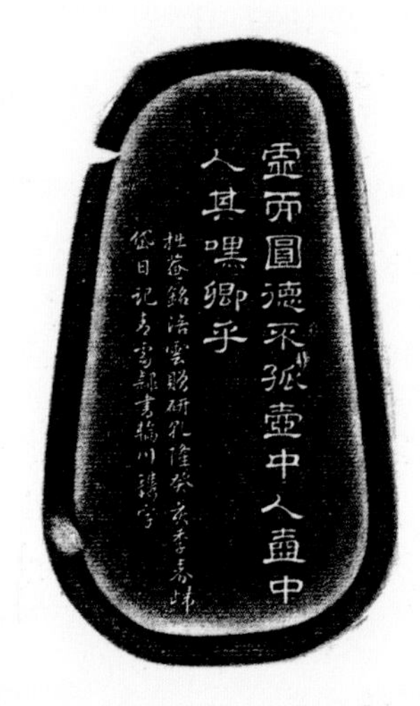

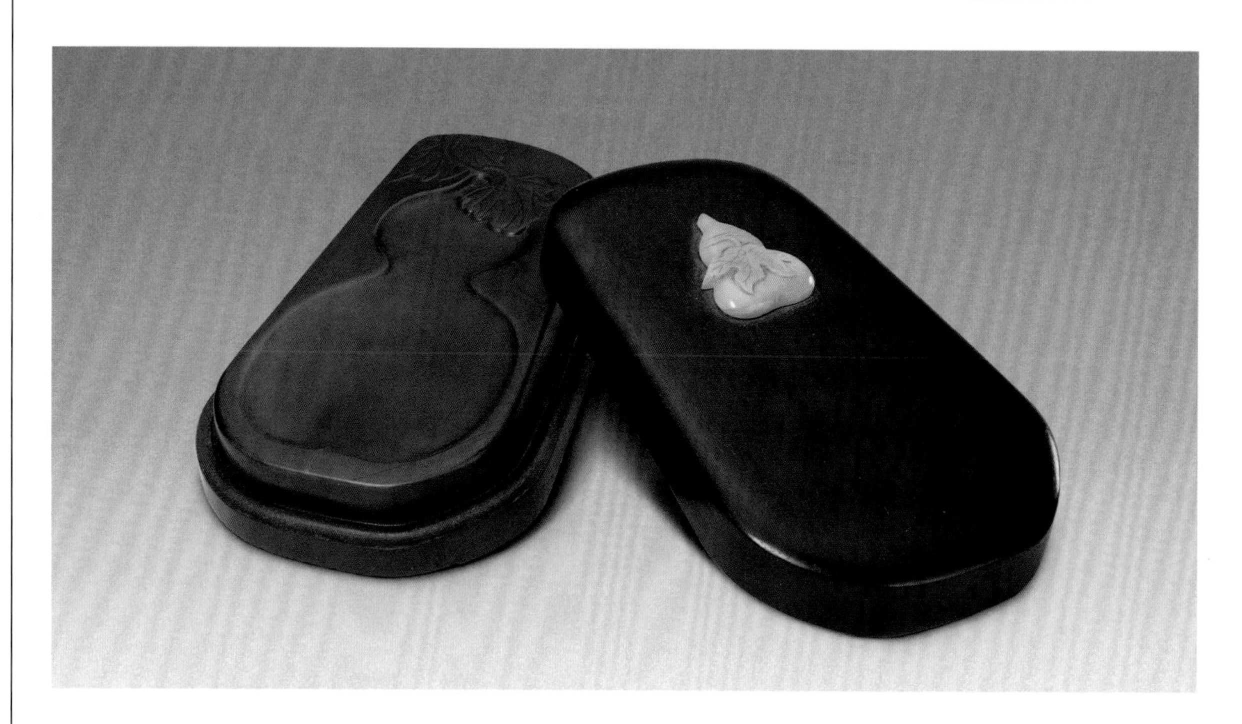

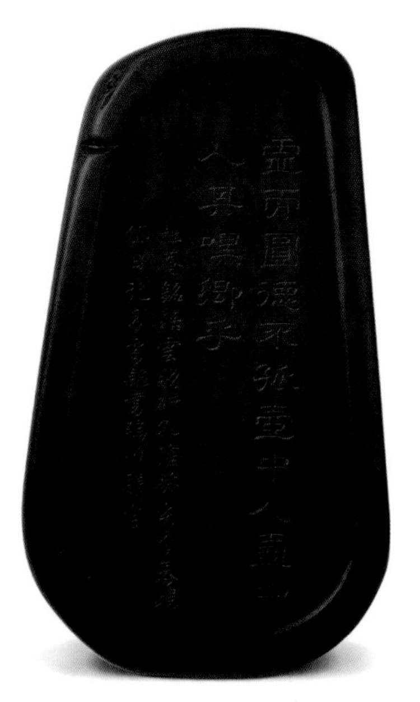

上窄下寬，因石構圖，硯堂雕成葫蘆形，硯端雕葉蔓自然垂落。硯背四周起邊框，陰刻隸書硯銘："虛而圓，德不孤。壺中人，壺中人，其嘿卿乎。拙菴銘涪雲贈研，乾隆癸亥（1743）季春歸岱日記青處隸書，輪川鐫字"。配紫檀嵌葫蘆形玉珮盒。

此硯硯池因石而成，雕刻頗為巧妙。

83

端石湛齋銘雲紋硯

清乾隆

長18.8厘米　寬13厘米　高2.4厘米

Duan inkstone with inscriptions by Zhan Zhai and cloud patterns

Qianlong period, Qing Dynasty

Length: 18.8cm　Width: 13cm

Height: 2.4cm

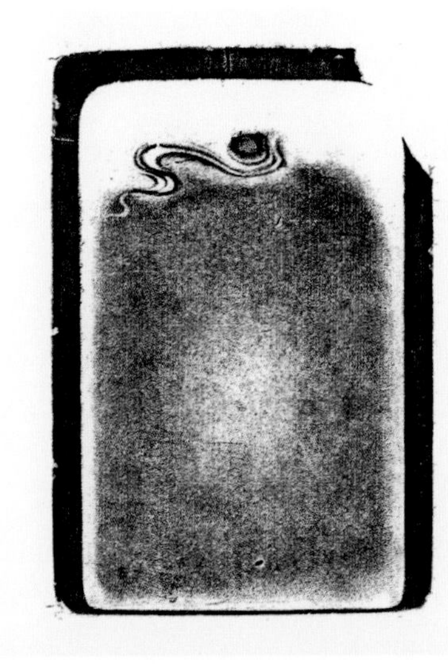

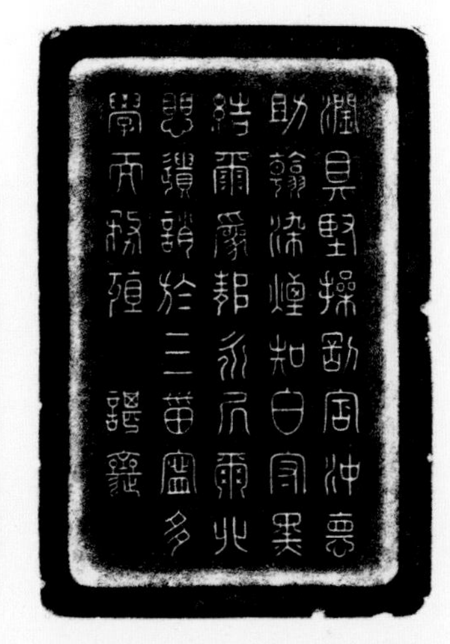

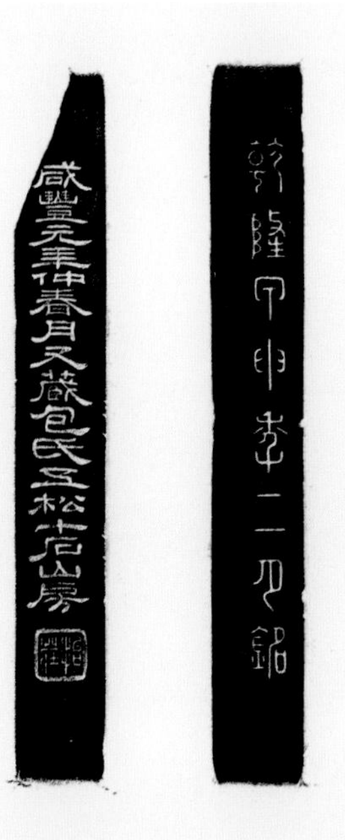

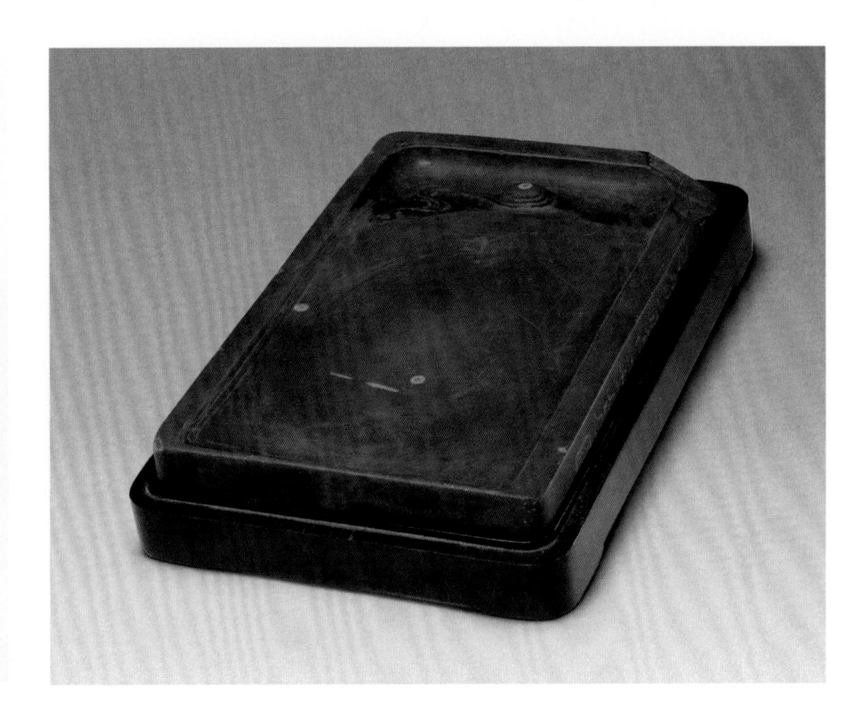

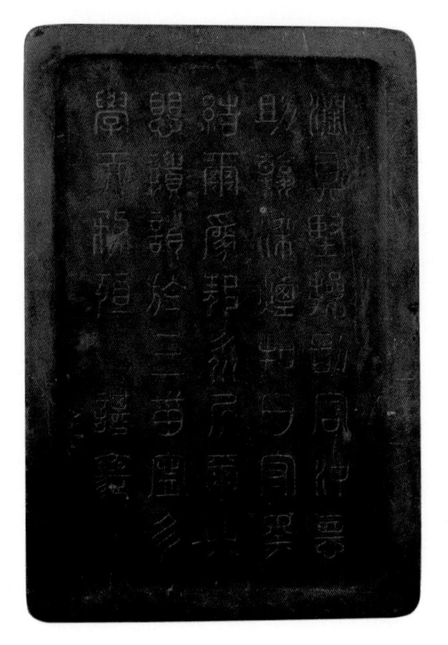

斜通式硯堂，墨池內突起一枚石眼，繞眼雕流雲一屢，巧出“月入雲中”意境。硯背覆手內陰文篆書銘：“潤具堅操，剛含沖德，助翰染煙，知白守黑，結爾為耜，永居爾北，思遺誚於，三苗寧多，學而務殖。諶齋”。硯左側篆書款：“乾隆甲申年（1764）二月銘”。硯右側隸書題識：“咸豐元年（1851）仲春月又藏，包氏五松十石山房”，鐫“怡莊”印。

84

端石張甄陶銘硯

清乾隆

長18.2厘米　寬12.2厘米　高2.5厘米

Duan inkstone with inscriptions by Zhang Zhengtao

Qianlong period, Qing Dynasty

Length: 18.2cm　Width: 12.2cm　Height: 2.5cm

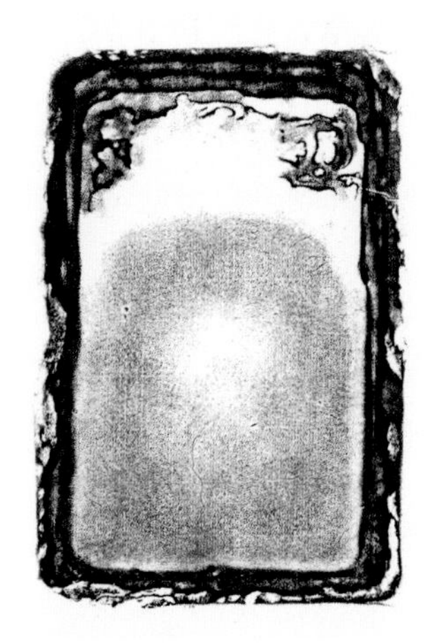

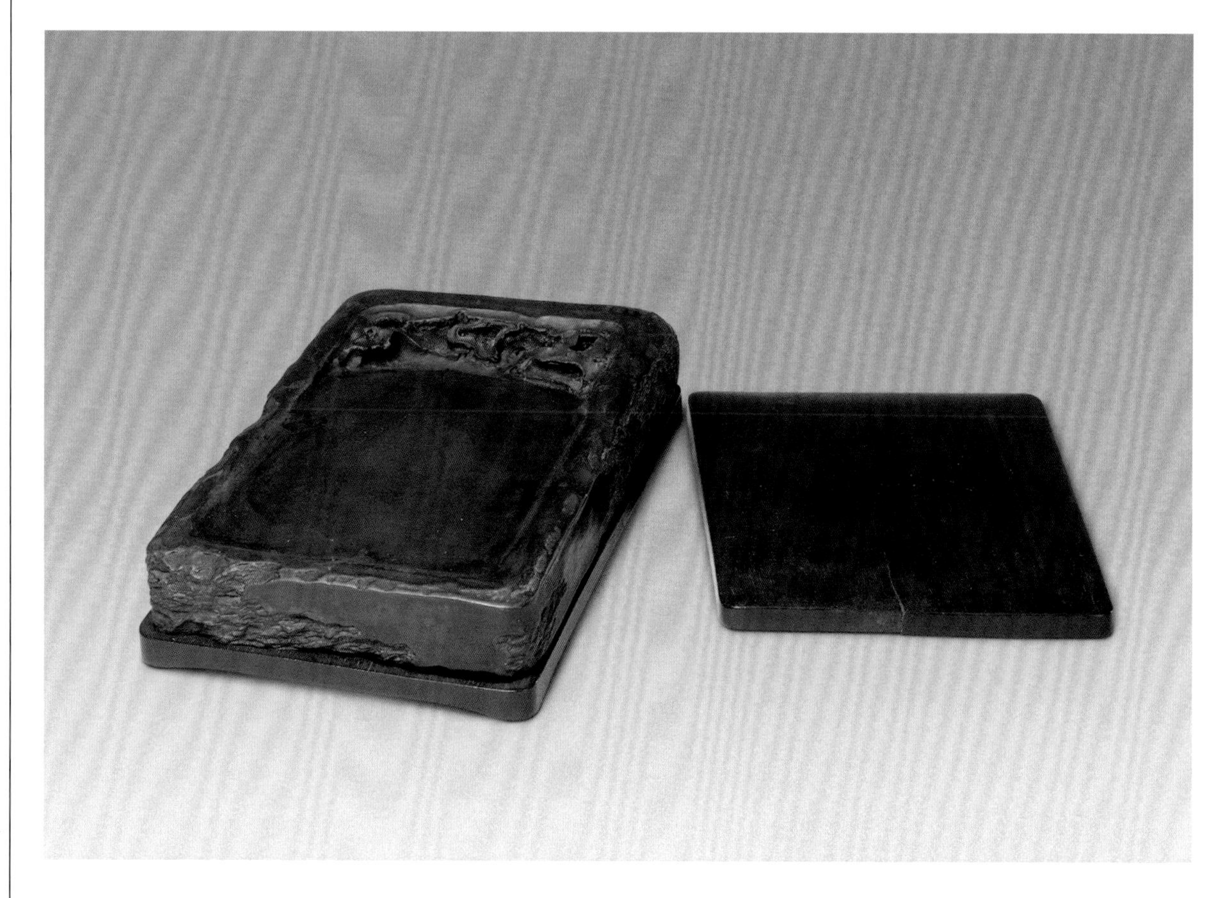

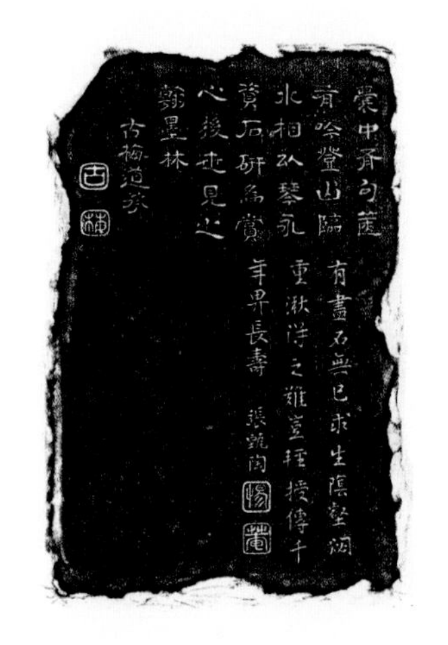

硯周邊僅稍加打磨，保留石料自然形態。硯面、硯背則精心磨平。硯面上部開墨池，池內為自然石蚌。硯背刻兩則硯銘，上為古梅道承隸書詩："囊中胥句篋有吟，登山臨水相以琴，永資石研為賞心，後世見之翰墨林。"鐫"古"、"梅"印。下為張甄陶楷書硯銘："有盡石，無以求。生陰壑，閟重湫。得之難，豈輕授。傳千年，畀長壽。"鐫"惕"、"菴"印。附紅木硯盒。

張甄陶，字希周，號惕菴，清乾隆間曾任廣東高要知縣，端石產其任地。此硯材質地甚為潤澤、潔淨，石色淡紫。雕工簡練，墨池以石蚌作裝飾，自然天成。

85

端石乾隆銘魚龍硯
清乾隆
長25.8厘米　寬19.3厘米　高7厘米
清宮舊藏

Duan inkstone with inscriptions by Emperor Qianlong and design of fish and dragon
Qianlong period, Qing Dynasty
Length: 25.8cm　Width: 19.3cm　Height: 7cm
Qing Court collection

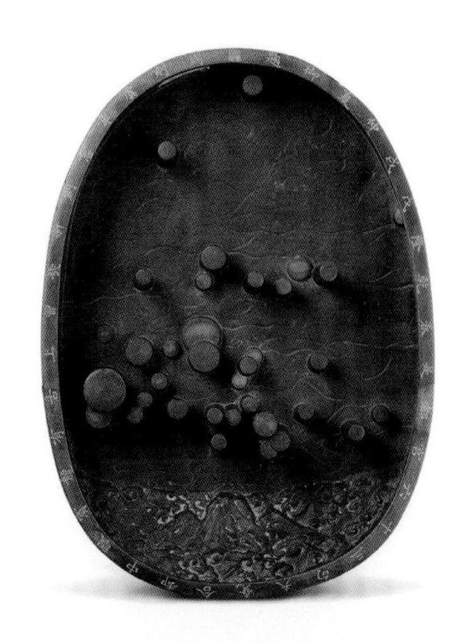

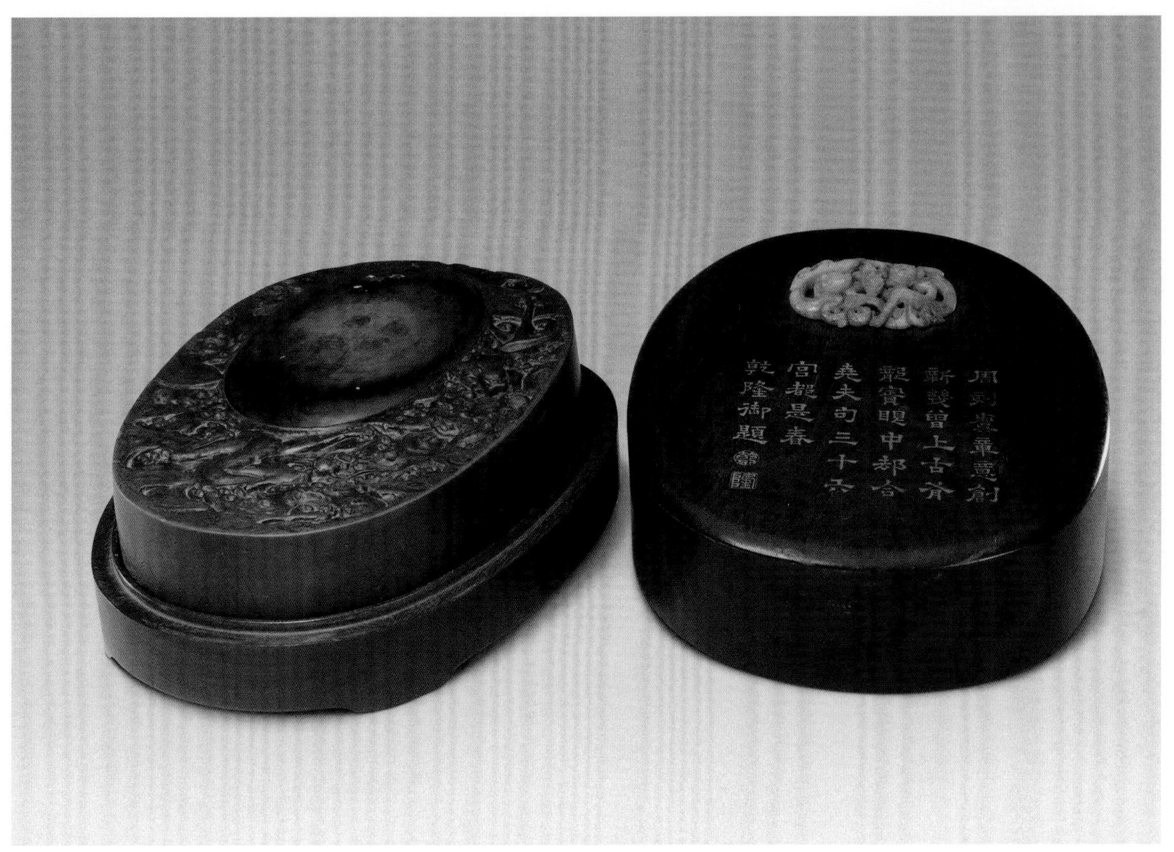

橢圓形。硯面中間微凹橢圓形硯堂、墨池，外環刻雲水魚龍紋，有一石眼作珠狀。硯側環刻十二章。硯背覆手內有高低錯落石眼柱36個，其中10個呈綠色，地襯雲海浴日圖。邊框陰文楷書乾隆御詩：“周刻虞章意創新，幾曾上古有龍賓，眼中卻合堯夫句，三十六宮都是春。乾隆戊戌（1778）仲夏御題。”鐫“朗潤”印。硯置嵌玉雙螭紋紫檀盒中。

硯石呈黑褐色，有蕉葉白紋理，周身墨銹，雕刻工緻，為乾隆御用品。

86

歙石乾隆御用硯
清乾隆
長10.8厘米　寬7.2厘米　高3厘米
清宮舊藏

She inkstone for the imperial use of Emperor Qianlong
Qianlong period, Qing Dynasty
Length: 10.8cm　Width: 7.2cm
Height: 3cm
Qing Court collection

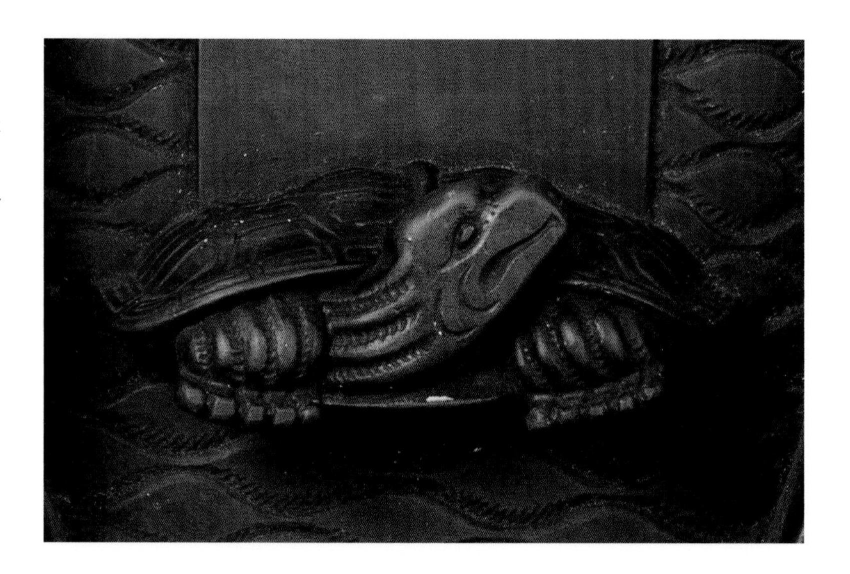

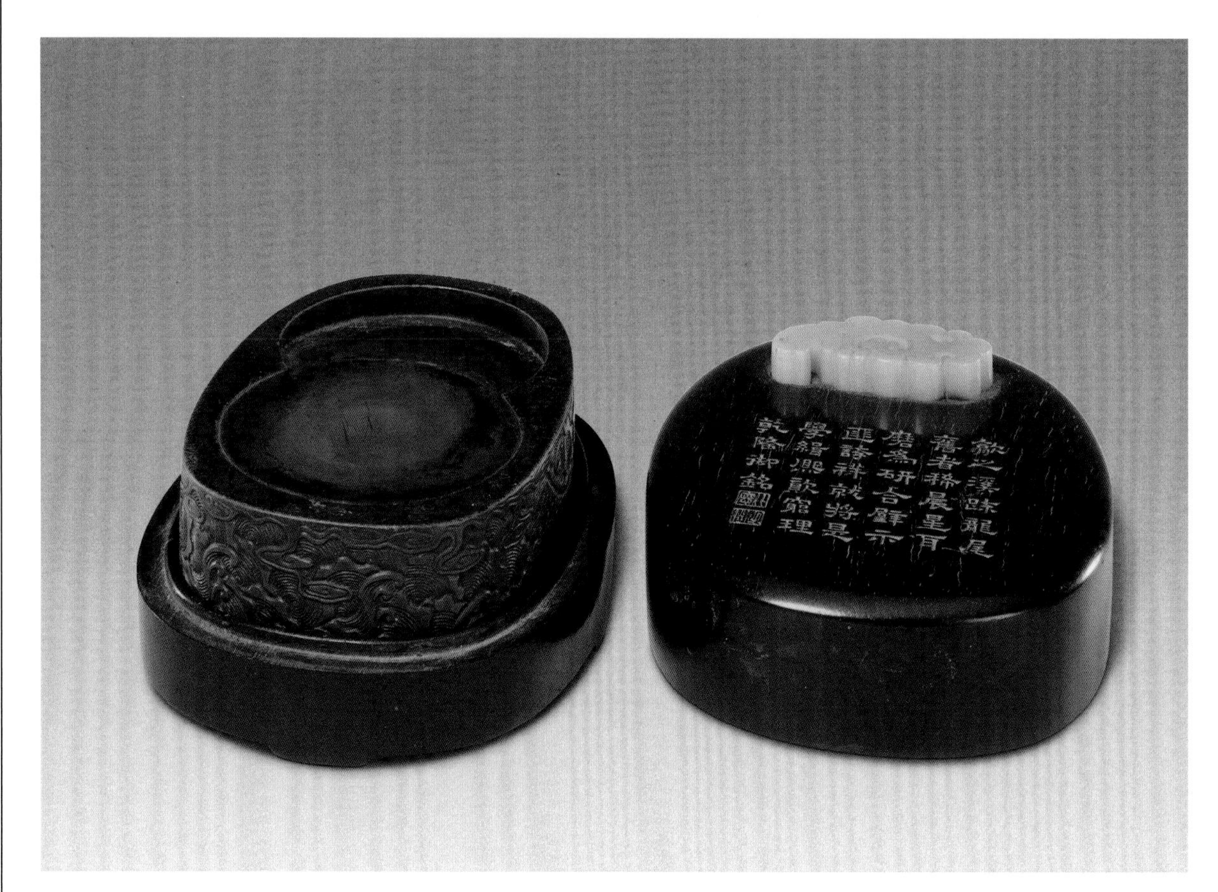

腰圓形，硯堂、墨池為兩圓相交，成日月合璧。硯面緣邊刻雲紋。硯側一周刻二龍戲珠紋。硯背開覆手，內雕水波紋襯地龜負碑紋，碑上陰刻隸書：“乾隆御用”。邊框上乾隆楷書御題硯銘，鐫“比德”印。配紫檀木盒，蓋嵌玉珮，刻乾隆隸書御銘。

此硯雕刻繁複，裝飾精美，具有濃郁的宮廷色彩，是乾隆御用硯中佳品。

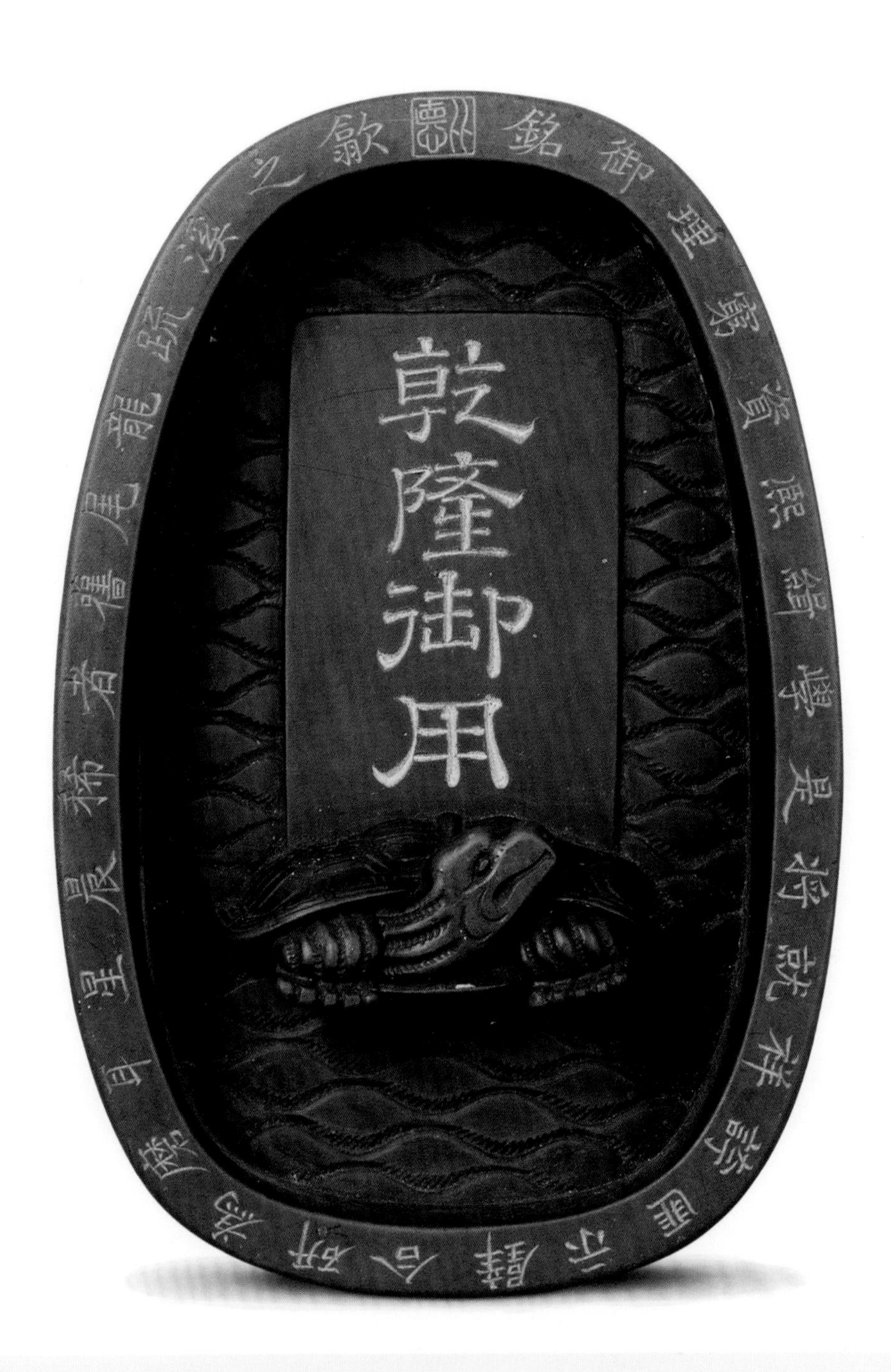
乾隆御用

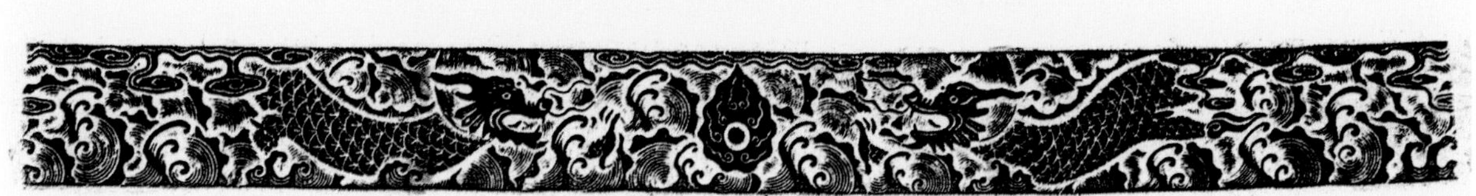

87

端石乾隆御題抄手硯

清乾隆
長14.5厘米　寬8.5厘米　高3.1厘米
清宮舊藏

Chaoshou Duan inkstone with a poem written by Emperor Qianlong

Qianlong period, Qing Dynasty
Length: 14.5cm　Width: 8.5cm　Height: 3.1cm
Qing Court collection

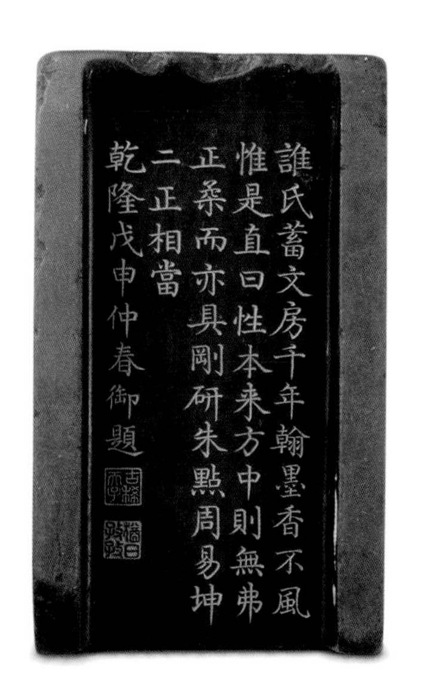

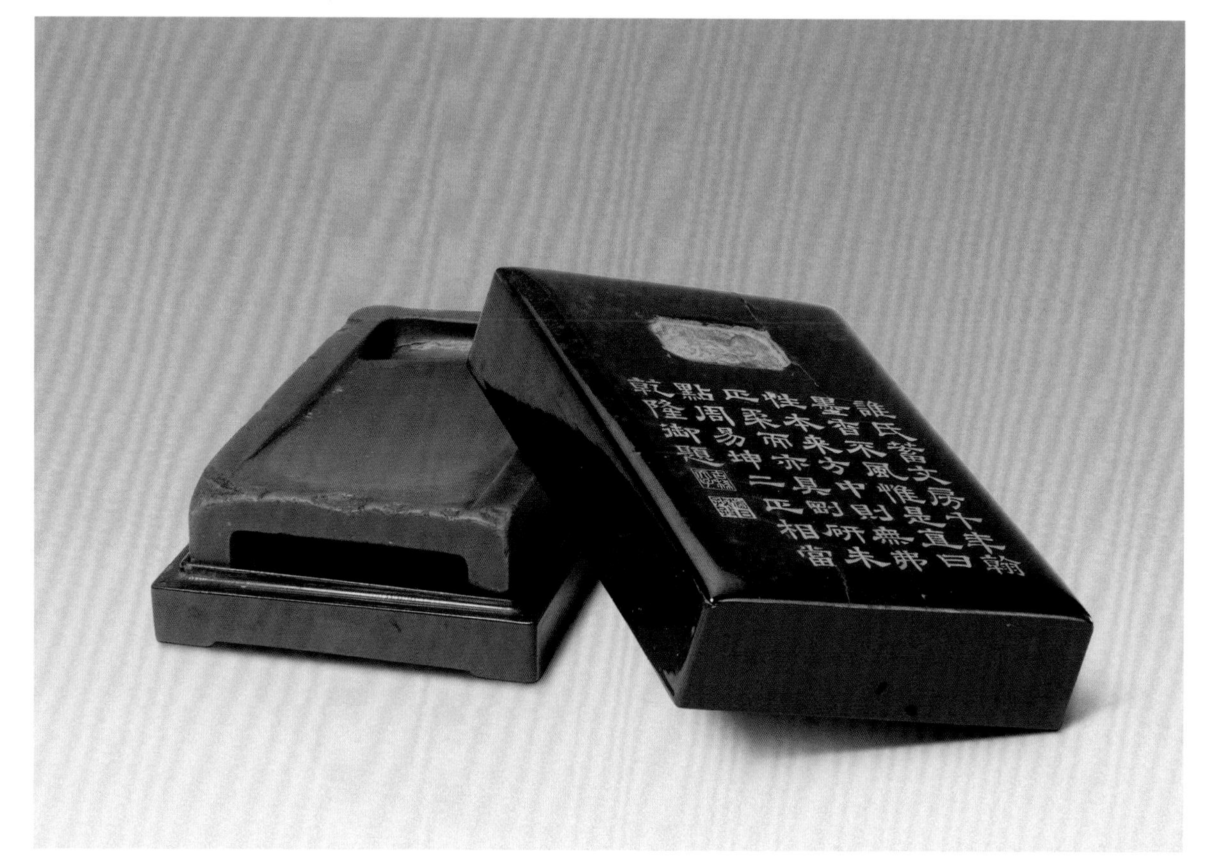

長方形抄手式。硯面開斜通式硯堂，一端深凹成墨池。硯背抄手成曲弧形斜坡，內刻陰文楷書乾隆御詩："誰氏蓄文房，千年翰墨香。不風惟是直，曰性本來方。中則無弗正，柔而亦具剛。研朱點周易，坤二正相當。乾隆戊申（1788）仲春御題"，鐫"古稀天子"、"猶日孜孜"印。附嵌玉黑漆盒，玉已脱失。蓋面陰文填金隸書詩，詩文同硯背。

此硯石質地潤澤、細膩，色紫若肝。造型厚重，形制規整。硯堂研磨痕跡較重，為乾隆御用硯。

88

歙石荷葉式硯
清乾隆
長14.8厘米　寬12.8厘米　高2.7厘米
清宮舊藏

She inkstone in the shape of lotus leaf
Qianlong period, Qing Dynasty
Length: 14.8cm　Width: 12.8cm　Height: 2.7cm
Qing Court collection

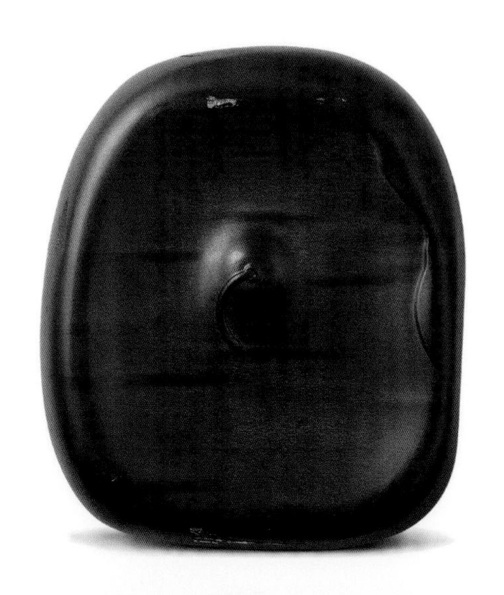

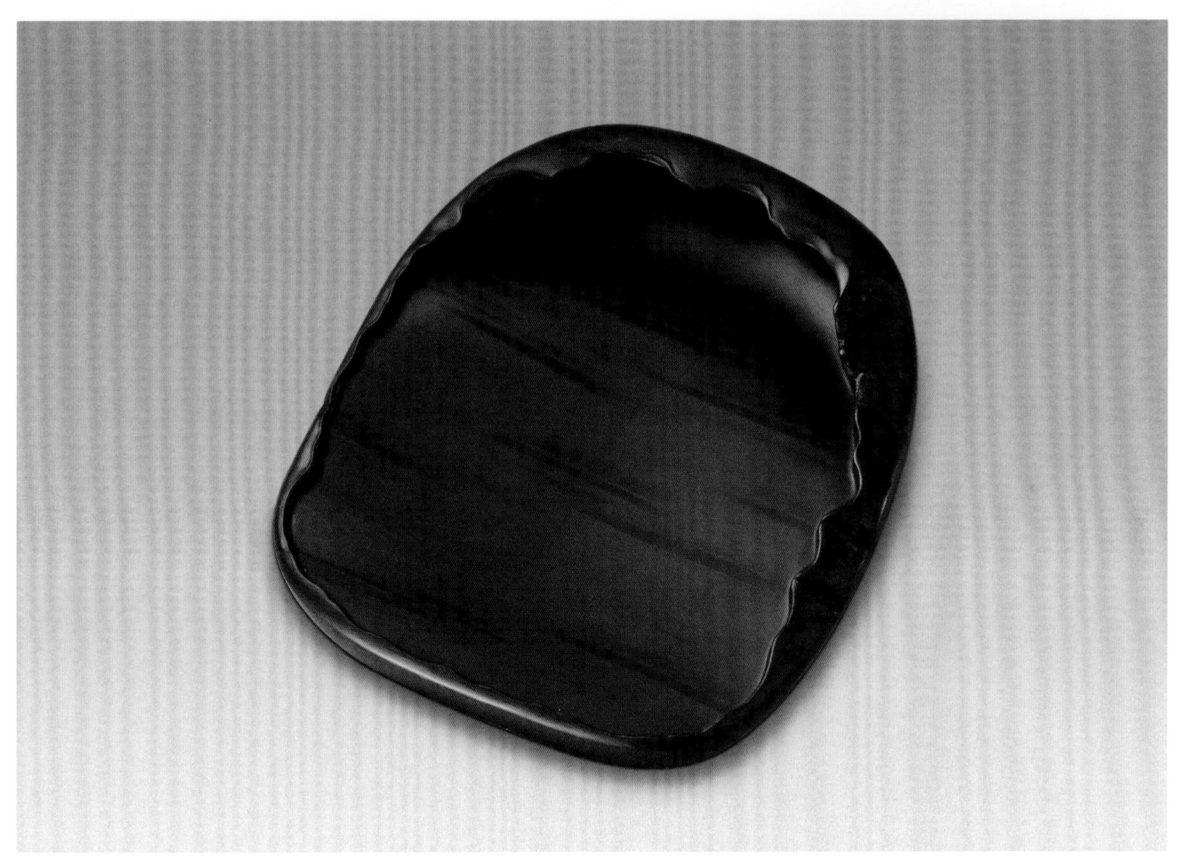

橢圓形，硯周略加雕琢，使硯呈仰面捲邊荷葉形，硯面荷葉內捲，下掩深凹的水池，硯背微凹，中間雕出葉蒂。

此硯石黝黑中微呈青碧色，堅勁瑩潤，紋理勻淨、縝密，隱現暗細牛毛紋、古犀羅紋，尤為精絕的是有十對眉子紋，橫而不曲，兩端略細，成雙成對，悅目怡神。造型設計精巧，線條流暢，刀法洗煉，自然渾妙，為歙石硯中珍品。

89

歙石各式套硯
清乾隆
盒長43厘米　寬43.5厘米　高4.5厘米　六方
清宮舊藏

A set of six She inkstones in different style
Qianlong period, Qing Dynasty
Box Length: 43cm　Width: 43.5cm
Height: 4.5cm
Qing Court collection

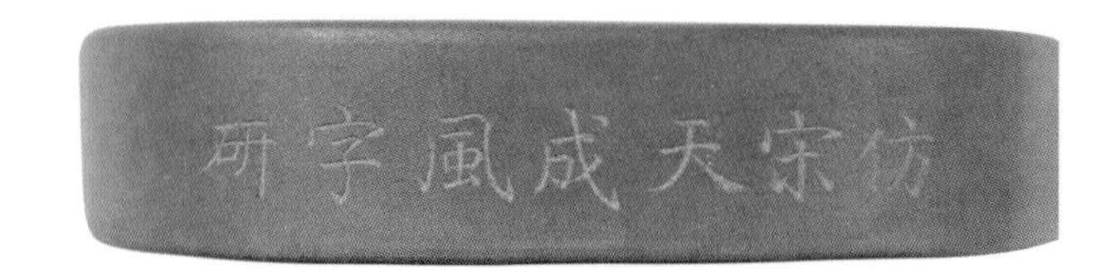

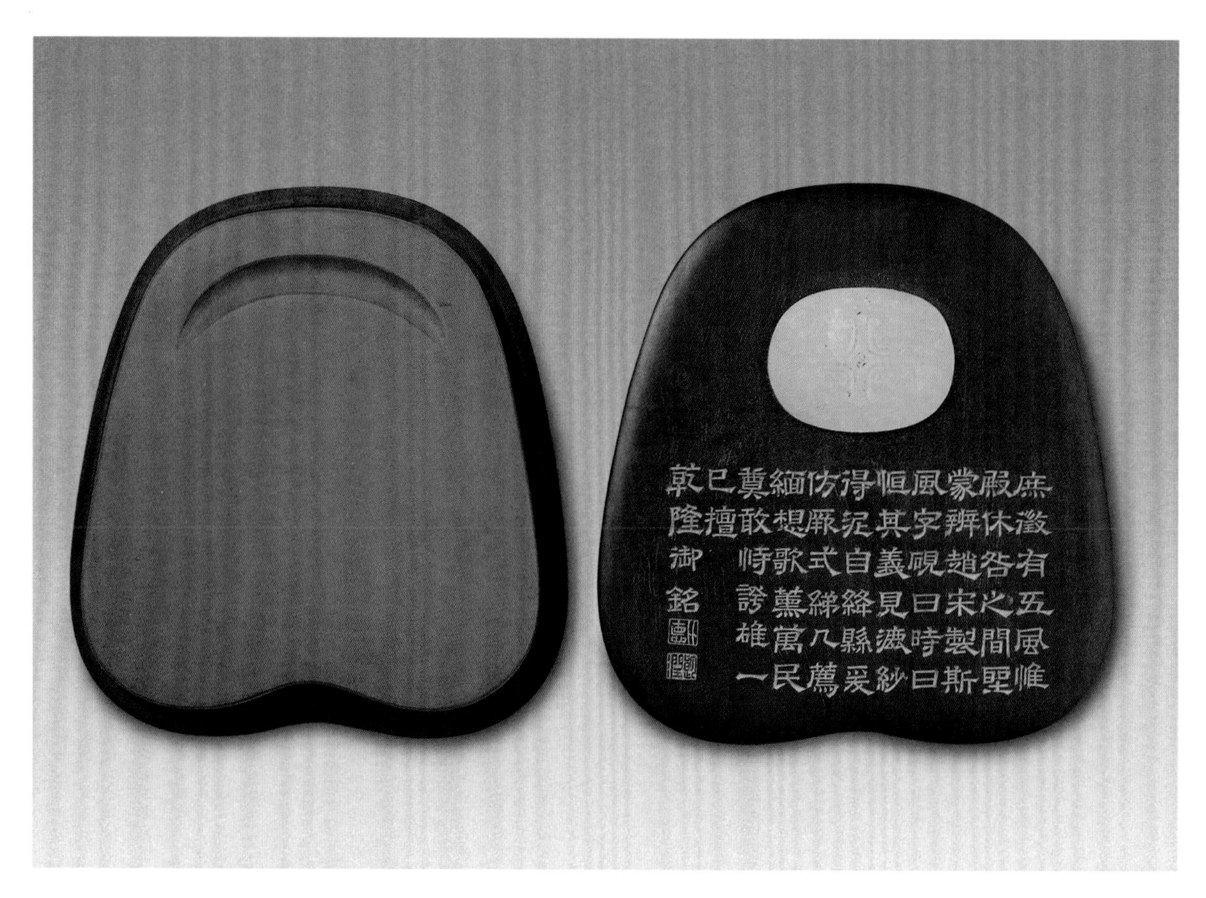

此套硯共六方，為清宮內務府硯作以歙石仿製的歷代名硯，配紫檀木盒。硯石、硯盒有乾隆御銘、鐫印。

1．仿宋天成風字硯
長12.4厘米　寬12厘米　高2厘米
風字形，下邊微凹。硯面開偃月形墨池，硯堂平坦。硯背鐫刻乾隆御銘。硯側刻硯名："仿宋天成風字硯"。硯石含羅紋。

2．仿漢未央磚瓦海天初月硯
長14.2厘米　寬9.7厘米　高2厘米
橢圓形，硯堂做橢圓形，上雕凸起的弧線一道，將硯堂分為兩部分，上部作墨池，狀似初升的月亮，硯堂像遼闊的海洋，寓意"海天初月"。硯背刻乾隆御銘。硯石含細羅紋。

1. Imitative Song-style inkstone with characters Fang Song Tian Cheng Feng Zi Yan
   Length: 12.4cm Width: 12cm Height: 2cm
2. Imitation Han-style inkstone made of Weiyang bricks with design resembling the rising moon in the sky and above the sea
   Length: 14.2cm Width: 9.7cm Height: 2cm
3. Octangular Pure mud inkstone in the imitation of Tang-Dynasty biyong inkstone
   Subtense: 9.8cm Height: 2cm
4. Inkstone with design of a moon rabbit in the imitation of Song-Dynasty inkstone
   Diameter: 10.8cm Height: 2cm
5. Eaves tile-shaped inkstone imitating the Han-Dynasty Shiqu Pavilion (with ditches around)
   Length: 15cm Width: 8.5cm Height: 2cm
6. Imitative Song-style inkstone with rhinoceros patterns and the Song-Dynasty Moral-and-Longevity Hall
   Length: 14.5cm Width: 8cm Height: 2cm

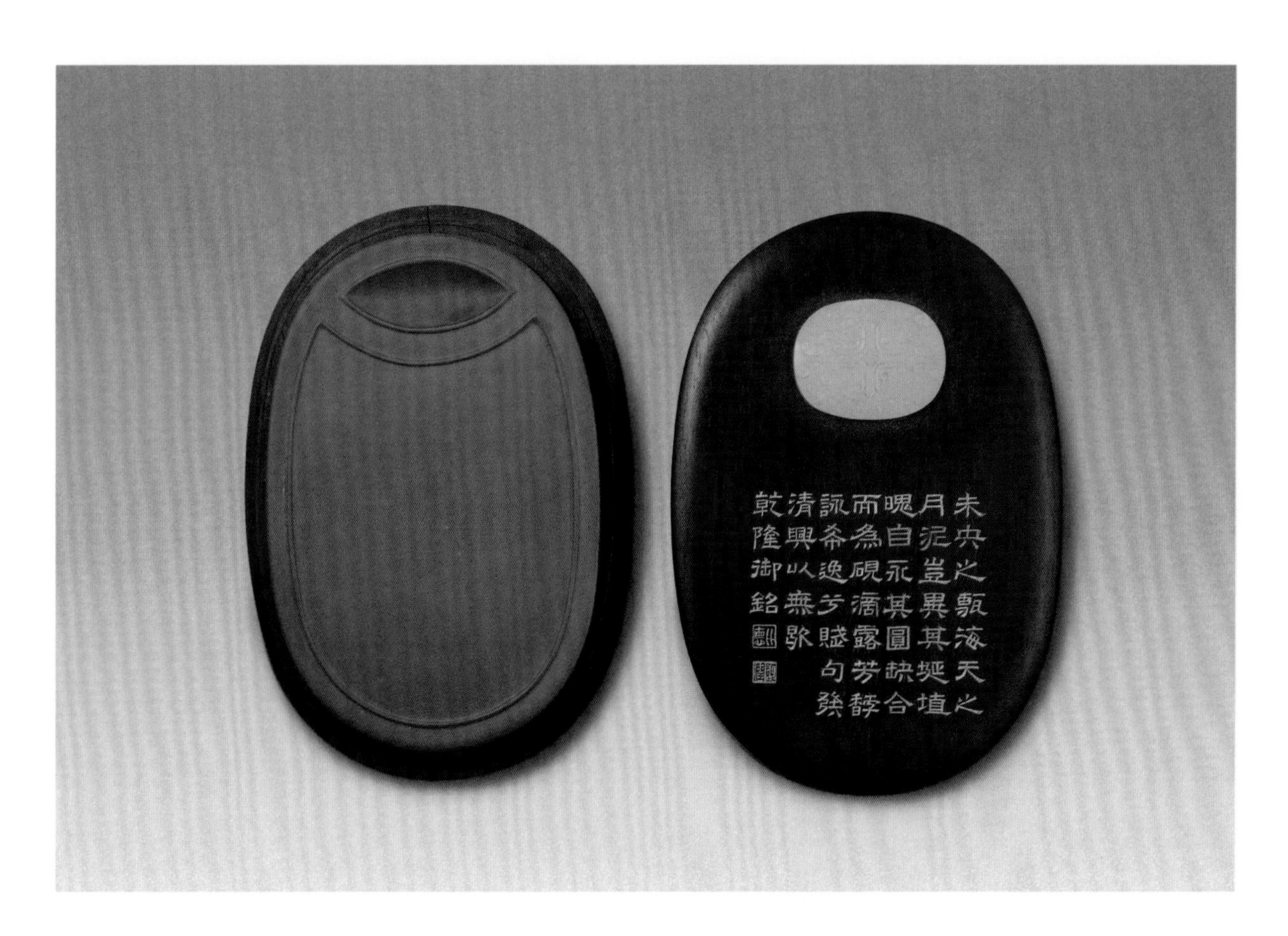

3．仿唐八棱澄泥硯
對邊9.8厘米　高2厘米
正八角形，圓形硯堂，四周開環形渠為墨池，仿辟雍式。硯緣上浮雕游魚、奔馬和水波紋等。硯背鐫刻乾隆御銘。硯石隱細羅紋。

4．仿宋玉兔朝元硯
徑10.8厘米　高2厘米
圓形。硯面光素，硯堂緣突起一周弦紋。硯背浮雕月兔圖，刻乾隆御銘。硯石有細羅紋。

5．仿漢石渠閣瓦硯
長15厘米　寬8.5厘米　高2厘米。
瓦當形，中部辟圓形硯堂。硯面上方刻乾隆御銘。石渠閣為西漢藏書閣，在未央宮內，因地下用石塊砌成渠道，以利排除積水，故此得名。此硯石質稍粗，但含細眉子紋。

6．仿宋德壽殿犀紋硯
長14.5厘米　寬8厘米　高2厘米
長方形。硯面開瓶形硯堂，瓶口處深鑿成墨池。硯面滿飾犀紋地。硯背鐫刻乾隆御銘。德壽殿是宋高宗趙構“內禪”（退位）後在臨安內府的寢宮。

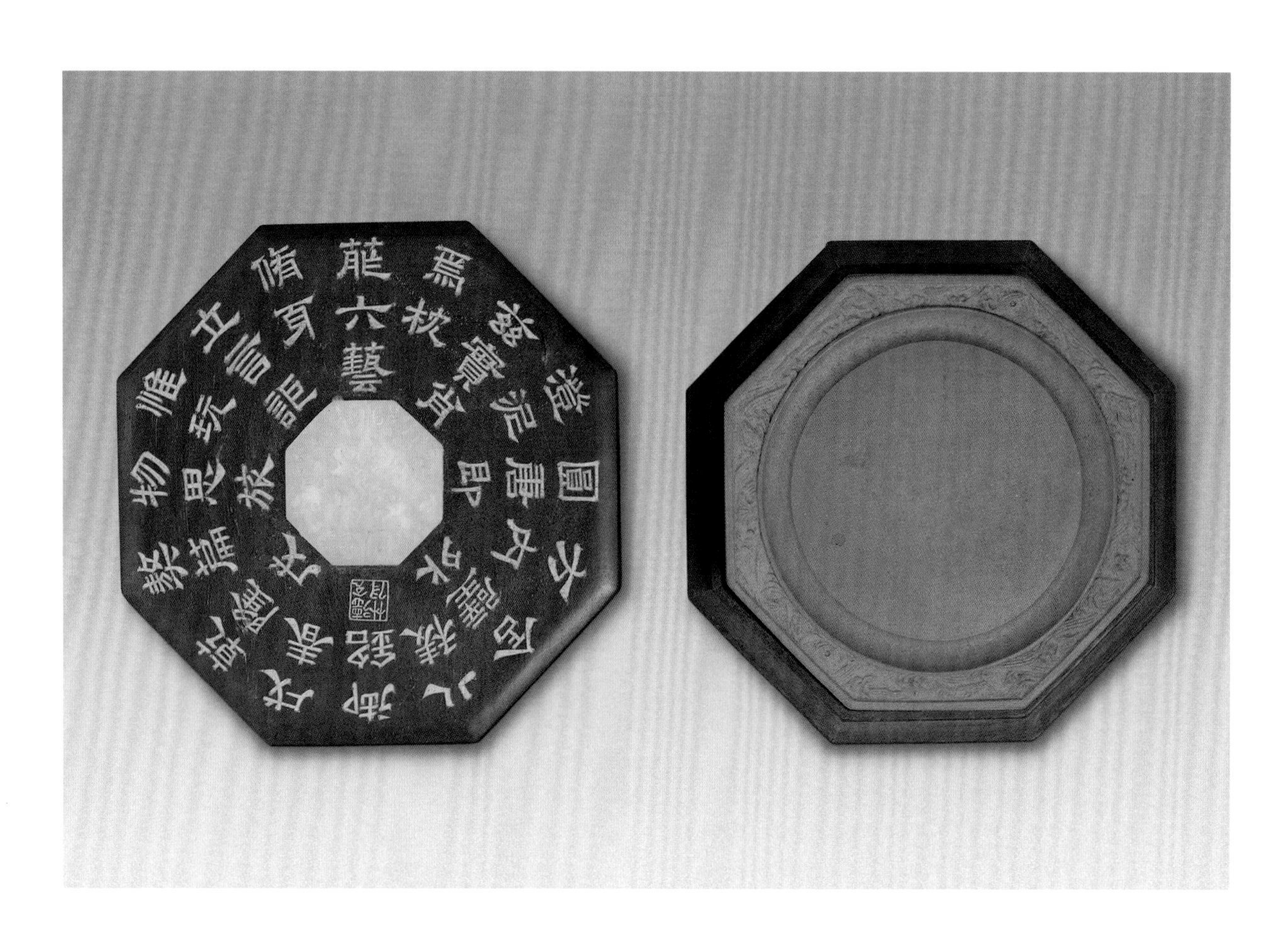

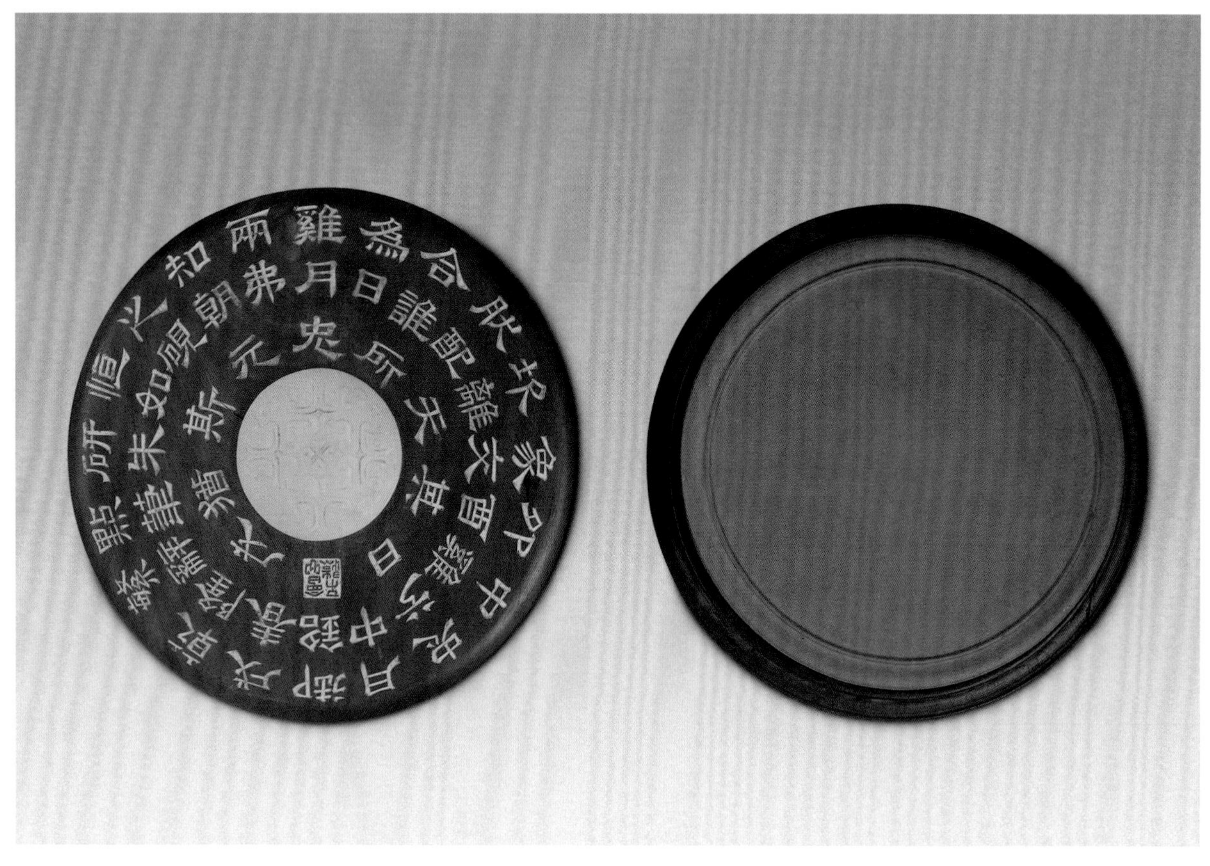

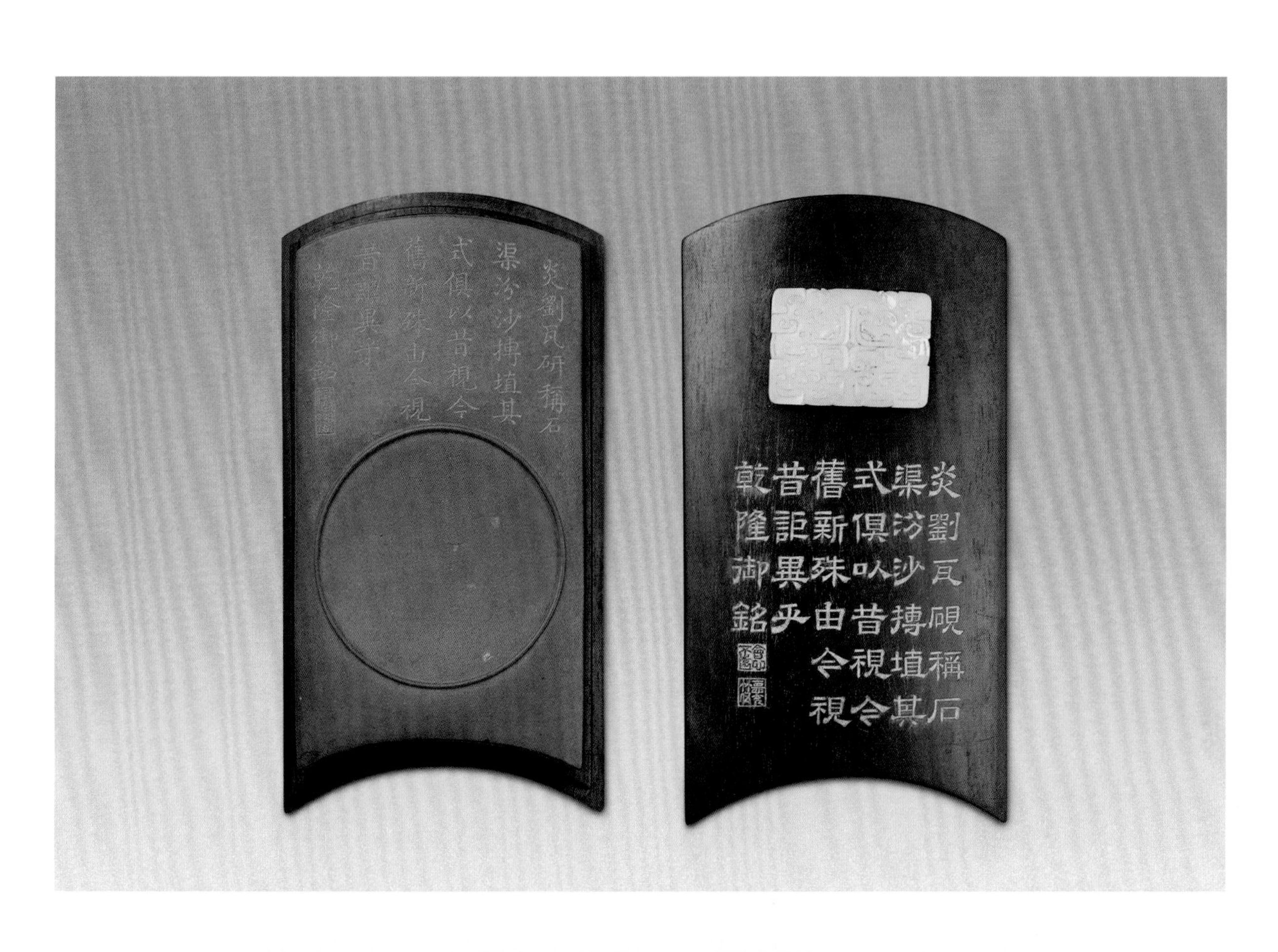
炎劉瓦硯稱石
渠汾沙摶埴其
式俱以昔視今
舊新殊由今視
昔詎異乎
乾隆御銘

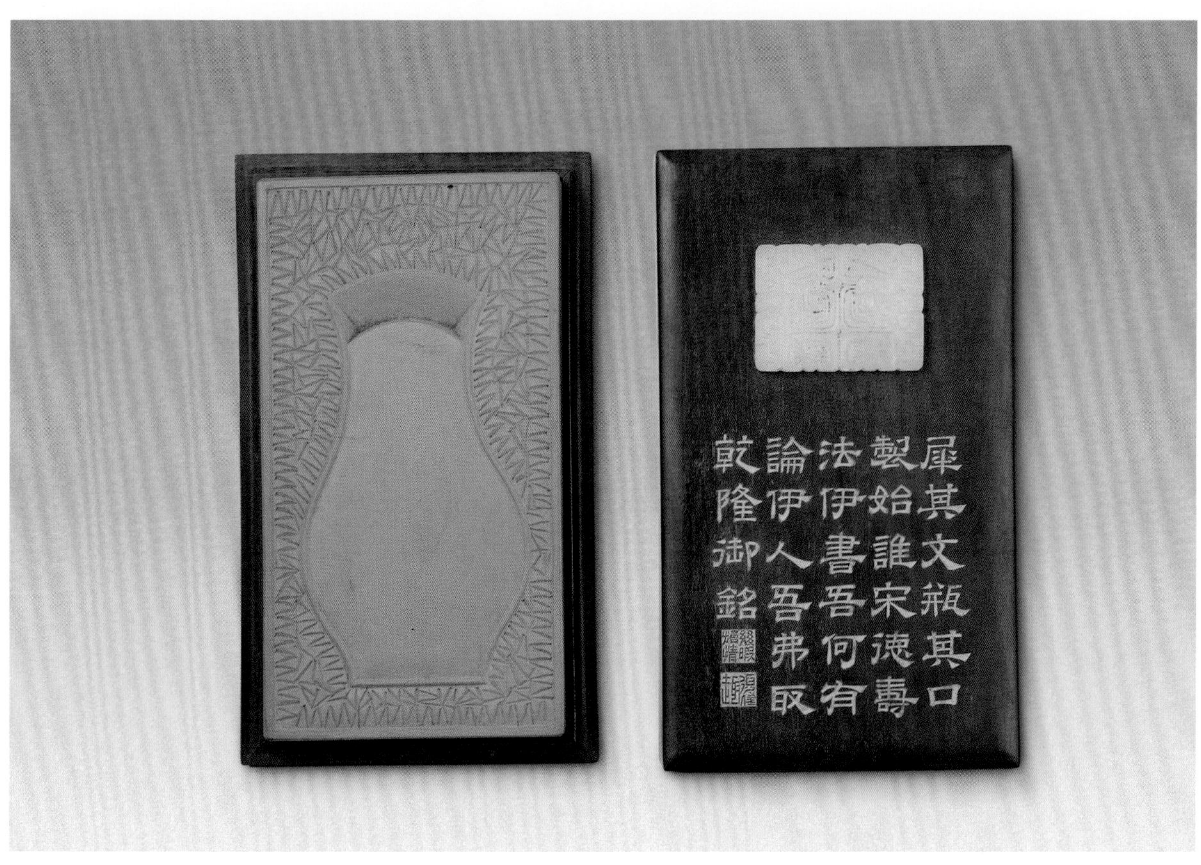
犀其文瓶其口
製始誰宋德壽
法伊書吾何有
論伊人吾弗取
乾隆御銘

90

歙石掐絲琺瑯海水雲龍紋匣暖硯

清乾隆

長19厘米　寬15.3厘米　高15.8厘米

清宮舊藏

She inkstone (with warming function),with filigree and enamel design enclosed in a box with seawater, cloud and dragon patterns

Qianlong period, Qing Dynasty

Length: 19cm　Width: 15.3cm　Height: 15.8cm

Qing Court collection

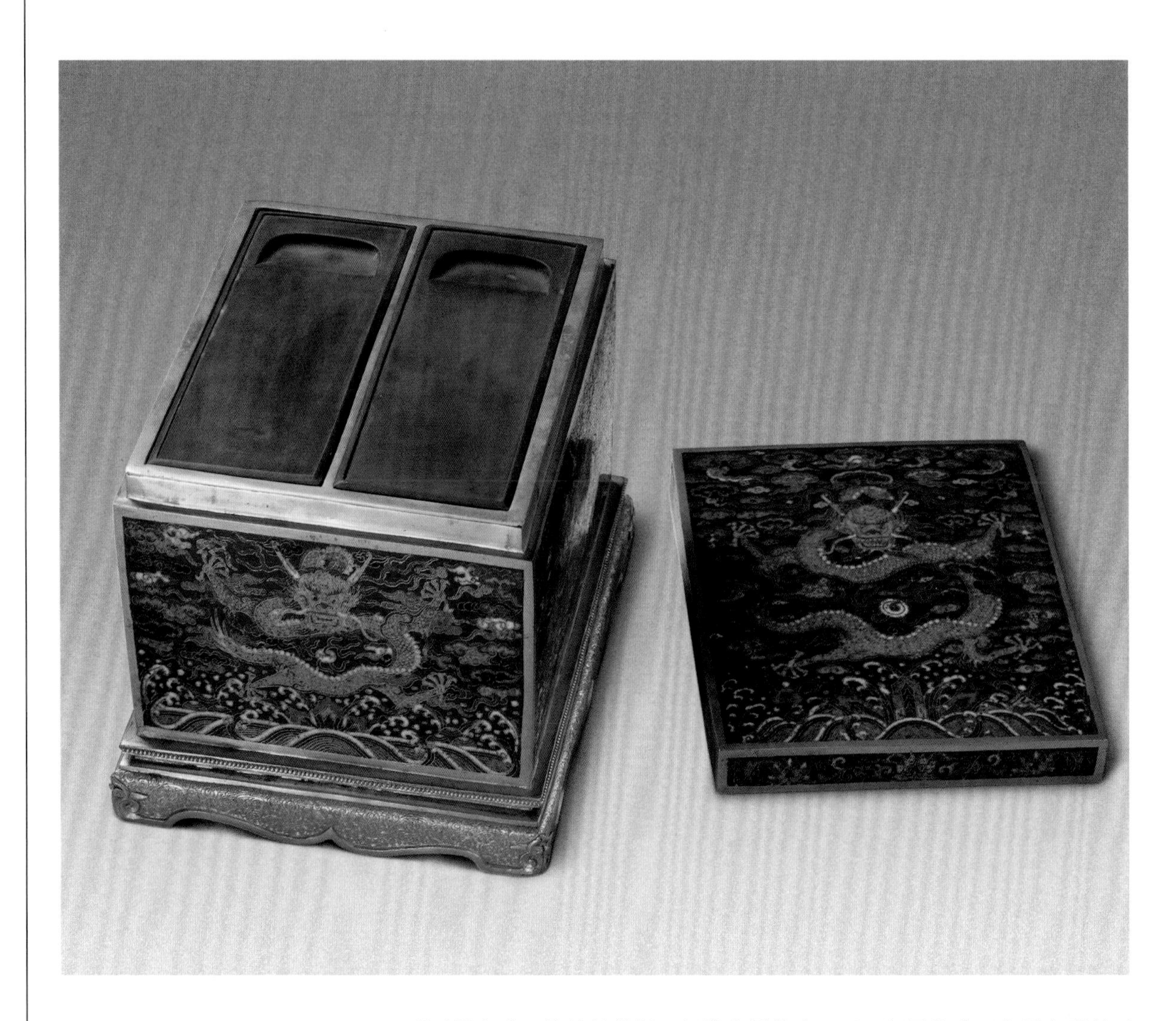

硯匣長方形，掐絲琺瑯製。銅鍍金鏨花座，匣口銅屜內盛兩方長方形歙石硯，屜下可儲存溫水。硯匣四面及蓋上均飾海水雲龍紋，底為銅鍍金鏨刻凸起的雙龍，環抱陽文楷書款“大清乾隆年製”。硯面四邊起框，上端開月形墨池。

此硯胎體厚重，造型莊重，掐絲均勻，琺瑯釉色鮮亮，具有鮮明的宮廷色彩。

91

歙石井字硯
清乾隆
邊長32.5厘米　高6.5厘米

She inkstone in the shape of the character jin
Qianlong period, Qing Dynasty
Side Length: 32.5cm　Height: 6.5cm

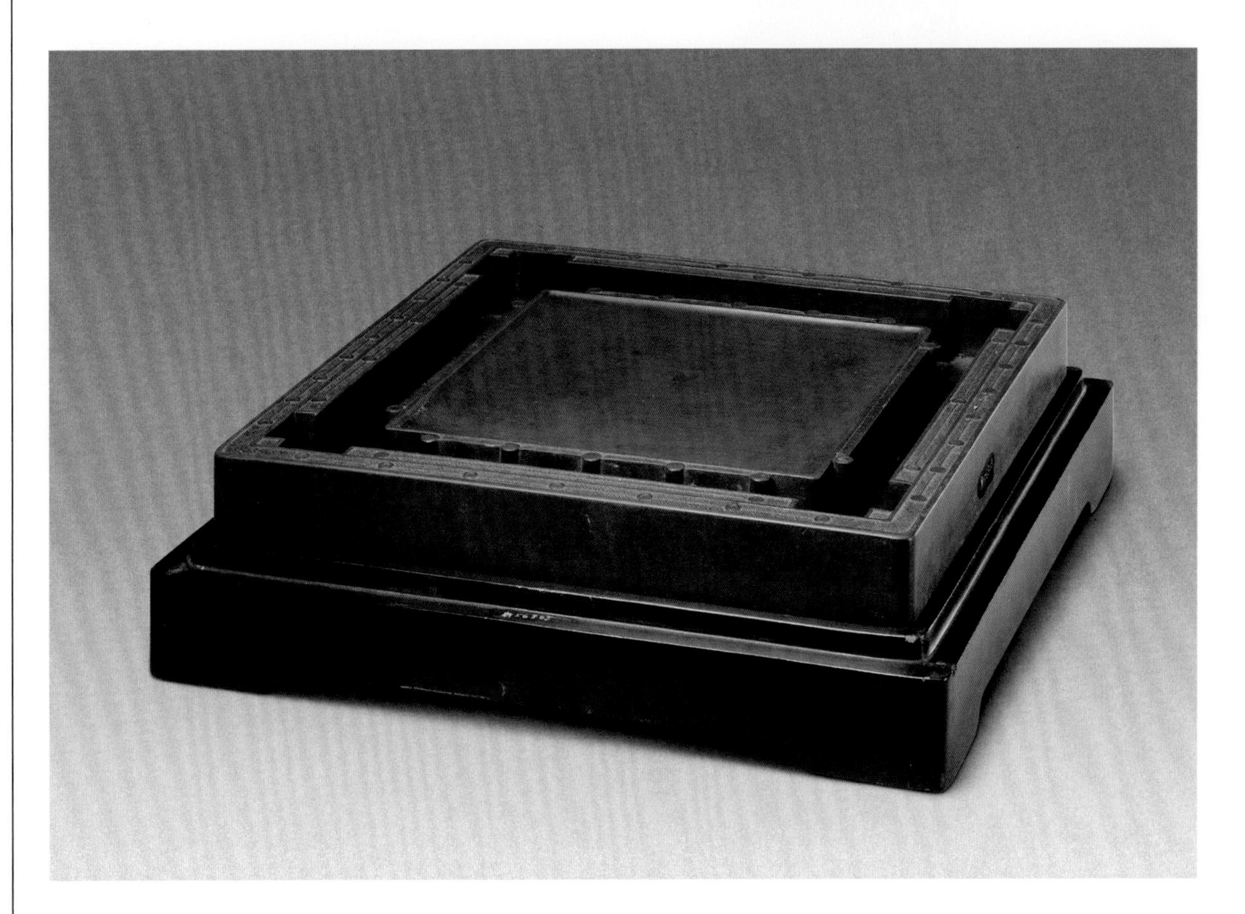

硯堂呈正方形，外環井字石渠。硯面飾河洛圖，其數字相對排列內圍是一、二、三、四，中間為二、二、五、五，外圍六、七、八、九。內圍順時方向相加數字均為五，象徵節氣時令。硯背面光素，底內凹呈方形覆手。

此硯石色黝黑，石質細膩、潤澤。硯體寬大，古樸厚重，製作精良。

92

歙石葡萄紋棗核金星硯

清乾隆

長14.7厘米　寬10.5厘米　高1.5厘米

清宮舊藏

She inkstone with grape, jujube and star patterns

Qianlong period, Qing Dynasty

Length: 14.7cm　Width: 10.5cm　Height: 1.5cm

Qing Court collection

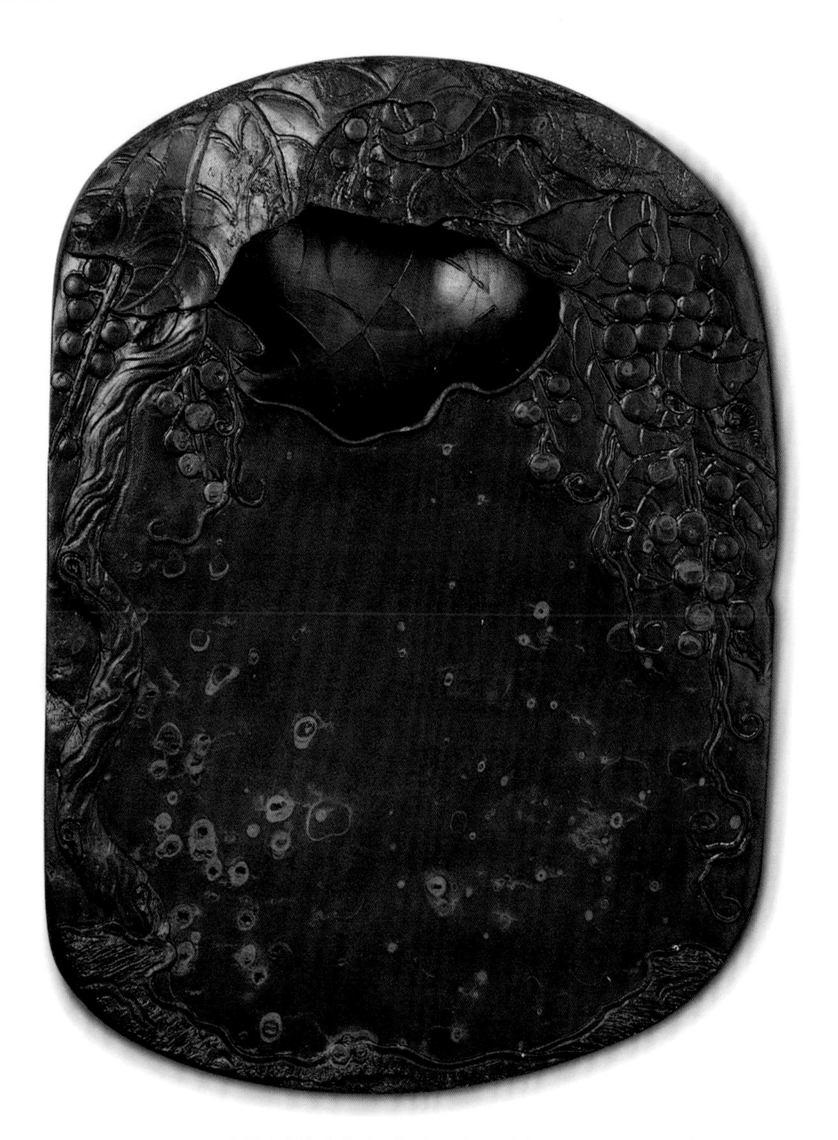

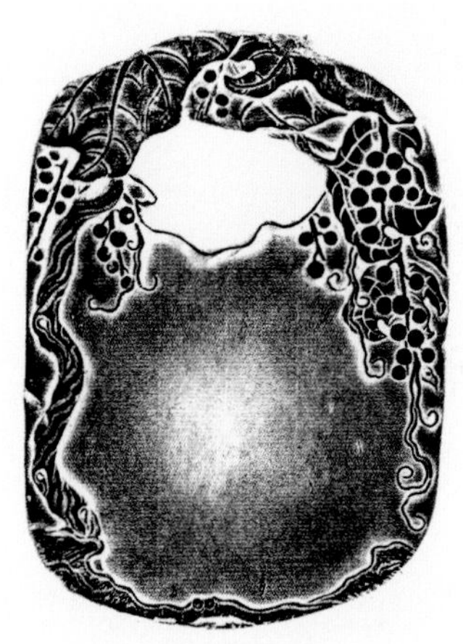

硯依原材略加打磨成不規則橢圓形。硯緣周邊浮雕葡萄紋，碩果纍纍，藤蔓環繞。依藤蔓成隨形硯堂，上端深刻葡萄葉形墨池。硯面散佈金星、棗核紋。附黑漆嵌玉硯盒，漆盒內貼黃絹條，墨筆楷體：“瓜瓞綿綿，老坑金星”。

此硯石出自歙溪龍尾老坑，石色青綠。金星紋是因岩石內含有硫化鐵所致，棗核紋則是兩頭尖、中間粗的石紋，故名，均為歙石所特有的珍稀石品。此硯選材珍貴，雕工精到，是清宮藏歙硯中的佳品。

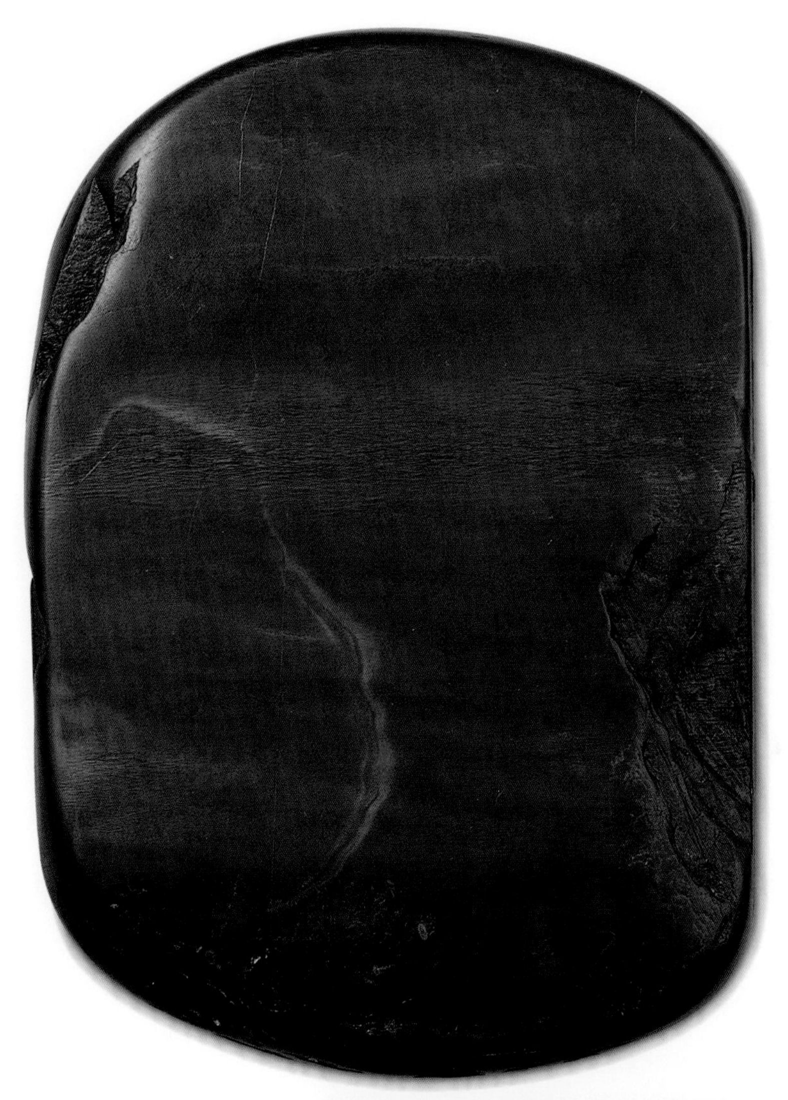

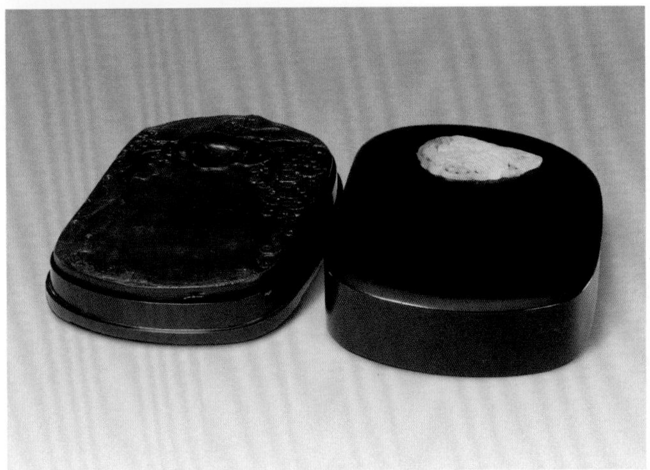

93

歙石日月松池硯

清乾隆

長16.5厘米　寬11.1厘米　高2.5厘米

She inkstone with design of sun, moon and pine trees around the inkslab

Qianlong period, Qing Dynasty

Length: 16.5cm　Width: 11.1cm　Height: 2.5cm

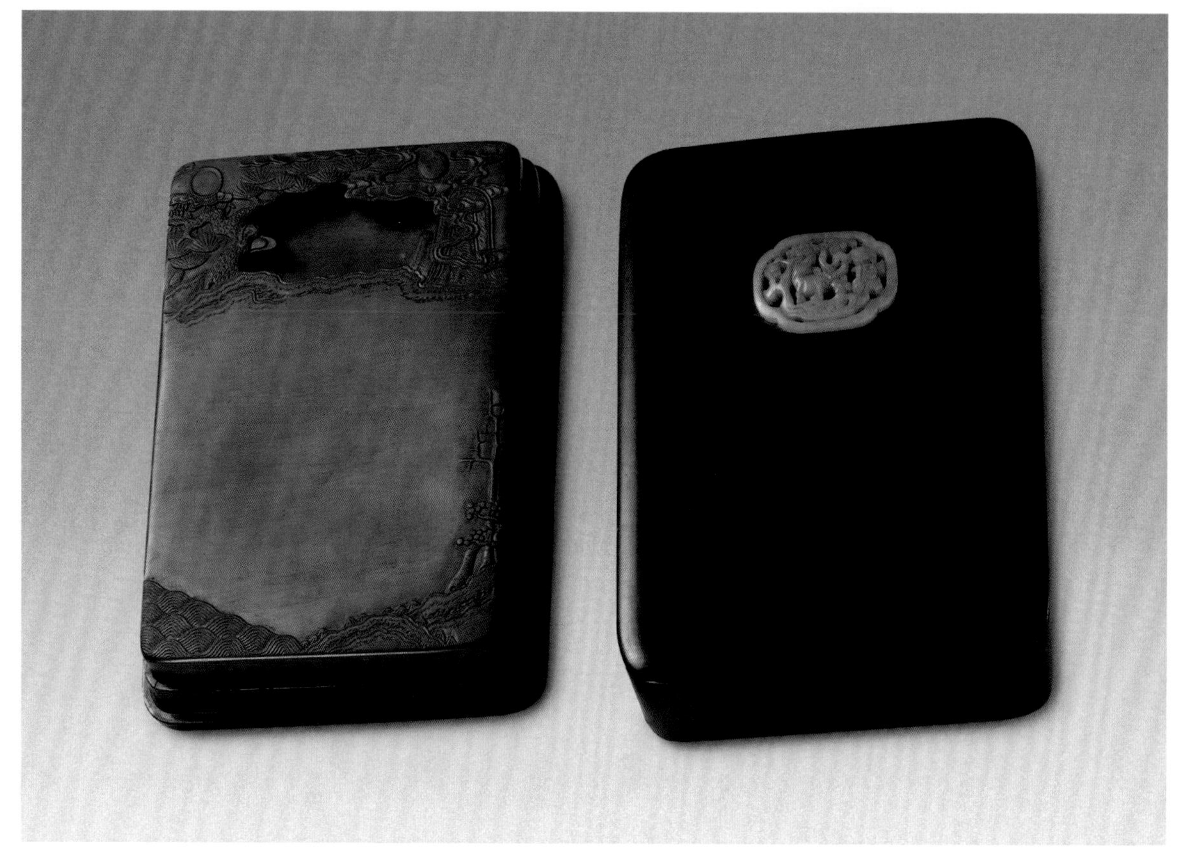

硯面上方雕刻日、月、松柏，間有流雲繚繞，松柏掩映間是深挖的墨池。硯堂平滑。下方是浮雕江水、花樹紋。硯背施長方形覆手。附黑漆嵌玉盒。

此硯石質地堅實，色澤青綠，刷絲紋、牛毛紋交織於石表，如秋波蕩漾。硯面雕刻細膩、工整。

94

歙石蕉樹池硯

清乾隆

長11.4厘米　寬6.6厘米　高1.9厘米

清宮舊藏

She inkstone with the inkslab in the shape of banana tree

Qianlong period, Qing Dynasty

Length: 11.4cm　Width: 6.6cm

Height: 1.9cm

Qing Court collection

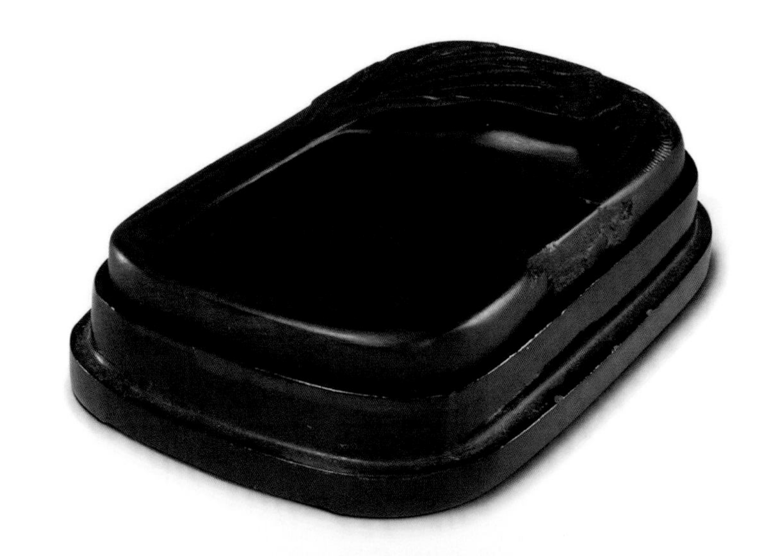

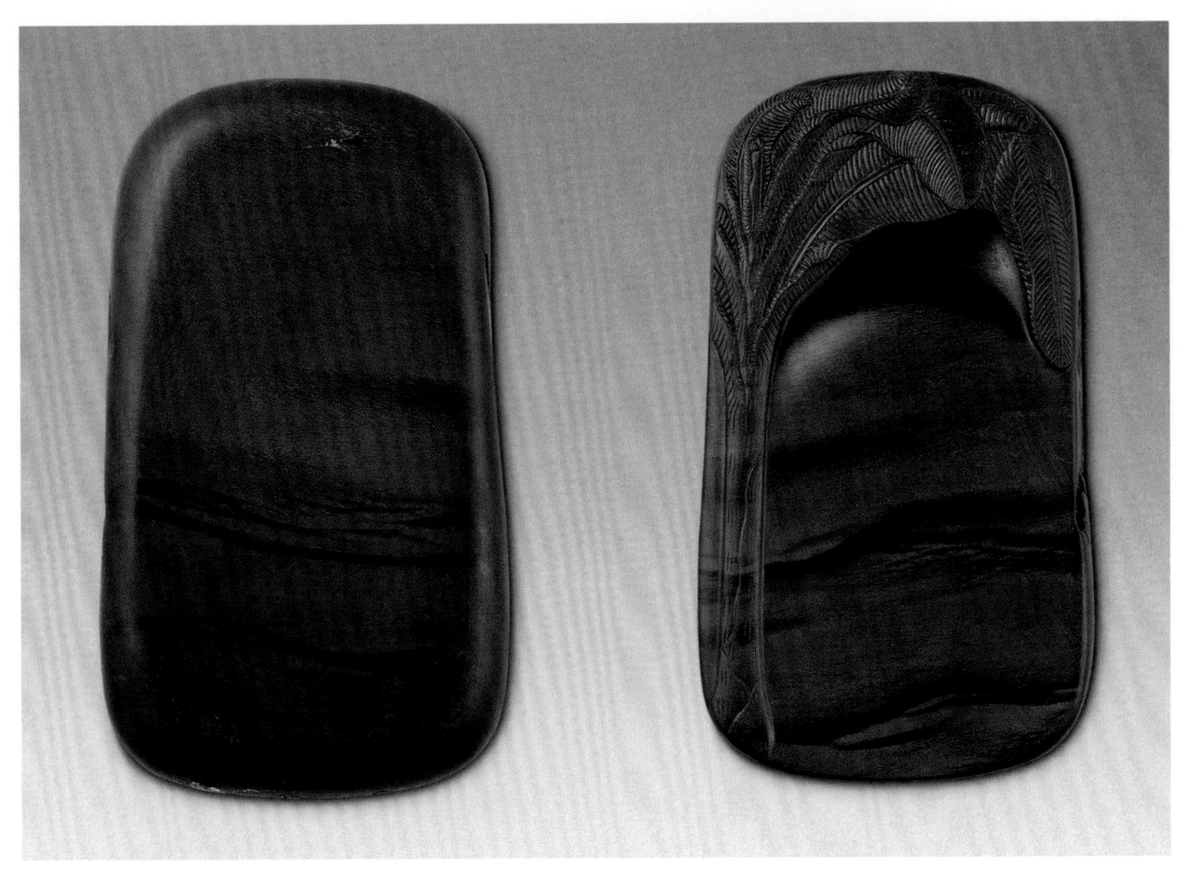

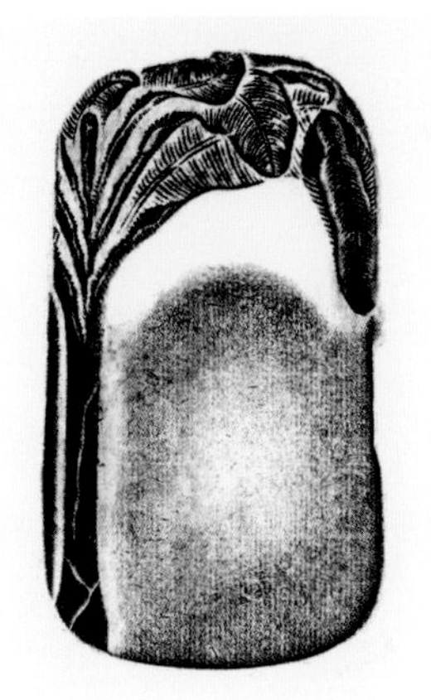

橢圓形。硯面上雕一棵芭蕉樹從左側拔地而起，枝葉覆蓋硯額，迴折形成墨池。枝幹突起與微凹的硯堂形成硯緣。硯置黑漆盒中。

此硯石呈青黑色，石質細膩、溫潤，有大眉子水浪紋理，雕刻與紋理相映成趣。是歙硯中的佳品。

95

歙石曹秀先銘螭池硯
清乾隆
長16厘米　寬10.4厘米　高2.6厘米

She inkstone with inscriptions by Cao Xiuxian and interlaced hydra design
Qianlong period, Qing Dynasty
Length: 16cm　Width: 10.4cm
Height: 2.6cm

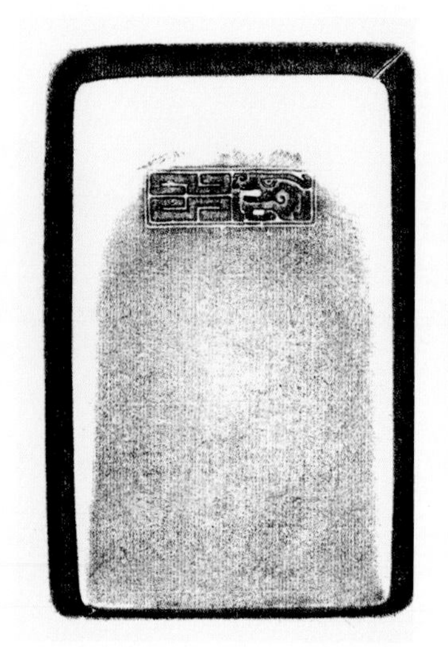

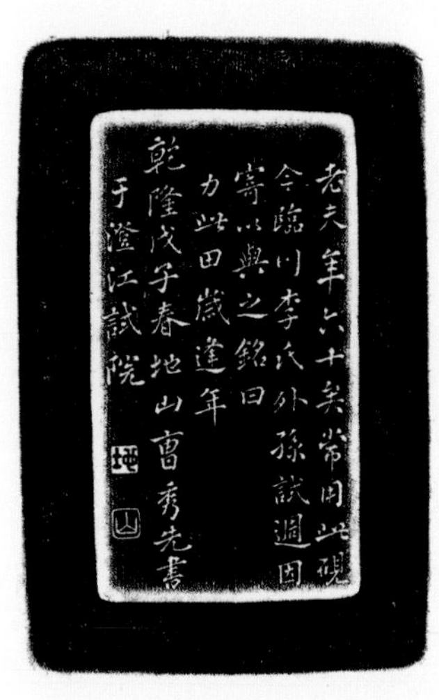

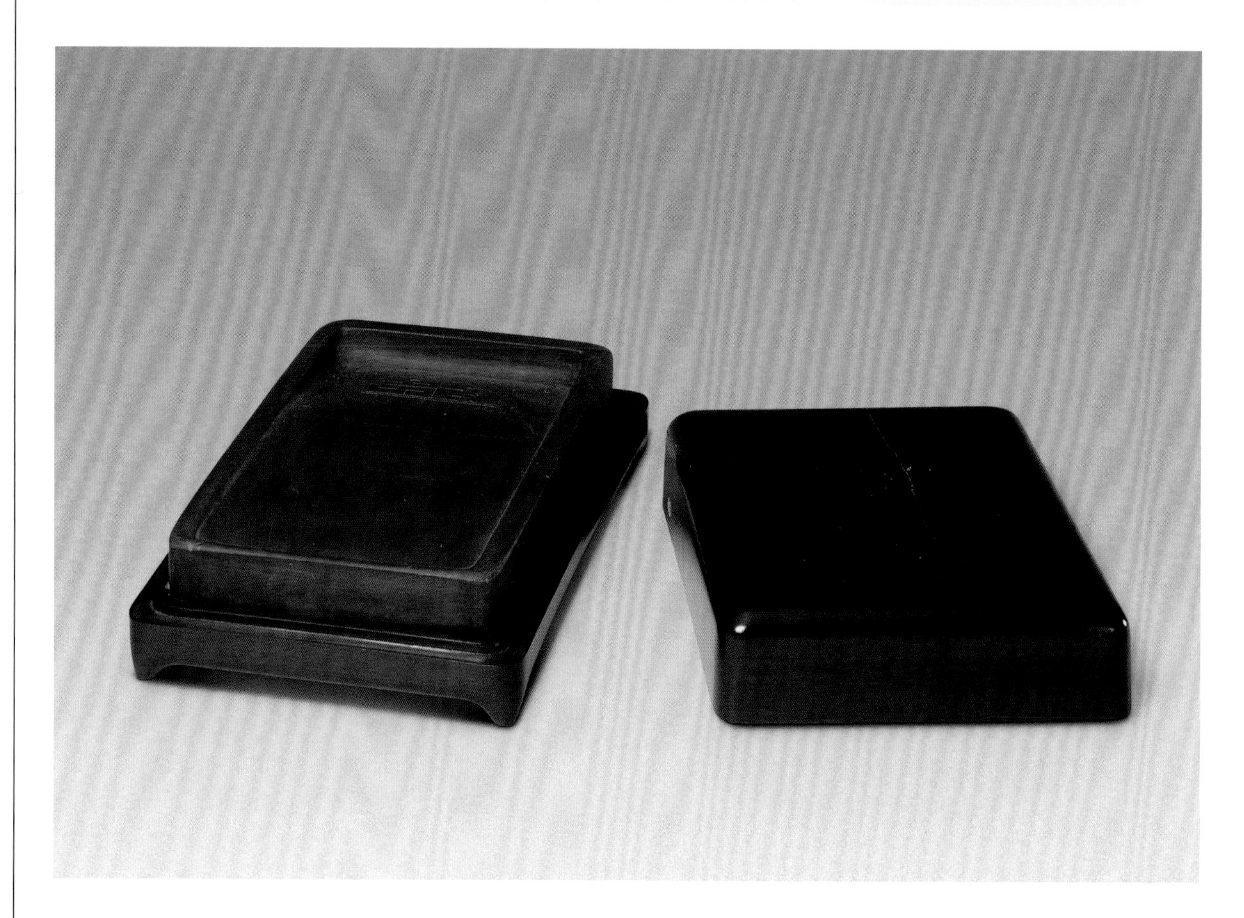

硯面開斜通式硯池，墨池內雕螭紋，外陰刻邊欄。硯背刻曹秀先陰文行書硯銘：“老夫年六十矣，常用此硯。今臨川李氏外孫試周，因寄以與之銘曰：力此田，歲逢年。乾隆戊子（1768）春，地山曹秀先書於澄江試院”，鐫“地”、“山”印。

曹秀先，字冰持，一字芝田，號地山，江西新建人。乾隆元年進士，官禮部尚書，謚文恪。此硯石青黑色，通體密佈牛毛紋。

96

洮河石歸去來辭圖硯
清乾隆
長22.5厘米　寬14.5厘米　高7.7厘米
清宮舊藏

Taohe inkstone engraved with the poem On Returning Home and the picture expresses the poem
Qianlong period, Qing Dynasty
Length: 22.5cm　Width: 14.5cm
Height: 7.7cm
Qing Court collection

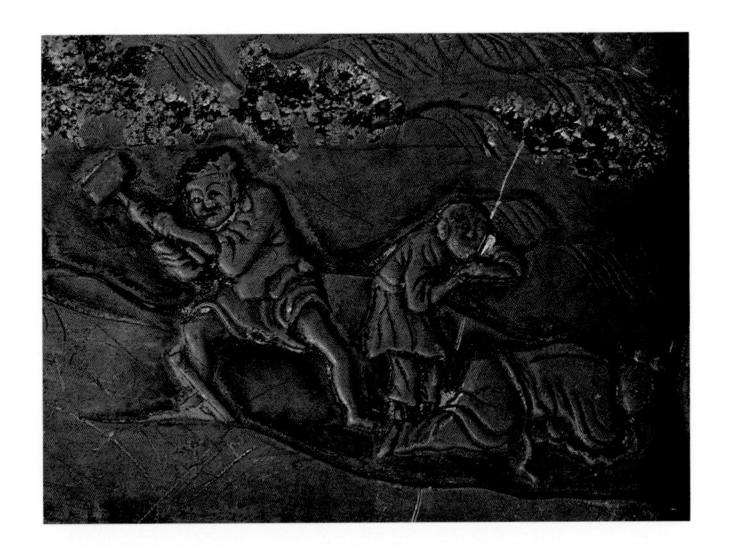

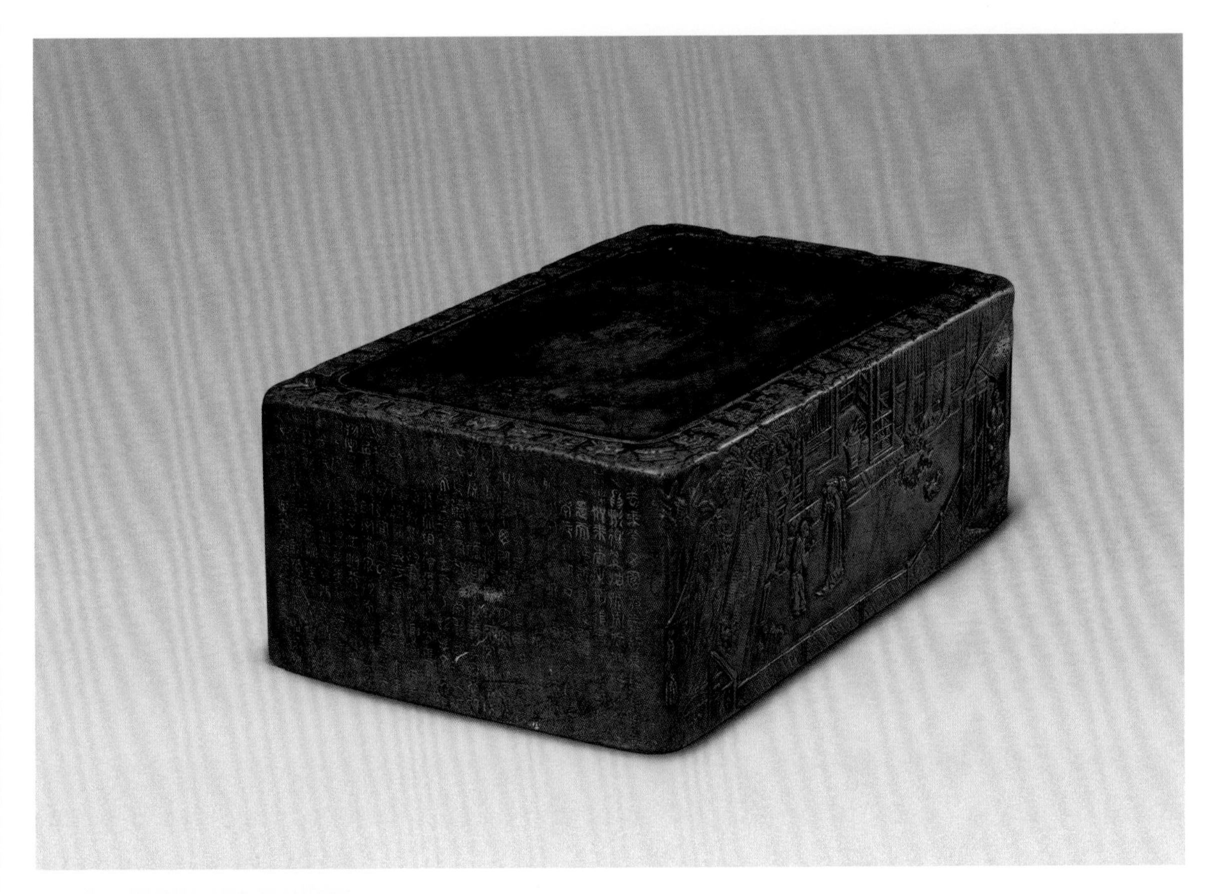

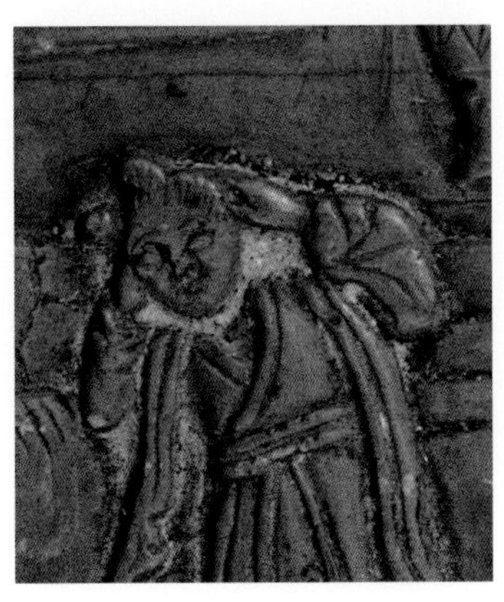

長方石函式。硯面開長方形硯堂，一端深凹為硯池。四周起邊框，上陽文隸書銘："有美琅玕，氣凌結綠，鏟跡柴桑，鏤情松菊，石友喻麋，移口口竹，維黑與玄，淄磷不辱，用爾磨厲，儀爾止足，爾維它山，我以攻玉。"四側壁刻陶淵明《歸去來辭》文及據此文意的連景圖。硯背深掏，底面陰刻隸書乾隆御詩一首，款署："乾隆丁酉（1777）仲春御題"，鐫"比德"、"朗潤"印。

此硯石質堅實潤滑，石色綠中泛黃，雕刻文圖精美。乾隆御詩中誤將此硯定為端溪宋坑硯石，《西清硯譜》亦定名"宋端"，實為洮河石精品。

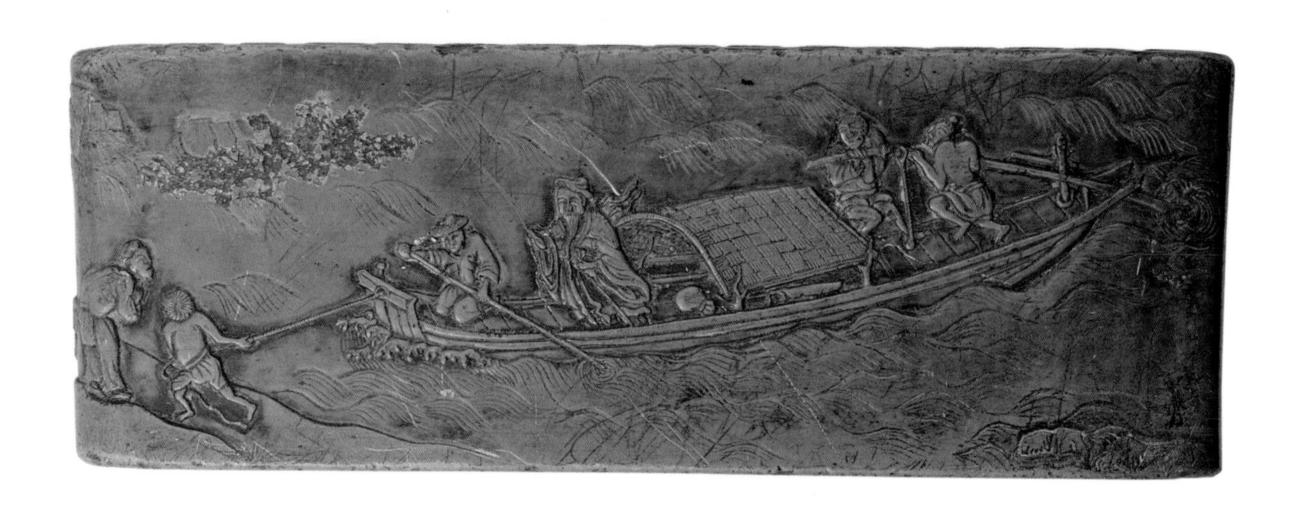

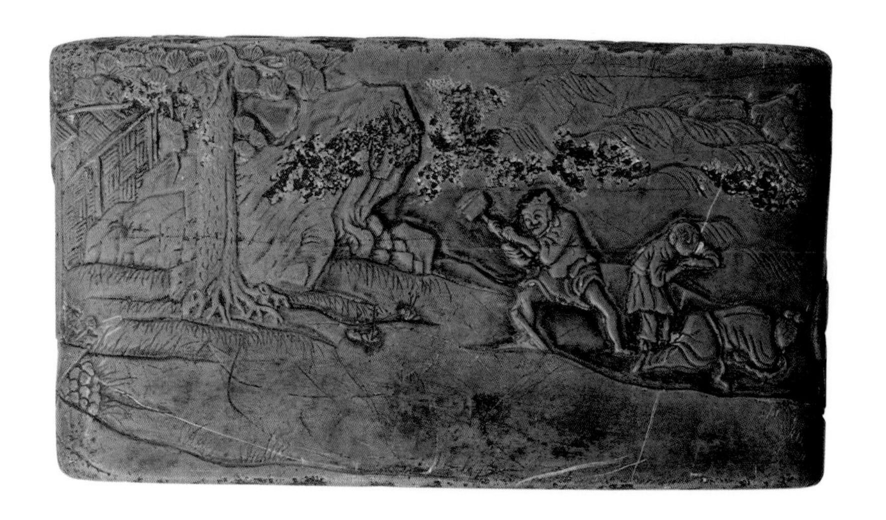

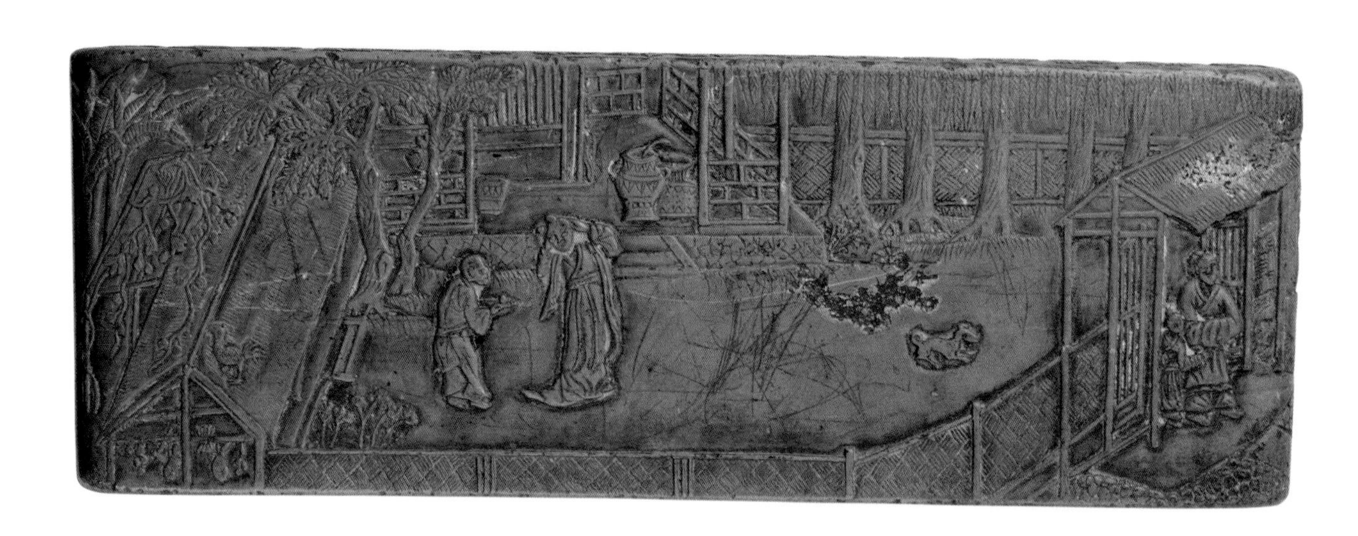

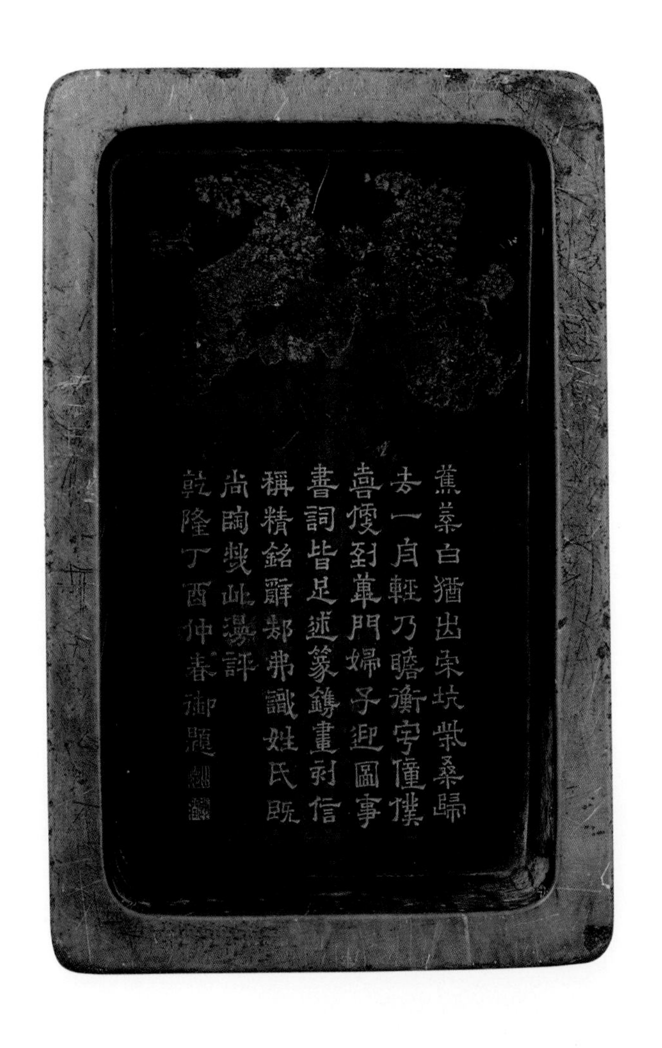
蕉葉白猶出宋坑紫桑歸
去一肩輕乃瞻衡宇僮僕
喜便到蓽門婦子迎圖事
書詞皆足述篆鐫畫刻信
稱精銘辭郝弗識姓氏既
尚陶斐此漫評
乾隆丁酉仲春御題
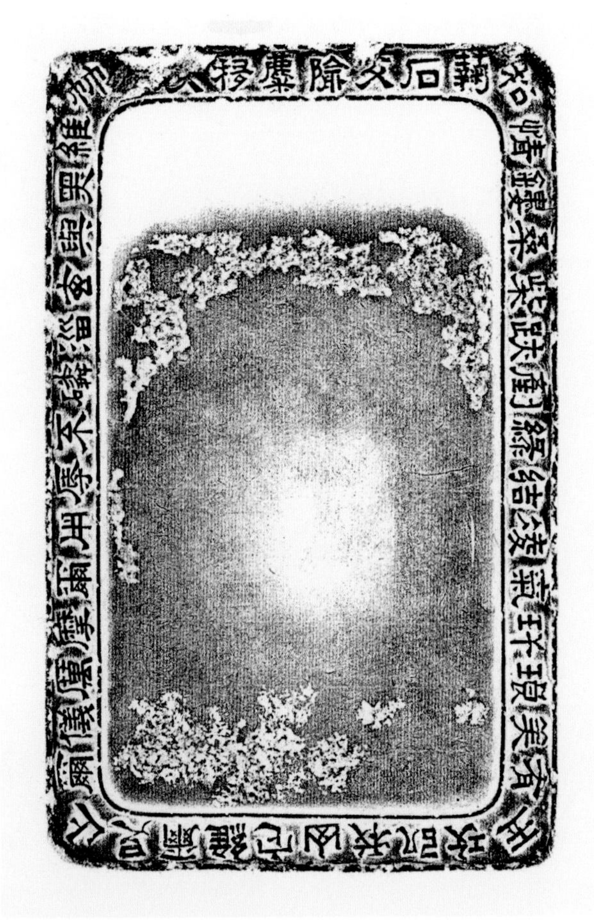
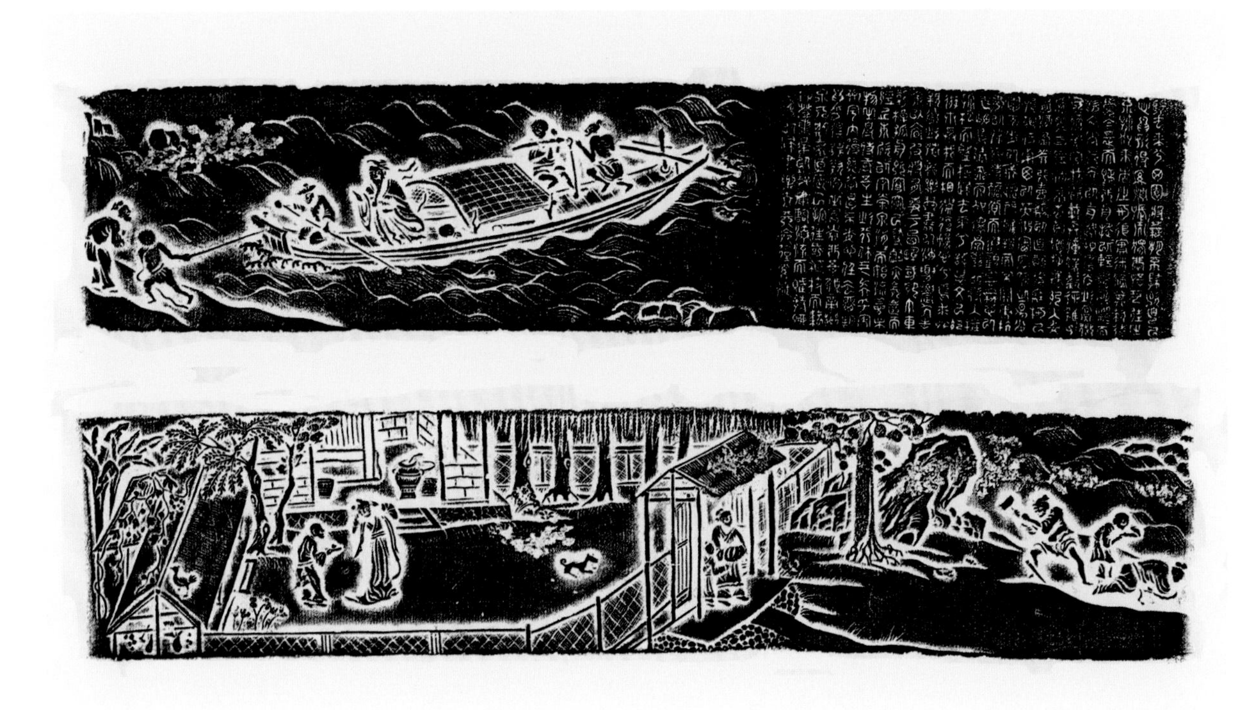

97

澄泥仿古石渠硯
清乾隆
長7.9厘米　寬8厘米　高4.8厘米
清宮舊藏

Pure mud inkstone in the imitation of ancient Shiqu inkstone (surrounded by ditches)
Qianlong period, Qing Dynasty
Length: 7.9cm　Width: 8cm
Height: 4.8cm
Qing Court collection

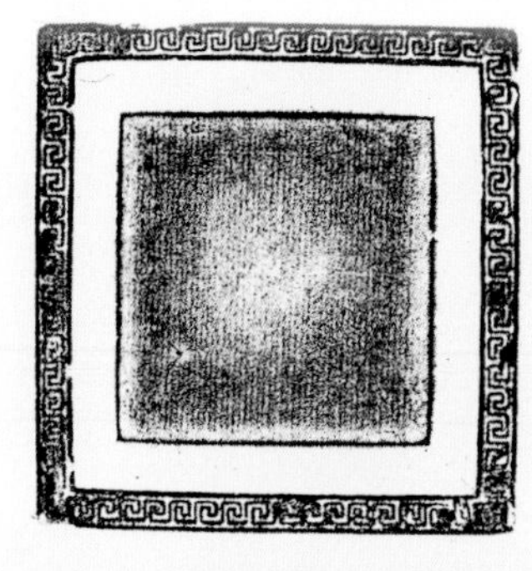
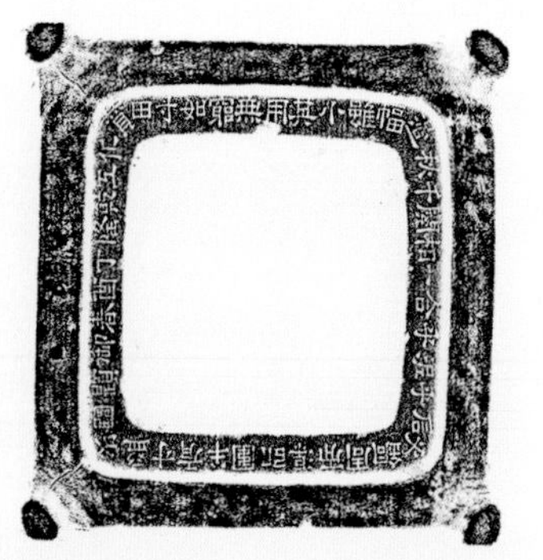

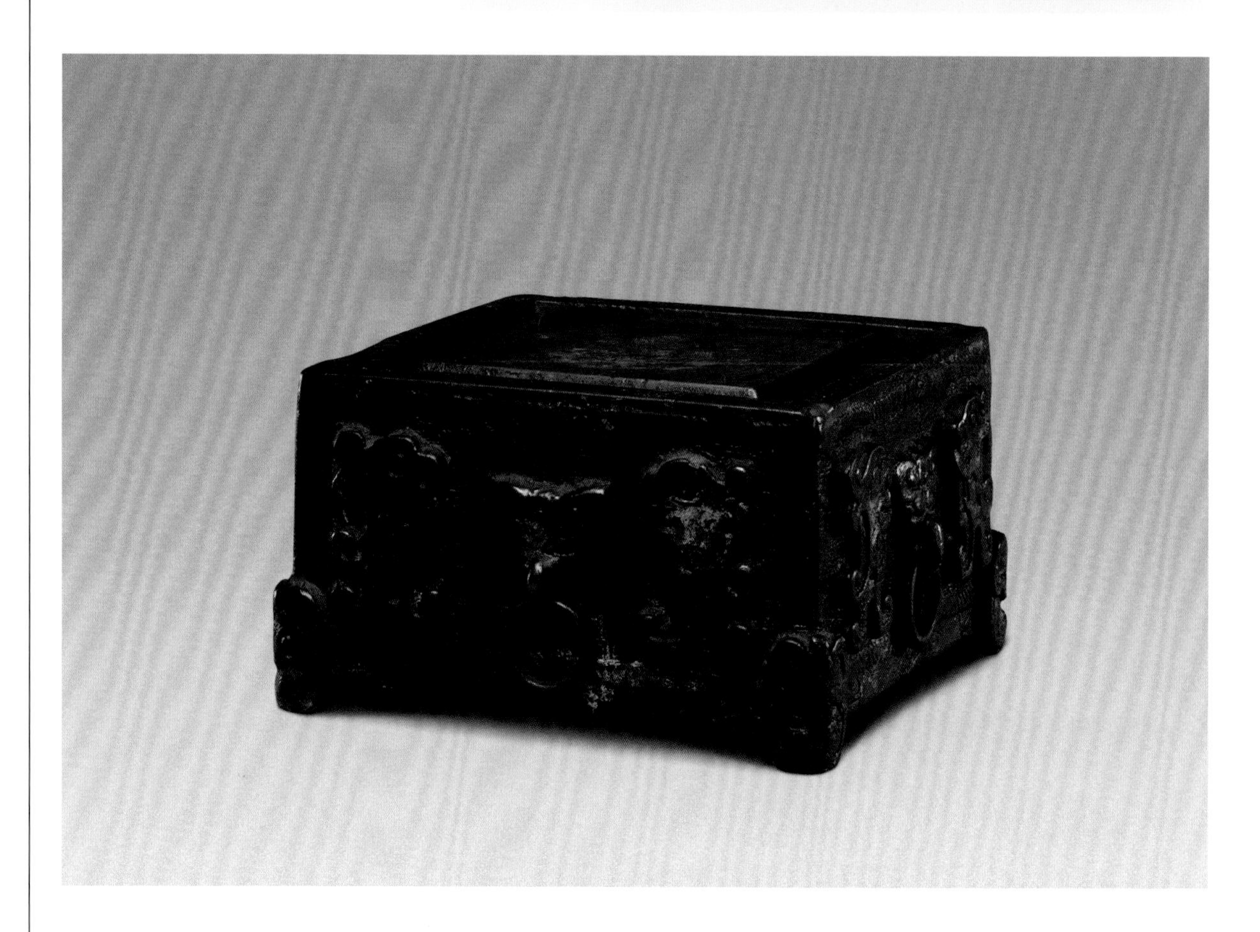

正方形硯堂，周環水渠，邊飾勾雲紋。硯側面浮雕環耳獸面鋪首，四角為獸面形足。硯底內凹刻"貽子孫"印，底邊環刻隸書御銘："方盈寸有半，圍以渠而周，銅乎石乎泥乎，合一相閱千秋，邊幅雖小，其用無窮，如寸田贊化工。乾隆丁酉（1777）春御題"，鐫"太璞"印。

宋蘇易簡《文房四譜》記述澄泥硯製作之法，工序繁複。乾隆嗜古，以澄泥仿古硯式。此硯色如古銅器，細潤而堅，為乾隆時期仿古硯佳品。

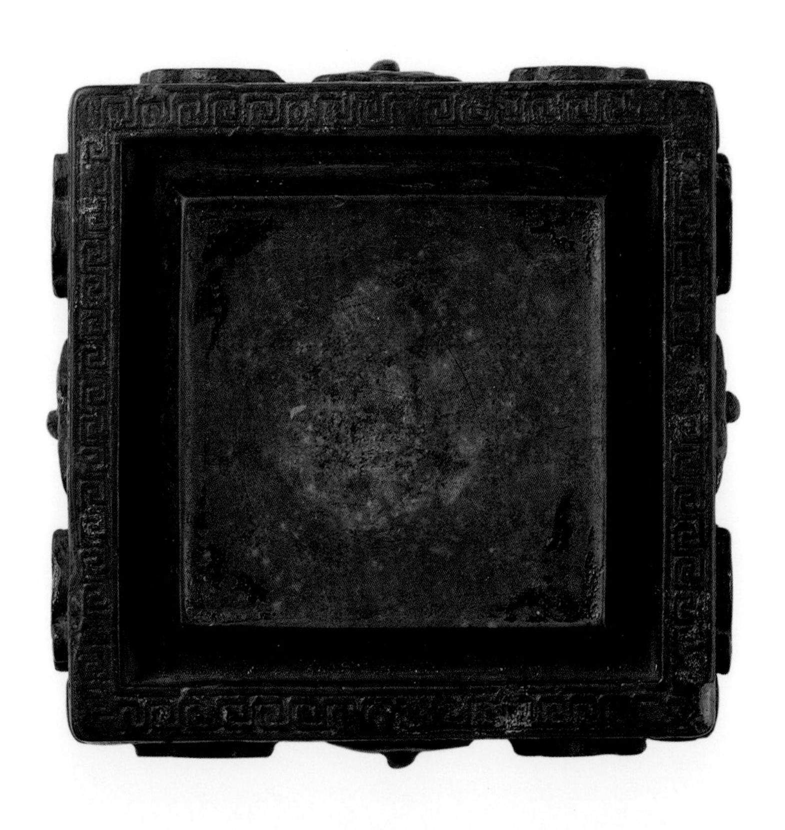

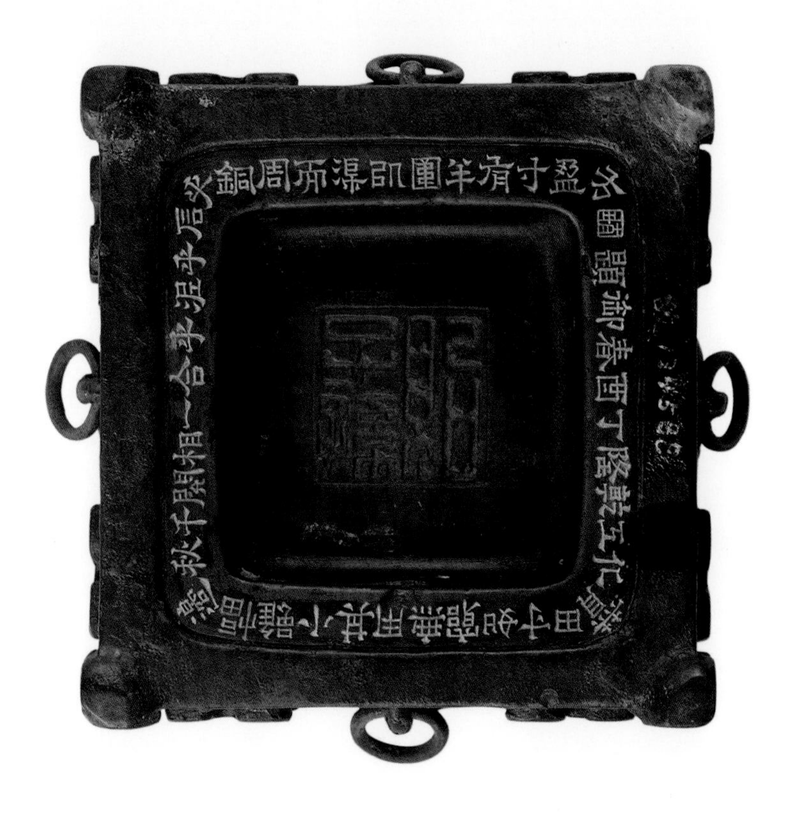

98 澄泥仿石渠硯

清乾隆

長12.4厘米　寬12.4厘米　高6厘米

Pure mud inkstone in the imitation of ancient Shiqu inkstone

Qianlong period, Qing Dynasty

Length: 12.4cm　Width: 12.4cm

Height: 6cm

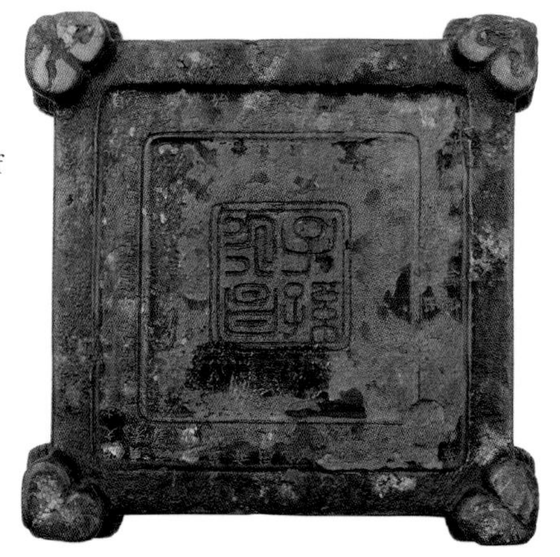

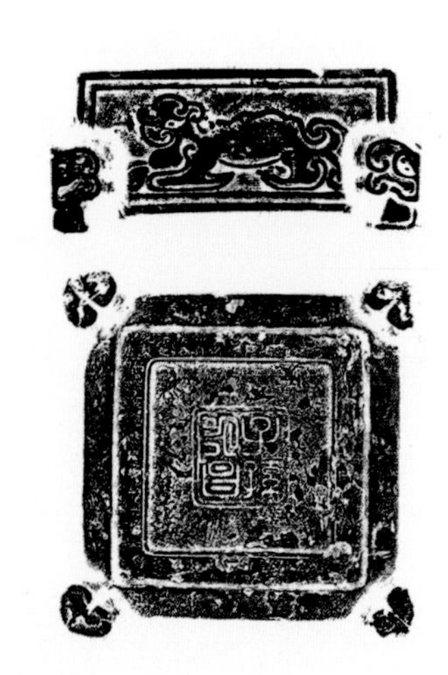

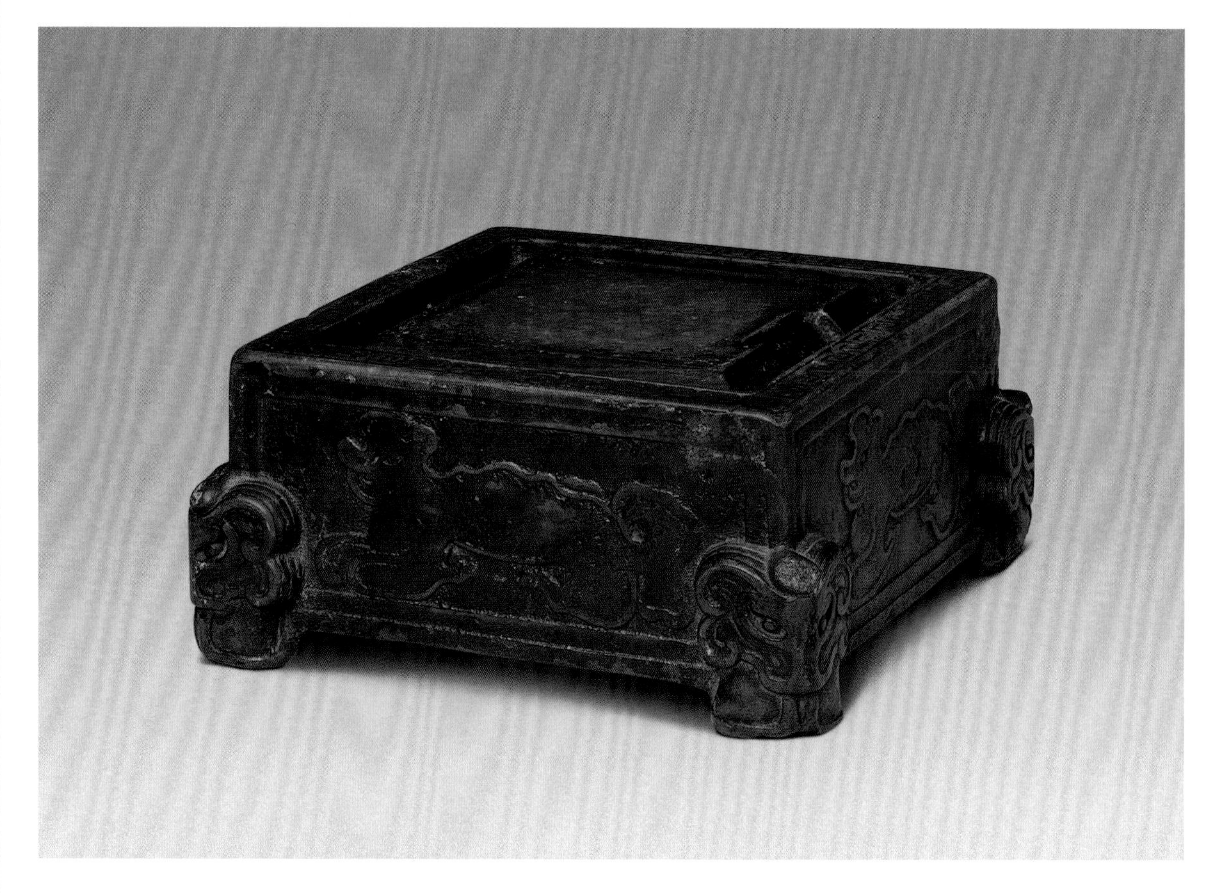

硯面方形。硯堂微凹，四周環水成渠，稱石渠硯。上端深凹為墨池。硯緣雕迴紋。硯側面各雕飾一螭紋，四角為獸面形足。硯背正中雙線框內篆書“子孫永昌”，外一周硯銘，但剝蝕嚴重，可識有“乾隆辛□御□”字樣。

此硯呈古銅色，形製、紋飾古樸，從殘餘的硯銘可知為清乾隆時仿古硯式。

99

松花江石旭日東升池硯

清乾隆
長12.5厘米　寬10厘米　高1.5厘米
清宮舊藏

Songhua River inkstone with design of rising sun from the sky

Qianlong period, Qing Dynasty
Length: 12.5cm　Width: 10cm　Height: 1.5cm
Qing Court collection

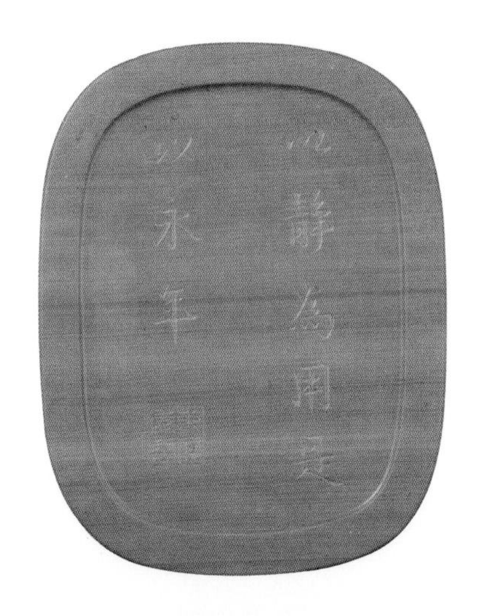

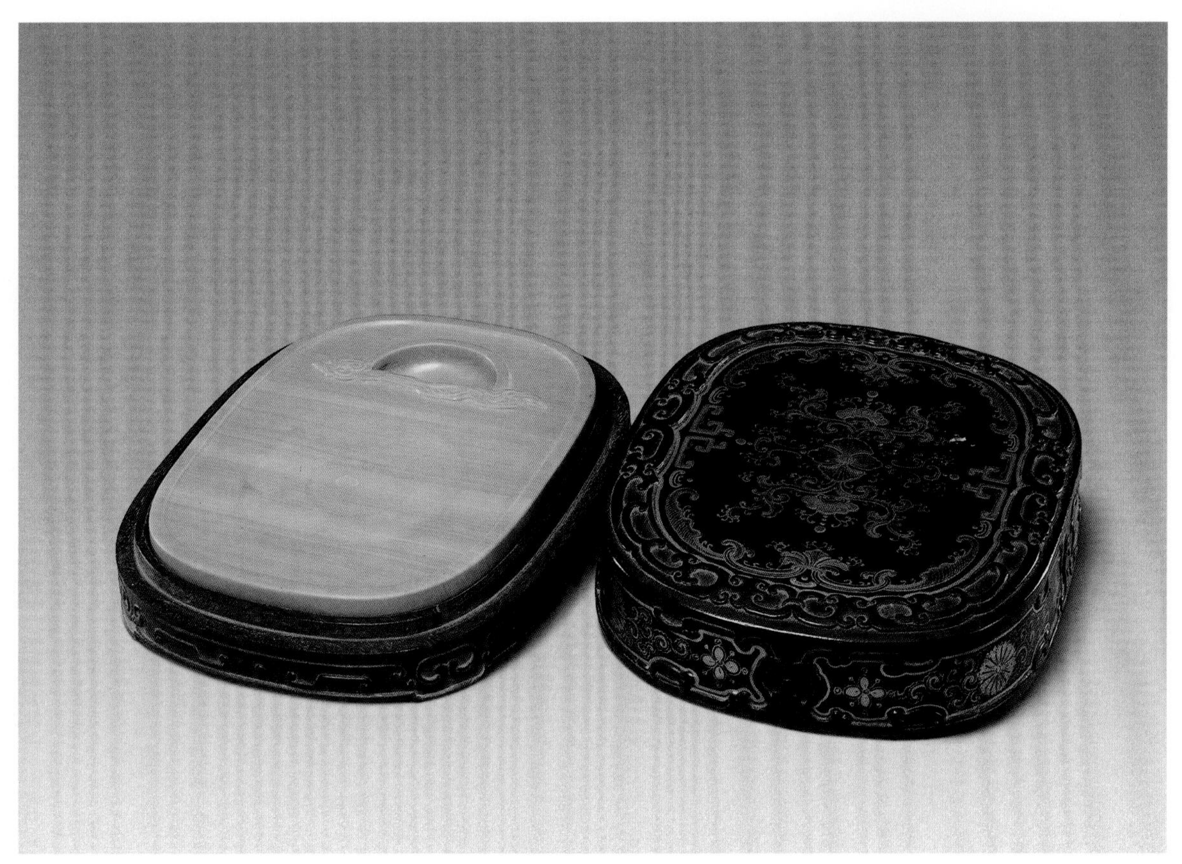

硯面開旭日初升墨池，下有朵雲遮掩，構思巧妙。硯背刻乾隆御銘；“以靜為用，是以永年。”鐫“乾隆年製”印。黑漆描金花卉紋硯盒。

硯石色淺綠，絲絲紋理自然天成。硯盒裝潢考究，紋飾華麗，為典型宮廷特色。

100

菊花石秋潭菊形硯

清乾隆
長27.5厘米　寬19.5厘米　高8厘米
清宮舊藏

Chrysanthemum inkstone in the shape of an autumn pool and with two chrysanthemum flowers

Qianlong period, Qing Dynasty
Length: 27.5cm　Width: 19.5cm
Height: 8cm
Qing Court collection

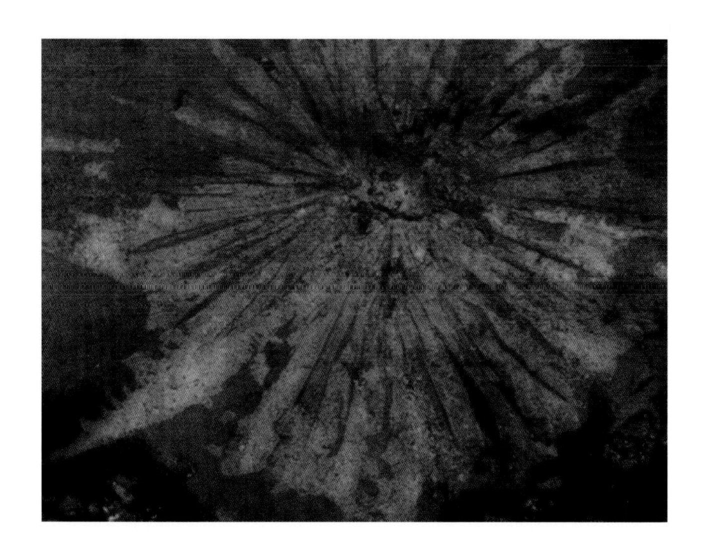

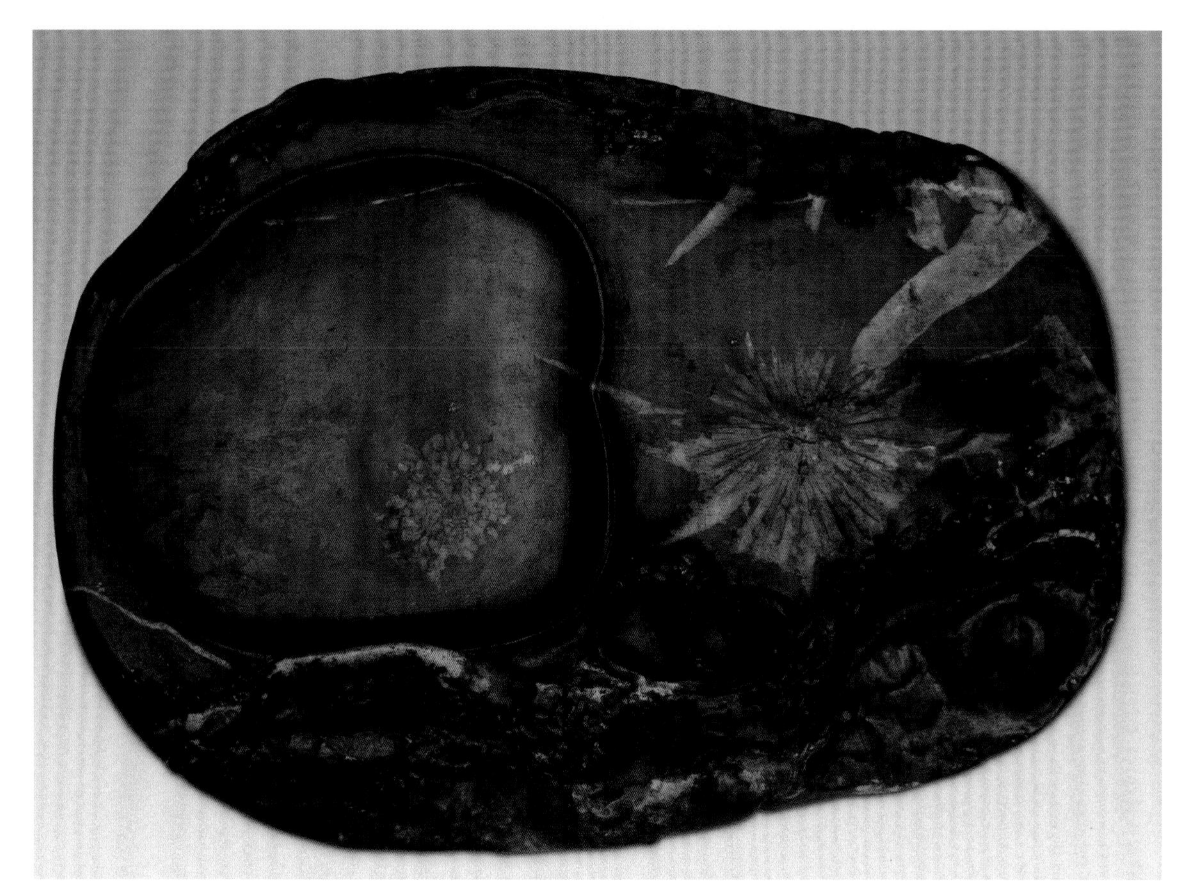

此硯取材於卵圓狀石料，依形略加斧鑿，石呈茶綠色。圓形硯堂，猶如一潭秋水。硯堂內外，各有白菊一朵，注水後，恰似倒映，雅趣盎然。硯堂右上方有一天然孔洞，可當墨池。

菊花石，產於湖南瀏陽，因石含白色菊花紋理，故名。石質滑，不易發墨。此硯造型自然，刀法簡練，藉助天然石色為裝飾，構思奇巧。

101 駝磯石乾隆御題硯

清乾隆

長18.3厘米　寬12.6厘米　高3.2厘米

清宮舊藏

Tuoji inkstone carved with a poem written by Emperor Qianlong

Qianlong period, Qing Dynasty

Length: 18.3cm　Width: 12.6cm　Height: 3.2cm

Qing Court collection

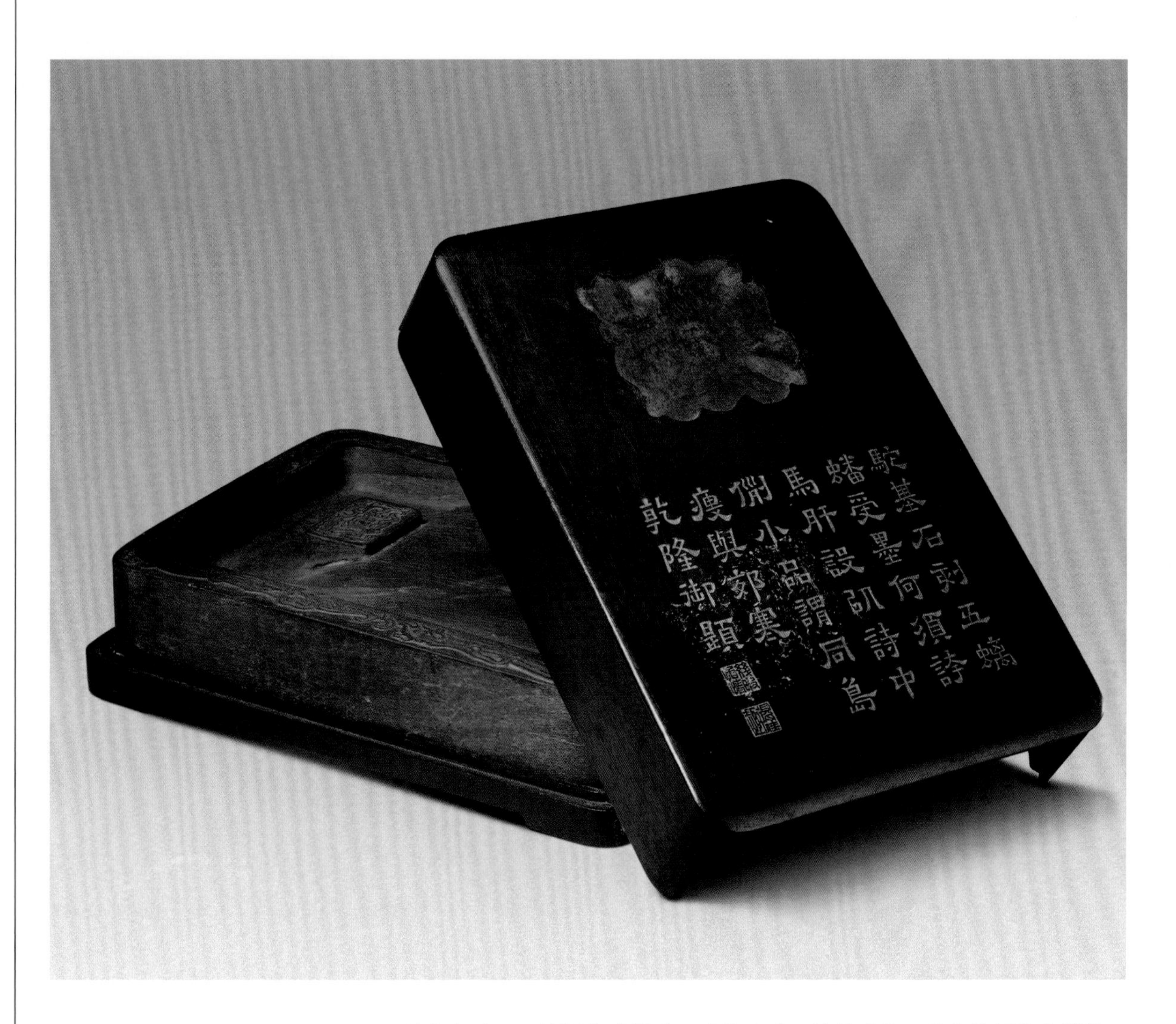

硯堂寬平，一端深廣成墨池，池內凸雕五螭戲珠紋。硯背鐫刻乾隆御詩："駝基（磯）石刻五螭蟠，受墨何須誇馬肝，設以詩中例小品，謂同島瘦與郊寒。乾隆戊戌（1778）御題"，鐫"乾"、"隆"印。硯盒原嵌玉件，已失，蓋面刻填金隸書乾隆御詩。

駝磯石，又名鼉磯石、駝基石，產於山東蓬萊駝磯島，《硯品》說其"色青黑，質堅細，下墨甚利，其有金星雪浪紋者最佳，極不易得。"此硯石色青紫，石質細潤，石肌紋理斑斕，表面閃爍金星。為乾隆御賞硯，收錄《西清硯譜》。

102

端石竹節式硯

清嘉慶

長21.3厘米　寬12.5厘米　高2.9厘米

Bamboo-joint Duan inkstone

Jiaqing period, Qing Dynasty

Length: 21.3cm　Width: 12.5cm　Height: 2.9cm

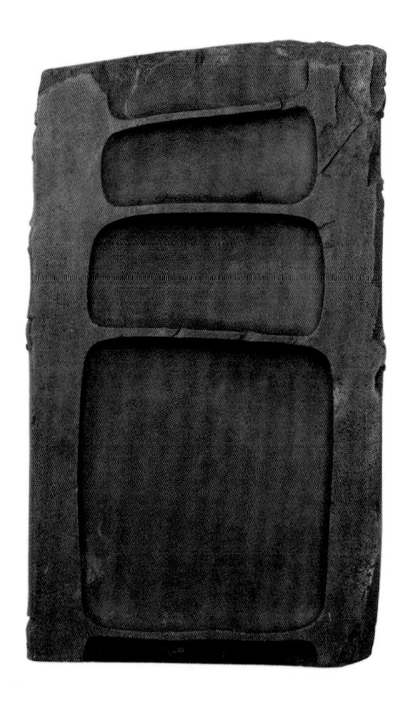

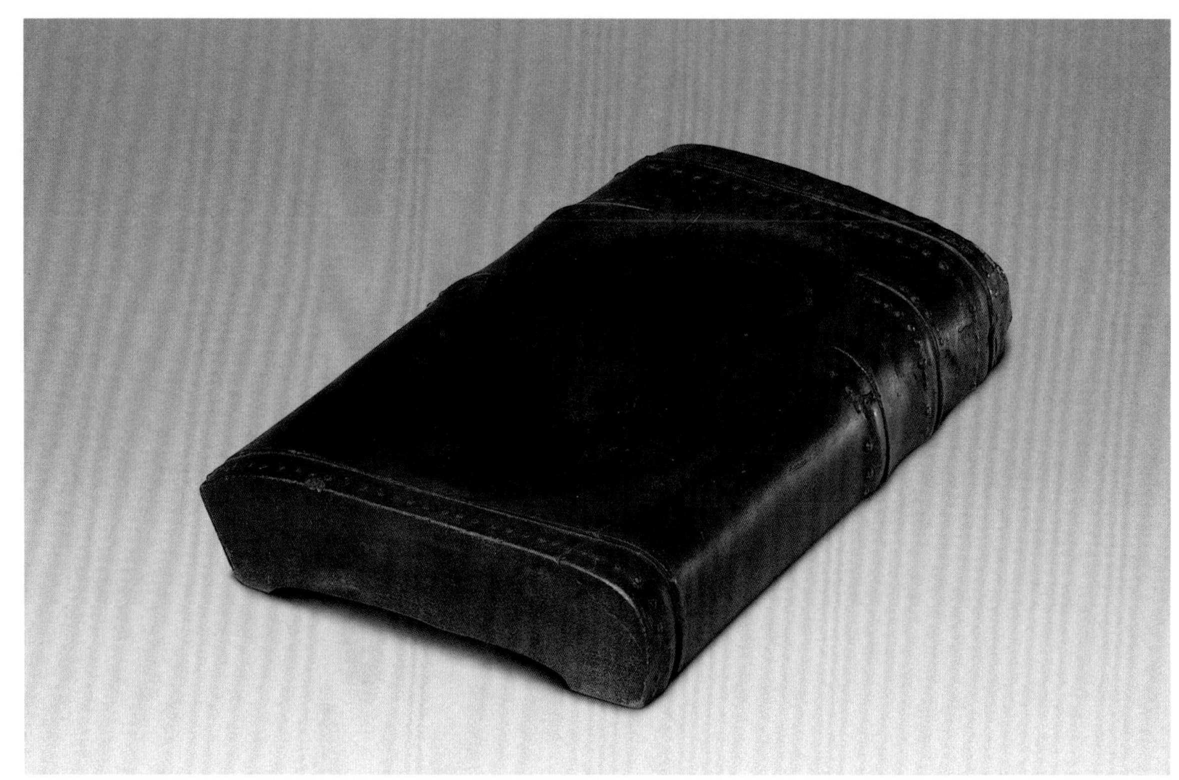

硯身為拋開竹節形。硯面雕竹節紋，中間微凹成硯堂，墨池深凹。硯背雕成拋開的竹節，頗為形似。

此硯雕刻細緻、傳神，竹節上的細紋、乳突一一再現。

103

端石翁方綱銘硯

清嘉慶

長22厘米　寬14.7厘米　高2.5厘米

Duan inkstone with inscriptions by Weng Fanggang

Jiaqing period, Qing Dynasty

Length: 22cm　Width: 14.7cm　Height: 2.5cm

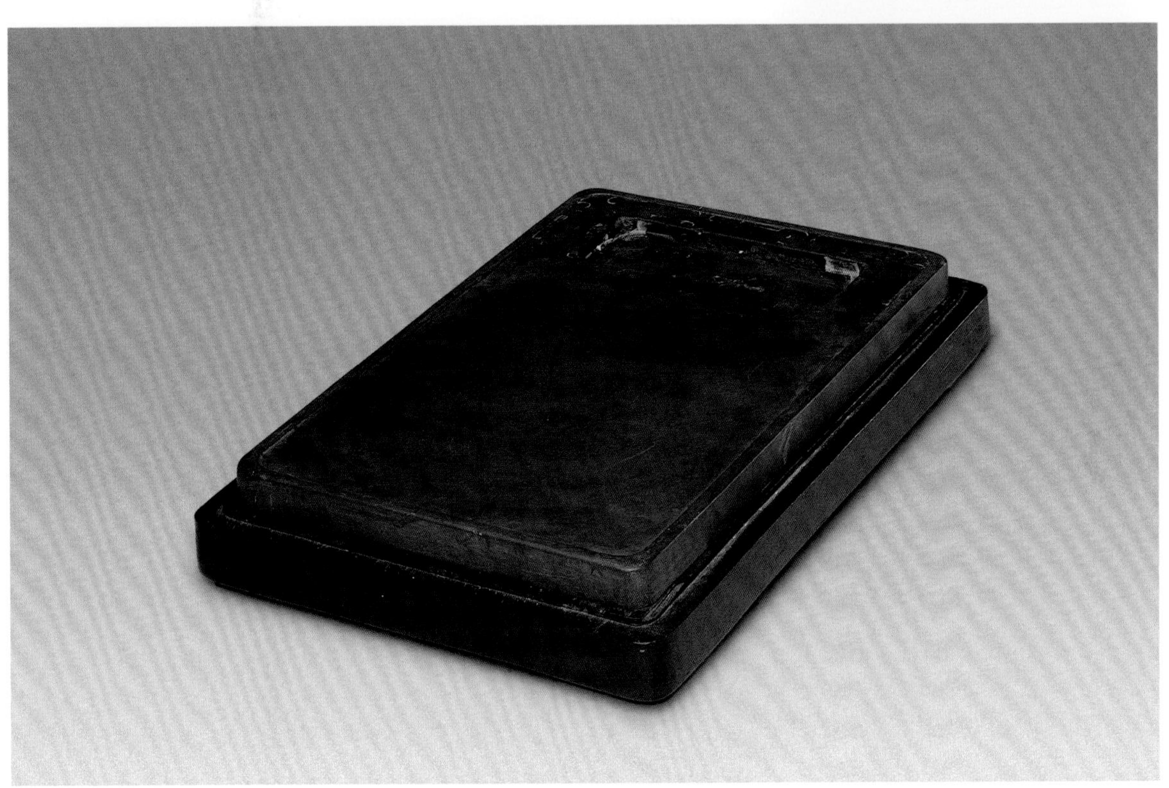

硯面淺開硯堂，上端深凹長方形墨池，四面起邊框。硯背陰線刻一老者抱琴，衣袍素練，圖上題隸書“陶靖節抱琴圖”，下署“南樓老人陳書摹”款，鐫“陳書”印。右刻款：“戊辰（1808）三月十二日，北平翁方綱觀”，鐫“蘇齋”印。

陳書，自號上元弟子，晚號南樓老人，錢綸光妻，陳羣之母。清浙江嘉興人。工詩，擅畫。翁方綱，字正三，號覃溪，乾隆進士，官至內閣學士，工書。此硯石質瑩潤，造型簡潔，為文人用硯風格。

104

端石觀弈道人銘硯

清嘉慶

長20.6厘米　寬12.8厘米　高2.7厘米

Duan inkstone with inscriptions by Guan Yi Dao Ren

Jiaqing period, Qing Dynasty

Length: 20.6cm　Width: 12.8cm　Height: 2.7cm

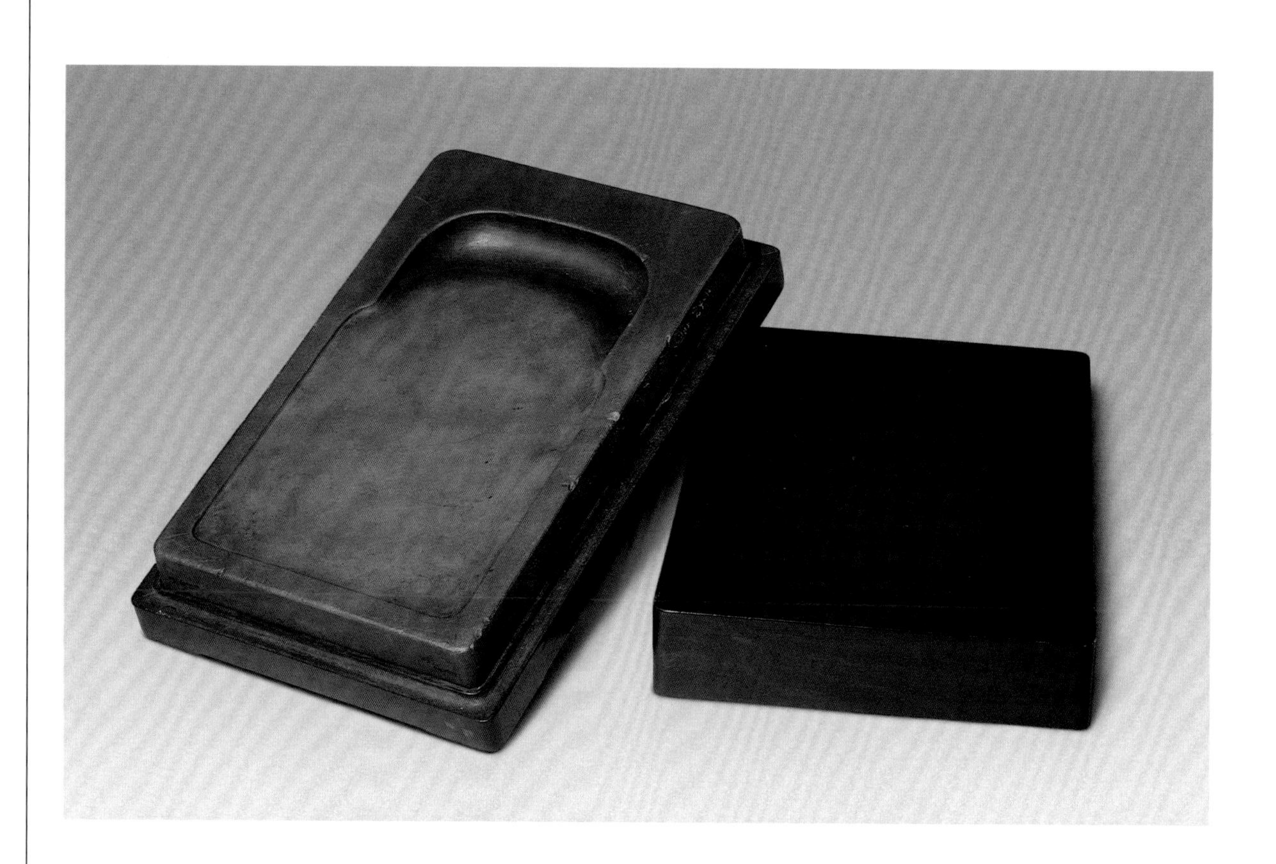

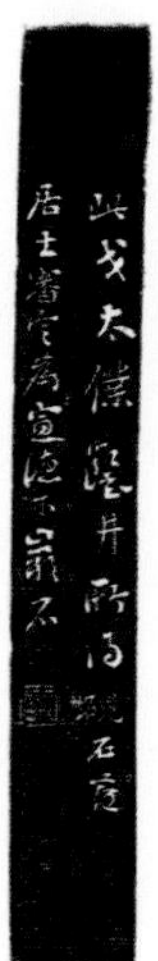

硯面開瓶式硯堂，口沿部深凹成墨池。硯背設長方形覆手，內鐫紀昀陰文楷書詩："入土七尺餘，不知幾百載。鑿井出重泉，密栗性無改。詩翁手拂拭，紫玉炫光彩。迢迢靈芝宮，人往石猶在。我偶尋舊居，摩挲為一慨。坡老笠屐圖，流傳從粵海。笥河醉學士，曾以百金買。良覿契自深，寧辭俗耳駭。此硯好韞藏，無以沉淪悔。真賞終有人，知勝新阬採。嘉慶庚申（1800）二月觀弈道人題，時年七十有七"。覆手周邊鐫翁方綱陰文行書硯銘："鑿井得研，喻功及泉，寶之無斁，肯構斯傳。庚申四月覃溪銘"。右側面朱珪陰文楷體銘："井之厥，研可坚，匪歙粵，功矻矻。嘉慶癸亥（1803）四月朔盤矻居士珪"。左側面劉墉陰文行書銘："此戈太僕鑿井所得硯，石菴居士審定為宣德下岩石。"鐫"石菴"印。附紅木硯盒。

紀昀，字曉嵐，乾隆進士，官至禮部尚書、協辦大學士，曾任《四庫全書》總纂，著有《閱微草堂筆記》等。朱珪，字石君，號盤矻居士，曾任嘉慶帝老師，官至體仁閣大學士。劉墉，字崇如，號石菴，乾隆進士，官至體仁閣大學士，工書。此硯材取自宣德下岩，石質細膩、潤澤，色淡紫似豬肝，含青花、火捺等石品。特別是題銘者均為清代乾、嘉時代的高官、學者和書法家，更為其增添價值。

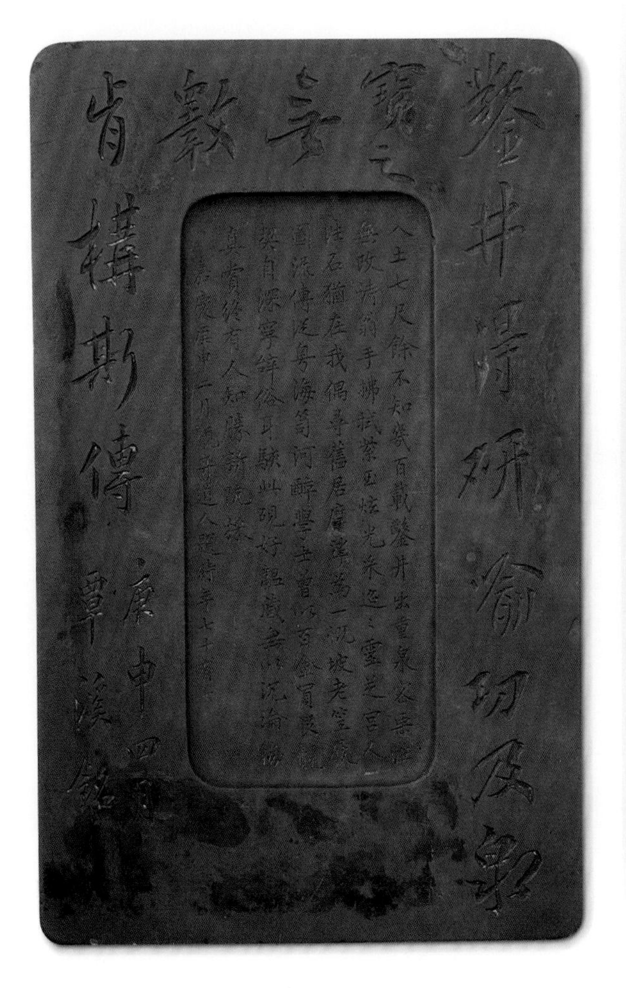
鑿井得研喻切及身
寶之無斁
肯構斯傳
庚申四月
覃溪銘

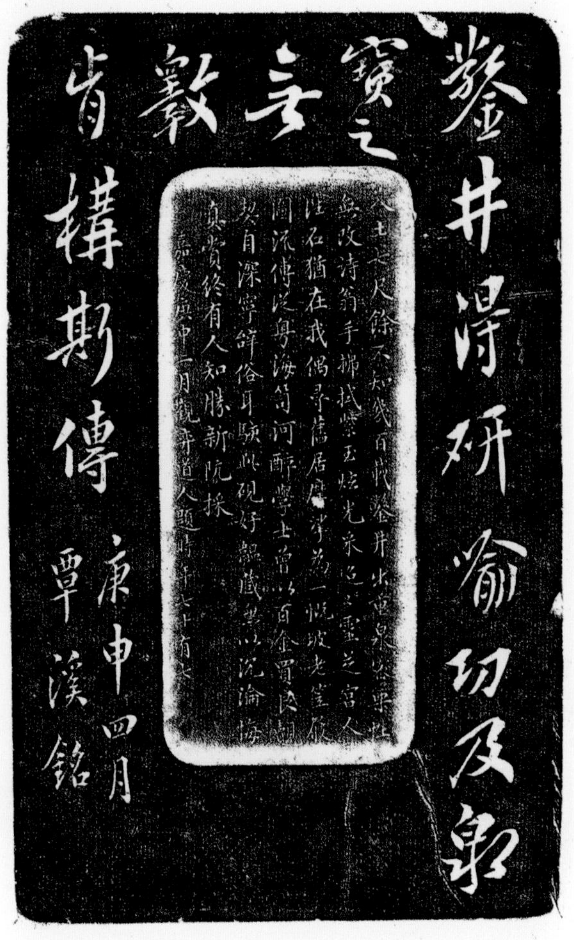
鑿井得研喻切及身
寶之無斁
肯構斯傳
庚申四月
覃溪銘

105

端石賽尚阿銘硯

清嘉慶至咸豐

長21厘米　寬14.2厘米　高4.1厘米

Duan inkstone with inscriptions by Sai Shang'e

Jiaqing and Xianfeng periods, Qing Dynasty

Length: 21cm　Width: 14.2cm

Height: 4.1cm

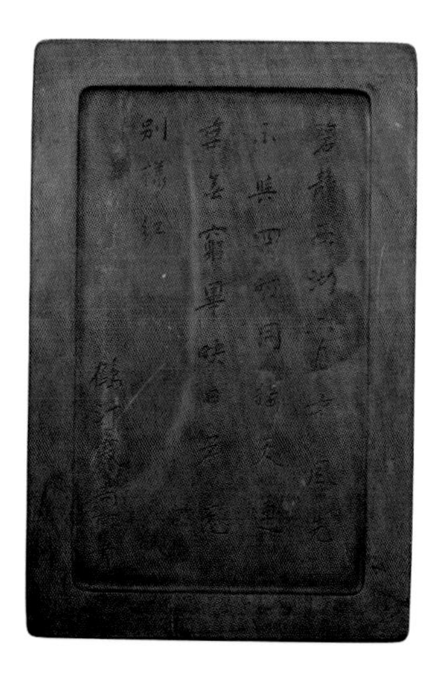

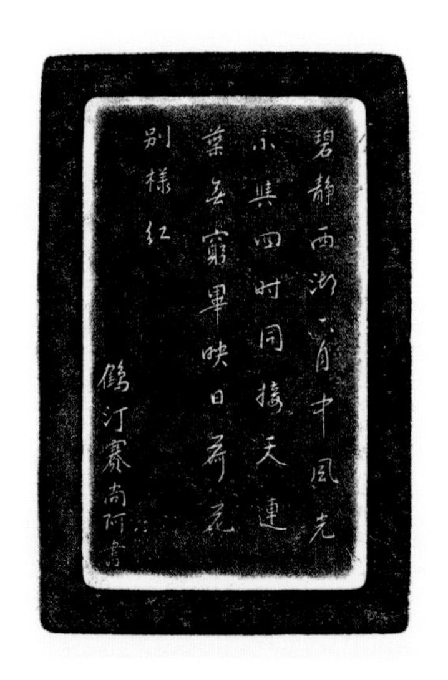

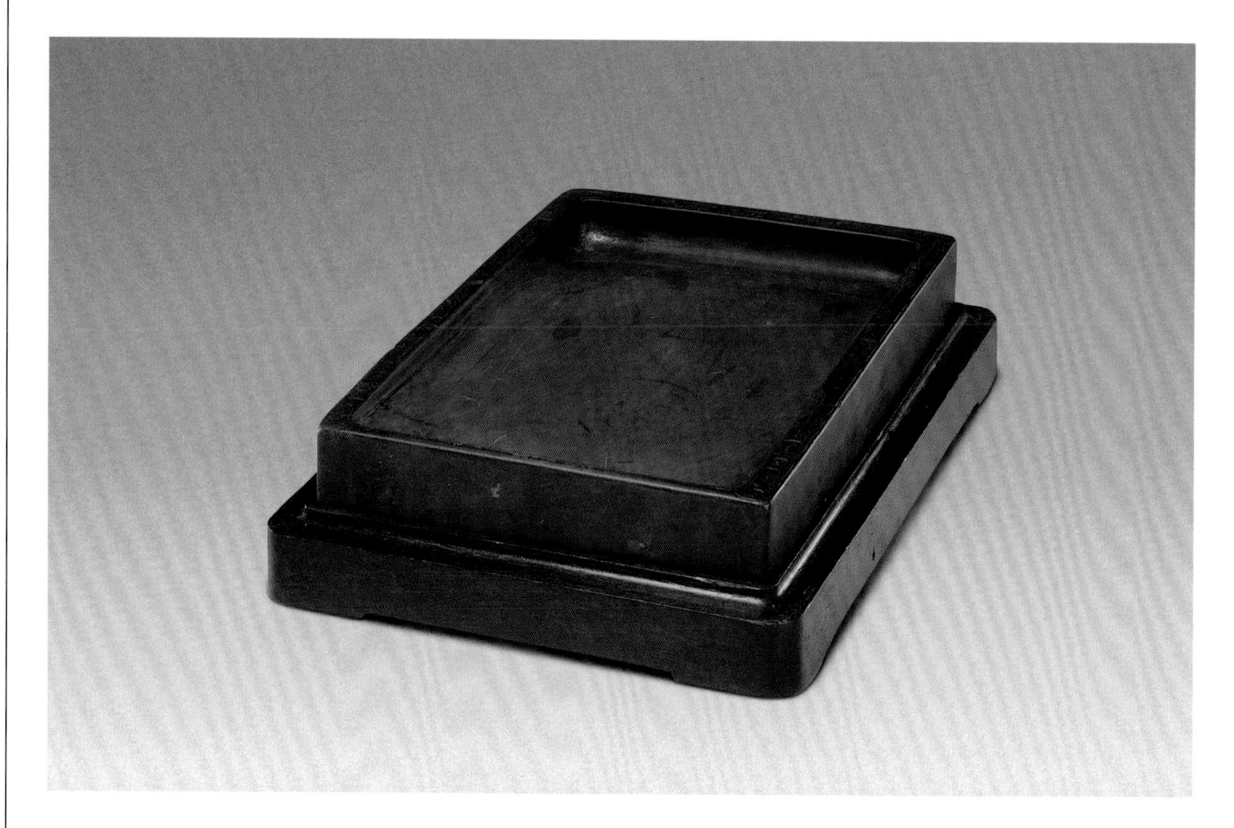

硯面開斜通式硯池，上端凹進，形成流淌式墨池，稱淌池。四邊起框，上凸雕螭紋。硯背覆手內刻賽尚阿陰文行書宋楊萬里詩："碧靜（畢竟）西湖六月中，風光不與四時同，接天連（蓮）葉無窮畢（碧），映日荷花別樣紅。鶴汀賽尚阿書"。附紅木盒。

賽尚阿，清蒙古正藍旗人，嘉慶繙譯舉人，道光間由筆帖式升主事，累官文華殿大學士，官至正紅旗滿洲都統。此硯石質細潤，色紫中泛灰。

106

紫石嘉慶御賞連蓋硯

清嘉慶
長12.7厘米　寬9厘米　高2.5厘米
清宮舊藏

Purple marble inkstone with a cover and characters Jia Qing Yu Shang

Jiaqing period, Qing Dynasty
Length: 12.7cm　Width: 9cm
Height: 2.5cm
Qing Court collection

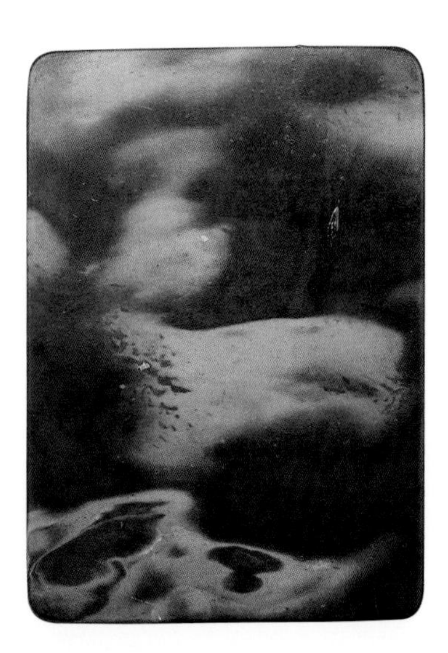

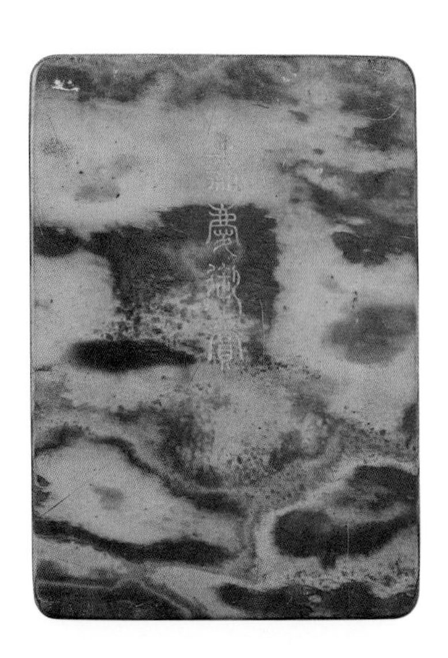

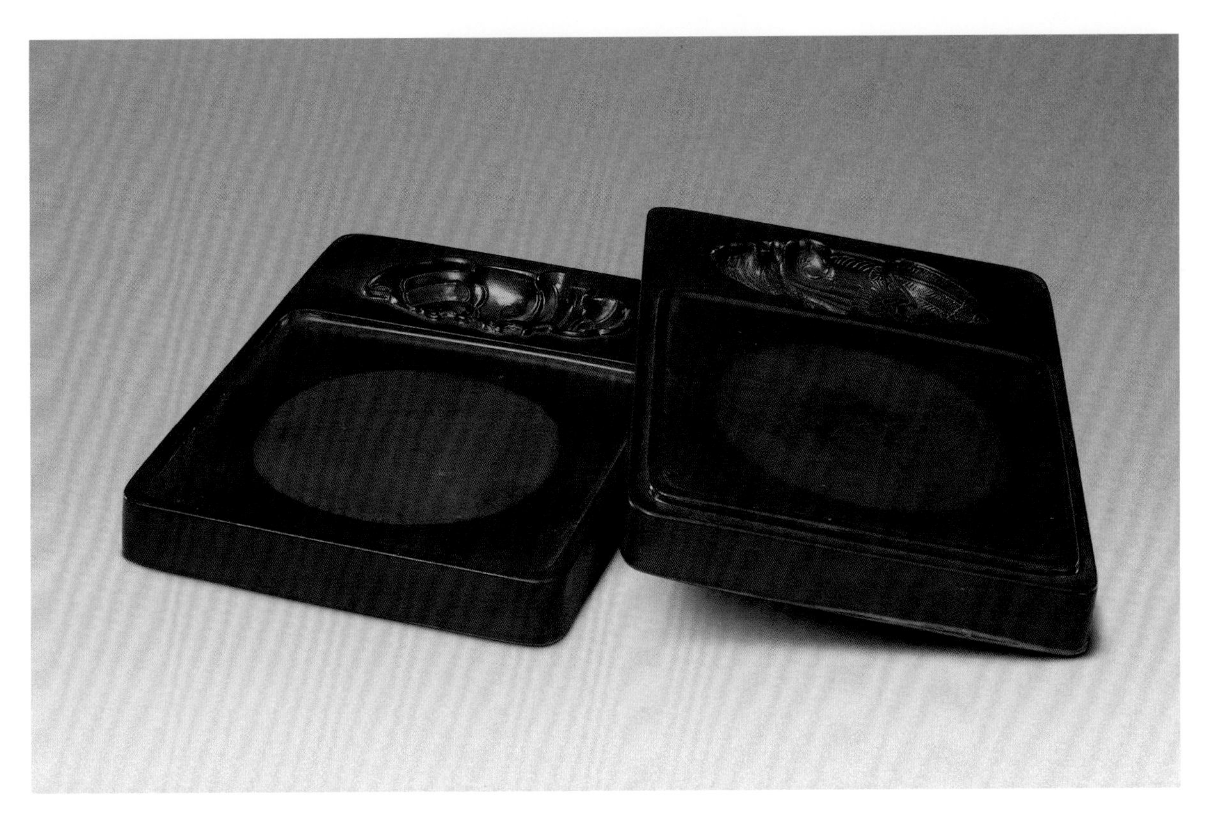

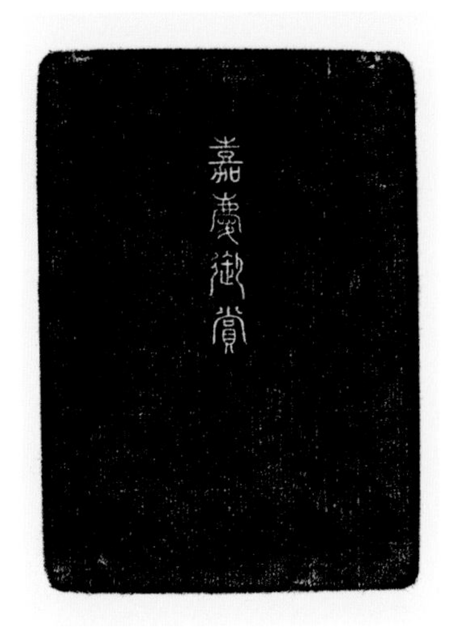

長方形。硯面淺開長方形硯堂，上端為鳳鳥形墨池。硯背陰文篆書銘“嘉慶御賞”。硯蓋裏亦雕成硯堂、墨池，形式與硯身同，唯硯堂四周突起邊框，與硯身成子母扣式。

此硯設計新穎，身、蓋具可獨立使用。硯底與蓋面紋和黃綠色天然斑紋，絢麗多姿。

107

端石賞硯

清中期
硯最長8.5厘米　寬7厘米　高1.3厘米　9方
盒長36.3厘米　寬34.4厘米　高4.8厘米
清宮舊藏

A set of nine ornamental Duan inkstones

Mid-Qing Dynasty
The longest inkstone:
Length: 8.5cm　Width: 7cm　Height: 1.3cm
Box:
Length: 36.3cm　Width: 34.4cm　Height: 4.8cm
Qing Court collection

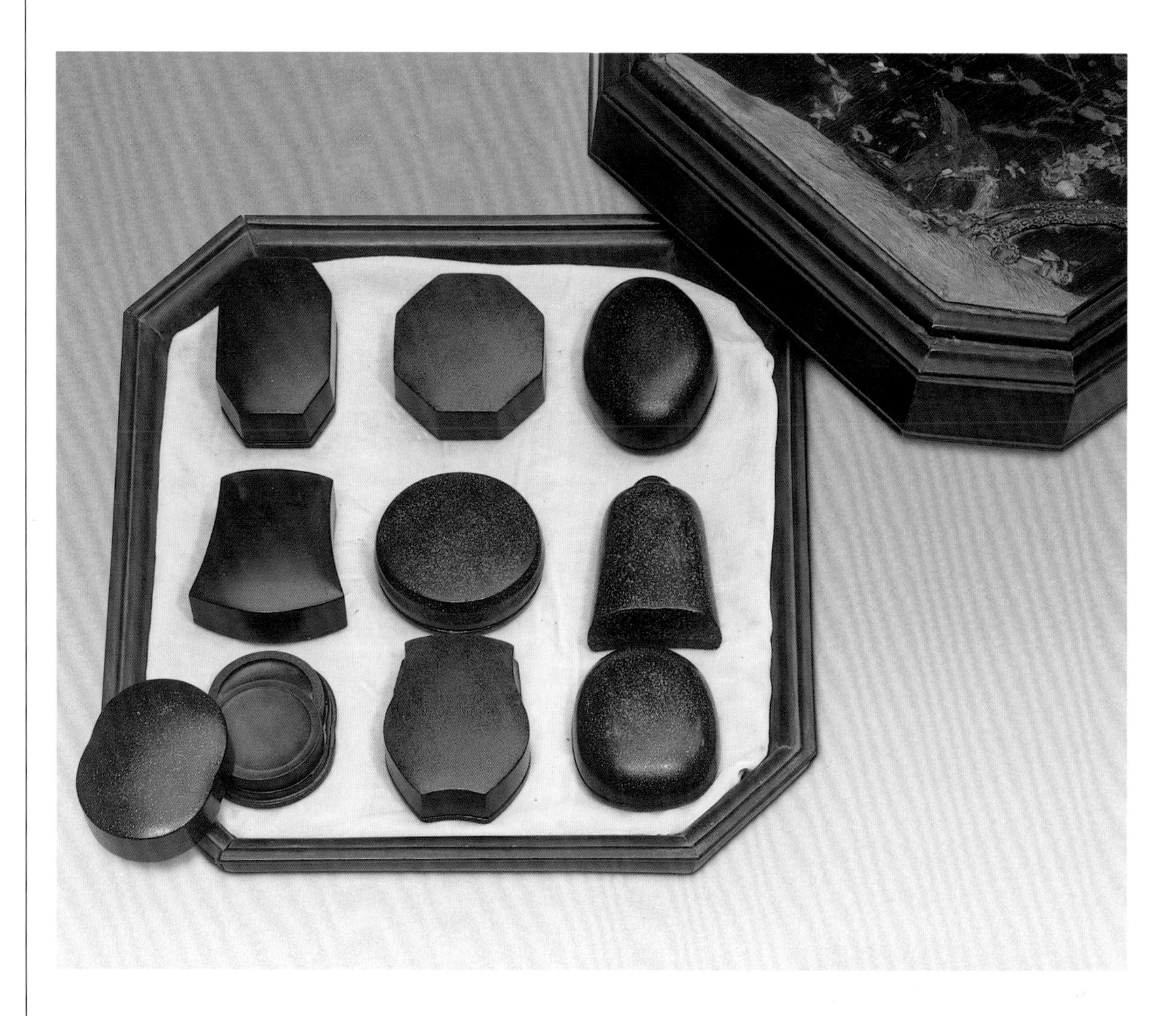

一套計九方硯，稱為八角隔水硯、斧福硯、雙連圓硯、太平硯、八卦曲水硯、圓素鼓硯、禹商杯硯、柳棋硯、金鐘硯。為長八角形、風字形、雙連圓形、瓶形、圓形、杯耳形、鐘形等。有的硯背雕有紋飾。石色青紫，細潤如玉，隱現青花、蕉葉白紋理。裝各色灑金漆硯盒，共裝紫檀雕花八角形盒內。

此套硯紋飾簡練，做工精細，玲瓏小巧，是供宮中玩賞的工藝品。

108

端石周堯卿銘松鶴紋硯

清中期

長14.5厘米　寬10.2厘米　高2.4厘米

Duan inkstone with inscriptions by Zhou Yaoqing and design of pine tree and crane

Mid-Qing Dynasty

Length: 14.5cm　Width: 10.2cm

Height: 2.4cm

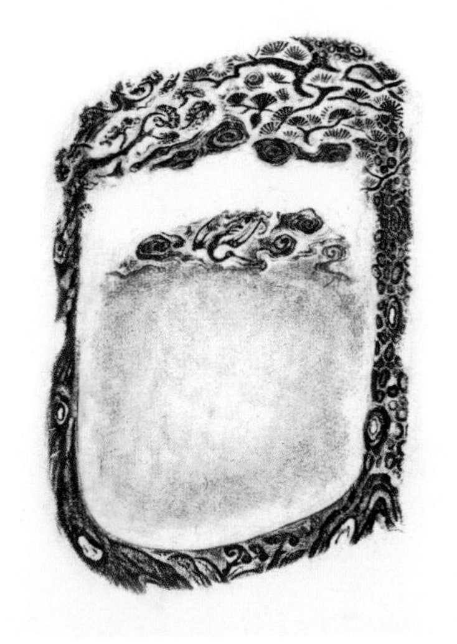

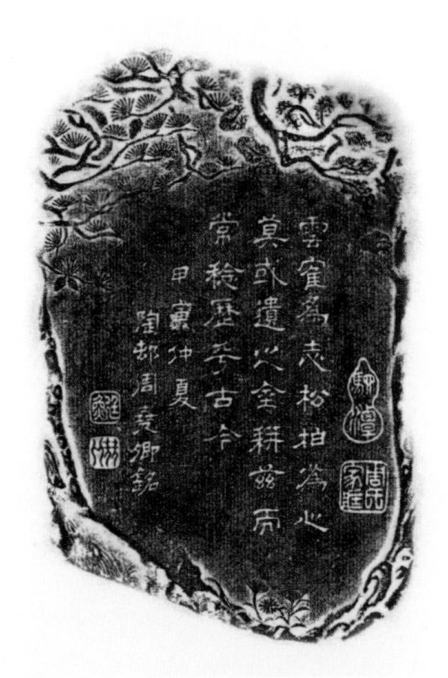

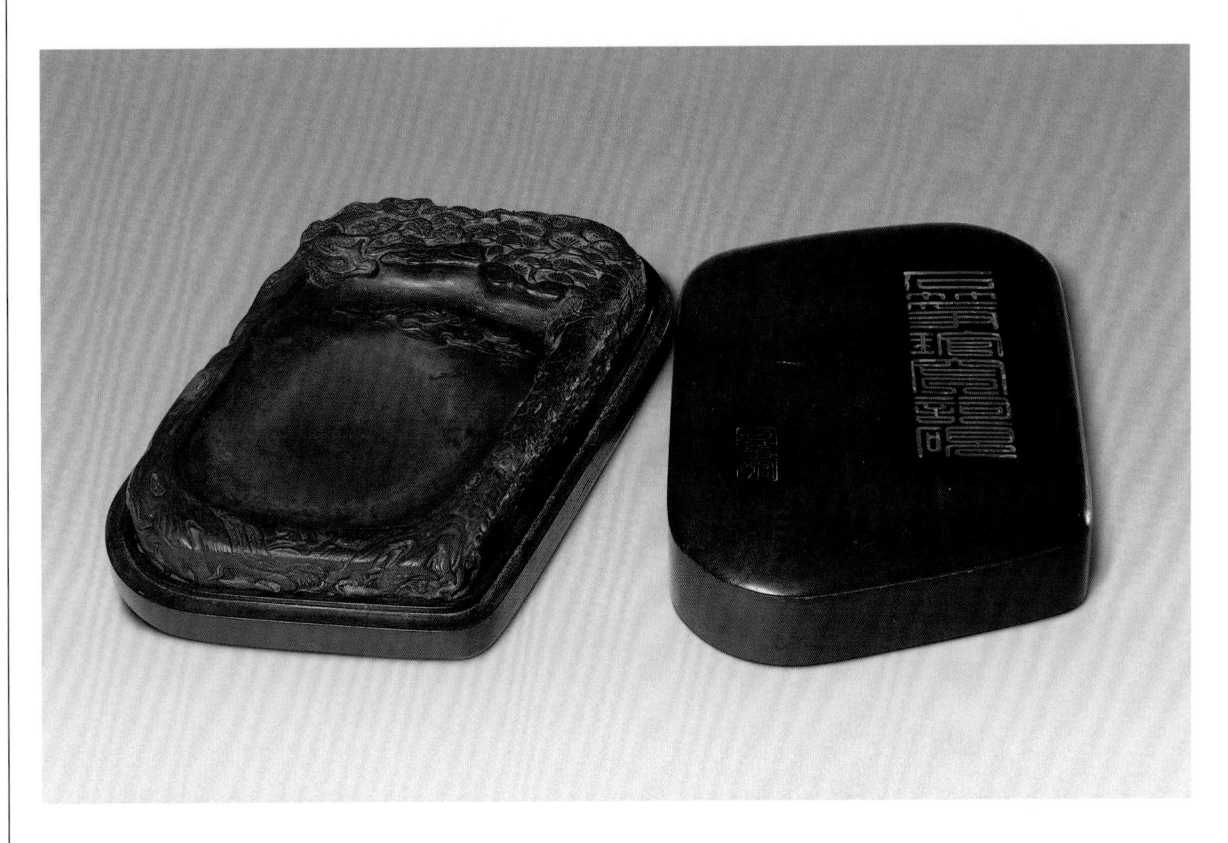

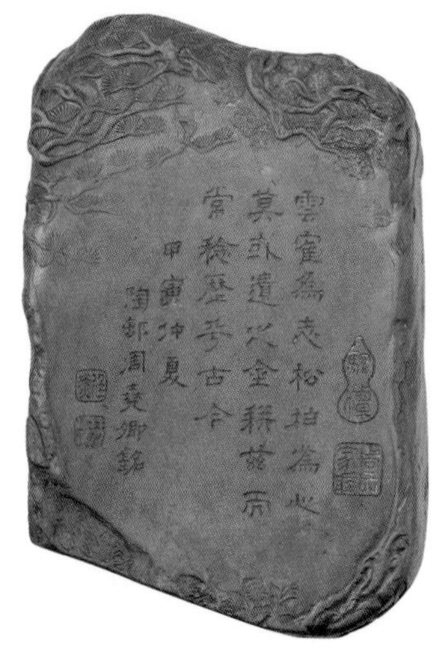

硯依原材之形略加刪削，周邊雕飾松樹枝幹紋。硯面打磨平滑，闢出硯堂及墨池，池內雕雲鶴紋。硯背陰刻隸書硯銘："雲鶴為志，松柏為心，莫或遺之金，耕茲而常稔，歷乎古今。甲寅仲夏陶村周堯卿銘"，鐫"廷奐"、"伴卿"印。硯銘右側鐫"駟潭"、"周氏家藏"印。附紅木盒，盒面鐫陰文篆書"石箏館寫詞硯"，鐫"石箏館"印。

"石箏館"是清代漢軍楊繼振的室名，他曾收藏過此硯。此硯石質細膩潤澤，堅實緻密，石色青中泛紫，柔光內蘊，邊角保留棕黃色石皮。

109

端石西盧讀書圖硯

清中期

長25.7厘米　寬19.6厘米　高3.7厘米

Duan inkstone with picture of an old man reading in a thatched cottage

Mid-Qing Dynasty

Length: 25.7cm　Width: 19.6cm　Height: 3.7cm

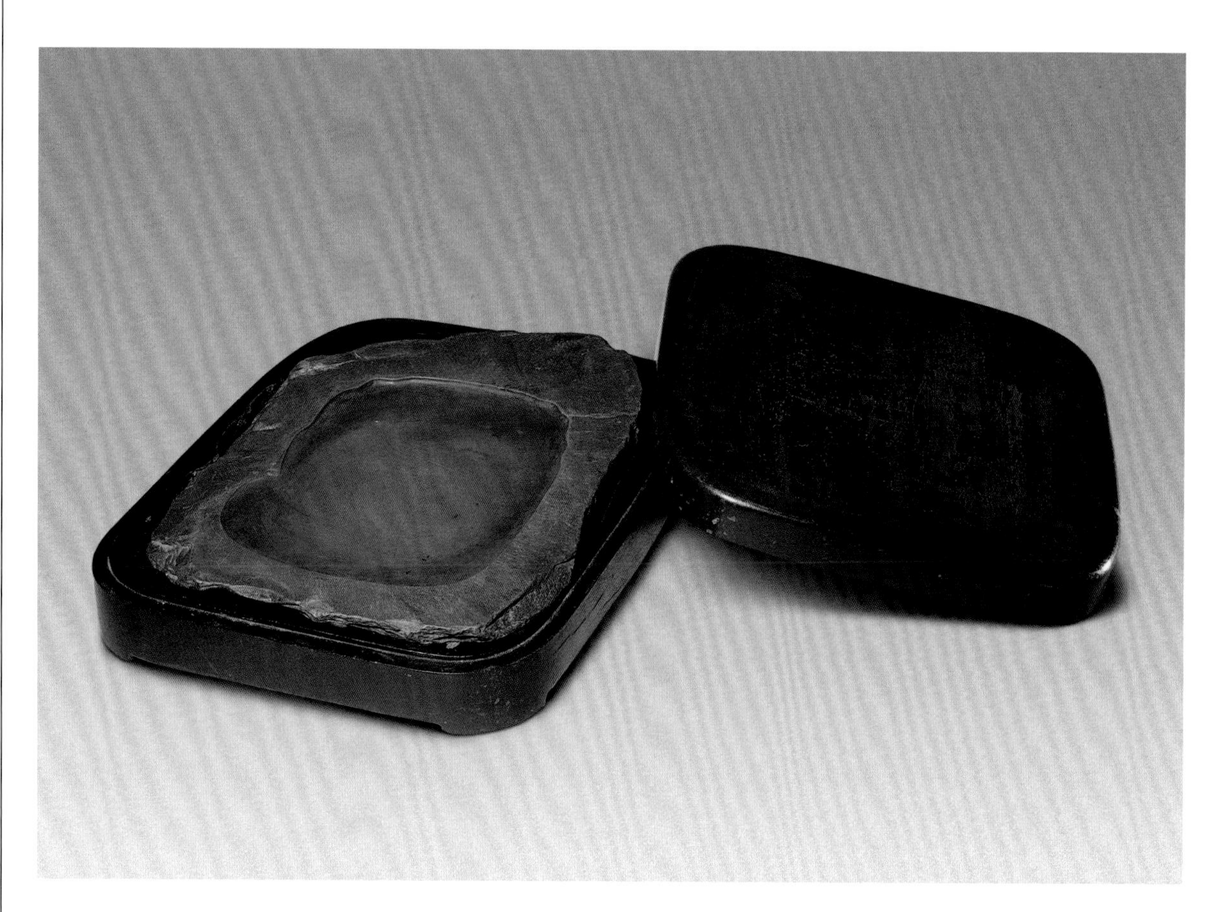

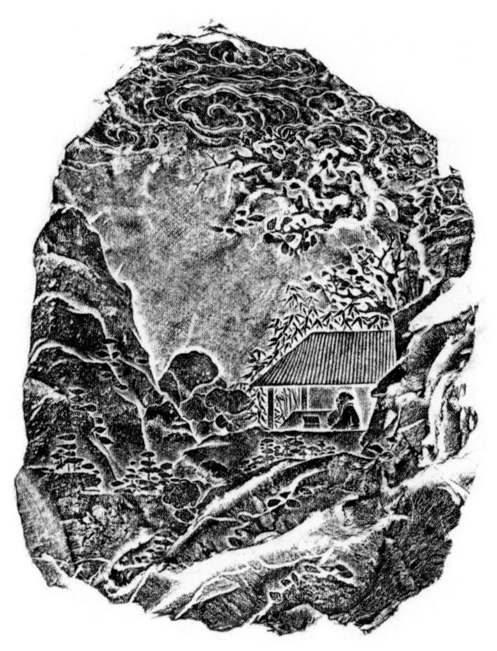

硯保留石材原形，將石表打磨平滑遂為硯堂。硯背特意留下一些黃色石皮，巧妙地利用原材固有的形狀、紋理與顏色，順勢稍加雕琢，成西盧讀書圖，在林木山水間築有茅盧，一老翁正端坐在盧中讀書，構成一幅優雅別致的山水畫。

此硯石質溫潤而澤，細膩而滑，石色清紫，含火捺紋理。此硯在雕琢上極富特色，以石材自然形態構成山石樹木，細微處加以雕琢，宛若天成，為一件巧用原石的精彩之作。

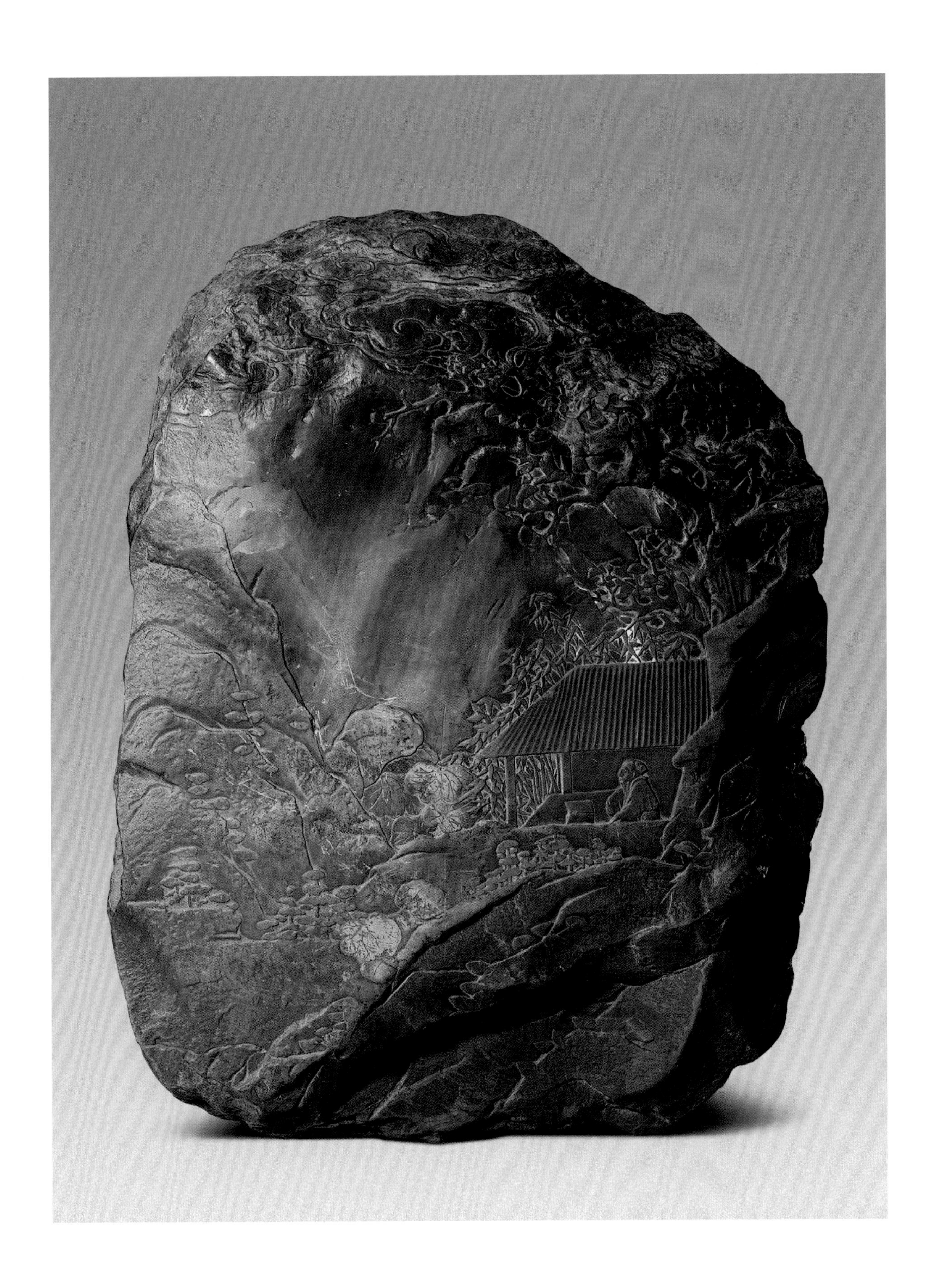

110

端石蕉葉紋硯
清中期
長24厘米　寬7厘米　高2.3厘米

Duan inkstone with design of plantain leaf
Mid-Qing Dynasty
Length: 24cm　Width: 7cm　Height: 2.3cm

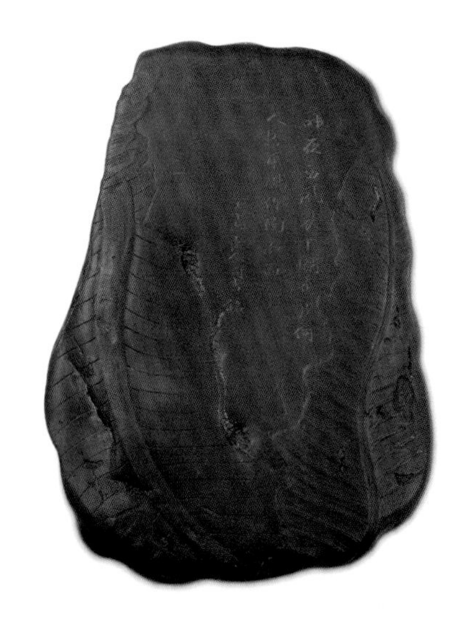

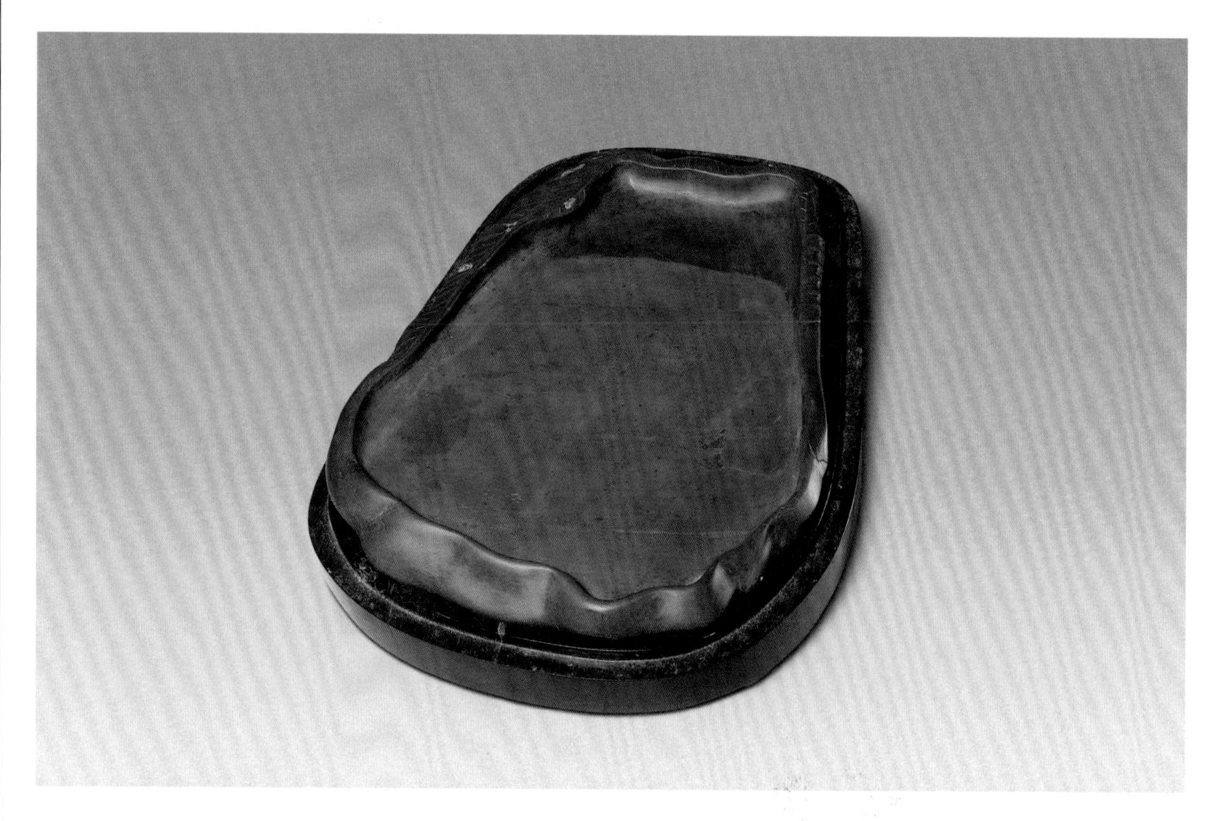

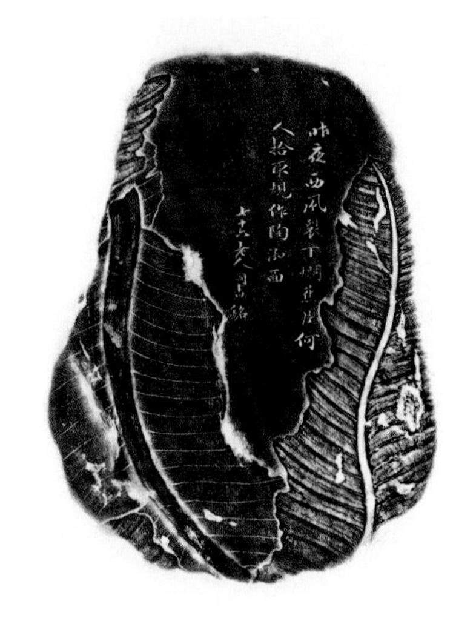

硯隨石材原形巧做成蕉葉形，以蕉葉捲邊作硯框以攏墨。斜通式硯堂，上方深凹為墨池。硯背雕蕉葉紋，陰刻行書硯銘："昨夜西風裂下爛蕉片，何人拾取規作陶泓面。七十六老人同書銘。"附硬木盒。

硯材取自端溪，石質溫潤而澤，然有被酸性物質侵蝕的坑洞，稱之蟲蛀。石色淡紫，含銀線、蕉葉白等石品。

111

端石醉翁硯

清中期

長24.7厘米　寬17.5厘米　高3.3厘米

清宮舊藏

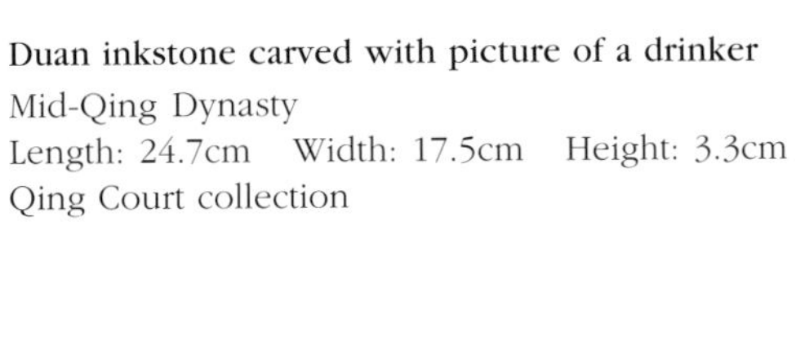

Duan inkstone carved with picture of a drinker

Mid-Qing Dynasty

Length: 24.7cm　Width: 17.5cm　Height: 3.3cm

Qing Court collection

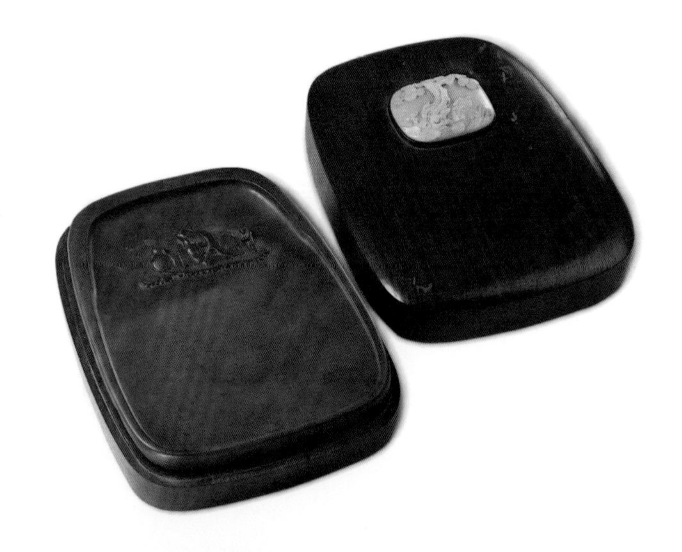

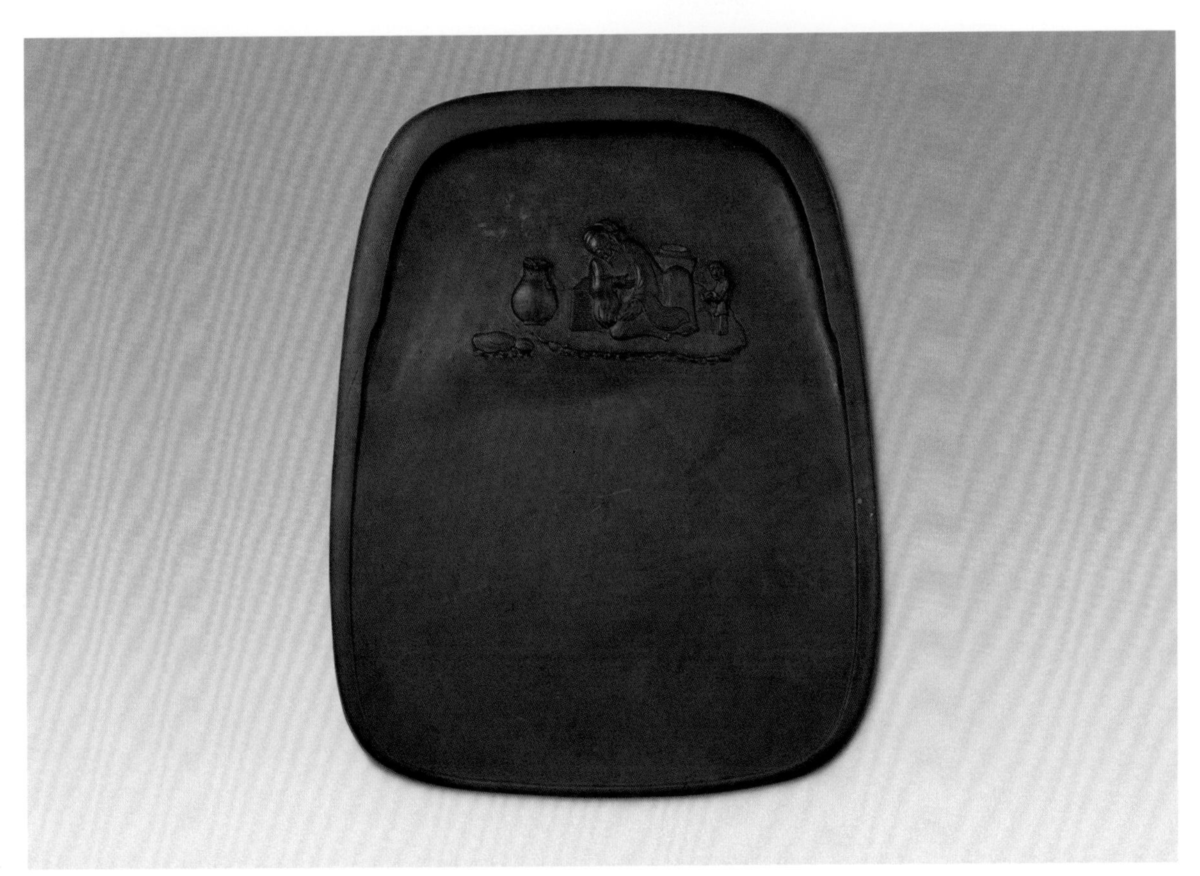

體呈圓角風字形。硯面開斜通式硯池，池內浮雕一醉翁，倚書而坐，酣態可掬，身旁站立侍童。硯背面平滑，也可研墨。配嵌玉紅木盒。

硯石黝黑細膩，石肌紋理明顯，有火捺、青花、蕉葉白石品，為舊坑端石。硯體厚重，石質精良，製作講究，為宮廷製品。

112

端石一水護田硯

清中期

長10.5厘米　寬10.5厘米

高2.7厘米

Duan inkstone with characters Yi Shui Hu Tian

Mid-Qing Dynasty

Length: 10.5cm　Width: 10.5cm

Height: 2.7cm

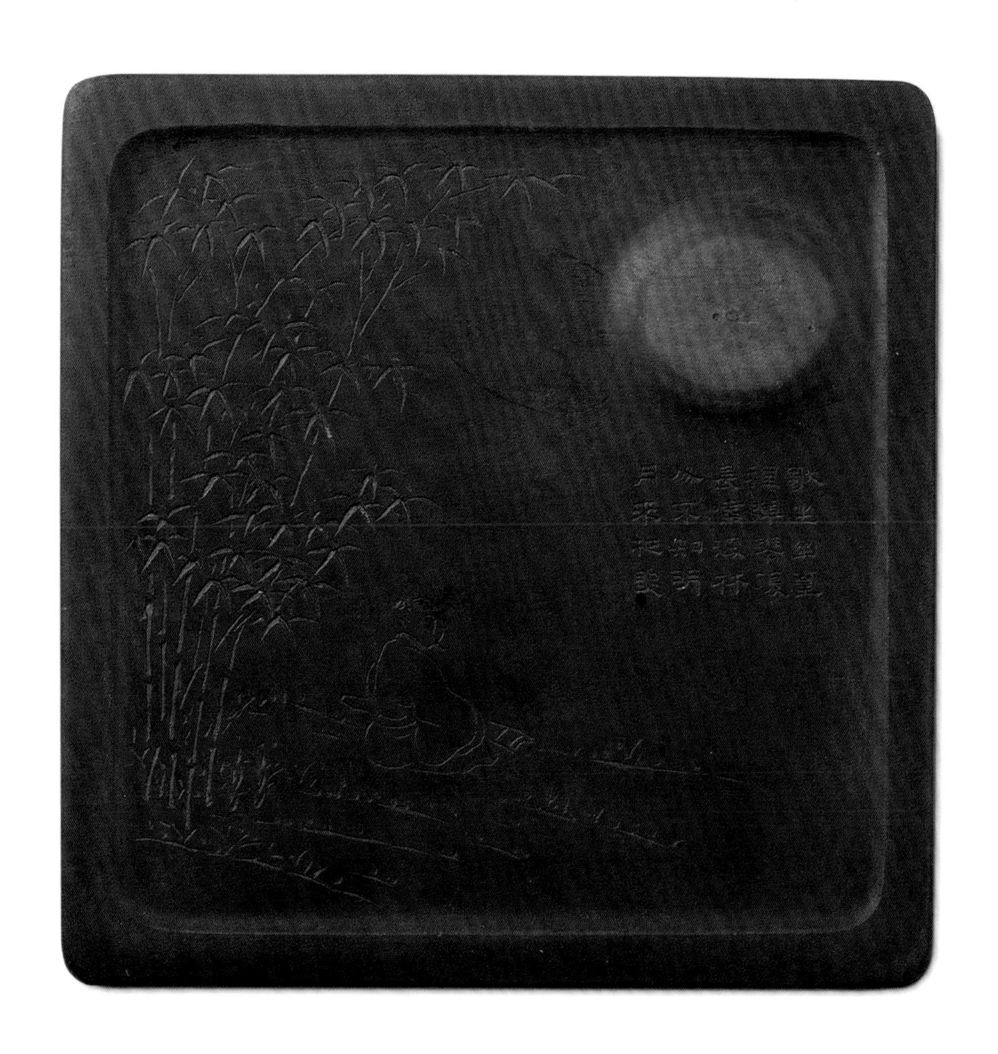

正方形。硯堂突起，四周微凹成溝渠以便貯墨，有唐代石渠硯之遺韻。外緣起邊框。硯背覆手內以陰線刻一老翁於叢竹下對月彈琴，雕突起石眼成一輪明月，意境幽遠。畫右陰文隸書王維詩：“獨坐幽篁裏，彈琴復長嘯。深林人不知，明月來相照。”硯右側面陰文篆書硯銘：“一水護田”，署款“問齋主人藏”。附楠木硯盒。

此硯石色青紫，質地溫潤而澤，隱現青花紋理，有一淡黃色無暈石眼，被巧用為圖中，可謂化腐朽為神奇。

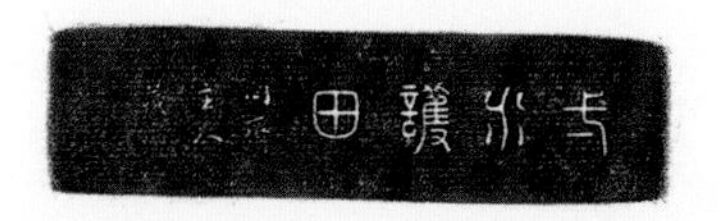

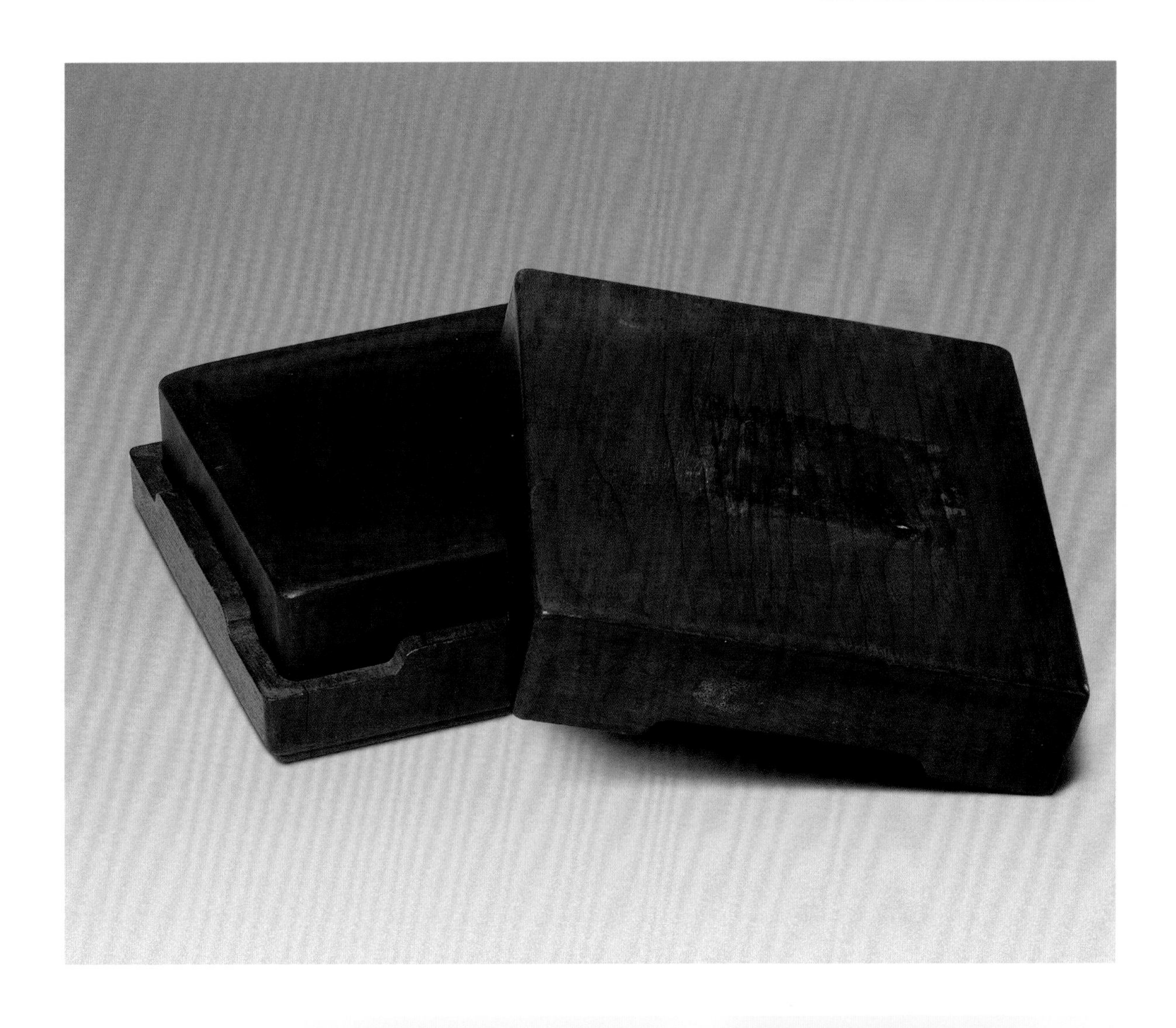

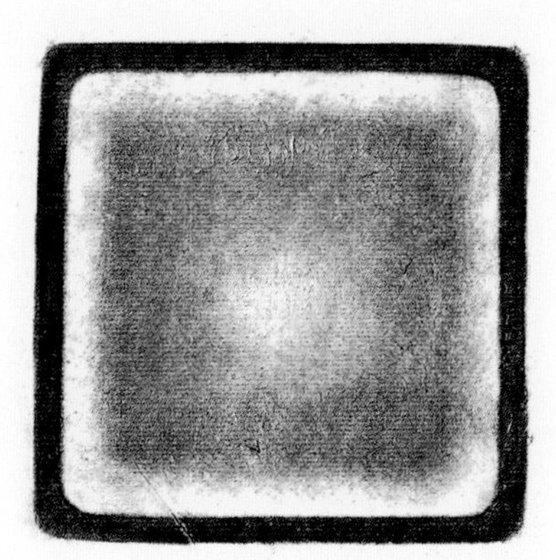

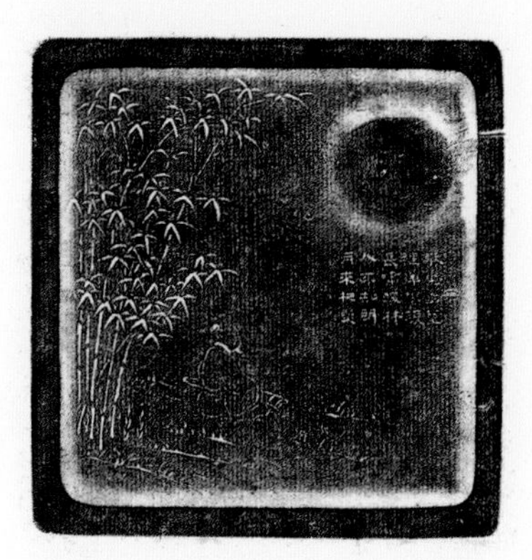

113

青玉蟬形硯

清中期

長18厘米　寬12.2厘米　高1.5厘米

Green jade inkstone in the shape of cicada

Mid-Qing Dynasty

Length: 18cm　Width: 12.2cm　Height: 1.5cm

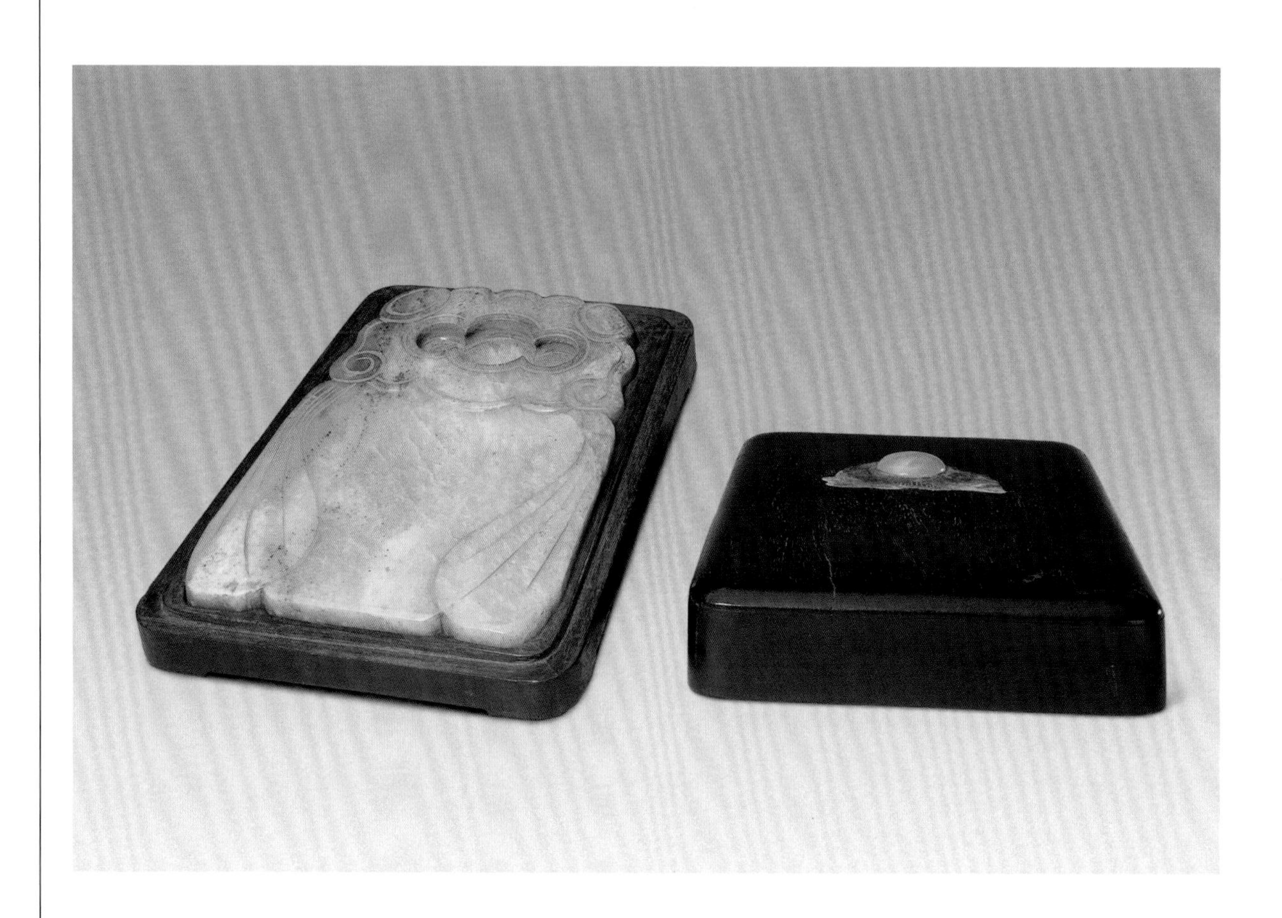

硯作蟬形。蟬身微凹成硯堂，兩翅突起成邊框。頭部挖出三連環圓形墨池，池內有硃砂遺痕。硯面陰刻出雙翅、雙眼，線內填朱。硯背面光潔，有綹。硯置嵌玉紅木盒中。

此硯以玉材製，不多見。從墨池留有硃砂痕跡看，應是用於研朱墨。

114

端石錢泳銘抄手硯

清道光

長28.6厘米　寬19.3厘米　高6.8厘米

Chaoshou Duan inkstone with inscriptions by Qian Yong

Daoguang period, Qing Dynasty

Length: 28.6cm　Width: 19.3cm　Height: 6.8cm

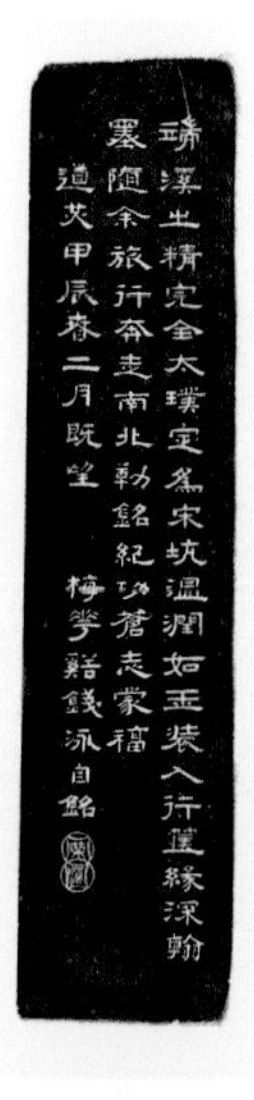

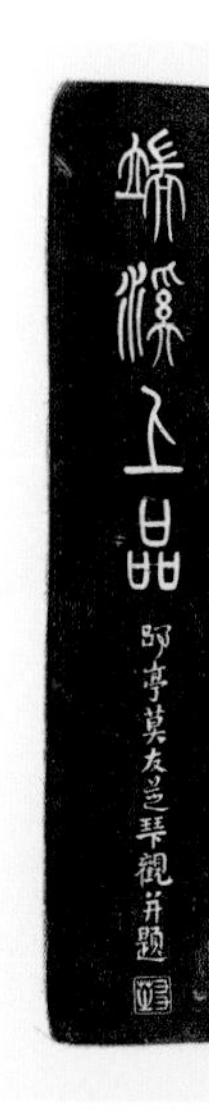

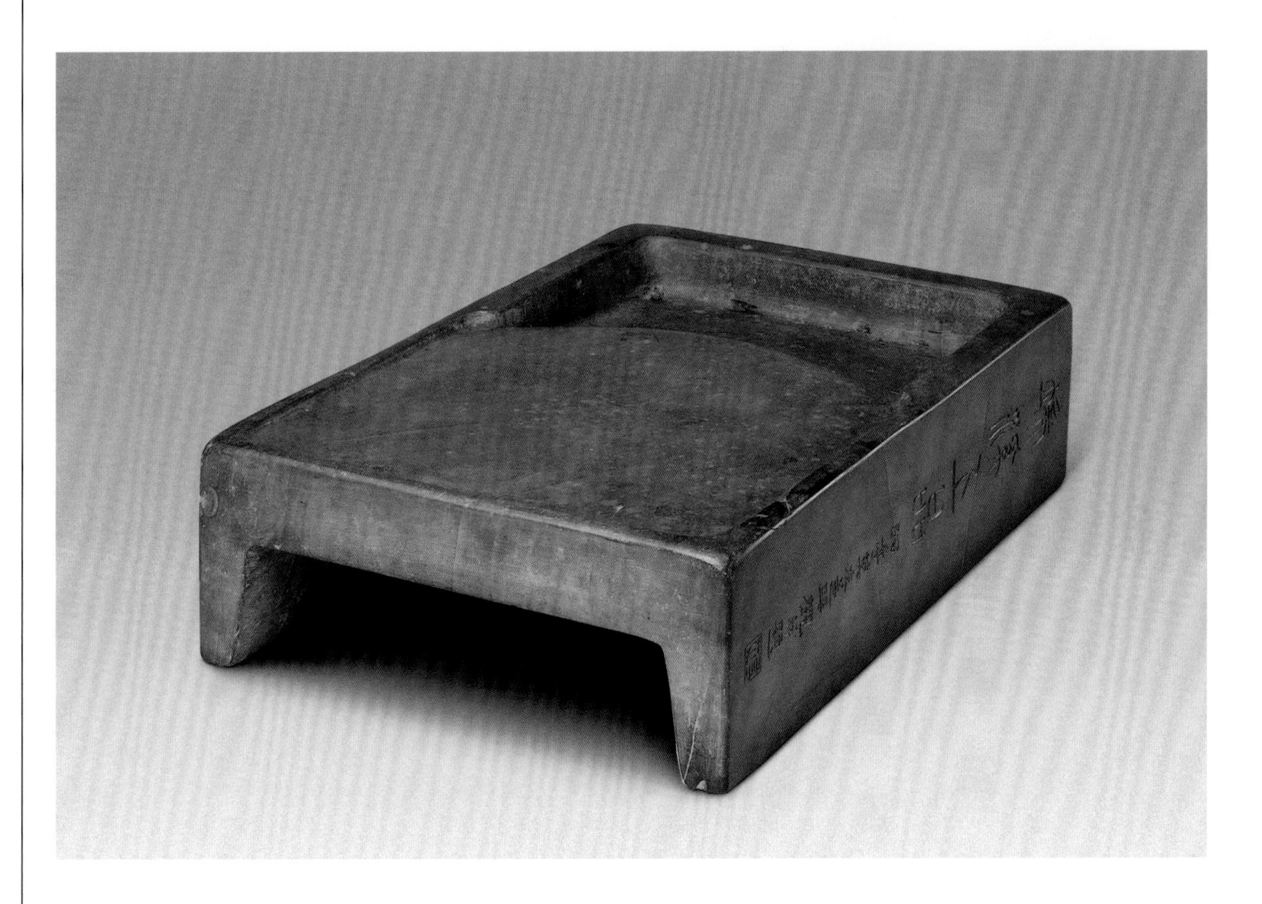

抄手式。硯面微凹成硯堂，上端深凹為墨池。硯背開斜坡式抄手。硯左側刻錢泳陰文隸書銘："端溪之精，完全太璞，定為宋坑，溫潤如玉。裝入行篋，緣深翰墨，隨余旅行，奔走南北，勒銘紀功，蒼志蒙福。道光甲辰（1844）春二月既望，梅華溪錢泳自銘"，鐫"梅溪"印。右側面刻莫友芝陰文篆書銘："端溪上品。郘亭莫友芝拜觀並題"，鐫"友芝"印。

錢泳，字立羣，一字梅溪，號梅華溪居士，清江蘇無錫人。工書，精鐫碑板。莫友芝，字子偲，號郘亭，清貴州獨山人。精金石、音韻學，工書。此硯石紫色，石質較為乾澀。名家題銘，為之增色。

115

端石清儀閣吟硯

清道光

長19.2厘米　寬10.6厘米　高4.4厘米

Duan inkstone with characters Qing Yi Ge Yin

Daoguang period, Qing Dynasty

Length: 19.2cm　Width: 10.6cm　Height: 4.4cm

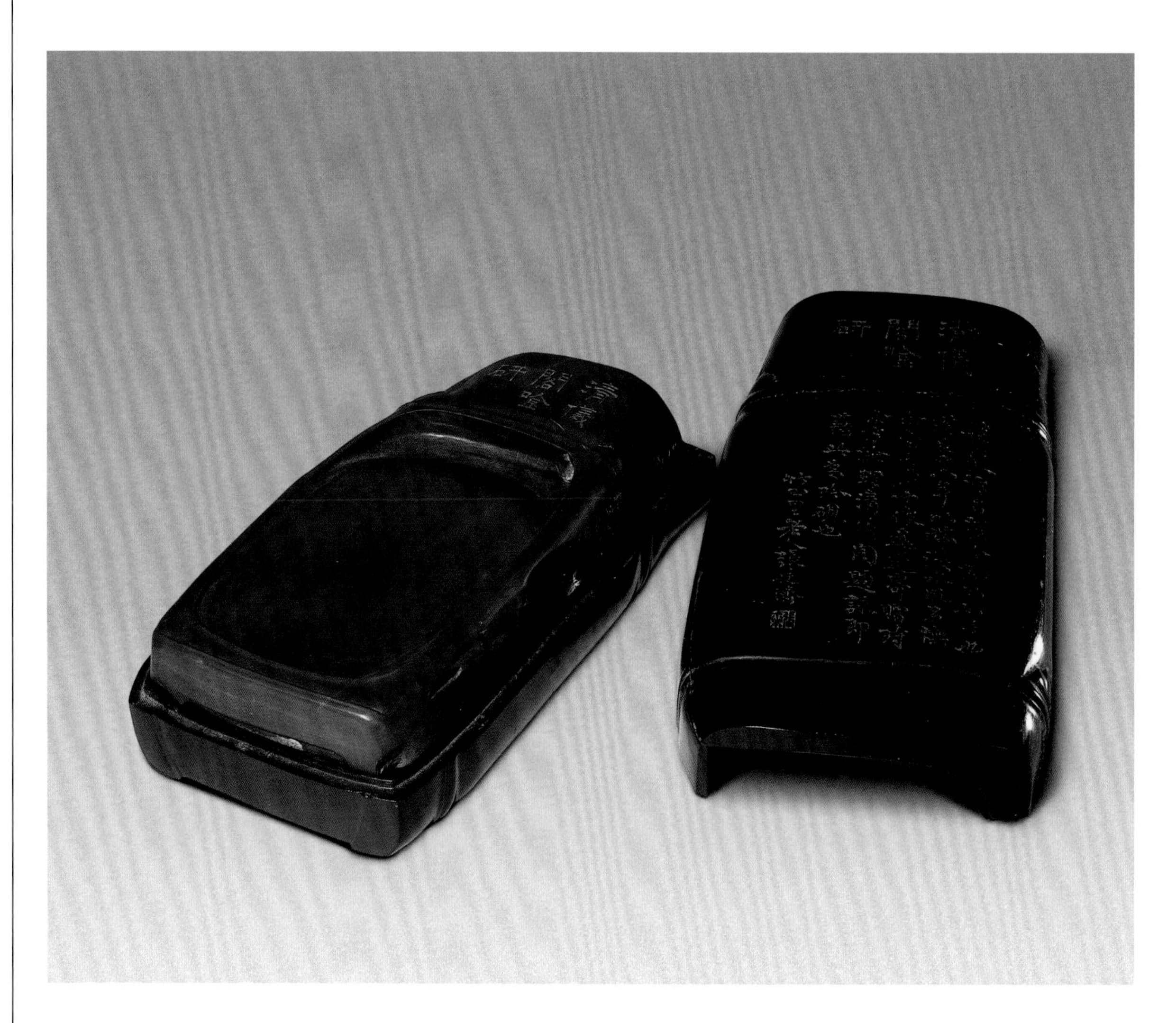

硯為竹節形。硯面開斜通硯池，上額陰文隸書硯銘："清儀閣吟研"。硯背作剖開竹芯形，分為上、下兩節，下節陰刻張廷濟像，題書"張叔未孝廉小像。方絜刻"。右側面陰文行書銘："作書作詩師句曲，磨之磨之寶於玉。廷濟銘並書"，鐫"張叔未"印。左側面陰文楷書銘："道光十六年（1836）廷濟屬（囑）黃岩方絜橅此小像，時年六十有九"，鐫"廷濟"印。附紅木竹節式盒，鐫"清儀閣吟研"，"黃岩方君絜，今刻竹妙手也，道光十六年以端溪水坑石橅余六十九歲小像遠道寄贈，時余方檢理清儀閣題詠，即藉此為吟硯也。竹田里老人張廷濟"，鐫"張叔未"印。

此硯以端溪水坑石製，石質極潤澤，其色青紫，呈現鐵線、蕉葉白等石品。

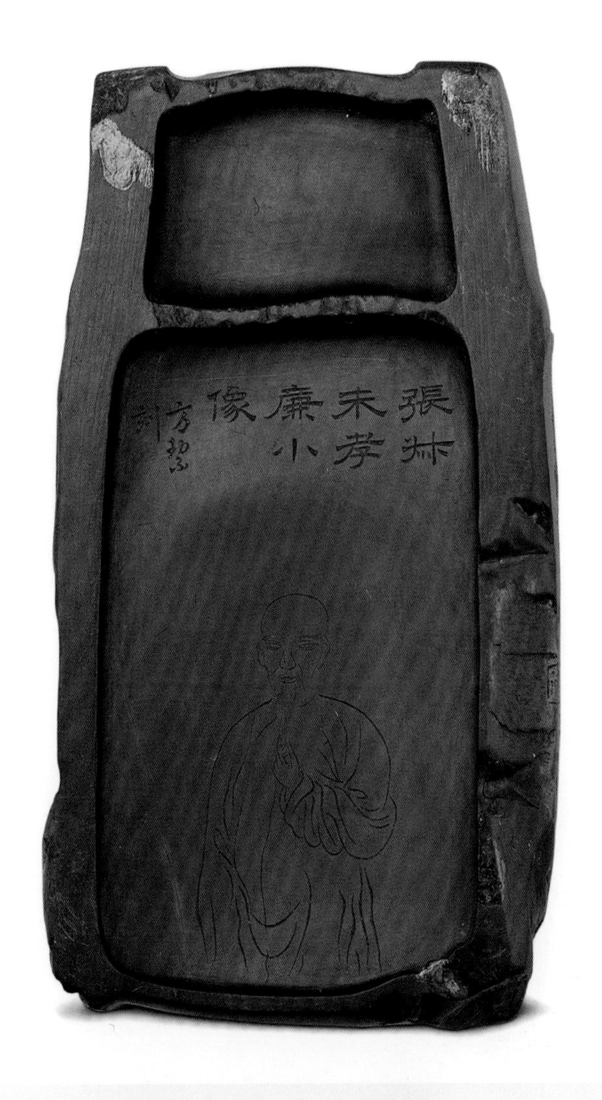

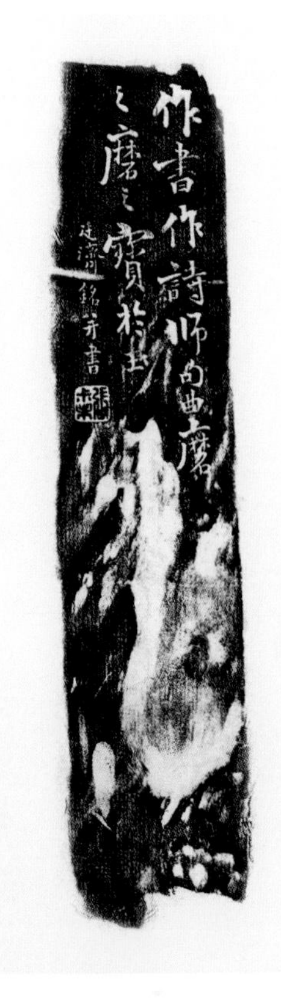

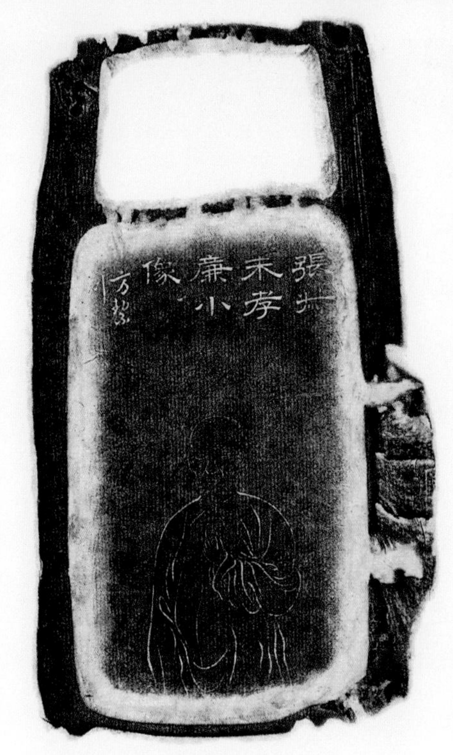

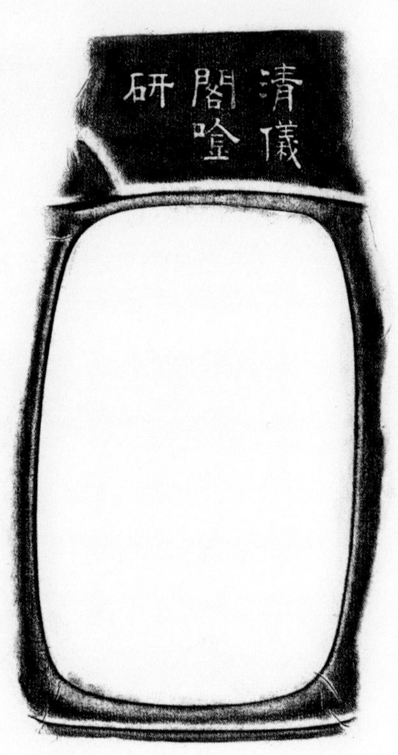
清儀閣唫研

116

端石寰海鏡清硯

清道光

長17.5厘米　寬12厘米　高2.4厘米

清宮舊藏

Duan inkstone with characters Huan Hai Jing Qing

Daoguang period, Qing Dynasty

Length: 17.5cm　Width: 12cm　Height: 2.4cm

Qing Court collection

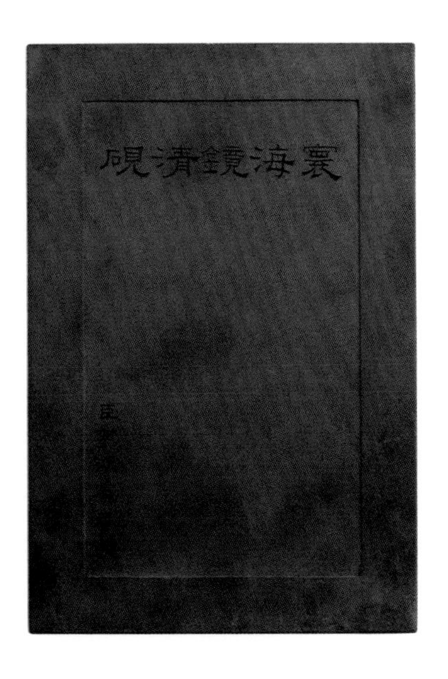

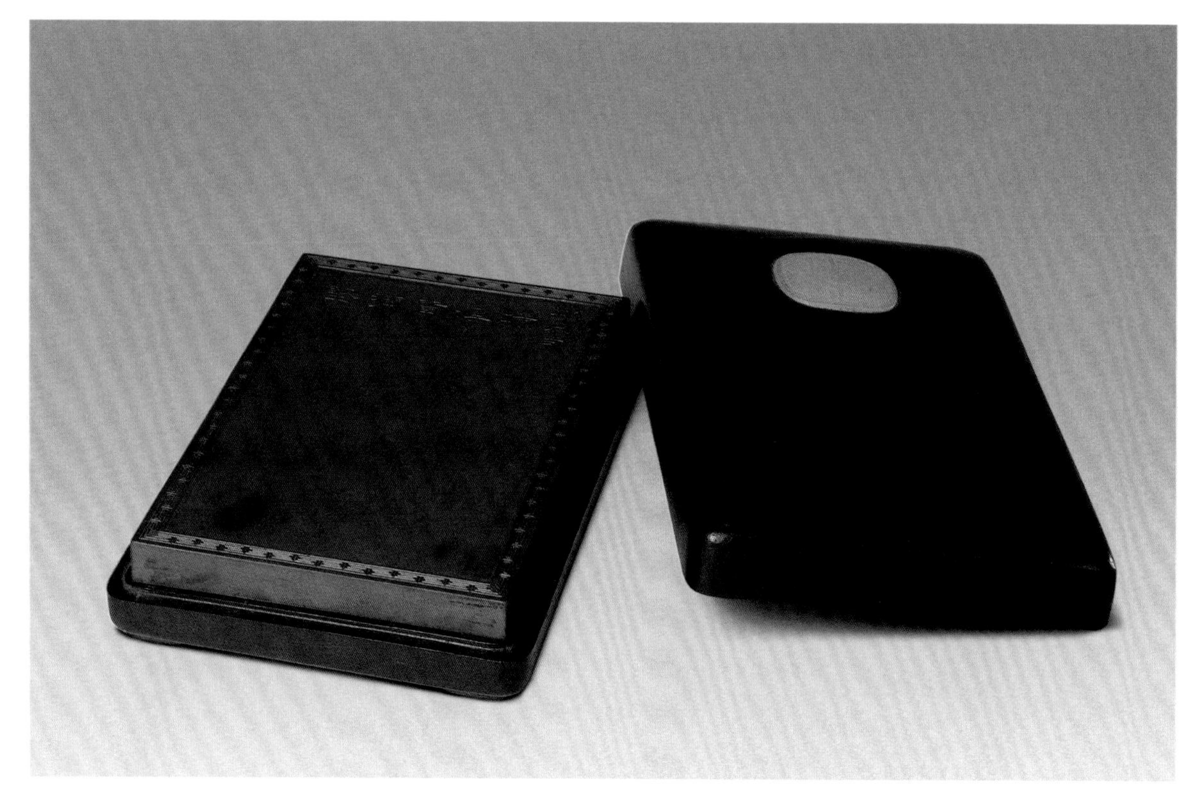

硯面平闊，四邊起框，雕花紋。硯額隸書銘“御製句：端溪質潤堅”。硯背淺覆手，刻陰文隸書銘：“寰海鏡清硯。臣李鴻賓恭製”。

李鴻賓，字鹿蘋，清德化（今江西九江）人，嘉慶六年進士。道光時任兩廣總督，此硯應為其任上進貢宮廷的。雕工細，線條工整，石呈紫藍色，硯面遍體青花，如線如點，隱約其中，還有幼嫩的蕉葉白、胭脂暈、火捺等，集名品於一硯之上，實為罕見。

117

松花江石道光御賞硯

清道光
長13.6厘米　寬9.3厘米　高1.5厘米
清宮舊藏

Songhua River inkstone with characters Dao Guang Yu Shang

Daoguang period, Qing Dynasty
Length: 13.6cm　Width: 9.3cm　Height: 1.5cm
Qing Court collection

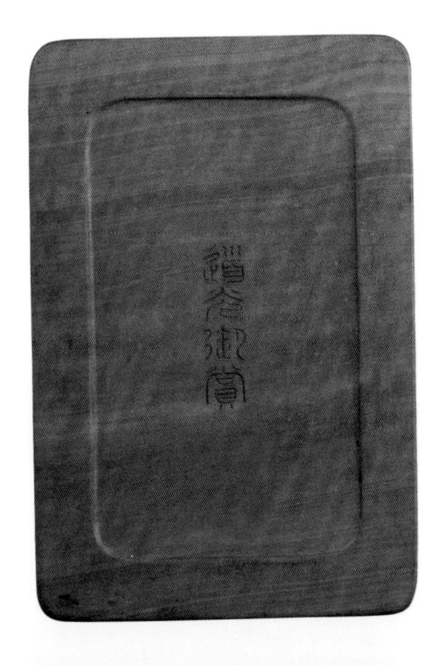

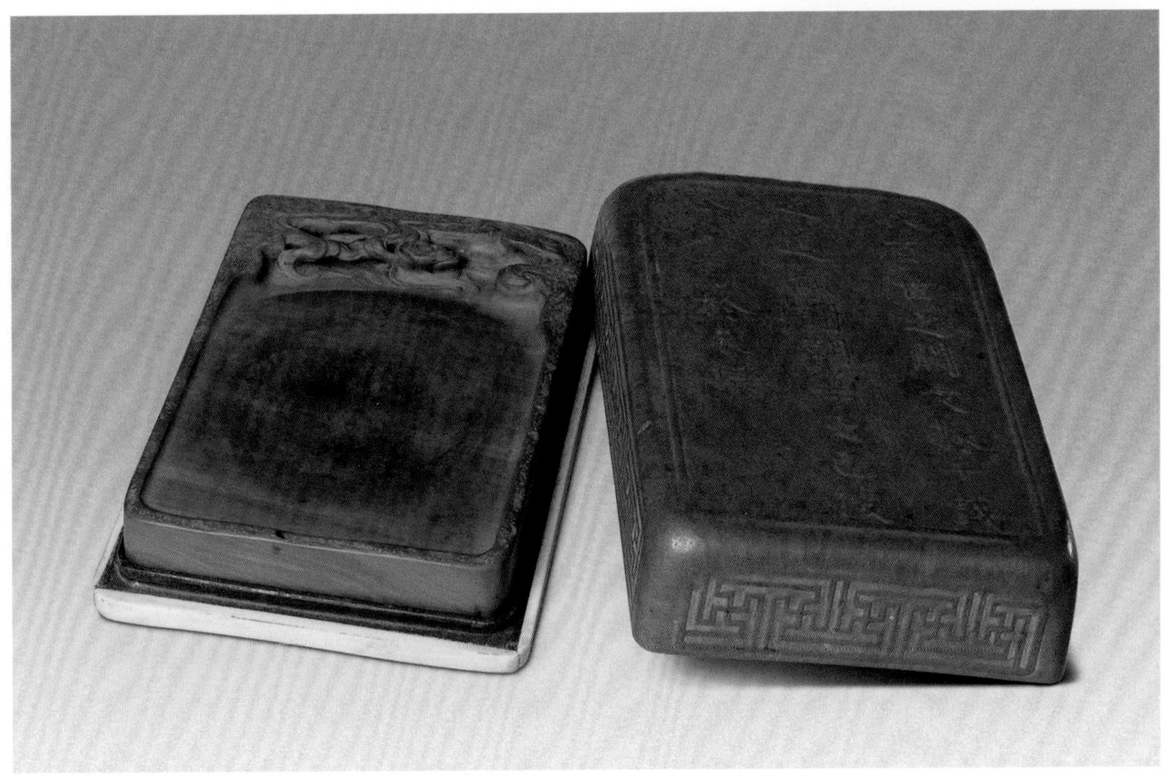

硯面開斜通式硯池，硯額雕雲紋，與硯石紋理渾然一體。硯背覆手內填朱篆書銘“道光御賞”。紫檀鑲牙硯盒，思字紋匏蓋，蓋面範模楷書銘：“收百世之闕文，採千載之遺韻，謝朝華之已披，啟夕秀於未振”。

此硯石肌紋理清晰，淺淡相間，如春水綠波自然天成。硯盒製作考究，為道光御用硯品。

118

紫石三斗鋗齋雙龍硯

清道光

徑23.5厘米　高2厘米

Purple inkstone with characters San Dou Juan Zhai and design of two dragons

Daoguang period, Qing Dynasty

Diameter: 23.5cm　Height: 2cm

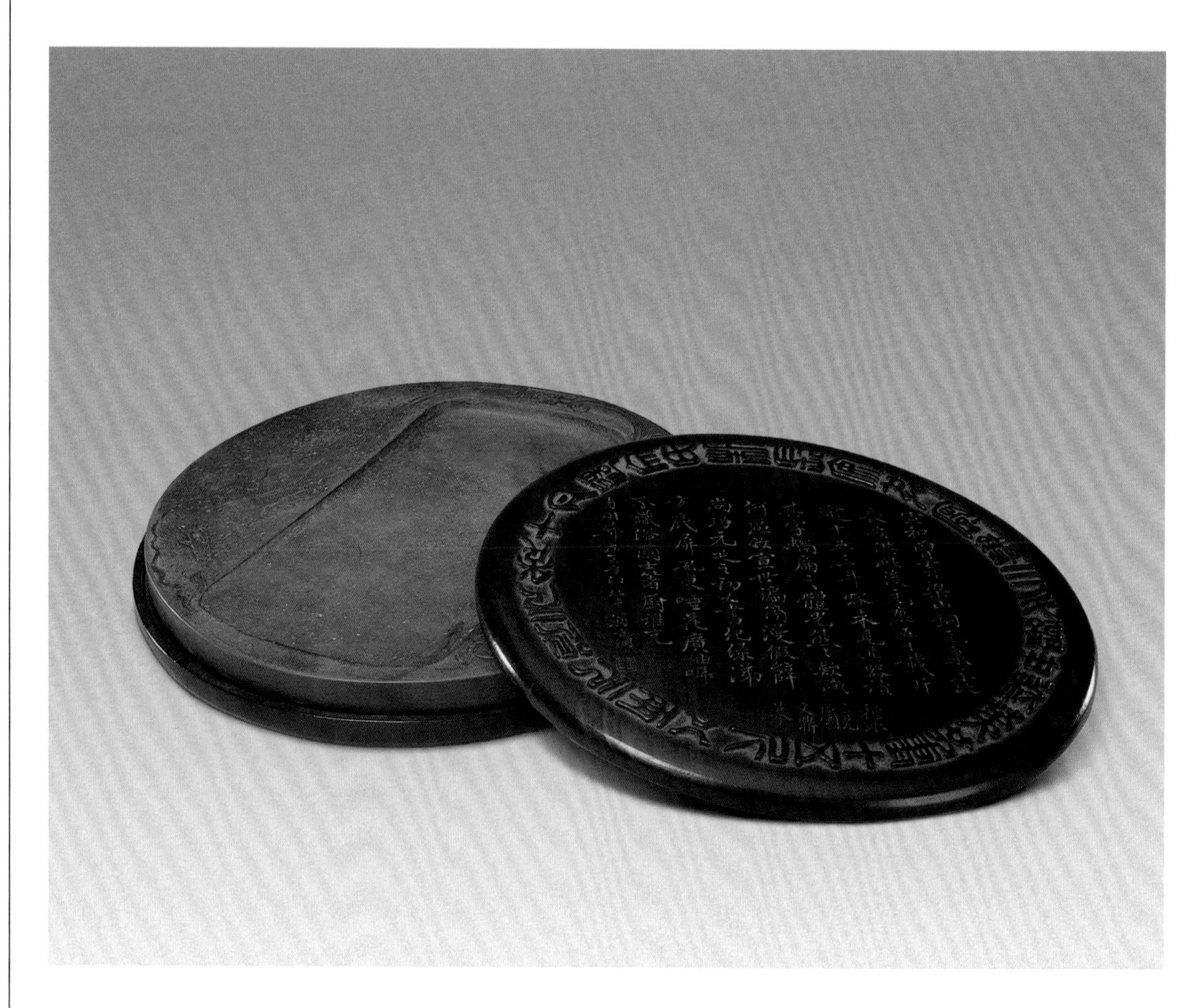

硯面圓形，開鐘形硯池，兩側雕雙龍紋，硯額篆書銘“三斗鋗齋”。右為張廷濟銘：“嘉慶十四年（1809）余偕計入都，為秀水文兄後山鼎求得翁覃溪先生元延鋗扁，並書鋗拓本後七古詩一，今八分額文已鐫板懸齋中存矣。”左為翁方綱銘：“丙子七月朔日，縮臨二種以附漢鋗墨本後而並識之。張廷濟先生是年為余題集古款識冊甚精，核其書鋗後云，亦在余《兩漢金石記》，今為文後山拙書。”硯背中雕銅鋗，環刻篆書：“長安共廚銅三斗鋗卌枚，第廿重十五斤八兩，元延元年十月造”。隸書銘：“右漢鋗吾鄉文後山丈藏器，得蘇齋題後而名遂大顯。此本編入清儀閣金石文字。道光丙午（1846）六月十三日，嘉興張廷濟時年七十九”，鐫“叔”、“未”印。硯蓋刻翁方綱題漢鋗詩。

此硯係張廷濟器，銘記了其為同鄉所藏漢鋗求字於翁方綱，並將漢鋗拓本收入其《清儀閣金石文字》的經過。雕刻頗精，文人氣息濃郁。

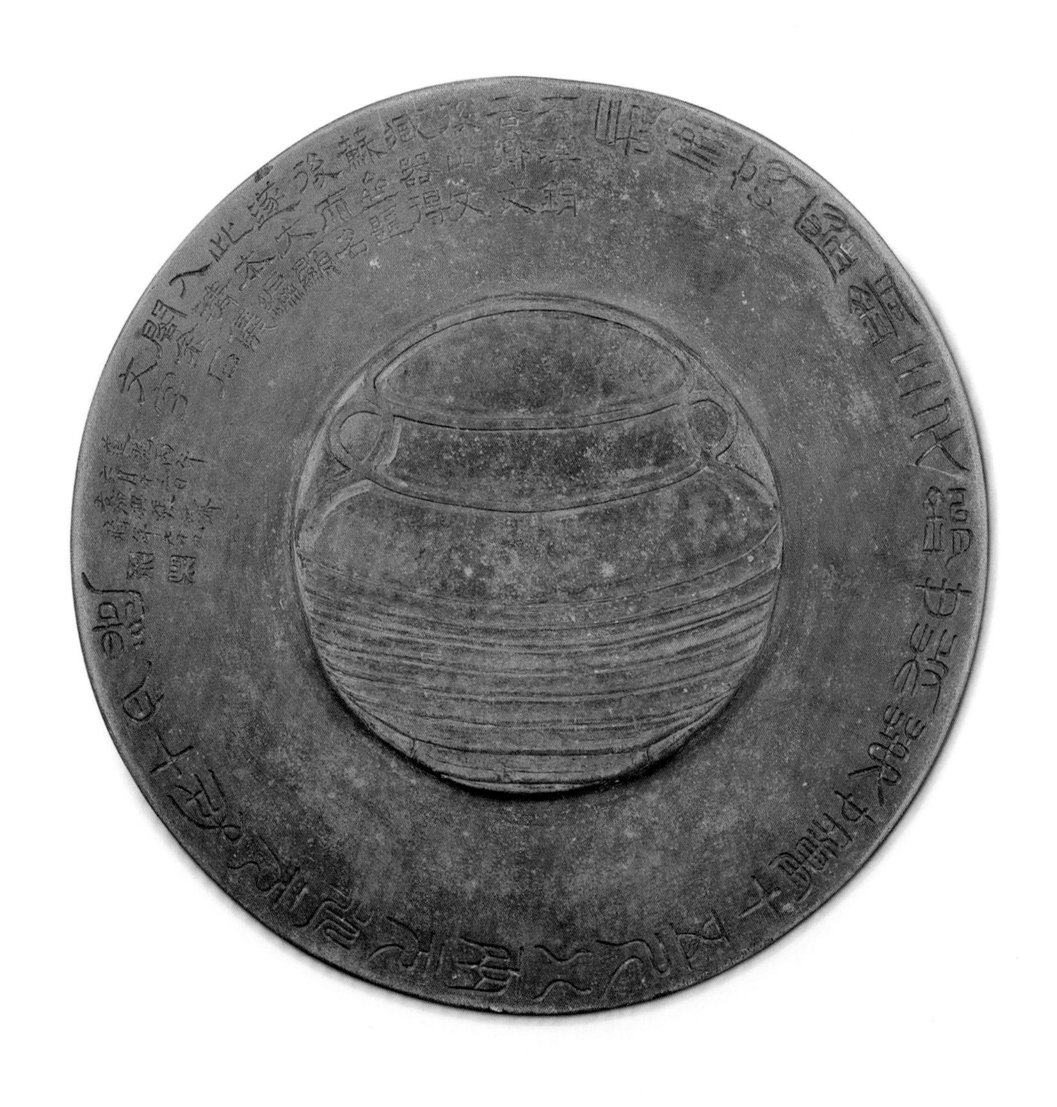

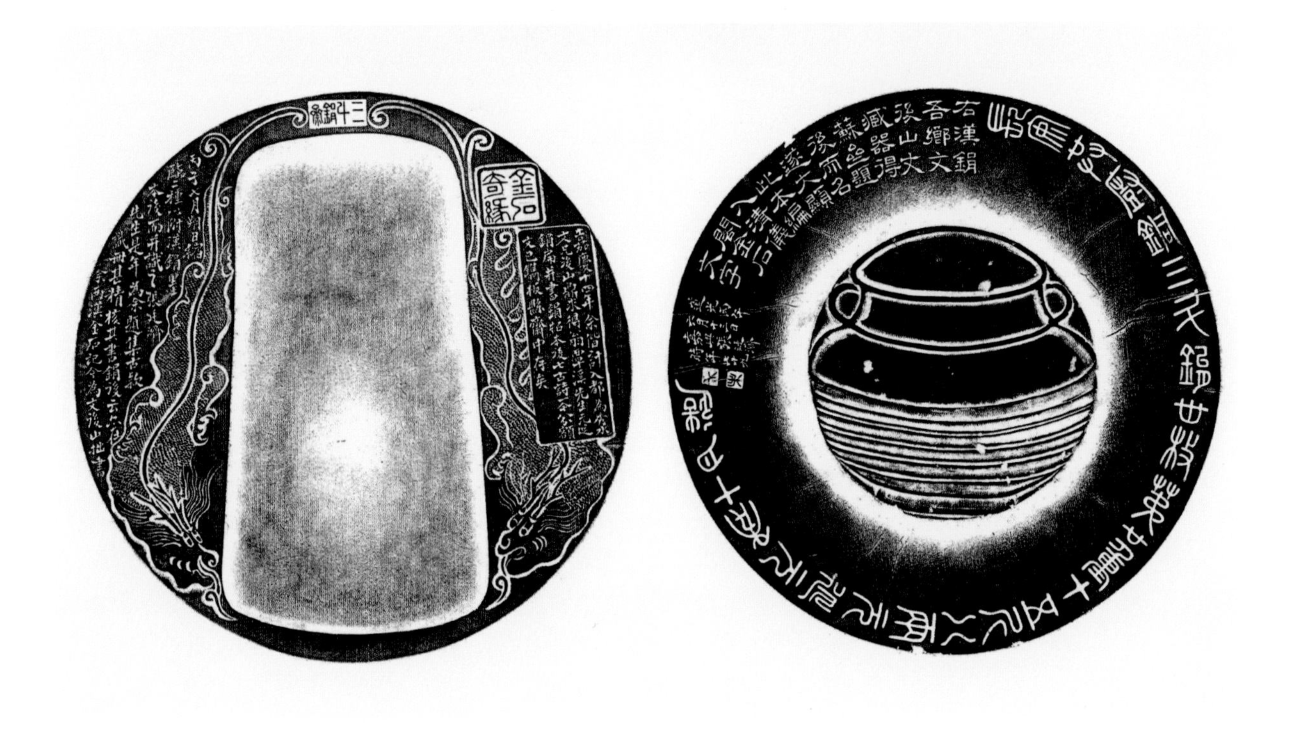

119

漆沙盧葵生款硯

清道光

長13厘米　寬9.4厘米　高3.4厘米

Lacquer inkstone with signature of Lu Kuisheng

Daoguang period, Qing Dynasty

Length: 13cm　Width: 9.4cm　Height: 3.4cm

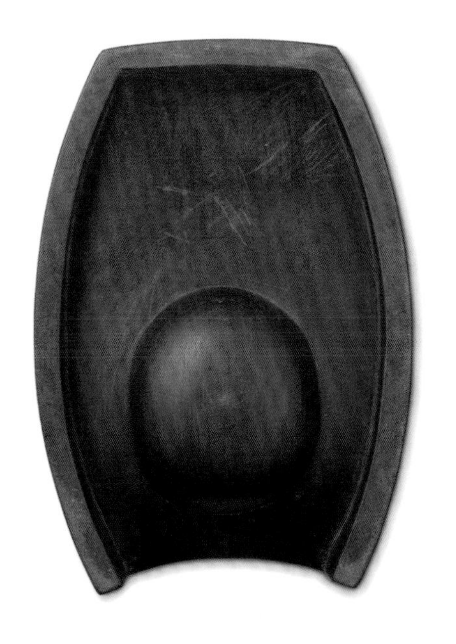

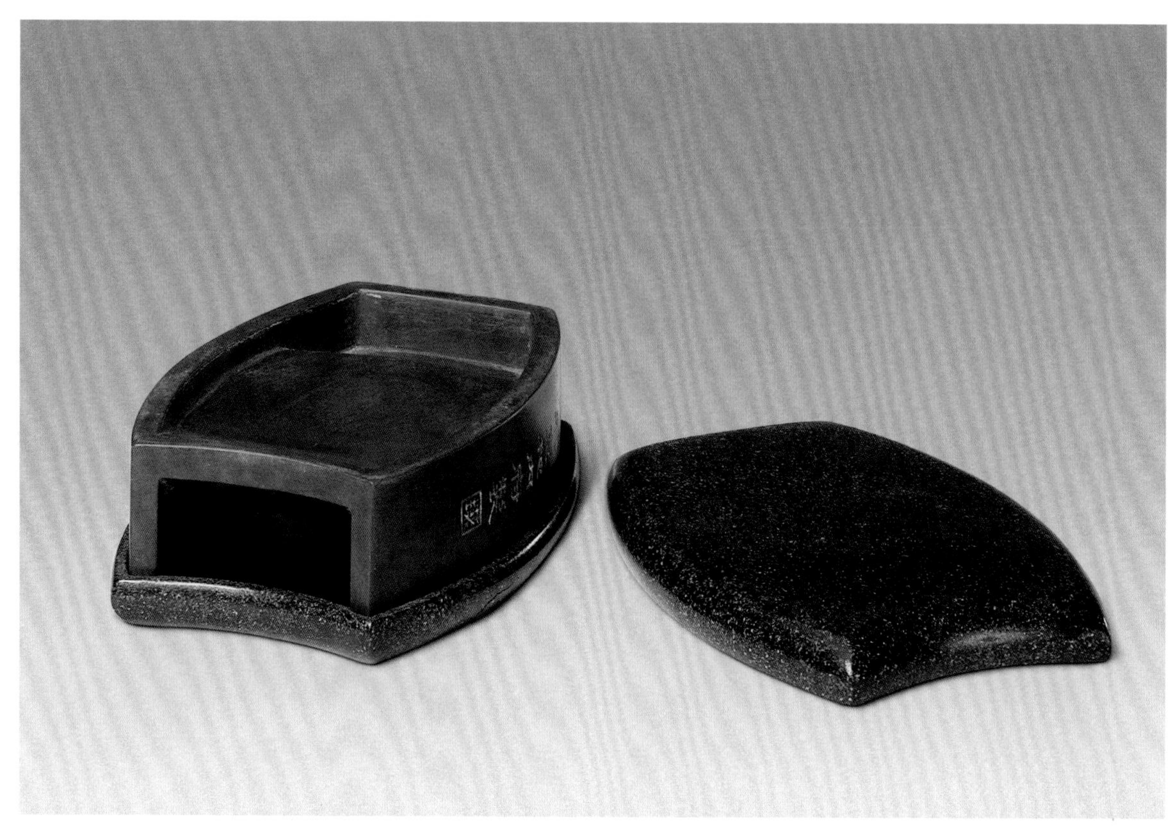

硯呈橄欖形抄手式。硯面開斜通式硯堂，上端深凹為墨池。硯背開斜坡抄手，一端有圓形凸起，上有石眼。一側刻隸書款："宋宣和內府製"，"葵生"印。另一側金農銘："恆河沙，汨園漆，髹而成，研同金石，既壽其年，且輕其質，子孫寶之傳奕奕。嵇留山民"，鐫"壽門"印。

漆沙硯主要以生漆合配金沙製成。盧葵生，名棟，字葵生，清江蘇揚州人，擅製漆器。其祖工仿宋宣和漆沙硯，葵生傳家法，製品最精。金農，字壽門，號嵇留山民、冬心先生，清浙江杭州人，久居揚州，以書畫名世。此硯薄胎、體輕，色濃紫，仿石色，為盧葵生漆沙硯代表之作。

120

松花江石葫蘆硯

清光緒
長13.7厘米　寬8.8厘米　高1.2厘米
清宮舊藏

Songhua River inkstone with gourd design
Guangxu period, Qing Dynasty
Length: 13.7cm　Width: 8.8cm　Height: 1.2cm
Qing Court collection

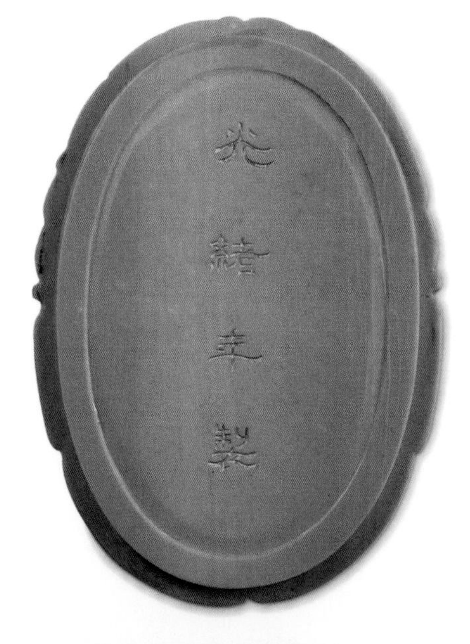

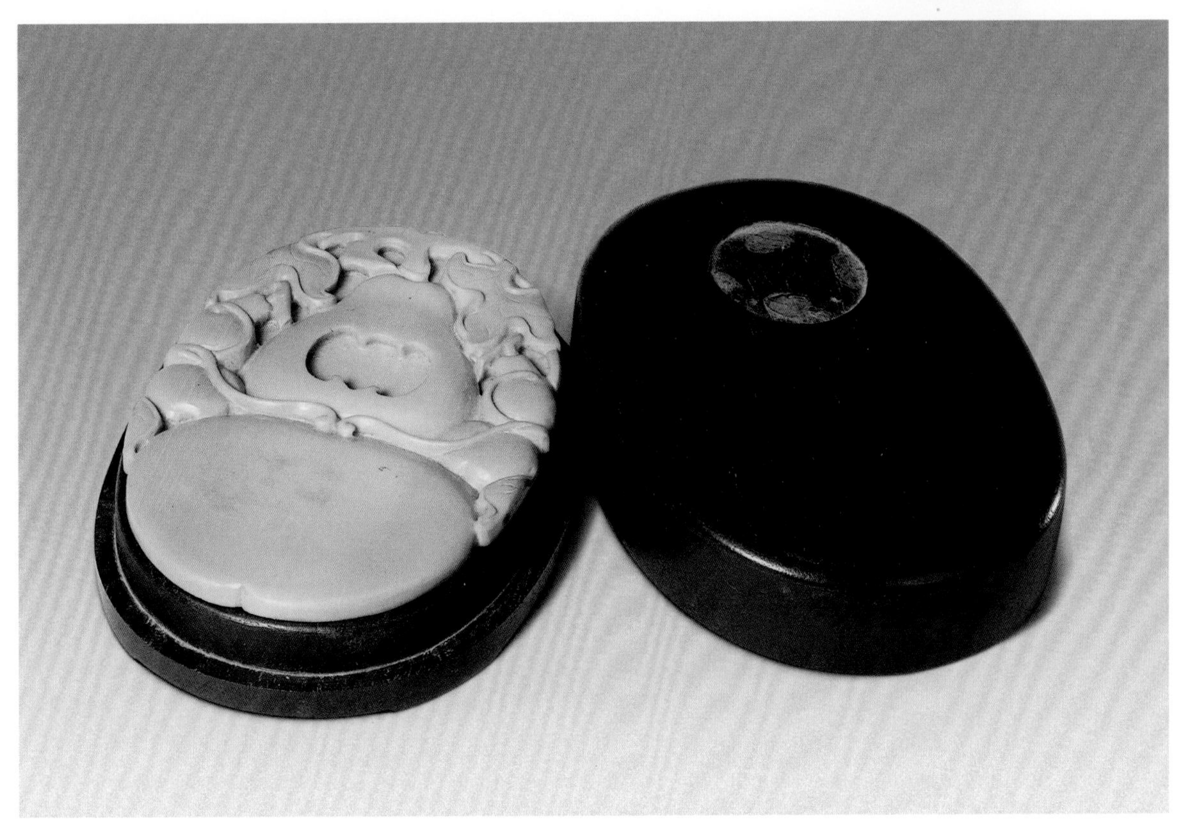

橢圓形。硯面雕三枚葫蘆，大葫蘆身為硯堂，束腰上開如意形墨池。硯緣處枝葉纏繞。硯背填金隸書款“光緒年製”。紫檀嵌玉硯盒，玉件已脫落。

此硯石質溫潤如玉，造型設計新穎，雕工細緻，具有典型的宮廷風格。

121

端石半逸山人銘硯

清

長17.6厘米　寬22.7厘米　高4.5厘米

清宮舊藏

Duan inkstone with inscriptions by Ban Yi Shan Ren

Qing Dynasty

Length: 17.6cm　Width: 22.7cm　Height: 4.5cm

Qing Court collection

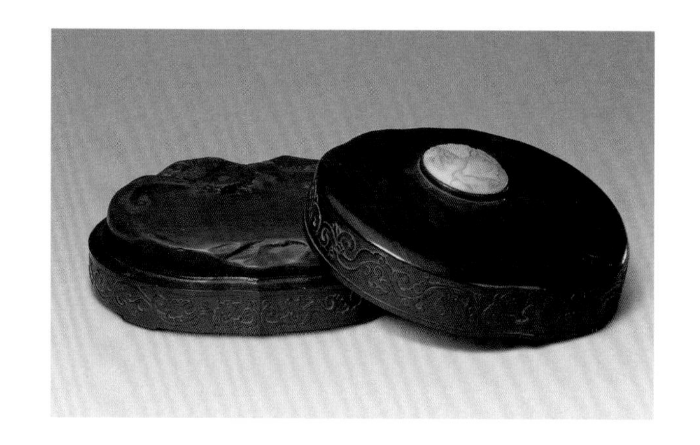

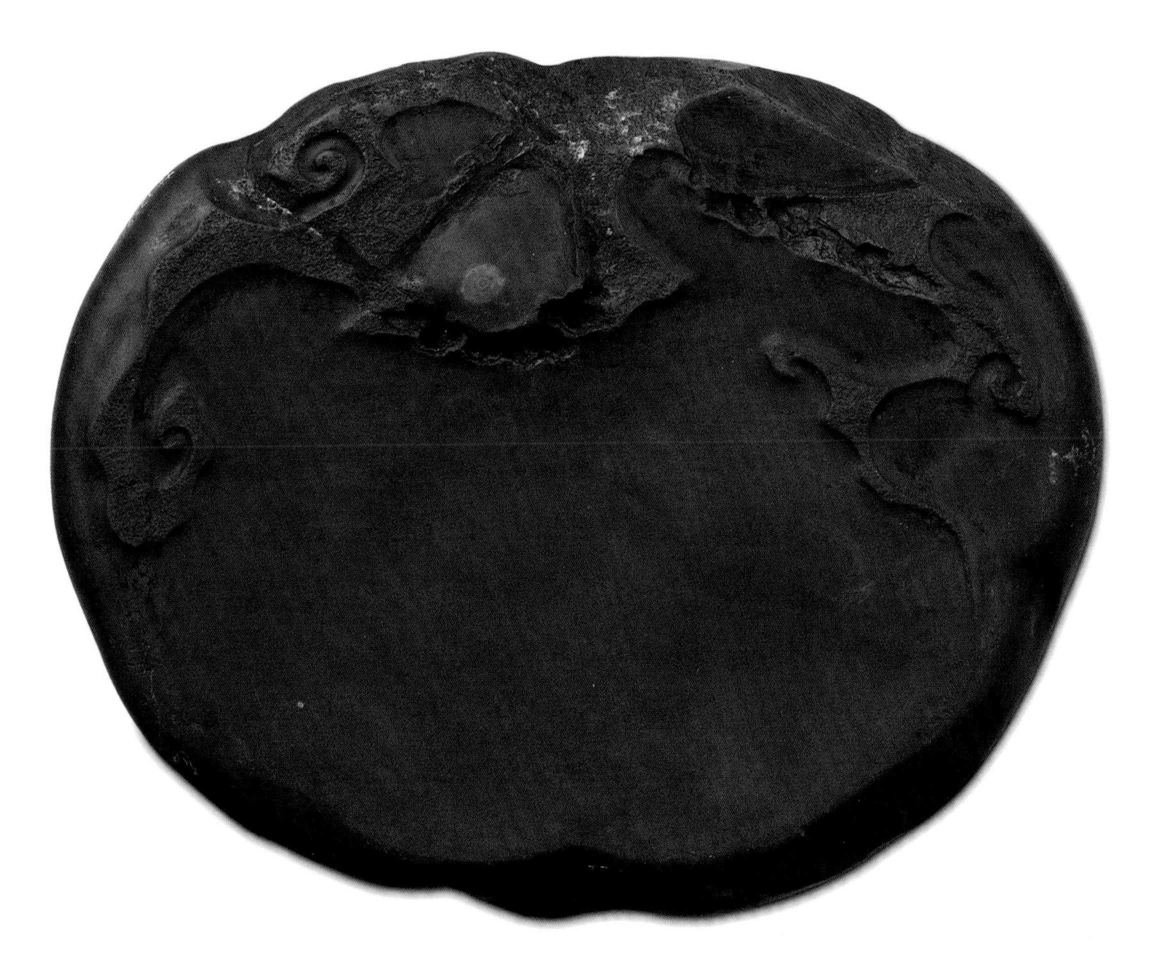

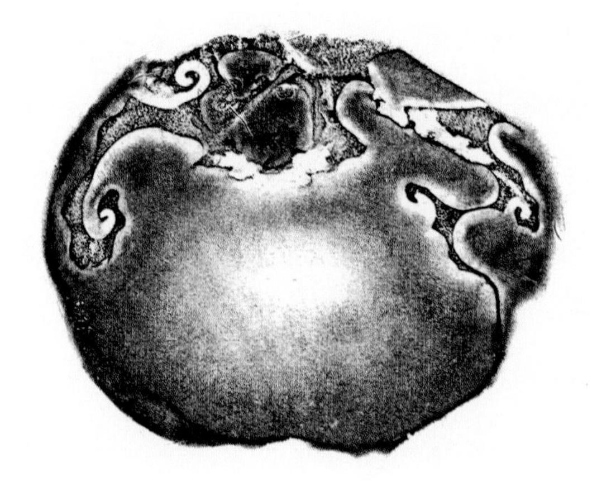

硯石隨形。硯面上端就其天然形狀略加雕琢作流雲狀，受墨處佈滿胭脂暈。天然蛀洞成墨池，池內有石眼，遂成“鏤雲開月”之意。硯背陰刻隸書硯銘：“不坐觀山。半逸山人識”，鐫“孟”印。紫檀硯盒，周側浮雕螭紋，蓋面嵌玉。

此硯造型渾樸厚重，雕刻巧處用刀，為硯中佳製。

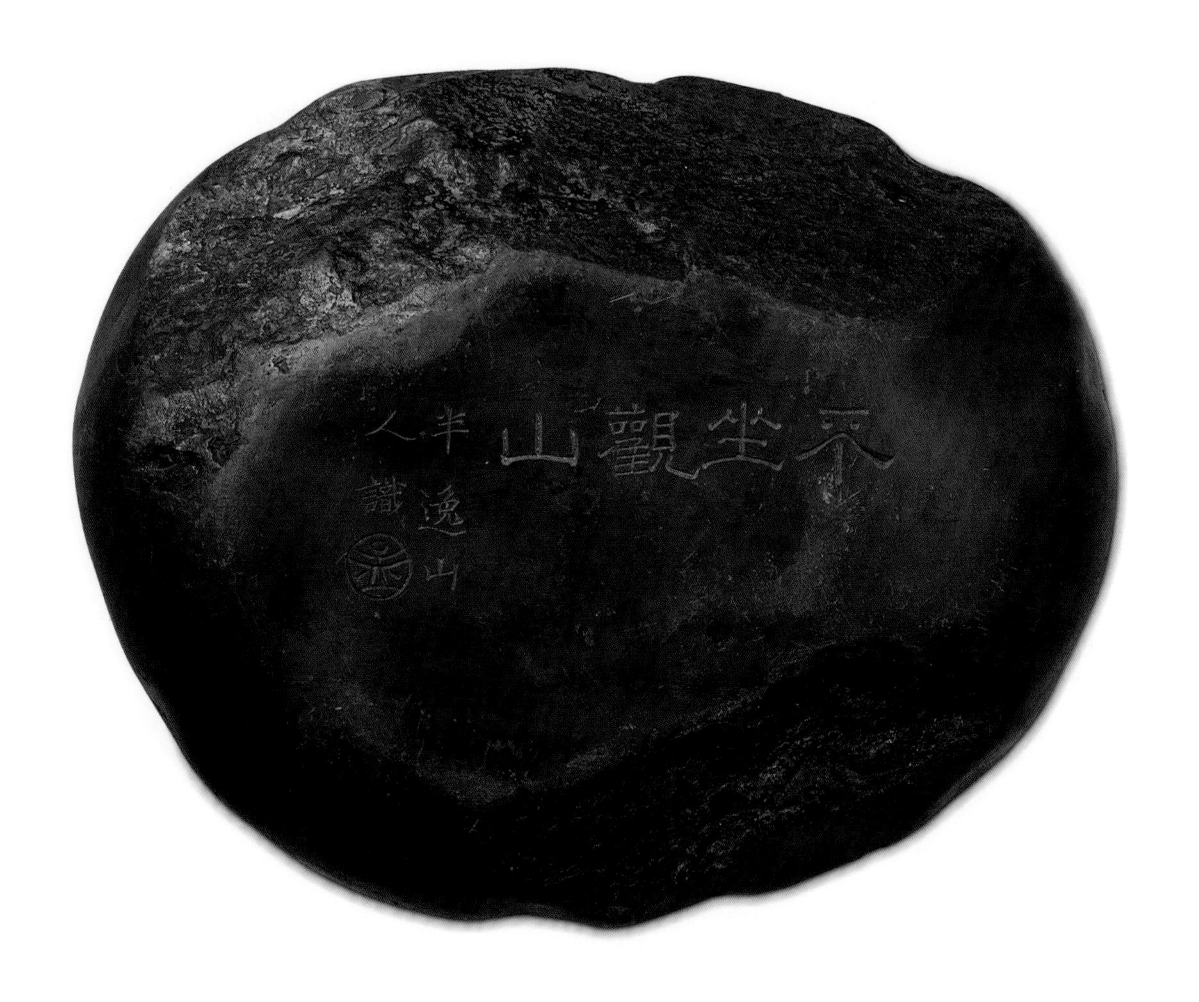
不坐觀山
半逸山人識

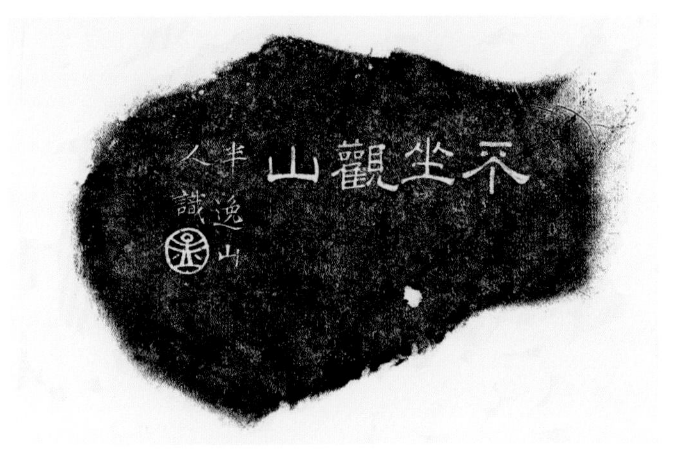
不坐觀山
半逸山人識

122

綠端石完顏衡永銘硯

清

長19.2厘米　寬12.4厘米　高3厘米

Green Duan inkstone with inscriptions by Wanyan Hengyong

Qing Dynasty

Length: 19.2cm　Width: 12.4cm　Height: 3cm

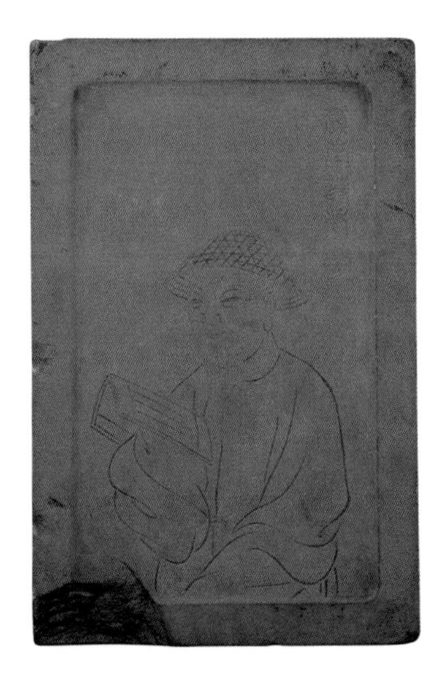

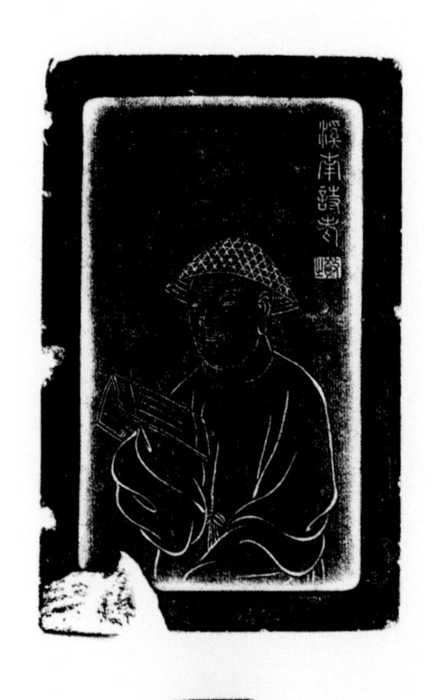

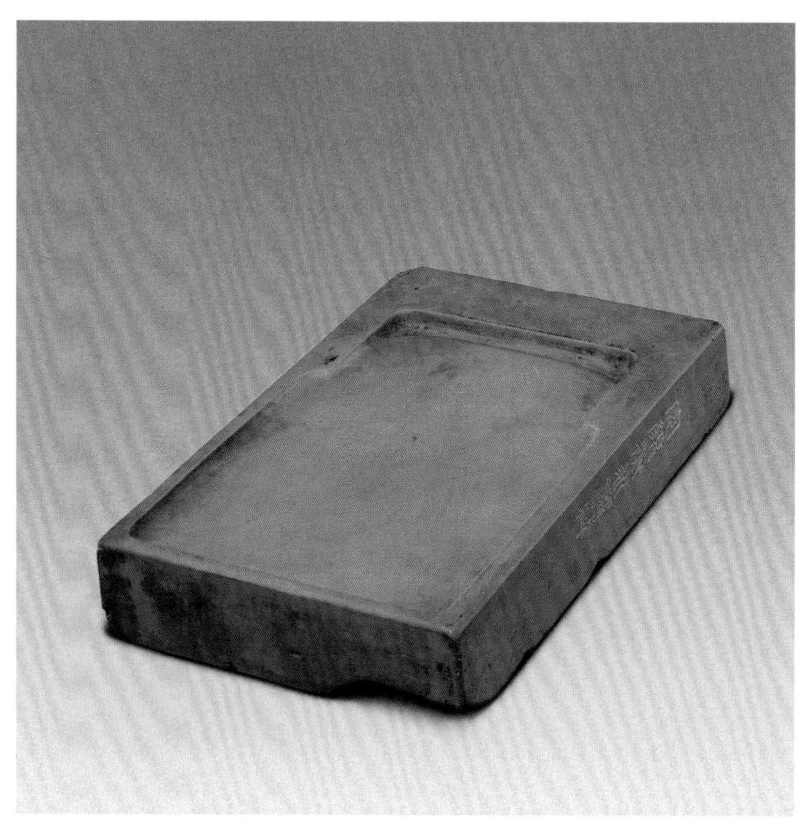

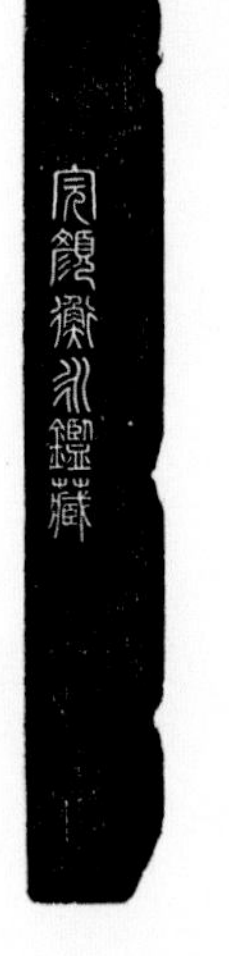

硯面開凸字形硯堂，頂端深凹成墨池。硯背覆手內陰線刻手持書卷老叟像，像右篆書題“溪南詩老”，鐫“敬之”印。硯側陰文篆書銘：“完顏衡永鑒藏”。

此硯為綠端石製，質地細膩，溫潤如玉。人物雕刻嫻熟、流暢，運刀如筆。

123

端石澄潭秋月硯

清

長14.9厘米　寬18.1厘米　高3.21厘米

Duan inkstone with characters Cheng Tan Qiu Yue

Qing Dynasty

Length: 14.9cm　Width: 18.1cm

Height: 3.21cm

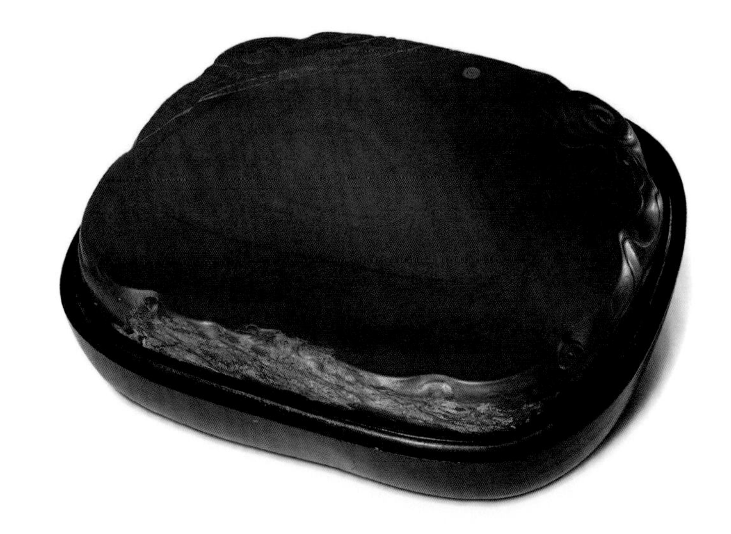

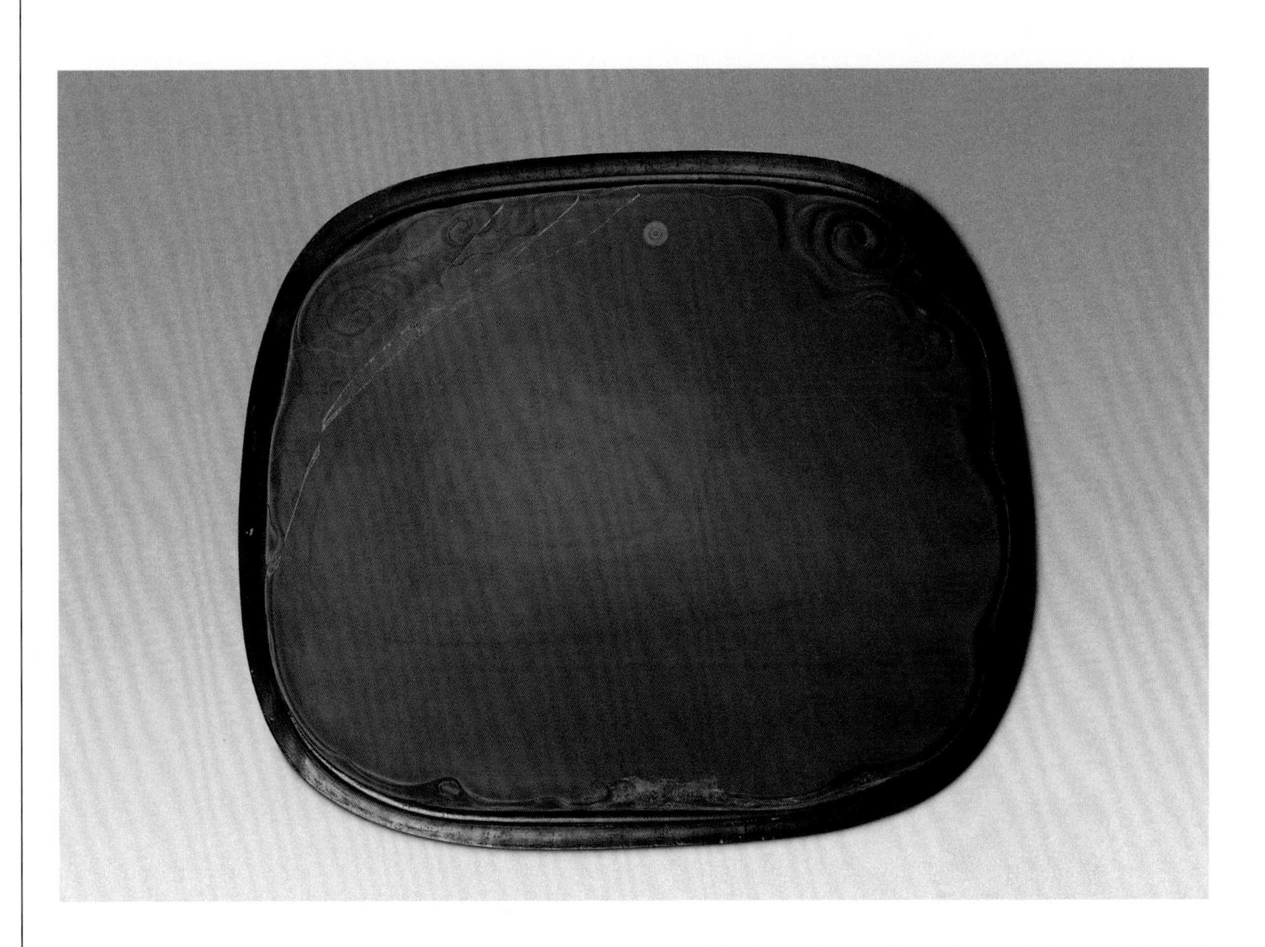

隨形。硯面上端左右角雕刻雲紋，並漫至周側，中間一枚多重渾暈的石眼如高空明月。左上雲紋間微刻題銘“澄潭秋月”，署款“乙酉元月為竹弟刻遠思樓，實父”。

此硯以端石製成，佈有魚腦凍、鐵線等美妙的自然紋理。雲紋雕刻隨形而設，飄逸靈動，並巧妙利用石眼。

124

端石項元汴寫山硯

清

長18厘米　寬11厘米　高4厘米

Duan inkstone with characters Xiang Yuan Bian Xie Shan

Qing Dynasty

Length: 18cm　Width: 11cm　Height: 4cm

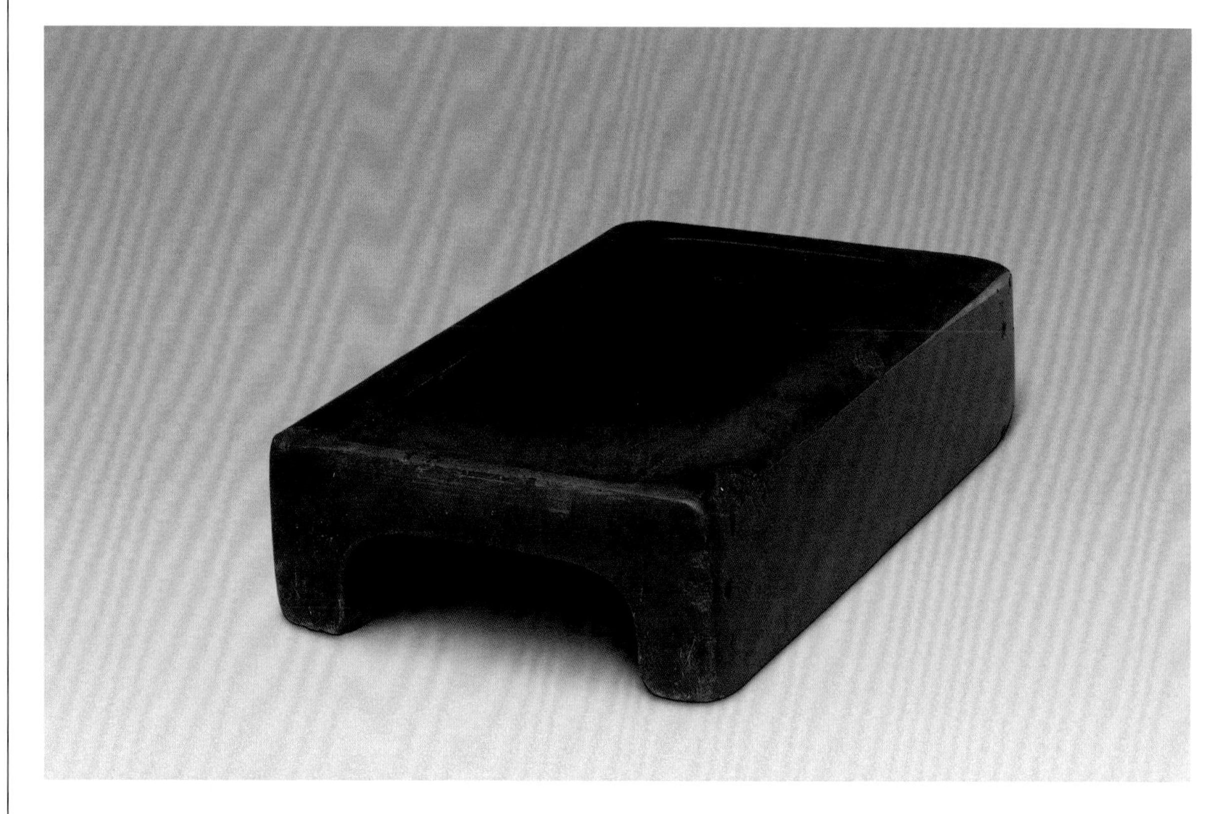

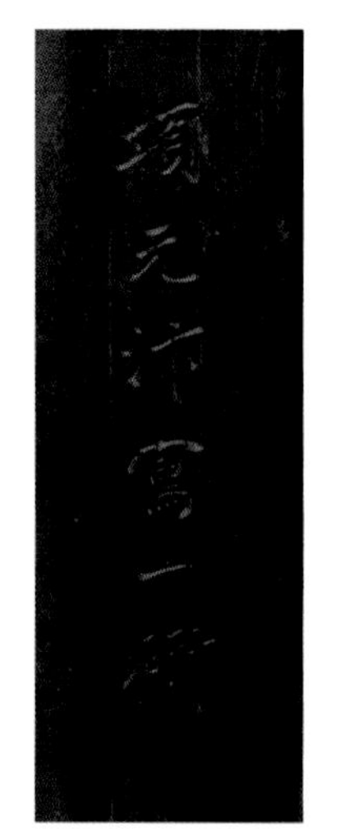

抄手式。硯面開斜通式硯堂，上端深凹成月形墨池。硯背內凹出直壁，成斜通式抄手。硯側刻楷書硯銘：“項元汴寫山研”。

項元汴，字子京，號墨林，浙江嘉興人，明嘉靖、萬曆時大收藏家，歷代著名法書、繪畫多經其手。齋名“天籟閣”。此硯石質細膩，色黝黑，造型簡潔，硯體厚重，雕工圓潤。

125

端石朱士超銘硯

清
長19厘米　寬12.1厘米　高3.6厘米

Duan inkstone with inscriptions by Zhu Shichao
Qing Dynasty
Length: 19cm　Width: 12.1cm　Height: 3.6cm

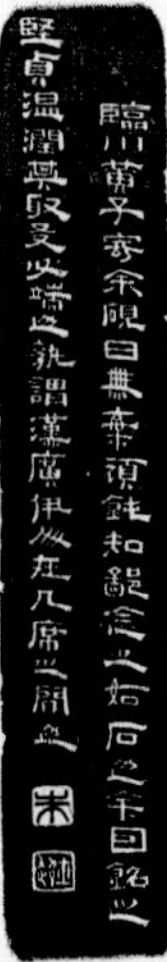

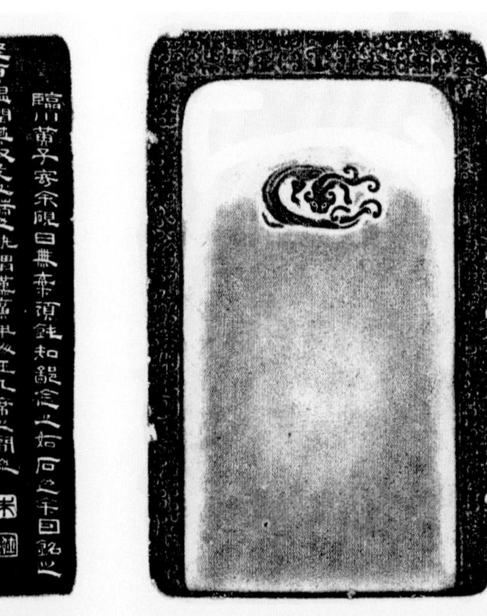

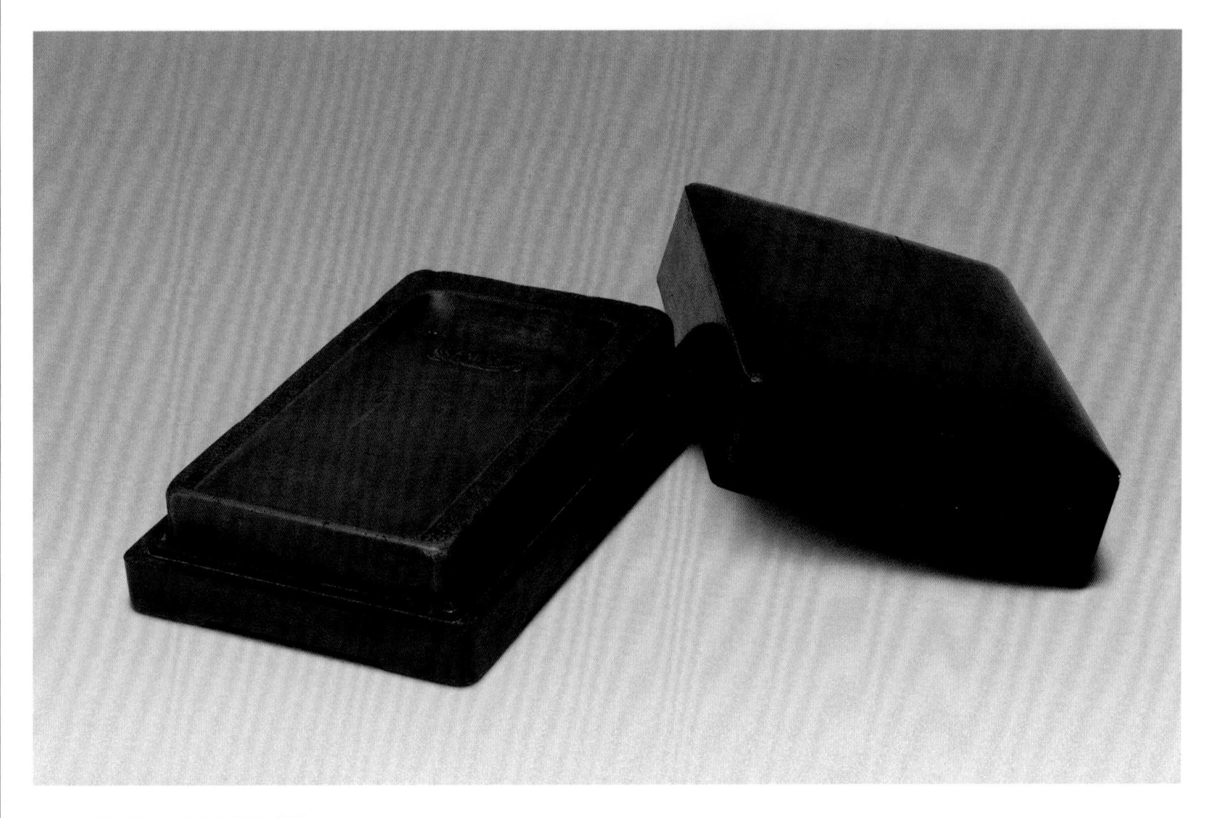

硯面開斜通式硯堂，一端深凹為落潮式墨池，池內雕蟠螭紋。四圍起框，上飾繁密的捲雲紋。硯背挖長方形覆手，內磨平亦可作硯堂。左側面陰文隸書硯銘：“臨川黃子寄余硯曰：無棄頑鈍，知鄙念之如石也。余因銘之：堅貞溫潤其取友必端也，孰謂漢廣伊人在几席之間也。”鐫“朱”、“士超”印。

此硯材石質尚佳，細潤堅實，色微紫，隱現青花，火捺之石品。

126

端石貓形硯
清
長9.3厘米　寬6厘米　高1.4厘米

Duan inkstone in the shape of a lying cat
Qing Dynasty
Length: 9.3cm　Width: 6cm　Height: 1.4cm

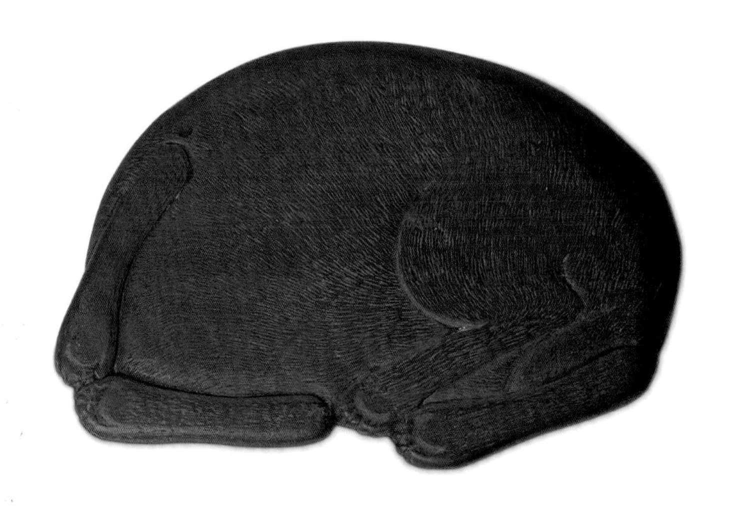

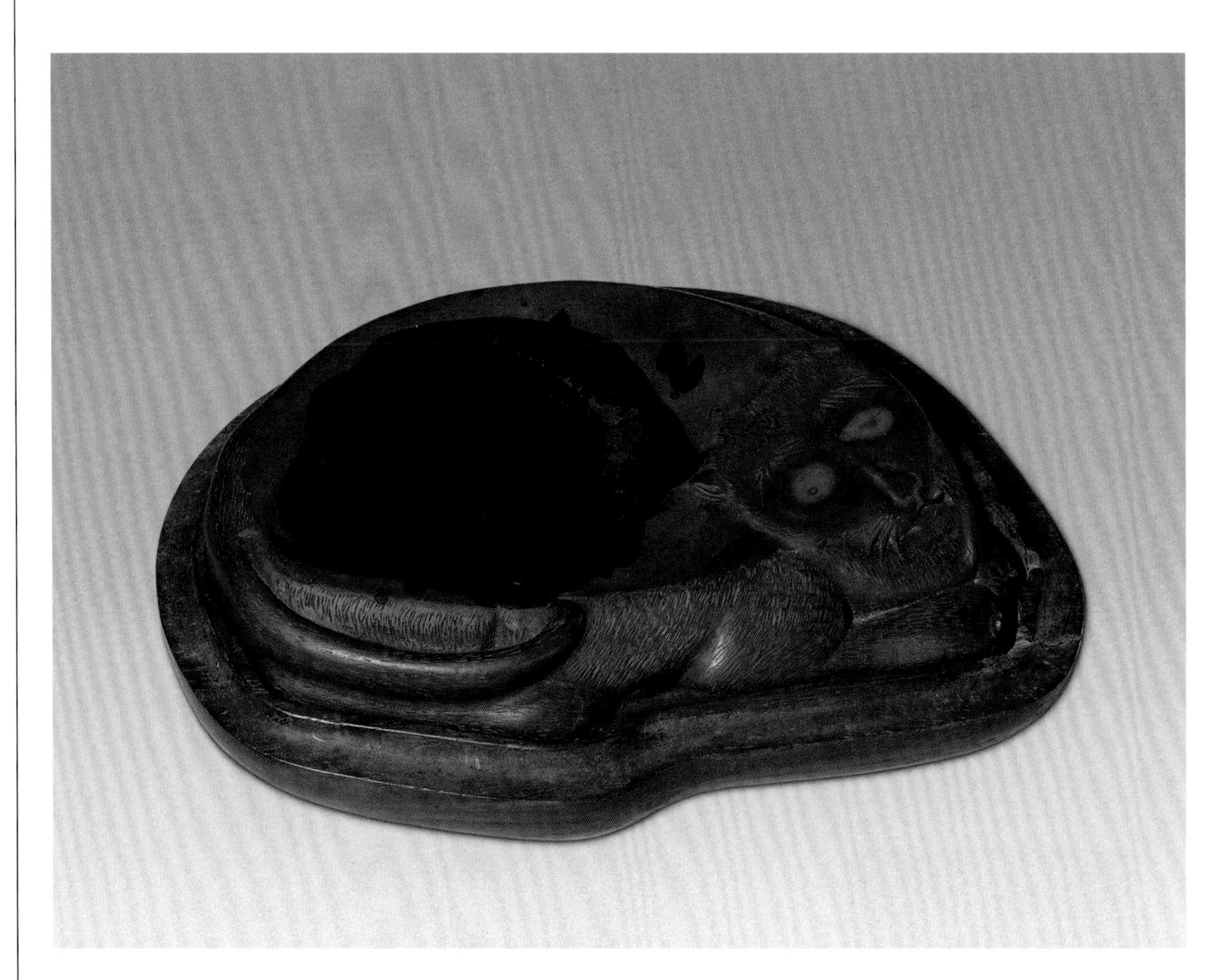

硯以原石製成臥貓形，雕出四肢、長尾、五官，鬍鬚清晰可見，特別是雙眼，巧用黃色石眼，生動、傳神。貓背平整成硯堂，受墨處微凹。硯底雕刻四肢，細刻毛髮。硯置木盒中，盒底有四足。

此硯巧用石材，造型生動，神態有趣，實用、鑒賞兩宜。

127

端石三龍戲珠硯

清

長28.9厘米　寬19.5厘米　高2.75厘米

清宮舊藏

Duan inkstone with design of three dragons playing with a pearl

Qing Dynasty

Length: 28.9cm　Width: 19.5cm

Height: 2.75cm

Qing Court collection

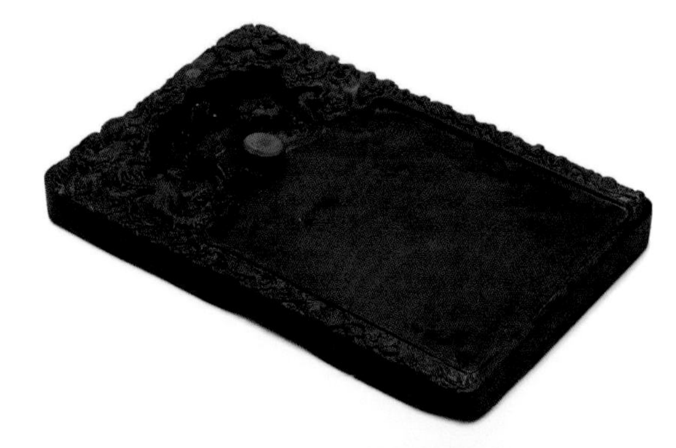

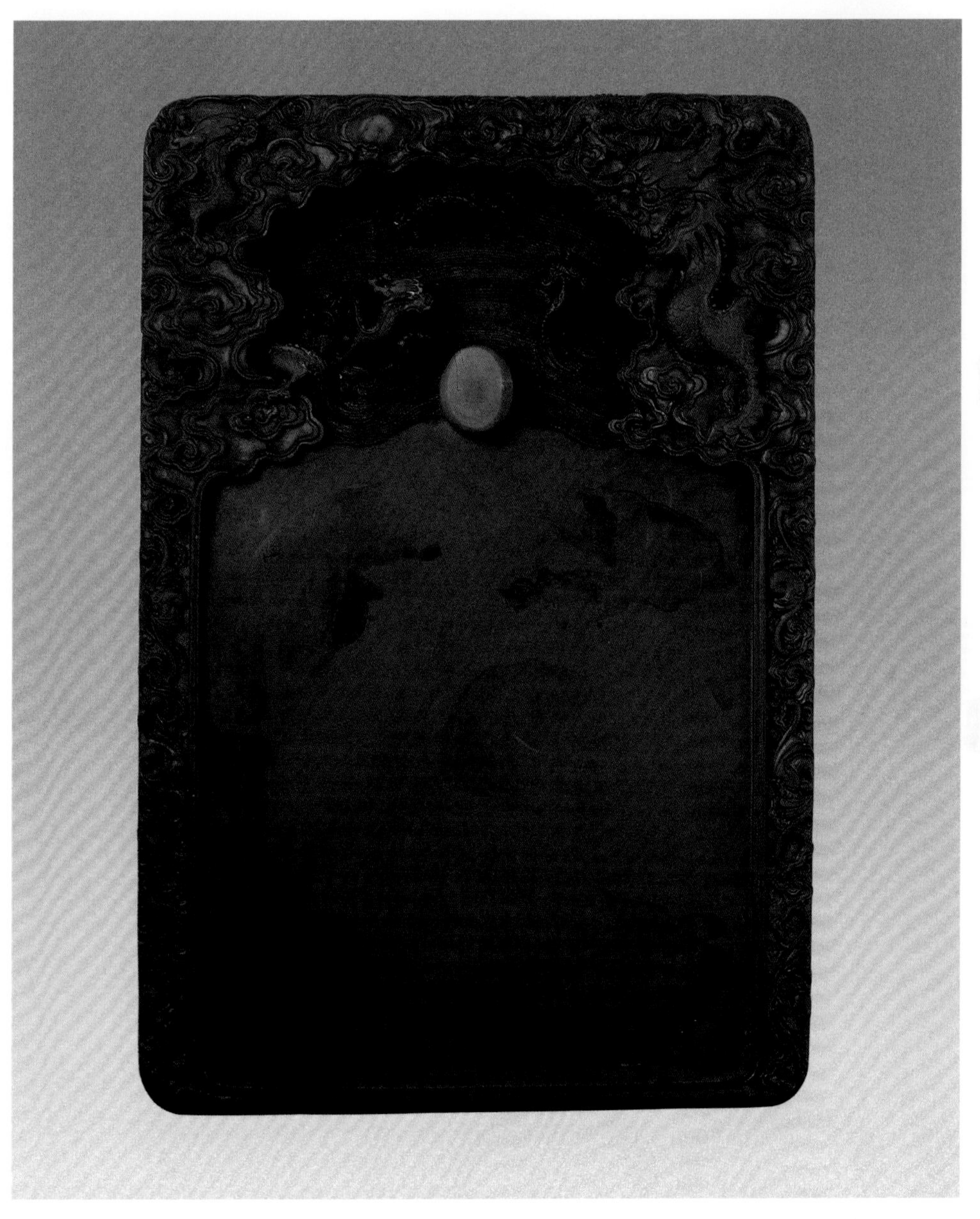

硯面淺開斜通式硯池，上端及周緣雕海水雲龍紋，兩龍間有石眼為珠。雲形墨池，池內半圓雕游龍，地為細密的海水紋。邊框及硯池部分雕刻海水雲龍圖紋，池淌處雕一石眼柱，似為初升之日，又似龍珠，構思巧妙。

此硯石色紫，質溫潤，雕刻工細、繁複。

128

綠端石白陽山人款硯
清
長8.8厘米　寬7.8厘米　高2.6厘米
清宮舊藏

Green Duan inkstone with signature of Bai Yang Shan Ren
Qing Dynasty
Length: 8.8cm　Width: 7.8cm
Height: 2.6cm
Qing Court collection

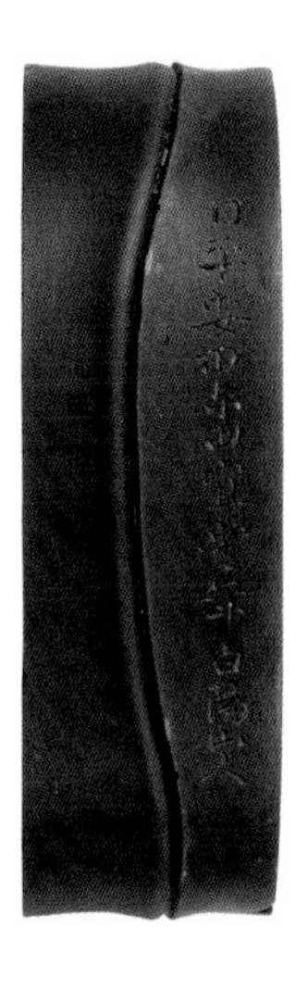

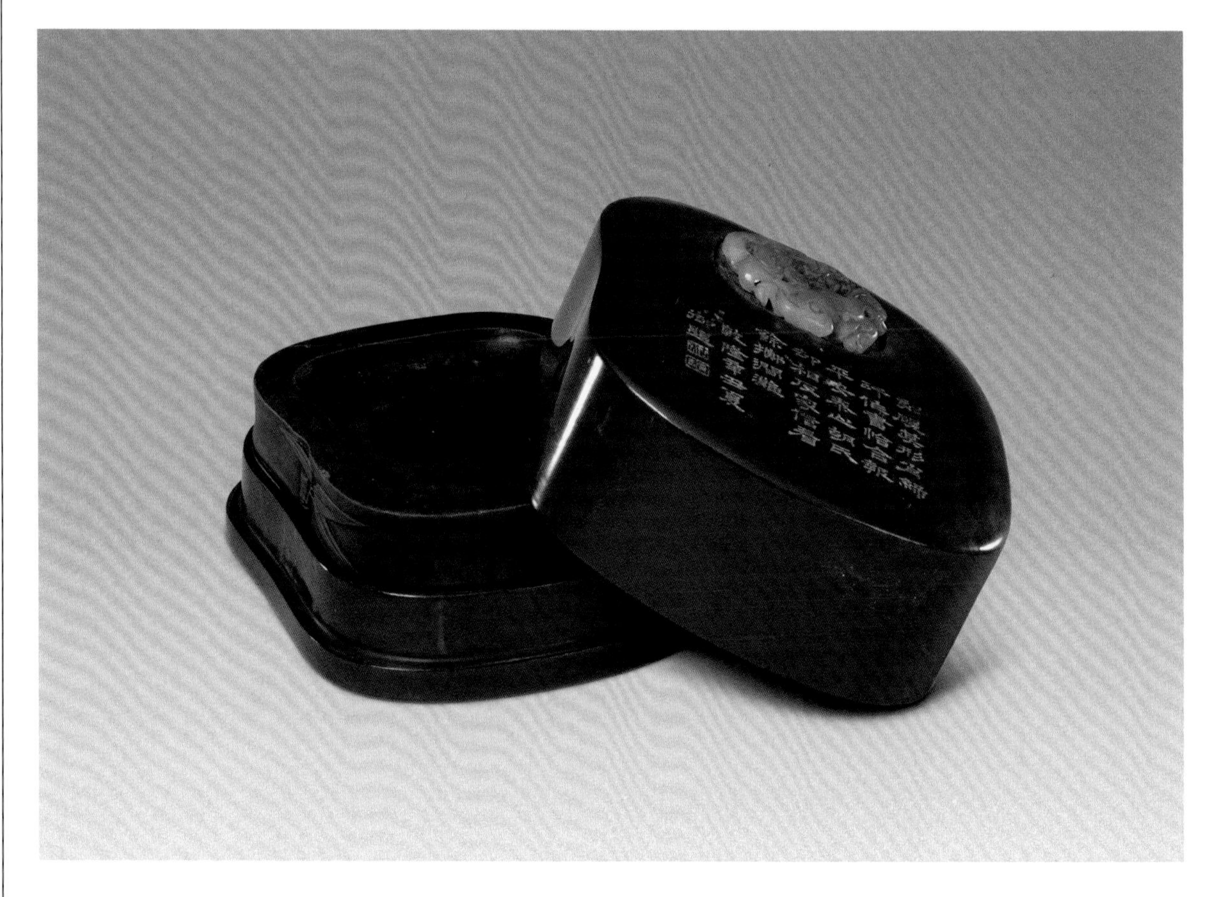

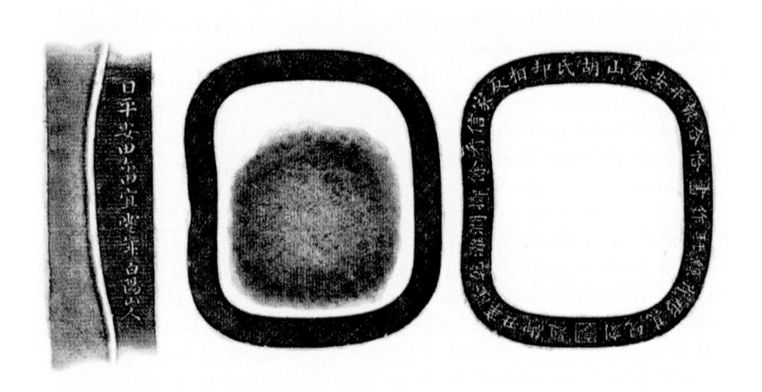

竹節形，硯池及背面雕出凸鼓的竹節膜紋理，硯側雕新出嫩竹一枝。硯背邊框刻陰文楷書乾隆御詩："刻硯其形肖綠玕，作書恰合抱平安。泰山胡氏卻相反，家信看餘擲澗灘。乾隆辛丑（1781）御題"，鐫"比德"印。硯側陰文行書銘："曰平安，田爾田，宜雲年。白陽山人"。硯盛紅漆嵌玉盒中，盒蓋描金隸書乾隆御題詩。

白陽山人為明代書畫家陳道復號。此硯為清代製作。

129

端石陳獻章銘抄手硯

清

長15厘米　寬8.8厘米　高6厘米

Chaoshou Duan inkstone with inscriptions by Chen Xianzhang

Qing Dynasty

Length: 15cm　Width: 8.8cm　Height: 6cm

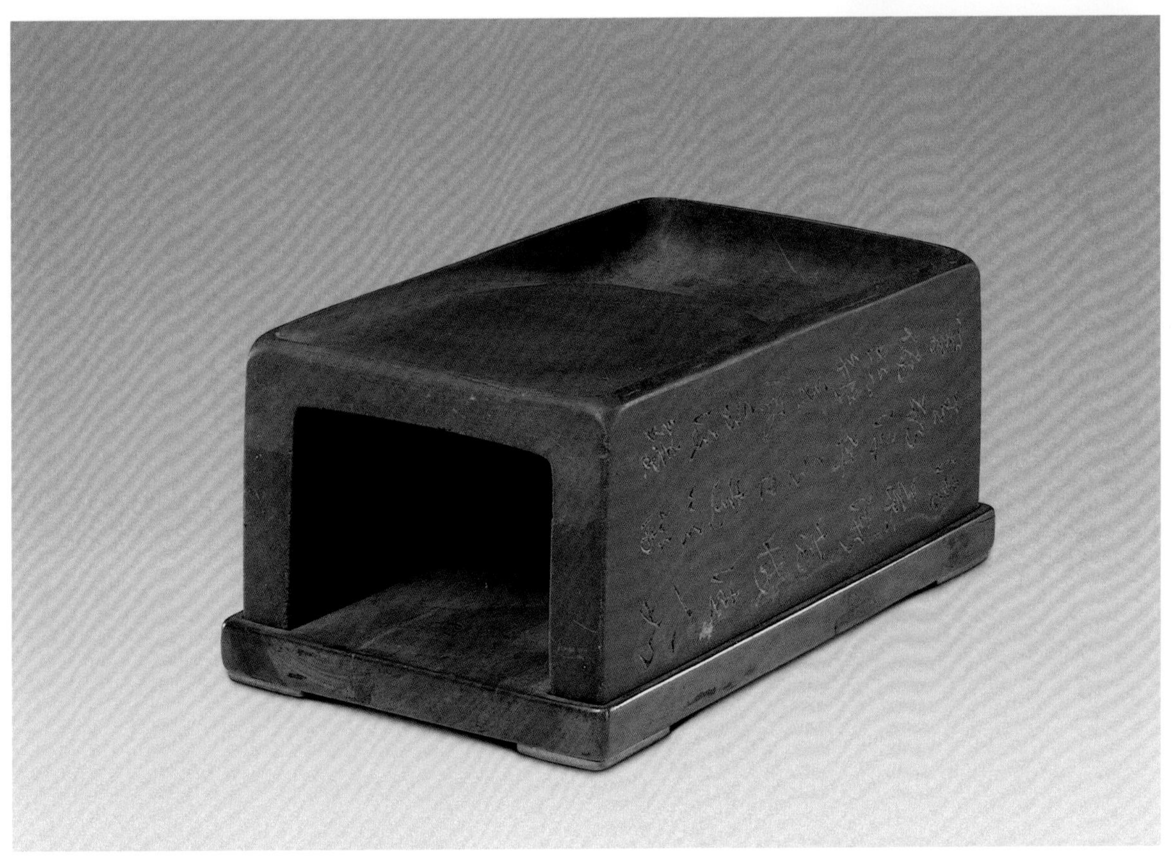

長方形抄手式。硯面開斜通式硯池，墨池較大。硯背抄手高而深，便於持握，亦稱太史式，明代頗為盛行。硯兩側面刻陳獻章草書詩，款署“弘治丁巳白沙陳獻章書”。

陳獻章，字公甫，號石齋，居白沙村，人稱白沙先生。明代學者。嘗以茅草束筆書字，被稱為“茅筆字”，受時人珍重。此硯以端溪石材雕製，色灰中泛紫，石質尚佳，宜於發墨。陳獻章書詩為清人託名仿製。

130

金星歙石雕龍硯

清

長20.5厘米　寬12.8厘米　高6.2厘米

Golden-starred She inkstone carved with dragon patterns

Qing Dynasty

Length: 20.5cm　Width: 12.8cm

Height: 6.2cm

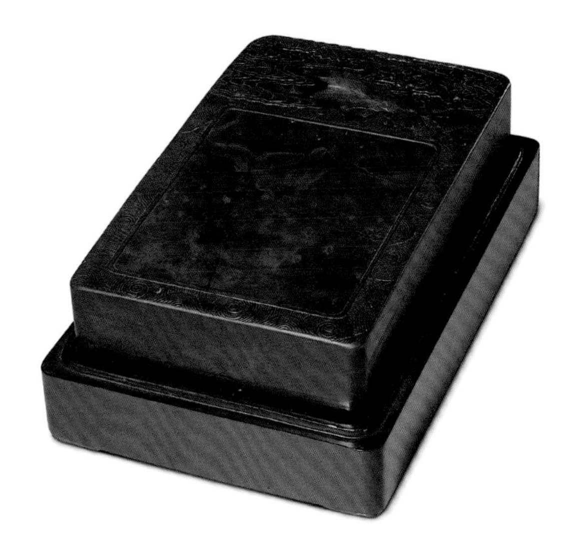

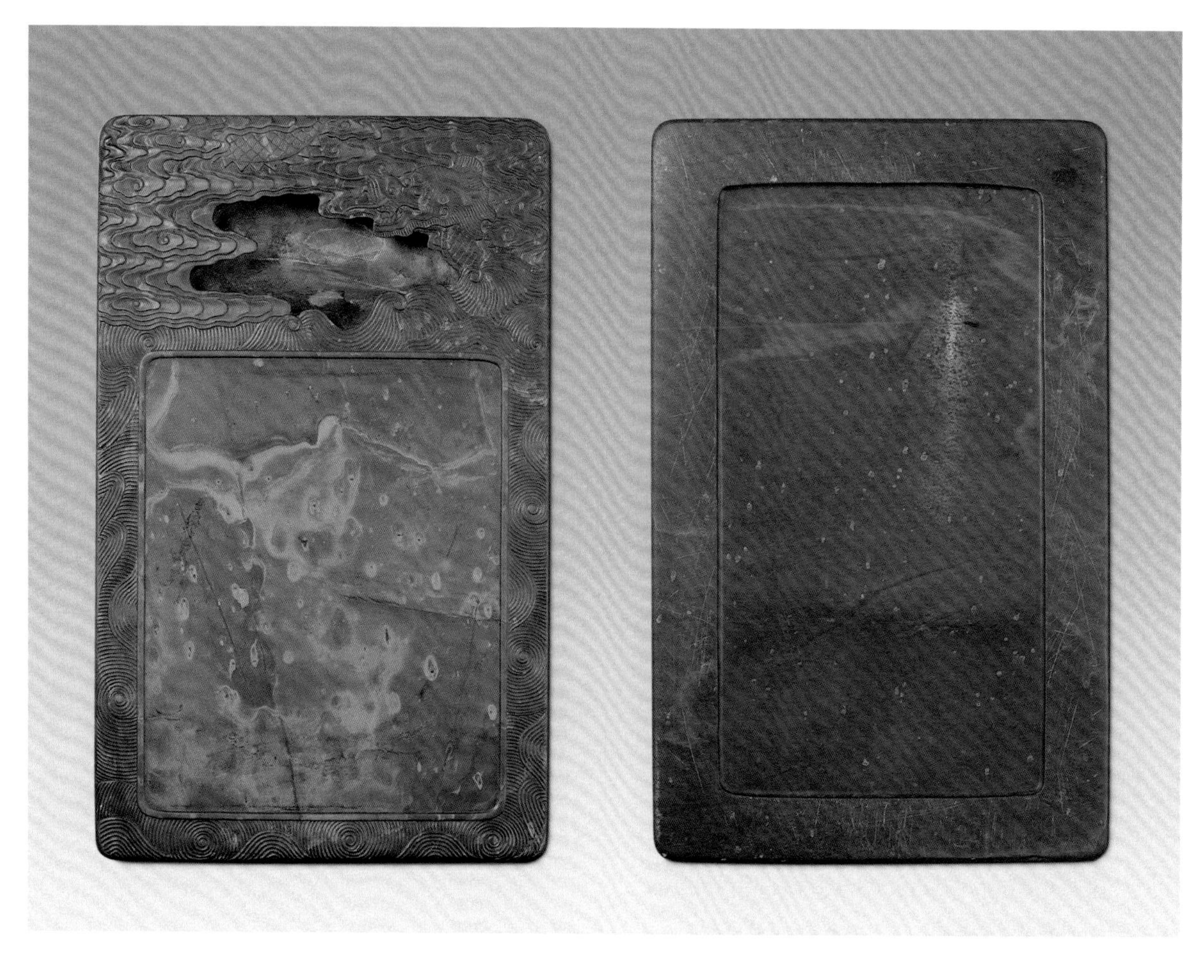

硯面微凹成方形硯堂，上端雕雲龍紋，挖流雲形墨池。硯緣淺刀浮雕細密的海浪紋，與上端的雲龍紋相接。硯背淺挖槽。

歙石屬於變質岩，岩性為板岩，由多硅白雲母、蠕綠泥石、金屬礦物、微量碳質組成，形成其獨有的自然紋理。此硯材上點綴着耀眼的金星、金暈紋理，似霞霧漫散，由黃鐵礦或黃銅礦構成，效果獨特，石品珍稀。

131

歙石眉子竹節硯

清
長17.3厘米　寬10.5厘米　高4厘米
清宮舊藏

Bamboo-joint She inkstone with Meizi patterns

Qing Dynasty
Length: 17.3cm　Width: 10.5cm
Height: 4cm
Qing Court collection

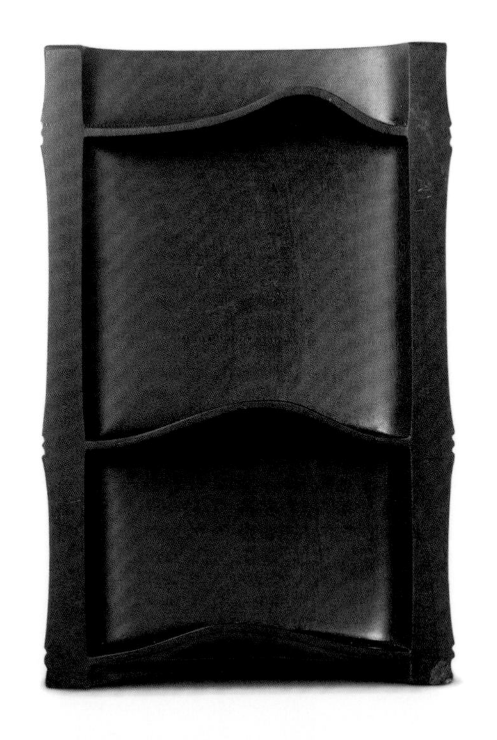

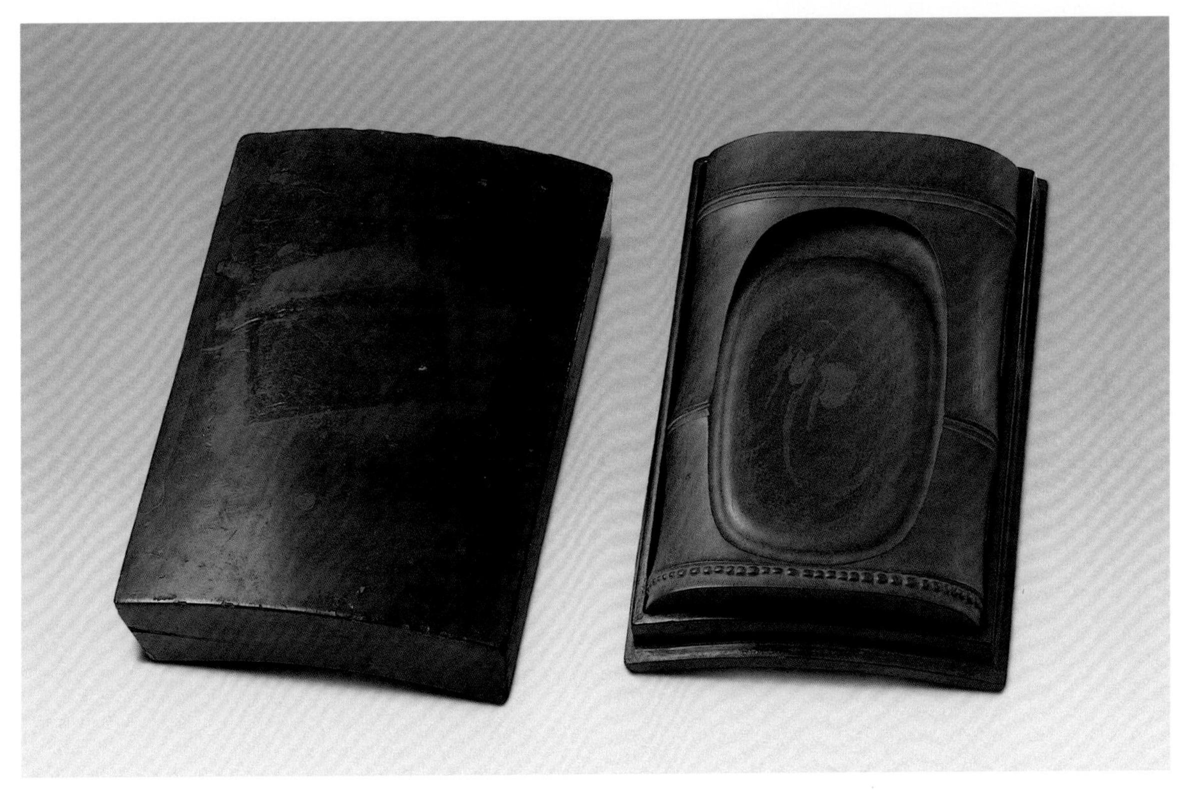

硯體作竹節形。硯面開池，凸起為硯堂，一端深凹為墨池。硯背為刨開竹幹心。石間有黑色眉子紋及金星細點紋理。配紫檀硯盒。

眉子紋是歙硯名貴石品，按其紋理可分為七種。宋曹繼善《歙硯說》曰："眉子，青或紫，短者簇者如臥蠶，而犀紋立理；長者闊者如虎紋，而松紋從理。其曰'雁湖攢'與對'眉子'最為精絕。"此硯石色青黑，質細膩，石品佳，仿生竹節形，造型獨特，是傳世歙硯中的佳品。

132

澄泥梅花抄手硯

清

長19.8厘米　寬13.3厘米　高4.5厘米

清宮舊藏

Chaoshou Pure mud inkstone with plum blossom patterns

Qing Dynasty

Length: 19.8cm　Width: 13.3cm

Height: 4.5cm

Qing Court collection

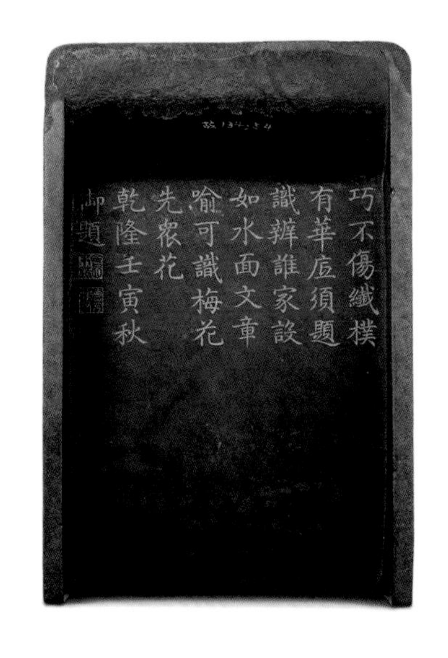

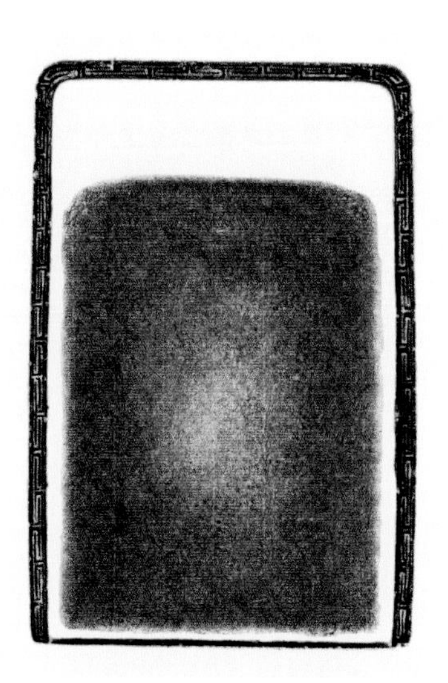

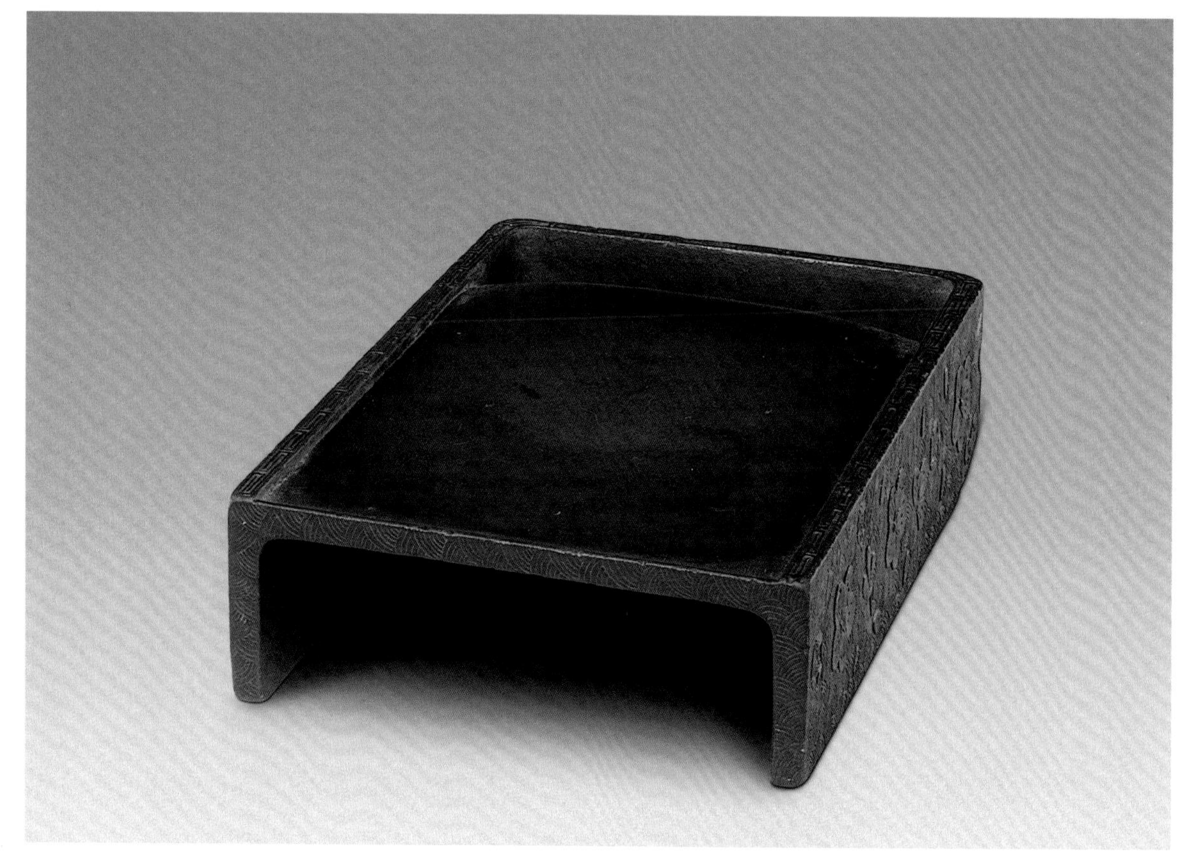

抄手式。斜通式硯堂，墨池深凹，邊框雕迴紋。上頂面及兩側面雕落花流水紋，梅花瓣散佈在水紋地上。硯背抄手內陰文楷書乾隆御詩：“巧不傷纖樸有華，底須題識辨誰家，設如水面文章喻，可識梅花先眾花。乾隆壬寅（1782）秋御題”，鐫“會心不遠”、“德充符”印。

此硯體輕薄，造型工整，紋飾雕刻精緻。

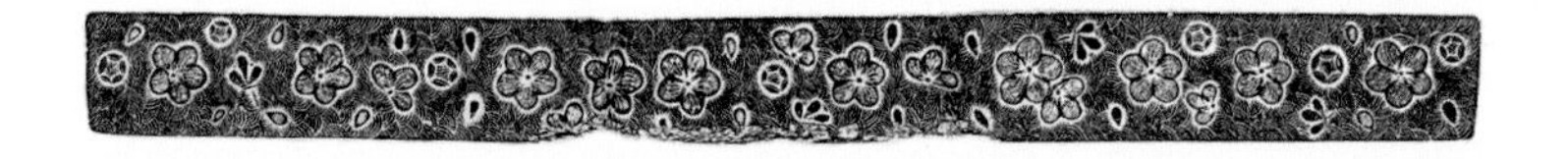

澄泥括囊硯
133
清
長8厘米　寬5.5厘米　高0.9厘米
清宮舊藏

Pure mud inkstone with design of a tied bag
Qing Dynasty
Length: 8cm　Width: 5.5cm　Height: 0.9cm
Qing Court collection

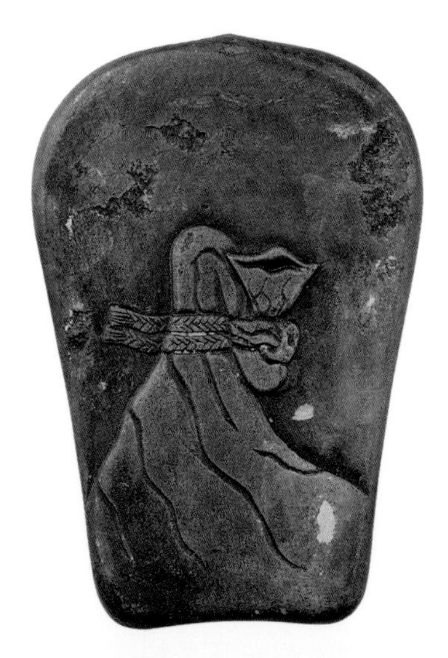

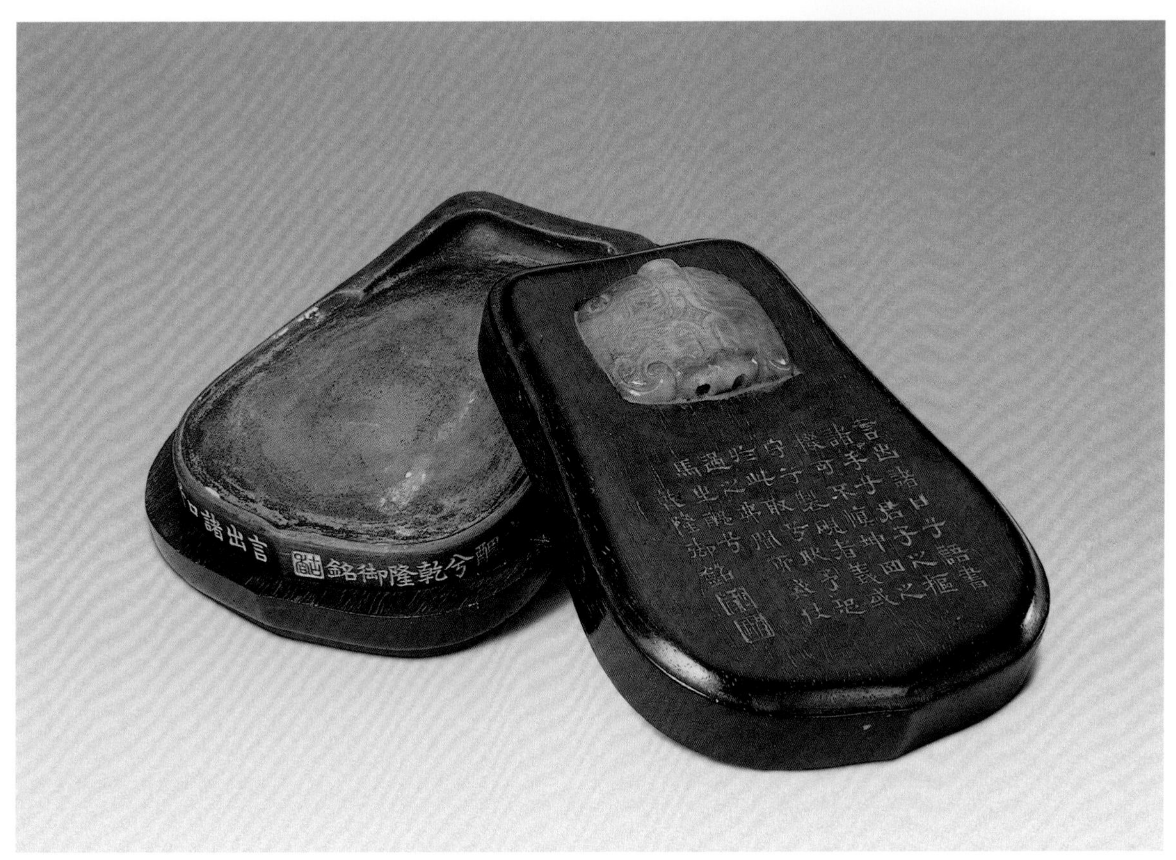

硯體囊形。硯面上端囊口處闢為墨池，硯堂寬平。硯背雕繩索緊括囊口形象。硯周側環刻乾隆陰文楷書題銘：“言出諸口兮，語書諸手兮，君子之樞機可不慎坤四之守兮。製硯者義或於此取兮，然予恐過之，弗聞而戒仗馬之醜兮。乾隆御銘”，鐫“古香”印。附紫檀嵌玉盒，蓋面陰刻隸書硯銘，鐫“古香”、“太璞”印。

《文選》賈誼《過秦論》注曰：“括結囊也，言能苞含天下也。”此硯質地堅實細潤，色黃如栗，為清宮御用硯。

134

紅絲石硯

清

長17.1厘米　寬20.5厘米

高2.9厘米

Red-silk inkstone

Qing Dynasty

Length: 17.1cm　Width: 20.5cm

Height: 2.9cm

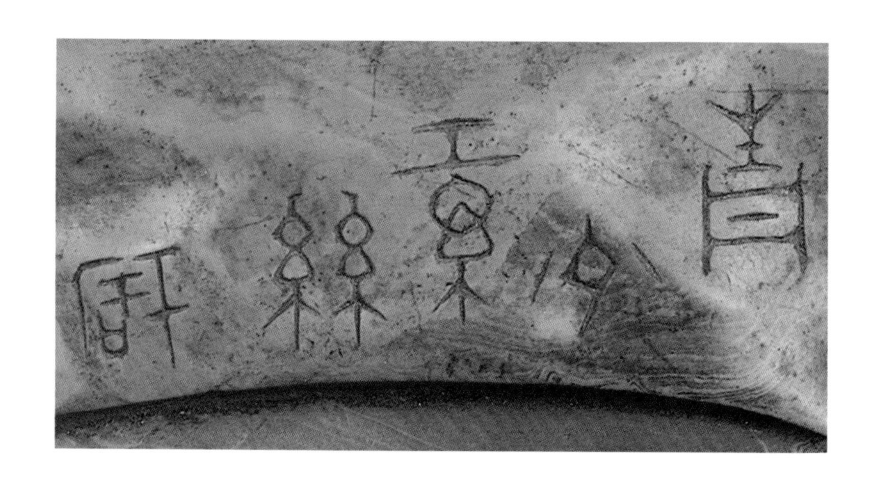

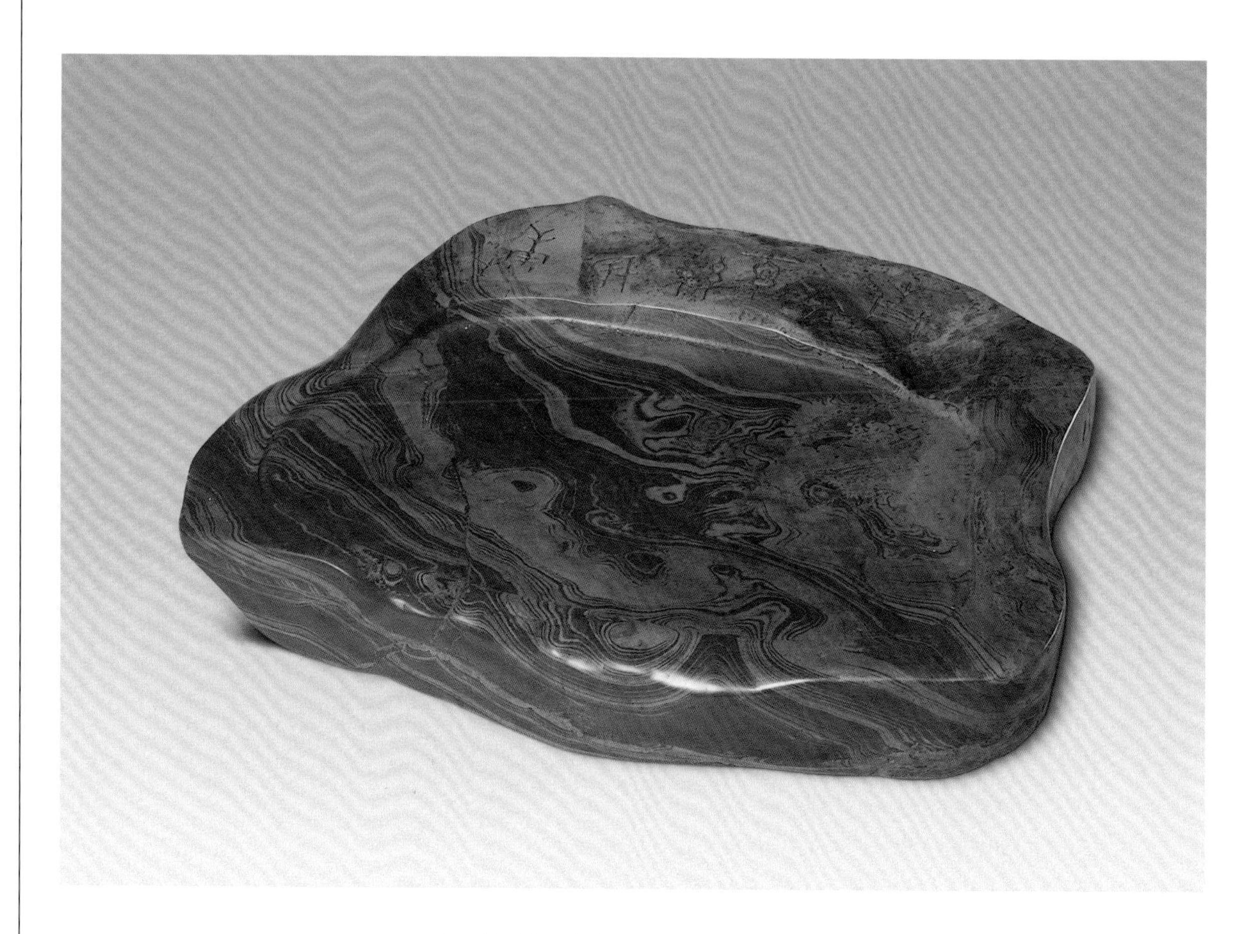

隨石材原狀略加打磨成形。硯面開斜通式硯池，低凹處為墨池。

紅絲石產自山東青州益都縣，石面呈現紅色條紋，狀如刷絲，故名。宋代唐彥猷、蘇易簡等品硯家將紅絲石硯列為硯中上品，其等次甚至高於端、歙石。此硯石質堅實細膩，浮現柔和的光澤，天然的紅、黃色美麗條紋，盤旋縈繞，甚為嬌艷，其天然美感勝於人工。

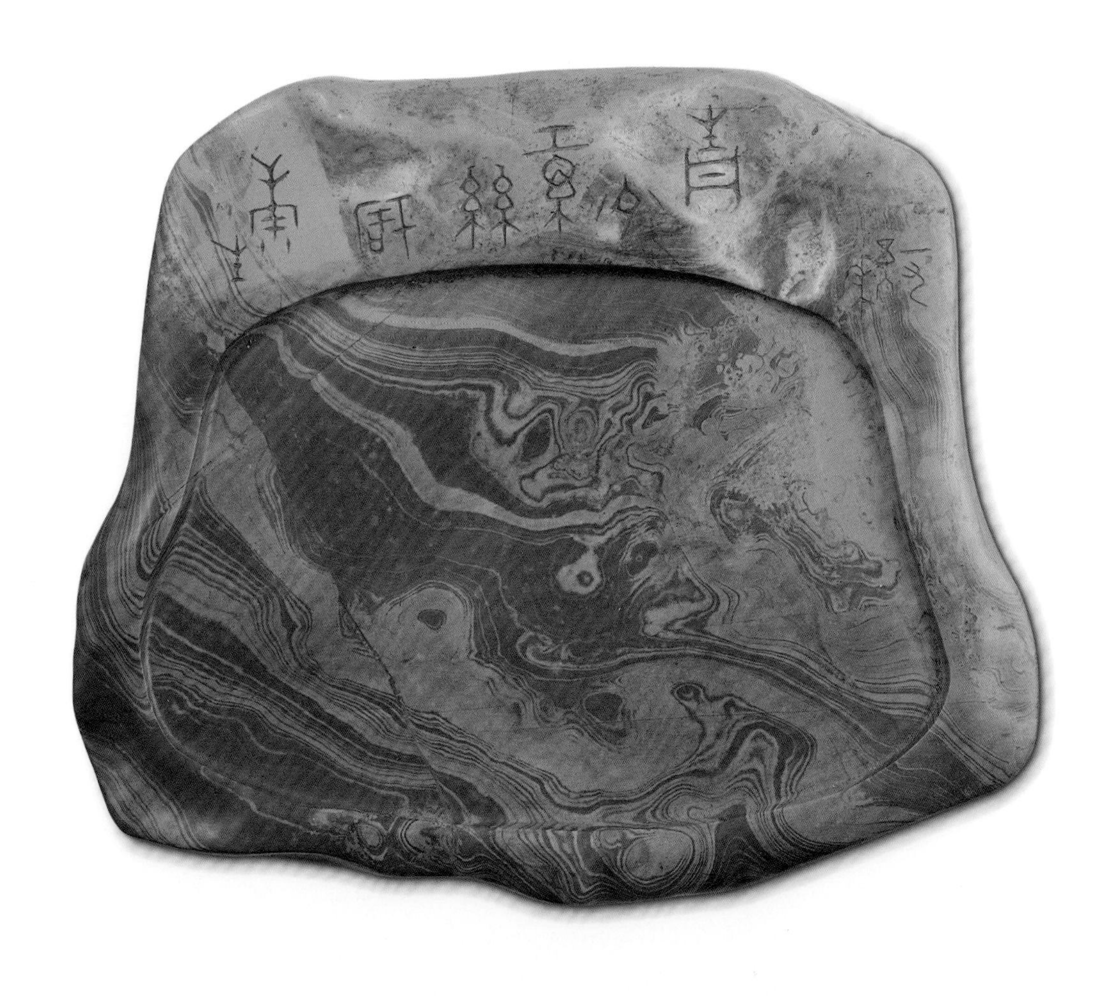

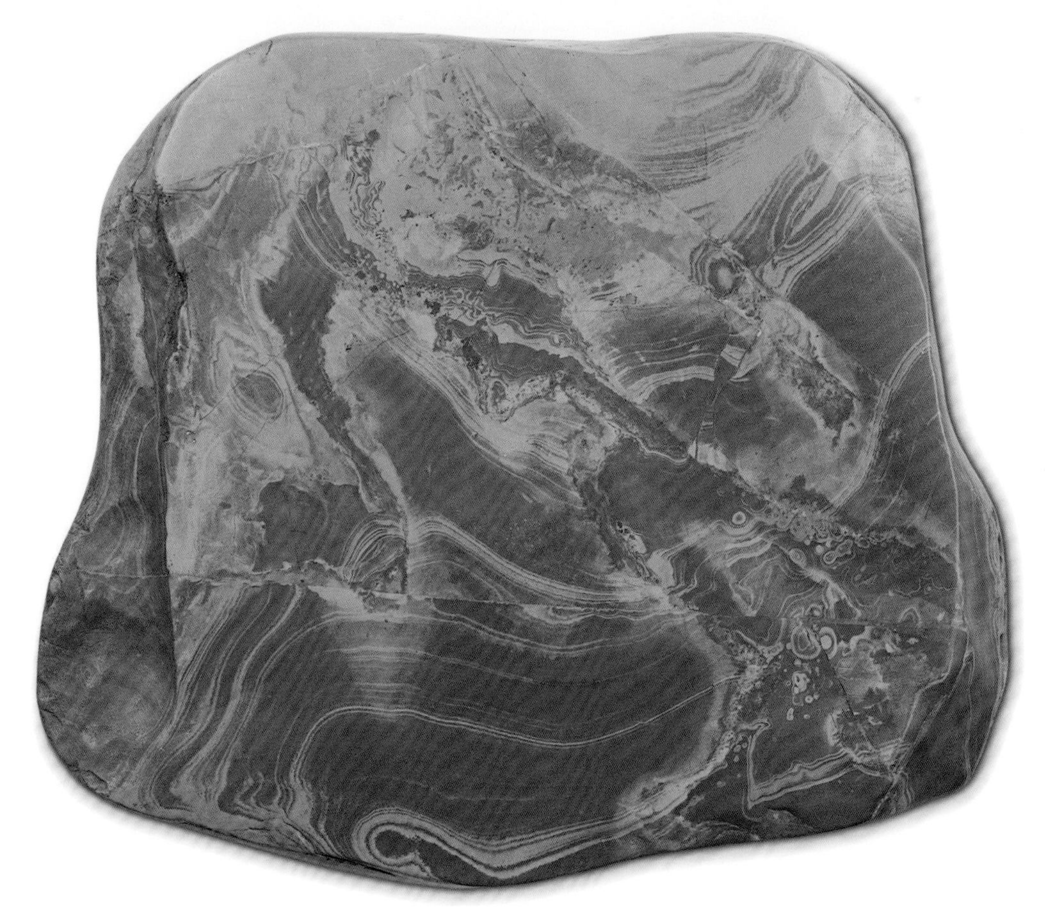

135

紫砂金漆雲蝠硯
清
徑21.3厘米　高1.5厘米
清宮舊藏

Baccaro golden-lacquered inkstone with cloud and bat design
Qing Dynasty
Diameter: 21.3cm　Height: 1.5cm
Qing Court collection

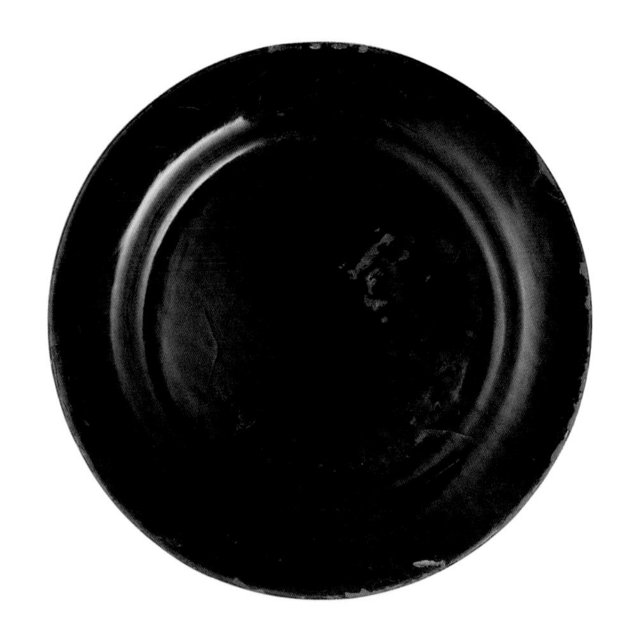

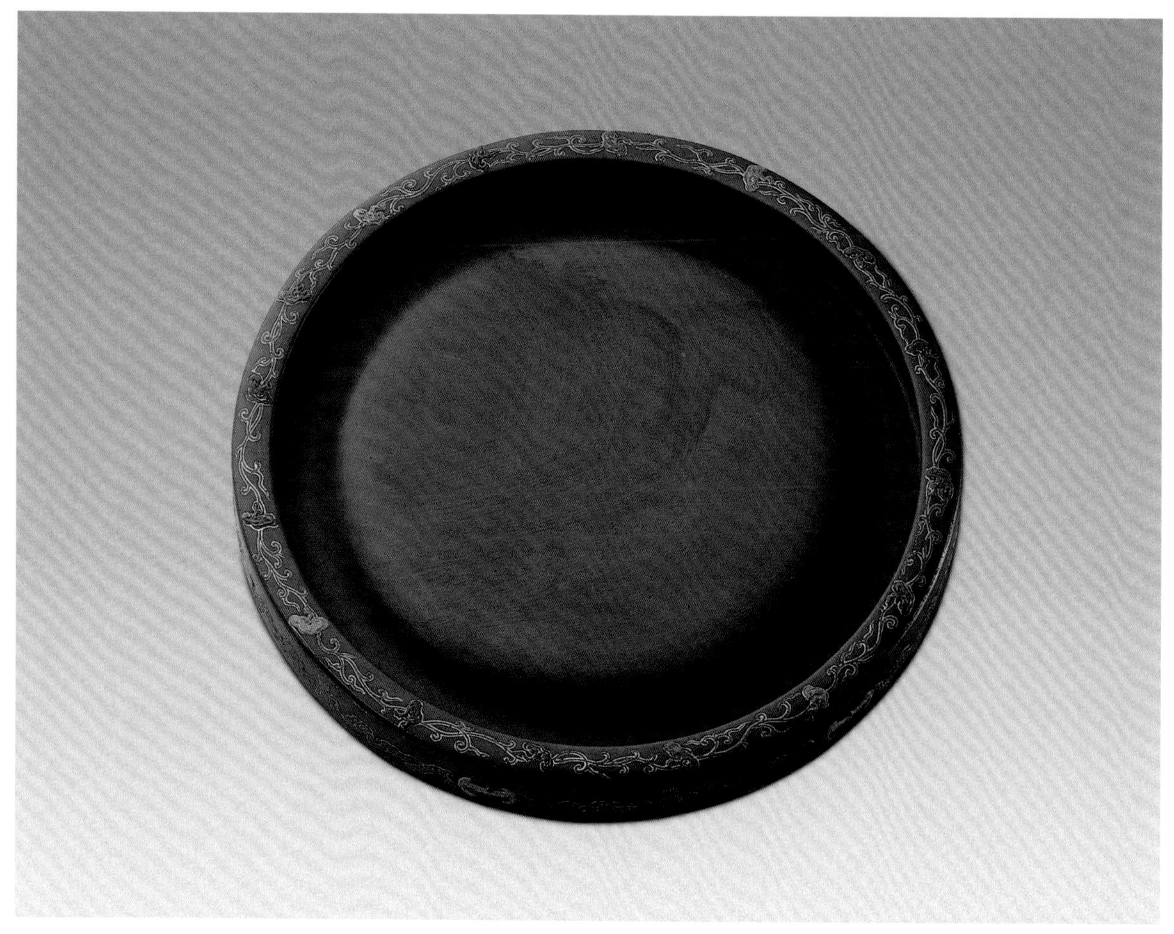

硯面中間突起為硯堂，外環渠為墨池。邊框金漆繪纏枝靈芝紋，硯側一周金漆繪雲蝠紋。硯背微凹為覆手，飾弦紋。

此硯質細工精，是紫砂硯佳品。

136

漆沙風字硯
清
長12.5厘米　寬8.1厘米　高1.9厘米

Lacquer inkstone in the shape of the character feng
Qing Dynasty
Length: 12.5cm　Width: 8.1cm　Height: 1.9cm

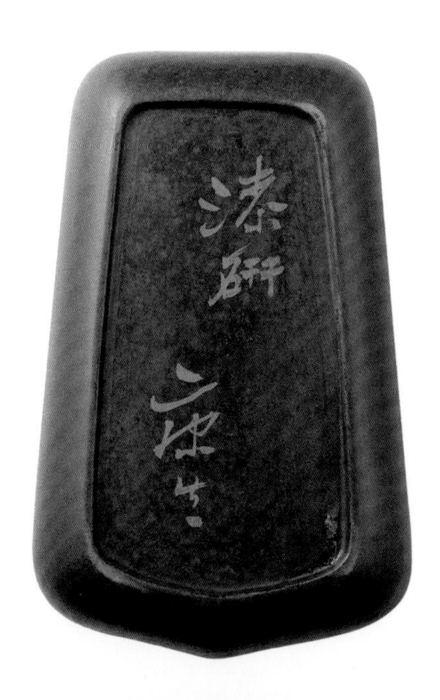

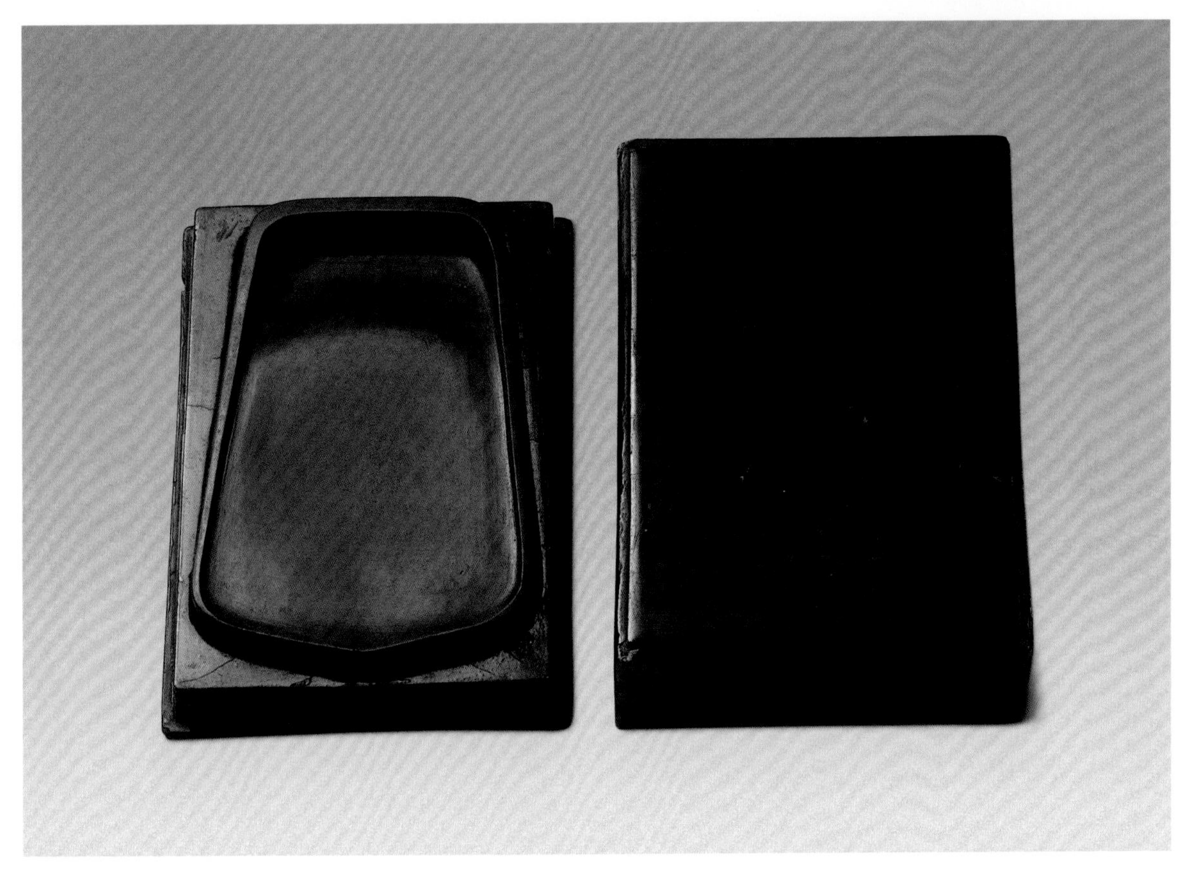

風字形。硯面周邊起框，斜通式硯池，墨池深凹。硯背有淺覆手，配黑漆硯盒。

宋代即已製造的漆沙硯，至清代頗為盛行。此硯體甚輕，入水不沉，色黑，有光澤。

137

朱漆瓜式硯

清

長11.6厘米　寬7.4厘米　高3.5厘米

Red-lacquer inkstone in the shape of melon

Qing Dynasty

Length: 11.6cm　Width: 7.4cm

Height: 3.5cm

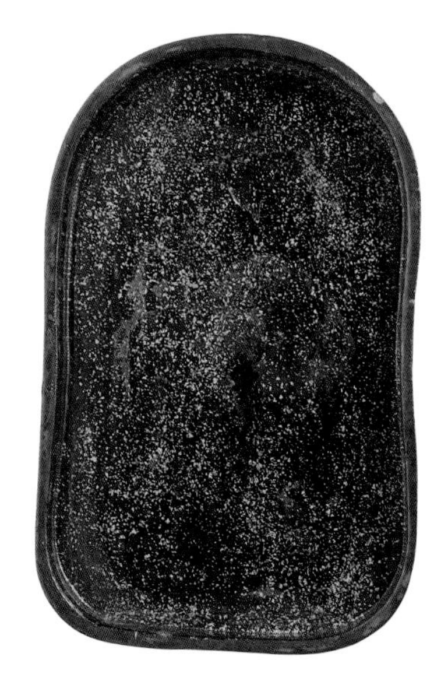

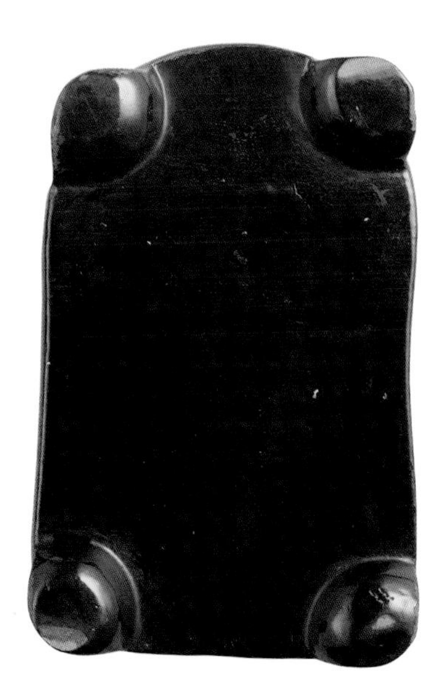

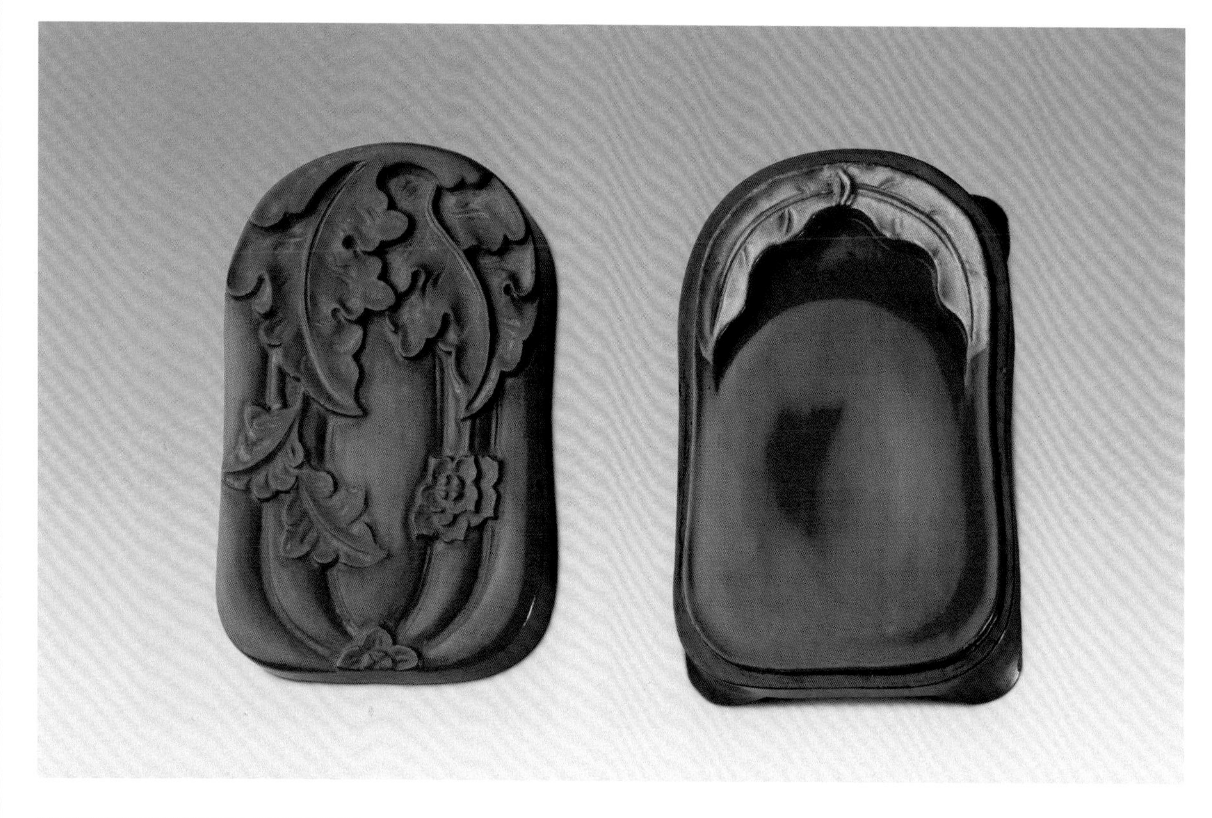

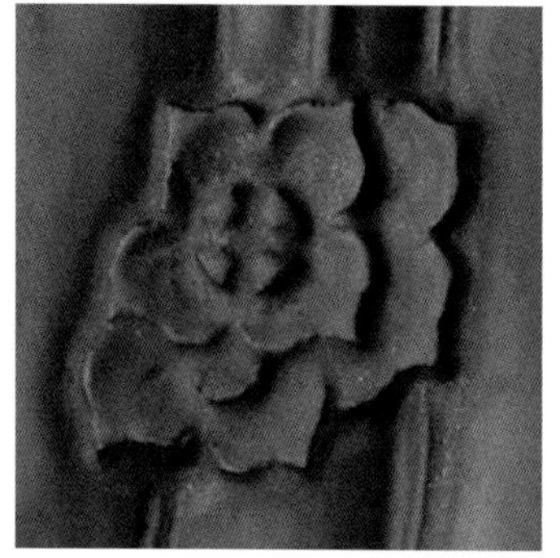

瓜形，通體髹漆。硯面髹朱漆，硯堂突起，四周微凹，上端深凹為墨池，口緣雕成葉形。蓋面雕出瓜棱，上覆褐色蒂葉，蓋內灑螺鈿黑漆裏。硯底髹黑漆，四矮足。

此硯體輕、工精，賞玩多於實用。

138

翡翠花蝶雙層硯
清
長8.1厘米　寬6.2厘米　高1.6厘米
清宮舊藏

Two-layered inkstone with a jade green cover carved with flower and butterfly patterns
Qing Dynasty
Length: 8.1cm　Width: 6.2cm　Height: 1.6cm
Qing Court collection

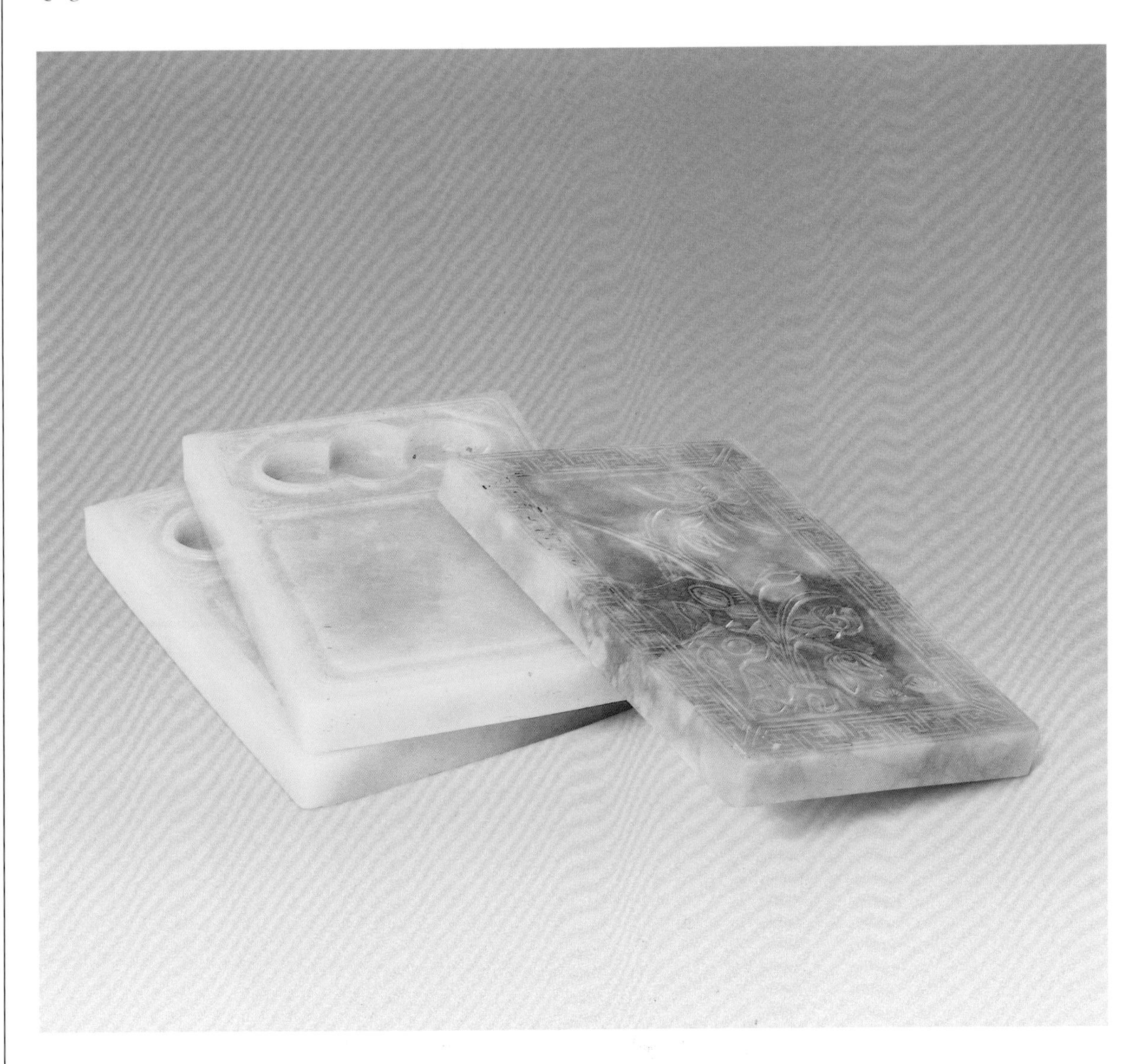

硯為長方形雙層，形式相同，硯面淺開硯堂，如意形墨池，口沿起邊。硯蓋翠色瑩潤，陰刻花蝶紋。

以玉製硯，古已有之，但翠硯少見。翠質脆硬，不易受墨，故此硯應為鑒賞之用。清宮御用品。

139

端石瓜紋硯

清晚期

長13.5厘米　寬9.8厘米　高1.5厘米

Duan inkstone with melon leaf patterns

Late Qing Dynasty

Length: 13.5cm　Width: 9.8cm　Height: 1.5cm

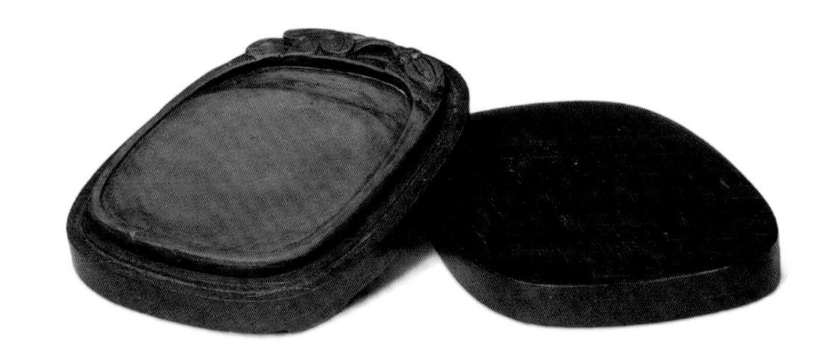

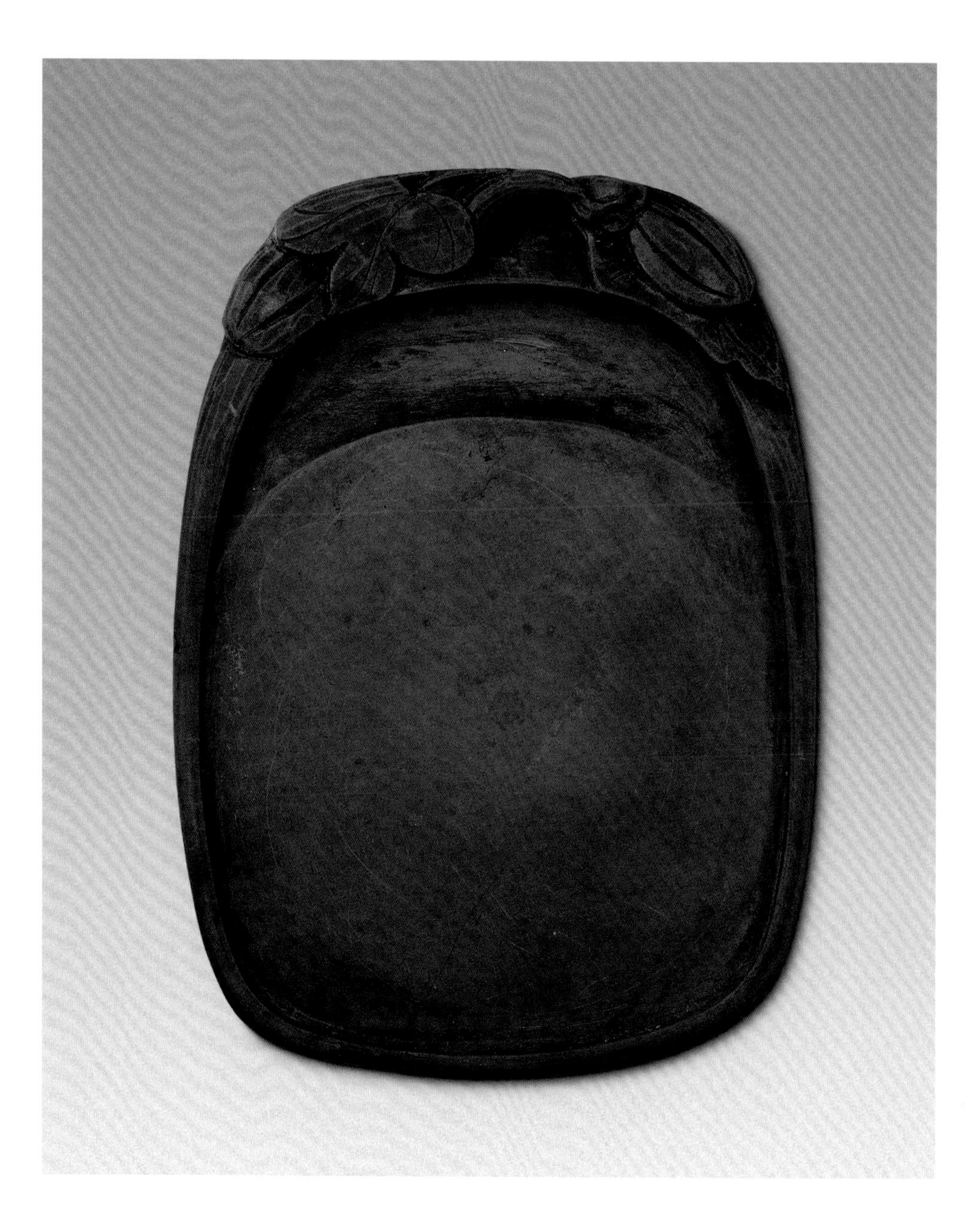

橢圓形。硯面淺開硯池，上端作月形墨池。池上緣雕瓜葉紋。硯背面平滑光素。

此硯石質細而光滑，隨形而作。硯輕體薄，小巧實用，造型簡樸，為清代晚期硯式風格。

140

端石山水圖硯

清晚期

長22.8厘米　寬15厘米　高2.4厘米　一對

A pair of Duan inkstones with landscape picture

Late Qing Dynasty

Length: 22.8cm　Width: 15cm　Height: 2.4cm

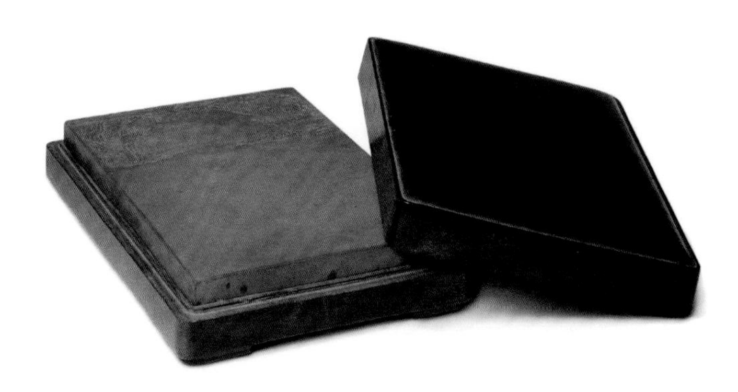

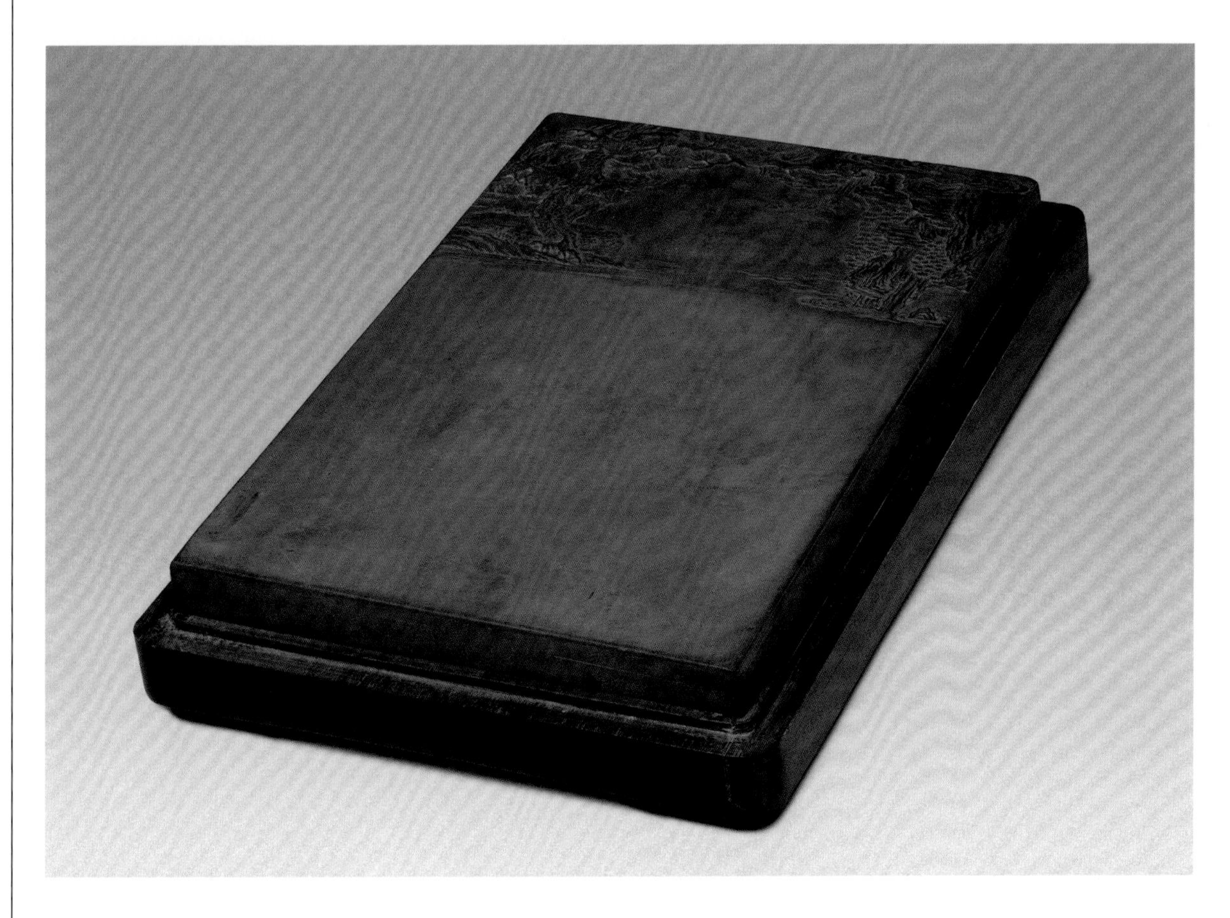

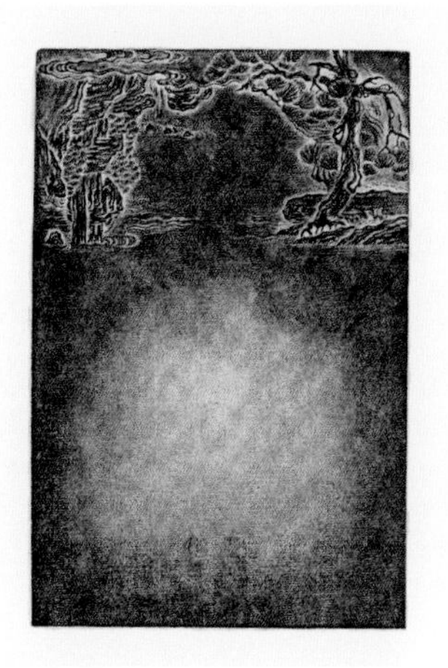

硯面平滑，不設池堂。硯額淺雕山水圖，圖紋稍凸起，雲靄飄浮，水波蕩漾，二株古松對峙於兩岸，意趣盎然。硯為一對，形制、紋圖相同。附紅木盒。

此硯石質細潤而澤，色淡紫，含青花、火捺、胭脂暈等石品。

141

端石琴式硯
清晚期
長22.5厘米　寬13厘米　高2.7厘米

Duan inkstone in the shape of Chinese Zither
Late Qing Dynasty
Length: 22.5cm　Width: 13cm　Height: 2.7cm

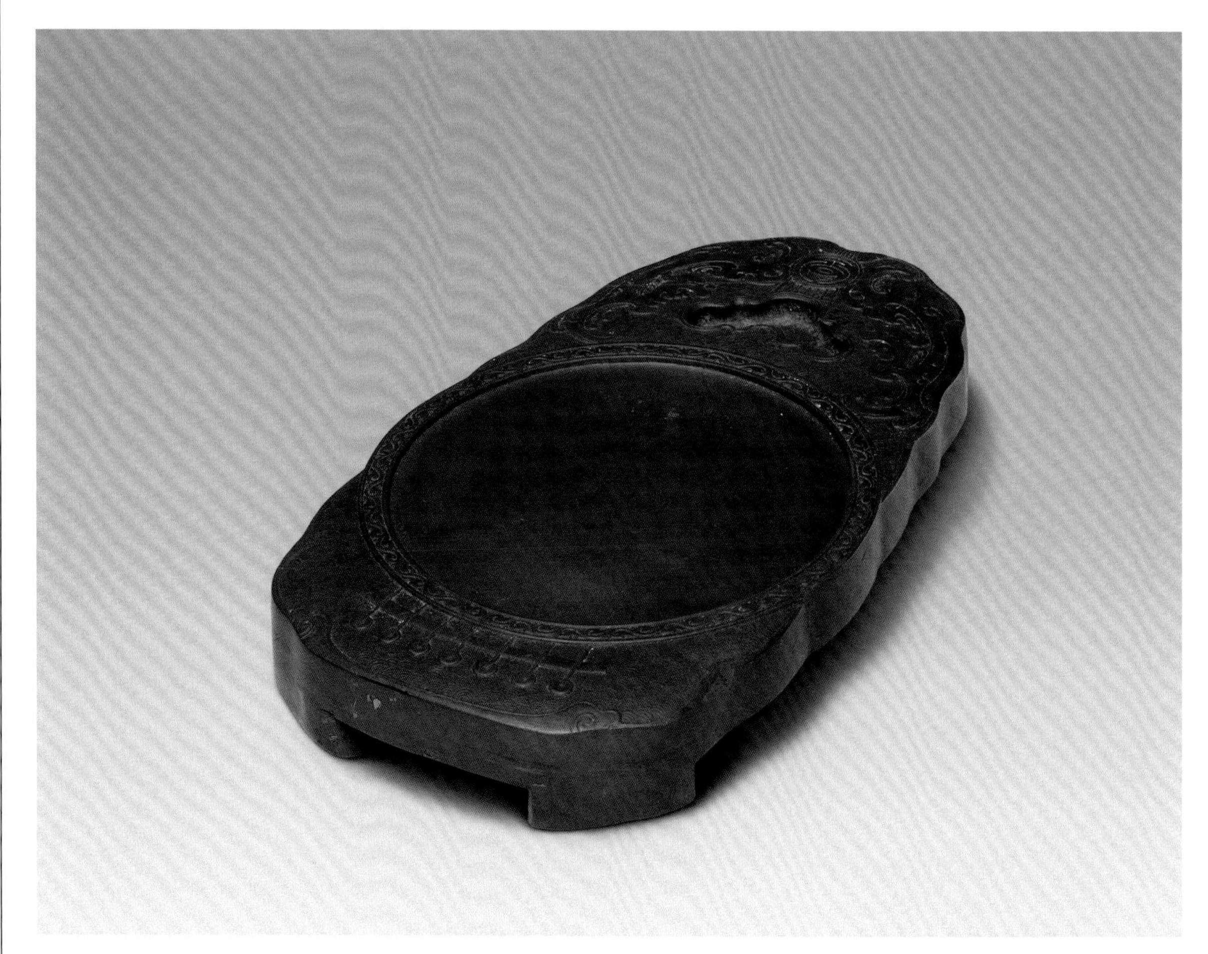

仿古琴形。圓形硯堂，周邊刻勾雲紋。硯池深凹，左右雕對稱螭紋。硯堂下刻承弦的岳山，旁七孔穿七弦。硯池上刻七弦，通過承弦的龍齦折向硯背，繫於兩個對稱的雁足。七弦中陰刻篆書“富”字。硯面刻有水波紋。硯背中心陰刻篆書“衛”字。下有長圓形兩足。兩足之間雕有七個繫琴弦的乳丁紋。硯置紅木盒中。

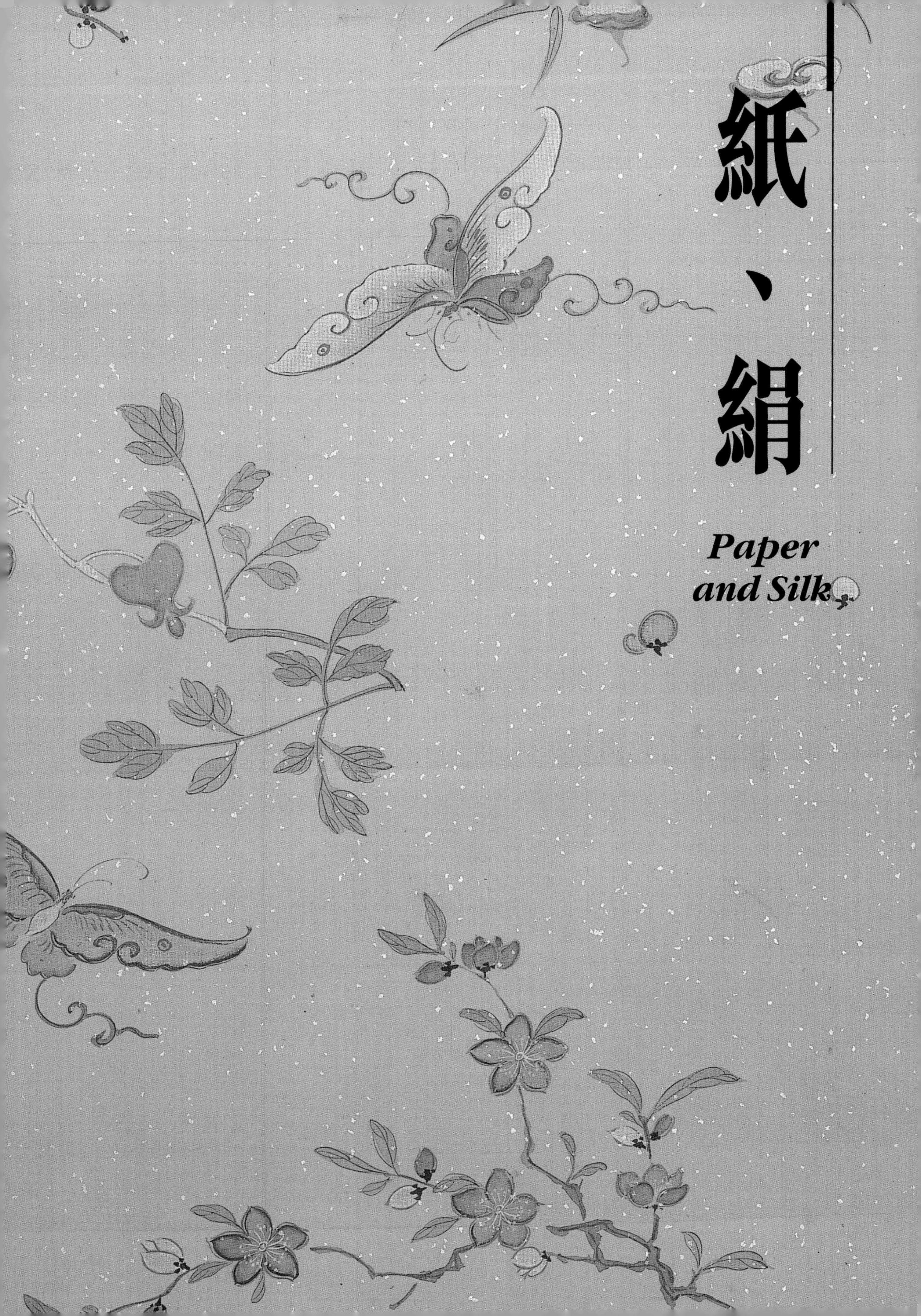

紙、絹

Paper and Silk

142

米色藏經紙

宋

長55.3厘米　寬29.1厘米

Cream-colored sutra paper

Song Dynasty

Length: 55.3cm　Width: 29.1cm

紙質較厚，表面平滑，可透光，隱現團絮狀纖維紋。一面砑光施蠟，猶似油紙。有摺頁痕跡。另一面有版印墨體經書，若隱若現。紙面有楷書朱印“普照法寶”。

藏經紙又稱硬黃紙，宋代用於書寫經書。為桑皮紙，內外施蠟。記載宋代有紙幅上朱印“金粟箋藏經紙”，紙質優良。清乾隆時期宮廷大量仿製。

143

黃色寫經紙

元

長62厘米　寬40厘米　20張

Twenty pieces of yellow sutra paper

Yuan Dynasty

Length: 62cm　Width: 40cm

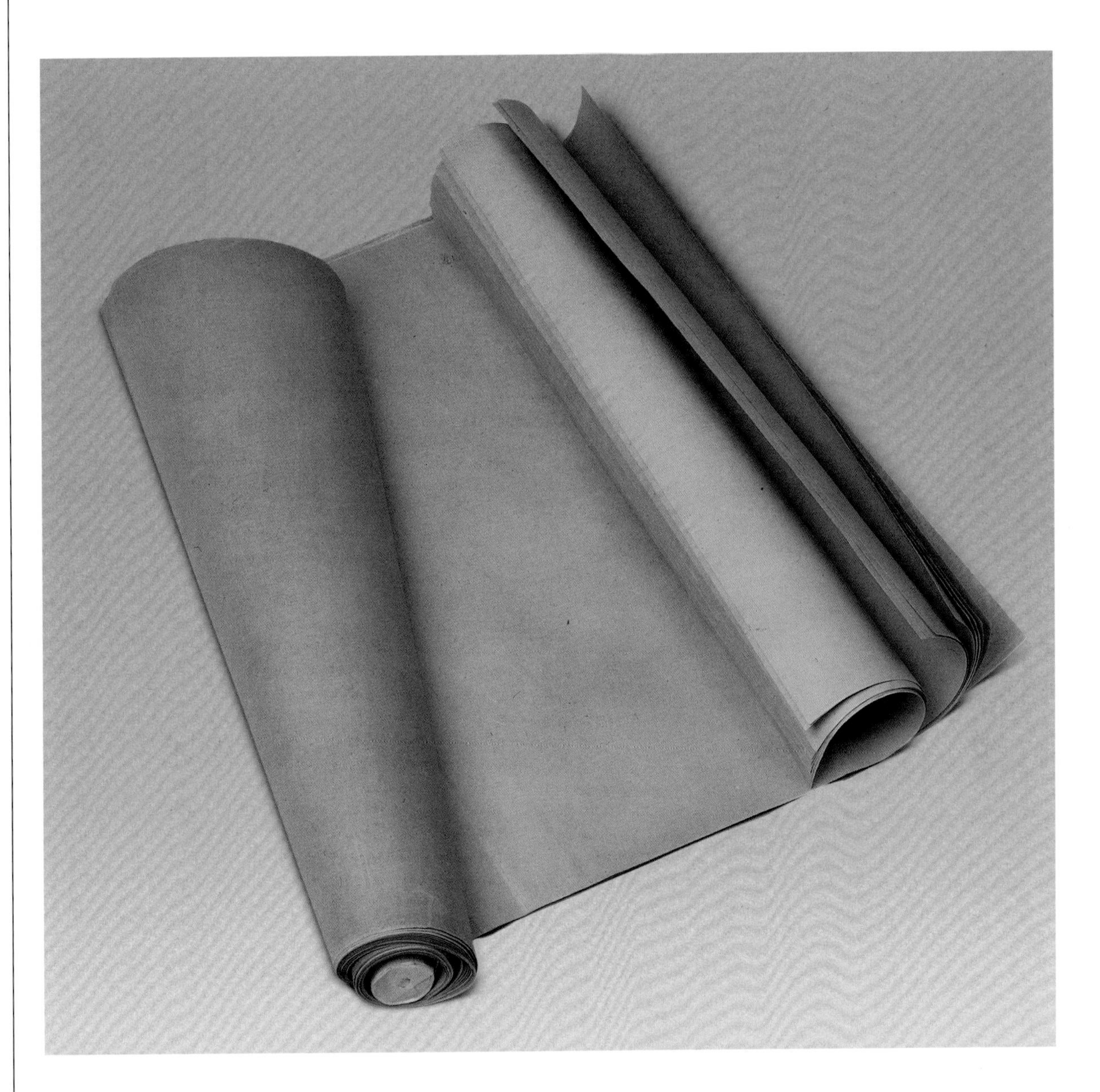

紙以黃蘗汁浸染，呈淡黃色，有避蠹之功效。其原料為麻，品質硬韌，紙表塗有黃蠟，防潮而有光澤。紙邊穿孔，以紙繩將諸紙串聯在一起，可分可合，猶如活頁簿冊。此紙為供書寫佛教經典之用。

144

蠟印故事箋

明

長130厘米　寬31.5厘米

Waxed paper with pictures of a story

Ming Dynasty

Length: 130cm　Width: 31.5cm

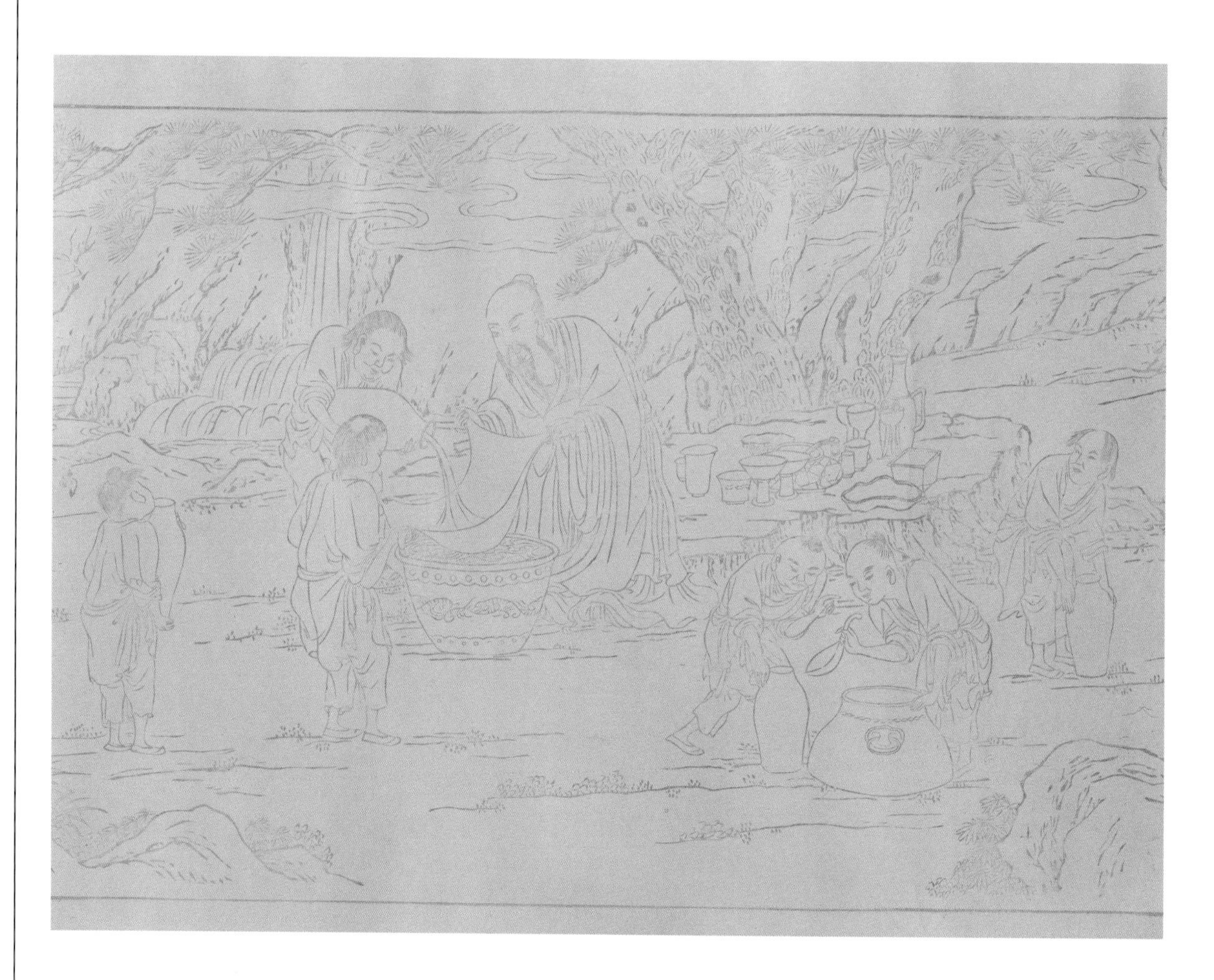

紙選用上等堅韌、細簾紋樹皮製，纖維交結均細，染以色彩，紙上砑有據蘇軾《赤壁賦》所作的人物畫暗花紋。紙表面有少量施粉，紙精細，極適於筆墨。

此種紙是一種加工較考究的紙品，製作方法是先將紙加粉、染色，再把畫稿刻在硬木模上，再以蠟砑紙，模上凸出的畫紋因壓力作用，而呈現光亮透明的畫面。是一種加工的砑花紙，在明、清間較為流行。

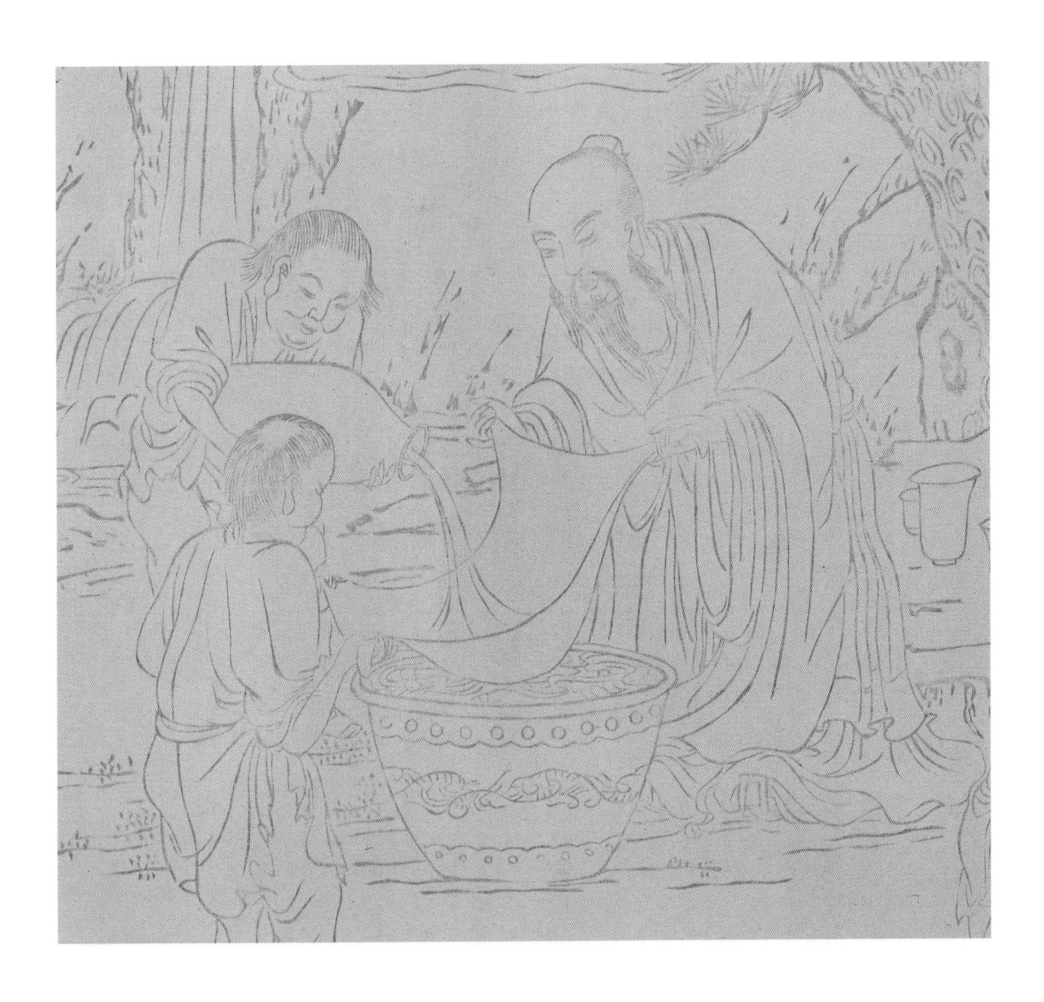

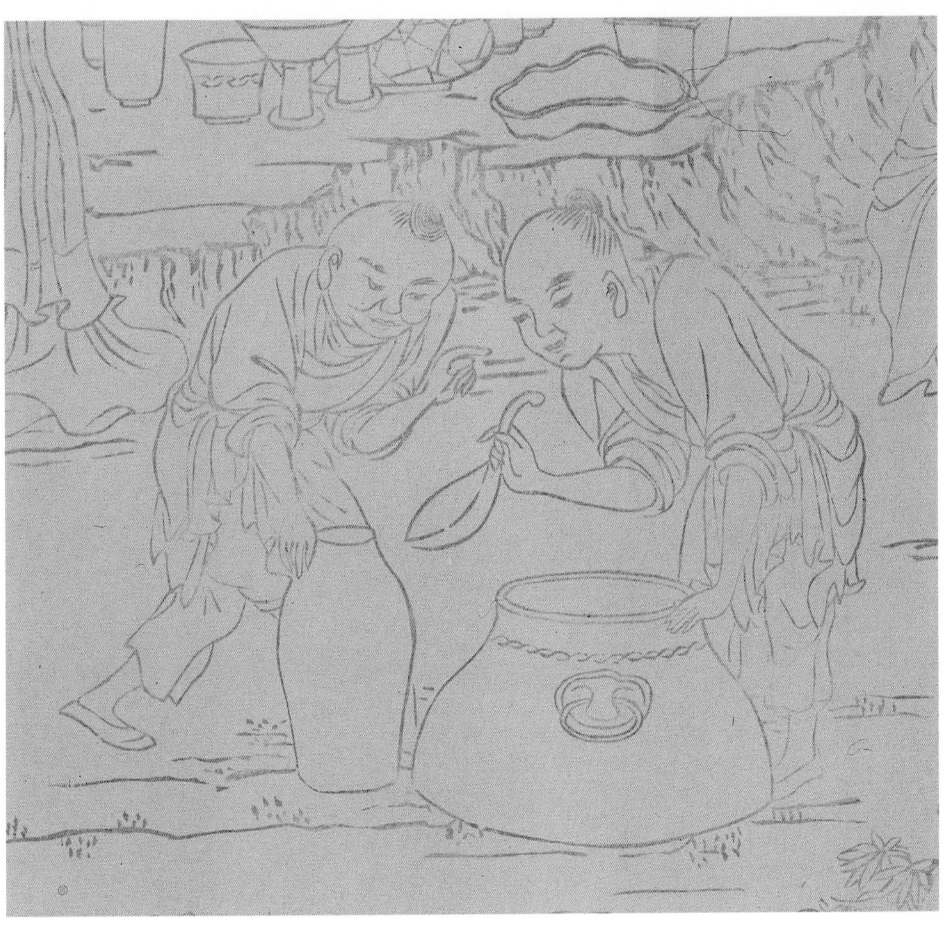

145

竹紙
明
長56.7厘米　寬42.1厘米

Bamboo paper
Ming Dynasty
Length: 56.7cm　Width: 42.1cm

以竹為原料製成，紙質柔軟，頁單薄，半透明。初製成時紙色瑩白，但因年代久遠，已有多處泛黃。

竹紙製造工藝比較複雜，須經破竹、浸煮、發酵、碾碎、調漿、過簾、烘乾等多道工序。竹紙大量生產始於北宋，至明代時已在諸紙中居統治地位。中國南方盛產竹子，故造紙原料成本低廉，加之竹紙良好的使用性能，一直受到人們的普遍歡迎。

146

珊瑚色開化紙
清早期
長33.5厘米　寬26厘米

Coral-colored Kaihua (In Zhejiang Province) paper
Early Qing Dynasty
Length: 33.5cm　Width: 26cm

以開化紙塗以珊瑚色粉加藥而成，撈紙簾紋細膩。用作書畫或圖書扉頁，可以起到防蛀避蠹的作用，南方較為常用。

開化紙，明清時產於浙江省開化縣，紙色純白，紙質細軟，清康熙、雍正、乾隆三朝產量最多，多用於殿本圖書和印套色彩畫。

147

羅紋灑金紙
清雍正
長133厘米　寬65厘米

Gold-flecked Luowen paper
Yongzheng period, Qing Dynasty
Length: 133cm　Width: 65cm

羅紋紙是宣紙的一種，紙面呈細密縱橫交叉的紋理，而非簾紋。北宋蘇易簡在《文房四譜》中說：“又以細布先以麵漿膠，令勁挺，隱出其紋者，謂之‘奐子箋’，又謂之‘羅紋箋’。”唐代的“蜀箋”已有“羅紋箋”。明清時期羅紋箋又有發展。清康熙杭州良工王誠之以銅絲簾造闊簾羅紋紙。此後仿製，專用竹簾，遂稱狹簾羅紋。羅紋紙比一般宣紙稍厚，不易滲水，多產於安徽涇縣。

此幅為狹簾羅紋，質地細密，製作精工，又灑細金箔，是少見而珍貴的佳紙。

148

仿金粟箋藏經紙

清乾隆
長60厘米　高27厘米
清宮舊藏

The imitative sutra paper used in Jinsu Temple

Qianlong period, Qing Dynasty
Length: 60cm　Width: 27cm
Qing Court collection

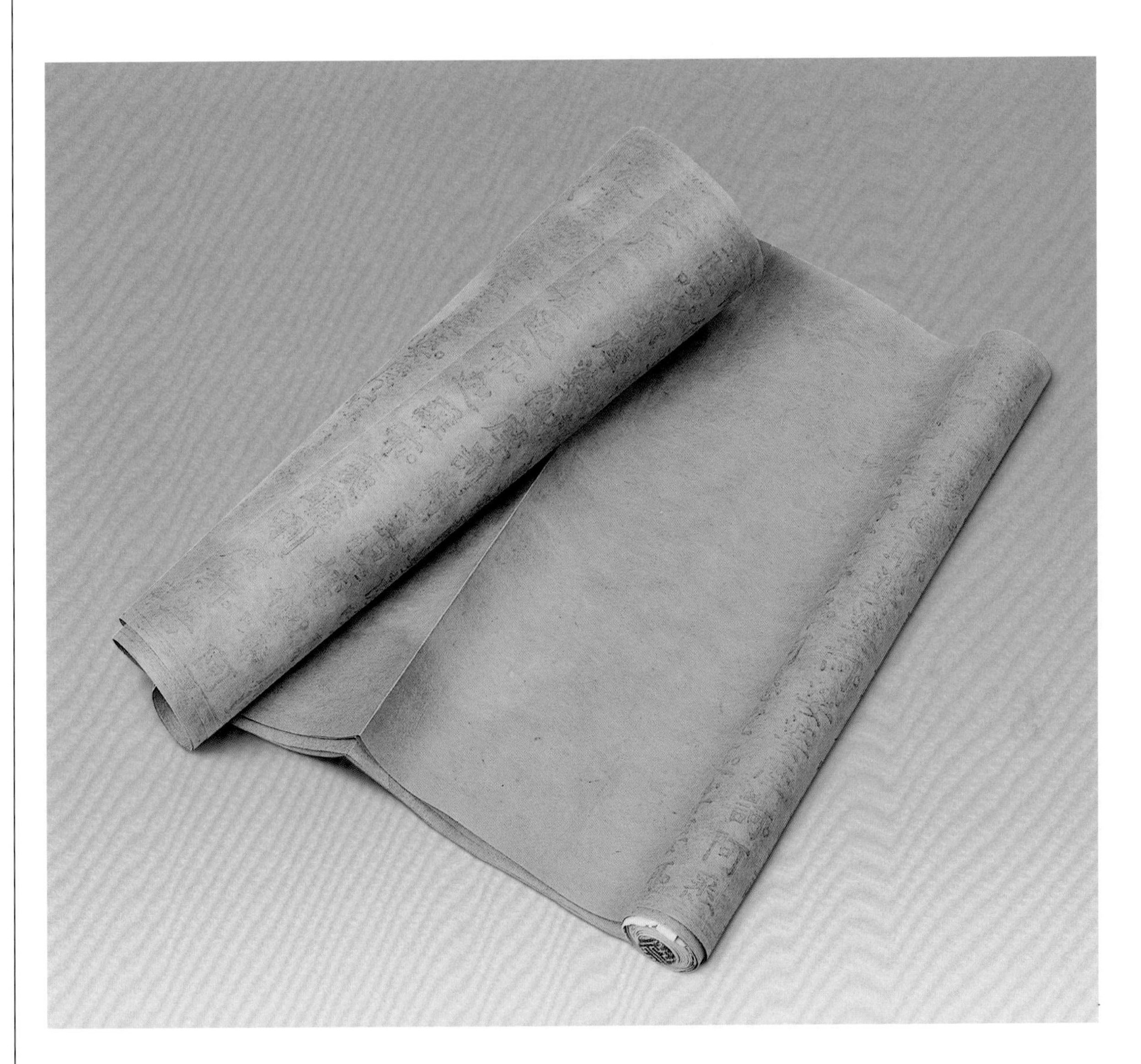

紙外加蠟，砑光使紙顯硬，加黃蘗濡染而發黃。紙顯厚重，密無紋理，精細瑩滑，久存不朽。供寫經之用。

金粟箋藏經紙是宋代硬黃紙一種，宋代將大量優質藏經紙藏於浙江海鹽縣西南金粟寺中，故名。宋代金粟箋藏經紙曾流入內府，清乾隆時大量仿製。此仿金粟箋藏經紙為清官紙局製作。紙張須經過監督官員抽驗，合格者在紙角蓋上"乾隆年仿金粟箋藏經紙"朱印。乾隆曾用此紙印製《波羅密心經》，及用於內府珍藏古書畫裝潢引首。是清宮名貴御用紙。

149

仿明仁殿畫金如意雲紋粉紙

清乾隆
長121.5厘米　寬53厘米
清宮舊藏

Coated paper in the imitation of Mingren Hall paper with golden painted design of ruyi and cloud

Qianlong period, Qing Dynasty
Length: 121.5cm　Width: 53cm
Qing Court collection

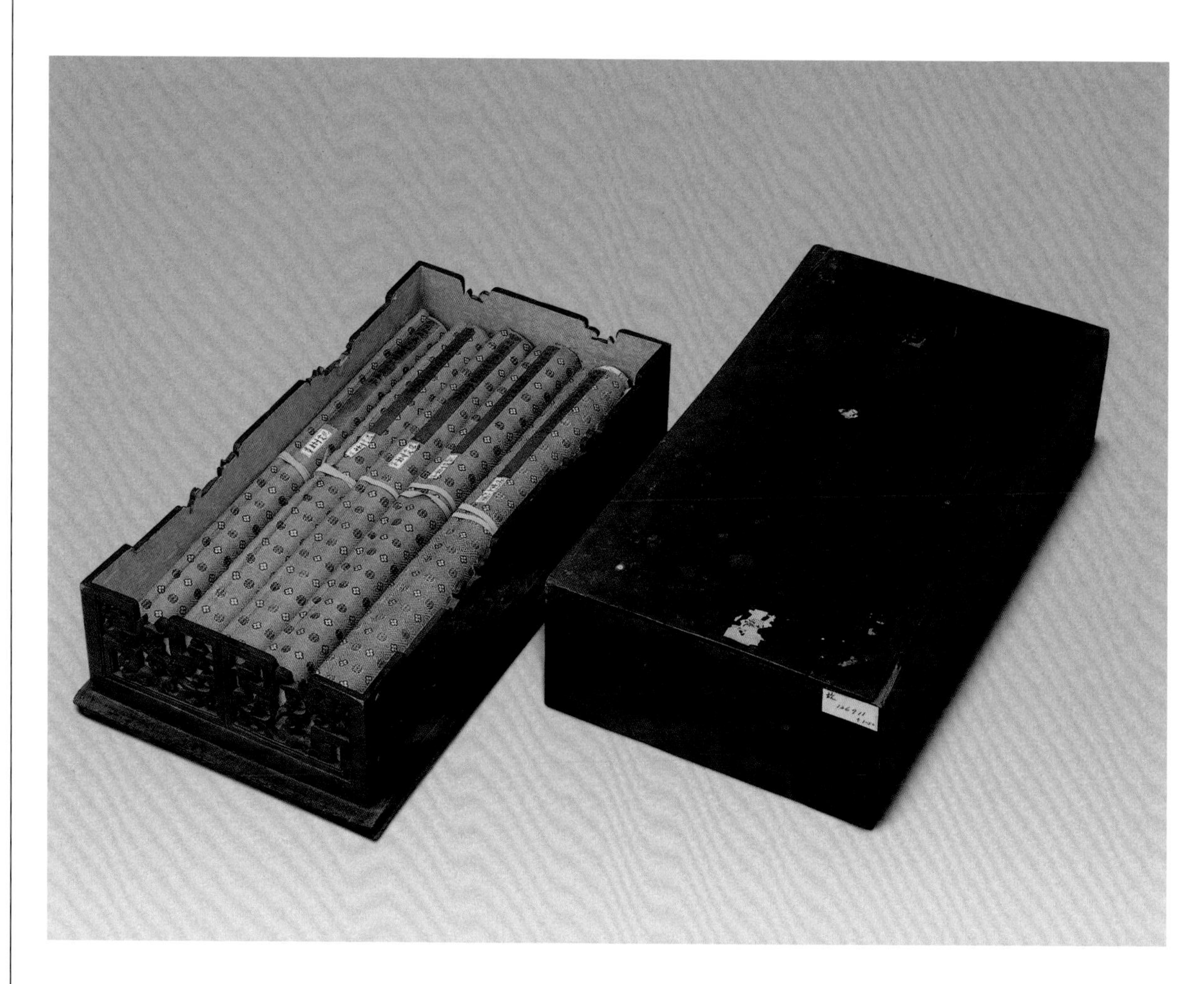

仿元代明仁殿紙， 屬黃色粉蠟箋紙。以桑皮為原料，紙兩面用黃粉加蠟，再以泥金繪以如意雲紋，右下角鈐隸書朱印“乾隆年仿明仁殿紙”。紙背灑金片。表面平滑，纖維束甚少，紙厚，可揭取三、四張。

明仁殿紙是元代宮廷內府用的藝術加工紙，元人陶宗儀《輟耕錄》云：“明仁殿紙與端本堂紙略同，上有泥金隸書‘明仁殿’之字印。”紙質絕好，為一時之最。

明仁殿為元代殿名，明初時尚存，今已不在。此紙是清乾隆年間仿製，造價極高，為宮廷御用紙。

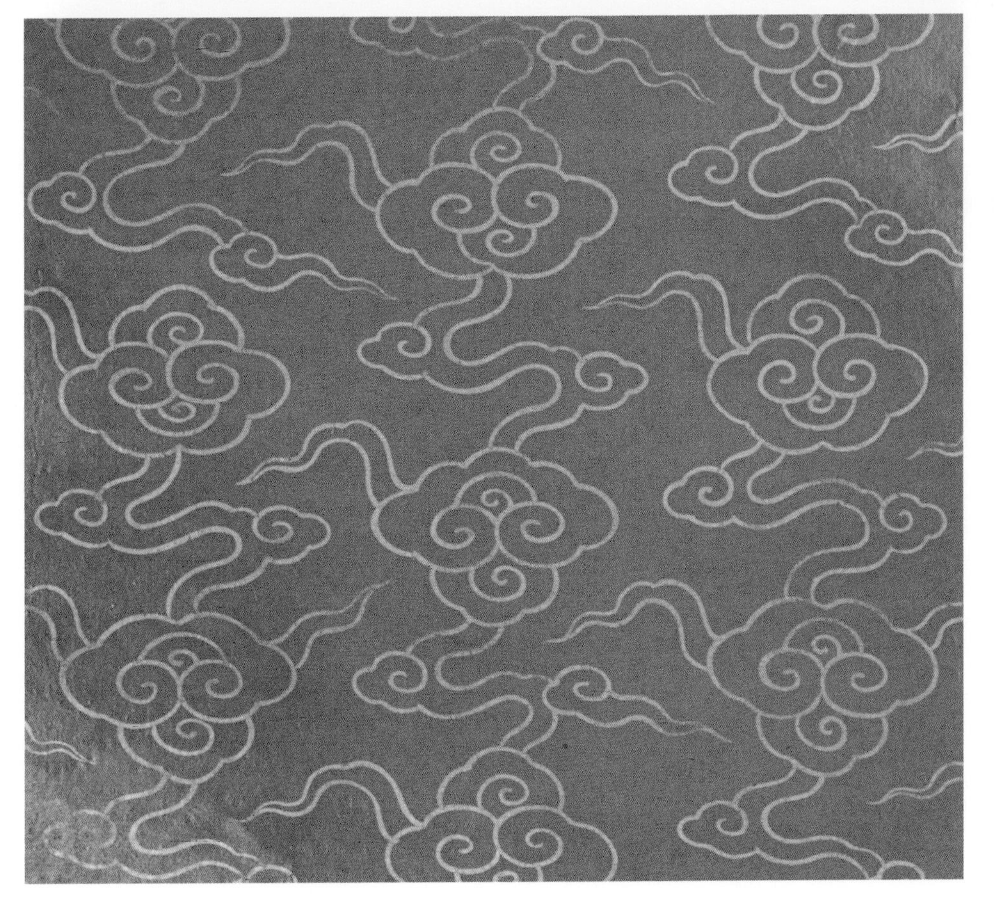

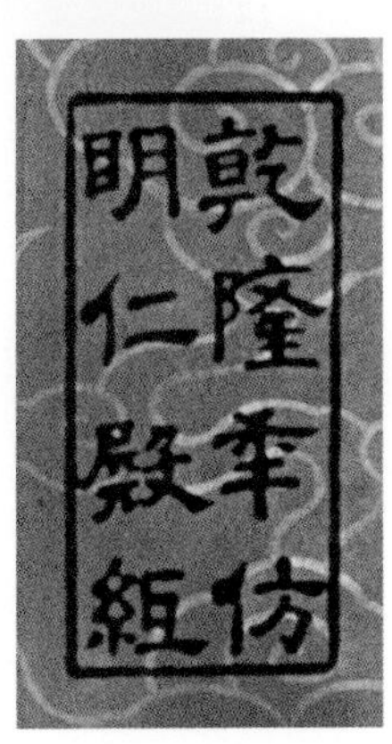
乾隆年仿
明仁殿紙

150

梅花玉版箋

清乾隆
長50厘米　寬49.5厘米
清宮舊藏

Jade tablet paper decorated with plum blossom patterns
Qianlong period, Qing Dynasty
Length: 50cm　Width: 49.5cm
Qing Court collection

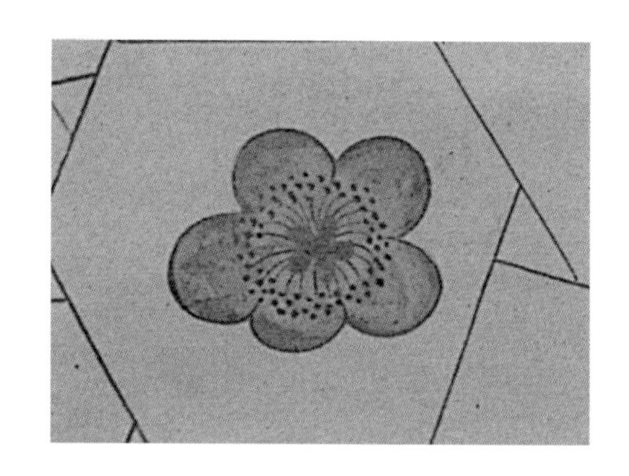

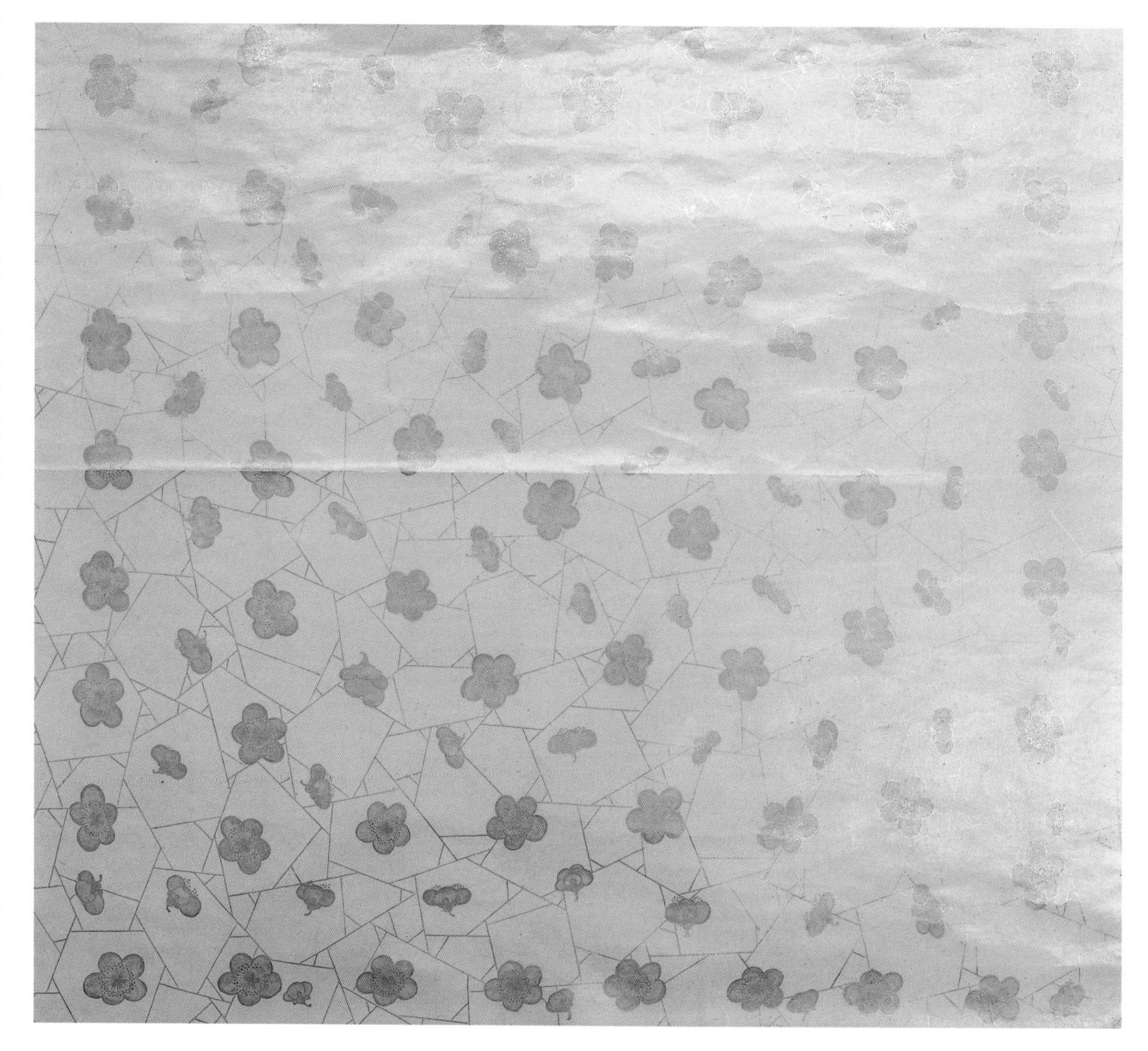

紙為斗方式，原料為皮紙，紙表加粉蠟，再用泥金繪冰梅圖案。右下角勾雲紋邊框隸書朱印“梅花玉版箋”字樣。紙厚薄均匀，面光滑。

梅花玉版箋是清代康熙年間創製的高級箋紙，以皮紙為料，其上施粉加蠟、砑光，再以泥金或泥銀繪製圖案。乾隆年間盛行，製作更為精工，成為宮廷專用紙。

151

乾隆款白紙

清乾隆

長53.6厘米　寬38.6厘米

White paper with signature of Emperor Qianlong

Qianlong period, Qing Dynasty

Length: 53.6cm　Width: 38.6cm

皮料質地，本色，微黃，質地柔韌、光滑。箋面左下角有隸書朱印“乾隆四十九年甲辰（1784）呈進雪棉純暇詩牋”。

此紙是為恭祝乾隆皇帝73壽辰進獻的壽禮，製作時間確切，製作背景清晰，擁有傳世古紙普遍缺乏的詳實歷史資料。

152

紫色描金粉蠟箋
清乾隆
長192.7厘米　寬95.5厘米
清宮舊藏

Coated and waxed purple paper with patterns in gold tracery
Qianlong period, Qing Dynasty
Length: 192.7cm　Width: 95.5cm
Qing Court collection

屬粉蠟箋，紙質較厚，尺幅寬大，紙面蠟光浮動，更顯光滑。一面通繪描金纏枝蓮紋，另一面灑金片。兩面均可書寫、作畫，也可多層揭裱。

唐代張彥遠《歷代名畫記》中就記載有宣紙用蠟法。清乾隆時期製作極為精緻，其製作方法是，先在紙面上塗色粉，經加蠟砑光，使紙面光滑，再加繪圖案。還有以粉施於外，蠟藏於粉下，更易着墨。此箋製作精緻，裝飾富麗，為清宮御用紙箋。

153

五色粉箋

清乾隆
長68.2厘米　寬47厘米
清宮舊藏

Coated paper of five colors

Qianlong period, Qing Dynasty
Length: 68.2cm　Width: 47cm
Qing Court collection

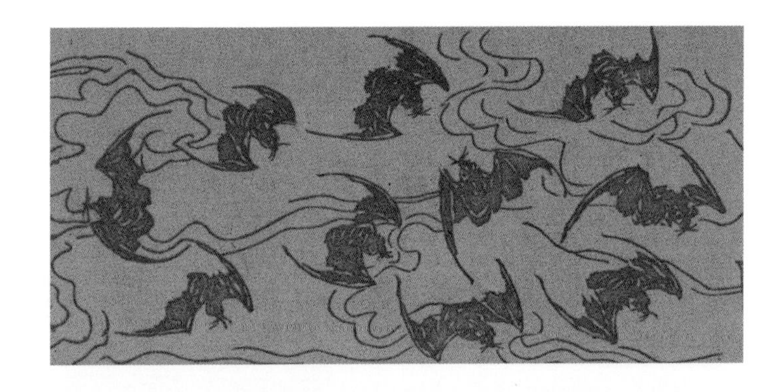

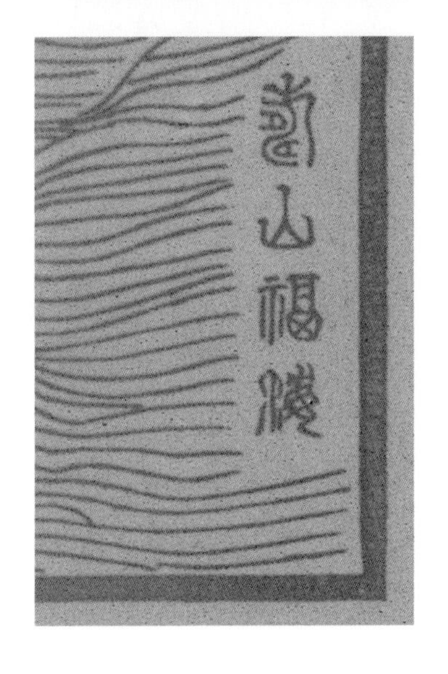

箋分五色套裝而成，各色紙箋均有寓意吉祥的圖案邊飾。一為粉色，邊框紋飾為山水、百蝠，篆書名“壽山福海”。二為青色，圖案為仙桃、翔鶴，題名“蟠桃獻瑞”。三為綠色，圖案為山水、神鹿，題名“六閤長春”。四為淺青色，圖案為花枝綬帶鳥，題名“羣仙祝壽”。五為淺粉色，圖案為梅樹雲鶴，題名“眉鶴萬年”。左下角有篆書款“四川勸工局謹製”。

此紙圖案裝飾性強，紋飾內容吉祥，有濃郁的宮廷氣息，為清宮生活用紙，也用作壁紙。

154

綠色描金銀粉蠟箋
清乾隆
長93.7厘米　寬96厘米
清宮舊藏

Green coated and waxed paper with design in gold and silver tracery
Qianlong period, Qing Dynasty
Length: 93.7cm　Width: 96cm
Qing Court collection

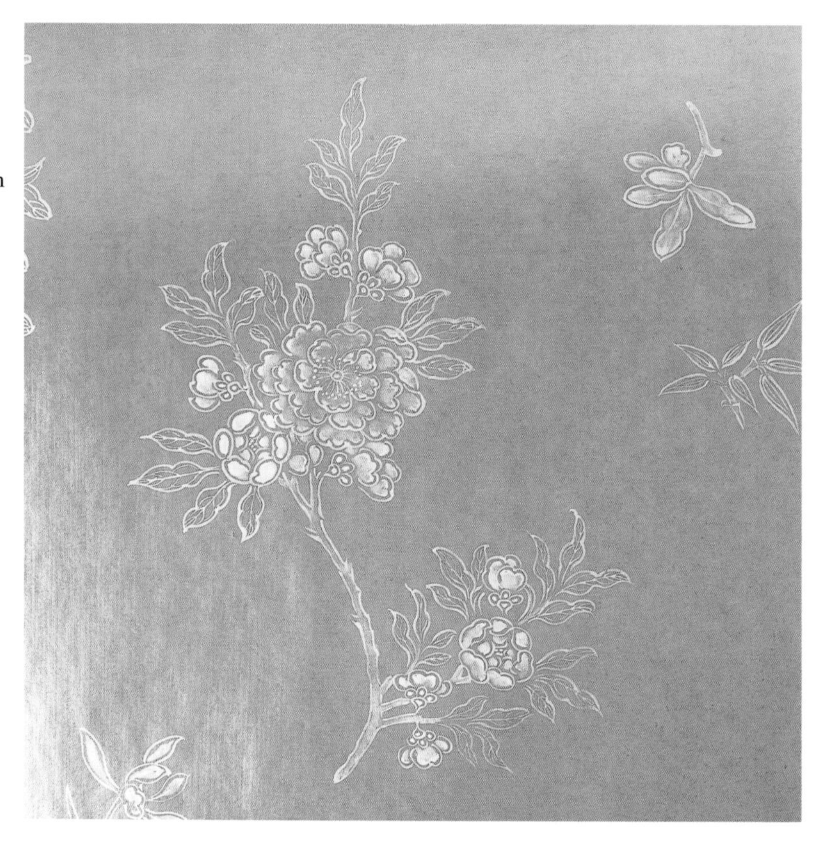

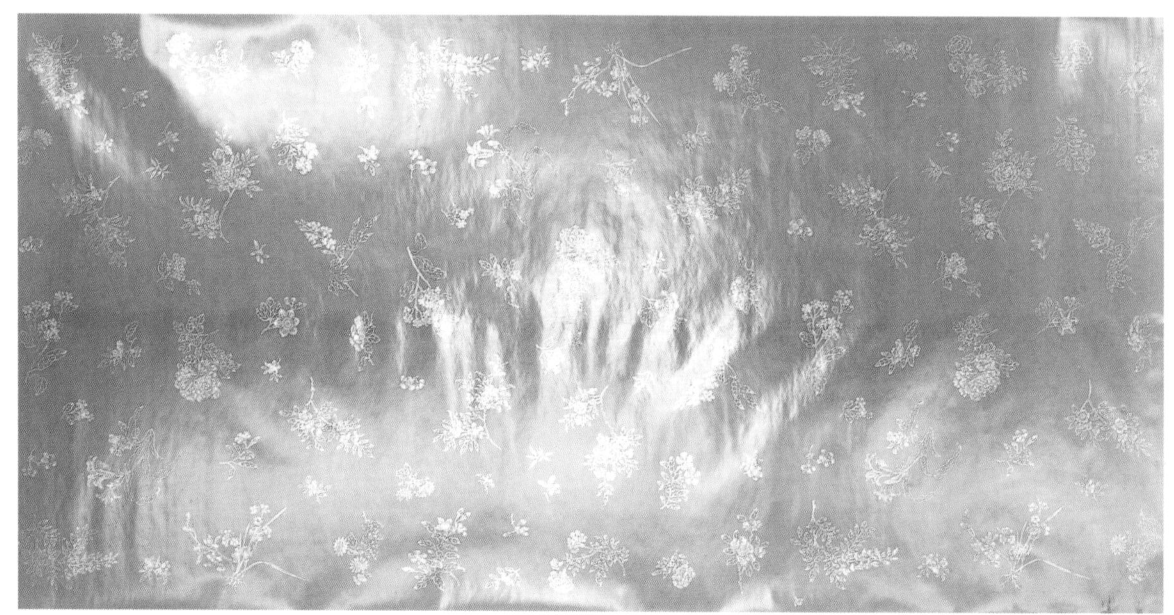

粉蠟箋，紙質柔韌，紙面砑光，表面光滑。兩面裝飾，一面描金銀折枝花卉紋，有牡丹、海棠、蘭花、梅花等。花朵、枝葉雙勾描金，花蕊、葉脈描銀。另一面灑金。兩面均可書寫、作畫。

粉蠟箋在清康熙、乾隆年間大量製作，有單面或雙面加蠟砑光，有描金銀圖案，還有灑金、泥金或金銀箔等裝飾，為清宮御用紙箋，多用於書寫春貼子、詩歌辭賦，及供補牆壁用貼落。

155

遂初堂印箋宣紙屏

清乾隆

長198.9厘米　寬49.8厘米　4幀

Four-sheet screen of Xuan paper with Suichu Hall seal

Qianlong period, Qing Dynasty

Length: 198.9cm　Width: 49.8cm

為一套“四扇屏”用料，每幀規格、顏色、品質相同。以硬白紙為基，雙面裱灰白色暗花絹，絹面上托裱棕黃色宣紙，紙上印白色線條山水圖案。每屏可獨立成圖，四條屏連接又構成大幅完整的山水圖，稱“海幔”，又稱“通景屏”。第三幀右側上方貼宣紙條，上鈐篆書朱印“乾隆五十有七年（1792）遂初堂初氏記”。

遂初堂位於清宮寧壽宮花園（即乾隆花園）內，建於乾隆三十七年（1772）。古時官員隱退得遂初願，謂之“遂初”，乾隆帝御極時許願，在位周甲即當禪讓，不超越其祖父康熙帝在位之期，遂初堂因此得名。此屏印製精美，未及書畫已是令人賞心悅目的藝術品。

156

描金松鷹圖粉蠟箋軸

清乾隆

長84.5厘米　寬49.5厘米

Coated and waxed paper roll with design of pine tree and eagle in gold tracery

Qianlong period, Qing Dynasty

Length: 84.5cm　Width: 49.5cm

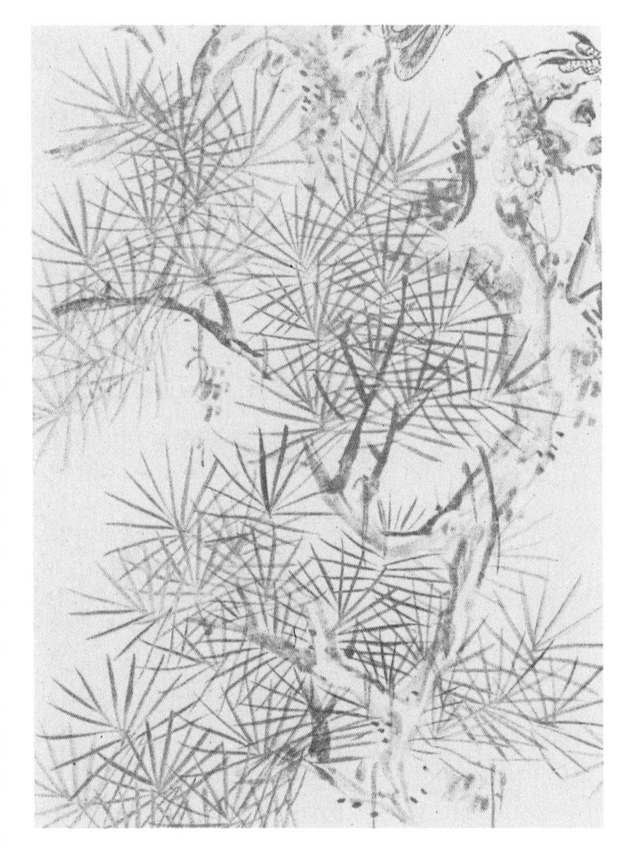

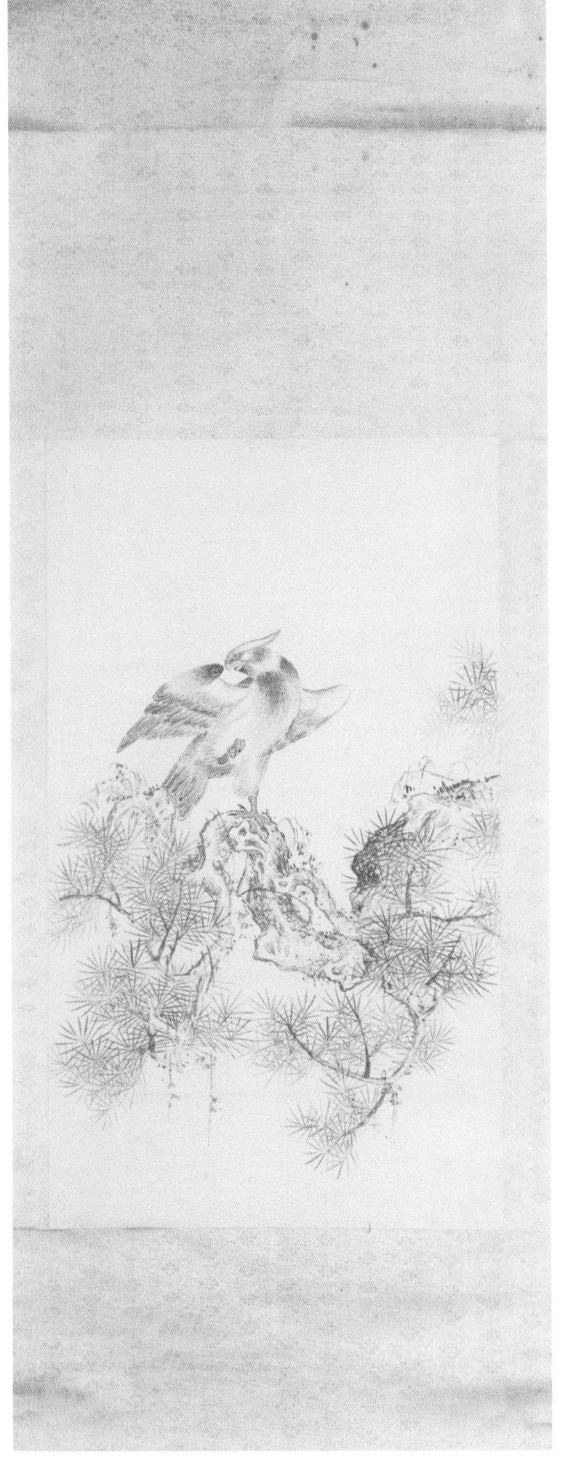

紙為粉蠟箋。箋上描金繪松鷹圖，箋已裝裱成軸，軸外扉籤題寫“乾隆內府畫鷹箋”。

此箋圖畫極精，以金色的深淺及線條疏密表現遠近關係。展之於光下，金光閃耀。

製作工藝精湛，應是流散民間的宮廷御用紙箋。

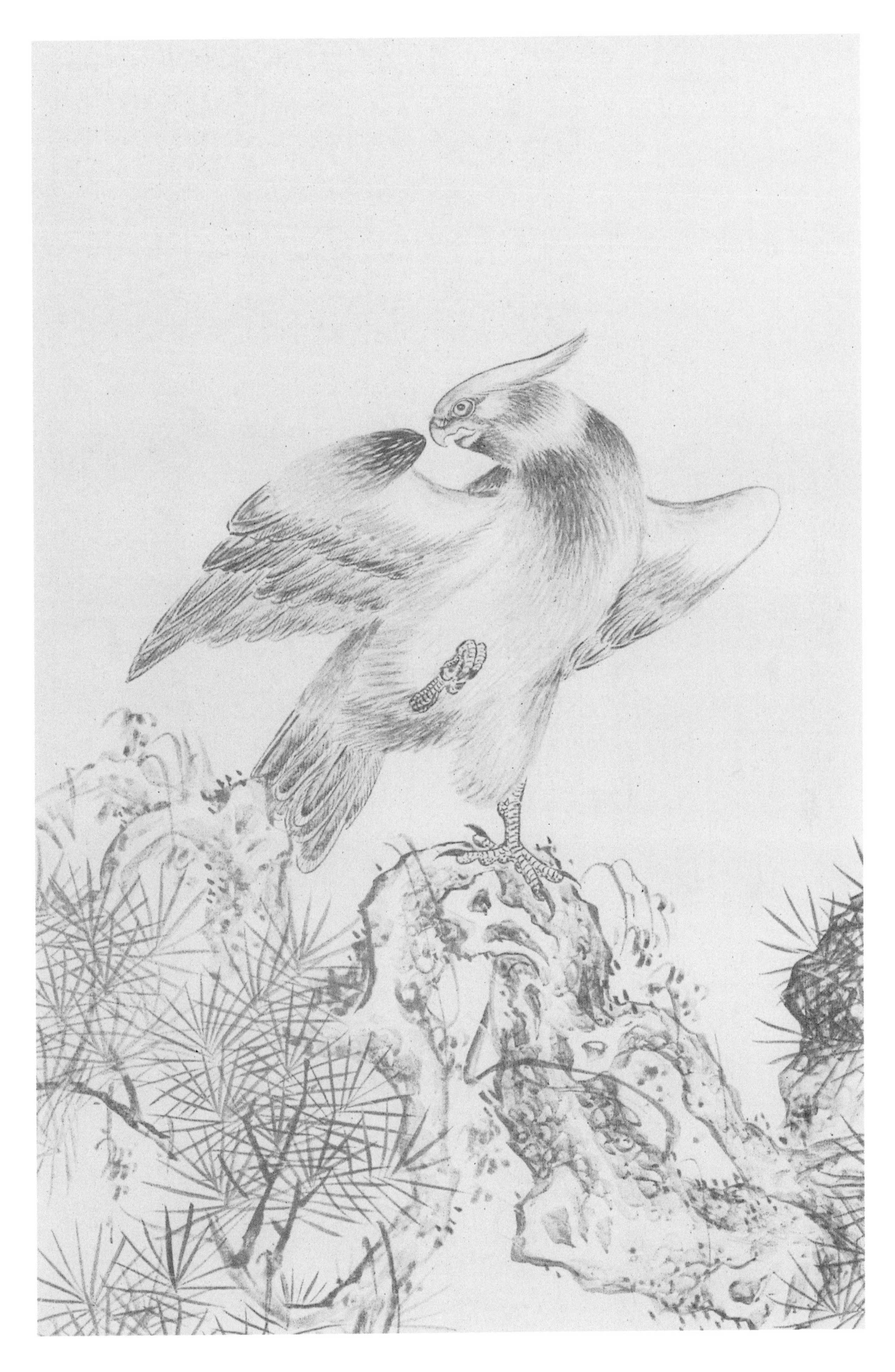

157

橘色描金雲龍邊粉蠟箋
清中期
長160.7厘米　寬95.7厘米
清宮舊藏

Coated and waxed orange paper in frames with cloud and dragon design in gold tracery
Mid-Qing Dynasty
Length: 160.7cm　Width: 95.7cm
Qing Court collection

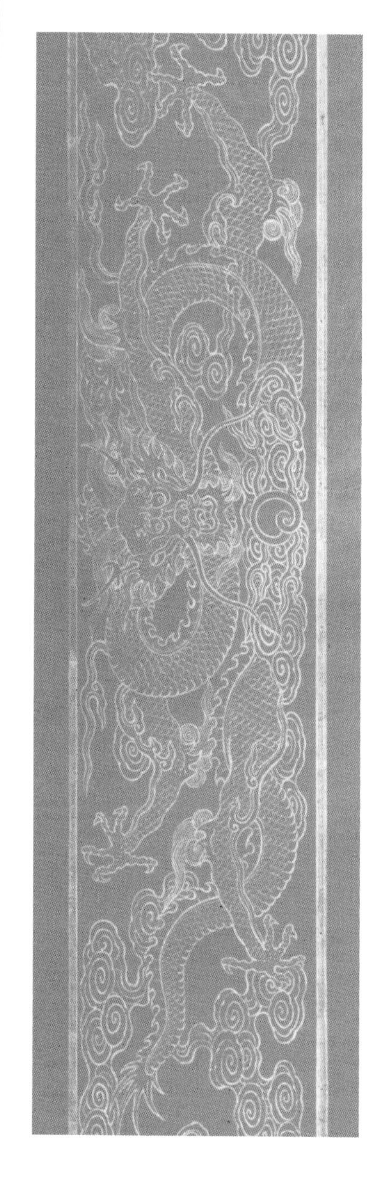

粉蠟箋。橘色箋面描金繪雲龍紋邊欄，紙背灑金裝飾。

描金色彩與雲龍造型具有清代中期的工藝特點，紙箋裝飾邊欄，亦為清代中期多見形式。為御用紙箋。

158

清秘閣仿古名箋

清中期

長23.6厘米　寬9.3厘米

Qingmi Pavilion paper imitated in the ancient style

Middle Qing Dynasty

Length: 23.6cm　Width: 9.3cm

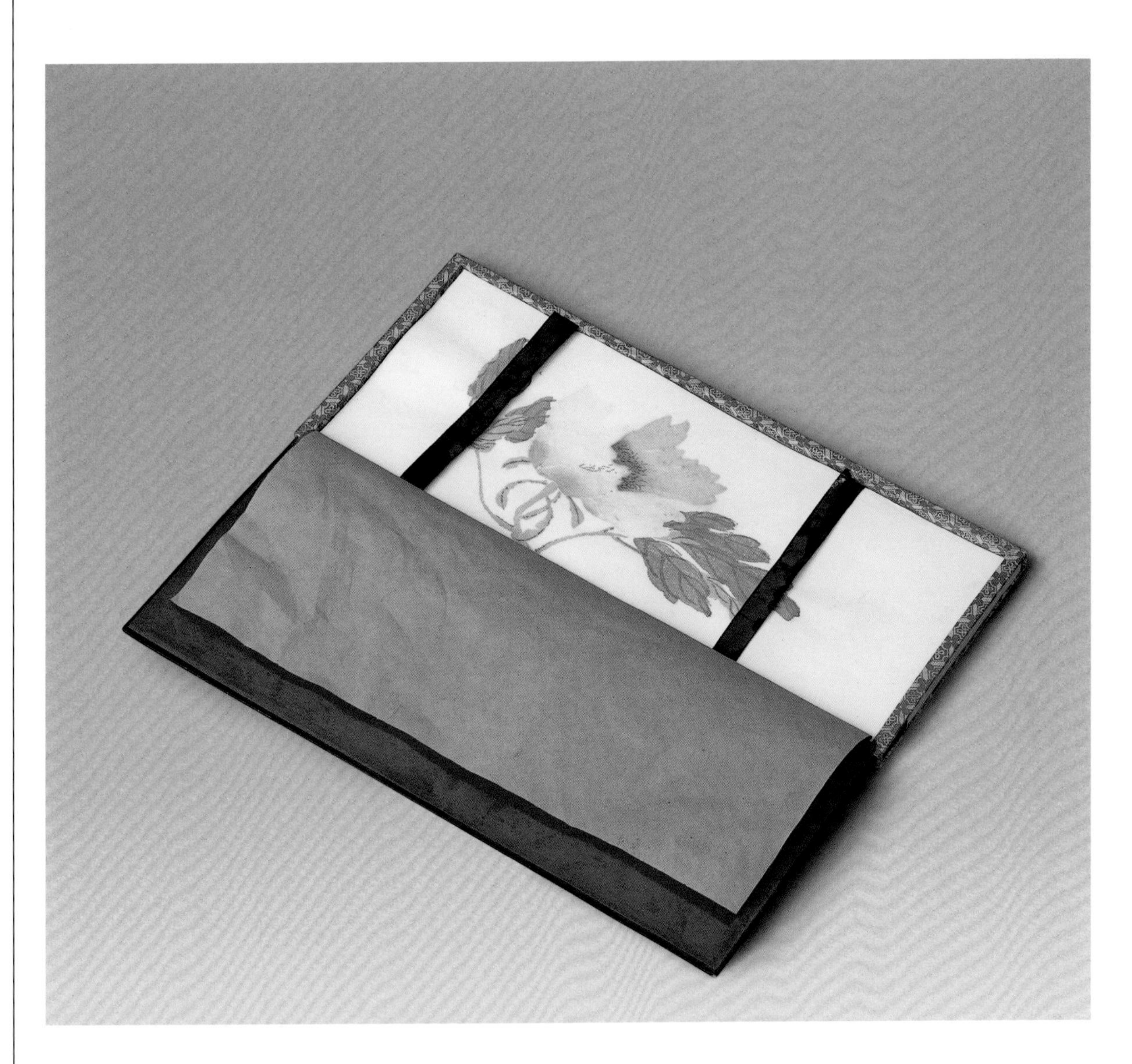

為白色印花箋，一面木刻水印彩色花卉，花色暈染，如寫意筆墨。紙質潔白、細密，紙性薄軟柔韌，透光顯現細小羅紋，纖維勻淨。紙為長方箋，紙箋下角有篆書朱印“清秘造”。一套多張共裝於梅花錦紋盒內，盒面墨書“京都清秘閣仿古名箋”，下署“毓如署簽”。

此箋為北京琉璃廠清秘閣南紙店製，專供書寫詩詞、書札之用，色彩艷麗，製作精緻，為清代中期流行的仿古詩箋。

159

虛白齋煮硾箋
清
長147厘米　寬83厘米

Xubaizhai boiled paper
Qing Dynasty
Length: 147cm　Width: 83cm

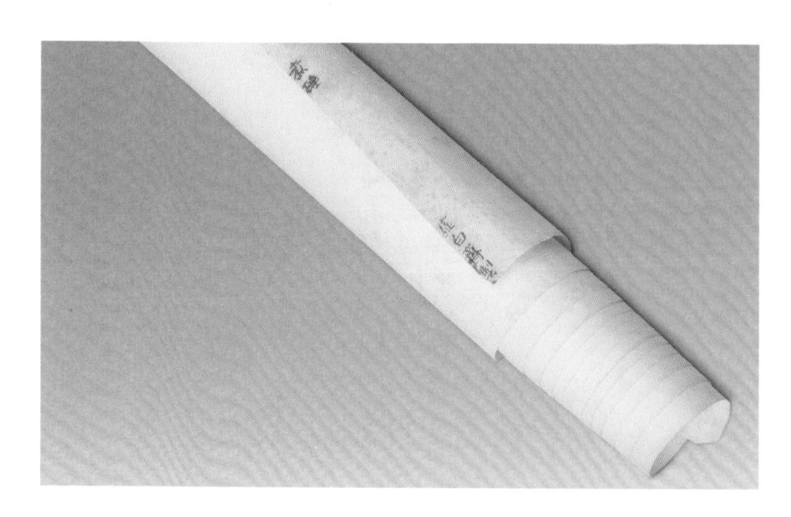

紙箋薄而光滑，浸黃色斑漬。紙背邊緣朱文印："煮硾　虛白齋製"。

煮硾是古代為消退紙張存留的灰性而實施的工藝手法。清代杭州、蘇州、松江等地均生產這種紙箋，尤以杭州虛白齋所製最受稱道，享有較高的聲譽。

160

橘色二龍戲珠粉蠟箋

清
長94.7厘米　寬40厘米
清宮舊藏

Coated and waxed orange paper with design of two dragons playing with a pearl

Qing Dynasty
Length: 94.7cm　Width: 40cm
Qing Court collection

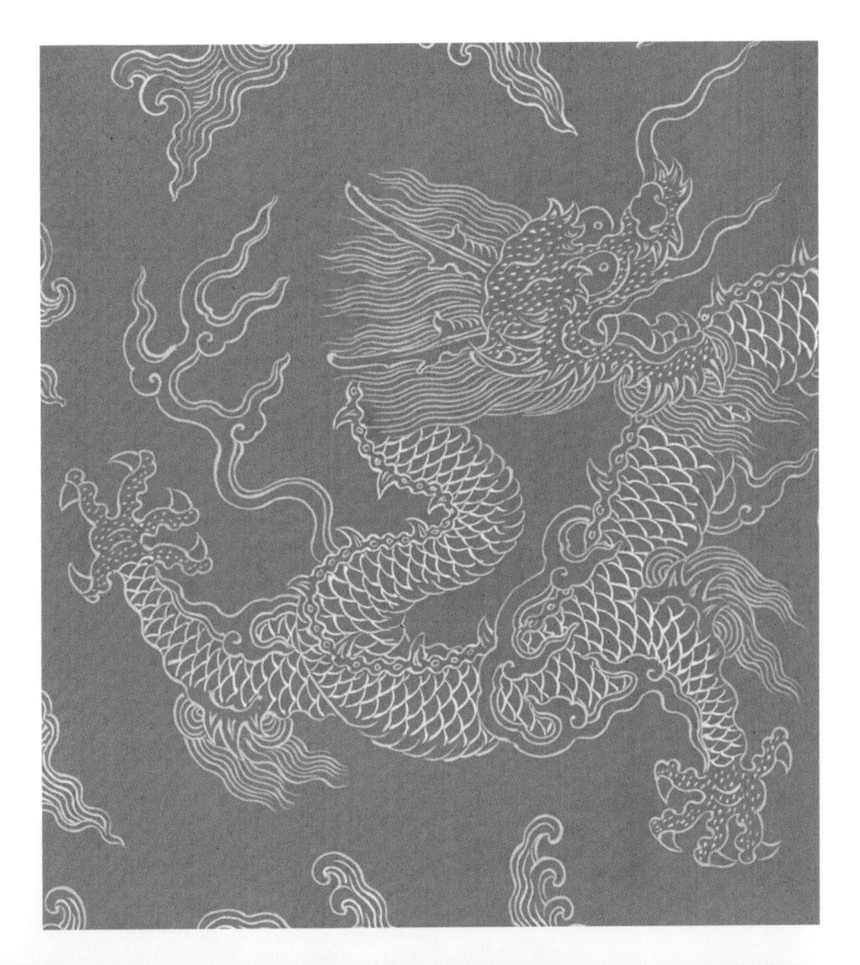

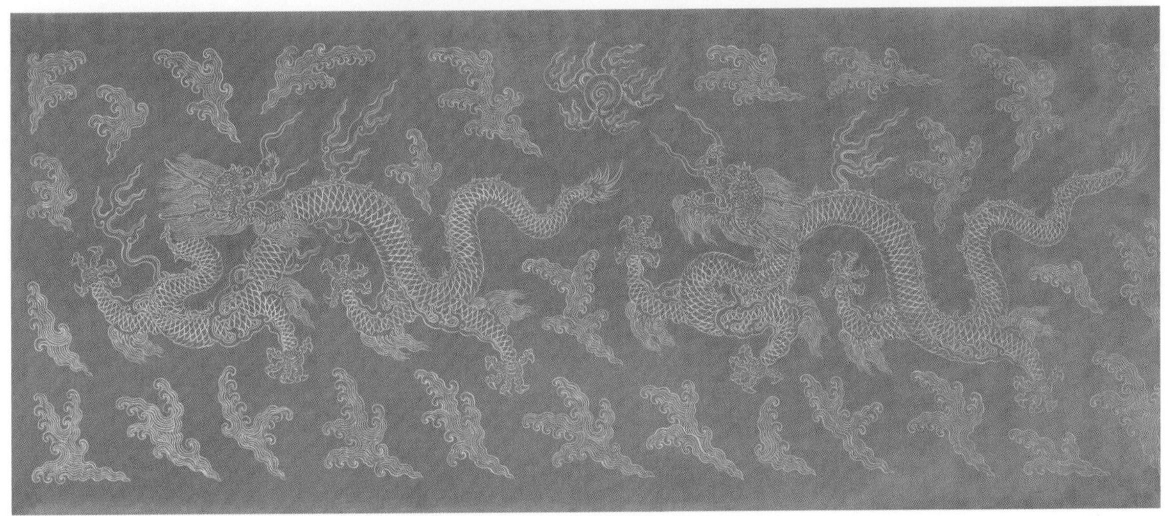

粉蠟箋，橘色地上描金繪二龍穿遊雲間。色彩亮麗，畫法工細而傳神。製作精美，有很高的工藝水平，為典型的皇家御用紙箋。

161

木箋紙
清
長21.6厘米　寬12.9厘米　1盒24張
清宮舊藏

A box of 24 pieces of wooden paper
Qing Dynasty
Length: 21.6cm　Width: 12.9cm
Qing Court collection

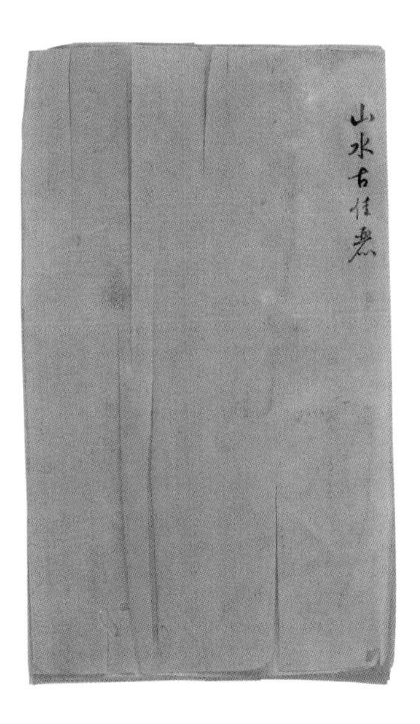

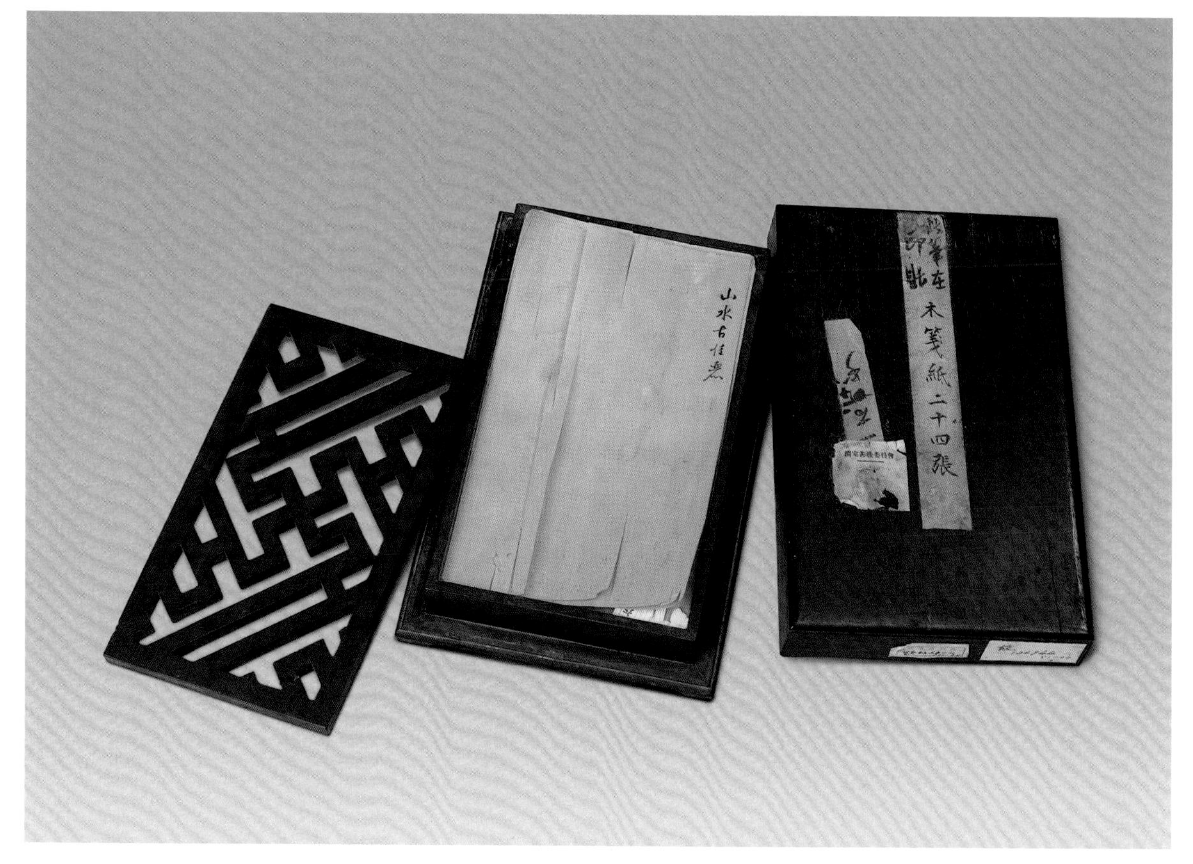

為喬木箋紙，紙色黃中泛褐，半透明，縱貫深淺交迭的喬木條紋，其狀與木材紋理相像。紙箋甚薄，乾脆，韌性較差。紙表光滑，以手撫之紋理略有凹凸感。裝硬木盒中，上有硬木鏤空思字紋壓紙。

木箋紙非常珍稀，文獻中亦少見記載，製造工藝今已失傳，製品僅見於清代。

162

褐色虎皮宣紙
清
長208厘米　寬103.6厘米
清宮舊藏

Brown Xuan paper with tiger-shin veins
Qing Dynasty
Length: 208cm　Width: 103.6cm
Qing Court collection

褐色宣紙，紙表遍飾淺色斑點，因似虎皮，故名。質地較薄，有少許束狀纖維。虎皮宣屬於藝術加工紙類，傳世實物較多，為具有代表性的書畫用紙。

163

各色描金花卉絹

清乾隆
長138厘米　寬64厘米
清宮舊藏

Colored silk with flowery design in gold tracery
Qianlong period, Qing Dynasty
Length: 138cm　Width: 64cm
Qing Court collection

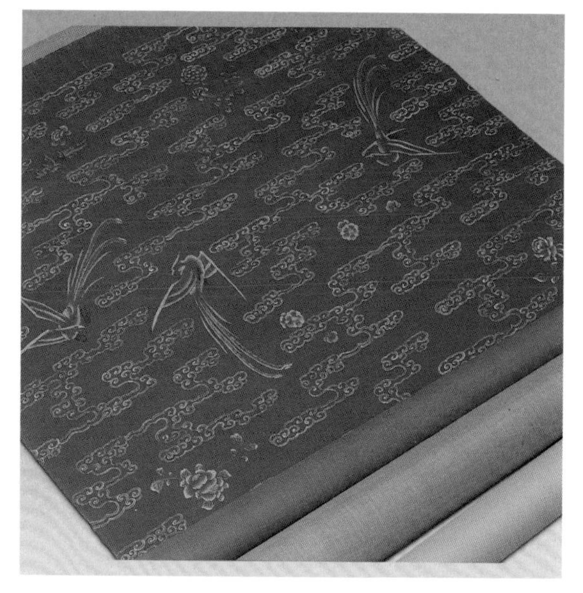

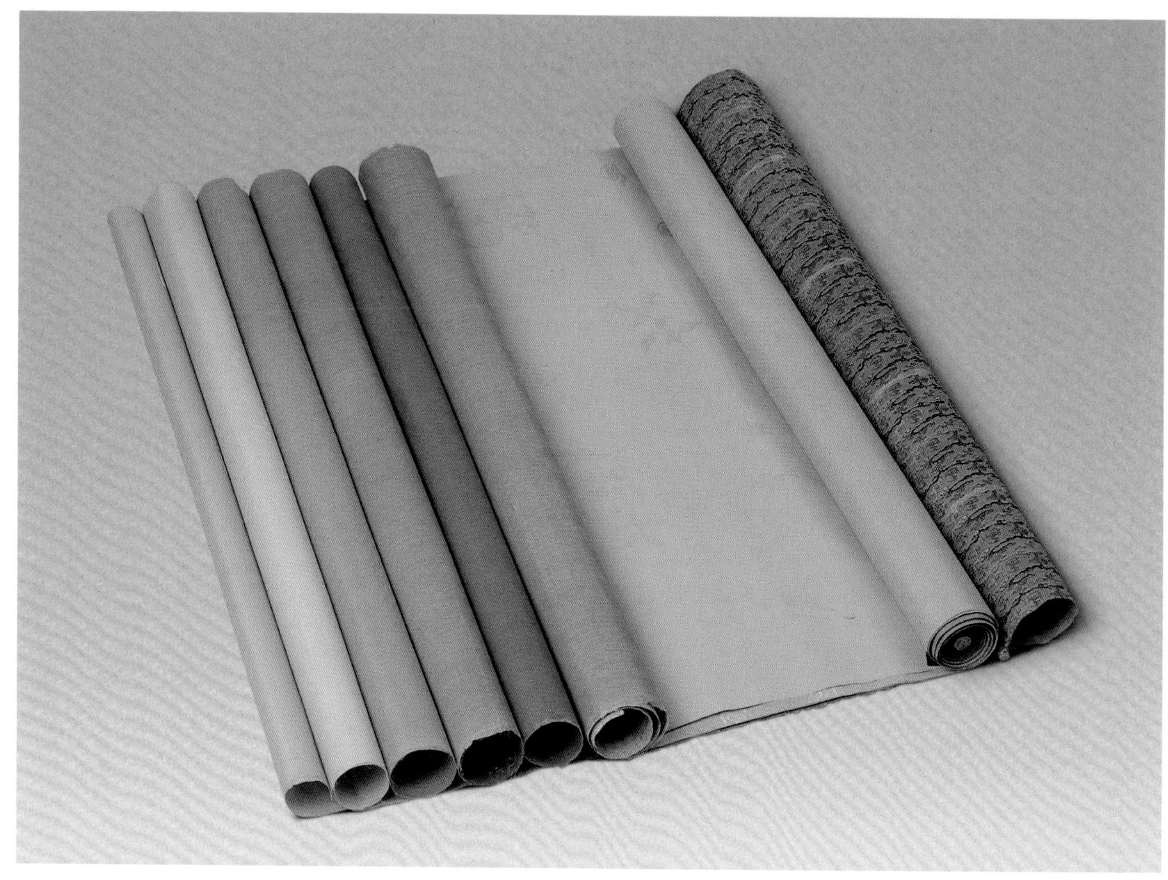

絹為紅、紫、藍、粉、黃等色，絹上描金花卉、蟲鳥圖案，色彩鮮艷，紋飾華麗，共裝一錦繡絲織套內，再裝木匣內。是宮廷書寫聯句，匾額用絹。

絹為絲織品，書畫材料。此絹製作精工，有皇家氣派。紙絹不易保存，此套絹色彩、紋飾完好如新，是為珍品。

164

珊瑚色灑金粉蠟箋
清晚期
長175.7厘米　寬95.3厘米
清宮舊藏

Coated, waxed and gold-flecked, coral-colored paper
Late Qing Dynasty
Length: 175.7cm　Width: 95.3cm
Qing Court collection

粉蠟箋，兩面皆灑金箔。邊緣磨傷較重，色微脱。

此箋為宮廷用紙，色彩明艷華麗。粉層塗佈不甚均匀，蠟層亦較薄，應是清代晚期製作。

165

描金宮絹

清乾隆

長152.5厘米　寬77厘米

Imperial silk with design in gold tracery

Qianlong period, Qing Dynasty

Length: 152.5cm　Width: 77cm

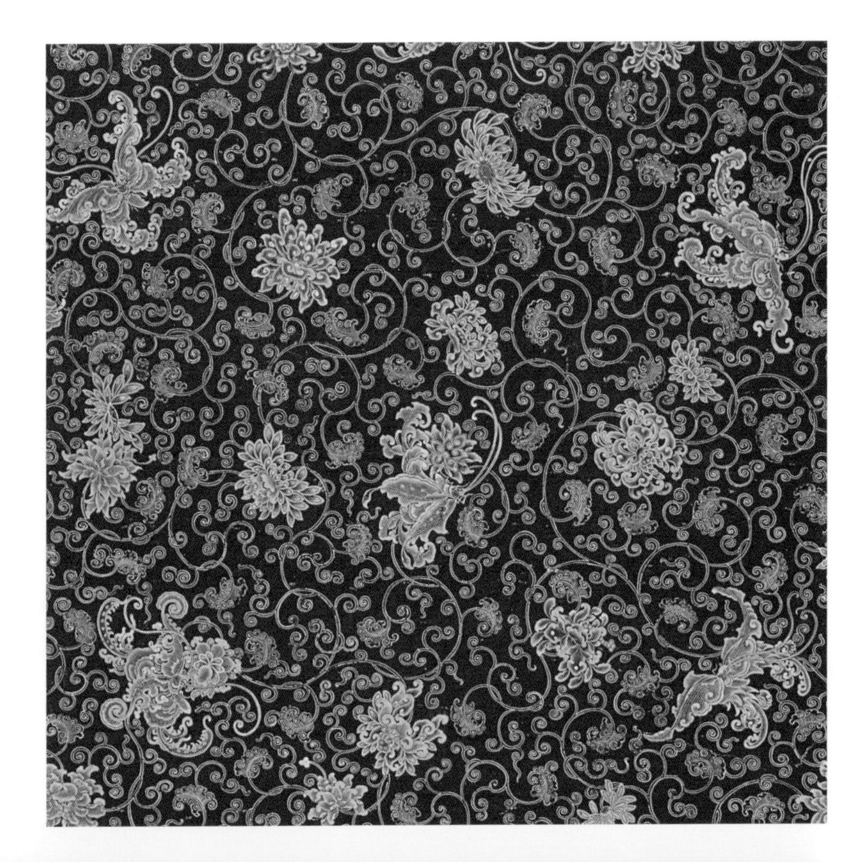

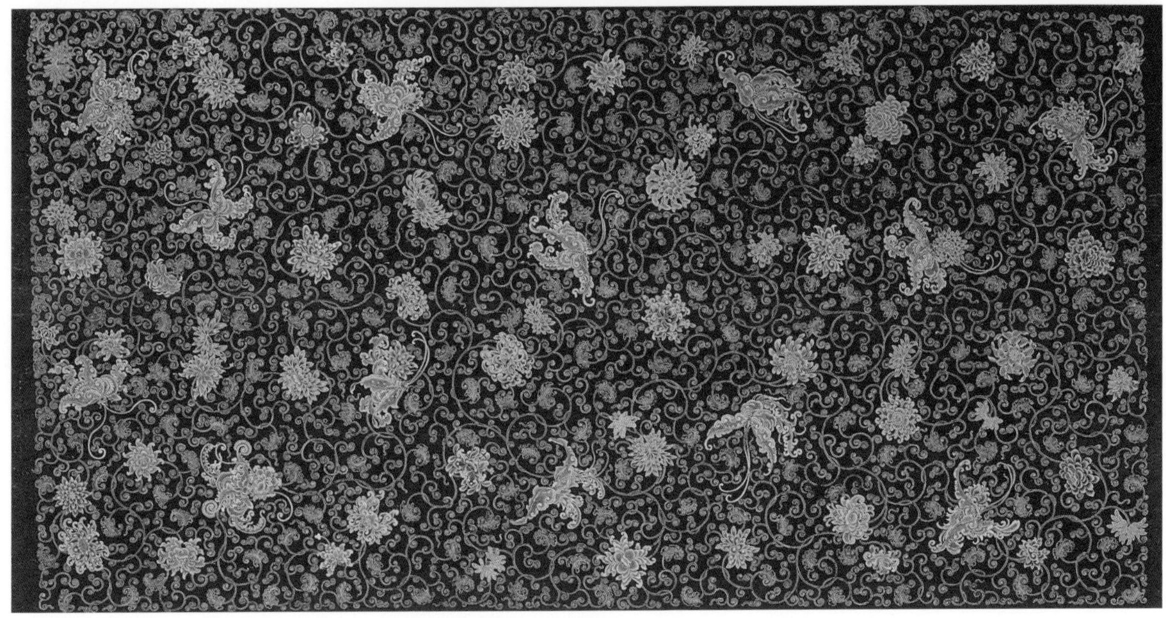

在朱紅絹地上描金纏枝蓮紋，色彩艷麗，紋飾工細、富麗。絹質地精細，吸墨性強，用於書法，便於筆墨的發揮，有與紙不同的效果。

以描金絹作為書寫材料在清乾隆年間最為盛行，它是在織造極為細密的絹帛上，塗佈帶有膠礬並溶有白粉的各色染料染色後，再描飾赤金圖案花紋。清內府製作最精，稱為"描金庫絹"。此宮絹即為乾隆時宮廷製品，是宮絹的代表作，極為珍貴。

166

灑金絹手卷
清
長580.9厘米　寬34厘米
清宮舊藏

Gold-flecked silk hand scroll
Qing Dynasty
Length: 580.9cm　Width: 34cm
Qing Court collection

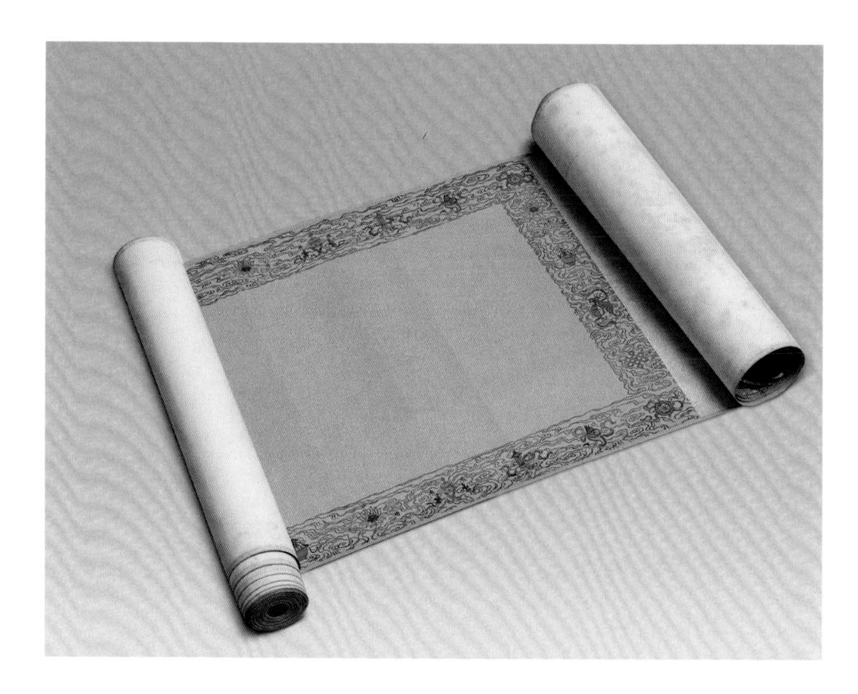

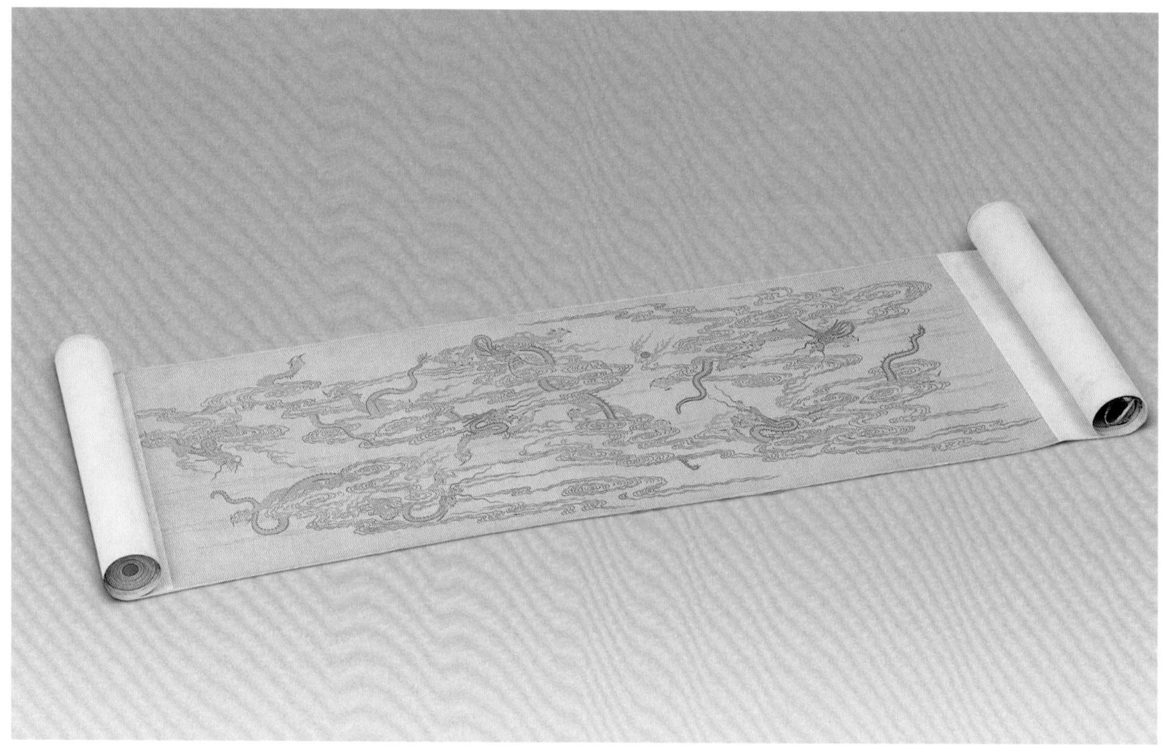

以光滑厚硬的素白紙作紙基，上裱灑金絹。手卷分為四段，各段間用隔水加以劃分，隔水裱龍紋宋錦。第一段為天頭，米黃色絹面繪六條金龍穿越於祥雲之間。第二段引首，米黃色絹面繪由法輪、法螺、寶傘、白蓋、蓮花、寶瓶、金魚、盤長組成的八吉祥紋邊框。第三段畫心為淺綠色灑金絹。第四段尾紙為黃色灑金絹。

手卷首端包首為團壽紋錦，邊緣綴白玉插籤，尾端設卷軸。

此手卷用料精良，繪工華美，多處飾以龍紋圖案，為清宮御用品。

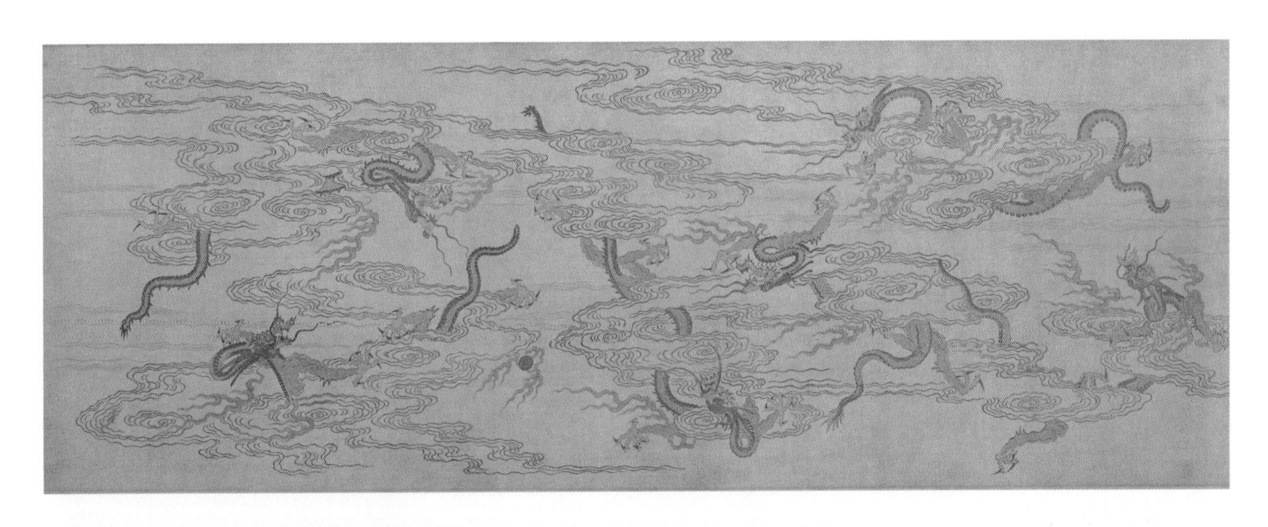

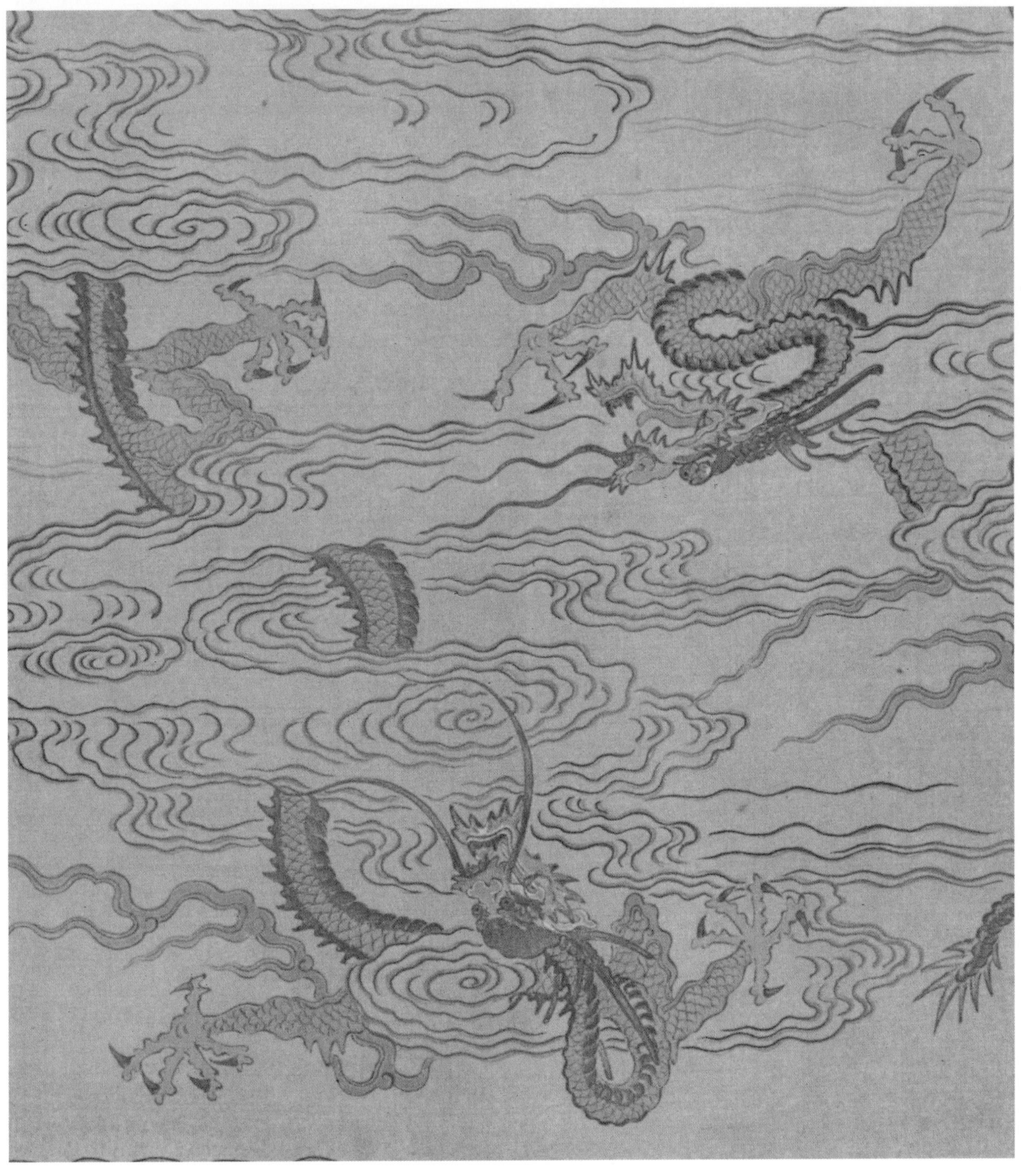

167

描金龍戲珠紋絹對料

清

長193厘米　寬45.2厘米

清宮舊藏

Antithetical couplet silk with design of dragons playing with pearls in gold tracery

Qing Dynasty

Length: 193cm　Width: 45.2cm

Qing Court collection

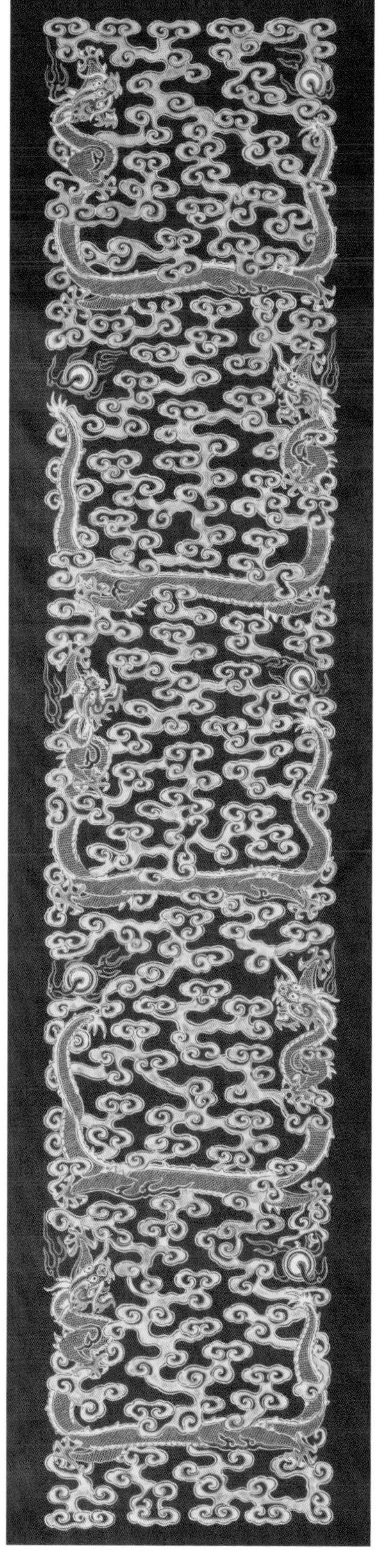

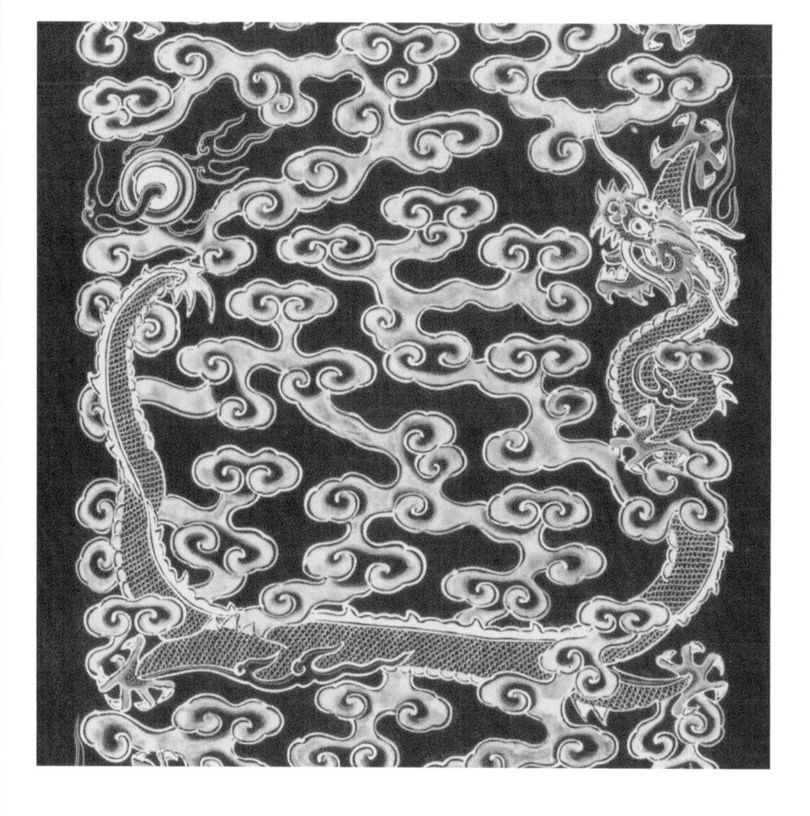

對料以黃紙托裱朱紅色絹。上下留天地頭，中央縱列五組描金雲龍紋，龍體曲折成直角，構成五個方格，內為靈芝祥雲。龍身以金線雙鈎，龍睛、龍鱗等處以銀色映襯。

此絹為書寫對聯的材料，一式二幅，品質、規格、顏色、紋飾均相同。對料色彩、圖案喜慶、華麗，極具皇家氣派。

168

各色冷金絹

清

長117厘米　寬19.7厘米

清宮舊藏

Colored gold-flecked silk in different colors

Qing Dynasty

Length: 117cm　Width: 19.7cm

Qing Court collection

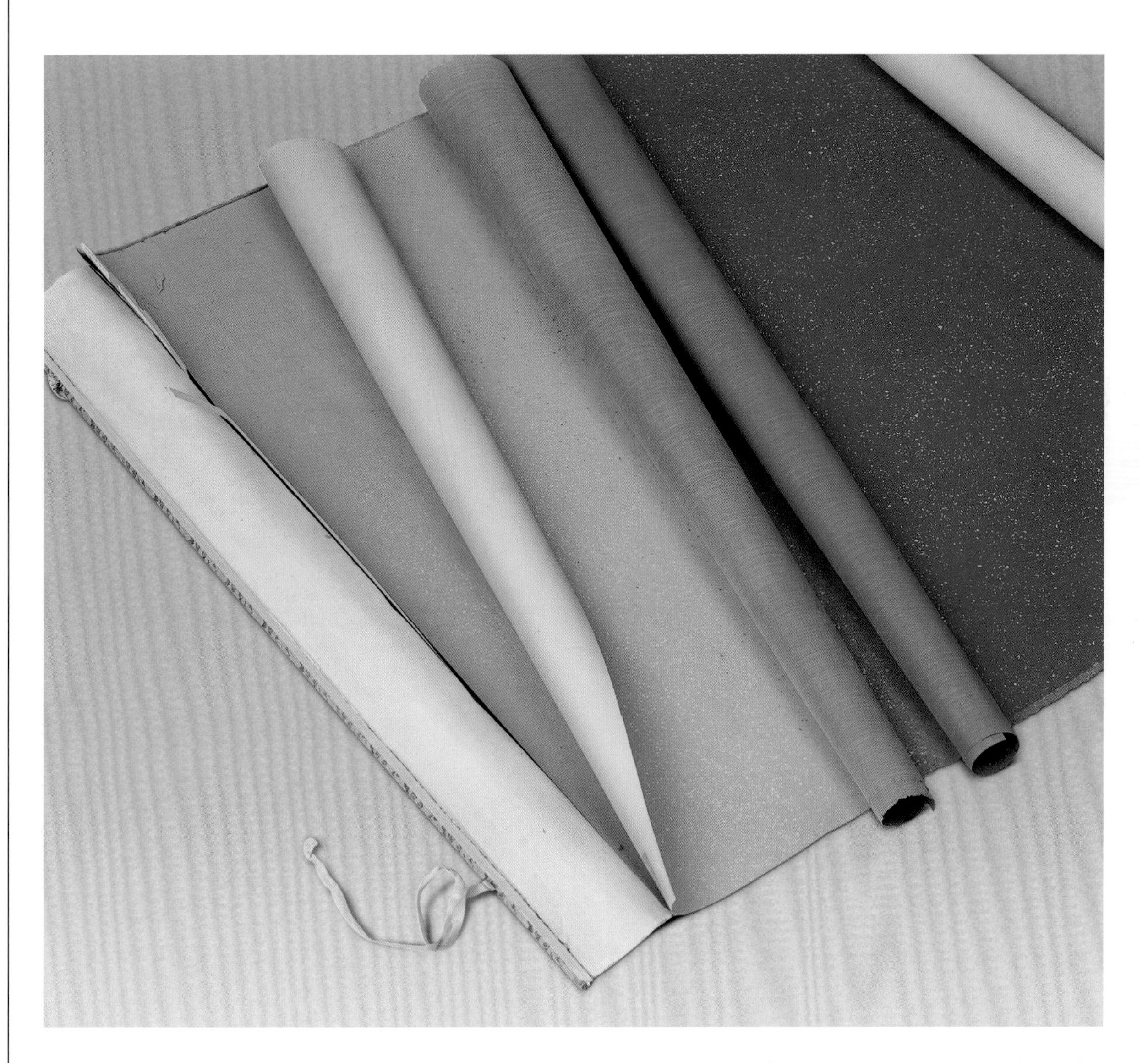

絹有紅、黃、藍、綠、橙等九色。絹面敷色清薄，細小片金稀疏分佈，絹質纖細均勻。背面未敷紙，絹絲明顯可見。

冷金為唐代流行的製紙技術，即為在紙上捶製小金片。此套冷金絹色澤或亮麗，或淡雅，為清代宮廷特製用絹，供繪製帝后肖像，及書寫對聯、挑山、橫披等。

169

粉色灑金彩繪花蝶絹

清晚期
長138厘米　寬64厘米
清宮舊藏

Gold-flecked pink silk with design of flowers and butterflies

Late Qing Dynasty
Length: 138cm　Width: 64cm
Qing Court collection

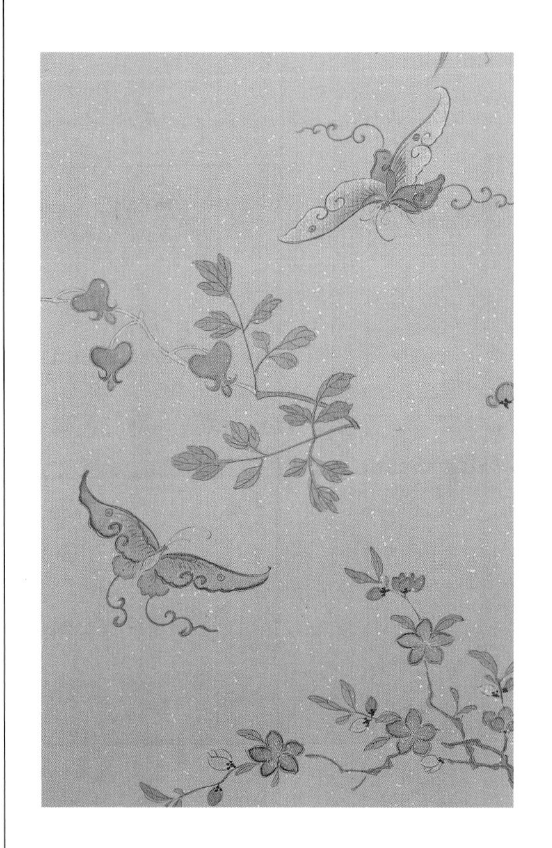

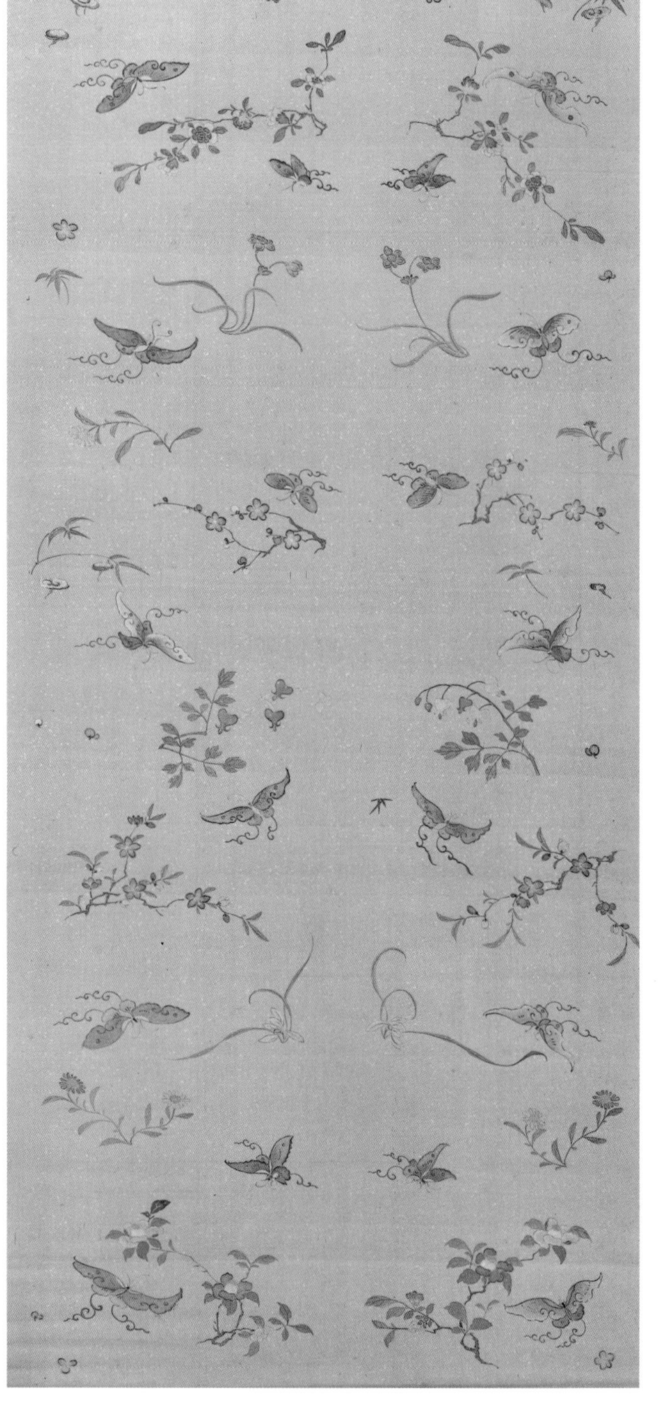

在硬白紙上托裱粉色絹，絹面敷貼細碎的金箔，工筆描繪桃花、梅花、菊花、萱草、竹枝等花卉及散落的花瓣，彩蝶飛舞其間。花蝶分為兩列，對稱佈局。

此絹紋飾施以黃、藍、紫、金、翠綠等色，五彩繽紛。此類彩繪紙絹可作貼落，亦可分割後作斗方，用於書畫。